献　给

十亿农民兄弟姐妹

中国生育政策研究

梁中堂　著

不应该夸大人口政策的作用，认为人口政策是万能的，可以任意地改变人口状况和人口过程的趋势。制定人口政策，必须注意与社会经济发展相适应，把人口政策作为整个社会政策的一部分。单独的人口政策，都是难以奏效的。应该充分认识到，人口政策是一定社会经济条件下的产物，它也只有在一定的经济基础之上才能发挥作用。不可能有不具有经济因素的人口政策，也不可能让人口政策产生超越一定经济基础的社会作用。

——梁中堂《人口学·人口政策》

目 录

目录

MULU

目录
MU LU

序

文集付梓前,照例有几个问题交代一下。

1. 收在本书中的 74 篇文章,是在 1979—2003 年之间写就的。虽然时间跨度比较长,但论述的主题只有一个。富兰克林说过,科学不为人类服务就失去了存在的意义。我在人口学领域里 20 多年的研究,就是为了使我国的生育政策合理些,为了使各种社会关系顺达、通畅些。

2. 2000 年人口普查之前,就有辑汇这些文章的想法。20 世纪末的中国内地妇女生育率水平和人口总量,是我一踏入人口学领域就十分关注的课题,也是 20 多年里我的有关人口理论、人口发展战略和人口政策研究围绕的中心。所以,世纪末的人口普查后,将相关文章辑录一册,算是对自己的一个交代。

可事情的发展并不那么顺利。2000 年人口普查时,实际登记人口比 1999 年底少 1430 万人,比 1998 年底少 454 万人。虽然后来公告的总人口较 1999 年底增加了 797 万, 但显然还是不符合相应年份人口应该增长的数字。过去,我们一直把改革开放以来的两次人口普查质量视为骄傲,但这次基本沿用以前的普查方法却出现了意想不到的结果。那么,20 世纪末的人口总数究竟是多少? 这就是我在《20 世纪末的中国人口总量和大陆妇女生育率水平研究》一文中所想弄清的问题。

分析 1982 年以来国务院人口普查办公室和国家统计局、国家计划生育委员会所做的 10 次较大规模的人口调查，一个显著特点就是低年龄人口的漏报。如果把与生育相关的低年龄人口漏报当做我国人口统计机制性问题，那么，纠正了低年龄人口的漏报，可能就比较接近我国实际的总人口。根据小学招生数推算的 0~16 岁人口中，2000 年普查至少漏报了 5378 万。这样，在承认 1.81% 漏报率的情况下，2000 年普查时，人口总数应是 130 885 万；如果不存在 1.81% 的漏报率，则是 129 889 万。人口总量出来了，妇女生育率水平如何呢？按照 20 世纪 80 年代的预测，如果平均每个妇女生 2.3 个孩子，2000 年总人口应为 12.8 亿。那么，按照普查公告的人口数，是平均每个妇女接近生育 2.3 个孩子的水平；按照我计算的人口总数，是超过 2.3 个孩子的生育水平。当然，这是城乡合计的结果。如果考虑到大中城市每个妇女基本生育一个的事实，农村妇女不仅每个人生育了 2 个孩子，而且有一半以上的妇女还生育了多胎。

所以，即使不按照我计算的人口总量，普查公告的人口数也充分揭示了人口目标、人口生育政策和人口控制成效之间的关系。1980 年，我国政府提出 2000 年把人口控制在 12 亿，这是一个让妇女平均生育 2 个孩子就可以达到的目标。但是，几乎与此同时，我们提出了"只准生一个"的政策。如果每个妇女生育一个孩子，2000 年我国人口总数将是 10.5 亿。1990 年前后，虽然"只生一个"的政策在不少地方有所松动，但是，现行生育政策却仍然是以"只生一个"为基础的。大家已经看到，经过 20 年的实践，"只生一个"的生育政策得到了一个妇女平均生育 2.3 个（农村则在 2.5 个以上）的控制效果。

这样，虽然编辑本书的时间推迟了几年，但因为有了最后一篇文章，就为这本书画上了一个完满的句号。

3. 除了其中的 4 篇外，其他所有文章都是从我过去出版的文集或者近 10 年在相关杂志发表的文章中编选的。文集有《论我国人口发展战略》(山西人民出版社，1985)、《中国人口问题的"热点"》(中国城市经济社会出版社,1988)、《中国农村妇女早婚早育和多胎生育问题研究》(与阎海琴合著,山西高校联合出版社,1992)、《生育高峰期的探索》(山西高校联合出版社,1995)。相关杂志主要有《中国人口科学》《西北人口》和《生产力研究》。在此,对这些杂志给予的支持表示诚挚的谢意。当然,从我的文集里挑选出来的那些文章中,也有不少是先发表在一些杂志上,后来又被收入文集的。如果这样,这些杂志还应加上《经济问题》《南方人口》《晋阳学刊》等。由于这类文章内容的特殊性,我很少向杂志投稿。以上杂志能够刊登我的稿件,我应该向他们表示更深的谢意。

新刊出的 4 篇文章中,《有关人口规划和人口政策的几个问题》是1994 年在国家计划生育委员会专家委员会上的发言。按理说,这篇文章应该收入《生育高峰期的探索》一书。也许,当年我在专家委员会发言的时候,那本书稿已经送交出版社审阅,所以没有收入那本文集。10 年来,我已忘记它的存在。一次,请谭克俭同志寻找我的一篇论文,他却拿出这篇文章送我。所以,要感谢克俭同志保存了这篇文章。《现行生育政策调整的可行性研究》是与谭克俭、景世民等同志为国家计划生育委员会做的同名课题的研究报告,当时并不准备发表。整理本书相关文章时,感到课题中论述的一些内容是新东西,所以,将第一、三部分压缩后收录在这里。《在翼城县"晚婚晚育加间隔"生育政策研讨会上的发言》和《记一次学术活动的始末》,都是 1999 年 5 月中国人口学会在翼城县调研活动的记录。为反映翼城县的一些信息,也收录在这本书中。

4. 重新审校这些文章时,在不影响文义的前提下,改动了少许文句方面的毛病,纠正了个别文字错误。一些学术会议上的论文和给中央的研究报告,在发表或出版时因各种原因没有按照原貌呈现,这次尽可能地还其本来面目。另外,为了方便阅读,删简了一些图、表。

20 世纪 70 年代和 80 年代的学术论文还不够规范,少有文献索引和注释。所以,为了本文集风格的一致,将 90 年代以来所发表论文的参考文献也删去了。如果有同志需要,可以找最初发表的杂志。

5. 在我们国家,写书的人比读书的人多。即使在学术界,这样的情况也不例外。所以,编选这本书的目的,不一定是为了现在的人口学。

长期以来,我在思考一个并非人口专业方面的问题。我们的国家是为人民服务的,农民占我国人口的绝大多数,但绝大多数农民却因为必须生育的孩子而受到国家的处罚。国家制定"只准生一个"和允许"有实际困难"的农民可以生两胎的具体生育政策,本来是想调节人口出生率的,但是,20 多年来,占我国人口大多数的农民生孩子却几乎和成文的政策规定没有直接的关系。我想,这一定是什么地方出了问题。我的这本书,和那本同一主题、同一时期形成的《人口论疏》,也是为将来那些研究这一问题的同志而出版的。

6. 历史是逻辑的基础,所以,全部文章都按照时间顺序排列。

权且为序。

梁中堂
2004 年春节

对我国今后几十年人口发展战略的几点意见①

一、我国人口现状和特点

新中国成立后的 30 年,我国人口在绝大部分年份里处于盲目发展的状态。人口数量的猛烈增长,已经给国民经济的发展和人民群众的生活带来极大的困难。根据社会主义经济规律的要求,控制我国人口的盲目发展,做到有计划地生育,已为愈来愈多的人们所接受。现在的问题是,怎样才能有效地控制我国人口,使之适应四个现代化建设的需要和有利于中华民族的发展。

陈慕华副总理曾指出:"从我国的实际出发,长期地、自觉地、有计划地控制人口增长。这就是我国政府对待我国人口问题的基本方针。"应该说,这一方针是解决我国人口问题的唯一正确的方针。为了贯彻执行这一方针,首先就应科学地分析我国人口现状的具体特征和特点。

1.我国近年来推行计划生育,人口出生率已由原来的 40‰ 左右下降到目前的 18‰,成绩是显著的。目前,我国的人口出生率已大大低于第三世界平均水平。但是,由于我国人口年龄构成方面年轻人口比重大、死亡率低,因此,我国人口增长水平较之西方发达国家还是要高的。特别是人

---

① 这是作者 1979 年 12 月提交全国第二次人口科学讨论会(成都)的论文,曾在大会发言。

口基数大,年轻人多,生育力强,每年出生的人数都在 2000 万以上。

2.我国目前仍是一个农业国家,农业人口占我国全部人口的 80%以上。特别是山区很多,农业发展还相当落后。我国十分复杂的自然地理条件,使农业实现机械化相当困难。可以设想,在短时期内我们还无法改变农业生产主要以手工操作这一基本状况。

3.无论生产还是生活方面,我国较之西方国家的社会化程度还相当低,特别是生活的社会化程度更低。这就决定了在较长时期内,家庭仍然是人们基本的生活单位。

4.从各个方面来说,我国人口发展的关键是最近这 10 年。第一,就经济条件讲,我们处于四个现代化建设的最初 10 年,国家需要大量的建设基金。第二,就人口本身来说,最近这 10 年我们将面临 20 世纪 60 年代中后期生育高峰出生的人口,他们将陆续进入初婚年龄。控制不好,又将出现更大的生育高峰。第三,就主观条件讲,我国人口学界也面临一个百废待兴的局面。目前人口资料不全,底子不清,人口学家还无法给国家提供准确可靠的人口发展规划。

人口发展有它本身固有的规律,不是任何主观愿望所能改变的。一方面,一定社会人口发展的规模和趋势,是由该时代的经济条件决定的,受文化传统等社会因素的影响。另一方面,人口本身又具有一定的延续性。现实的人口是过去几十年人口发展的结果,它同时又决定了今后几十年人口发展的状况。因此,当我们讲人口问题,讨论人口发展的模式,或者预测人口发展趋势的时候,既不能离开社会经济条件对人口发展的影响,也不能离开人口本身多种构成方面的特点。根据以上我们对人口现状的分析,第一,既要看到目前人口状况影响经济发展的一面,又要看到经济现状对我国人口发展起决定性影响的另一面。第二,既要承认我国人口盲目发展已造成的现实,又必须预见到我国还将面临人口继续增长的客观趋势。第三,从我国人口现实出发,既不能认为我国人口问题已经成灾,无法收拾,采取无所作为的态度,也不能采取主观主义的态度,随意处置。我们要承认现实,科学地分析它,因势利导,拿出切实可行的解决人口问题的方案来。

二、对要求 20 世纪末我国人口增长为零的几点看法

最近,我国人口学界提出了一种争取在本世纪末,将我国人口自然增长率降为零的方案。这个目标或方案分两个阶段,第一步,在 1980 年将人口增长率降到 10‰的基础上,争取 1985 年自然增长率降到 5‰以下。第二步,到 2000 年,争取达到零增长。① 现在,我们需要通过计算来了解这一模式的实际含义究竟是什么。

倘若 1985 年实现了人口增长率为 5‰,假设死亡率仍以目前的 6‰左右计算,那时的出生率应该是 11‰左右。也就是说,1985 年出生的人口将不足 1200 万。而实际情况是,从目前开始,在今后几十年内,我国每年进入初婚年龄的男女青年是 2000 多万,尤其是 1985 年以后的几年还将远远超过这个数字。即使以 2000 万这一最低数字计,每年将有 1000 万对新婚夫妇。倘若增长率达到 5‰,除已婚夫妇不得再生外,新婚夫妇还必须有 70%以上达到终生只准生一个孩子。现在我国人口是 9.6 亿(不包括港、澳、台——下同),若自然增长率每年减少 1‰,那时全国的总人口将是 10.1 亿。2000 年进入初婚年龄的人口将是最近这几年出生的孩子,每年 1800 万以上,即八九百万对夫妇。倘若一对夫妇只生一个孩子,2000 年出生的人数还将是八九百万人。只有考虑到人口年龄构成上的变化,老年人口比重上升,自然死亡人口增加到八九百万,人口才可能达到零增长。在这 15 年里,如果自然增长率以每年平均 0.3‰的速度下降,死亡人数每年以 800 万计,那么,2000 年全国人口达到静止时,总数将是 10.5 亿。但这同时意味着,在 1985 年以后,一胎率由 70%逐年激增,最后为 100%。不难看出,这一方案是以每对夫妇只生一个孩子为前提的。

显然,如果仅仅让 2000 年达到零增长是没多大意义的,关键在于今后几十年少生孩子,在 2000 年以后继续保持零增长。那么,在 21 世纪最初的 10 年里,每年仍将有 800 万对初婚夫妇,而这时估计死亡人口每年将是 1000 万,也就是说,一胎率还应保持 30%至 70%,才能维持零增长。2000 年以后,进入初婚年龄的青年将是 500 万对左右,而每年死亡人数

① 陈慕华:《实现四个现代化,必须有计划地控制人口增长》,见《人民日报》,1979 年 8 月 11 日。

又将上升到 1200 万，这时才可以放弃每个家庭生一个孩子的人口政策。2015 年以后，由于我国人口年龄构成上的变化，老年人口比重上升，可能将达到我国人口发展史上自然死亡人数最高的年度，每年 1300 万到 1400 万之多。而这时的新婚夫妇每年仍将是 500 万对左右，倘执行每对夫妇只生两个孩子的政策，每年仅生 1000 万左右，社会将每年减少三四百万人，即净增长率接近 -4‰。为了使人口再生产的规模不至于缩小得太快，就必须更改人口政策，提出鼓励每对夫妇生三个或要求一部分家庭生三个以上的孩子。可以预计，若干年后，多胎率上升和死亡人数下降，又将导致人口再生产的规模迅速扩大，人口政策又需要发生改变，以限制人口的出生。

如果把以此方案预测的几十年人口发展过程分几个阶段，则将如表 1 所示。

表 1　按"两步走"方案预测的我国人口状况

年份	总人口（千万）	出生人数（万）	死亡人数（万）	净增率（‰）	初婚夫妇（万对）	胎次比率（%）
1980	97	1600	600	10	1000	一胎率 40
1985	101	1200	600	5	1000	一胎率 80
2000	105	900	900	0	900	一胎率 100
2010	105	1000	1000	0	500	二胎率 100
2015	105	1000	1200	-2	500	二胎率 100
2020	105	1400	1400	0	500	三胎率 80

分析这一方案的后果，可能会有以下几种。

1. 人口老化过程由于出生率连续剧烈降低，将十分严重。据采取保守的方法估算，60 岁以上的老年人在 20 世纪末以后，将达到表 2 所显示的数字。

表 2　按"两步走"预测的老年人口和老化程度

年份	60 岁以上老人总数	在总人口中所占比例
2000	1.5 亿	14%
2010	1.8 亿	16%
2020	2.5 亿	23%

按照 R.M.萨拉斯的预计，全世界 60 岁以上的老年人，在 2000 年将占

总人口的9.3%。日本人口学家估计,2000年,日本65岁以上的人占总人口的12.8%,2015年为17.7%。我国人口按这一模式发展,比世界或日本的老化程度都要严重。特别是2015年之后,15岁以下的人口要比老年人的绝对数少得多。

2.无子女照顾的老年人太多,社会问题严重。在世界近代人口发展史上,人口发展趋势处于缩小再生产的状态,许多国家平均每个家庭的孩子数还在2个以上,最低的也不小于1.8个,净再生产系数在0.9以上。而我们如果按照所论的模式发展,在几十年内,每个家庭的孩子数将在一个以下,净再生产系数在0.5以下。与此相应,独生子女的父母对数将在2亿以上。除这个模式开始实施和将要结束的几年内,经过社会的自发调整外,将有15个年龄组的1.5亿老人处于无子女照顾的境地。如果我们考虑到社会经济的发展,人口职业移动的因素,那么,身边无子女照顾的老人还将超过这一数字。

3.经济年龄结构特殊,社会负担加重。在人类发展史上,除了较长期的战争、饥荒、瘟疫等外在情况外,在总的发展趋势中,社会年龄结构总是塔基大,塔尖小。而我们按这一模式发展,在长达30年的一对夫妇只生一胎的政策下,我国将出现畸形年龄结构,以劳动年龄为中心的三代人口的比例将是4∶2∶1。这就意味着两个劳动年龄的人口将抚养四个老人和一个孩子,并且还是半数老人身边无人照顾其日常生活。在这种情况下,无论社会采取什么政策,其负担必定都是压在仅占全社会30%的劳动年龄人口的肩上。

4.人口年龄构成的显著变化,对国民经济发展将带来直接的影响。人口年龄构成上的变化,势必影响国民经济发展中各种比例关系的变化、经济结构的变化和经济发展方向的变化。比如,我国目前要鼓励一胎率的上升,必须拿出一定的经济投资用在儿童和家庭的福利生活、儿童教育及以后的工作升学等方面。而随着一胎比率的提高,这些方面的经济投资比重会更大。在这方面的投资多了,就必然影响其他经济部门的投资。其次,人口政策每发生变化,都必然以相当的经济投资加以保证。而当社会的大部分都达到政策提倡的要求时,用以人口投资的开支就成为不可改变和不能取消的固定投资。最后,在有子女照顾的情况下,社会和家庭都不增加开支就可解决的老年人问题，现在由于有半数的家庭由孤独老人组成，社会必须加大赡养费用，开设新的行业。这也会改变社会经济结构，影响国民经济的正常发展。因此，倘若按这一方案去做，它将会扰乱以至改变整个国民经济的发展方向。

5.人口政策的反复变化，将对社会政治生活带来很大的影响。人口基本政策对于社会的稳定作用，往往较之政治经济政策更大。一个国家或一个民族在一段较长的时期内，首先应该有一个基本的人口政策，然后辅之以临时性的措施来调节或影响人口发展规模。如果一个国家或者一个民族的人口政策在短时期内反复变化，势必造成人民群众基本生活方式的混乱。按照目前所论的模式发展，在几十年内由二胎到一胎，由一胎到二胎，又由二胎到多胎，最后再要求限制多胎，使人民群众在自身再生产问题上完全无习惯可循。而且，人口政策每当要发生变化时，社会必须付出巨额的经济投资。否则，必须采取严厉的行政措施。巨额的经济投资将影响整个国民经济的投资，而严厉的行政措施又往往造成政治上的不稳定。

就以上分析，结合目前人口学界的一些观点，再谈几点意见。

1.所谓中国人口不会发生老化的问题。目前我国人口学界的一部分同志认为，像中国这么庞大的人口，不会出现老化问题。人口老化主要是由出生率和死亡率降低引起的。西方国家目前的人口老化问题，主要就是由近百年来出生率连续降低所致。我们倘若按照所论的模式发展，出生率降低的速度要较之世界任何国家都剧烈，因此，其老化程度必然最为严重。

2.人口老化究竟意味着什么？人口老化的后果问题在人口学界仍是有争议的。但按照目前我们所论的模式发展，必然会产生这样几个社会问题：第一，虽说由于平均寿命的延长而延长了劳动年龄，但这总抵不上其缩小再生产失去的劳动年龄的人口。第二，年龄大的劳动者虽然具有更为丰富的经验，但就平均生产效率来说，仍然要低于公认的劳动年龄内的劳动者的生产效率。第三，老年人的绝对和相对数量的增加，特别是将出现 1.5 亿无子女照顾其生活的孤独老人，一方面导致养老基金和社会保险基金绝对量的巨大增长；另一方面，由于社会生产和社会生活的社会化还未达到相当高的程度，再高的社会赡养费也无法弥合不完全的家庭(没有儿女的家庭)所造成的生活上及精神上的缺陷。第四，那时将面临一个在扣除巨额的养老基金以后，还能提供多少扩大再生产的建设基金，用以赶超世界先进国家的严重问题。

3.将来是否会存在劳动力、兵力的缺乏问题？一个国家对劳动的需求与具体的经济结构是分不开的。按照四二一的年龄构成，说将来劳动力充足是不妥当的。因为历史上并没有为我们提供过这样特殊的例子。至于兵源问题，在劳动力并不宽裕的情况下，也是难以保证充足的。

4.在人口发展上能不能立即要求达到西方的增长率？

如果按照我们所论的发展模式，人口增长水平很快就将赶上西方最低生育水平的国家。有的同志认为,西方国家能够达到的增长水平,我们为什么不能？第一，西方国家大都经历了百余年的出生率缓慢下降的过程,在这100多年的历史中,大多数国家的人口自然增长率都曾多次出现回升的现象。我国在短期内已持续使出生率以任何国家都没有过的速度下降,并且在此基础上再下降到最低水平。第二,西方出生率极低有其经济的和社会等方面的原因。就经济来说,一个家庭有了孩子,经济生活水平明显下降。据《德意志年鉴》报道,一个家庭有两个孩子,生活水平下降40%,有四个孩子,下降60%。看来尽管西方生活水平比我们高,但就其本身来说也存在着一个养不起过多孩子的问题。就社会原因来说,西方出生率降低并不是一种社会制度或生产力先进的必然表现,而是在那种制度下,人们企图逃避自己对社会和历史职责的一种行为。第三,西方国家对劳动力的需求和对其他商品的需求是相同的,可以用自由的移民政策调节对劳动力的需求,而且总的情况是先进国家大都缺乏劳动力,吸收国外廉价劳动力。我们不可能采取这种办法。可以认为,在经济建设上有一个"中国式现代化"的问题,在人口问题上我们也存在一个适应自己特点的发展道路问题。

5.这一模式的实行有无基础的问题。第一,这一模式是在我国20多年未搞过人口普查、人口自然构成的底子不清、各方面资料不全的情况下提出来的,不可能有什么科学的必然依据。第二,这一方案不是在人口学界和经济学界提出,更毋庸说认真地、反复地讨论了。第三,我国社会生产力相当落后,在这种情况下要求出生率比西方国家低,是不现实的。特别是我们作为一个农业国,其出生率的降低应该伴随着工业化的过程一起进行。试看表 3 所列的几个国家每千人出生率的变化。

表 3　19 世纪以来几个西方国家不同时期每千人的出生率

（单位:‰）

国　　　　家	1870—1879	1910—1914	1933—1938	1976
英　　国	35.5	24.3	14.9	13
联邦德国	39.2	28.2	18.9	10
美　　国	37.0	25.1	17.0	15
保加利亚	37.0	38.9	26.4	17
意大利	37.2	32.0	27.2	16
罗马尼亚	35.0	42.3	31.1	20

可以看出,这 6 个国家在 19 世纪 70 年代的出生率是极为接近的。但是,前三个国家工业化开始得早,因此出生率在第二次世界大战以前就下降得很快了。而后三个国家在战前还是很落后的农业国,只是战后加快了工业化和农业生产现代化的速度之后,才出现了出生率明显下降的趋势。我国人口问题的根本解决,也必须伴随农业生产的发展和根本变化才能进行。另外,如果我们仔细研究表 3 就会发现,前三个国家有了 100 年的出生率下降的历史,后三个国家有了 50 年以上的历史。而且共同点是,这些国家都是经过 50 年左右,个别也在 20 年以上的时间里,出生率才下降 10‰。我们认为危险和困难的是,在不到 10 年里,我国人口出生率已经下降了将近 20‰,在此基础上还要再下降到 10‰以下,这不可能不带来很多严重的社会后果。

有的同志认为,在今后几十年里,我国的社会生产力将要迅速发展。因此,那时将能够很容易地克服出生率急剧下降造成的困难。这种认识是不负责任的。在社会生产力有较大提高的基础上,人民生活和国民经济的发展都要求有更高的水平和增长速度。因此,它同样要求有合理的人口年龄结构。在任何社会历史阶段,人的生产和经济发展都要相适应。劳动力和自然资源的开发,劳动力和生产资料的生产,人口和消费资料的增长,以及人口年龄构成都必须有客观的、合理的比例关系。反之,盲目发展,不论是人口发展过于迅速或者人口缩减过于剧烈,都会给社会经济的发展和人民群众的生活带来很大困难。

最后,根据目前我国经济发展水平,要求大部分或全部家庭只生一个孩子,对于绝大多数群众来说,也是难以接受的。在现在和今后一个较长时间内,家庭仍是我国人民群众生活的基本单位。这既是由社会生产力决定的, 又是我国基本经济政策、法律制度所反复肯定的。况且各个地区、各个经济组织和各个家庭的经济条件都不一样, 每个家庭从安排自己的生活着想, 势必会考虑到一个孩子所带来的无法克服的困难。特别是在文化和交通不便的落后地区,孩子结婚后,身边无人照顾,老年人的日常生活就难以安排。因此,许多群众的顾虑也不无道理。从国家的角度讲, 我们也应考虑到这些情况, 尽量避免采取将来会有半数老人无亲生子女照顾的政策。

有些同志认为,我们提出的是"争取",倘若能达到更好,达不到也无妨,这是很不严肃的。讲出去了而又达不到,影响我国政府在国内外的声誉,而人口还是控制不住。因为人口政策在脱离客观规律的情况下,是无法影响人口发展过程的。

结论:这一模式没有抓住我国经济、人口现状的特点。我国人口状况的特点是最近 10 年内将出现高峰,而 30 多年后将又开始出现死亡高峰。这一模式在生育高峰期间采取简单的强制和不准出生, 在死亡高峰期间又将导致人口再生产迅速萎缩, 使人口更替处于无法补偿的困难之中。根据这一情况, 倘若有一种方案能在最初这十几年中, 将人口出生加以调剂,削去高峰的浪头,尽量能在 30 年后的死亡高峰时,政策不作大的改变, 死生也能大致相抵,就可以较好地解决我国人口问题。

三、对我国人口发展的几点建议

根据我国的实际情况,今后几十年内人口发展较为可行的办法应该是:

从 1980 年起,在每对夫妇只生两个孩子的基础上,将两胎的间隔严格控制在 8~10 年,即按目前城市晚婚年龄 25 岁左右结婚的夫妇,其两胎间隔为 8 年,按目前农村晚婚年龄 23 岁左右结婚,其两胎间隔为 10 年。另外,再辅之以一定比例的一对夫妇只生一个孩子的措施。按此要求,可望在 2010 年,人口达到 11.1 亿时实现零增长。

这一方案的具体实施步骤是①：

1980—1989 年，因为两胎间隔为 8 到 10 年，每年仅出生 1000 万，倘仍按目前 600 万死亡人数计，净增 400 万，自然增长率为 4‰，期末总人口为 10 亿。1990—1999 年，通过 10 年的工作，可争取每年有 30% 的夫妇只生一个孩子。这样，每年出生人数将是 1700 万，死亡人数按 800 万计，净增率不到 9‰，期末总人口为 10.9 亿。2000—2009 年，继续保持 30% 的一胎比率，但进入初婚年龄青年为 1980 年后出生的人口，每年计 500 万对，实出生人口为 1200 万，死亡人数仍按 1000 万计，净增人口为 200 万，期末总人口为 11.1 亿。到 2010 年，生第一胎的将是 1990 年出生的 850 万对，加上 70% 的 500 万第二胎，实出生人数为 1200 万，这时的死亡人数仍按 1200 万计，则人口变动基本稳定。2015 年以后，估计我国人口死亡率将开始进入高峰期，每年 1300 万到 1400 万，这时可放弃一对夫妇只生一胎的政策，每年计出生 1350 万，生死大致相当。2020 年，进入初婚年龄的青年将是 2000 年后出生的孩子，每年计 600 万对，再加上 850 万对第二胎，实出生人数为 1450 万，死亡人数为 1400 万左右，增长率仍接近 0。倘将上述方案实施过程列表，大致如表 4。

比较两个方案，倘按 2000 年争取零增长的方案（以下简称为 A），期末总人口为 10.5 亿。倘按 2010 年达到零增长（以下简称为 B），期末总人口为 11.1 亿。时间推迟了 10 年，人口增长 6000 万。但 B 较之于 A 有如下明显的好处：

表 4　按"晚婚和间隔"方案预测的我国人口情况

	1980—1989	1990—1999	2000—2009	2010—2015	2016—2020
期末人口（万）	100000	109000	111000	111000	111000
出生人数（万）	1000	1700	1200	1200	1350
死亡人数（万）	600	800	1000	1200	1400
净 增 率（‰）	4	9	2	0	−0.5
初婚夫妇（万对）	1000	1000	500	850	600
一胎比率（%）	—	30	30	30	0

---

① 由于城市青年在我国人口中比例不大，在计算中统一按农村青年计算。此外，晚婚年龄为 23~25 岁，为方便计算，统一按 20 岁计。此两种情况于期末总人口的影响不大。

1.人们容易接受。A 是建立在每对夫妻只生一个孩子的基础上,其要点是不准生二胎。B 是建立在两个孩子间隔为 8 到 10 年的基础上,其要点是调整二胎出生的间隔。显然,人们容易接受 B。虽然 B 中也有 30% 的一胎比率,但较之于 A 要现实一些。按 A 去做,在 1985 年就应达到 80% 的一胎比率,而 B 则是在 1990 年才开始要求实行 30% 的一胎率。且不说经过相同的工作,30% 要比 80% 和 100% 容易达到,而且 B 中还有 10 年的时间去做工作。在这 10 年以后,或因孩子大了,基本解除了家长怕一个孩子难于成活的顾虑,或因家庭生活已经习惯了,或因父母健康状况的变化,以及孩子已经 9 到 10 岁,升学、招工、就业等方面的条件很快就要具有现实的意义(就这一点来说,A 是不能做到的,别说决定只生一个孩子时离升学、就业的时间还很长,仅就社会大部分人达到这一点时,这种升学、就业的优先条件就不存在了),所有这些,都必然促使相当一部分家庭不愿再生第二胎。可见,B 的要点不在于一胎,但结果还必然导致一胎率的比例提高。因此,B 较之于 A 要容易付诸实行。

2.可以避免严重的社会后果。首先,B 只伴之以 30% 的一胎率,经过社会自发调节,基本上可以避免社会将有半数老人无子女照顾。其次,老人多有所养,社会赡养费相比就少得多,为改变人口发展方向而作的经济投资也要少得多,更不会发展为固定的经济投资,这就不至于影响国民经济体制、结构和方向的变化。还有,B 是在我国人口年龄构成上还十分年轻的情况下出生率急剧下降了 10 年,接着又有回升的。而 A 是在直线急剧下降持续三四十年的情况下进行的。因此,当 30 年后人口开始老化时,B 已经过了出生率连续上升 20 年的时间,这就避免了像 A 那样由于出生率连续剧烈下降所导致的许多社会问题。最后依 B 去做,出生率最低的是 1980—1989 年这 10 年。20 年后,当老年人口比例增大,社会负担重,劳动力供应紧张时,较之年龄大的 1980 年前出生的人口由于数量多,仍可以多帮助负担数年。再过几年,1989 年后出生的年龄组的人口也比较多,又可以提前接应数年。这就避免了像 A 那样人口再生产规模一直萎缩,老人数量愈来愈多;劳动力供应紧张,人口无法调节的局面。

3.人口基本政策和社会生活稳定。B 是建立在晚婚年龄、出生人数、二胎间隔都很稳定的基础上,辅之以 30% 的一胎比率,这一政策几十年内都不再作变化。现在,最具有爆炸性的问题是一胎率,倘 30%的比例,经过一些宣传工作和经济方面的鼓励政策,是可以做到的。而 A 是将要求 100%的一胎化,这必须靠强硬的行政手段才能奏效。而且当社会大部都达到时,如招工、升学、参军、住房等方面的优待条件又无法兑现了,这些都很可能成为社会政治局势不稳定的因素。

4.具有直接的现实意义还在于,目前,我国人口学界处于复苏阶段,人口资料的底子不清,因此,预测和规划都欠依据。但同时这 10 年又处于出生高峰时期。切实的规划拿不出来,人口却在不断地增加。执行了 B,则起到"快刀斩乱麻"的效果。首先把这 10 年出生率降到最低水平,用这段时间积极搞好全国的人口普查,建立人口科研机构,加强人口科学研究,到期末总可以提出一些较为实际的办法来。另外,20 世纪末的这 20 年里,是我国经济飞速发展的时期,而最初这 10 年又恰是我国国民经济困难,为以后经济飞速发展打好基础的 10 年。因此,在这 10 年里,把我国出生率降到最低水平,对于增加我国经济建设基金,保证更多的人口以充沛的精力投入四化建设,都具有很强的现实意义。

当然,B 也有很多缺点,比如间隔放到 8 年到 10 年,这是很长的。但是,目前我国人口现状决定了要控制人口,全国人民就必须花费一定的代价,做出一定的牺牲。现在的选择就看哪种做法牺牲小一点,产生的社会效果更好一点。

(写于 1979 年 8、9 月)

中国人口变动五十年展望①

第一部分 五十年人口发展过程

一、人口发展趋势

人口发展趋势是指现实人口在某些因素的推动下，将要显示出来的一种态势。对人口发展趋势的说明，实质上是对以某些因素为前提条件所设计的人口发展方案的各个方面进行的预测。历史上从来没有哪一种方案能够完全实现，但这并不说明人口预测不重要，而只说明人口发展过程的复杂性。它除受经济条件的决定性制约以外，还受政治、文化、宗教、生活习惯、社会心理等各方面的影响。即使经济的原因也是通过大量偶然性表现其必然的趋势。因此，别说细节，就是总的趋势也往往与预测有很大出入。但人口预测毕竟可以给人们提供在某种条件下将要出现的人口状况的大致情况。因此，人们对于自己的前途就不至于那么盲目了。如实地记述某种人口过程或即将出现的人口趋势，是科学工作者的任务。

二、必须注重人口年龄结构方面的预测和分析

许多人对于人口预测只注重人口总数的变化，而对于将要发生的某一静止状态的人口构成则不予理睬，这是一个误区。某时社会总人数只反映了人口量的方面，而揭示多种构成则是在说明它的质，特别是年龄

① 此文曾在《经济问题》1980 年第 5 期上发表。

构成被揭示出来以后，才算真正了解了这一时期的人口状态。基于这一理由，我在后文主要是想揭示人口的各种构成，特别是年龄构成。但是，我国已有 16 年未搞人口普查，无详细和准确的资料，文中数字只能是匡算的结果，可以大致反映各时期的人口状况。

三、20 世纪最后 20 年人口发展状况

人口发展过程的预测，除了掌握比较准确的人口状况的一些数据外，最重要的就是选择人口发展方案。现在，我们选择的方案是正在争取的准备 20 世纪末人口增长为零的方案。

1. 人口总数

2000 年当人口增长为零时，全国总人口将达到 10.5 亿左右。

表 1　1980—2000 年中国人口变动情况　（单位：万，‰）

年份	总人口	出生人口	死亡人口	净增人口	出生率
1980	97800	1560	600	960	15.95
1985	100700	1100	650	400	10.92
1990	103300	1040	700	340	10.07
1995	104600	970	800	170	9.20
2000	105000	900	900	0	8.50

2. 20 世纪最后 20 年人口变动情况

这一方案的实施过程有以下几个假设条件：第一，随着年龄构成上的变化，老年人口上升。1984 年以后，死亡人数将逐步上升，2000 年达到 900 万左右。第二，1980 年人口自然增长率必须为 10‰，并以此为方案实施的起点。第三，自然增长率在 1985 年以前，平均以每年 1‰ 的速度下降，以后以每年 0.4‰ 的速度下降。

在这 20 年人口变动过程中，虽然出生人口和出生率不断下降，死亡人数连续上升，但总的发展趋势是人口在不断增长。

3. 人口再生产特点

本方案是在近 10 年中，人口出生率由 1971 年的 30.7‰ 下降到 1980 年的 16‰ 的基础上实施的。平均每个育龄妇女生育孩子的个数由 1975 年的平均 2.9 个下降到 1978 年的 2.3 个。1980 年后将以更快的速度下

降,2000 年将下降到 0.9 个以下，即合计特殊出生率将为 0.9 或更低,纯再生率在 0.5 或 0.4 以下。这是由于在 1986 年至 2000 年将有 2000 万对夫妇不得生一个孩子(见表 2),否则人口总数还将突破 10.5 亿。这种一对夫妻只生一个孩子虽然于全社会讲还在增加人口，但从两代更替的角度讲,就成了减半的缩小再生产的人口过程。

表 2　1980—2000 年中国人口再生产的特点　（单位:万,%）

年份	平均每年 出生人数	平均每年 结婚对数	一胎婴儿 比　率	每年无孩子 夫妇对数
1980	1560	750	0	
1981—1985	1290	1000	69.00	
1986—1990	1104	1300	100	196
1991—1995	1036	1200	100	164
1996—2000	950	1000	100	50

4. 经济年龄结构的演变

到 2000 年,由于出生率已经经过了 30 年的连续下降。年龄金字塔呈萎缩型。因为 20 世纪 60 年代中后期出生的人口这时正当 30 多岁,以及围绕这次出生高峰的两个峰波也正当劳动年龄（20 世纪 50 年代后期大量出生的人口为 40 多岁），这时的经济活动人口是最为旺盛的时期。并且，新中国成立后出生的人口比新中国成立前要多得多，但还未到退出劳动年龄的时候。而近 20 年出生率又压得最低,故社会负担人口又最少。如果用年龄三区分法表示,0~14 岁人口是 1.4 亿,15~64 岁人口是 7.34 亿,65 岁以上人口是 1.76 亿。

5. 各种指数及其含义

2000 年社会附属人口指数(%)将分别为:少年人口指数 19,老年人口指数 23.97。所以,社会负担指数将是 42.97。也就是说,每一百个劳动年龄的人口负担 42 个附属人口。其中少年人口为 19 个,老年人口 23 个。

从劳动经济学的观点来说,分析人口状况主要是看劳动人口和其他各种年龄人口构成的关系。而在一定程度上说,2000 年以前的劳动力已成为既定的条件和事实。因此，它并不与同期内的人口政策有更为密切的内在联系。

四、21 世纪最初 30 年人口发展状况

倘 2000 年人口达到零增长,在 21 世纪里,人口将向何处发展?那时的人们仍将面临三种抉择,一种是开始减少人口,一是增加人口,其三是人口持平,即每年仍保持零增长。我们以第三种方案为基础,讨论一下 21 世纪最初 30 年人口发展过程。

1. 人口总数

由于人口保持零增长,每年生死人口数相抵,因此,21 世纪最初 30 年的人口将保持在 10.5 亿左右。

2. 人口内部的变化与更新

虽然人口总数保持不变,从形式上可称之为静止人口。但其实并不静止,内部各年龄层的人口在不断替换与更新着。我们以每 5 年为一组看一下 30 年人口变动。

由于 21 世纪最初 30 年,我国人口的死亡数将比 20 世纪最后 30 年每年死亡人口多,因此,每年出生的人口将有所上升。此外,在分析 20 世纪最后 20 年人口变动过程时,我们曾指出过人口构成上的变化,即老年人口比重的上升。2000 年以后,这种趋势将继续发展。所以,30 年中,人口的出生数和死亡数都将上升。需要指出,2030 年以后,这种趋势还将持续发展。因为 20 世纪 60 年代和 70 年代生育高峰的人口将进入老年期,人口的自然死亡率可能还要上升。

表 3   2000—2030 年人口变动情况 (单位:万,‰)

年 份	出生人数	出生率	结婚对数	育龄妇女生育
2000	900	8.57	1000	一胎化
2001—2005	1000	9.52	600	一胎率 30%
2006—2010	1200	11.42	500	40%的夫妇生三个
2011—2015	1300	12.38	450	每对夫妇生三个
2016—2020	1400	13.33	400	25%的夫妇生四个
2021—2025	1400	13.33	450	每对夫妇生三个
2026—2030	1450	13.81	500	每对夫妇生三个

3. 人口再生产的特点

从表 3 还可看出,由于 2000 年以后,20 世纪 80 年代以后出生低潮的

人口开始进入初婚年龄,而死亡人口却逐年上升,为保持总人口不变,就必须缩小一对夫妇生一个孩子的比率和鼓励每个家庭生两个孩子。2006年开始还将有40%的夫妇生三个孩子,逐年发展到全部新婚夫妇生三个孩子,甚至要求相当一部分夫妇生四个孩子才能保持社会人口不减。从这种为维持社会一定数目的人口再生产来说,可称之为人口发展过程是简单再生产。

4. 年龄构成上的变化

在人口构成的诸方面中,年龄构成是最为紧要的。

表4　2000—2030年各年龄人口　（单位:亿人）

年份	0至14岁	百分比	15至64	百分比	65岁以上	百分比
2000	1.40	13.33	7.34	69.91	1.76	16.76
2010	1.40	13.33	7.21	68.67	1.89	18.00
2015	1.58	15.00	6.72	64.00	2.20	21.00
2020	1.75	16.71	6.25	59.52	2.50	23.82
2025	1.85	17.62	5.75	54.77	2.90	27.61
2030	1.91	18.20	5.19	49.42	3.40	32.38

2000年以后,少年人口开始缓慢上升,这是由于死亡人数上升导致出生率提高,出生人口比之过去略有提高的缘故。但老年人口上升的趋势要迅速得多,这是因为新中国成立后出生的人口开始陆续进入老年层,而每年进入劳动年龄的人口却正是出生率最低的人口。因此,造成2030年左右劳动年龄的人口接近于老年人口的数字。需要指出,20世纪60年代后期和70年代初期出生的人口,在2030年以后将进入老年层,这可能加大老年层人口的数量。而21世纪初期每年出生的人口总是不足1500万,这就势必造成老年人口将超过劳动年龄的人口。

5. 年龄结构的各侧面

讨论年龄结构是为了说明社会内部各年龄层之间的关系。

表5表明,2010年以后社会负担指数越来越大,与现在不同的是,不是由于少年人口的比重太大,而是由于新中国成立后出生的人口逐步退出劳动年龄,成为社会中被赡养人口。20世纪50年代后期、60年代和70年代初应视为连续的出生高峰期。因此,在2010年以后,老年人口指数越

来越大，造成每年进入劳动年龄的人口比退出劳动年龄的人口要少得多。这样，用百分比数字表示出来，老年人口指数和社会负担人口指数上升的速度将要迅速得多。

表5　2000—2030年主要人口指数　（单位：%）

年份	附属人口指数	少年指数	老年指数	老年化指数
2000	43.05	19.07	23.98	125.00
2010	45.63	19.42	26.21	135.00
2015	56.25	23.51	32.74	139.24
2020	68.00	28.00	40.00	142.86
2025	82.60	32.17	50.43	156.76
2030	102.31	36.80	65.51	178.01

同期，少年人口的变化要小得多。因为2000年以后，人口总数维持在10.5亿左右，死亡人口是缓慢上升的，出生人口也随之缓慢上升。但老年人口变化得很剧烈，因此，老年化指数变化也很快。

6. 年龄结构金字塔分析

20世纪60年代中后期和70年代初是我国人口发展史上出生人数最多的时期，从70年代中期开始出生率就一直处于下降过程中，90年代是出生人数最低的时期。到2020年，出生人口最少的年龄组人口已经进入了劳动年龄。2030年，这部分人已经成为支撑社会的主要力量。此外，劳动年龄层的特点是劳动年龄高龄化，即劳动年龄的人口中，老年人口的膨胀。虽然劳动年龄的人口不少，但大都已接近退休年龄。相反，在劳动年龄中具有重要意义的30岁左右的人口开始有减少的趋势。形成劳动年龄层的人愈来愈少，而两方面的负担人数又都有增长的趋势，特别是老年人口增长势头很猛。

五、50年出生率变动情况

考察人口自然变动主要依据有三个数字，即出生率、死亡率及自然增长率。但是，从经济学角度来讲，考察人口变动情况主要是为了分析若干年内人口内部的劳动资源情况。所以，在其中应主要分析出生率的变动。

从 1980 年—2030 年共 50 年中,出生率总的来说是被压得很低的。具体来讲,1980 年的起点是在 10 年急剧下降的基础上开始的。从 1980 年到 2000 年仍然是下降趋势。2000 年以后又开始缓慢回升,其中 2000 年为我国出生率最低的年份。从表面上看,20 世纪最后 20 年的出生率下降幅度好像不大, 但却是难度最大和最困难的。因为它已经接近了人类再生产的最低状态。相反,后 30 年出生率虽然有所上升,但上升的趋势却是极为缓慢的,因为它仍然被压得接近于最低水平。

第二部分　50 年人口变动过程的分析

一、为什么要讨论人口发展 50 年

我在全国第二次人口科学讨论会上指出,2000 年以后,甚至在 2030 年左右将可能出现一些社会问题时, 有的同志曾就此提出不同的看法。这些同志认为, 我们目前讨论的是现实的人口问题,执行的一些人口政策也是最近若干年的事,为什么要涉及半个世纪?

我们认为,人口过程的特点具有历史的连续性。有些人口现象虽然是现实发生的, 但其后果却将潜伏几十年才暴露出来,不讨论可能出现的后果就不足以说明现实问题的历史地位。其次,我在这里讨论的也不是近几年里的人口问题,而是讨论 20 年的人口问题。20 年,足以成为一代人的岁月,也足以造成某种社会后果。再次,我们所讨论的现实人口再生产模式在中外历史上都未曾有过,在现实中或许有它的必然性,但在历史发展过程中究竟怎样?应该说明。又次,从现在起 50 年左右是我国飞速发展的时代,而这种发展毕竟是中华民族的历史。20 世纪最后 20 年应该蓬蓬勃勃。21 世纪最初 30 年不能凄凄惨惨,而应把 21 世纪一开始就搞成有希望的年代。为此,也有必要讨论人口过程 50 年。最后,我是为了说明最近 20 年的事情,而必须探讨后边的 30 年。也即是说,为说明前 20 年,必须说明后 30 年。说明后 30 年的目的在于说明前 20 年。因此,必须分析人口变动 50 年。

讨论后 30 年有一个难于处理,但纯然是形式的难题,即后 30 年人口模式是什么? 也就是说,2000 年以后人口将采取增长、减少或零增长? 这与讨论问题并不发生本质关系。因为,我们讨论的是近 20 年的后果或在后 30 年中的影响。但它却往往给人以口实:当人们遇到质疑时就会说,那时我们将不采取某种人口政策,而将改变人口政策。这样似乎就摆脱了回答难题的义务。

为避免这一麻烦问题,我采取了折中方案,即 2000 年以后选取人口不增不减。这是因为,倘若那时采取让人口增长的政策,不但与现今努力相悖,而且很可能前功尽弃。2000 年初婚夫妇每年也不过 600 万对,死亡人数却在 1000 万以上,初婚的育龄妇女是满足不了人口增长要求的。而那时 20 岁到 40 岁的育龄妇女将在 2 亿左右,20 年中被压在只准其生一个孩子的限度以内,若稍有变化,来次补偿性生育,总人口必然突破 14 亿,造成人类发展史上从来没有过的生育高峰。相反,继续采取一胎化,造成的人口老化等问题会更迅速,这会使一些人在讨论中拒绝回答问题,或把前 20 年的问题推诸于后 30 年的人口政策。为此,我过去和现在都选用人口持平的方案,即在说明 30 年后可能出现的一些问题时,就已经改变了人口政策。

二、再谈人口老化问题

现在认为我国人口多,不会发生老化的认识不多了,这是因为这些同志已经明白了人口老化是出生率和死亡率持续降低必然产生的结果。人口越多,人口老化造成的社会问题会越严重。有些同志从造成老化的原因又得出结论,说人口老化并不可怕,或者说是一种历史必然性。这看怎么说,人口一定程度的老化可以说是好事,这说明社会生产力发展了,人们战胜自然力、战胜疾病的水平提高了,平均寿命延长了,所以,一定程度的人口老化出现了。这当然没有什么不好。但这必须放在一定程度之内,是死亡率降低的结果。如果一味把出生率尽量压低,压得低于一般水平以下很多,超越了界限,造成人口严重老化,不一定也是历史的趋势。人口老化问题应该具体来讨论,而不应抽象地说它好与不好。

我国的人口结构目前处于年轻型,65 岁以上老人在总人口中占 6%~7%,1990 年可能接近 10%,2000 年将超过 15%,较接近于西方国家目前的老化程度。2010 年以后,人口老化过程越来越快,越来越严重,2015 年将由前 5 年的 18%发展到 21%,2020 年 23.82%,2025 年为 27.61%,2030 年为 32.38%。应该说明,2030 年以后的 10 年,人口老化过程还将以更快的速度增长。

我国人口老化的这一过程从速度上来说是相当快的,特别是 2000 年以后,步子越来越快,如果以 2010 年为 100,10 年后老化程度增长到 132%,20 年后增长到 180%。高峰时,老年人口将达到 4 亿左右。也就是说,每 10 个人中,将有 4 个人是 65 岁以上的老年人。老年人口从 8%提高到 18%,法国用了 177 年,瑞典用了 103 年,英国 56 年,日本估计需用 40 年。而我国以此推算仅十几年就可以完成了。24%是日本 70 年以后的预测,25%以上是至今世人难以相信的数字。

讨论老化并不是目的,它应服从于对社会劳动人口的支撑力的研究。

三、再谈社会负担问题

2000 年以后我国的社会负担将会有多大?如果仅仅看了第一部分中推算的各种指数以后,还不能清楚明白地感觉出来,现在可以和日本同期的几个负担指数比较一下。需要说明的是,这里引用的是日本东京庆应义塾大学安川研究室的推算数字,是以每对夫妻平均生 1.7 个孩子为标准的。

如果对照表 5,我们可以发现,2000 年两国的社会负担指数较为接近,特别是老年人口指数很相近。但 2010 年以后,我国的老年人口指数飞速上涨,致使 2020 年以后我国社会负担比日本要重得多。这一对比充分说明,从社会负担这个角度来说,我国在赶日本等先进国家的过程中,不仅生产力处于落后状态,而且负担一直比之沉重。

目前,发展中国家的社会负担指数一般都比较高。这是由于较多的少年儿童造成的,一般都达到 180 左右。发达国家的负担指数一般在 130 左右。我国在两者之间,但目前困扰我们的主要因素在于青少年太多。如果我们 2000 年以后少年负担减轻,却又陷入人口老化的境地,将会极大地制约我国的经济社会发展。我们奋斗几十年，把儿童负担改换成老年人口负担，这种负担指数内涵的改变，意味着重大的灾难。

表6　2000—2030年间日本社会负担指数　（单位:%）

年份	社会附属人口指数	少年指数	老年指数
2000	47.96	25.15	22.80
2010	55.32	26.03	29.29
2015	59.01	25.10	33.91
2020	59.18	23.79	35.39
2025	58.41	23.47	34.94
2030	59.11	24.14	34.98

到2000年以后，社会将有半数老年人处于无自己儿女在身边照顾的处境，最高将超过2亿。现在许多人把这些无儿女抚养的问题推之于社会保险，这些老年人倘能有幸都享受到社会保险，不用多算，假如每月社会花在每个老人身上的养老金其中包括住宅、设备的投资，生活费用，医疗卫生和用于工作人员的报酬等，以20元计，全年国家就需拿出480亿元。这相当于1978年国民经济投资总额。显然，就连这个数字的一半，国家也是拿不出来的。

如果计算一下劳动力，社会保险方面的投资就更可观了。所有工作人员计算在一起，每五个老人平均一个工作人员，这样的数量是不大的，但整个社会就必须有4000万劳动者从事抚养老人方面的社会保险工作。这个数字是1978年全民所有制职工总数的一半，或者是2020年全部劳动年龄人口的7%。

以社会保险的形式把无人照顾的老年人包下来，很重要的一个方面是老年人的医疗卫生问题。从上海市1952年和1978年主要死因百分比的构成来看，老年病的死因比率越来越大（见表7）。但目前我国别说老年病医生不多，就连一般医生的数量也很少。倘若把每千人平均1.1个医生、1.9个床位，提高到现在先进国家的每千人2名医生、10个床位，就必须在20多年内把医生由100万增加到200万。如果2020年达到这一数字，每年就必须有5万名医科大学生被培养毕业。

表 7　上海市 1951 年和 1978 年死因构成表　（单位：%）

死　因	1951 年	1978 年
传染病	35.8	1.2
恶性肿瘤	1.2	21.1
心脏病	3.7	33.3
呼吸系统病因	3.2	11.7
消化系统病因	2.8	5.1
外伤中毒	3.5	9.4

大部分老年人加入社会保险还将改变社会的消费结构。过去由家庭为老年人加工的食品和日常用品，现在都必须是社会直接供应。并且，老年人口在人口总数中比重的提高，社会保险费用的加大，都将使整个社会消费品供应的重点越来越转移到老年人口方面来。适用于老年人口的食品及其他消费品会越来越多，比重会越来越大。

社会保险的结果不只是上面的一些影响。无儿女照顾其生活的老年人进入社会保险后，为了便于管理，必须把这些老年人相对集中于交通方便的地方，相应医疗卫生事业的发展、为老年人服务的商业和其他文化机构的建立及发展往往又形成新的消费性城镇，这都将改变经济布局，带来人口都市化的新课题。

老年人口社会保险化对国民经济结构、就业结构、消费结构和国民经济投资的比重等方面将产生越来越严重的影响。社会每年以数百亿资金投资、数千万工作人员的部门，在目前讲，任何产业部门都是望尘莫及的。届时设立如此庞大的部门去搞非生产性工作，可能性不大。

社会保险不可能解决大部分老年人的问题。西方那种社会保险是一种历史发展的产物，它具有经济、文化、社会传统习惯等方面的原因，并不是一下子能够形成的。单以经济条件来说，在国民经济各部门中，每年投资数百亿金额的部门，无论如何在几十年内是没有条件达到的。

当然，社会无论采用什么方案，都不会改变老年人的绝对数量。但是，第一，不同的人口方案造成不同的人口年龄结构，因而社会负担的程度就不相同。第二，家庭抚养还是社会抚养会造成不同的经济结构、就业结构和消费结构，社会支出大有不同。

四、再谈劳动力的资源问题

作为社会资源的劳动力既有绝对量的问题，又有相对量的问题。抽象地谈论劳动力是否充足，如同争论针尖上能站几位天使一样，纯粹是一个经院哲学问题。

现在有一种说法，讲什么20世纪以内是不会存在劳动力不足的问题的。这等于什么都没有说。我们知道，劳动力再生产的周期是比较长的，而且随着技术的进步还有延长的趋势。目前以20年为标准，即是说新成长的劳动力必须到20岁时才能接替老一代人的工作，或进入工作年龄。20世纪剩下最后20年的时间，这就是说，20世纪以内的劳动力已经成为既与的，即使这20年中不再生一个孩子，20世纪内也不存在任何劳动力不足的问题。

有许多同志以为，在一个有十几亿人口的国家里是不会发生劳动力缺乏问题的。这种观点不外乎是说，人口多，将来劳动力的数量多。这只是劳动力绝对量的一个方面。比如说，3亿劳动力当然应该说是很多了。但能不能说够用呢？这就看放在什么结构的总人口中。倘把它放在7亿老年人中，这3亿劳动力也是不足的。这就是说，还有一个相对量的问题。即使在一个劳动力很充足的人口总体中，其社会总体虽然说不变，但其内涵在不断变化着，即年龄结构在不断变化着。丰富的劳动力资源由进入劳动年龄又退出劳动年龄，这个过程标志着这一庞大人口群由被抚养到为社会吸收创造财富，之后又被社会赡养；与此同时，人口内部在不断重复着这一过程，这就为我们带来许多不同的新课题。

人口多并不能成为劳动力必定充足的原因。笔者把东欧、西欧、北欧和苏联的人口加在一起，共6亿多，应该说是人口众多了。但这些地区的劳动资源不但不充足，反而很紧张。有人讲今后我国每年仍有近千万人口出生，不会导致劳动力紧张。每年千万人口出生就不紧张？上面所说的地区和国家，1979年出生人口共计960万，平均出生率16‰，应该说对于6亿人口的地区来说不少了。他们尚且感到劳动力不够用，我们10亿人口在几十年里每年出生人口仅1000万左右，出生率在10‰以下，怎么能说劳动力必定很充足呢？是不是目前劳动力紧张是由于20年前出生人数少造成的呢？不是。1957年英国的出生率是16.5‰，法国是18.4‰，联邦德国是16‰，苏联是25.3‰。看来，比现在都高得多，这些国家劳动力还很紧张。目前的出生率不是现在劳动力紧张的原因，它影响几十年后劳动资源的供应。但正是在这些比我国生产力先进的国家，经济学家和人口学家都预言了他们今后劳动资源的枯竭。是不是由于劳动力参与率低呢？也不是。在劳动力参与率中妇女参加劳动的比例是最重要的一个因素。现在英、法、德等国妇女参加工作的为全部妇女人口的30%左右，苏联占44%。我们没有我国妇女参加工作的数字，但1978年全民所有制的职工中，妇女仅占29%。所有这些情况都说明，这些地区和国家的人口也不少，出生率和出生人数都比我们将来一胎化要求得高，但劳动力资源仍然很紧张。

技术进步也不一定必然要求人口和劳动力减少。科学技术近百年来有了突飞猛进的发展，而人口也有了成倍的增长。日本在20世纪60年代虽然遇到战后"育婴高潮"期间出生的人口进入劳动年龄，但技术发展和经济的崛起，劳动市场并不充裕。英、美、法、苏等工业先进国家近几十年科学技术都有很快的发展，但对劳动力的需求仍然是有增无减。联邦德国劳动力的绝对量每年都在增加，技术设备也日益更新，可劳动力却深感短缺。可见，科学技术进步和生产力的提高，虽说相对地节约劳动力，但并不一定意味着整个社会需求劳动力绝对量的减少。

即使生产力的提高能够节约和游离出一部分劳动力来，但社会需要的往往是逐渐成长起来的新劳动力，而被先进设备游离出来的却是壮年或者已近年老的劳动者，并不一定能解决新的行业所面临的问题。

先进技术和设备就是需要较少的劳动力，那么，我们在2000年将用什么程度的先进技术和设备？用目前发达国家的技术，还是届时将要和他们一样？假使我们在2000年以后很快赶上了他们，和他们使用相同的设备，但由于我们国家农业条件复杂，同等程度的设备也应比欧美国家多一些劳动力。此外，目前发达国家较高的出生率还都感到将来劳动资源有枯竭的危险，而我们要求的出生率较之发达国家还要低，有什么理由能保证一定不会出现劳动力紧张的局面呢？

劳动力的使用带有很大的历史性。在某种就业结构里，当在一代劳动者的工作岗位空出以后，习惯也要求新的补上去。这里并不常常碰到正好是技术革新或"合理调整"与退休人员相一致。正常的秩序是哪里退出空位，就立即要求新的工作人员递补上去。2020年前后，每年有2000万左右的人似潮水般退出劳动岗位，而进入劳动年龄的人还不足1000万。我不知这时社会还能不能开辟新的行业。

最后再说几句劳动力追加再生产的问题。现在有人说，当将来社会真的感到劳动力紧张时，再改变政策提出鼓励生育。第一，劳动力的再生产周期越来越长，即便用今天的标准来说，也需要20年。远水能不能解近渴？第二，劳动力越感紧张，妇女参加工作比例越大，生育率就会越低。第三，人口老化程度越大，被赡养老年人口越重，人们越不愿多生孩子，鼓励生育就不易奏效。可以设想，那时至少像今天节育一样不容易。

五、关于经济规律决定人口规律和其他

人类自身的生产和再生产是社会生产的一个基本方面。但是，人类自身的生产是社会基本经济规律间接地干预和影响的过程。所谓基本经济规律决定人口规律，就是说人类自身的生产和再生产有着自己特殊的规律。它受制于经济规律，但又不等于和直接表现为经济规律。那种认为社会主义经济规律要求计划生育，计划生育就是直接规定每个家庭只准生一个孩子的认识，是一种错觉。我们可以看到，甚至经济规律本身也不直接地和具体地规定各个家庭的经济和生活方式。

各种不同的社会形态有其特殊的人口规律。尽管它由该社会的基本经济规律所决定，但经济规律却不能代替人口规律。人口规律是人口过程中内在的和决定性的规律。但影响人口过程的也决不只有经济规律及人口规律，还有科学技术、文化、风俗习惯、宗教及社会心理等。某种社会经济规律和其他因素综合地影响着人口发展过程，总的来说决定了人口规模，但也并不是说直接规定了人口规模的数量。比如说，某种社会人口只能达到10亿，多了或少了就不是该社会经济规律和人口规律所要求的。显然不是这样。某种人口规模由该社会经济规律和人口规律所决定，也只是有个大致的幅度，我们不能认为它会增长得无限度，也不能企望它一味地少下去。

人口政策就是在这个幅度内调整人口规模。一些同志认为既然过去节制生育可以下降那么多，现在还可以继续下降，而且可以永远下降的认识是不正确的。我们只能在分析现在人口结构的基础上，制定出适用于目前人口特点的人口政策来，这种人口政策只能在某种幅度内起调节作用，超越了这个幅度，它就不会起到预想的作用。比如，一胎化政策的前景可以预言它的两种结果，倘若在 20 年内实行了，或者将造成 2000 年以后的一些后果；或者在 20 年中偶遇波折，就会出现补偿性生育。因为在我国目前经济诸方面，人口构成特点都不允许实行一胎化。

除经济上的考虑外，其他方面也不允许在农村实行一胎化。就医疗卫生条件来说，农村儿童死亡率要比城市高得多，全国农村婴儿死亡率的资料是难以统计的。但从上海市死亡人口的年龄构成（见表 8）可以看出，农村儿童死亡率在目前还是比城市高得多，尽管上海郊区的医疗条件并不比有些城市低。我们在这么差的医疗条件下，有什么理由要求农民只生一个孩子呢？

表 8　1978 年上海市区和郊区死亡人口年龄构成　（单位：%）

	0 岁	1~4 岁	5~14 岁	15~59 岁	60~79 岁	80 岁以上
市区	1.34	0.24	0.49	24.91	55.58	17.43
郊县	4.24	2.24	1.82	23.30	48.49	20.02

另外，实行一胎化将造成整个社会将有半数老人老无所养的局面。特别是由于农村经济落后，无儿女抚养的程度还会更高。因为随着经济发展，成千上万的青年人将改变他们的祖先居留的地区和职业，由农村转入城市。比如保加利亚 1946 年 60 岁以上老人在城市中占 9.3%，农村中占 9.6%，1972 年两个数字就分别成为 10.9% 和 21.7%。苏联 1959 年和 1970 年农村人口中 50 岁以上老人分别为 15.3% 和 18.2%，仅 1959 年到 1969 年就有 1640 万农村人口转为城市户口，占同期城市人口增长总数的 45.6%。可见，农村人口转为城镇人口是一种历史趋势。而这种历史趋势又将改变农村与城市人口的年龄构成，促使农村人口的老化过程。农村经济条件比城市差得多，而将来老无所养的比例却要比城市高得多。

现在有一种观点，说我们国家人口能否得到控制关键在于农民。而农民还有很大的个体经济的成分，在个体经济作用下的人口现象是一种无政府状态，是与计划生育不相容的，为了适应社会主义经济规律的要求，就必须对农民实行强制手段，只准许生一个，不能多生。这种观点是不对的，发展经济还有一个因地制宜的问题，怎么生孩子能没有一点选择，实行"一刀切"呢？

第三部分　中国人口发展战略

以上两部分的分析，绝不是说不同意对我国人口加以控制，而是对我国人口发展的前景做一些实事求是的探讨和说明，希望把我国人口出生率控制在一个适当的水平上。在一定程度上，提倡一对夫妇生一个孩子都是可以的，这有利于控制我国人口增长。但如果要实行一胎化的人口政策，我们就必须认真地考虑上面所提出的一些严重的社会后果。

此外，我相信正确解决我国人口问题的办法也是有的，我们并没有发展到必须让每对夫妇生一个孩子才能解决眼前困难的境地。只要人口学界和经济学界真正展开学术争鸣，好的办法总是有的。

（写于 1980 年春节）

关于我国人口老化的趋势和
对劳动资源问题的分析①

人口老化是发达国家近 20 年来人们茶余饭后谈论较多的话题,也是社会学家和经济学家、政治家、实业家越来越关注的社会问题。"人口老化"这个概念在我们国家被正式提及,也仅仅是最近的事情。但它能很快引起人们的重视和讨论,却是许多国家和民族无法企及的。

一

人口老化是指社会总人口中老年人的比重上升,老年人问题越来越突出的一种人口现象。由于各个国家和民族的政治制度、生产发展水平、社会福利事业、传统生活方式以及人口各种构成不同,其社会表现就不同。因此,人口老化如同其他人口现象一样,并无严格的规定。20 世纪 50年代,联合国人口学家建议根据 65 岁以上的人在总人口中的不同比重,把人口分为不同的等级。65 岁以上人口在 4%以下的民族称为年轻的人口,处于 4%到 7%之间为成熟的人口,7%以上为老年人口。但苏联等国家,仍是以 61 岁以上老年人的比重来研究人口发展状况。因为在这些国家和民族中,年满 61 岁就享受养老退休金,成为被抚养人口。目前,世界上最年轻的民族老年人数仅占百分之一二,最老化的民族老年人口比重

---

① 这是作者提交山西省经济学会首届年会的论文。

达到百分之十七八。虽然相同比例的老年人口在不同的国家和民族中引起的社会后果不一样,但由于老年人口的比重逐渐上升必然加重社会负担,影响社会精神面貌、消费结构和生产结构。因此,人口老化就成了由老年人增加而产生的经济、政治和社会等方面问题的一种特有的人口现象。

在一个封闭的人口发展过程中,人口老化是由出生率和死亡率的降低引起的。出生率降低意味着新的一代越来越少,死亡率降低意味着人们逐步战胜死神,有希望活到更高的年龄,从而社会平均寿命提高了,老年人口相对更多了。正是从这个角度来说,一些人把社会老化当成生产力发展的标志而称颂,而另一些人把它比做工业化带来的污染而毁誉。

人口老化过程既有一个速度问题,又有一个程度问题。相同的程度因为发展的速度不同,因而人口老化到来的快慢就不同,生成的后果不一样;相同的速度却因为程度不同,社会承受的压力也不完全相同。这像自然力一样,每秒 2200 米运行的热中子能起到百万磅炸药的威力,缓慢运行的万吨轧机也可使硬钢软如烂泥。爆发性的老化使社会在数十年里比比皆是暮年人,因为生产和生活设施都没赶上,因而措手不及无法应付。老年人比重太大,被赡养人口太多,社会负担不起。人口发展过程是一个极为复杂的社会过程,社会一定程度的老化要求经济、生活方式、文化教育、传统道德以及社会心理等都相应地赶上去。倘若其他方面赶不上去,别说社会负担和经济发展变化要受很大影响,就是老年人的日常生活和老年人的心理状态都会给社会造成严重的后果。比如,现在日本还未达到西方的老化程度,但因为民族习惯、生活方式、社会心理与西方不同,老年人比例骤然上升,带来许多社会问题:家庭不和、老年人生病治疗不及时和生活孤独、心理空虚。在全世界老年人自杀率中,日本妇女占第一位,男子占第二位。另外,在西方发达国家中,尽管人口老化过程缓慢,但由于日趋严重,不仅有许多老年人问题解决不了,而且劳动资源枯竭,不得不依靠外籍劳工补充本国少出生的劳动力。

我国人口的发展趋势怎样呢?这只能从对现实人口状况的分析中得出结论。现实的人口既是未来人口发展的基础,又是历史人口发展的结果。了解现实人口的特点,又必须从历史上考察。

据统计,我国在纪元前就是世界上人口众多的国家。但我们祖先人口从 1000 万增长到 1 亿,就经过了 3700 多年。此后,我国人口发展日渐迅速。但在第 1 个亿之上到增加为 4 亿用了 200 年的历史,这固然凝聚了封建社会和半封建、半殖民地制度下劳苦大众的苦楚,同时也反映了在以往社会制度中人口的增长仍然不那么顺利和容易。新中国成立后,人口由 5 个亿增加到 9 亿,仅用 30 年就完成了。因此,这 30 年是我国人口发展史上的一个最大的生育高峰。30 年出生了 6 亿多人口,平均每年出生 2000 万左右,净增率保持在 20‰。当这 6 亿多人口大部分都处于少年儿童期时,造成了巨大的社会抚养压力。当 60 年代后期这庞大的人口群进入青年期时,又形成新的生育高峰和就业压力。2015 年以后,当这群人开始退出劳动年龄层时,又将造成老年人口迅速上升,社会老化迅速发展的局面。

虽然我国人口发展的总趋势大致如上,但在不同的人口目标下,具体过程还有所不同。如果在 20 世纪最后这 20 年里,我们基本上实现了一胎化,然后维持社会总人口不增不减,那么,就将迅速成为世界上人口老化最为严重的国家。为什么呢? 道理很简单。我们是在过去出生率由 30‰多下降到 17‰左右的基础上,开始以 4:2:1 的模式,即以减半的缩小再生产规模要求生育的。这样就形成了,第一,新中国成立后 30 年的高出生人口是世界上少有的庞大人口群;第二,紧接着是这一代人把出生率压低到世界上任何民族都没有的水平上;第三,死亡率已经维持到世界各国最低水平上。所以,这必然造成庞大的人口群在大部或全部成为老年层时,老年人口比例最大,年轻一代人口最少的状况。据推算,目前我国老年人口不到 7%,10 年后可能接近 10%,2000 年接近 16%,2030 年为 32%。如果说日本用 40 年的时间完成了西欧 100 多年的老化过程,那么,我们则用 20 多年就走完了同样的路程。如果 2010 年为 100%,10 年后老化指数将增长到 132%,20 年后增长到 180%。从速度方面来说,世界各民族也是望尘莫及的。从程度上来说,我们 50 年要比迅速老化的日本 70 年的程度还严重(日本 70 年后指数为 24,我国 50 年后为 32)。

有些同志认为我国人口老化将是几十年以后的事,这是不正确的。时间和空间是物质运动的存在方式,如果离开具体的物质运动去抽象地讲时间,它可能是短促的,又可能是漫长的,我国人口老化过程的长短性,必须在确定了具体的人口发展主体以后才能说明。在目前9亿多总人口中,新中国成立后30年出生的就占据了6亿多。在今后四五十年发展过程中,6亿多的人口群将始终参与运动的过程,并决定未来人口的规模,而30岁以上的3亿多人口大部将逐渐退出人口发展过程。因此,在未来半个多世纪里,人口运动的主体是新中国成立后出生的6亿人口群,也就是说,我国人口老化的过程也即是目前30岁以下这一代人向高龄化发展的趋势。"老化"这一概念实质上是反映老年人这一代当初的生育水平。同时,也将一般地说明已经年老的这代人当初是以轻率的还是慎重的态度对待自己的晚年生活的。在死亡率变动不大的情况下,节育率越高,老化程度越严重;反之,老化程度就越轻。倘若如此来看,我们就不应认为中国人口老化是遥远的将来的事情,而纯然是30岁以下这一代人晚年的事,当然也就完全是"世人"的事。

了解了人口发展的主体,就可以理解把20世纪末或2020年以前的一些人口现象作为论证人口发展方案的依据,是多么荒谬。这些同志不是考察我国将来人口主体的晚年,即2020年以后的情况,而是津津乐道于这庞大人口群处于青壮年期的老化和社会负担问题。这如同考察一个人在青壮年时社会对他的抚养问题一样滑稽。在这些同志看来,因为20世纪人口老化和劳动力不足的情况不会发生,2020年以前也不严重(但已较之目前发达国家严重),所以什么人口方案就都是正确的了。殊不知,现在劳动力的再生产周期大致需要20年,20世纪也仅剩下最后的20年。所以,20世纪内的劳动力已经出生了。这就是说,即使今后20年内一个孩子不生,也不会影响20世纪内劳动力的供应问题。那么,能否说今后几十年内推行绝育的人口方案也是正确的呢?新中国成立后出生的人口在2015年以后才开始进入老年期,当然最近10多年里社会老化还不是最严重的。能否劝一个农民说:"你在50岁以前还可以自理,因此你年轻时就不要生孩子。"因为人口再生产的周期较长,现行的人口方案和现时的人口老化及劳动资源,一般地说并不发生直接的和必然的联系。我们不能用现时并不存在本质联系的人口现象去论证现时的人口方案的后果,更不能离开人口发展过程的主体说明人口发展过程的实质。讨论这一代人的生育水平，就应该以这一代人晚年时将会出现的后果为主要依据。

二

既然人口老化是由出生率的降低引起的，那就是说第二代人相对较少和老一代人可望寿命越来越长。这样，当较少数量的新的一代人成为支撑社会的劳动年龄人口时，已经步入老年层的人口就相对增加了。可见，社会老化过程的第一个后果就是社会负担加重。社会负担程度常用社会被抚养人口与劳动年龄的人口之比来表示，称之为负担指数。但负担指数又分为少年负担指数和青年负担指数。既然老化过程表明新出生的人口减少和老年人口比重上升，那么社会负担指数中老年负担指数就越来越重。我国人口构成的特点表明，由人口老化引起社会负担加重是21世纪以后的事。倘若仍按照前面讨论的人口模式发展，从2010年起，每过5年的人口负担指数为：45%、56%、66%、72%、102%。其中老年指数分别为26、32、40、50、65。在2010年，老年人口占被抚养人口的58%，20年后就提高到64%。可以看出，这20年的趋势是老年人口的负担越来越严重。

但仅仅了解了我们自己的负担指数还是不够的，应该和同期其他国家作一下比较。从目前日本的人口模式看，倘若20世纪70年代中期开始按每对夫妻平均生1.7个孩子，到2010年后的30年里负担指数一直稳定在55~59之间，老年指数在29~35之间。毫无疑问，在20世纪以后，尽管生产力提高了，但我们仍然面临着一个能否立于世界先进民族之林的问题，如从社会负担情况来说，我们却处于不利的地位了。

有的同志十分乐道于2025年以后的社会负担指数大致等于现在的负担指数。殊不知，第一，不正是目前这么大的负担指数造成令人头痛的人口问题吗？第二，尽管指数相同，但100个劳动力抚养70个少年儿童和30个老人，同100个劳动力抚养30个少年儿童和70个老年人，含义怎能相同？别说花费量不等，就是各种需求的对象也迥然不同。第三，既然相同的负担指数，即相同的负担量，我们为之奋争几十年，有何益处？所以，我们必须重视负担指数内涵的改变，而不能只看其数量上的变化。社会上大多数或相当多的人是少年儿童，还是老年人，对社会提出的课题是完全不同的。

有人认为，既然平均寿命延长了，人们就可以为社会更多地劳动或工作数年。现实生活中当然存在这种可能性。但平均寿命的延长并不完全等于平均工作年限的延长。工作性质和工作条件有一个生理上的限制，并不是所有年龄的人都永远胜任这些工作。其次，当社会负担没有加大到社会难以承受的地步，人们是不会主动让劳动年限延长的。比如说，职工退休的年龄为61岁，尽管目前61岁以上的人口已经多到使社会发展速度十分缓慢，但毕竟社会还可以承受，那么，平均寿命就是到了80岁，人们也不允许把退休年龄放到65岁。相反，社会照例要求61岁领取退休金。

从绝对量来说，2030年以后，在总人口的10.5亿中，将有4亿左右的老年人，即每10个人中有4个老年人。这比西方目前老年指数高了一倍还多。造成这种状况的原因是，目前30岁以上的3亿多人口中，将有40%左右可望活到那个年代，在其余的6亿人口中有百分之六七十都可以活到50年以后。

在4亿老年人中，将会有2亿左右的老年人老无所养。因为在几十年4：2：1的缩小再生产模式的发展下，全社会都是一对夫妇生一个孩子。倘若性比例为一，无论男到女家，或女到男家，孩子结婚后总有一方的老人处于无亲生儿女照顾其晚年生活的境地。而且，这种状况并不是平衡发展的，越是经济和文化落后的地区，孤独老人的比例会越大，不完全家庭（指无儿女的家庭）的比例会越高。这是由于历史发展的趋势决定的，劳动力总是由生产力水平低的部门向生产力水平高的部门流动。经济落后地区的劳动力向经济发达的地区流动，农村向城市流动，这必然加大农村及个别地区的老化趋势。据国际劳工组织的统计，1950年西方不满25岁的劳动者在农业中占25%，而到1970年只占5%了。目前，工业发达国家中的农业人口老化是更为普遍的现象。东欧国家的发展也完全说明了这种趋势。保加利亚1946年60岁以上老人在城市中占9.2%，农村中占9.6%，到1972年两个数字就分别为10.9%和21.7%。在26年里，城市老化指数上升了0.2倍，农村的老化指数上升了1.3倍。在苏联，1959年和 1970 年农村中 50 岁以上老人分别为 15.3 和 18.2。在这 10 年中，1640 万农村人口流向城市，占同期城市人口增长总数的 45.6%。仅在 1964 年到 1970 年这几年间，苏联农业劳动力中 20 岁至 24 岁的男青年就减少了 38%，女青年减少了 43.5%，25~29 岁中男女青年都分别减少了 29%。在有的农业区中，劳动力的平均年龄已经达到 50 多岁。在 2000 年以后，我国农村青年每有一名在城镇就业，就会给农村留下一对无依无靠的老人。这样，在全国平均有 50% 左右的老年人无儿女照顾其日常生活，而有些地区可能有百分之七八十的老年人处于这种状况。

这么大量的老无所养的人口，社会将如何处置？

不少同志希望用目前一些集体单位对孤独老人的生活安排，来论证将来的情况。这是极不妥当的。目前这些需要社会照顾的人是微乎其微的，将来仅无儿女在身边的老年人就占人口总数的 20%，这是无法相比的。更多的同志曾设想通过社会保险，即通过设立西方老年保险公司一类的形式去解决。就是说，我们将把家庭抚养老年人的职责改为由社会承担。这种纯属负担形式的改变究竟意味着什么呢？

假设这些老年人都能享受到社会保险，我们曾经作过计算，每人每月住房（包括住宅建筑投资）、日用设备投资、工作人员的工资开支、医疗卫生费用、生活费用等全部花费以 20 元计（目前大学生伙食费一项接近此数），全年国家用于老年人的社会保险就必须拿出 480 亿。这较之于 1978 年国民经济投资总额还要大。

如果社会开办保险事业以解决老年人的日常生活问题，把所有工作人员计算在一起，按每 5 个老年人有一个工作人员计，全社会就必须有 4000 万劳动力在老年人的社会保险部门中就业。这个数字接近 1978 年我国职工总数的一半。

以社会保险的形式把无子女照顾的老年人包下来，很重要的一个方面是老年人的医疗卫生问题。因为在生活水平提高的情况下，越来越突出的是老年病死因比例上升。有组织的社会保险单位里，如果平均 50 名老年人中有一名老年病医生和一个病床床位，整个社会就必须有 400 万医生和病床床位，这接近目前全国卫生技术人员总数的 2 倍和全国病床总数的 2 倍。如果 2020 年基本达到这个水平，这就要求从现在起，每年有

10万名医科大学生毕业，或相应数量的妇产科或儿科大夫转为老年病大夫。

大部分老年人加入社会保险将改变社会的消费结构。过去由家庭为老年人加工的食品和日常用品，现在都必须由社会直接供应。几亿青年妇女需求色泽鲜艳服装的年代即将过去，这数亿老年人已转而追求颜色单调并具有传统风格的衣料。一些自行车厂将转行生产手杖，以应付社会大幅度增长的需求。老年人口在人口总数中比重的升高，社会保险费用的加大，都会使整个社会消费品供应的重点迅速转向老年人方面来。适用于老年人口的食品及其他消费品越来越多，比重越来越大。这样，消费结构的改变不仅刺激生产结构有所改变，而且整个社会老年化了。

社会保险的结果不只是上面的一些影响，无儿女照顾的老年人加入社会保险，为了便于管理，就必须把这些老年人相对集中于交通方便的地方。如果把农村老年人转为城镇人口，仅这一项就将有1.5亿以上的人口先后从农村迁移出来。相应地，医疗卫生事业的发展，为老年人服务的商业和其他文化机构的建立，往往又形成新的消费型城镇。这又将改变经济布局和带来人口都市化的新课题。

设想用社会保险的形式把家庭的职责接替过来并不是一件容易的事情。以上仅仅考察它对国民经济结构、就业结构、消费结构、产业结构、投资结构、地区结构和城乡结构等方面的影响，以及对全国人口分布和经济、文化布局的影响，还没有涉及社会生活传统的改变，老年人心理、社会观念的影响和改变。社会要作这么大的变动，绝不是灵机一动就可以做到的。甚至由社会代替家庭抚养老年人这一职能的变化，都是在经济等条件允许以后，仍需经过几代人的努力逐渐才能做到的，更何况它还要求首先是社会其他因素都具备以后许多年才能开始的事情。

有人列举西方发达国家的老年人保险，说我们也可以走那一条路。其实，西方的养老院之类并不是把所有老年人的问题都解决了。愿意入那种社会保险的人很少。许多人不仅把退休金全花进去，甚至连工作期间的积蓄全用于保险以后的生活。在瑞典、丹麦这些老年人福利较高的国家，老无所养而入这类保险的也不过百分之八九，日本仅占百分之三四。西欧的社会保险，具有数百年历史的积累和发展，而不是一下达到目前水平的。在我们这个没有社会保险传统，社会福利水平相当低的国家里，想在经济十分困难的几十年里把数亿老年人的生活肩负起来，是根本不可能的。

当然，社会无论采用什么方案，老年人的绝对数量并不发生变化。这好像社会为其开支的赡养费用也不变。但是，第一，不同的人口方案造成不同的年龄结构，因而社会负担的程度就不相同；第二，家庭和社会抚养就产生不同的影响，从而形成不同的经济结构和社会结构，社会的支出量就根本不同。从以上分析可以看出，20 年内每个家庭只生一个孩子的生育模式，造成的社会负担是十分沉重的。这不仅仅从社会负担指数能反映出来，更困难的是指数没有向我们提供出来，而社会老无所养的老年人口群却向社会提出了一个根本无法解决的，也根本无力解决的社会难题。在经济还不发达的情况下，这些老年人的晚年生活问题只能通过传统的家庭生活方式去解决，即尽可能让老年人身边有自己的孩子。

三

人口老化必然还带来一个劳动力紧张的问题。这种紧张首先表现在劳动力数量不能满足经济增长的需要。目前，在世界上几个老化程度较高的国家里，普遍存在劳动力紧张和大量雇佣外籍工人的现象。据联合国公布的数字，1975 年西欧和北欧有 630 多万移民工人。在联邦德国，1976 年有 400 万外侨，其中劳工 300 万，约占本国职工的 10%。英、法、西欧诸国的外籍工人大体都相当于这个比例。其次，劳动力紧张还表现为工人年龄"老化"。在发达的工业化国家里，据国际劳工组织统计，每三个工人中就有一名 45 岁以上的老年人。特别是在欧美国家里，有 35% 的工人都是老年工人。

我国劳动力总数在 20 世纪最后 20 年内是上升趋势。这是因为新中国成立后 30 年大量出生的人口，将在今后 20 年内陆续成长为现实的劳动力。这就决定了 20 世纪我国劳动力资源十分丰富。从 2000 年以后，劳动力发展明显具有两个特点，其一是劳动力总数逐年下降，其二是劳动力平均年龄增高和劳动年龄层中高龄人口膨胀。2020 年左右，劳动力中

45 岁以上的工人要占总劳动年龄人口的 60%。2030 年左右,劳动年龄的人口比目前劳动力还要少。所有这些情况,都是由人口老化过程的发展所决定的。

有的同志认为,我国人口老化不会导致劳动力不足。他们的理由是,从绝对量上说,在今后 50 年左右都与目前的劳动力总数差不多,这种看法是片面的。第一,所谓几十年后的劳动力变化结果只是从数量上说大致相当于现在的总数。但这是经过了 20 年连续上升,然后下降才形成的。50 年经过了一个劳动力高峰然后又处于低潮,即有一"低—高—低"的过程。在第一阶段中,因为几十年来经济发展的缓慢造成劳动力"相对过剩",但经过几十年的经济高涨,这就必然有效调整了就业结构,创造了大量就业机会,形成社会劳动力高度就业。接着劳动力下降到以前的水平就已不同于第一个"低"点上的情况。现在是经济不发展造成劳动力大量"待业",将来在经济高涨时却因劳动力下降而可能出现凋敝。第二,在2015 年前后,新中国成立后出生的人口开始退出劳动年龄,每年以 2000万计,但能接替工作的青年每年却不足 1000 万,空出的岗位多,能补充的人员少。第三,经济发展还要增辟新的行业,需要大量青年劳动力。第四,即使 2020 年前后的劳动力总数同现在的总数等量或大一点,也无法与目前的劳动力状况相比。不用说目前劳动力面临着一个经济上处于停滞和调整的局面,不能与以后的经济高涨期间的劳动力相比。从数量上说,目前青年劳动力十分充足,而那时在不足 7 亿劳动力中 45 岁到 64 岁就占了 4 亿多,劳动力高龄化也不能与今日同语。

其次,这些同志认为今后尽管每年出生率达到世界最低水平,但还出生 1000 万左右的人口。这些同志只是把每年出生的 1000 万与世界的中、小国家相比,而这时就不把中国总人口同这些国家相比了。小国需要的劳动力少,因而生的孩子少,大国需要的劳动力多,生的孩子就必须多。我们把东欧、西欧、北欧和苏联等社会老化程度较高的地区和国家加在一起,1979 年总计 6 亿多人口,出生率平均 16‰,出生人口总计 960 万,也算 1000 万左右吧? 但很明显,这些地区和国家的劳动力都是呈紧张趋势。在 6 亿多人口中 1000 万尚不能满足,在将来十几亿人口中每年的出生率平均 10‰左右,怎么能说充足呢?

最后,这些同志把劳动急剧减少与劳动生产力的提高相联系,认为生产力提高了,对劳动力的需要就减少了。因此,就不存在劳动力不足的问题了。这其实是个十分复杂的问题。

劳动生产力的提高和科学技术的进步都可以减少社会对劳动量的需求。但这是就生产规模不变的情况下,在局部和较短时期来说的。从整个社会的发展趋势看,劳动生产力的提高和科学技术的进步,总是扩大社会需求量和刺激生产规模,从而为社会开辟新的行业以及扩大就业面。联动式蒸汽纺纱厂的建立排斥了数万架手摇纺车,但同时却开创了几十亿人的工业化时代;汽车的发明敲碎了马车夫的饭碗,但却为较之高出千万倍的人们提供了新的现代化劳动岗位。人类从脱离蒙昧状态以来,劳动生产力一直在提高,劳动队伍一直在扩大,100年来生产力的发展有了迅速提高,同时世界人口也有了成倍的增长;战后发达国家经济有了突飞猛进的发展,而劳动力就业水平却大大高于战前水平。

谁都知道,劳动就业人员的增加是因为生产力水平提高了,而不是降低了。

从表2可以看出,增长幅度最高的是战后经济发展最快和科学技术提高最迅速的国家,而不是生产力衰退的结果。

美国1950年就业人口是6200万,占当时总人口的41%。1976年的就业人口是9500万,占总人口的44%。总人口增长了41.3%,劳动力增长了53.2%。

表1 一些国家就业人口随生产力提高的情况 (单位:千人)

国 别	1789年工作人口	1965年工作人口	增加倍数
比利时	1450	3700	1.55
法 国	13 000	21 000	0.62
联邦德国	8700	27 000	2.10
英 国	5500	24 800	3.51
荷 兰	950	4800	4.05
意大利	8700	21 900	1.52
瑞 士	750	2600	2.47

表 2　一些国家二战前后就业人员随生产力提高情况（单位：千人）

国　别	1939 年工作人口	1965 年工作人口	增加倍数
联邦德国	19 700	27 000	0.37
英　国	19 800	24 800	0.25
荷　兰	3500	4800	0.37
意大利	17 500	21 900	0.25
日　本	33 900	47 500	0.40
瑞　士	1950	2600	0.33
美　国	46 100	74 900	0.62

　　联邦德国的情况最能说明问题。根据慕尼黑经济研究所的计算，如果生产同样多的产品，联邦德国 1967 年的就业人员可比 1960 年少 738 万，即从 2600 万减少到 1800 万；1980 年的就业人员可比 1967 年减少 1100 万，即从 2600 万减少到 1400 万。至于 1980 年到 1990 年期间，按巴塞尔经济预测所的预言，新技术可能使 400 万的工作人员受到威胁。例如，倘推广了文字自动装置，仅此一项，就可使目前联邦德国全国 200 万抄写人员减少一半。不仅预测发生了技术进步排挤工人的情况，现实中也确实存在不少这样的实例。1957 年到 1977 年，联邦德国机车段铁路工人从 5 万多减少到不足 3 万，煤炭工人从 60 多万减少到目前的 20 万，农业劳动力由 500 万减少到 160 万，等等。技术进步排挤工人的现象几乎在所有的部门都发生了。但有趣的是，联邦德国 1950 年就业人员是 2000 万，到 1978 年成为 2500 多万，不但没有发生像一些经济学家测算的就业率大幅度下降的情况，而且增长了 25%。即使从 1973 年以来，联邦德国人口一直处于负增长，但劳动力的数量却仍然在增长：6 年里人口减少了不到 100 万，但雇佣的外籍工人却高达几百万。

　　看来，劳动力伴随着社会生产力一起增长，这既是人类发展的历史，又是目前世界各民族人口发展状况的现实。那种认为生产力提高就一定会使就业率减少，是受资本主义和相对过剩人口规律的影响而把视线仅囿于生产局部的结果。若不信，请看我国的情况。

　　首先看对劳动力总数量的需求。倘我们在 2000 年基本实现四个现代化，生产力达到目前发达国家的水平，按美国年龄结构和就业结构算，我国那时 10.5 亿人口中劳动年龄的人口应为 7.67 亿，占总人口的 73%。如果按 63.7%就业率计,应该有 4.86 亿个工作岗位。这只有在 2000 年的劳动年龄人口才能勉强达到,而以后的几十年中都不可能有这么丰富的劳动力资源。如果按 96.6%的工作人员在非农业部门就业计,就必须有 4.7亿人在城镇就业。这就是说,每年仅劳动力就有 1500 万以上青年进城。

如果按照日本的经济结构和就业结构,2000 年应有 5.2 亿人就业(相当于目前劳动年龄的总人口),其中非农业劳动力应达到 4.4 亿(不计家属)。这就必须在今后 20 年中把新成长的一代人全部吸收到城镇就业。

其次,从工业生产力方面看能否游离出多余的劳动力来。日本钢铁生产效率要高于我国 25 倍,鞍钢总体改造完成以后,职工可以缩小到现在的 1/4。但这是就鞍钢的生产规模不变来讲的。倘若我们能在 2000 年达到日本目前的钢铁生产水平和人均占有量,并且鞍钢在我国钢铁生产中地位不变,职工人数就必须增加 5 万左右(不包括采矿业),可以预料,因为钢铁事业的发展,许多新兴的产业和为之服务的行业,都将在整个社会中拥纳更多的职工。日本丰田汽车制造业的生产力高于我国 100 倍,长春汽车制造厂能按日本的生产力进行生产,职工可减少到现在的 1/20。但是,如果我们在 2000 年能达到日本 1977 年出口的小汽车的生产量,倘长春汽车制造厂在我国汽车制造业中的地位不变,还应增加 1 万多名职工。这是就小汽车的出口量说,倘加上其他机动车辆和国内销售量则应同时开辟一个完全新的、独立的工业部门,所需的职工数应该比目前我国汽车制造业的总人数还要多。可见,如果我国经济力的发展能达到目前发达国家的水平,劳动力不但不可能游离出来,还必须大大增加。

许多同志把我国劳动力绝对不会发生紧张的结论寄托在农业生产力提高,会节约出数亿劳动力的设想上。当然,这并非不可能,而且完全是一种历史的必然趋势。但这究竟能有多大的保险系数?

目前,我国农业人口占全国总人口的 80%,农业劳动力占总劳动力的 70%。德国把农业劳动力占全国总数的 80%缩小到 36%左右,用了近 100年的时间。美国把农业劳动力占全国总数 72%下降到 35%用了近 90 年的时间。我国能在 20 年里走多少路程呢?即使我们不说欧美比我国优越的农业自然条件,我国农业方面节省的劳动力也不一定就在 2000 年以后成为其他行业劳动力的来源。请看:美国 1970 年的农业劳动力比 1960 年减少了 140 多万，但全社会就业人员在同期最少增加了 1200 多万。苏联在同期农业劳动力减少了 719 万，但社会就业总人数却增加了 2800 多万。日本同期农业劳动力减少了 377 万，但社会总就业人员却增加了 630 多万。联邦德国农业劳动力减少了 123 万，但社会总就业人数却增加了 210 万。加拿大同期农业劳力减少了 21 万，但社会总的就业人员增长了 190 万。以上农业劳动力的减少只占据同期社会就业率增加的很少一部分，大部分国家只占到 20%。况且我们农业发展可能很缓慢，不能指望农业在短期有根本性的改变。更不能用这些国家的情况来证明农业人口减少、出生率下降到再低的水平也不怕劳动力紧张。从一般经济规律来说，农业发展得快，非农业生产部门就发展得越快，全社会就业机会就越多。古今中外，莫不如此。

20 世纪 50 年代，许多同志认为革命成功了，资本主义的人口问题不存在了，今后就没有人口问题了。现在仍然有一部分同志认为，生产力提高了，人口问题也就不存在了。这都是形而上学的观点。目前，因为数十年来生产力发展缓慢，又碰上新中国成立后出生的大量人口开始进入劳动年龄，我们显得劳动力"相对过剩"。但我们没有理由认为几十年以后即使比西方所有民族的出生率都低的情况下，劳动力仍然是充足的。

有的同志讲，在 2020 年，由于人口老化引起社会负担加重、劳动力紧张时，可以通过调节妇女生育水平，把人口控制到适当的水平。这话听起来当然十分入耳，但能否做到呢？我们知道，劳动力再生产周期现在大约需要 20 年的时间，要实现在 20 世纪末达到零增长的目标，就必须推行一胎化。因此，2000 年以前是不存在调整问题的。在 21 世纪最初 20 年里，生的孩子勉强可以在 2020 年成长为劳动力的，仅仅是一两年的时间，能生多少孩子？并且那时情况也不允许多生。倘若在这 20 年里把出生率压得比任何国家都低，过了 20 世纪马上又大量生孩子，这还不是对 20 世纪少生的补偿吗？即使 2000 到 2020 年生的孩子都可以在当时转为劳动力，那时初婚妇女也只有 500 万左右，每对夫妻生两个孩子也不过 1000 万左右。要多生孩子，就必须让这些妇女中有一部分生 3 个或者 4 个才行，这又需要改变人口政策。其次，因为老化带来劳动力相对紧张，妇女就业率提高，愿生孩子的人更少。最后，老年人多，家庭及社会负担过重，多生孩子的家庭就更少。可见，那时想让人们多生至少会和今天想让人们少生一样不容易。那种讲可以提前调节妇女生育水平，把人口老化控制在适当程度的话，乃是一句轻率的言辞。

以上考察及分析绝非主张我国人口增殖。30年来，生产发展慢而相对人口却增长太快，社会主义经济规律要求人的生育必须有计划。特别是目前经济建设任务繁重，把所有资金和精力投入到四化建设上，是当务之急。但控制人口必须适应人口规律，把出生率控制在一个适当的水平上，绝不是越低越好。过去出生率很高，要一下子把人口降到最低点，是极危险的。别的不说，仅老年人的生活照顾问题就解决不了。我们是历史唯物主义者，不能割断和跳跃历史。通过家庭生育养老的职责还没有其他社会形式能够代替，那么家庭的历史形式和地位还不可能消失。人口规律借以表现的生育、劳动力抚养和培养、劳动力的吸收和排斥、老年人的赡养等必然形式，都是通过大量的偶然性表现的。只有各个家庭（或者绝大多数家庭）都合理安排了，社会才不至于有无法克服的困难。就这一方面讲，家庭和社会的发展一般来说是既矛盾又一致的。否认矛盾是不正确的，但不看一致性而扩大矛盾也是要碰壁的。如果说在发达国家里人口老化是自然过程，尚不能解决许多人口问题。那么，我们在生产力水平低，经济落后的情况下，人为地压低出生率而形成社会老化，就必然造成无法收拾的人口问题。

（写于 1980 年 3 月）

中国生育政策研究

ZHONGGUOSHENGYUZHENGCEYANJIU

关于我国人口老化的几个问题①

人口老化是指社会总人口中老年人的比重上升，老年人问题越来越突出的一种社会现象。造成人口老化的原因主要是出生率和死亡率的连续降低引起的。

我认为如果从目前起我国连续 20 年实行"一胎化"，40 年后的人口老化程度要比任何国家都严重。

因为在我们今后 50 年人口变动的过程里，现在 30 岁以上的 3 亿多人口中绝大部分将逐步退出人口变动过程。30 岁以下的 6 亿多人口决定着未来人口的规模。如果从现在起基本上实现了"一胎化"，在 20 年里出生率就被压得维持在最低水平。2020 年左右，新中国成立后出生的大量人口开始进入老年层，一胎化出生的人口成为支撑社会的劳动力，这一多（人口主体数量多）二低（出生率和死亡率低），就必然决定了我国人口老化最迅速和最严重。

因此，我国人口老化问题并不是子孙后代的事情，而完全是已经出生的 30 岁以下这一代人的事。

人口老化带来的直接后果就是负担加重。据分析，2020 年左右的社会负担指数与现在大致相同。但是，即使相同的社会负担，抚育 70 个孩子和赡养 70 个老人，其内涵不同，实际负担是重了。

人口老化必然引起的另一个后果就是劳动力紧张。目前，西方凡是老化程度较高的国家都普遍存在劳动力不足的情况。在联邦德国就业的外

① 这篇文章曾在《光明日报》1980 年 5 月的一份内部刊物上发表过。

籍工人占本国职工的 10% 左右。我国在 2020 年前后劳动力总数比现在要多,但这是一种表面现象。第一,这几十年劳动力变化将经过一个上升然后下降的过程,尽管 40 年后的劳动力比现在总数多,但正处于下降过程,这对于经济的影响就不同。第二,那时面临的是经济高涨的形势,与当前调整时期对劳动力的需求就大不一样。第三,那时每年有 2000 万人口退出劳动年龄,而新成长的一代人每年计 1000 万,每空出两个岗位只有一个人去递补,再开辟新的行业就更为困难。第四,即使那时的劳动力略多于现在,也不能与现在相比。目前的劳动年龄层绝大部分是青年,而到 2020 年时 6 亿多劳动年龄人口中,仅 45 岁到 64 岁的人口将达 4 亿左右,15 岁到 44 岁的人口还不足 3 亿。有的同志认为,生产力的提高可使劳动力的需求减少。但是,这种情况只能是在假设社会生产量不变的条件下,局部和暂时地发生的现象。例如,日本丰田汽车制造业比我国生产力高 100 倍。长春汽车制造厂能按日本的生产力进行生产,职工可减少到现在的 1/20。但是,如果我国生产能达到日本 1977 年小汽车的出口量这一项,倘"长春"在我国汽车制造业中的地位不变,仅此一家就需增加职工 1 万左右。从农业来看,农业生产力的提高导致农业劳动力的减少,这是一条规律。但是,农业生产力的提高将导致社会总的就业人数的更大幅度的增长,这也是一条规律。从 1960 年到 1970 年,英国农业劳动力减少了 140 万,但全社会就业人员至少增加了 1200 多万。许多工业发达国家都存在这类情况,凡农业基本自给有余的国家,社会总就业人员增加的幅度不仅比农业劳动力下降幅度的绝对值大,而且比全社会人口增长的幅度都要大得多。

当然,今后随着生产力和科学技术的进一步发展,社会对劳动力的需求总量越来越少的可能性也是存在的。但是,就目前生产力发展的程度讲,任何民族都没有提供这方面的证据。人口学上要求整个民族和全世界人口减少的提法还仅仅是一种议论,而现实却是绝大多数的民族仍然以不同的幅度在增殖。在我国远未达到目前世界一般国家生产力水平的情况下,显然还不是急于减少人口和减少劳动力的问题,而是调整产业结构以充分利用劳动力。

综上所述,在 2000 年前的 20 年中实行一胎化,将导致 2020 年以后我国人口的严重老化这是肯定的。即便那时临时调节妇女生育率也解决不了这个问题。显然,20世纪内这20年是不存在调节问题的。21世纪的20年里,只有最初5年出生的人口能在2020年成长为劳动力,这5年能生多少人口？即使这20年里出生的人口能立即转化为劳动力,每年也仅有500万妇女进入婚龄,每个妇女允许生三个孩子也只能生1000多万。如果允许已婚妇女多生,还不是对这20年低出生率来一次补偿性生育？更何况,低出生向高出生发展并不比高出生向低出生发展更容易。

我并非主张人口增殖,而是提倡把人口控制在适当水平,人口出生太多会带来困难和压力,人口出生过少也会导致痛苦和悲剧。倘我们不要求一胎化,而是在二胎的基础上大力提倡一对夫妇生一个孩子,加上调整二胎间隔,我国的人口增长将会控制得更好。

（写于1980年3月）

也谈我国人口发展目标①

最近，报纸上连续刊登了几篇关于我国人口发展目标的文章和消息，②这里也想谈几点看法。

人口发展目标的出发点应该是现实的人口构成的主要特点和发展的必然趋势。许多同志分析了我国人口现状后，得出的结论是："人口年龄构成轻"、"人口基数大"以及"新中国成立30年来曾经出现几次人口出生高峰"，等等。这些分析当然都是正确的。但是，这样的分析对于决定发展目标来说还是不够的。其实，我国人口年龄构成上的特点就是一个，即新中国成立30年来出生的人口比过去任何时候都多。在目前9.7亿人口中，仅新中国成立后出生的就已达到6亿多。如果把这30年放在我国历史长河中去考察，这是一个很大的人口出生高峰；如果仅从30年来看，其中有20世纪50年代中期和60年代中期到70年代初期两次大的生育高峰。这30年的高出生造成了一个庞大的人口群，当这一个人口群的大部分还处于儿童期时，被抚育人口的数量太多，形成人口压力；60年代后期，当这一人口群陆续进入劳动年龄时，一方面造成就业压力和育龄妇

---

① 这篇文章曾经在我国人口学界内部交流过。

② 指1980年2月13日新华社电讯：自然科学和社会科学工作者测算"未来100年我国人口发展趋势"，见2月14日各大报纸，其中《人民日报》第1版、《光明日报》第3版；刘钧：《牢固树立有计划控制人口增长的战略思想》，见1980年2月25日《人民日报》第5版；宋健，田雪原，李广元，于景元：《关于我国人口发展目标问题》，见1980年3月7日《人民日报》第5版。

女多、生育能力强的特点，另一方面又构成 20 世纪劳动资源丰富的特点，2020 年左右，当这批人开始涌入老年人口层时，又使 65 岁以上的老年人口剧增，将迅速改变我国人口的负担结构，造成社会被赡养人口压力。按照人口三分法，庞大的人口群的必然运动过程就是这样。应该说，这才是现实人口结构的显著特点和必然趋势。我国人口发展目标的确定，应该建立在以上分析的基础上。

现在，有的同志在讨论人口发展目标时，将人口现状的一些必然趋势作为某种目标的成立理由，而对人口发展的另一些必然的趋势却讳莫如深，隐而不论。

比如，按某方案发展，将来庞大人口群涌入老年层时，社会将无法应付那种局面。而有的同志则回答说："这些问题在 20 世纪内是不严重的。"其实，这等于什么也没有回答。新中国成立后出生的人口群在 2000 年都将成为劳动年龄人口，那时，这一庞大的人口群中年龄最小的正好 20 岁，最大的也仅 50 岁，当然还不影响社会老化的程度。相反，这一时期正是劳动资源最为充足的时候。这种情况并不与现在讨论的任何目标发生必然的联系。我们知道，目前劳动力再生产的周期大致为 20 年。因此，在今后 20 年里，即使一个孩子不生，也不至于影响 2000 年之内劳动力的供应。相反，还会大大减轻那时的社会负担。我们能否就因此得出结论说，今后 20 年不生一个孩子是最为理想可行的方案呢？因为 20 世纪最后这 20 年的劳动力已经出生，所以，我们讨论的人口目标一般已不涉及 2000 年以前的劳动资源。从本质上讲，也不允许用 20 世纪劳动资源的状况来论证某种人口方案是否可行。

在讲社会老化问题时，有的同志尽管预测了 100 年，但仅仅公布说 2020 年以前"不严重"。[①] 这还是等于什么也没有说。我们知道，2020 年是我国 20 世纪 50 年代中期出生的人口才开始退出劳动年龄和进入 65 岁以上老年层，它当然是不严重的。30 年出生的庞大的人口群尽管已经高龄化，但绝大多数还都在劳动年龄中，所以此时期的老化指数还不很严重。我们不能把关键性的之后数十年隐而不谈，仅仅将讨论局限在

---

① 见《光明日报》1980 年 2 月 14 日第 3 版，《人民日报》1980 年 3 月 7 日第 5 版。

困难局面出现之前。

即使把讨论局限在 2020 年以内，这些同志也还是没有把应该说的话说完。据测算，依某方案发展，1980 年、2000 年和 2020 年的劳动力分别是 5.2 亿、7.6 亿和 6.8 亿。[①] 仅仅看总人数，40 年后的劳动力比现在绝对数大多了，当然不应该得出劳动力紧张的结论。但是，据我初步测算，在 2020 年的 6.8 亿劳动力中，仅 45 岁至 64 岁的劳动力就接近 4 亿，而 16 岁到 44 岁的人口仅仅 3 亿左右。这充分说明，生产适龄人口中高龄层的过分膨胀，它当然不能和一般的生产适龄人口结构相提并论。更何况，正是从这时开始，每年将有近 2000 万人退出劳动年龄，而同期成长的劳动力却不足 1000 万，倘考虑社会还要求增辟新的生产领域，如何能说这时的劳动力就一定充足？

有些同志把 2020 年开始必然出现的困难情况推诿于"一个相当长的过程"以后，这是不负责任的。当然，要说长，也是够长的，因为它不是最近这一两年的事。但是，要说不长，也不能算长，因为它直接涉及的并不是子孙万代以后的事，而是 25 岁以下，现在已经出生的这一代人的事情。说得更具体点，乃是 25 岁以下这一代人晚年的事情。目前讨论人口发展目标问题，实质上就是在讨论这一代人晚年时，社会有多少年轻人在支撑着他们。我们绝不能忽视这个问题，因为既然这一人口群中仅 21 岁以下的就有 4.8 亿[②]，而当他们进入老年状态时，完全有可能达到 4.8 亿（其中虽然去世一部分，但比之要大的年龄层中还会有一部分与之同存）。那时的 4.8 亿绝不会比目前的 4.8 亿困难小。把讨论的范围局限在 2020 年以内，不外乎是在津津乐道于某一个人在 40 多岁时的被抚养和被负担问题，而对他老年以后的生活却绝口不提。

现在有一种说法，认为在今后 20 年里，我国每年还有 1000 万左右的人口出生，因此劳动力就一定很充裕。当然，1000 万这个数字从绝对量来说，是不小的。但也要看放在什么结构的人口群和多大量的总人口中。1978 年，苏联、东欧、西欧、北欧的人口加在一起共计 6 亿多，出生人口是

960万，也该算"1000万左右的劳动大军"了吧，可是谁都知道，正是这些国家是世界上劳动力最紧张的地方。如果说，在6亿人口中1000万人口还无法保证劳动力充分供应的话，那么，在日益老化的十几亿人口中，也难以保证劳动力不会紧张。

有些同志把劳动力减少到最低水平同生产力的提高当成相同的问题，认为生产力只要大幅提高，劳动力就绝对不会发生问题。其实不然，再高的生产力水平也要求劳动力的供应有一个最低限度。超过了这个限度，劳动力就势必表现得紧张。目前欧洲工业发达国家的出生率都比我们要求的水平高，但这些国家却都预言劳动力将面临枯竭的危险，我们有什么理由能在比别人生产力和出生率都很低的情况下，讲什么劳动力一定会很充足呢？

随着劳动生产力的提高，相对讲对劳动力的需要减少了。但这是就某一个生产单位的暂时情况来说的，它是以生产规模和生产数量不变为前提的。①人类几千年的文明史表明，生产力一直在发展，劳动人口也一直在扩大。战后30年，资本主义国家的经济有了突飞猛进的发展，而劳动力的就业水平无论绝对或相对地说，都一致地扩大了。以美国为例，1950年的就业人口是6200万，占当时总人口的41%，1976年的就业人口是9500万，占总人口的44%。②可是谁都知道，美国20年来的生产力不是后退了，而是迅速发展了。即使像联邦德国那样的国家，从1973年以来人口一直处于负增长，但对劳动力的需求并没有下降。相反，展望未来的劳动力供应，"西德为人口减少发愁"③。世界上任何民族和国家都没有向我们提供出因为生产力的提高，要求劳动力在其人口总的发展趋势中不断减少的例证。不论哪个国家和民族都表现为，尽管社会生产力在不断提高，而劳动力的需求量也在不断增长。这既是人类发展的历史，又是目前世界人口状况的现实。

---

① 关于这一点请再见《红旗》杂志1980年第4期第12—13页，刘子久：《试论劳动就业和提高劳动生产率的关系》。

② 引用的绝对数字见Eli Ginzher：《就业问题》，载《科学》1979年第1期，第3页。

③ 戴耀：《西德为人口减少发愁》，《人民日报》1980年1月23日，第7版。

讨论人口发展目标，不仅要以使目前人口负担最小为前提，而且要以今后社会负担最小为条件。论及的社会老化问题、劳动资源问题等，其中最根本的还是社会负担问题。我曾经指出过将来人口发展的"四二一"结构，即夫妻二人养活四个老人和一个孩子，并且其中将有一半的老人无亲生儿女照顾其日常生活的问题，遭到许多人的非议。有些同志曾以现实中的例子说明，将来老年人退休后由集体或国家发给退休金，并不要家庭负担。其实，这样讲，只涉及国民收入分配的形式问题，它并不改变国民收入的生产和分配的实质问题。无论成倍数的老年人是由家庭或社会直接负担，其担子都是压在劳动年龄这一代人的肩上。至于能否通过集体或社会保险的形式去解决大部分无儿女依靠的老年人问题，只要指出两点就行了。30 岁以下这一庞大的人口群涌入老年层时，按其半数即 2 亿左右的人口享受保险，每个老年人每月以 20 元计，全年社会将开支 480 亿元。谁都了解，国家连这个数字的一半也是拿不来的。从劳动力方面来说，倘一个工作人员平均负担 5 个老年人，全社会必须拿出 4000 万劳动力从事老年人的社会养老工作。它接近于目前我国职工总数的一半。至于全面性的社会保险带来的国民经济结构和布局、消费结构和城市都市化等一系列后果，我在其他文章中已经说明，这里就不再列举了。

人类自身的生产和再生产问题不同于物质资料的生产和再生产，首先它的再生产周期很长，其次是既受经济条件的限制，又受传统习惯、社会心理和文化教养等社会现象的影响，是惰性比较大的社会运动过程。一些同志很正确地指出当人口出生多了，企图很快调节是不容易的，但没有指出人口出生率低了，调节也是困难的。因此，当以"在比较遥远的将来，人口老化问题真正出现以前，完全可以根据科学预测，及早地调整育龄妇女的平均生育率，把人口发展相对稳定在一个比较理想的水平之上"的说法，是不负责任的。

我们可以很简单地确定，我国人口老化并不是"遥远的将来"，而是从 2020 年开始就将日益严重。何时以及怎样调节呢？我们知道，现在讨论的是 20 世纪最后 20 年人口发展目标问题，因此，在这期间不可能实行调节 2020 年开始的严重的社会老化问题。在 2000—2020 年之间的 20 年里，只有最初 5 年出生的人口勉强可以在 2020 年成长为劳动力。即使这 20 年中生长的人口都立即可以转化为现实的劳动力,马上投入生产劳动,但还有如下难题:第一,每年仅有 500 万对左右的新婚夫妇,每对夫妇生两个孩子,也只有 1000 万劳动力出生。相反,这时每年死亡人数将平均在 1200 万到 1300 万之间,每年退出劳动年龄的人口是 2000 万左右,社会无论如何也无法维持平衡。第二,我们人口目标的用意是控制人口,倘更大规模地调整,就意味着在 21 世纪最初的 10 年里出生更多的人口,这不等于是补偿 20 世纪少生的孩子吗?那么,如果真的这么做,不正是否定了前 20 年的人口目标吗? 看来,所谓"及早地调整育龄妇女的平均生育率,把人口发展相对稳定在一个比较理想的水平之上"的说法,不过是未曾仔细斟酌的话语而已。

其次,讲调整也不是那么容易的。因为人的再生产周期很长,所以,当感到了人口问题,再去调整人口出生水平的话,已经迟了。并且,因为人们感到负担很重,你要求多生孩子,这无疑更加重人们的负担,能有多少人承担这种牺牲? 更何况那时每年进入初婚年龄的妇女并不像现在这么多。如上面所指出的那样,要求低出生率向高出生率发展,至少同要求高出生率向低出生率发展一样困难。

在目前大力发展生产的同时,控制我国人口的增长,做到有计划地生育,这是社会主义经济规律的要求。但是,既然是计划生育,就要瞻前顾后,做到长计划和短计划相结合,眼前利益和长远利益相结合,把人口出生率控制在一个适当的水平。人口爆发性的增长,紧接着急剧收缩,必然带来严重的灾难。要避免这种后果,只能通过缓慢性的历史过程来纠正它。因此,我国正确的人口发展目标,只能是与新中国成立后 30 多年高出生人口群的必然运动结果相适应的人口目标。

（写于 1980 年 3 月）

论人口目标
对社会和经济结构的影响

到了此地，一切的恐怖和畏怯都要放在脑后了。

——但丁

人口不是社会经济发展的决定性因素，但它对社会和经济的影响是极为重要的。人口目标决定了未来人口发展的方向和规模，因此，讨论人口目标对于未来社会的影响是十分必要的。

一、人口目标

对未来人口变动的考察，主要是确定人口目标。

人口目标 是一定时期内对人口变动提出的要求。制定人口目标的基础应该是现实的人口状况。人口目标包括或决定了人口方案，即决定了一定时期人口变动的方法和步骤。

人口问题说到底仍然是一个经济问题。但是，由于人口过程具有连续性、周期长和变动缓慢的特点。因此，人口目标的经济效果和人口目标所导致的后果并非一回事。人口目标的经济效果是与人口目标同时发生的经济上的实惠或损失，是由人口方案直接决定的。人口目标的后果是将近一代人乃至更长时间以后对社会经济等方面造成的影响，它是由人口目标造成的潜伏状态的明朗化，从实质上讲，它也是由人口目标直接决定的。因此，全面考察人口目标对社会的影响，必须考察两代人乃至更长的时间。这往往需要 50 年左右才能说明。

我国近期的人口目标是争取 20 世纪末人口发展为零，即 2000 年实现人口不增不减。

人口过程主体　任何人口目标的实现都是人口运动的结果。在人口运动过程中，并不是全部现实的人口都能始终参与运动，其中一部分将逐渐离去；参与运动过程的人口也不都是某一时刻已经存在的人口，由于考察的过程较长，其中相当一部分往往是在运动开始以后才出生的。人口过程的主体是基本上能够参与某一时期的人口变动，并且还决定未来人口规模的人口。

我国今后 50 年人口变动过程的主体是新中国成立后 30 年出生的人口。因为在现实的 9 亿多人口里，30 岁以上的仅 3 亿多，而且在今后 50 年里将逐渐退出运动过程。30 年出生的人口有 6 亿多，在未来 20 年变动过程中，这 6 亿多人口的生育情况决定了人口目标实现的情况，即决定了未来人口运动的规模。此外，这 6 亿多人口的 80% 以上都将参与运动过程的始终。因此，考察人口变动以及由此变动所决定的社会经济影响，主要应该考察 6 亿多人口这一代人处于少年、青壮年以及老年时的情况。特别是人口目标主要涉及人口主体的生育情况，与此相联系，考察人口目标对社会的影响应该把重点放在人口主体已经成为老年人口时，由人口目标所决定的出生的人口成为支撑社会的主要劳动年龄时期人口对社会和经济结构产生的影响。

人口目标的附设条件　在讨论人口变动过程对社会的影响时，是排除了人口过程中迁进迁出等影响的，即把人口运动当做一个自行封闭的运动过程。并且，运动过程中排除了许多偶发性的事变对人口运动的影响，诸如不可抗拒的灾难，等等。最后，由于我们目前人口目标是 20 年，而讨论它的后果必须看其 50 年，则需假设后 30 年的人口目标和人口方案。人口目标实现后的去向有三：增加、减少，或维持零增长。增加人口与现在的目标相悖，减少人口会混淆讨论的内容。所以，我们且假设取零增长。

人口变动过程　人口变动有两种，即自然变动和机械变动。讨论对象既然为封闭人口，就只考虑自然变动了。自然变动取决于两项：出生率和死亡率。

现实人口的特点是年轻人多，生育能力强，死亡率低。新中国成立后

30 年出生了 6 亿多人口，每年平均 2000 多万。从 20 世纪 80 年代起，50 年代中后期和 60 年代以后大量出生的孩子都开始进入婚龄，有些年份接近 3000 万。按照我国人口目标，必须在 20 年里实行一对夫妇生一个孩子。这样，在 20 世纪内，人口出生率将平均在 10‰，死亡率平均 8‰左右。20 年里人口仍有增长，但在 2000 年可望达到不增不减。

在后 30 年里，因为维持社会人口不增长，出生率要依据死亡率的变化而变化。从表面看，人口将维持静止状态。这 30 年的人口可能由死亡率的上升引起出生率略有上升。但总的说，50 年里人口出生率总是被压在比目前和历史上任何国家都低的水平上。

据测算，人口达到最高峰即实现最近人口目标时为 10.5 亿。

二、人口构成

实际上，人口构成是人口目标的主要内容之一。因为现实中人口构成的不合理，人们才提出新的人口目标，去追求较为合理的人口群体。但是，由于一般的人口目标都是通过缓慢的渐变过程改变现实不合理的人口构成，因此，人们往往只注意人口的数量，而忽视其构成上的变化，或者把人口构成上的变量当做恒量去对待。人口构成有许多侧面，诸如自然、社会及经济等方面的性质。这里讲的人口构成主要是指自然方面的年龄构成，而假定自然方面的性别构成是平衡的。

年龄构成　年龄构成方面的变化就其类型来说，最初 20 年和最后 30 年是有区别的。为了实现 20 世纪末人口增长为零的目标，必须推行一对夫妇只生一个孩子的政策。即是说，作为人口的再生产类型是减半的缩小再生产。但是，就人口总体方面讲，这 20 年人口呈增长趋势。人口年龄构成方面变化的主要特征是劳动年龄的人口在不断增加。因此，这 20 年的人口运动是十分明显的。

后 30 年的人口就其表面看是静止状态，每年生死人数相抵，总人口一直处于 10.5 亿左右。但是，就其年龄构成上的变化是十分剧烈的。新中国成立后出生的 6 亿多庞大人口群将依次经过劳动年龄中的高龄层，然后又开始退出劳动年龄。其后递补的劳动年龄的人口是 20 年一胎化出生的人口，数量将是其前辈的一半。因此，这 30 年将形成劳动年龄的人口高龄化和社会老化，就 30 年所形成的劳动年龄层中高龄人口膨胀和社会老化程度，说明人口过程是剧烈变动的，而不是静止的。

50 年人口变动在年龄构成上的变化，其归宿将是进入世界老化民族之列，而且就其程度来讲是最为严重、首屈一指的。这是不奇怪的。社会老化是指老年人口在总人口中的比例较大，它是由出生率和死亡率降低引起的。作为人口变动主体的 6 亿多人口是 30 年出生高峰形成的，这庞大的人口群是世界任何民族都没有的，而这庞大的人口群的一胎化造成的低出生率也是世界任何民族都未曾有过的。所以，这一多（人口过程主体人口群数量多）二低（出生率低、死亡率低），造成的结果必然是老化严重。

表 1　2000—2030 年中国主要年份人口年龄构成　（单位：亿，%）

年代	0 至 14 岁	占总数	15 至 64 岁	占总数	65 岁以上	占总数
2000	1.4	13.33	7.34	69.51	1.76	16.76
2010	1.4	13.33	7.21	68.67	1.89	18.00
2020	1.75	16.67	6.25	59.52	2.50	23.81
2030	1.91	18.20	5.19	49.42	3.40	32.38

劳动年龄构成　劳动年龄构成又称为经济年龄构成，它是年龄构成的主要内容之一。但是，由于劳动年龄构成涉及社会劳动人口的比例及资源概况，实际上是支撑社会的主要力量。因此，它常常被拿出来单独加以讨论。

就其人口目标造成的劳动年龄考察来说，应该在 2000 年以后。因为目前劳动力再生产周期为 20 年左右，尽管说 20 世纪最后 20 年的劳动年龄人口将成为历史上最为丰富的劳动资源，但这并不是争取 20 世纪末人口增长为零的目标造成的，而是历史上人口运动的结果。因此，我们应着重讨论后 30 年劳动年龄的构成。尽管随着现代化科学技术的发展，劳动年龄已经推迟到 20 岁以后，但从人口统计的习惯来讲，劳动年龄仍是从 15 岁算起。实际上，15 到 20 岁绝大多数人现在生活在学校里，并不是在

工作岗位上。这说明劳动力的培养费用提高了,劳动力成长的期限拉长了

表 2　2000—2030 年中国人口劳动年龄构成上的变动(单位:亿)

年 龄 组	2000	2010	2015	2020	2025	2030
14~29 岁	2.38	1.54	1.39	1.34	1.47	1.58
30~44 岁	2.97	2.69	2.11	1.65	1.37	1.24
45~64 岁	1.99	2.98	3.22	3.21	2.91	2.37
合　　计	7.34	7.25	6.72	6.25	5.75	5.19

从劳动年龄总人数的变化情况来说，后 30 年是逐步处于下降状态，倘以 2000 年劳动年龄的人口为 100%，2030 年则下降到 77%，即 30 年下降了 20% 多。特别是劳动年龄中高龄层上升得十分迅速，这主要是新中国成立后出生的人口群从 2000 年已开始进入 50 岁年龄层。劳动年龄人口中的中、老年龄层膨胀对社会经济等方面的影响将是严重的。

三、家庭—社会结构

家庭是私有制出现以后人口再生产的主要单位。由于人口目标主要是对社会生育方面的调整,因此,它对家庭结构的影响是直接并且十分明显的。

在长达 20 年一胎化的人口方案里,将使一代人所处的家庭结构发生变化。中国传统的大家庭即将消失,社会上将会出现两种类型的家庭,并且这两种类型的家庭将各占一半。一种类型的家庭是一对夫妻和两位老人及一个孩子在一起生活,一种类型是孩子结婚后仅剩下老两口相依为命。如果把前者称为完全的家庭形式,后者就是不完全的家庭形式。鉴于我国的传统习惯和风俗,西方单身即一人家庭在很短的几十年里不会有很大发展,更不会成为社会的主要家庭类型。这就是说,将来每个家庭都可能有 1~2 个老年人。就一胎化出生的这一代人来讲,将会对于"哥姐弟妹"之类的称谓困惑不解。

随着家庭结构的变化,社会结构也将发生变化。这里讲的社会结构还只是狭义上的,由血缘所决定的社会结构。因为超过一代人的一胎化,导致社会上一代人失去了"姨舅姑表"之间的传统义务和纽带。人和人之间

也开始只具备单纯的社会关系,而失去家族宗法的关系。

四、负担结构

在私有制及社会化生产极为低下的时代,是谈不上什么社会化福利的。负担纯粹是各个家庭的私事。随着社会化生产和社会化生活的发展,社会福利事业(包括西方社会的慈善事业)的发展,负担也开始向社会方面转移。

一胎化造成家庭结构的变化是一半老年人将处于不完全的家庭。人们极为需要别人的照顾是处于两极的年龄里,即少年以前和丧失劳动能力以后。人口负担情况通常用少年人口与老年人口之和比劳动年龄的人口来表示,称之为负担指数。人口目标造成负担指数的变化是指在人口目标决定的方案执行期间,出生的人口已经成为支撑社会的力量以后,社会负担的情况。2020年以后,当一胎化生育的一代人处于暮年,6亿多人口中将有70%存活下来,在5亿左右,支撑社会的这一代人仅2亿左右。如果说现在我们的人口负担重力在少年人口那一边,则将来的人口负担乃在老年人口方面。并且,成为历史累赘的仍然是那一代人。不同的是,现在劳动年龄的人口处于多数,那时劳动年龄的人口将为数极少。

负担结构的改变不仅仅是负担指数内涵的改变,家庭结构的改变给社会带来许多新的课题。从家庭出现之日起,家庭就成为人口生育的基本单位,生儿育女和养儿防老都是家庭的职责。这是与社会生产力发展相适应的。家庭的历史任务何时消失,这需要某种新的社会形式对其取代的情况而定。当一代人的独生子女结婚后,社会将有半数老年人与子女生活在一个家庭里,半数老人的抚养及照顾被子女推向社会。为了使接近2亿的老年人虽然不能终日与子女相伴,但也要让其较好地度过晚年,社会就必须做出牺牲,把这些孤独老人负担起来。

这种负担结构的变化又将涉及和加重社会和经济结构等方面的变化。

五、经济结构

人口目标造成经济结构的变化是多方面的。

投资结构 负担结构的改变十分强烈地影响着投资结构的改变。社会负担一半老人的晚年生活，必须举办养老院式的社会保险事业。这种社会组织在西方已有数百年的历史，但规模仍是很小的。老年人保险事业较好的瑞典、丹麦等国家，进入养老院的老年人也仅占老无所养人口的 8%~9%，日本仅占 3%~4%。因此，在很短的几十年内，把毫无老年保险基础和传统的国家建设成有一整套自成系统的、足以容纳 2 亿老年人的保险机构，将是一个宏伟的设想。从现在起，国家就需要拿出相当可观的资金，用于保险事业的投资。

譬如，2020 年左右，如果我们的保险事业已足以接纳全部处于不完全家庭的老年人。每人每月生活费、医疗卫生费、住宅及设备投资、工作人员的工资开支等，以 20 元计，全年国家应拿出 480 亿用于入保险的老年人，这较之于 1978 年国民经济投资总额还要大。

社会从现在起就必须支出日益巨大的经费用于老年人的生活，这不能不改变国民经济的比例和投资结构。而用于此方面的投资多了，则用于其他方面的投资相应就少了。

消费及产业结构 由于几亿老年人在总人口中的比例很大，老年人的需求对象将十分突出。几亿青年妇女追求色泽鲜艳、品位高雅服装的年代将成为过去，数亿老年人越来越要求颜色单调并具有传统风格的衣料。并且，由于社会半数老年人从家庭转由社会保险事业单位抚养，就使得家庭为老年人加工的食品及生活用品全部由社会承担，这都促使社会消费结构发生较大的改变。并且，社会保险系统的总额投资将使许多社会生产和服务行业把对象主要用于老年保险系统。适用于老年人口的消费品越来越多，比重越来越大。消费结构的改变不仅使经济投资结构发生变化，整个产业结构也将发生改变。

医疗卫生及教育结构 人口目标还将改变医疗卫生及教育结构。社会上老年人比例的增大，将使医疗卫生的重点放到老年病方面。据许多地方的资料表明，随着生活水平的提高以及工作强度的减轻，越来越突出的是老年病死因比例的提高。特别是在社会保险事业里，老年病医生及专家必须适当增高比例，适用于老年病方面的药械比例也应增加。如果每 200 个老年人平均一名老年病医生或专家，社会上就必须有 200 万医生被提前培养出来，这是我国目前医务人员的总数。为了达到这个标

准,从现在起每年应有 5 万名老年病医生或专家从医科大学培养出来,或者相应数量的妇科和儿科大夫转为老年病大夫。目前,我们每年只有 20 多万大学生毕业,仅老年病一项就占 5 万名,这要么是根本做不到,要么是从根本上改变整个教育结构。

就业结构 消费及产业结构的改变本身已经决定了就业结构方面的变化。老年人比例的上升,特别是负担结构方面的变化,为社会提出了加强服务性行业的任务。产业结构的改变使越来越多的劳动者在为老年人服务的行业里就业,特别是老年保险事业的建立和发展,将吸收大批人员在本系统就业。以每一名工作人员承担 5 个老年人的生活起居等工作计算,整个保险事业将有 4000 万人在其中就业,这个数量相当于目前我国职工人数的一半。将来,它将占据全部工作人员的 25%。可以预言,它将被列为社会上独立的"产业部门",与工、农及服务行业并列。这么大的社会部门不能不成为牵动全局的部门,改变就业结构就更是十分清楚的道理了。

六、城乡结构及人口布局

仅仅老年人的社会保险一项变动,就将牵动城乡结构和全国人口的自然地理及经济分布。老无所养的人加入社会保险,为了便于管理,就必须将这些老年人集中在交通相对方便的地方。如果把丧失劳动能力和需要社会照顾的农村老年人转入城市,仅此一项就有 1.5 亿人口在很短的几年里进城。这个数量将比新中国成立后 30 年来城市人口增加的总和还要大。老年人相对集中带来医疗卫生、食品加工、服务行业及文化教育事业相应的集中和建立,这同时就是新的消费型城镇的形成。因此,新的人口目标将为社会带来城乡结构、人口都市化和全国人口经济地理布局方面的新课题。

七、劳动力构成

劳动力构成应该是劳动年龄构成的一个方面,把它拿出来专门讨论,除了说明其十分重要以外,还因为在没有讨论人口目标对经济等方面的影响以前,这个问题也将是难以说明白的。

导致人口迅速老化的人口目标将同时导致劳动力不足。虽然在我们这样大的国家出现劳动力不足是难以想象的,但这将是事实。从表面看,在今后 20 年里,每年还要出生 1000 万人口,但在十几亿人口中,1000 万是一个微小的数字。我曾经反复提请人们注意劳动力紧张的欧洲。1978年,西欧、北欧、东欧及苏联等地区 6 亿人口,出生 960 万人口,出生率平均 16‰。这些地区的人口老化程度将比我国 2020 年要低,劳动力不仅现在紧张,而且在将来会更趋于紧张。因此,1000 万左右不能是解决劳动力问题的界限。

另外,从绝对量来说,直到 2020 年左右,我国劳动年龄的人口并不比目前少。但是,第一,那时的劳动力经过了二十几年连续上升,然后逐渐下降的过程。尽管数量相当于今天,但经过了"低—高—低"而处于低点。第二,目前的劳动力面对经济停滞和调整的状况,显得"过剩"和充裕,但将来面临经济高涨,就难以说富足了。第三,2020 年开始,新中国成立后出生的人口退出劳动年龄,每年计 2000 万,能递补的人口仅 1000 万,"入不敷出"。第四,社会新开辟的行业每每都是要求年轻一代人去接替,而不是看其总的数量上劳动力的多少。

生产力的提高也要求劳动力总量的增加。从局部和暂时来看,生产力提高可能带来劳动力需求的减少,但这也是以劳动量不变为前提的。农业生产力提高相对减少劳动力,但同时要求全社会就业人员更大幅度的增长。农业进步幅度越大,农业劳动力减少的幅度越大,社会总的就业人员增加得就越快。因为,农业生产力提高后,农业劳动力的减少是从社会总劳动的比例构成上减少了,而社会总劳动力的增加却是从绝对数量上来说的。

科学技术和社会生产力巨大提高,劳动力需求量总的说越来越少的可能性是存在的。但是,从目前任何民族来说都还未提供这一方面的证据。人口学上要求整个国家或民族的数量日趋减少的说法,也仅仅是一种议论,并未被各国政府采纳。如果不是跳跃历史,我国目前生产力在一般国家水平之下,显然还不能减少劳动力,因为世界发达国家几十年来生产力高速度发展的历程我们还没有开始,而这段历史中并没有劳动力减少的实例。至于西德,人口在减少,仅仅是最近几年的事情,但劳动力的使用并没有减少,相反还不断增长。况且,人口减少究竟会带来什么后果,还难以预料。目前世人都不过在拭目以待,而绝无效尤者。

人口目标造成劳动力构成的变化将带来的后果直接涉及社会和经济构成上的变化。如上面讨论的情况,老年人口比例上升以及负担结构的改变,导致社会保险事业和其他服务行业劳动力相应增长。在生产力水平已定的情况下,非生产性行业的扩大是建立在生产行业劳动人员增长的基础之上。以日本和美国目前的生产力水平为准,按其产业结构和劳动力参与率计算,劳动力需求总量都要比目前大得多。但是,减半的递减类型的劳动力结构是奇特的,不同于一般人口目标造成的增长型的劳动力结构。因此,它对于社会经济的影响也不同于一般劳动力结构对经济结构造成的影响。

八、社会心理及传统风俗

社会—经济结构的改变将导致社会心理及传统风俗的改变,特别是老一代和新的一代人之间的思想意识将出现很大的裂缝。老一代人习惯了自己所处的环境,并且认为家庭养老送终是理所当然的事情。他们把与自己儿女终日相伴当做自己精神上的慰藉和依靠。但新的一代人承担不了自己家庭中同时存在 4 个老年人,社会老年保险事业的出现是这一代人逃避亲自送终另外两位老年人的当然遁词。

老年人的苦闷和孤独将是社会最难以对待的棘手问题。这类问题的解决本应通过漫长的历史过程,即使社会其他组织形式取代家庭的育儿及养老职能的经济、社会条件成熟以后,仍需经过几代人的过渡才能最终使家庭这种社会形式得以消失。这就是说,社会心理和传统思想的变化,是难以立即达到的,因为社会生产的发展没有提供这种思想形态的物质条件。而思想传统风俗和社会心理方面的原因,也能造成社会极大的悲剧。比如,目前日本女人自杀率占世界第一位,男子自杀率占世界第二位。老年人忍受不了孤独,适应不了急剧变化的家庭形式,是日本老年自杀率上升的重要原因之一。因此,人口目标对于社会心理和传统风俗的影响也将是重要的。

人口状况并不直接决定社会性质,但它的发展状况能够通过影响社会及经济等各方面,从而改变社会的面貌,起到影响社会发展的作用。一个人口目标的选择,将对几十年的人口过程和社会、经济各个方面产生全面的影响。因此,它将是经济与社会发展过程中一个十分重要的内容。

(写于 1980 年 4 月)

对我国人口学发展的
几个问题的认识①

最近几年,人口学在我国有了长足的发展。但是在当前人口学的研究问题上,还有若干问题需要提出来做进一步的探讨。

一、关于我国人口增长的问题

30 年来我国的人口有了巨大的增长。1949 年至 1979 年我国的人口由 54 000 万增加到 97 000 万,30 年增长了 79.25%,平均每年递增 1.9%。不应该把这种现象当做一种纯粹的历史误会,当做一种偶然的现象。

事实上,从 1950—1979 年,发展中地区的人口几乎毫无例外地都有了迅速的增长。

表 1   1950—1979 年发展中地区的人口状况   (单位:百万,%)

	1950 年人数	1979 年人数	增长水平
亚　　洲	1368	2498	82.6
非　　洲	219	457	108.7
拉丁美洲	164	352	114.6
总　　计	1751	3307	88.9

我国的人口增长水平是低于发展中地区的平均水平的。单同亚洲比较,也还是低的,如果不包括我国的人口增长情况,1950—1979 年亚洲人

---

① 这是 1981 年作者提交全国第三次人口科学讨论会(北京)的论文。

口由 82 800 万增加到 152 800 万,增长 84.5%,而不是增长 82.6%。

如果说我国的人口增长是一种纯粹偶然的、历史的误会,那么,不能说所有发展中地区都是偶然的、历史的误会。看来,问题并非那么简单。

在人口增长现象的背后隐藏着深厚的经济因素。早在发达的资本主义国家处于工业革命的前后,人口也曾经经历了不亚于发展中国家目前的人口增长水平。在最近 300 年(1650—1979 年),欧洲本土人口不仅增长了 373.5%,而且几乎增长了三个大陆的人口:北美、拉丁美洲和大洋洲主要是欧洲的后裔。仅在 19 世纪,每 10 个欧洲人中就有一个以上的人移往美洲或大洋洲。

为什么伴随工业化的发展必然有巨大的人口增长,现在人们还不能完全加以说明。但这是所有地区和国家的事实。揭示这种经济历史和人口历史的必然联系还需要做大量的工作,但绝不能否认存在这种历史的必然性。即使认为个别国家的人口增长是偶然的,但所有国家的“偶然性”,不正显示出一种不可忽视的必然性吗?如果仅仅把我国人口增长作为一种纯粹的、偶然的、个别的现象对待,这就放弃了马克思主义人口学在这一重要历史时期的人口学方面的研究。

即使从“纯粹的”人口学方面来说,我国的人口增长也具有某种历史的必然性。

根据人口史提供的人口再生产类型,各个人口过程总是处于从迅速更替类型向缓慢更替类型过渡的总过程之中。在迅速更替的再生产类型里,人口的死亡率和出生率都很高,人们的平均寿命也很短,大致在30~50 岁以下。高死亡率和高出生率带来低增长率。在资本主义工业革命以前,世界各国的人口大致都处于这种状态。在缓慢更替的人口再生产类型中,死亡率和出生率都很低,人口的平均寿命也比较长,大致在50~60 岁以上。人口的低出生率和低死亡率带来低增长率,目前发达国家大都处于这种状态。

从迅速更替到缓慢更替的人口再生产类型的转变,标志着人民生活水平的提高、劳动条件的改善和医疗卫生事业的进步。这是社会进步的一个综合反映。从各国人口发展史来看,两种类型的过渡时期,必然带有较高的增长率。

我们国家是从极为落后的半殖民地、半封建社会转变来的。在社会经济发展的历史上,我们跨越了资本主义阶段,较先进的生产力发展是在社会主义形式下进行的。但是,我们不能跨越人口从迅速更替向缓慢更替类型的过渡。无论在资本主义或社会主义形式下,我们都必然会经历这一个阶段。

虽然我们现在还不能揭示为什么这种再生产类型的过渡都是处于经济迅速增长之初,为什么这种再生产类型的转变一定地和必然地伴之以高速的人口增长。但是,所有国家的人口史都毫无例外地、程度不同地提供了必然增长的实例,哪怕城市国家也不例外。

我们国家属于发展中国家,而发展中国家都具有这方面的特征。所以,我们应揭示发展中国家这方面的历史必然性,揭示我国人口具有这种发展中国家的战后人口增长的特点。而不应该只一般地把人口众多作为我国人口的特点,把人口研究的立足点放在人口众多的一面。更不应该像发达国家的经济学家和人口学家一样,把发展中国家的人口增长当做一种纯粹的偶然的现象和历史的误会。揭示这种偶然性背后的必然性,才真正是马克思主义人口学的历史任务。

二、关于我国人口老化的问题

在我国人口学的研究中,存在着一种忽视人口年龄构成的倾向。其实,人口年龄构成才是人口学研究方面最有意义的问题之一。一个较为合理的人口结构,最主要的是有合理的年龄构成。这几年我们主要强调人口的数量,而忽视了人口年龄构成不合理给社会带来的不良后果。

老化问题就是人口年龄构成方面的变化发生的现象。在前一段,有许多同志不承认我国众多的人口会因为出生率和死亡率的连续下降能够带来人口老化。现在,又有许多同志不承认发生老化会有不良的社会后果。

在讨论我国可能造成老化的问题上,主要存在一种不结合对象而抽象地研究老化问题的倾向。研究我国人口能否发生老化,是在讨论 25 岁以下的这一代人执行一种什么样的生育模式的情况下,会不会发生老化的问题。所以,它压根就不涉及最近 20 年内的问题。20 世纪最后 20 年内不会发生老化,正好是由前 30 年的高生出率决定的,而不是由今后 20 年的生育情况决定同期的人口老化系数。

其实,这里讨论的老化问题,正是向人们提出育龄夫妇以怎样的态度对待生育,以及将来这一代人到老年时,他们的儿女又怎样抚养他们这样一个古老的问题。

所以,人们不应该把 20 世纪不存在老化问题当做执行某种人口模式的证据。比如说,不难计算,今后 20 年全国不生一个孩子,20 世纪也不会发生人口老化的现象。那么,我们是否可以在今后 20 年或更长的时间里实行绝育的人口模式? 当然不应该这样讨论问题。这是把没有本质联系的一些现象扯进严肃的讨论中。如果从逻辑上推论,20 世纪不会出现老化问题,它实质上正好证明了相反的问题:前 30 年有较高的生育水平,后 20 年才不至于出现人口老化。所以,如果为了免于人口老化,今后还应该继续保持人口的高出生率。

在讨论人口老化问题上,还存在另外一种倾向,即认为老化是 20 年以后的事,所以现在不必考虑它。实际上,任何人口问题都具有一定的潜伏期,不是马上就可以表现出来的。比如 20 世纪 50 年代开始的高出生率并不是马上造成人口压力,而是在二三十年以后的今天才表现出来。讨论人口老化问题,正是 30 岁以下的这一代人老年期的社会负担等问题。所以,它完全不是什么很远以后的问题,也并非什么“在比较遥远的将来”。

如果我们十分重视对人口年龄构成问题的讨论,我们就不应该忽略目前年轻一代人将要造成的老化问题。新中国成立后 30 年的出生人口达到 6 亿以上,这是我国人口史上最大的一次峰波。当这一代处于上学年龄时,它会对学校教育事业造成很大的压力;当这一代人逐渐达到劳动年龄时,会对就业产生压力。同样,当这批人涌进老年期时,必然会对社会造成极大的负担。我们不能只讨论目前已经形成的教育和就业方面的压力,而不论将要增加的养老等方面的压力。事实上,讨论老年人增加形成的社会负担问题是比教育和就业方面的问题更为重要的事情。这不仅是因为居民的负担直接关系到居民的生活水平,而且还在于目前人口发展的模式正好决定了将来人口老化的负担结构问题。现在加以讨论,正是研究和解决将来老化问题的原因。

所以，必须确定我们老化问题的对象主要是目前育龄青年这一代人老年时期将可能出现的社会问题。从时间上来说，正是2015年以后二三十年里，即新中国成立以后高出生的人口开始进入老年期的时间里，我国的人口老化问题。把主要对象牵扯到最近或再远，都是无益的。比如，20世纪以内当然不存在老化和劳动力缺乏的问题，因为这一阶段正是30年高出生的人口支撑社会的时期。所以，讲这样的问题简直是笑话。现在讨论21世纪的人口老化，无疑是在担忧生了过多的子女的那一代人老年时的负担问题。

在老化的标准问题上采取不严肃的态度，也是影响人口学深入研究的一个障碍。在整个人口学问题上，人们对于老化问题没有确定一个严格的界限，但是，它不妨碍人们讨论人口老化带来的社会危害。欧洲国家的老化系数超过了12%，西欧和北欧达到14%以上，荷兰达到18%左右。虽然同样没有确定的界限，但大家仍然确定这些地区或国家的人口已经达到老化的程度。

我国的人口老化情况（即65岁以上占总人口比例），根据不同的计算，目前有三种不同的结果(见表2)。

即使按照最低的一种推算结果，2022年老化系数达到20.8%，2027年达到24.6%。换句话说，2022年时每5个人中有一个65岁以上的老人，2027年每4个人中有一个老人。

无论我们怎样企图缩小老年人在总人口中的比例，从2015年开始，新中国成立后出生的人口也都要陆续进入老年层。并且，老化指数也必然大大超过目前任何国家的人口老化程度。我们决不能一般地看待我国老化系数超过目前荷兰或其他国家。十几亿人口的老化程度如果比目前世界上最老化的国家还严重，那么在许多地区会有老化系数更大的人口区。如同目前全世界的老化指数是7%左右，而个别国家就达18%。所以，不能一般地谈论7%。因为在老化严重的国家里，他们并不为7%乐观，相反在承受18%的老年负担的重荷。这种人口问题对社会的压力并不比我们目前青年就业的压力更轻些。所以，当我国人口老化指数达到20%、25%、30%、35%……时，个别地区的老化指数将可能是30%、40%、50%、60%……

表2　我国人口老化预测结果　（单位：%）

	第一种推算	第二种推算	第三种推算
2000 年	8.9	12.4	16.76
2020 年	16.2(2017 年)	22.1	23.81
2025 年	20.8(2022 年)	24.9	27.61
2030 年	24.6(2027 年)	32.1	32.38

注：表中第一种推算是由七机部二院的同志推测，数据引自《光明日报》1980 年2 月14 日。第二种推算结果是由西安交大的同志推测，数据引自西安交大《人口问题论文选编》。第三种是由作者推算，见《经济问题》杂志 1980 年第 5 期。

我们认为，不能轻松地或一般地看待人口老化问题，更不能采取不承认主义。比如，许多同志承认 2015 年以后的老化指数比现今荷兰的老化指数还要大得多，但同时却说我国人口老化"肯定地说是可以避免的"。这种说法对人口学素无修养的人将会产生很大的误会。试想，如果说比目前世界上最老化的人口还要老化的人口不叫老化，那么，世界上哪里还存在"老化"这一概念？

三、关于负担结构问题

人口老化必然伴之以被抚养的老年人口的负担加重。在人口学上，社会负担程度通常用社会抚养的老年人（65 和 65 岁以上）和少年（14 和 14 岁以下）人口与劳动年龄（15~64 岁）的人口之比来表示。称为附属人口指数，与老年人口之比称为老年人的指数。把我国这三个数值的变化情况与日本的变化情况相比较，就会了解到我国将来的人口年龄结构还将处于很不合理的状态。

表3　中日两国人口结构变动情况比较　（单位：%）

	附属人口指数		少年人口指数		老年人口指数	
	中国	日本	中国	日本	中国	日本
2000 年	43.05	47.96	19.07	25.15	23.98	22.80
2015 年	56.25	59.01	23.51	25.10	32.74	33.91
2020 年	68.00	59.18	28.00	23.79	40.00	35.39
2025 年	82.60	58.41	32.17	23.74	50.43	34.94
2030 年	102.31	59.11	36.80	24.14	65.15	34.98

从表中可以看出,日本的人口负担指数要稳定得多。2000年左右,我国附属人口的比例比日本要小,2020年以后,将迅速超过日本。这种变化主要是由老年人口增长引起的。这表明,我们经过几十年的人口干预,还将出现一个年龄结构极不合理的人口状况。

有的同志十分称道于2000年以后的负担指数,认为2025年的负担指数还大致等于现在。但是,第一,不正是说现在造成令人头痛的人口问题吗?第二,尽管社会负担指数相同,但100个劳动力负担70个老年人和30个少年怎能与负担70个少年和30个老年人完全相同?不仅负担程度不同,其需求内容也不会绝然相同。第三,即使负担完全相同,我们为之奋斗了几十年,究有何益?

有些同志提出2000年以后改变我国的生育率水平,用以改变人口的年龄构成和老化的严重程度。不能说这不是一个良好的愿望,但这毕竟是一个十分不切实际的良好愿望。

根据我国的年龄构成,从2015年开始,新中国成立后大量出生的人口就陆续涌入65岁以上的老年层。2020年前后的老化状况就步入严重的程度。劳动力再生产周期决定了改变这种状况必须是20年以前就要开始这种人口过程。并且,人口变动的特点又在于连续数年才能显示出人口行为的结果。所以,要改变2020年以后的劳动年龄结构和老化程度,必须在2000年前的数十年里就开始鼓励人口出生。2000年以后,每年只有500万左右的妇女进入婚龄,如果允许每对夫妇生两个孩子,也还没有每年进入65岁以上老年层的人口多。另外,我们如果要求在2000年以后马上刺激多生孩子,这不正是对20世纪最后20年少生了的孩子做一次补偿性生育吗?如果是这样,何必要做那些违背规律的事情?其次,因为老化带来劳动力相对紧张,妇女就业率高,以及老年人多,家庭和社会负担过重,愿意多生孩子的家庭就会更少。可见,那时想让人们多生至少会和今天想让人们少生一样不容易。那种讲可以提前调节妇女生育水平,把人口老化控制在适当程度的话,乃是一种轻率的言辞。

在长达20年以上4:2:1的人口生产模式的发展下,将来会有近2亿的老年人处于老无所养的境地。有的同志把这些困难推诿于通过社会保险等形式加以解决。这就是说,把原来家庭负担的形式转变为社会负

中国生育政策研究 ZHONGGUOSHENGYUZHENGCEYANJIU

担的形式。

社会保险事业的发展具有经济、文化、社会传统等方面的深厚基础，并不是一下子可以发展起来的。西方的慈善事业、社会保险事业大都有了数百年以上的历史。有些国家是从中世纪的教会事业开始就有了这方面的传统。即使这样，西方各国的老年人问题也仍然不能得到合理的解决。我们在大约40年里发展到上亿的老年人都能进入社会保险系统，是根本不可能的。

从其他方面来说，通过社会保险使老年人问题得到较为合理的解决，这也是不可能的。

以目前的生活标准来说，每个老无所养的老年人每月的生活费（包括医疗等所有方面的开支）以20元计，每个人每年的生活费就是240元，整个社会每年就必须花费400亿元以上。这个数字将相当于现在每年的国民经济投资总额。

如果从整个社会劳动力就业结构的角度来说，建立起老年保险事业以后，如果平均每5名老年人有一名工作人员（医生、护理员、行政及后勤人员等所有从事这一行业的职员），整个社会就必须有近4000万名劳动力在这个系统就业。这就成为社会就业最多的一个部门，相当于我们国家目前全民所有制职工的1/2。

在一个基本上没有社会保险事业的国家里，几十年内建立一个每年需要投资数百亿元、有数千万职工就业的部门，这将造成整个国民经济结构的变化。同时，家庭负担变为由社会负担，许多专门适应老年人需要的消费品就必须大力发展起来，使老年人需要商品化，原来家庭做的都由社会承担，这会整个地改变社会的产业结构和消费结构。

以社会保险的形式把子女照顾的老年人包下来，很重要的一个方面是老年人医疗卫生问题。在被组织的社会保险单位里，如果平均每50名老年人有一个医生和一个病床的床位，全国必须有400万医生和400万张病床。这相当于目前我国医务人员和病床的二倍。如果2020年达到这个水平，从现在起每年也必须有10万名医科大学生毕业。事实上，这是很难做到的。

由家庭负担转变为由社会负担，为了便于管理，就必须把需要社会照顾其日常生活的老年人集中起来，居住在交通较为方便的地区，仅这样就会有一亿多农村老人转移到城镇。与此同时，需要配备专门的管理人员、医疗、教育中心、商业及服务行业。这就要改变人口分布和经济、文化布局。

可见，设想用社会保险的形式解决将来造成的老年人问题，并不是一件十分简单的事。仅仅负担结构的改变，就将带来国民经济结构、就业结构、投资结构、消费结构、产业结构、人口分布和城乡布局等一系列的社会经济、文化等方面的变化，这里还没有涉及社会生活方式的变化对人民的社会心理、老年人的心理带来的变化。整个社会这么大的变化，绝不是人们灵机一动就可以做到的。甚至社会其他形式代替家庭抚养老年人这一负担问题的变化，都是在经济等条件允许以后，仍需要几代人的努力才能逐渐做到的，绝不是几十年就可以完成的事情。更何况，目前代替家庭这种职能的社会形式还没有出现，家庭养育孩子和抚养老人的职能也不可能结束。

四、关于劳动力资源的问题

人口老化还会带来社会劳动力供应紧张的问题，这是在目前世界上的所有人口老化国家里，都普遍存在的问题。比如西欧几个国家，如果把外籍工人的职业由本国的全体失业工人代替，是不能满足整个社会需要的。

同老化问题一样，不应该用 2000 年以前的劳动力资源来证明 2000 年以前的生育模式是否合理。因为今后 20 年中的劳动力资源并不是同期生育孩子的结果，而是前 30 年的生育高峰造成了这一时期的劳动资源将十分充足。

也不能陶醉于 2000 年以后劳动年龄的人口数量。比如，一些同志十分欣赏"劳动适龄人口在未来 32 年时间里一直是上升的"。前面说过，这是由我国目前的人口年龄结构的特点决定的。正是在 2015 年，即 35 年以后，我国前 30 年生育高峰期出生的人口才开始涌进老年层。所以，不能仅仅限于 32 年里劳动年龄的人口不下降，就认为可以执行任意的人口生育模式。现在的生育模式不仅决定目前的消费负担，更重要的是决定了 35

年以后,即从 2015 年开始的几十年里的劳动力供应、社会负担结构及社会的支撑力问题。

即使从劳动力数量方面来说,也不能简单地说在 2030 年左右仍然达到目前的劳动年龄人口。第一,现在劳动年龄的人口是处于上升时期,2000 年左右劳动年龄的人口增长达到高峰,然后又开始下降。几十年里劳动年龄的人口处于"低—高—低"的发展过程。尽管劳动年龄的人口数量变化不大,但处于"低—高"阶段和"高—低"阶段,其内容上就大为不同。第二,目前我们正处于经济困难时期,劳动力就业较为困难。但经过一个阶段的经济发展以后,没有理由认为劳动就业还是目前这种艰难的状况。第三,在 2015 年以后,每年将有 2000 万以上的人口退出劳动年龄,而每年只有 1000 万人口进入劳动年龄,社会上每退出两个职位,仅有一个人来补充,这样的状况怎么也不能说劳动力数量是十分充足的。第四,即便在今后几十年里,整个劳动力资源一直稳定在 7 亿左右,也不能作为充足的证据。近 20 年里劳动力资源主要是逐渐成长起来的精力充沛、年轻力壮的劳动力。2000 年后的 30 年里绝大部分的劳动年龄人口是即将进入老年层的劳动力,这怎么能加以对比呢?

有些同志认为今后尽管每年出生率达到世界最低水平,但还出生 1000 万左右的人口。这些同志只是把每年出生的 1000 万同世界中、小国家相比,而这时就不把中国总人口同这些国家相比了。小国需要的劳动力少,因而生的孩子少,大国需要的劳力多,生的孩子就必须多。我们把东欧、西欧、北欧和苏联等社会老化程度较高的地区和国家加在一起,1979 年总计 6 亿多人口,出生率平均 16‰,出生人口总计 960 万,也算 1000 万左右吧? 但很明显,这些地区和国家的劳动力都是呈紧张的趋势。在 6 亿多人口中 1000 万尚不能满足,在十几亿人口中每年的出生率平均 10‰左右,也不能说是"充足"的。

劳动生产力的提高和科学技术的进步相对来说对劳动量的需求减少了,但这是就生产规模不变的情况下,在局部和较短时期是如此。从整个社会的发展趋势来看,劳动生产力的提高和科学技术的进步,总是扩大社会需求量和刺激生产规模,从而为社会开辟新的行业以及扩大就业面。我曾经指出过,联动式蒸汽纺纱厂的建立排斥了数万架手摇纺车,但同时却开创了几十亿人的工业化时代；汽车的发明敲碎了马车夫的饭碗，但却为较之高出千万倍的人们提供了新的现代化劳动岗位。劳动力伴随着社会生产力一起增长，这既是人类发展的历史，又是目前世界各民族人口发展状况的现实。那种认为生产力提高就一定会使就业率减少，是受资本主义相对过剩人口规律的影响和把视线仅囿于生产局部的结果。

五、关于人口发展战略

我国人口状况目前的特点，主要是 30 岁以下的这一代人口数量特别多，这 6 亿多人口构成了我国今后几十年人口过程的主体。我国今后几十年的人口发展战略应根据这一主体人口的变化特点为依据。从这点出发，我们认为，我国的人口发展战略应该是，原则上每对夫妇生两个孩子，二胎间隔以 8~10 年为宜，提倡每对夫妇生一个孩子。

如果每对夫妇把两个孩子的间隔放到 8~10 年，再争取 30% 左右的夫妇能响应中央的号召生两个孩子，到 2005 年，我国的人口就可以控制在 11.3 亿左右。

这样做有许多优越性：

首先，能把人口控制在 12 亿以内。有许多同志主要担心我国人口会无限制增长下去，所以把人口发展的模式主要放在控制人口的数量方面。最近看来大多数人都主张能把人口控制在 12 亿以内，就是成功的。

第二，不破坏人口的年龄构成。年龄构成才是最主要的人口问题，原则上每对夫妇生两个孩子，可以把人口的再生率控制在略低于简单再生产的水平，这样不会严重破坏人口年龄的构成。

第三，把间隔放在 8~10 年之内，即按新《婚姻法》规定的年龄结婚时，两胎的间隔放在 10 年上，达到晚婚年龄结婚的，两胎间隔放在 8 年上。这样，结婚和生育头胎就可以统一起来，不致再出现有的地方害怕已经达到结婚年龄的青年结婚，结了婚又怕人家生孩子。如果这样做，结婚的年龄我们可以不过分要求，孩子也一般都在妇女 20~30 岁以内出生，最晚的也不会超过 35 岁，完全符合优生学的条件。

第四，不改变负担结构。原则上保证每对夫妇生两个孩子，可以使绝大部分的家庭养儿防老的问题得到解决。如果仍以过去我所提出的 30% 的夫妇生一个孩子，社会上最多也只有 10% 左右的老人将来需要通过社会解决其晚年生活问题。这样的数字是社会勉强可以负担的数字。对于大多数的老年人，通过家庭解决其晚年生活，对社会经济、政治、文化各方面不会产生太大的影响。

第五，有广泛的群众基础。根据经济发展状况，每对夫妇生两个孩子是大多数群众较为拥护的。原则允许每对夫妇生两个孩子，可以获得大多数群众的认同，不致发生强迫命令，也不需要把巨额的投资用于保证人口政策。实际上，人们在一定时期内最拥护的生育水平，才从根本上代表了人口发展的模式。国外许多人口学者把社会心理、家庭心理以及生活习惯的影响都列为人口模式的内容，不是没有道理的。

第六，有助于提高一对夫妇生一个孩子的比率。在一定程度来说，每对夫妇生一个孩子是节制生育的一个办法。如果不过于绝对化，在原则上允许每对夫妇生两个孩子的基础上，鼓励新婚夫妇生一个孩子，是完全正确的。但是，一般的号召不可能有较大的比例，也不可能达到"一胎化"。把两个孩子的间隔放在 8~10 年的较长时间里，就能给我们较充分的时间做工作，提高一胎的比率。其次，新婚夫妇生一个孩子以后，8~10 年的较长时间里生活习惯、身体方面的变化，孩子年龄较大和不再怕独生子女难于成活，社会对独生子女的照顾条件等，都可能造成原来准备再生第二个孩子的父母不愿意再生育了。

第七，人口政策和人口过程都可以保持相对稳定。原则上同意每对夫妇生两个孩子，不严重破坏人口的年龄结构，也不改变家庭的负担结构，这样的人口政策可以维持较长的时期。几十年以后，我国的人口死亡率可能上升，如果继续保持人口的稳定和略有增长，还是让每对夫妇生两个孩子，只需要把二胎的间隔缩短即可。这样，在人口政策方面还令我们摆脱窘境：可以制定与《婚姻法》统一的《计划生育法》。而且，这样的立法不但不会导致国内外的抵触及批评，也不会和过去的立法发生原则上的矛盾。

六、关于我国人口学研究的一些方法问题

在人口学的研究上，我们还缺少具体的和实事求是的精神。

比如说，讨论我国人口发展的后果问题，特别是劳动力资源问题，有的同志只是大致地以劳动年龄的人口数量加以对比，对其内涵却缺乏深入的和具体的研究。在目前许多国家里，不仅存在人口老化问题，而且还存在劳动力的老化问题。国际劳工组织的资料说，在工业发达国家里，每三个工人中就有一个是 45 岁以上的工人。在 2015 年以后，我国尽管每年还有 6 亿多劳动年龄的人口，但 2/3 都是 45 岁以上，这怎么能说成是现实的丰富的劳动力资源呢？

其次，生吞活剥地照搬外国的人口模式，不看中国的具体条件，也是我国人口学发展方面存在的问题之一。比如，关于人口的增长为零概念，早在 20 世纪 20 年代的美国人口学家就提出来了。但是，直到现在并没有一个政府鼓励争取实现这一目标。西德、英国、法国、卢森堡、瑞典等人口相对稳定的国家都是积极鼓励人口生育的。在这些国家里，尽管出生率很低，但每年就业总人口还是不断增加。联邦德国每 10 个职工中就有一个是外籍劳工。凡是人口统计上增长效率接近于零的国家，都依靠外籍工人来填补战后出生率下降造成的劳动力缺乏。至于 20 世纪 70 年代后出生的负增长，其人口学和经济学方面的后果还没有显现出来。

作为一种学说，西方人口学家提出的人口零增长，是可以讨论的。但这种学说大都提出了许多条件。例如，萨缪尔森主张人口稳定，甚至人口减少，是从发达国家情况来说的，认为只有发达国家或许"能够经受得住人口数量的停止增长"。澳大利亚国立堪培拉大学研究员戴伊在讨论人口增长为零时讲道"保持人口简单再生产和不改变性别年龄结构"，而不是一般地说人口增长为零。美国的人口学家约瑟夫·斯彭格勒，对于人口增长为零的讨论也只限于北美、欧洲和苏联等发达国家。美国著名的人口学家布朗在研究人口稳定的模式中，也同样是把高度增长的国家局限于工业发达的国家，认为发展中国家达到争取人口稳定的程度是 2005—2015 年以后的事情。

我国的一些人口学家，盲目地提出我国人口增长为零的理论，而根本不考虑这样做会给人口结构带来什么后果。

最近几年，中央对我国人口学方面的工作和计划生育的工作十分重视，提出许多加强控制我国人口增长，加强人口学研究工作的指示，但我们有些同志把计划生育简单理解为减少人口，把控制人口理解为使我国人口越少越好。这是一种十分片面的研究方法。

计划生育从本质上说并不是节制生育，也不同于发展中国家和资本主义国家提出的"家庭计划"。节制生育只是计划生育的某一项具体内容。"家庭计划"是资本主义国家人口学范畴。不能认为中央提出计划生育工作，就是要人口越少越好。计划生育就是要把人口控制在适当的水平上，使它符合社会经济、文化发展的要求，争取有一个合理的年龄结构和性别结构的人口。

最后，我们主张人口学研究应该重视和提出明确的人口目标。不过，这种人口发展目标应建立在较为清楚的人口统计基础上，并且要经过人口学界认真的和深入的讨论。没有明确的人口目标，还可能是盲目的人口过程。人口学界不能经过充分讨论，不能给我国计划生育工作提供可靠的和科学的人口依据，就失去了人口学研究的意义。所以，如果在提出不符合我国人口发展模式的人口目标受到群众的抵制以后，又不敢提出明确的人口目标，这不论对于我国人口学的发展，还是对我国人口的发展，都是无益的。

（写于 1981 年 2 月）

关于"适中人口"①

一

"适中人口"在国外叫"适度人口"。虽然我们不愿意用"适度"这个词，以期人们不要把我们的人口学观点同资产阶级的那一套相提并论。但就实质来说，汉语中的"适中"和"适度"并没有多大的区别。其实，英文单词 optimum 是指生物学意义上的适宜于生物群类生长的温度等自然条件。所以它既可以译作"适度"，又可以译作"适中"，含义是相同的，反正都不包含人的社会性，不把人类群体当社会看待。

且不用从英国的维克塞尔说起，他早在 1910 年就写过一篇适度人口的文章。即使从 20 世纪 40 年代的索维开始，西方的各种"适度人口"也不知提出过多少个了。西方人口学家整天都在模拟人口的数学模式，有不少都是各具特色的"适度人口"。我不是说我们不能用数学方法、用控制论方法模拟人口模型，而是说不要迷信和鼓吹那些"适度人口"有多么灵。其实，西方几十年来的成千上万种模式，从来没有谁搞准确过。这样的模式，只是研究人口问题的一种方法，帮助我们思考些问题还是可以的，但如果把它当做灵丹妙药吹得神乎其神，就过分了。真理超过了限度，就成了谬论。

中华民族在最近几百年落后了，特别是自然科学知识的落后。但从我们的一般民众到领导人，大都对自然科学很重视，对那些搞自然科学的同志很尊重。特别是像你们中间有些人有科学家的称谓，说出来的话作

① 这是作者 1981 年 2 月在全国第三次人口科学讨论会分组会上的发言提纲和谈话。

用就更大。这种现象就两个方面来说都具有二重性，对于我们的民族来说，对搞自然科学的同志有信任的一面，同时也有迷信的一面，往往是只要你们哪位同志说了什么，就以为是科学家说的话，就一定没有问题。对于你们搞自然科学的同志来说，也同样具有二重性，一是要充分利用民众和领导人对你们的信任，多宣传自然科学知识，为提高中华民族的科学文化素质作出较大的贡献，另外也要慎重，不应轻信和不加批判地恭维西方的东西。

人口学是一门社会科学。社会科学同自然科学一样，都是科学，不是轻易就可以掌握的。发展人口科学，需要多学科包括许多自然学科的努力和合作，但是，真正掌握人口科学也并不是轻而易举的事。如同我们学习数学、控制论那一套一样，是很不容易的，不是靠涉猎就能达到的。我说的意思是我们说话不要绝对，不要以为谁掌握了真理，唯我正确。先不要要求国家接受并让它成为我们的国策，国外那么多的"适度人口"方案，也从没有一个发达国家把它当真的。我们的方案还是先提出来，让大家充分讨论为好。

二

这次讨论会有一个很大的特点，即不少搞自然科学的同志也参加了，特别是不少搞控制论的同志，这对于促进人口科学的发展和繁荣，具有很大的促进作用。

听不少主张"适中人口"的同志发言说，根据中国的自然资源情况，我国人口最好维持在 6.5 亿至 7 亿的水平上。所以，他们提出今后 100 年要争取由目前的 10 亿逐渐发展到这个目标。其中有几个问题需要提请同志们注意。

第一，人口问题是社会问题，现在提出的"适中人口"都是根据我国的自然资源，诸如淡水资源、矿产资源、土地资源等方面同发达国家类比或者人均比较提出人口学观点的，不提出社会因素对人的制约性，恐怕难以说是切中了人口问题的要害。希望提出"适中人口"问题的同志除了注意自然条件外，再加上社会因素。否则，人口学界和经济学界的同志都难以接受。

第二，你们提出我国人口在达到六七亿人口时将是最佳的人口水平。但是，我们是从那样的人口水平过来的，甚至新中国成立前和新中国成立初期的人口数比这还要低，可我们并没有较高的经济水平和社会生活水平。相反，根据这种模式，我国人口还有二三十年的增长，达到 12 亿多，然后下降，最后在 2070 或 2080 年前后，总人口达到这个水平。

这样的模式会带来一个问题，需要同志们进一步解释。即我国人口由 6 亿上升到 12 亿多，用了五六十年的时间，每年增长率在 2% 左右。这样规模的人口变动给经济生活带来了许多困难。今后再由这样的水平下降到六七亿，下降的时间和规模大致相同，为什么就一定不会带来困难，反而能促进我国经济的发展与繁荣。道理是什么？不加论证，恐怕说不过去。

第三，持"适度人口"的同志撇开其他方面的原因，仅仅说我们人均自然资源少，所以造成了严重的人口问题和社会问题。但又给我们社会科学工作者带来一个问题，即需要向人们解释和说明，像日本那样自然资源极度匮乏的国家，经济却十分繁荣，我们比日本的自然资源丰富得多，却是另外一种结果。如果像大家强调的人均自然资源那样，必然形成这样一个很现实的问题，我们不能回避它。

第四，人类不能一味地和无限制地膨胀下去，这是毫无疑问的。因为，人类自身的增长并不是人生和社会的目的。但是，世界史和人类发展史、各民族的历史却普遍证明了一点，即经济的发展、社会的繁荣，总是同人口的增长相联系的。在人类发展的历史长河中，总趋势都是人口愈发展，经济发展愈快。特别是欧美国家的近代史充分说明了这一点。任何国家和任何民族还都没有给我们提供相反的例证。这样，至少可以说，在过去的历史中或者截至目前的生产力发展过程中，社会的进步还是同人口增长相伴随的。我们试图要走另外一条路子，不是不可以。但要证明或论证，我们凭什么就可以在人口迅速萎缩的情况下，得到经济与社会的繁荣？至少要向人们交代一下。

我丝毫没有鼓吹人口盲目增长的意思，但英、美等发达国家是另外一种历史，另外一种现实。我们在接受这些国家的人口学家观点时，至少应该注意这些历史事实。

把计划生育工作建立在
人口发展规律的基础上①

　　20 世纪 70 年代以来，我国计划生育工作有了很大的进展，特别是 1979—1983 年，平均每年出生的人数由 1971—1978 年的 2166 万下降到 1903 万，递增率由 1.87%下降到 1.33%，这样巨大的成绩是应当肯定的。但是，我们又不能不感到计划生育已经成为各级领导目前最大的包袱。

　　多年来，我们的同志急于把人口增长速度降下来，但同时却又拒绝对人口状况作深入细致的分析，以为人口增长只能靠每个家庭尽可能少生孩子来解决，不懂得利用人口自身发展规律调节节育，达到控制人口的目的。实际上，我国人口目前正处在一个十分微妙的发展阶段，只要认真分析这个结构及其特点，我们就完全能够制定出符合客观规律、符合国情和得到人民群众拥护的人口发展战略。

一

　　我国目前有 10.3 亿人口，根据广东、浙江、河北、河南四省第三次人口普查手工汇总的资料分析，我国目前总人口中 0~14 岁的大约占 32%，

---

① 这是作者给胡耀邦同志的一份研究报告。根据李宏规同志讲，国家计划生育委员会副主任周伯萍同志主持讨论本报告的时间为 1984 年 4 月 4 日，说明中央在此前将本报告批转到国家计划生育委员会。本报告送北京的时间还应该比这早一些。

15~64 岁的占 62%，65 岁以上的接近 6%。这样的人口结构大致相当于世界平均构成，其中 0~14 岁人口比例还要比全世界同年龄组低一些，而劳动年龄组的人口比例还要高一些，这种结构的人口群体因为青年人口和育龄人口比重大，必然表现为死亡率低而出生率高，我国人口学家在讨论我国人口状况时，仅仅指出了这个一般性的特点。但是，如果对今后几十年人口发展进行研究，做这样的划分还是很不够的。

在我国总人口中，新中国成立后累计出生的接近 7 亿，35 岁以上的人口占 3 亿稍多一点。在新中国成立后出生的人口中，50 年代(1949—1959 年)平均每年出生人口 2000 万，60 年代(1960—1972 年)平均每年出生 2500 万，70 年代初开展计划生育以来平均每年出生人口 1800 万。根据这样的人口构成，我国人口自然变动在未来二三十年内将会出现以下一些趋势：

第一，死亡率和死亡人数将有所增长。目前我国人口死亡率比较低，一方面是人民群众生活水平提高的结果，此外也同年龄构成比较年轻分不开。如果分析一下各地区的分年龄组别的死亡率，就不难发现 35 岁是一个明显的转折，即 35 岁以下(除 0~5 岁外)各年龄组的死亡率很小，超过 35 岁以后各年龄人口的死亡概率明显上升。1985—1990 年之后，新中国成立后大量出生的人口陆续涌进 35 岁以上的年龄组，高年龄组的人口越来越大，死亡率和死亡人数就会上升。如果我们的人口构成达到目前发达国家的水平，其死亡率可能会比西方国家低一些，但估计 2000 年我们国家的死亡率也将由现在的 0.6% 上升到 0.9%，死亡人数处于 800 万 ~900 万。2000 年之后，死亡率和死亡人数还将有较大幅度的上升，估计 60 年代出生的人口到六七十岁的年龄时，即 2020—2030 年前后，我国的人口死亡率会上升到顶点，达到 1.3%，死亡人口可能会超过 1400 万人，然后会有一段下降，最后将随着我国人口的相对稳定而停留在 0.8%~0.9%。

第二，人口出生状况将有 10 年左右的高出生率，然后开始逐步下降。根据我国目前的生活水平，妇女平均生育率在 2.1~2.2 才能维持人口简单再生产。从一个家庭来说，即使要求生两个孩子，实际上，由于每个年龄的妇女中总有一定比例的不婚、不育、有病，以及大孩子夭折等，每个家庭生两个孩子已是缩小再生产。鉴于我国人口经过 30 年的盲目增长，扩大再生产即每个家庭生两个以上的孩子的可能性已不可取，所以35~50岁的育龄妇女虽然具有生育能力和生育条件，但由于她们平均生了2.5~3个以上的孩子，其中大多数实际上已退出了生育年龄。可见，真正决定未来20年人口发展的是新中国成立后出生的近7亿人口。

在新中国成立后出生的人口中，20世纪50年代出生的人口超过了初婚和初育的年龄，平均每对夫妇已经有两个孩子，这样的生育水平基本上符合我国群众的生育意愿。只要政策对头，这个年龄段的妇女一般不会再有超过两胎的。所以，她们也是退出生育年龄的人口。如果以20岁为初婚年龄计，60年代出生高峰的人口从今年开始陆续结婚和生育。大致10年以后，70年代开始计划生育后出生的人口也将进入婚龄。这样，1985—1995年前，每年结婚1100多万对，如果允许每对夫妇生两个孩子，并且在间隔较短的时间内生完，每年出生近2300万个孩子。1996—2000年，每年结婚800万对，同样允许生两个孩子，每年将出生1600万人。

第三，在今后10多年的时间里，由于出生人数多和死亡人数少，将成为我国人口增长率最高的时期之一，到2000年前后，由于每年出生人口少了，死亡人口上升了，人口增长率才有可能下降。

以上的各点分析说明，我国人口在今后10年左右是一个特殊时期，在这个阶段，人口的高出生率和低死亡率都处于相对稳定状态。越过这10年，出生率和死亡率都会有较大的变化。我们无法在死亡率上调节，但完全可以在10年这个较短的时期内调节出生率。出路也就在这里。

二

根据我国最近10年结婚和生育人口猛烈上升然后下降，以及死亡人口可能不断上升的趋势，调节生育间隔和提倡一定比例的独生子女率，就能够较完满地解决我国人口问题，具体来说：

第一，允许一对夫妇生两个孩子，但间隔必须延长到8~10年。从优生学的角度考虑，各个家庭可以自行制订生育计划。但是，如果生两个孩子，第二个孩子必须推迟在妇女的30~34岁时生育。

第二，继续提倡和鼓励一对夫妇只生一个孩子，并争取独生子女率达到 30%。

如果实行这样的方案，在 1984—1993 年每年出生孩子仅有 1100 多万，相当于 10 年的一胎化，除去每年死亡人口 700 多万，增长 400 万人口，10 年计 4000 万人。1994—2000 年出生的头胎 800 多万，二胎 700 万，每年合计 1500 万人，同期每年死亡人口将超过 800 多万，净增长 700 万，7 年增长 5000 万，2000 年总人口 11.2 亿。可见，按此发展战略，把人口控制在 12 亿以内还是很有把握的。

2000 年以后是否还会有巨大增长呢？经过计算，2010 年以前尽管人口还有增长，但最高人口也不过 11.4 亿。因为，2000—2010 年每年第一胎人口计 500 万，第二胎 570 万，合计出生 1070 万人，但这时的人口死亡率将达到 0.9%，即死亡人口大约 9000 万，每年净增人口 170 多万，11 年累计才 2000 万人口。2010 年以后，我国人口死亡率还会有所提高，而出生人数反而减少，人口基本上稳定或略有降低。这就是说，按照这个方案，我国人口峰值无论如何也不会超过 12 亿。

三

对比目前我国人口困境以及其他方案，这种人口发展战略的优越性是十分明显的。

第一，群众拥护。目前的人口政策不让生二胎，尽管少生了一些人，但很失民心，我们为此付出的代价太大了。允许生二胎，这无论从宣传上或人民群众的心理上，都可以说是合情合理的。从形式上看，二胎间隔长了点，但这是就只生两个孩子来说的。从发达国家和优生学的角度来看，30 多岁妊娠和生育都是正常的。对过去多子女的妇女来讲，30 岁往往还是她们生育中间子女的年龄。所以，比起不准或基本上不准生二胎的政策来，这将是大得民心的。

第二，有利于制定生育法。前几年的生育政策要求一胎化，同大多数人的情绪很对立，不具备立法的群众基础。如果生育法以允许生两个孩子为核心，又冲垮了计划生育工作的防堤。几年来立法机关左右为难，致使今日生育领域内仍然是无法可循。允许生两个孩子，人民拥护，立法的基础就具备了。

第三，可以使人口出生率迅速下降，有效地控制人口增长。前几年由于凭良好的愿望提出生一个孩子的政策，不合国情、人情，遭到大多数人的抵制，因此有相当多的人敢超计划生育。几年来，不仅二胎止不住，三胎以上还占有相当大的比例。现在让生二胎，得民心，能立法，就可以有效地煞住二胎以上的计划外生育了。

此外，重要的是这样做可以得到 10 年的"一胎化"。它正好发生在我国初婚年龄人口最多死亡率最低的时候，从这时起，我国人口的出生率和自然增长率就一下子达到发达国家目前的稳定状态，人口激烈变动现象从此就消失了。

第四，削平了人口峰波，使我国人口迅速走上稳定发展的道路。目前我国人口中 35 岁以下是个大峰波，其中 1963—1973 年出生的人口是峰顶，做这样的调整之后，把峰顶上出生的人口和 1974 年之后峰波上出生的人口拉平生育，各年龄组的人口就可以大致平衡，这对经济和社会的稳定发展都将产生很大的积极作用。

第五，避免以后严重的老年人问题。根据这几年几种有影响的人口发展战略，要求 100 年后我国人口控制在 6.5 亿~7 亿的水平，或者要求 80~50 年的一孩化，势必会出现以劳动年龄的人口（20~60 岁）为核心的三代人 1：2：4 的局面。比如根据宋健及西安交大两种方案预测，2035 年左右的人口年龄构成已经出现这种局面，到那时，即令修正几十年一胎化的人口政策，而 20%~30% 的孤独老人家庭，仍然是不可避免的。这将是一个无生气、无活力和无前途的社会。遗憾的是，我们的人口学家已经预测到这种危险性，却不愿言明。允许生两个孩子，上一代人在 50 多岁时，他们最小的孩子也长大到 20 多岁了，完全可以消除人们的后顾之忧。

把我提出的这个人口战略同当前实行的计划生育政策加以比较，两者都有提倡一对夫妇生一个孩子的内容。就是说，它并不直接和完全否定当前的政策,从而可以保证计划生育政策的延续性和稳定性。这样,实行人口战略和计划生育工作的转变,不仅是必须的,而且是可行的。

（写于 1984 年春节）

答新华社记者问①

问：听说您曾提出一种很好的人口发展战略，能不能介绍一下？

答：对我国人口年龄构成的分析表明，我国人口正处于一个特殊的时期，只要有 10 年左右的时间，就将出现死亡率上升、出生率和增长率减缓的趋势。根据这种情况，我们完全可以让每对夫妇生两个孩子，但需要把间隔延长到 8 到 10 年。然后在此基础上，提倡一对夫妇生一个孩子，就可以把人口控制在 12 亿之内。

为什么 10 年后我国人口死亡率将会上升呢？这是因为，我国目前人口死亡率低除了人民生活水平普遍提高外，还有一个重要的原因是年龄构成轻，35 岁以下人口接近 7 亿。如果我们分析一下不同地方的生命表，可以发现 35 岁左右是人们生理上的转折，超过这个年龄后，死亡概率明显上升。新中国成立后大量出生的人口还没有进入 35 岁，所以死亡率就低一些。从 1985 年起 50 年代出生的人口就开始涌进 35 岁以上年龄组，死亡率就必然要逐渐上升。

问：像我国人口死亡率还要逐渐上升的情况是普遍规律还是某种特殊的或是仅仅偶然可能出现的现象？

答：这是一般规律。人民生活水平提高和平均寿命延长并不等于人不死亡。社会制度和福利条件越好，死亡人口就越集中在高年龄组。在相同生活条件下，年青人的死亡概率总比年龄大的人要小些，不少发达国家的人口变动已经显示出这个特征。比如西德人口的死亡率在 1840 年是

---

① 这是 1984 年 4 月新华社记者杨玉良同志采访作者时的一篇记录。

2.8%，此后100年逐渐下降到1948—1955年的1%左右，近些年又上升到1.2%以上，实际上我国许多人口学家也是这样认识的。如根据宋健等人的预测，在今后50年内，不论出生率作怎样的变化，人口的死亡率都将逐渐上升。这不是社会制度有什么问题，而是由人口发展规律所决定的。根据这个特点，我们就可以运用推迟生育而不是消灭第二胎的办法，控制我国人口增长。

问：二胎间隔8~10年的具体含义是什么？

答：这是指妇女20岁结婚和生第一个孩子，第二胎就应该在30岁以后生育。如果晚婚晚育，间隔可以放短一些。总之，根据优生学原理，妇女在24岁左右生育最好，第二个孩子应在30岁左右生育。当然，间隔8~10年好像很长，但这是就每对夫妇生两个孩子来说的。发达国家的大多数妇女接近30岁的年龄才生第一胎，后来的孩子大都是在三四十岁生育。我们国家的妇女过去一般都有三四个以上的孩子。而第一个和第三四个孩子的间隔不就是8~10年的时间吗？其实，对多子女的妇女来说，30岁往往才是她们生育中间子女的年龄。

问：为什么要提出这样的方案？

答：70年代以来，我国计划生育工作取得了很大的成绩，十多年来少生了8000万人，特别是1978年以来，每年出生的人口已由以前最高年份的2600多万下降到1900万，成绩是巨大的。但是，由于我们的人口学家没有把我国的人口发展规律搞清，给人以出生率越来越高，人口越来越激增，只有通过生一个孩子的政策才能控制的印象。这是不正确的，与群众很对立。

人口规律并不神秘。人要正常的生活，幼、老时期就需要别人照顾。你让他生一个孩子，别说这个孩子会不会出现其他问题，即使长大成人，青年人婚后总会有一方的老人无子女照顾其生活。出现这样的后果无论对一个家庭或一个社会来说，都是很难设想的。1979年，我通过计算，一胎化下去，将出现"四二一"，即未成年人口、青壮年人口和老年人口的构成是1：2：4，遭到人口学家的批判。但后来他们预测的数据也证实了这一点。譬如宋健、田雪原和西安交大等各种方案都表明，我国在2035年前后的人口结构，甚至比这个构成还要糟糕，别说整个社会有一半家庭，就是有百分之二三十的家庭无子女照顾，我们也将变成一个无生气、无活力和无前途的社会。不需论证，这不是遥远的将来，而是我们 30 岁以下这一代人老年时将可能发生的事情。

不过，最关键的问题还是目前。在农村，近几年党的一系列政策很得民心，受到广大农民的拥护，群众对计划生育却有不少的意见。其实，计划生育是社会主义的，应该得到人民的拥护，人口学家应该为我们的计划生育建立在客观规律的基础上作一点贡献。

问：这样的人口战略有什么优点呢？

答：第一，群众拥护，得民心。根据人口再生产规律，两个孩子接近于维持家庭的简单再生产，符合人民的生育意愿，同一胎化比，这就是合乎情理的事情。第二，有利于制定生育法。过去要求生一个孩子，群众对立情绪很大，失去立法的群众基础，五六年了，我们的立法机关还拿不出一个生育法。如果实行了讨论的这个方案，绝大多数人拥护，制定生育法的条件就成熟了。第三，可以迅速降低出生率，有效地控制住人口的盲目增长。前几年说只准生一个，因为大多数人思想不通，不但二胎没少生，连三胎也止不住。现在把生育间隔一下子延长到 8~10 年，就等于这 8~10 年是全部一胎化。到 2000 年只剩下不到 10 年时间了，20 世纪末人口怎么也不会突破 12 亿。

问：2000 年以后，我国人口还会不会继续增长？

答：即使实行这样的人口战略，我国人口增长还将持续到 2010 年左右，但 2000 年后不会有较大增长，因为那时每年死亡人口将在 900 万左右，而生第一胎的孩子是 500 万，第二胎的孩子是 570 万，每年合计出生 1070 万人，增长也不过 170 万。2000 年之后，我国死亡人口将达到 1000 万左右，而每年出生人口也不过是这样的水平，基本上稳定或略有降低。到 2030—2040 年，我国人口死亡率会达到最高峰，达到 1.4% 左右，自此之后有所下降，最终将维持在 0.9% 的水平。总之，2000 年我国人口完全可以控制在 12 亿左右，然后再根据变化了的情况调节生育政策。

问：两胎间隔 8~10 年，会不会有一些人不愿意执行这样的决定？

答：完全有这种可能。这要看我们的工作，首先间隔长但允许生两个孩子，要比只准生一个孩子容易接受。其次，可以制定生育法和一系列制度,加上政治思想工作,困难还是不大的。因为这里主要是要求第二胎在妇女的 30 岁以后生育,如果考虑到晚婚,实际上大多数人的间隔并不要 8~10 年。目前,我国妇女平均初婚年龄已达到 23 岁,而第一胎生育有 70%以上在婚后两三年,到 30 岁生第二个孩子,也就是间隔五六年的时间。

问:为什么还要提倡一对夫妇生一个孩子?

答:这一方面是为了控制人口的数量,另一方面也是政策延续性的需要。提倡一对夫妇生一个孩子,毕竟是节制生育、降低人口出生率的一种好办法。在平时,就是我们不提倡,也会有一些家庭只希望生一个孩子。经过我们的工作,加上政治、经济、医疗、升学、就业等各种措施的保护,让社会上有 30%左右的家庭生一个孩子,还是可以做到的。此外,提倡一对夫妇生一个孩子,不直接否定现行政策,有利于政策的连贯性和社会的安定团结。

论我国农村人口发展战略①

我国人口控制的重点在农村。据 1982 年人口普查结果,分城乡人口统计的全国总人口(不含港、澳、台)是 10.03 亿,其中市镇人口 2.1 亿,乡村人口(包括城市郊区农村人口)近 8 亿。可谓"十亿人口,八亿居于农村"。在中国人口发展战略中,控制农村人口的自然增长,举足轻重。但是,控制农村人口,头绪万端,以孰为先? 笔者认为,应首推确定农村人口的发展战略问题,然后,才有对农村人口控制的具体目标、具体政策和具体的方式方法。

根据马克思主义人口原理,确定我国农村人口发展战略,有必要对农村计划生育工作予以回顾,有必要进一步明确人口战略的指导思想等方面的问题。

一、农村计划生育工作回顾

我国计划生育工作始于 20 世纪 60 年代初期,但当时主要是从城市推开的,还未及农村,"文化大革命"就已开始。实际上,广大农村的计划生育工作是从 1971 年周总理再次强调并在国务院设立计划生育办公室后,才陆续开展起来的。从 1971 年到 1978 年的 8 年里,全国每年出生人口由前 8 年的 2600 万减少到 2100 万。特别是近几年来,人口出生数又从

---

① 这篇文章是 1984 年 8 月提交四川省人口学会在成都召开的控制农村人口理论讨论会的论文。

2100万减少到1900万。由于我国人口以农村为绝大多数,实际上减少的人口主要还是农村人口出生率下降的结果。据统计,1966年至1982年,全国人口出生率由35.05‰下降到21.09‰,下降了39.8%,其中城市人口出生率由21.85‰下降到18.24‰,只下降了12.2%;农村人口由36.71‰,下降到21.97‰,下降了40.2%。应该看到,我国农村计划生育工作所取得的巨大成就,是较之城市还要显著的。

另一方面,我们还需要进一步了解,这些成绩是靠付出什么代价取得的。1971年到1979年,我们的计划生育工作提出了晚婚和节育的方针。在提倡和推迟婚龄的同时,在生育方面的说法是"三个多,一个少,两个正好"。这样的政策不仅在城市比较容易地得到了贯彻,而且在乡村也得到了大多数人的拥护。

1979年,我们不恰当地提出了一个显然是未经过深思熟虑的目标。当时反复向国内外宣传,我国的人口目标分两步走,第一步要求在1985年使人口增长率降到5‰,第二步要求到2000年时实现人口增长为零。这样的人口目标即使是城乡毫不区分地达到一对夫妇终生只生一个孩子,也难以实现。在1979年人口学成都会议上,我提出这样做可能出现的后果之后,同一个会议上改变了提法,即不说一胎化,而是讲提倡一对夫妇生一个孩子。会后,"分两步走"的人口目标就不再提了。但是,从1979年底开始,更进一步地在全国范围内大张旗鼓地推行了"一对夫妇只生一个孩子",实际上是"一胎化"的人口政策。1981年之后,我们计划生育工作在宣传及提法上尽管不承认我们实行"一胎化"的人口政策,但各级下达的指标仍然是一胎化的指标,甚至是即使实现了"一胎化"以后,也仍然不能达到的指标。这给基层计划生育工作带来许多困难。在基层,没有别的办法可以选择,要么完不成生育指标,要么工作作风粗暴、简单化。即使不是这样,工作也无法持久。

重要的是,农村计划生育工作所出现的问题还不仅仅是计划生育一个部门的问题。由于计划生育造成的与群众普遍对立,使党的各级领导工作很被动。

正如普遍反映的那样,农民对于十一届三中全会以来的各项农村经济政策都很拥护,就是对计划生育工作不满意。由于高指标造成基层计划生育工作者作风上的问题，使三中全会以来我们党好不容易树立起来的威望，又被抵消了不少。

同时，这种由于人口目标、人口政策和人口方针多变给党的各项工作带来的被动局面，也从反面证明，我们需要制定一个明确的和科学的人口发展战略，用以彻底扭转目前计划生育工作上的窘境。

二、计划生育工作的指导思想

实事求是是我们党的一贯作风，也是党的十一届三中全会以来反复证明的指导我们思想的理论基础。实行计划生育，要不要实事求是？十多年的实践证明，也必须从实际出发。

中央书记处 108 次会议和今年 3 月召开的省、市、自治区计生委主任会议之后，中央书记处和计生委领导同志多次提出，"要把计划生育政策建立在合情合理、群众拥护、干部好做工作的基础上"，也就是强调坚持实事求是的原则。

贯彻实事求是的原则，还需要了解我国计划生育产生的客观必然性。

过去，我们在计划生育的宣传和理论研究上有一个误解，即把我国的计划生育同资本主义的"家庭计划"运动联系起来，认为我国计划生育同世界上流行的节育思潮是一回事，同资本主义国家推行的那些人口政策是一回事。甚至连我们不少的人口学家在介绍、翻译世界人口动态的时候，也把资本主义国家的"家庭计划"同我们的计划生育等同起来。这是不正确的。

计划生育就其实质来说，就是根据社会主义经济与社会发展的要求，在人类生育领域内实行的计划。经济与社会发展是繁杂的，计划生育的内容及形式也是丰富的。社会主义国家确定人口发展战略的根本出发点和依据，就是其社会经济状况和人口状况。离开了社会历史发展和人口发展方面的特点确定人口战略和人口政策，也就离开了实事求是的原则。

我国疆域辽阔，人口分布不平衡，经济发展不平衡，在整个人口发展战略中，不同地区的人口战略就应有所不同。正如王伟同志在全国省、市、自治区计生委主任会议上提出，合情合理就是既能有效地控制人口，又比较切合实际，符合中国的国情和各地的实际，符合多数群众的意愿和节育对象的具体情况,符合社会主义原理,符合大目标之理。在总结讲话中他又指出,各地在传达贯彻时,要把中央指示精神弄明白,要把各地实际情况搞清楚,并把两者结合起来。执行中央的指示精神必须同本地区的具体情况相结合,这是马克思主义的一个根本原则。实行计划生育,确定人口战略,不同地区有别,农村与城市有别,这应该是我们的一条原则。

三、制约农村人口发展的经济与社会因素

当前,我国农村人口发展在很大程度上受经济与社会状况的制约。具体来讲,要受以下条件的制约:

第一,农村人口生活的自然地理和经济地理条件差。我国国土面积很大,但平川少,山区丘陵、草原及沙漠比较多。除少数人口密集的平川地区外,大区域的农村人口生活在交通和经济都不很发达的地方。这些地区不仅农业资源利用率很差,而且工业资源还很少开发。同工业发达的大、中城市比较,个人对家庭依赖性强,对社会依赖性差。

第二,农村生产力水平普遍低。我国是传统的农业国家,除接近中心城市的少部分农村外,大区域的农业人口仍然生活在以手工操作为主的生产力水平下。在许多地区,农业生产和其他劳动生产能力、产品产量的大小,都同劳动力的数量成正比,劳动力越多,收获量越大。

第三,社会主义农业生产的组织形式重新肯定了家庭在农业生产中的作用。根据我国农业生产力水平普遍较低的状况,十一届三中全会以来,社会主义农业普遍采取了各种形式的生产责任制。这些形式的农业生产责任制具有一个共同的特点,即加强了农业家庭的生产职能。家庭作为经济单位又要求适应农业生产力的特点,每个家庭应该有较多的劳动力。

第四,不仅农业生产社会化水平低,而且广大区域的工农业布局不平衡。我国当前经济发展的特点是工业集中在东部沿海,大区域的农业地区都缺少工业基础雄厚的中心城市做纽带,生产社会化水平低,生活社会化水平也很低。人们在直接生活的衣食起居等方面还都靠在家庭内部进行,社会组织在这方面所能做的还很少,这更增加了人们对家庭的依赖性。除那些靠近大城市的郊区外,在大多数地区,如果农民家庭中缺少

强壮男劳动力,家庭生活就失去了支柱。

以上诸方面是在我国农村人口发展过程中分别起着重要作用的因素,制定人口战略和人口政策,不能不考虑这些方面对人口发展的制约。

四、我国农村人口状况

人口发展要以现实人口的基本状况为基础,我国农村人口自身的特点直接决定了其今后发展的趋势。

在人口的各种自然构成及基本特征方面,我国农村人口同城市人口并没有多少显著的区别。这是因为,在我国 2 亿城市人口中,绝大多数都还是新中国成立后的几十年里,陆续由农村涌向城市,或者仅仅由于经济建设的发展,在农村直接转变为城市的同时,当地的农民也就紧跟着由农村人口转化为城市人口。所以,大多数城市人口也仅仅是把农民这个职业改变为其他职业,而很少影响到人口自身的构成。通常,如果没有特别的外来因素,人口自身的变化诸如性别构成、身体素质状况等,都要经过数代人口过程的演变,才有较明显的变化。何况,新中国成立后的人口政策还很少注意到把农村同城市相区别,这就必然地形成了农村人口与城市人口同步发展的情况。

关于我国人口状况的特点,近些年已有不少的归纳。除了大家共同说的人口基数大、增长快、生育能力强等诸方面外,我们认为还有这么几点需要引起注意。

第一,人口平均寿命已经有了很大的提高。新中国成立前我国的人口平均期望寿命是 35 岁。新中国成立后,由于人民生活及社会卫生等方面的条件有了很大改善,到 1981 年已经达到 67.88 岁,其中男性达到 66.43 岁,女性 69.35 岁,接近或相当于东欧发达地区。目前,人口平均期望寿命最高的国家是日本、瑞典等,其中日本男性平均寿命在 1980 年达到 73.6 岁,女性 79.1 岁。我国人口的平均寿命还会有较大提高,但速度要比前 30 年放慢一些。这必然造成一个后果,即在相同情况下,人口增长速度将要减缓。

第二,人口年龄构成上形成了一个特殊的时期。新中国成立后,由于有 20 多年的人口迅速增长,明显地改变了我国人口的年龄构成。目前,在我国 10 亿人口中,新中国成立后出生的将超过 6.5 亿。根据河南、河北等四省的资料分析,我国总人口中 0~14 岁人口大约占 32%,15~64 岁人口占 62%,65 岁以上人口占 6%。这样的构成同发达国家相比,0~14 岁组的比例要稍高一些,但比较接近。15~64 岁组的比例明显要高,65 岁以上年龄组明显低。同发展中国家比较,0~14 岁组比例要低些,其他两个年龄组大致接近。这种情况又造成下述人口自然变动上的变化。

第三,人口自然变动的稳定性具有暂时性。30 年来,由于我国人口自然变动中,出生率较高,特别是 70 年代中期之前,几乎较之新中国成立前还要高,而死亡率却一直在下降,故有较高的人口自然增长率。目前人口出生率下降到 2%左右,死亡率下降到 0.6%,自然增长率接近 1.4%。这样的情况是暂时的。因为人口死亡率已经下降到最低点,随着新中国成立后大量出生的人口向高位数年龄的推进,10 年到 15 年之后,我国人口死亡率将有上升的趋势。相反,0~14 岁组的构成较低,生育力将有缓和的趋势。

以上人口本身方面的特点,将直接决定和制约我国人口今后的发展。人口战略的确定,应是对以上人口状况分析和巧妙运用的结果。

五、我国农村人口战略的确定

我国人口已经有了 30 多年的较快增长,在目前基数很大的前提下,如果任其发展,人口盲目增长势必冲击社会经济的有计划发展,给我国经济起飞造成极大困难。实行计划生育是我国的基本国策,控制人口增长无疑是正确的。但是,根据以上制约我国农村人口的经济与社会条件的分析,以及人口状况的特点,如不致使农村家庭缺乏劳动力,失去家庭生产和生活的支点,我国农村人口发展就不宜采取锐减的办法,而应该把人口发展水平确立在维持或接近维持简单再生产的水平上。

根据我国人口的特点,以及党中央提出的 2000 年把人口控制在 12 亿的战略目标,近年来,我在 1979 年计算的基础上,又经过多次修订和反复推证,曾提出我国人口发展战略应取"原则上允许每对夫妇生两个孩子,其中第二个孩子在妇女 30 岁左右间生育,在此基础上提倡一对夫妇生一个孩子"的方案。

这个人口战略是指，从法律上允许每对夫妇生两个孩子，并且初婚夫妇结婚后即允许其生第一个孩子。但是，不论第一个孩子在二十几岁生育，第二个孩子都要放在 30 岁左右生育。这就是说，如果生育第一胎的妇女在 24 岁之前，就需要近 10 年后生育。如果其第一个孩子是在晚婚晚育年龄里，如二十六七岁生育，第二个孩子则在五六年之后生育。总之，根据优生学，妇女在 35 岁以前生育最好，让妇女在 34 岁前把两个孩子生育完。个别生育晚的妇女，一般超过 40 岁就动员其不再生育。在此基础上，真正是提倡，而不是如同以前和现在这样强制要求一对夫妇只生一个孩子。

这样的人口战略是根据我国人口构成自身的特点提出来的。因为我国人口在 10 到 15 年之后，死亡率和死亡人数将在三四十年内维持在较高的水平上。如果把我国妇女生育孩子的间隔加以调节，将妇女生孩子时间推迟，就可以避免造成过多的无子女家庭，同时又较好地控制了人口的迅速增长。

表 1   1984—2040 年我国人口变动预测   （单位：万）

时间	每年结婚对数或第一胎数	第二胎数	每年合计出生人口	每年死亡人口	每年净增人口	期末总人口
1984—1990	1125		1125	700	425	10 7000
1991—2000	815	787	1597①	800	797②	115 000③
2001—2010	506	567	1067	900	267	11 7000
2011—2020	480	354	834	1000	−166	11 5000
2021—2030	375	248	623	1100	−477	11 1000
2031—2040	280	173	454	1200	−746	10 4000

注：①②实际上是 1993 年才有二胎生育，为计算方便从 1991 年算起。③实际上是 1993 年才有二胎生育，为计算方便从 1991 年算起。

因为人口过程是极为复杂的，不论制定什么样的人口战略和人口政策，社会上总会有超越人口政策的情况发生。比如有个别人坚持要生三个或三个以上的孩子，一部分少数民族或边疆地区需要生三个孩子，等等。但从上面的结果中可以看出，2000 年和人口峰值的 2010 年人口总数仍然维持在 11.4 亿左右，如果再加上计划外出生的孩子，也不会超过

12亿。

当然,这是我国总人口战略,而不是农村人口战略。农村人口战略应该服从这个总人口战略,但根据农村生产力等经济与社会状况,除法定允许一对夫妇生两个孩子,间隔在 8 至 10 年等条件与城市相同外,提倡一对夫妇只生一个孩子的面还要小一些。在这个人口战略中,从全国算一率胎达 30%,城市原则上推行一胎化,即占全国总额的 20%。那么,我国农村人口发展中只要求有 10%的家庭生一个孩子就行了。假使考虑到我国农村经济发展的不平衡,在较先进的农村区域,可以适当提高一胎率,在较落后的农业区就可以允许每个家庭都生两个孩子。

这样的农村人口战略是从我国农业生产力水平还不高,农民的生活社会化程度低等经济特点以及人口自身的状况出发提出来的。因为它可以避免较多的家庭在生一个孩子后,老年无靠,照顾到群众的切身利益,从而有利于消除群众的抵触情绪,有利于计划生育和党的其他各项工作的开展。

当前,我国计划生育正处在战略转变的关键时刻,确定科学的农村人口战略,已是刻不容缓了。

关于我国人口发展战略的
几个问题①

　　1979 年,根据我国经济社会发展状况和我国人口构成的特点,我提出了"在法律上允许每对夫妇生两个孩子,但第二个孩子必须在妇女 30 岁以后生育,并在此基础上提倡一对夫妇生一个孩子"的人口发展战略。经过五六年的实践和学术研究的发展,这种人口战略曾得到我国人口学界和计划生育部门不少同志的支持和赞赏。同时,还有部分同志就这一战略提出了一些疑问,需要给予进一步说明。

一、关于确定人口战略的必要性

　　人口战略从属于经济社会发展总体战略。我国人口战略正处于一个转变过程中,是由我国经济社会发展状况决定的,是根据我国目前计划生育工作的实际情况提出来的。

　　新中国成立后,我国人口盲目增长,是同社会主义经济发展不适应的。控制我国人口,实行计划生育,这是社会主义经济社会发展的必然要求。但是,近几年来,我们提出了不可能实现的生育政策和过高的生育指标,党群关系紧张,计划生育工作和党的各级领导工作被动。并且,由于缺少一个科学的和较长远的人口战略,几年来,我们的生育政策不稳定,

---

① 本文是 1984 年 8 月作者在四川省人口学会召开的农村人口发展战略研讨会上的发言。

人心不稳定。所以,确定合理、科学的人口战略,已经成为贯彻党的十二大提出的我国经济与社会发展战略,改变我们在计划生育工作中被动局面的带有战略性的大问题了。

其实,说明改变我国人口发展战略和人口政策的必要性,是十分简单的事情。半个多世纪以来的大量实践表明,"从群众中来,到群众中去",是检验我们党的政策是否正确的一个原则。

二、人口战略的具体含义

我们把人口战略表述为"法律上或原则上允许每个家庭生两个孩子,但第二个孩子必须在妇女 30 岁以后生育,并在此基础上提倡一对夫妇只生一个孩子",是强调其具体内容的统一性。

"法律上允许每个家庭生两个孩子",是指现阶段每个家庭和公民的权利。允许生两个孩子,并不等于必须生两个孩子。所以,这样的法律并不排斥有的家庭只生一个孩子。或者,个别家庭不愿意生孩子,都是符合法规的。此外,根据我国幅员辽阔和多民族的特点,以及生育问题的复杂性,特别规定少数民族以及个别家庭生两个以上的孩子,也同"允许生两个孩子"的提法不相悖谬。

"第二个孩子必须在妇女 30 岁以后生育",主要是为了延长二胎间隔,推迟生育。如果第一个孩子在妇女 20 岁初婚生育,第二个孩子在 10 年后生育。倘第一个孩子在妇女近 30 岁生育,二胎可以间隔小一些。仅仅明确规定第二个孩子生育的年龄,既符合优生学的原理,又可以给各个家庭较多的生育自由,使各个家庭根据自己的具体情况安排自己的生育计划,以减少国家生育计划与家庭计划的冲突。

"提倡一对夫妇只生一个孩子",主要是号召和倡导青年人把主要精力投入学习和工作中,为控制人口作较多的贡献,保护和支持为计划生育积极工作的同志。

以上三点,是整个人口发展战略相互联系的三个方面,是一个整体。

三、关于人口数量目标

党的十二大提出,力争在 2000 年,把我国人口控制在 12 亿的水平。

如果不把这一目标绝对化,应该说是比较合理的。这就是说,经过努力使我国人口在 2000 年达到 12 亿左右的水平,是有可能的。

"允许每个家庭生两个孩子,但第二个孩子在妇女的 30 岁生育和在此基础上提倡一对夫妇生一个孩子"的战略,能否把我国人口控制在 12 亿的水平? 有些同志对此提出疑问。

根据 1979 年的计算,2000 年我国人口将达到 10.5 亿,最近又提出可能达到 11.2 亿。两个数字有 7000 万的差额,这并非是计算上的错误,而是计算的基数不同。1979 年,我国人口统计数字是 9.5 亿,其实要大于这个数字。1983 年以全国 10.2 亿为人口基数计算,并且由于 5 年来没有实行讨论的人口战略,而累计多生了近 4000 万人口,加上这样形成的基数,在 2000 年时又多出生了 1000 万第二代。总之,两个数字有些出入,但这是两次计算时的基数发生了变化,而不是人口战略本身的问题。

如果按照这里讨论的人口战略发展,到 2000 年时全国人口达到 11.2 亿的计算目标是可信的。

目前,我国总人口是 10.3 亿。根据 60 年代以来的人口出生水平,每年平均有 1000 万对初婚夫妇,如果每对夫妇生两个孩子,每年出生 2000 万人。到 2000 年还有 16 年,累计 1.1 亿,净增 2.4 亿,期末总人口将可能达 11.5 亿,减去多计算的 3 年的并不存在的二胎生育 3000 万,即 11.2 亿。

但是,因为我们要求妇女生第二个孩子的年龄是在 30 岁之后,即使按照婚龄 20 岁结婚和生育,也相当于 10 年的一胎化,即 1984—1994 年将是全部家庭生一个孩子,10 年累计要少生 1 亿人。加上之后 6 年中有 30%的家庭不再生第二个孩子,又少生了近 2000 万。到 2000 年,两项合计就少生了 1.2 亿。所以说,总人口可望达到 11.3 亿。

前一种计算同后一种预测的结果相差 1000 万,这在一个十几亿的国家里,并且在十六七年的长时间里,是微不足道的。

应该提出,计算达到的 11.2 亿,固然是舍去了许多干扰因素之后的结果,但结论仍然表明即使加上所有的干扰因素,也不会超过 12 亿很多。第一,目前累计有一个孩子的家庭 3000 万左右,不要说还有争取 30%的家庭生一个孩子,就是全部在后几年按条件都生第二个孩子,累计才

3000 万。第二,少数民族占我国总人口百分之六七,除去壮族同汉族一样实行相同的生育政策,不足 1000 万人口的少数民族仅占总人口的 5%。如果考虑到有不少少数民族也分布在汉族集中的地区,实际上可以生三个和三个以上孩子的少数民族家庭占不到全国的 5%。这些家庭平均生三个孩子,16 年也累计多生 1600 万。第三,我们把一胎率定在 30%上,是估计到经过做工作可以达到的水平。几年来,我们不少家庭已经认识到生一个孩子有很多优越性,有相当数量的家庭是自愿只生一个孩子的。加上我们思想上、政治上、行政及经济上的措施,保证这个比例是完全可能的,即使退一步讲仅达到 10%的家庭只生一个孩子,在 1994—2000 年开始生第二个孩子的年代里,也仅比前面说的方案多生育 1500 万。第四,考虑到任何人口政策都会有一定数量的超越者,倘每年保持有 10%的计划外生育,17 年也仅多出生 2000 多万人,以上四项是综合了所有干扰因素,累计多出生 8000 万人口,加上理论计算的 11.2 亿,也就是 12 亿的水平。这是各种条件都放松了许多倍之后的计算结果。

以上说明,按照我们讨论的人口发展战略,把我国总人口控制在 12 亿左右的水平,是比较有把握的。

四、所论人口战略的优点

由于这样的人口战略是适应了当前经济社会发展状况和我国人口状况提出来的。所以,其优点是十分明显的。

第一,适合我国大多数,特别是广大农民的生育意愿,能得到群众的拥护和自觉执行。这是生育政策的基础,是扭转和改善党群关系的基础。

第二,可以有把握地把人口控制在 12 亿左右,这是实现人口目标以及经济与社会发展目标的前提。

第三,可以迅速立法,改变我国在生育方面仍然无法可循的局面。多年来,我们一直在为制定生育法而发愁。以一对夫妇生一个孩子为核心内容,指标太高,做不到,受罚面太大,违反了“法不责众”的原则,对外宣传也不主动。生两个孩子又否定了提出的一胎化指标,左右为难。允许生两个孩子,人民群众拥护,又与发达国家实际的生育水平相当,很快可以制定出法律来,以利于有效地控制多胎生育。

ZHONGGUOSHENGYUZHENGCEYANJIU

第四,避免可能出现的一系列社会问题。在 2000 年以前只让生一个孩子的主张,势必造成这么几种后果,要么人口根本控制不住,如同前几年那样,虽然是一胎化的高指标而实际上还是大多数的二胎和二胎以上生育。要么真的实现了一胎化,有近 20 个年龄组的人口只生一个孩子,这 4 亿多人口在逐渐进入高年龄层时,会有多半人身边无子女照顾,生活艰难。现在允许生两个孩子,最小的孩子在母亲 30 岁之后生育。等父母在 60 岁时,最小的孩子也进入婚龄,可以保证每个家庭有一个孩子在身边,避免和减轻人口老化可能带来的较多的社会问题。

五、人口发展战略实施的可能性

实行"法律上允许每个家庭生两个孩子,但第二个孩子必须在妇女 30 岁之后生育,并在此基础上提倡一对夫妇生一个孩子",有没有客观可能性?

"允许每个家庭生两个孩子",同只准生一个孩子比较,当然会得到群众的拥护,干部工作也要主动得多。会不会因为我们提出允许生两个,更多的人反而要生三个呢? 不会的。要生三个的人肯定有,但不是因为提了两个才出现的。这几年只准生一个,反而费尽了力气也堵不住生三个或三个以上的人,主要是没有相关法律。此外,只准生一个,有失民心,大家对计划生育工作普遍反感,生多胎的不仅不孤立,受到处罚反而得到很多人的同情。准生两个,大多数人满意,再要多生的人就会被认为特殊,不懂情理,受到孤立。这样,生多胎的反而要少些。

让第二个孩子在妇女 30 岁以后出生,主要是拉长生育间隔,达到推迟生育的目的。这不仅仅是把 20 世纪的人口推迟到 21 世纪出生的问题,更重要的是充分估计到我国人口年龄结构上的变化,21 世纪死亡率和死亡人数都会有明显的上升,以致引起人口增长率的大幅度下降,使人口动态平稳一些。

两个孩子间隔 8 至 10 年好像长了一些,可能有少部分人接受不了,但是只要经过做工作,大多数人还是可以理解这一点的。过去妇女生育 5~7 个孩子,头胎与最后一胎间隔往往要 20 多年。10 年的间隔也仅仅是过去生 4 个孩子的妇女头一个孩子和最末一个孩子的年龄差。更何况目前我们城市的许多女同志就是在 30 岁左右才生第一个孩子，从这点上说，这样的规定并不苛刻。

"提倡一对夫妇只生一个孩子"，会有人响应吗？应该说是肯定的。即使我们不提倡，也有不少人只生一个孩子。这几年我们各地的调查表明，有 15%~20% 的人就是自愿生一个孩子的，加上我们在经济、政治、社会福利等一系列方面的照顾，整个社会有 30% 的家庭只生一个孩子，是可以做到的。比如，我们让城市的独生子女在全托、升学、招工等问题上得到照顾，申明独生子女可以不当兵，农村把生一个孩子当做进城招工的条件，如此等等，独生子女率达到 30% 还是可以办到的。

实行这样的新战略，会不会引起社会动荡或工作上的被动呢？

允许生两个孩子，是对前一段的只准生一个的否定，但从当前来说却仍然只准生一个，生第二个乃是后 10 年的事情，这同过去的政策仍然是一致的，不会出现突击生第二个孩子的现象。即使大家跃跃欲试要生第二个孩子，也只能在妇女进入 30 岁时，这是逐渐进入的过程，不会一哄而上。

此外，也不致否定计划生育干部和党的各级领导工作。新的人口发展战略中仍有"提倡一对夫妇生一个孩子"，这与过去的提法完全相同，不同的仅仅是过去靠强迫，工作作风简单化，现在要纠正这一点，就如同目前正在纠正作风上的问题一样，并不会否定我们的工作。

我国计划生育工作的现状和趋势①

一、计划生育工作现状

早在 20 世纪 50 年代，我们就提出了计划生育问题。但是，计划生育工作的真正开展，却是 70 年代以来的事情。60 年代末，由于新中国成立后出生的一代人陆续达到升学和就业的年龄，加之当时国家正遭遇到的动乱，生产停滞、经济困难，更进一步加剧了人口问题的严重性。所以，周恩来同志重新提出计划生育问题。10 多年来，我国的计划生育工作逐步开展，为降低人口出生率，控制人口增长，作出了不少贡献。但是，70 年代末开始，由于各地不恰当地提出"一胎化"生育，使近几年的计划生育工作很是被动。

70 年代，周恩来提出计划生育的主要内容就是"晚、稀、少"，即晚婚、晚育、少生。当时还有一个很受群众拥护的提法，就是"三个多，一个少，两个好"。如果当时能在此基础上，制定一个提倡每个家庭生两个孩子的政策，这就是符合我国广大人民群众生育意愿的事情。可惜，我们的不少同志竟相信了西方人口学家"零增长"的理论，要求我们这样人口构成的国家在短期内实现人口持平。为此，计划生育部门由上而下地提出了"一胎化"。1980 年后，中央在文件中都是说"提倡一对夫妇只生一个孩子"，并允许农村中确有困难的生两个。但是，这些规定却成了"只准生一个"的法律依据。中央书记处 108 次会议之前，不论城市或乡村，全国普遍推

---

① 本文是 1984 年 11 月给中央书记处写的一篇内部报告。

行了严厉的"一胎化"办法。特别是在农村,不少农民因生两个而受到严厉的惩罚,基层干部和做计划生育工作的同志在执行"一胎化"政策中,作风粗暴的现象十分普遍。1983年以来,中央书记处和国家计生委反复讲要把计划生育工作建立在"合情合理,群众拥护和干部好做工作"的基础上,进一步提出农村确有困难的,经过批准,允许生两个孩子。但是,各级计划生育部门的同志,唯恐冲垮了"一胎化"的防堤,小口虽然说开了,但与不开没有多大区别。比如,江西省德安县,4年来经过审核批准43对夫妇生二胎。四川省邛崃县近60万的人口,通过摸底仅600户可以在逐年内安排生两个孩子。许多搞计划生育工作的同志说,这么小的比例,同前几年要求的"一胎化"生育,并无多大区别。所以,7号文件下达以后,农村中受罚的现象并没有多大减少。

我们看一个土耳其的例子。依据土耳其的法律,凡是不去政府登记结婚的人,国家就不承认其婚姻的合法性,这些家庭生的孩子也没有公民权。但是,土耳其人并不理会国家的法律,他们照常到教堂里举行婚礼。倒是国家怕引起财产继承权等方面的麻烦,议会每过几年就要通过一项决议,宣布前几年这些家庭生的孩子合法。在土耳其,关于教堂结婚为非法的法律,仅仅是一纸空文。

几年来,我们在农村所追求的"一胎化"也不过是一纸空文或良好的愿望。除了极少数的典型单位外,全国95%以上的农村并没有做到"一胎化"。在广大农村,希望生二胎的家庭毫无例外地都生了二胎。由于大家都不是生一个孩子,所以大家都普遍受罚。这样,不仅二胎挡不住,连那些生三胎、四胎以及四胎以上的家庭也一点不孤立。人们都认为,只要愿意受罚,就尽可以生孩子。这样,我们实际上是征收一种新的税种——"生育税"。凡是要生二胎及二胎以上孩子的家庭,只要准备缴付所规定的金额,都可以生育。所不同的是,其他税收都要经过国家财政,而计划生育"税"却是由县、乡、村三级干部支配罢了。

需要澄清的一个问题是,农村中受罚面是相当广泛的。这样的办法在刚开始执行的几年里,因为采取极端的高压手段,敢生二胎的很少,不少家庭都选择了推迟生育的办法。这就给我们造成一种假象,以为在我国农村也特别适宜一胎生育,希望生两个孩子的家庭是少数。这几年的实际情况是,基本上每个农民家庭都生两个或两个以上的孩子。在我国,近几年的农村人口出生率大约为2.5%。如果以每个家庭4人计,积10多年时间,就可能使大多数家庭都受罚。华北一些地方,每超生1个孩子,要连罚7年或14年,过不了几年,几乎所有的人同时受罚。从受罚的金额来说,也是惊人的。据了解,在华北一个经济落后的山区里,一些总人数只有10万的小县,一次罚款也近10万元。

计划生育政策,作为一种社会意识,仅仅在它符合经济基础的要求时,才会起作用。如前面所说的那样,近几年的计划生育工作在控制我国人口增长方面有很大的成绩,但只准生1个的办法却没有达到预期的目的。在城市,因为国家公职人员都有铁饭碗,丧失劳动能力之后,仍然有较好的福利条件,一般无后顾之忧。加上害怕取消奖金、降职降薪、开除公职,近期内还基本上做到了"一胎化"。在农村,基本上没有做到一胎化生育。计划生育部门所乐道的每年都有上千万的一胎家庭,但是,1985年底,全国只有3500万一胎家庭,其中终身只生育一个孩子的仅2500万,占一胎夫妇的71%,占已婚有生育条件妇女的21%。我在全国一些地区调查时发现,城市里生了第一个孩子之后,不领取独生子女证,就不允许已生的孩子登记城镇户口。所以,城市中谁也难说有多少"自愿终生只生一个孩子"的家庭。凡是生过1个孩子的,不能再生第二个,就都是"只准生一个"的家庭了。这样,就是那些没有生过孩子的,也就能毫无疑问地确定他们是"自愿"只生1个孩子的家庭。而在农村,生1个孩子和生两个孩子的家庭,国家或集体基本上都不对其承担什么义务,更加之谁也无法保证这些刚刚当上爸爸妈妈的年轻农民不再生第二个孩子。所以,农村中,"自愿"只生1个孩子的家庭有多少,更是说不清楚的事情。只是计划生育部门定下要这个指标,大家就凑这个数。

本来,计划生育工作是社会主义国家根据国民经济发展的需要,根据经济与社会发展规划,以及不同地区人口分布状况、历史传统和文化发展状况、自然条件等诸因素,制订人口发展计划,并为居民提供避孕和节育手段,促进社会发展计划的实施,促使家庭生活更为和谐幸福的社会行为。但是,自从提出"一胎化"生育之后,自上而下的计划生育人员整天为了实现根本不可能实现的"一胎化"而疲于应付,各级党政领导同志为了支持自己的干部,每年还必须亲自出马,带上浩浩荡荡的队伍,开进那些"难点"最大的乡村,坐镇处罚农民。按照最近几年我们党反复申明的实事求是的原则,纠正计划生育上"左"的那一套,使党的生育政策符合实际情况,是发展三中全会以来大好形势所必然要求的事情。

二、正确的选择

提出"一胎化"生育办法,是我国人口学界对人口问题的表面化分析和对西方某些人口学观点迷信的结果。从70年代以来,人口学家仅仅重复我国人口基数大、年龄构成轻等表层的一些特点,而对我国人口年龄构成缺乏深入的分析。特别是我国人口学家盲目接受了西方学者的观点,以为人口增长是按指数增长,即以马尔萨斯的几何级数增长,那么人们就只好去海洋里栖身,要吃细菌,所以提出了最为严厉的生育政策:只准生一个。

其实,影响生育水平的因素是极为复杂的,有社会因素,也有自然方面的因素。并且,这些因素还都是多变的。所以,把人口生育率绝对化,是没有科学道理的。西方学者较多地指责发展中国家,但很少研究我们这些国家的实际情况,所以他们除了指责我们人口增长快和警告我们有可能被人口增长毁灭之外,是提不出什么好的解决办法的。

马克思说:"只要仔细考察就可以发现,任务本身,只有在解决它的物质条件已经存在或者至少是在形成过程中的时候,才会产生。"我国人口问题既不是没有出路,也绝不是必须通过与群众极为对立的"一胎化"才能解决。根据我国人口本身的特点,按照周恩来同志提出的"晚、稀、少"的原则,晚育和延长生育间隔,以及在此基础上提倡一对夫妇只生一个孩子,就可以有效解决我国的人口问题。

我国10亿人口中,有7亿是新中国成立后出生的。由于70年代开始的计划生育,使近十几年里人口出生率有了进一步明显的降低。这样形成的人口年龄构成,决定了我国人口的一系列特点,如现阶段出生率相对比较高,死亡率相对比较低,以及随着新中国成立后出生的人口逐步进入高年龄层,老年人的比例上升,死亡率将会提高,出生率相对下降,从而增长率会出现下降趋势,等等。

　　如果我们改变和修正一下生育办法,不是坚持要求"一胎化",而是通过推迟生育和延长二胎生育间隔,并在此基础上再提倡一对夫妇只生一个孩子,就可以把我国人口控制在 12 亿左右。更具体一点讲,就是允许每个农民家庭生两个孩子,其中达到晚婚年龄,一结婚就可以生孩子,妇女生第二个孩子的年龄则要放在 30 岁左右。根据优生学原理,一般妇女都不要在 34 岁之后生育。在这个基础上,继续提倡一对夫妇只生一个孩子,并且争取全国有 20%~30% 的家庭生一个孩子。

　　这样做是有现实性的。第一,允许生两个孩子比只准生 1 个孩子,群众要拥护赞成。根据近几年的调查,无论农村还是城市,大多数年轻人的生育意愿都是要两个孩子。特别是农村,80%~90% 的家庭都是希望有两个孩子。第二,政治上主动,有利于计划生育法的颁布和实行。过去,我们想实现"一胎化"的生育办法,因为与广大群众中的生育意愿差距很大,惩罚面过宽,违背了法不责众的原则,加之在国际上也不好说,近 10 年了,也拿不出一个生育法来,以致广大群众和计划生育干部都在生育问题上无法可循,多胎生育只要缴付罚金,就可以再生。所以,计划生育干部无法控制计划外生育,往往凭借强制、粗暴的工作作风。只要原则上允许生两个孩子,计划生育法马上就可以颁布,从而结束我们国家在计划生育工作上很严厉,但却缺少具体的部门法的不合理状态。第三,人们在生育问题上有法可循,从而将有利于减少多胎生育,有利于控制人口增长。几年来,我们只准每个家庭生一个孩子,农民们根本不理那一套,90% 的家庭都照样生第二个孩子。由于处罚生二胎的家庭,造成生三胎、四胎也同二胎的性质一样。"我生孩子你罚钱",几乎所有的人都把生二胎同生多胎的人同等看待。这样,二胎没有少生,多胎也制止不住。让生两个孩子,并且以法律的形式固定下来,生两个孩子与生多胎就有了质的区别,生三个孩子的就遭到孤立。现在每年出生的近 2000 万个孩子中,有四五百万为多胎生育。杜绝了三胎和三胎以上,就可以有效地控制住人口增长。第四,让生两个孩子,群众对立情绪小,受罚面小,干部好做工作,有利于社会安定,有利于经济建设。第五,仍然鼓励和提倡一对夫妇只生一个孩子,政策有延续性,有利于保护计划生育干部的积极性,有利于计划生育工作的开展。

当然,这样的计划生育政策也有其困难的一面。比如,第二个孩子在妇女 30 岁左右生育,间隔较长,全社会还要有 20%~30% 的家庭生一个孩子,等等。但是,这些困难是可以克服的。30 岁生育第二个孩子,对绝大多数妇女来讲并不算很晚。特别是在一些文化比较发达的地方,妇女的婚龄都有所推迟,生第二个孩子的年龄也就可能更迟一些。据调查,我国妇女婚后 2 年及 2 年以上初育年龄已经由 50 年代的 18 岁上升到 23 岁,60% 婚后 2 年以及 2 年以上初育,60% 又是初育后 3~4 年生第二个孩子。也就是说,目前大多数妇女是 22~24 岁生第一个孩子,25~27 岁生第二个孩子。如果我们在此基础上,经过做工作,让妇女再推迟二三年生第二个孩子,还是可以做到的。

　　此外,争取实现 20%~30% 的家庭只生一个孩子,是有可能的。过去,全国不分城乡,不分地区,统一要求只生一个孩子,是没有道理的。如果我们先把城市和乡村分开,争取城市有 80% 的家庭只生一个孩子,是比较现实的。此外,在经济、文化比较发达的农村,比如说,在那些城市郊区,制定一系列的社会政策,争取 10%~20% 的家庭生一个孩子,也是有可能做到的。这样,全国规划 20%~30% 的家庭只生一个,并不是空话。

　　几年来,我们推行严厉的“一胎化”生育办法,实际上得到的是每个妇女生两三个孩子。如果把妇女生育水平定在 1.7 个,比过去接近实际水平,指标松多了,矛盾也缓和多了。

关于晚婚晚育加间隔生育试点
问题的几点说明①

一、晚婚晚育加间隔的含义

晚婚晚育加间隔是指在提倡一对夫妇只生一个孩子的基础上，农村男女青年在《中华人民共和国婚姻法》法定年龄后 3 年结婚初育者，可以在妇女 30 岁左右时生第二胎。这里主要以女性年龄为主，如妇女在 23 周岁时结婚，男的可以适当放宽一些。

二、晚婚晚育加间隔的理论依据

晚婚晚育加间隔的生育办法，是科学分析了我国人口年龄性别构成之后提出来的。目前我国 10 亿人口中，近 7 亿属于新中国成立后出生的。换句话说，30 岁以下的这一代人就占 70%。我们知道，一个健康人 25~40 岁是身体发育完全成熟期，也是整个一生的转折。在这一阶段，生命力旺盛，精力充沛，身体非常健康。同时，生育力也是旺盛的时期。40 岁之后，逐步走下坡路。特别是过了 50 岁之后，发展得更快。一个人是这样，整个民族的人口也是这样。近 7 亿这一个年龄群的人口，就不能不对我国人口的变动产生很大的影响。

如我们已经看到，这种状况已经影响了我国人口变动。最近这十几年，

---

① 这是 1985 年 7 月 25 日作者在中共翼城县委、县政府召开的"环节干部部署晚婚晚育加间隔生育试点工作大会"上的讲话。

年轻人多,生育力强,如果不能有效地控制,出生的孩子更多,吃饭、上学等问题就更大。另外,十几年来的死亡率也一直在下降,目前达到每年每千人死亡6人,比发达国家还低得多。如欧洲许多国家,英国、联邦德国、法国、瑞典等这些国家每千人死亡13个,最少的也死10或9人以上,有的发达国家还达15人。我们比他们低一半,并不是因为我们的生活比人家好,社会福利和医疗条件比人家好,我们比不上人家,这是明显的事实。最根本的原因是我们整个10亿人口中,在35岁以下的7亿多人口起作用。这部分人还处于长身体时期,死亡人口比例要低得多。这样,就出现了我们当前的人口变动所特有的现象:由于受控制,出生率比较低,死亡率也达到最低点。

再过上十几年,到2000年左右,特别是过了2015年,新中国成立后出生的这7亿人口,大的已经是近60岁的老头儿,小的也30岁左右了,情况就要发生变化。这一部分人生育力已经处于低峰,而死亡率可能上升到目前发达国家的水平。这时候,假如仍然是现在这样的控制条件,人口增长就趋于零了,或者可能要下降了。

像我们这样大的一个国家,一个时期人口增长太快了,有困难,不是什么好事情。但减少或减少得太厉害了,也不见得是好事情。就像联邦德国、法国等国家不是减少,特别是劳动力并不是减少,而是增加,并且有第三世界的劳动力作蓄水池、调节阀,他们就受不了,叫喊说有许多社会问题。如果我们充分地考虑到这种情况,为了达到控制人口的目的,就不必只许人们生一个孩子。如果让一部分年轻人推迟生育,比如可以让每个农民家庭生两个孩子,在20世纪应该出生的孩子尽可能推迟到下一个世纪生育,并根据实际情况,延长2010年之后年份里稳定人口的时间,就既可以较好地控制人口,又能照顾到大多数家庭的实际困难。经过反复计算,推行这种办法,我国总人口在20纪末可保持在12亿左右。我们是以这个分析为依据提出了晚婚晚育加间隔生育的办法。

三、实践依据

人是生产者和消费者的统一。社会主义社会规划经济社会发展,需要根据生产力所能达到的水平,计算社会生产量和人民群众的消费水平,计算完成规划社会目标所需要的劳动力,等等,这就要求我们根据社会规划实行计划生育。否则，只有经济社会规划而无人口规划，经济社会规划也就是空的。所以说，计划生育在经济困难时要搞，将来经济情况好转后仍然要搞。

从 70 年代后期开始，我们根据几十年来人口失去控制，盲目增长的情况，曾提出"提倡一对夫妇只生一个孩子"。这一号召几年来的确起到了不小的作用，降低了出生率。特别是 60 年代出现的生育高峰，现在这些人即将开始进入初婚年龄，对其进行计划生育教育，宣传少生优生的方针政策，是十分必要的。但是，从另一方面说，如果我们将这一号召绝对化，变成"一胎化"的生育政策，就必然同人们的生育意愿相差太大。因为在当前经济社会发展水平不是很高的情况下，生一个孩子会带来许多社会问题。当然，我们这里主要还是指农民，因为农民居住在乡村，自然条件差，交通不方便，劳动和生活基本上沿袭了过去的传统方式。而这种传统的生产和生活方式，都赋予传统的农民家庭以实际的地位和作用。就是说，传统的家庭结构在我国还有存在的经济社会条件。我们社会发展水平不高，人们生活的许多问题还要由家庭来解决，社会其他组织还代替不了。假如长期执行一个孩子的政策，势必会形成将来半数农民家庭无人照顾的状况。别说农民家庭里没有青壮年劳动力有多么困难，就是我们这些国家职工的家庭里如果缺少年轻人，也会有诸多不便。所以说只让生一个孩子，农民思想不通，不仅有思想方面的重男轻女、传宗接代等思想意识问题，而且有实际困难。这些年实行的"一胎化"政策，主要靠党团员带头，干部做工作，凭党性服从，用革命道理来说服大家。当然，这是必要的。但我们也看到，虽然不少农民跟上走了，却不是自觉自愿的。由于思想不通，行动就抵触，不少地方出现了强迫命令、作风粗暴的现象。这不能怪基层工作的同志，上面的指标在那里压着，做计划生育工作的同志也都是把它当做党的事业来干的，不完成任务不行，要完成任务又遇到群众不通，急了，只好蛮干。所以，强迫上环，强迫结扎，强迫人流，就成了经常发生的事情。但农民总认为生一个不保险，普遍想再生一个，就偷偷地怀孕。被发现了，怕影响大家，就只好让拿下来。实在发现不了的或者无论怎么动员还是生下来了，我们就罚款。这么一搞，造成人人都成了我们工作的对立面。生二胎的要受罚，生三胎、四胎的也就觉得不是什么不光彩的事了。结果,就如大家看到的,我们要求是生一个,但实际上人人生 2 个,或者 90% 以上的生 2 个。大多数农村,不仅生二胎的控制不了,连不少生三胎、四胎的也管不住。因为你的工作量太大,没了重点!这是目前计划生育工作的实际状况,要求脱离实际,形成人人受处罚的状况。三中全会以来,农民对党的经济和其他方面的方针政策都满意,就是对计划生育不满意。三中全会以来,我们反复强调实事求是的方针,各方面的工作都出现了新气象,但计划生育工作压得我们很厉害。咱们这里的县乡干部就有"刮宫流产,催粮要款"的说法,把计划生育工作当作最难干的两件事之一。其实各级领导都有这种感觉,计划生育已成了我们最头疼、难度最大的一项工作了。鉴于这种情况,中央提出要完善计划生育工作具体政策,把政策建立在"合情合理,群众拥护,干部好做工作"的基础上。中央 7 号文件提出的这一原则很重要。党群关系,特别是处理好我们和农民的关系,是我们党的事业最基本的原则之一。不能让农民在其他方面赞成和拥护我们,又有保留地在计划生育方面有抵触情绪。所以,我们想能不能找到一些解决的办法,一方面把人口控制住,另一方面又能使群众可以接受,从而逐步地有计划地完善我们的政策?换句话说,这样的政策应该是,既能满足希望生两个孩子的农民家庭的要求,又要有条件地把生育推迟一些。推迟的界限,限制在既能符合优生的原理,不给群众带来较大的困难,又可以不突破人口控制指标。经过测算,这种办法就是晚婚晚育加间隔生育。

四、怎样看待这种办法

正如许多同志看到的,这种办法也没有什么特殊的地方,晚婚晚育延长生育间隔,杜绝三胎,这些都是过去我们常提的,有些甚至是从 70 年代开始就一直提倡的。近年来,生二胎的越来越多,堵不胜堵,防不胜防了,现在把计划生育政策订在二胎上,缩小我们的对立面,以取得群众的拥护,然后堵住三胎和三胎以上生育。这样,有以下几点好处:

第一,群众拥护。这是十分明显的事实,所以就不讲了。

第二,有利于计划生育法的制定。许多年来,我们计划生育工作抓得很紧,但计划生育法却制定不出来。很多同志不明白是什么原因。其实很简单，不是生育法本身比别的法有什么更难的地方，而是立法的原则同我们制定生育法的人的愿望有矛盾。大家知道，法是国家带有强制性的行为，实际上是走在社会规范后面的带有稳定性的社会行为规范。法律从本质上讲，只是将已经形成的事情确定下来。这样你就不能制定社会上大部分人都还不能自觉遵守的法律，不能对多数人实行强制。这就是"法不责众"的原则。任何一项成功的法律都有两个方面，即强制性和稳定性。不能朝令夕改，否则就失去了国家和法的尊严。多年来，我们实行只准生1个孩子的政策，如果把法定在这个基础上，即只准生1个孩子，生2个就犯法。那么犯法的人就太多了，治不过来。另外，制定这样的法在世界上也不好讲。因为，世界上这么多国家和地区，有为老百姓生孩子多而压得喘不过气的，也有为居民们生孩子少而发愁的，但没有一个国家和地区制定一部法律规定只准生几个或必须生几个以上孩子的，更不要说只准生一个的法律了。他们都是采取一系列的政策，诱导少生或多生孩子。比如像新加坡这样的城市国家，为了让居民少生孩子，就对只生2个孩子的家庭在住房等方面予以许多优待。你多生孩子，就别享受政府的优待。泰国等国还给生2个孩子的家庭以贷款等方面的优待。而在欧洲，在那些希望让其公民多生孩子的国家，则在产假、入托、入学等方面给予优待，给儿童免费供应午餐，免费供应文具，孩子有病时可以把医生接到家里，母亲回家照顾孩子还发工资。所以，大多数国家都是采取各种政策调节、诱导。当然，我们同他们的国情不一样，可以制定不同的法律，但不能太严厉了。太严厉了不仅在国际上会遭到非议，而且也无法执行。如果我们现在实行这样的办法，有限制有条件地让生2个孩子，那么，这样既能控制人口，又能很快地以此为基础制定出有关法规来。

第三，可以有效地控制人口增长。执行这一种办法，实际上要比一胎化的政策少生孩子。因为，执行一胎化政策，虽然想让人们少生，但正如大家看到的，农民还是要生两个，或者三个，四个，只生一个的极少。人们仍然无法可循，自由生育。因为处罚面大，工作量大，我们防不了，生二胎及二胎以上的管不了。从全国来看，这几年不仅不是"一胎化"，而是每年都有占出生人口20%~30%的三胎及三胎以上的孩子出生。我们现在有条件地允许生2个，生了2个就不再生的我们不管了，那么再生三个的就成了少数,只管要生三个的,工作面就小了,有重点了。或者我们采取重罚的办法来对待多胎生育,这样大多数人也不反感,就有可能有效地控制人口,至少比现在的控制效果要好一些。

另外,这种情况还可以实现许多同志几年来梦寐以求的"一胎化"。因为,如果现在开始实行这种晚婚晚育加间隔的办法,妇女在二十三四岁生第一个孩子,到30岁左右生第二个孩子,这中间七八年就是"一胎化"。20世纪只剩下十五六年了。有七八年达到"一胎化",这就为我们在20世纪的生育控制打下了很好的基础。

此外,间隔生育,可以把人口生育高峰拉开,调节生育,可以防止以后人口老化带来的许多社会问题。

当然,我们不是说这种办法就很好,很合理。应该看到,这种办法还不完善,还有很多不合理的地方。比如说:当今农村中让绝大多数青年都晚婚,就是超过农村经济社会发展水平的事情,这是不合理的,但是,为了控制人口又不得不这样做。因为,让年青人结婚却不让生孩子是办不到的。我们同西方国家不一样。欧美、日本等发达国家的年青人很早就有了性生活,中学生的性生活就很普遍,相应地,也具有了丰富的节育知识和避孕经验。他们很多人都有这样的观念,与其结婚后不和谐而离婚,还不如先生活在一起(包括先有性生活体验),如果合得来再结婚。所以,他们在很年轻的时候就懂得如何避孕(当然也有不少婚前生了孩子的)。我们的伦理观念、性道德观念不同于西方,至少目前不允许那样做。在当前的社会发展状况下,我们还没有一种既保险又方便的避孕方法。吃药麻烦,常常会忘记用避孕套之类的东西,年轻人常嫌它分散精力,不方便,影响快感。节育环是个好的长效节育措施,但那仅仅对有较多的性生活,特别是已生育或流过产的妇女比较适用。在我国民众的道德观念中,未婚的大姑娘或刚结婚的小媳妇,都不好先放一个避孕环。所以结婚生头一个孩子就管不了,也不应该多管。可一到年龄就结婚,早上2年,就是多2个年龄组的女性生育,全国算账就近2000万。如果一种办法是让妇女20岁结婚生孩子,一种办法是在23岁结婚生孩子,到2000年时总人口会相差三四千万。另外,早结婚又增加了间隔期控制人口计划的困难性。因为20岁就结婚生第一个孩子,到30岁再生第二个孩子,这中间的年头太

中国生育政策研究

ZHONGGUOSHENGYUZHENGCEYANJIU

115

长,节育任务就更大。还有第二胎在妇女 30 岁左右生育,两个孩子之间的间隔太长,也不很合理。对农民来说,根据家庭情况,年轻时候把孩子生完,带孩子有精力,婆婆也可以帮些忙,以及同时带 2 个孩子比分别带 2 个孩子要省些事。所以,从每个家庭来说,2 个孩子有点间隔,但希望不要太大,是可以理解的。但这里也有一笔账,就是如果在 27 岁把孩子生完,同 30 岁把孩子生完,3 年就等于多了 3 个女性年龄组的人口。同样到 2000 年, 如果 27 岁生完了第二个孩子, 比 30 岁生完孩子可能要多生 3000 万。加上早婚多生的三四千万,可能就是多生七八千万个孩子。这样,我们就要突破人口指标。

从家庭角度来说,生了 2 个女孩的希望再生个男孩,或者生了 2 个男孩的希望再生个女孩, 以及虽然生了一男一女,但其中有一个男孩或女孩身体不好,还希望生个女孩或男孩,等等,不能说人家想的绝对没有道理。但是,目前我们的人口指标就这么低,照顾不了这么多。所以,我们的政策规定也只能这样了。

但是,不论怎样,晚婚晚育加间隔的生育办法是比现在只让生一个要合理,工作要好做。现在只能是这样,根据将来的工作看,如果有可能,再逐步放宽条件,使之更趋于合理一些。目前,特别是最近一两年,根据我们先进县的人口构成和生育状况看,还是这么定。因为,我们目前大龄只有一个孩子的家庭就很多, 如果生育年限放低,20 岁的照样生第一个孩子,27~30 以上只生了一个孩子的都马上安排生二胎,明年、后年我们就可能多生三四千万个孩子, 这些相同年龄的孩子同时要上学, 同时要工作,社会就没法安排。

五、实行的可能性

正如上面所分析的那样, 这样的办法也有同每个家庭的要求相矛盾或不一致的地方,能不能行得通? 我们认为是有可能的。因为,分析困难就是三个环节, 在这三个环节上做文章,是可以使群众接受和有效地控制住人口增长的。

首先是晚婚关。我们说了,晚婚年龄定得有点高,但这是以不突破人口指标为原则的。这几年为了不突破人口指标只准生一个孩子, 你终生只生了一个孩子,就可以在满法定年龄后结婚生育。要想生 2 个孩子,就应做出一点牺牲,推迟 3 年结婚,每个家庭都可以这样。但不论选择哪一个,对我们控制人口都有好处。当然,从每个家庭实际出发,我们还是希望多数选择晚婚晚育加间隔的办法,这有利于我们国家在几十年内的稳定发展,减少社会问题的出现。

第二个难关是一、二胎之间的间隔。如果妇女 23 岁结婚,24 岁生第一个孩子,到 30 岁生第二个孩子,6 年时间长了点。但实际做工作不是 6 年,还要短一些。我们知道,哺乳期是较保险的避孕期,妇女和家庭一般也都没有怀孕的愿望,这算上 2 年,就 26 岁了。30 岁准许生第二个孩子,实际上 29 岁就可以取环了。满打满算,如果第一个晚婚关过得好,这里就只有 3 年的工作量。对每个妇女来说,30 岁生最后一个孩子,年龄不算大。从优生学来说,妇女生孩子的最佳年龄是 24~34 岁之间。实际上,30 岁是妇女正生孩子的时候,我们现在 60 多岁这一代妇女,平均生了 7~8 个孩子(包括未存活子女)。从不满 20 岁生育,到 40 多岁停止生育,30 岁正是生育中间子女的年龄。对 40 岁到 59 岁这一代妇女来说,她们平均生 4~5 个孩子,都生育到 30 多岁。现在要 30 岁生第二个孩子,要求一点都不高,仅仅是把过去妇女在二十七八岁应生的那个孩子舍去了。你现在要是放开生育,有一些家庭不就要求妇女在 30 岁给他生第三个或第四个孩子吗?所以,这里的困难不是在妇女生育上或实际生活上的,而是心理上的。经过做工作,是可以克服的。

杜绝三胎的工作要比现在好做。因为根据目前的生育意愿,大多数人,60%~70%希望生 2 个孩子,加上条件限制和通过我们做工作,争取有 80%的人自愿生 2 个。另外,加上还有部分不生孩子的家庭和自愿只生一个孩子的家庭,剩下一定要生多胎的就成为极少数。通过做工作,即使说不通来点强制也不怕,该强制的时候还得强制。这一部分就是在现在的生育政策下也是要强制的。当然,我们还是要做工作的,尽量做通思想工作。所以,我们不许诺没有 3 胎以上的生育,这样的人肯定有。法律再严也有犯法的,只是少数人违犯政策和法令。它对我们的人口控制目标有干扰,但不会造成很大威胁。

总之,这样的政策我们认为是可行的。

六、执行的范围

晚婚晚育加间隔的办法，主要是根据目前农村的情况提出来的。也就是说，这种政策主要是以调整国家和农民的关系为目的的提出来的。一般地说，农民比城市居民生活水平低，条件差，所以就要执行宽一点的政策。当然，应该承认，从家庭说，就是大多数城市职工家庭也希望生 2 个孩子。但这与控制人口的目标相矛盾，当前还不敢开这个口。如果让城市妇女也生 2 个孩子，我们县到 2000 年就要多生四五千个孩子，再加上试点刚开始，要归还过去五六年欠的账，把年龄在 29 岁以上仍然只有一个孩子的 2000 指标放进去，出生的孩子就比较多。同过去几年比，很有可能使出生率上去。如果国家干部、职工、城镇居民的政策不要动，情况就好一些。这部分一动，人口生得就多了。基于同样的原因，夫妻双方有一方为国家干部职工的，都是暂按国家职工对待，仍然执行只生一个孩子的政策。农民执行新的办法，我们将会得到农民的拥护，我们这些国家职工干部，为此也会得到农民的支持，这比什么都重要。

七、党的领导

在调查过程中，不少同志反映，这种办法好，但会不会执行一阵子又变回来？这种心理是可以理解的。因为过去我们的一些政策多变，使工作十分被动。反映这种心理的同志都是好同志。据我了解，这些同志都是做计划生育工作很认真，并且有成效的同志。即使这些同志不提出这些问题，我们也需要回答群众中类似的思想顾虑。

需要指出的是，完全不变的政策是没有的。政策是党在一定时期内原则的具体化。比如实现共产主义是我们的纲领，但体现它的政策在不同时期就不同。形势变了，政策不变就是一种迂腐的表现。要是不准变，就没有今天这个会，就没有我们这个试点办法，我们还能一直执行一个政策？今天这个办法，就是有变有不变。奖励独生子女的政策就不变，而且更加实际了，真正可以做到了。每月由县财政给农民家庭的独生子女支付 5 元，过去就做不到，现在可以了。农民家庭的独生子女可以降一个分数段录取进重点小学、中学上学，等等。这是不变，基本上政策不变。但又有变的，准许生二胎的条件放宽了，一般的农民家庭都可以生二胎，这样政策就更合理了。这是允许变才可能出现的，不允许变怎么能有这个变化？

因为目前干部的素质差别很大，我难说这样的政策变不变。别说变，就是不变，由于我们的干部水平不一样，结果也不相同。大家可以看到，我们翼城和其他县都执行相同的生育政策，我们这里就把计划生育工作做得有条不紊，没有出乱子，至少没有严重的违法乱纪和强迫命令。其他地方就不同，要么放任自流，自由生育，要么就是强迫命令。这样巨大的差别，既然可以在相同政策下同时在不同的地区、不同的县里出现，也可以在同一个地区同一个县而不同的领导负责工作的情况下出现，所以，不能仅仅看政策变不变，我看主要还是看干部。政策变，要看是否合理，是否符合客观发展趋势。从生育政策来谈，农村只生一个的做法离实际太远了，要求所有的人长期违心地服从，这不是办法。正确的政策，可靠的政策，只能是从群众中来到群众中去的政策，只能是大多数群众自愿去拥护的政策。政策只能朝这个总趋势变，否则，即使变了，也终究要变回来，这是可以肯定的。

重要的是，我们的试点是经过国家计生委、省委和省政府批准，在省计划生育委员会领导下进行的，试点工作是在各级党委的领导下进行的。所以，它不会变。可以打个招呼，去年7号文件贯彻之后，根据中央领导的批示精神，国家计生委也在测算实行新的办法。这个办法一时还拿不出来，因为国家太大，人口太多，总是有顾虑，特别是一些干部有顾虑，怕失去控制。不是所有的县都有翼城这么一班人，所以开口子也不敢开得像我们这么大。据我估计，将来由国家计生委报中央的新的生育政策的报告，比我们这个口子要小。从我们党的领导原则和工作方法来说，我们是试点，试点可以不同于面上，允许点上进行完全不同的摸索。这就是说，我们翼城的生育办法只要走到这一步，就再不走回头路了。这一点既有我们目前这个从上到下的党的领导的保证，又有我们党的实事求是这个根本传统和作风的保证。正是从这个意义上，我们要向群众讲明，我们党有时会犯错误，但更有有错就改的好传统。总的趋势是越变越合理，听党的话的人不吃亏。生育政策也是这样。

总之，我认为有了这样一条，即有各级党组织的支持，有县委、县政府这一班坚强的领导干部，搞好试点工作是有把握的。

积极实验　大胆摸索　进一步完善
计划生育工作具体政策①

晚婚晚育加间隔的生育办法，是对过去我国计划生育政策的进一步完善和具体化，这从以下几个方面可以得到说明。

一、提出晚婚晚育加间隔的依据

翼城县试行晚婚晚育加间隔的生育办法，是根据中央书记处 108 次会议和中央 1984 年 7 号文件精神提出来的。这一方面考虑到党的十二大提出的人口控制指标，在 2000 年将我国人口控制在 12 亿左右。另一方面又兼顾到我国社会经济发展水平，考虑到我国人口构成特点和广大农民家庭的实际困难。通过这种办法，我们试图如中央 7 号文件上所讲的，把计划生育政策建立在"合情合理，群众拥护，干部好做工作"的基础上，从而摸索出一条符合中国国情、适应中国特点的中国式的计划生育道路来。

二、晚婚晚育加间隔的具体内容仍然是过去计划生育的基本内容

晚婚晚育加间隔的含义和我们制定的规定、细则②都充分说明，它所

---

① 这是 1985 年 7 月 29 日作者在翼城县基层干部"实施晚婚晚育加间隔生育政策培训会议"上讲话的第一部分。

② 指《翼城县计划生育试行规定》和《翼城县计划生育试行规定实施细则》，见本文附录。

强调的仍然是提倡和鼓励每对夫妇只生一个孩子,提倡晚婚、晚育、少生、优生,说明我们仍然是进行过去意义上的计划生育工作。晚婚晚育加间隔的生育办法,不过是对提倡生一个孩子和晚婚、晚育、少生、优生等计划生育内容的具体化。认为提出晚婚晚育加间隔的生育办法,就否定了原来的计划生育内容,这是一种误解。比如,允许农民生2个孩子,但这是有条件的,是建立在晚婚晚育和延长生育间隔基础之上的。允许有困难的农民家庭生2个孩子,并不是要求农民必须生2个。我们知道,现在的农民平均还是生2个以上的孩子,实行晚婚晚育加间隔的生育办法,农民家庭的2个孩子都要比现在生得晚。同时,因为计划管理更严了,妇女生第一个孩子更晚了,会促进出生率的降低,总的来说,少生了孩子。所以,这是把过去的计划生育工作进一步向深的方面发展了。

三、晚婚晚育加间隔的办法没有否定过去的政策

从晚婚晚育加间隔的含义到规定和细则,都没有否定过去的具体政策,相反,我们总是强调过去政策的作用,重申过去有关提倡和鼓励每对夫妇只生一个孩子的政策仍然有效。这种规定说明,晚婚晚育加间隔的办法并不否定多年来行之有效的计划生育政策。

四、晚婚晚育加间隔的生育办法是过去政策的延续

当然,不仅仅是没有否定过去的有关政策,同时,因为把过去的政策经过调整后,进一步把它落到实处,所以成为过去政策的一种必然延续。比如说,过去的生育政策是通过奖惩条例贯彻计划生育的内容,希望引导群众只生一个孩子,减少计划外生育。但是,因为它把奖励定在只准生一个上,把处罚定在生了2个及2个以上的孩子上,出现了政策无法兑现的现象;几年来,在计划生育先进地区和先进单位,因为独生子女家庭比例比较高,人人受奖励,奖不起;而在大多数地区,因为做不到只生一个,大部分家庭生2个或2个以上的孩子,人人受罚,这都起不到政策应起的作用。把政策按晚婚晚育加间隔的办法调整之后,奖罚的面都缩小了,政策也就落到了实处。

五、比过去的政策更切合实际了

通过多年的实践,我们已经看到,过去的政策规定是一回事,农民的实际生育又是一回事。现在,承认我国经济发展的现实,照顾到农民的实际困难,既鼓励和提倡只生一个孩子,又根据农民的要求允许生 2 个,这就符合实际了。

六、比过去的计划生育内容更具体化和系统化

通过我们对规定和细则的学习不难看出,晚婚晚育加间隔的生育办法,是把提倡生一个与晚婚、晚育、少生、优生等内容联系在一起,并赋予特定的地位和作用。在晚婚晚育加间隔的生育办法中,提倡和鼓励每对夫妇生一个孩子是前提,没有这个前提,就没有少生、优生。因为,杜绝多胎是同早生一个有质的不同才能实行的。否则,同生 2 个孩子比,生 3 个仅仅是量上的差别。我们仍然提出提倡、鼓励只生 1 个,生 3 个就成为不合情理的事情了。

晚婚在这种生育办法中有很重要的意义。如果没有社会上大多数人的晚婚,在目前节制生育的技术条件下,就没有晚育。没有晚育,也就很难做到少生。

晚育是少生的前提条件。妇女推迟生育,就意味着在育龄时期少生了孩子。

间隔是晚育、少生的条件。农民家庭生 2 个孩子之间的间隔时间越长,说明农民夫妇的避孕效果越好,这样,既推迟了生育第二个孩子的时间,又减少了生多胎的危险性,若农民夫妇生 2 个孩子间隔小,很早就生完了第二个孩子,而育龄时间还很长,就可能因各种原因生 3 个或 3 个以上的孩子。

每对夫妇只生 1 个孩子,以及晚婚、晚育、延长间隔、少生,都有利于优生,而优生又是我们实行计划生育的基本目的之一。

可见,晚婚晚育加间隔的生育办法,把过去提出的计划生育内容都系统化了。

七、是向计划生育工作的正规化与科学管理的过渡和发展

过去我们因为人口构成和分布的底子不清,加上我们的政策离实际情况较远一些,人口控制指标总是由上而下地逐级下达,这样的指标往

往形成"鞭打快牛",不科学。现在以实际的人口构成为基础,生育指标由下而上形成,接近实际,这就为计划生育工作的科学管理奠定了基础。

八、保护了计划生育干部和积极分子的积极性

晚婚晚育加间隔的生育办法在肯定过去计划生育工作的基础上,更符合实际了,向前发展了。执行这样的政策,可以允许过去因响应我们的号召而晚婚晚育、没有生第二个孩子的家庭生第二胎,继续处罚不实行计划生育的家庭,既维护了积极分子的利益,又保护了我们的干部,从而避免了因政策的变动而可能出现的被动局面,使我们做基层计划生育工作的同志可以更好地工作。

总之,晚婚晚育加间隔的生育办法,是我国计划生育工作发展的必然趋势,是进一步完善我国计划生育工作的具体政策。所以,我们应该积极实践,大胆摸索,不断总结经验,为完善我国计划生育工作的具体政策作出应有的贡献。

附录一

翼城县计划生育试行规定

（翼城县人大常委会 1985 年 7 月 23 日通过）

第一条 本规定根据《中华人民共和国宪法》有关计划生育规定制定。

第二条 继续提倡晚婚、晚育、少生、优生。

继续提倡一对夫妇只生一个孩子。

第三条 国家干部和职工、城镇居民,除特殊情况批准可以生二胎外,一对夫妇只准生一个孩子。

农民要求生二胎经批准后,一对夫妇可以生两个孩子。

第四条 对农民夫妇自愿只生一个孩子的,给予奖励:

1.继续实行过去奖励独生子女和独生子女户的办法;

2.定期给独生子女体检并享受公费医疗；

3.优先入重点学校学习。

第五条　农民家庭要求生育二胎者,需提前写出申请,经批准后按时发给准生证。

第六条　生育要有计划,凡生两个孩子的家庭,建议第一胎在妇女的 24 岁左右生育,第二个孩子应在 30 岁左右生育,计划外生育要受一定处罚。

第七条　杜绝三胎或三胎以上生育。

第八条　除本条文明确规定外,其他仍然按过去有关政策执行。

第九条　党政机关、群众团体和各行各业,都要做好工作,保证本规定在农村的贯彻执行。

第十条　执行本规定的乡镇,可进一步制定确保本规定实行的具体办法。

第十一条　本规定的基本原则自公布之日起至 2000 年不变。

第十二条　本规定的解释权在县计划生育委员会。

附录二

翼城县计划生育试行规定实施细则

《翼城县计划生育试行规定》是在深入贯彻中央书记处 108 次会议和中央(1984)七号文件精神的情况下,本着把计划生育政策建立在"合情合理,群众拥护和干部好做工作"的基础上,为完善计划生育政策,特此制定的。根据几种测算办法,实行该规定后,截至 20 世纪末,可以把全县人口控制在 29.5 万左右,从而完成人口控制目标。为保证《翼城县计划生育试行规定》的顺利实现,在对农民进行深入细致的思想教育、让越来越多的人懂得实行计划生育的重大战略意义，逐步把计划生育变为广大干部群众自觉行动的前提下，特制定如下细则。

第一章　提倡晚婚

第一条　比《中华人民共和国婚姻法》法定年龄推迟 3 年以上结婚者，即男在 25 周岁，女在 23 周岁以上结婚者为晚婚。除特殊情况经批准外，凡要求生二胎的农民都应实行晚婚。

第二条　各乡镇严格结婚证发放制度。凡申请领取结婚证者，除男女双方需向民政助理员出具各自单位的证明外，还需查对户口登记簿，不满晚婚年龄结婚者，需填写民政局统一设计的申请结婚登记表。由本人提出需在晚婚年龄之前结婚的理由，本单位和乡镇分管领导签署意见。

凡不符合以上程序者，民政助理员有权拒绝发放结婚证书。民政助理员不按规定发放结婚证书，要受到纪律和行政处分，直至降薪和开除公职。

第三条　凡符合以下情况之一者，经过办理计划生育合同手续，可在法定年龄之后、晚婚年龄之前结婚：

1. 申请结婚的男性为孤儿；
2. 申请结婚的女性为孤女；
3. 申请结婚的家庭无男性劳力；
4. 申请结婚的家庭无女性劳力；
5. 自愿终生只生一个孩子。

第四条　凡男女未领结婚证书而长期同居者，为非婚同居。

凡未达到晚婚年龄而非婚同居者，要追究所在单位的党政主要领导的责任，并根据情况予以处分；对当事人除给予纪律和行政处分外，处一次性罚款 300 元。

第二章　提倡晚育

第五条　男女双方于晚婚年龄之后生育者为晚育。

第六条　妇女的初次生育指标和结婚证书同步发放。在领取结婚证的同时,男女双方应向落户单位申请生育初生子女指标,该单位应向乡一级计划生育管理部门申请计划指标。凡达到晚婚年龄的,乡一级主管部门应立即发放该年度(限上半年结婚者)或第二年度的准生证。

凡因特殊情况准予在晚婚年龄以前结婚者,一般将生育指标规划在妇女 24 周岁的年度内。

第七条　未经批准的计划外头胎,需缴付一定数量的罚款。

第八条　非婚同居未达到晚婚年龄而生育者,要追究所在单位党政主要领导的责任,并对当事人处一次性罚款 500 元。

第九条　凡符合以下条件的农民家庭,可以经批准生两个孩子:

1.自愿实行晚婚或晚育者;

2.生第一胎后实行长效节育者;

3.保证在生第二胎后实行永久性避孕措施者。

第十条　凡批准生育二胎的妇女,应在 30 岁左右生育。要求提前生育的家庭,需填写由县计划生育委员会统一设计的申请表格,申述理由,并填写所在单位意见,最后由该家庭所在的乡镇批准,乡一级计划生育管理部门发给准生证。

第十一条　凡是在妇女 30 岁之前未经批准生育二胎者,为计划外二胎。凡生计划外二胎者,根据不同情况处一次性罚款。

第三章　提倡少生

第十二条　每对夫妇终生最多生两个孩子。

第十三条　农民家庭要求生育第二胎者，一般要求在妇女 27 周岁前提出，乡一级计划生育管理部门审批后，列入全县生育规划，并按时发给该家庭准生证。

第十四条　严禁三胎及三胎以上生育。凡出现三胎及三胎以上生育的单位，必须追究该单位党政主要领导、分管领导和计划生育助理员的责任，并要给予必要的行政处分和经济处罚。

第十五条　凡出生一个三胎，该家庭需缴纳一次性罚款 1400 元，四胎以上 2000 元。

第四章　奖励一对夫妇只生一个孩子

第十六条　一对夫妇终生只生育或抚养一个孩子，这个孩子为独生子女，该家庭为独生子女家庭。

第十七条　每年由乡镇卫生院为农民家庭的独生子女进行两次免费体检。由县计划生育服务中心建立独生子女健康档案制度。

第十八条　每月由县财政给农民家庭的独生子女补助五元，用于医疗保健。

第十九条　农民家庭的独生子女，报考乡一级的重点小学和县重点中学时，可降低一个分数段录取。

第五章　提倡优生

第二十条　逐步开展婚前检查和继续完善育龄妇女的身体普查工作，确保妇女的身体健康。

第二十一条　劝阻患有严重遗传性疾病的人不婚或不育。拒绝给头胎患有严重的遗传疾病的家庭发放二胎准生证。

第二十二条　争取每年由乡镇卫生院对学龄前儿童、幼儿进行一次健康普查，体检费可由接受体检儿童的家庭负担。

第六章 政策延续性

第二十三条 《翼城县计划生育试行规定》是对过去有关政策和规定的进一步完善、具体化。除该规定中有明文规定者外,其他仍按有关政策执行。

第二十四条 在《翼城县计划生育试行规定》正式施行前抢生多胎的农民家庭,仍按原规定作一次性的罚款处理。

第二十五条 在《翼城县计划生育试行规定》正式施行前抢生二胎的农民家庭,仍按过去规定处罚。计算年限可截至母亲30周岁时为止。罚款额也作一次性处理。

第二十六条 过去只生一个孩子的农民家庭,要求生第二个孩子者,需写出申请,由有关单位按《计划生育试行规定》和本细则所规定的权限程序审批。经批准发给准生证后,可按计划生育第二个孩子,但原享受独生子女的费用需一次性退回。

第七章 其他

第二十七条 《翼城县计划生育试行规定》中对生育指标的控制和生育计划截至2000年内有效,但执行年度要由政策延续的年限决定。

第二十八条 各级计划生育专干队伍,要模范地执行有关规定,并尽职尽责做好思想教育、药具发放、节育措施落实、统计信息等工作。对孕情掌握不准,特别是计划外怀孕要追究责任,情节严重者要给予必要的纪律、行政和罚款处分。

第二十九条 对于破坏计划生育工作、偷取节育环者,要发动群众及时揭露,依法严惩。

第三十条 凡在本细则公布之前,按有关规定处理的问题与本细则有抵触的,今后一律按本细则中的规定办,对过去已经处理的不作复理。

第三十一条 《翼城县计划生育试行规定》是经省委和省政府同意,在省、地主管部门的指导下本着"开小口,堵大口"的原则,在基本杜绝多胎生育的我县试行的。在本县范围内,规定的执行原则仍然不变,凡有多胎生育的自然村,暂不试行此规定。

第三十二条 本细则经县委、县政府批转后,立即生效。

翼城县计划生育委员会
1985 年 7 月 25 日

关于试点工作的几个问题①

　　先说试点工作。根据国家计划生育委员会、山西省委和省人民政府的批示精神，从 1985 年 5 月份以来，我们在临汾地区的翼城县进行晚婚晚育加间隔生育办法的试点工作。整个工作过程分三个阶段。第一阶段，从 5 月初到 7 月底，为准备阶段。主要是调查研究，制定贯彻晚婚晚育加间隔生育办法的有关规定和按照该办法预测全县到 20 世纪末的总人口。当时，我们把制定计划生育章程的重点放在两个方面，一是章程要简单易行，合情合理。二是新的章程要同以前的计划生育政策协调，不直接否定过去的有关规定。在深入调查研究的基础上，制定了《翼城县计划生育试行规定》和《翼城县计划生育试行规定实施细则》。其核心内容仍然是晚婚、晚育、少生、优生，鼓励一对夫妇只生一个孩子。同时，经过几种不同方法的测算，按照晚婚晚育加间隔的生育办法，2000 年翼城县总人口可达 29.5 万人，不突破应下达的 30 万人口指标。

　　第二个阶段是宣传阶段。从 7 月底开始，在县委常委扩大会议和县人大常务委员会讨论通过实行试点工作的决议，并且通过计划生育试行规定及其细则后，由县委和县政府举办了基层计划生育干部培训班。各乡镇都制定了执行"规定"和"细则"的具体办法，并把县和乡（镇）的晚婚晚育加间隔生育的有关规定，迅速传达到农民群众中。

　　第三阶段是下达 1986 年生育计划。从 7 月底宣传开始，就在全县各

---

① 这是 1985 年 9 月作者就有关晚婚晚育加间隔生育试点县的几个工作问题，给国家计划生育委员会主任王伟同志的报告的主要内容。

乡镇村民点摸底，查符合晚婚晚育加间隔生育条件的家庭。经过调查分析，1986 年符合生育条件的妇女总计 4200 名。为了调节生育高峰，分两批下达指标，第一批给 24 岁生育第一胎和 30 岁生育第二胎的家庭，各村民委员会三榜定案，使村民人人皆知。第二批准备在 12 月份前公布，其对象是 1986 年 24 岁生第一个孩子和 30 岁生第二个孩子的妇女。

早在 1979 年我提出这种人口发展战略的初期，就曾指出过实行这种生育办法会有很多的困难。这几年又曾反复研究过实行这种生育办法可能遇到的一些困难因素。归结起来主要有三个方面：

第一，根据当前农村经济社会发展水平，一律要求男 25、女 23 岁结婚，会有一定的困难。

第二，农村目前的幼托事业都很不发达，孩子主要由各个家庭抚养和照管，家庭妇女愿意 2 个孩子有间隔，但希望不要太长，各个家庭的愿望同我们的要求有矛盾。

第三，农村还有一部分人有多子多福的思想，特别是生了 2 个女孩的家庭可能还希望生第三胎，同杜绝多胎的要求有矛盾。

此外，还有服务、管理等方面的一些问题。

以上困难和问题，我在过去曾经做过调查研究，这次试点工作开始后，我们把准备时间安排得比较长，同地、县、乡（镇）的同志共同在农村调查研究，分析矛盾，初步制定了一些克服的办法。

关于晚婚晚育

从我国农村现状看，要求有点高。人们认为，主要问题不是不愿意晚育，关键是不想晚婚。但是，在我国，没有大多数人的晚婚，就没有晚育，就没有相应的对人口的控制。经过分析，当前有晚婚困难的是以下几种人：

第一种属于给孩子订婚早，十几岁孩子就说了媳妇，如果到 25 岁再结婚，每年女方到男方家走几次，婆家送礼也送不起。

第二种是孩子订婚后性格合不来，家长希望早一些结婚，防止女方不同意而解除婚约。

第三种是男女青年感情发展太快，父母怕推迟结婚造成婚前怀孕。

第四种是家庭困难，男方家庭缺少女劳动力或女方家庭缺少男劳动力。

以上四种情况中，第一种属于暂时性的。因为近几年提倡晚婚，青年订婚都是以法定婚龄为界限。如果社会大力提倡晚婚，青年订婚年龄会相应推迟一些。第二种以早婚迫使男女结合，本来就属于不恰当的方式，晚婚实际上还有利于青年人的自由婚姻。第三、四种情况可以根据具体情况，准许青年在达到法定年龄后结婚，但都应该签订晚育合同，必须在妇女 23 岁以后生育第一胎。事实证明，这种办法是受到干部群众拥护的。不少干部群众都反映说，最近几年各方面都不强调晚婚了，孩子订亲的年龄越来越小，加强了父母包办婚姻的趋势。试点工作开始后，有不少农民都主动把原准备近期办喜事的钱投资到致富的事业上。

关于间隔

如果晚婚可以做到，间隔是不很困难的。根据全国妇女生育情况资料分析，如果在 23 岁结婚，60%在 25 岁前生第一胎。按照正常的情况看，各个家庭一般都要求孩子有二三年或三四年的间隔。从目前农村看，其中要求 3 年最理想，人数最多。这就到二十六七岁以后了。允许 30 岁生第二个孩子，实际上 29 岁就可以取环怀孕。我们的提倡同各个家庭的实际要求，最多就是延长了 2 年的节育时间，经过做工作，是完全可以做到的。何况，社会中有 30%~40%的家庭在 25 岁以后才会生第一个孩子，间隔时间还会更短一些。所以，同不准生二胎或生了二胎就处罚的规定比，实际困难要小得多。

关于多胎问题

实行晚婚晚育加间隔的生育办法，有利于控制多胎。这几年的多胎率比较高，很重要的原因是我们处罚二胎。根据目前人们的生育意愿调查，70%~90%以上的家庭都是希望生 2 个孩子。只准生 1 个，95%以上的家庭都不能满足生育意愿，从而造成大多数人对计划生育有意见。特别是在农村，我们根本管不了农民生二胎。生二胎的受罚，生三胎四胎也不孤立。现在允许生 2 个，违章生 3 个的就孤立。并且，原来把工作重点放在堵计划外二胎上,工作面太大,堵不过来。现在不管二胎的事了,相应就可以把较多的精力用来做百分之几的还想生三胎的重点户上,这必然有利于控制多胎。

通过几个月来的工作,逐步打消了这样两种顾虑。一是怕否定以前的工作。晚婚晚育加间隔的生育办法,同过去比更合理、更完善,是在过去的基础上前进的。如果完全否定了过去的工作,势必引起较大的混乱。在工作中,我们十分强调政策的延续性。在计划生育规定和细则中,阐述本规定和过去有关政策的联系,有效地解决了政策的前后衔接,整个试点工作始终没有发生过任何混乱的现象。

二是怕一哄而起,都抢生二胎,失去控制。事实教育了大家。虽然从原则上来讲,农民凡是希望生二胎的都可以生二胎,但现在够条件的却是有限的。两个孩子是一个一个地生,一年一年地达到年龄,一年一年地规划。只要加强党的领导,并不会出现一哄而上的现象。

当然,晚婚晚育加间隔的试点工作刚刚开始,全面评价还为时尚早。但从短短的 5 个月的时间看,已经取得了一定的效果。

第一,晚婚晚育加间隔的试点工作得到了农民群众的拥护。根据目前农村的经济社会发展水平,农民只生一个孩子有许多不放心,如经济和福利卫生条件差,一个孩子能否健康成长不放心;农村交通不便,文化水平低,一个孩子能否成"龙"不放心;农民生活困难,特别是山区农民生活更困难,生一个女孩怕下山出嫁,生一个男孩怕下山招了"养老婿",等等。所以,农民生一个孩子不满意,几年来千方百计总是想生两个,我们要么强迫不让生,要么生下来罚款,农民对计划生育工作很有意见。不少农民就说:只要让我们生两个,是男是女都可以。现在让生两个,尽管要晚婚晚育,大家也很满意。试点办法宣传后,不仅得到目前希望生两个孩子的农民的拥护,而且受到过去受罚农民的称赞,从而有效地调整了国家同农民的关系。这是我们花多少钱也买不到的。

第二,可以有效地控制人口增长。只准生一个控制不了人口盲目增长,允许生两个反而有助于我们控制人口。几个月来的实践已经说明了这个道理。这几年我们只准生一个孩子,晚婚晚育都不好抓了。大多数农民都以"反正只让我生一个,你别管我早生晚生"为借口,一到法定年龄就结婚,结婚后就生孩子。农村妇女二十一二岁生了第一个孩子,怕给带环,刚生下第一胎,接着又怀上了第二胎。二十三四连着生了两个女孩,她还很年轻,总是想法子要生第三个。所以,只准生一个的政策,实际上并不少生孩子。

现在我们允许生两个,农民的心放宽了,就不会抢着生了。加上对广大农民进行控制人口的教育,提倡晚婚晚育,鼓励引导间隔式生育,同早婚早育比,两个孩子迟育了五六年,就一定的计划期来说,等于减少了五六个年龄组的育龄妇女人数。就翼城县计算,2000 年之前少生 1 万多孩子,从全国算,同期少生近 1 亿孩子。事实也说明,农民一听说让生第二个孩子,节育的自觉性就更强了。县里培训计划生育骨干会议第一天结束,第二天就有农民用牲口拉着小平车送妻子做人工流产。里寨镇头天晚上广播了新的生育办法,第二天就有 5 个妇女主动上医院要求上环,她们说:"只要允许我们生第二个孩子,迟生几年咱思想也通。"

第三,干部好做工作了。过去只让生一个,而绝大多数人都生两个。因为受罚对象至少要连罚 7 年,累计下来,一个村的人就得罪完了。翼城县是个老解放区,群众基础好,计划生育工作还没有发生大的违法乱纪现象。但计划生育干部进村不管饭,进家不理睬,民主选举不投票的事还是不少。此外,过去的政策实际上无法执行,只准生一个,一个单位新出生的孩子都是独生子女,大人要照顾,照顾不起;政策稍微松一些,超计划外生育多了,人人受罚,受罚对象不仅不会感觉不光彩,不孤立,反而受同情。现在允许生两个,大多数人的问题解决了。鼓励一个孩子的政策和处罚多胎的政策都可以兑现了。这次翼城县为鼓励农民家庭只生一个孩子,由县财政每月给农民家庭的独生子女支付 5 元的医疗费,还保证给独生子女每年 2 次体检,优先上重点学校,等等。县上的领导同志都说,这样的政策我们也负担得起。试点工作开始后,城关镇西梁村的支部书记对人说:"这几年农村经济政策转变后,什么都不愁了,就愁计划生育。现在实行这种生育办法,包袱就卸了一大半。"

虽然试点工作开始时间不长,但许多问题一经实践,可以说一下子就把疑云扫除了。现在,晚婚晚育加间隔生育办法所遇到的一些困难,基本上都是我们执行只准生一个孩子时所遇到的问题。比如,延长间隔能不能做到,过去有一定的疑问。试点开始后,不少同志认识到,间隔的根本问题就是节育问题。同意生两个孩子而不给较长间隔,同要求较长时期的间隔,就避孕时间来说,是完全相同的。也就是说,一个妇女实行目前讨论的 24 岁生第一个孩子和 30 岁生第二个孩子,不比只让其二十一二生一个孩子或 25 岁前生完两个孩子,更增加节育方面的困难。这是极为明白的道理。一位生理发育旺盛的妇女,从 20 岁结婚到 50 岁退出育龄期,除了妊娠、生育、哺乳时期外,全是节育时期,生孩子次数越多,节育期越少。所以,其节育的困难性一般只同生育次数有关,而与间隔无关。

有些同志过分夸大了晚婚的困难性。晚婚的目的在于晚育,从计划生育角度说,是以晚婚及推迟婚龄的方式达到晚育。能够使较多的妇女做到晚婚,这是比什么方式都保险的节育办法。倘若不行,再使其采取其他方式晚育,也丝毫不增加我们目前计划生育工作的困难。即是说,提倡晚婚不过是为我们多提供了一种节育的方式(当然就晚婚的全面意义讲有其更深刻的社会意义)。晚婚晚育加间隔生育的关键是以推迟生育两胎的时间为条件,来满足农民要求生育二胎的愿望,等于在答应农民生二胎时提出了一定的附加条件,以减少农民对当前计划生育不满意的情绪,达到控制人口的目的。这实属有百利而无一害。

我们应该实事求是地看到目前计划生育工作方面所存在的问题。一年多来,基层的计划生育工作基本上处于一种观望状态,说得确切一些,处于一种瘫痪状态。中央多次提出要把政策定在合情合理、群众拥护、干部好做工作的基础上,并以此为原则提出完善计划生育具体政策。但是,事实上许多地方基本上"按兵不动"。有的地方虽然制定了若干条,实际上却不敢推行。以山西为例,目前 107 个县(市、区)中,开小口比例不到 1% 的有 35 个,绝大多数都介于 2%~3%。说明政策仍然维持在"只生一个"上面。但又不敢强制了,所以,基层只好放任自流。

重要的问题是,人口规律在那里盲目地起作用。农民并不等待,几年来,农民普遍生了二胎。如上文所说的那样,因为我们处罚二胎、三胎、四胎一点也不孤立。所以,不少希望生多胎的农民也都实现了他们的生育意愿,各级计划生育委员会得到的"独生子女户"是个虚假数字,除了我们手中抓的极少的几个点以外,农村已经基本上不存在"独生子女"了。

每年上报的独生子女数，不过是因为前几年刚结婚而仅仅生了1个孩子，还未来得及生第二个孩子的家庭。这样的一胎数字在任何国家，任何时期都可以拿出来。

当然，实质性的问题还是农民在那里不停地生孩子。要改变这种状况，"堵"不是办法，只能因势利导，加以疏导。这就只能是晚婚晚育，延长生育间隔，让青年结婚迟点，生育迟点，两胎间隔的时间长一些。

现在面上实行的几种生育办法，主观愿望是好的，但实际上是行不通的，最后都要以各种形式回到平均生两个孩子上面来。我这里不仅仅是讲自觉地、清醒地回到生二胎上面，还包括我们不愿走这条路，但终将盲目或自发地走这条路。其结果是"欲速则不达"。

比如，我们仔细分析一下各地所提出的几种生育办法，不是与我们历来批判的有矛盾，就是无法实现。其一，规定几条允许生二胎的，其中"连续三代单传"、"烈士子女"、"独儿独女结亲"，为什么可以生二胎？还不是与"传宗接代"相联系吗？其二，生了一个女儿的可以再生第二胎，不是迎合妇女不能顶门立户和传宗接代的传统思想吗？因为这些规定不合理，所以仍旧管不住其他农民第二个孩子的出生。不同的是，够条件的可以不受罚，而不够此条件的要受罚（当然也只是认真了才罚）。比如开"女儿户"的地区不仅50%的女儿户可以生二胎，随着其他地区开小口的比例上升，开女儿户的地区中，头胎男孩可以生二胎的比例还会更大。剩下头胎男孩不允许生二胎中，还会有些不论什么情况都要坚决生二胎的。我们真正能卡住不生和确实不生的，只有为数极少的胆小、老实的农民。

人口问题最重要的仍然在于这是一个社会问题。所以首先是政策问题、经济问题，其次才是数学问题。最重要的是现在国家同农民的关系，我们党同农民的关系问题。十一届三中全会以来，农民对党的其他各项政策都很满意，而对计划生育不满意。我们牺牲的够大了。纠正过去的做法只会让党获得更高的威望，赢得更多的拥护，而不会失去任何东西。

即令从人口账上说，这也是目前能够控制住人口的最好办法。根据1982年我国人口普查资料，到2000年以前符合晚婚条件的妇女集中在目前的8岁到24岁之间，总计1.8亿，其中20到24岁的妇女有不少都生育过了，特别是不少农村妇女还生了两个，这个年龄组的妇女按一半人有了一个孩子,至少已经出生了 3000 多万。到 2000 年的 16 年里,生育第一胎的孩子数是 1.8 亿。在这一段时间里够生育第二胎条件的妇女是 14~30 岁,共计 1.7 亿。从理论上算账,如果每个妇女平均生两个孩子,从现在起到 2000 年总计可以出生 3.5 亿。而这里要减去 24 岁以前已出生的 3000 万第一胎,减去 30 岁以前已经出生过的 3000 万二胎,以及减去可以争取达到的 25%的城乡一孩家庭数,合计约 5000 万。最后,还要减去 15 年累计死亡人口 1 亿,总计净增 1.4 亿。现在我国总人口为 10.4 亿,加上 15 年累计净增人数,全国届时 11.8 亿。如果考虑到其他各种因素,也不会突破 12 亿很多。

晚婚晚育加间隔生育办法是符合"缓和渐变"方针的,翼城县试点情况充分说明了这一点。第一,群众是通情达理的;第二,有党的领导。此外,就人口构成来说,虽然允许农民普遍生二胎,而第一胎在妇女 24 岁规划,第二胎在 30 岁规划,能够达到条件的也只是慢慢来,不会一哄而起,倘若组织好,我们逐步在基本杜绝三胎的地方铺开,还可以用这种办法促进落后地区转化。

当然,我不是说这种办法就是救世之方。就目前能提出的各种办法而论,晚婚晚育加间隔的办法是最上策了。随着这一种办法的发展和其他方法都转为这一种之后,它的矛盾可能会逐步突显出来,计划生育工作本身所固有的矛盾就都会转移到这种办法上。到那时,它就将暴露许多不合理性,必须再加以调整和完善,此乃事物本来的辩证法。

关于晚婚的几个问题①

    实行晚婚晚育加间隔的生育办法之后,首先碰到的是晚婚问题。晚婚好不好? 怎样看待晚婚?

    首先,晚婚是一种历史趋势,这种历史趋势是由生产力的发展水平决定的。在人类起源的最初阶段,还没有从动物界分离出来的"先人"实行杂婚,雄性和雌性在其具有生育能力之前,就有了性关系。在原始社会初期,人类文明萌芽,因为婚姻关系上仍然是杂婚,这时依旧是早婚。到了中石器时代,族内婚逐渐转向族外婚,人类在自身生活上有了一次巨大的飞跃和进步。那时的人类婚姻和性行为变成了两个不同血缘关系的氏族之间的事情,即甲氏族的男性固定地和乙氏族的女性发生婚姻关系,乙氏族的男性和甲氏族的女性发生婚姻关系。族外婚在性关系上比原来杂婚有了许多限制,其中包括婚龄推迟了。一定年龄成了参加固定的两氏族婚姻关系的条件之一,未达到规定的年龄就被排斥在性活动之外。这可能是人类发展史上第一次推迟了婚龄。原始社会后期,结婚的年龄更大了,不少民族都有如我们华夏民族的"束发"和"结发"即孩子长大成人所举行的一种仪式。就是在今天,早已步入文明社会的日本民族仍然有个"成人节",女子 18 周岁,过了成人节,就可以结婚。这些民族的习俗说明,早期的人类曾对婚姻年龄有过限制,在此年龄之前的人,被排除在婚姻关系之外。随着父权制的发展和私有制的产生,对偶制在原始时代

---

① 这是 1985 年 9 月作者在翼城县指导晚婚晚育加间隔生育试点工作时,同基层干部和农民群众的几次座谈发言。

的群婚制中形成，特别是一夫一妻制出现之后，婚龄随生产力水平的提高而推迟的现象更为明显了。在生产力水平比较低的情况下，对劳动力素质的要求也比较低。一个正常人只要长到十几岁，就可以成为干农活的把式。随着近代工业的发展，一般的劳动力已不能胜任了，只有有较高文化水平以及经过专业训练的人才能找到像样的工作。所以，劳动力再生产的周期延长了，婚龄也相应得到推迟。比如，目前非洲国家的妇女平均结婚年龄在 20~22 岁，而日本、瑞典、英国、苏联等发达国家都在 25~27 岁。日本流通新闻社报道："日本人的平均初婚年龄在年年增高。1975 年，男子为 27.7 岁，女子为 25.5 岁；尤其女子方面上升的幅度极为明显：25 岁以前的未婚率为 87%……"

由于婚龄的提高是一种由生产力推动的社会行为，所以，它就成了与移风易俗有联系的活动，晚婚的作用和效果就成为综合性的、多方面的。它不仅对青年的学习有好处，而且对青年长身体，以及对后代都是极为有利的。现代医学的研究表明，青年到 20 岁时身体并没有完全发育成熟，妇女在二十三四岁时生育器官才算发育成熟。据《妇女百科全书》载，对 11 个县 1150 名妇女的调查，女性生育子女的最佳年龄是 26 岁左右，男性是 29 岁左右。所以，推迟婚龄对提高我国人口的文化素质和身体素质十分有利。

我们提出晚婚晚育加间隔的生育办法，主要是从节制生育和减少妇女生育率水平方面来讲的。从妇女的生理来讲，结婚越早，怀孕期就越长，生育率就越要高一些。特别是妇女结婚过早，生育观不够明确，自理能力和料理家务的能力都比较弱，从而都可能造成过多的生育。加上结婚早，两代人的间隔也就短，从而提高了人口增长率。实行晚婚晚育加间隔生育办法，对每一个妇女终生来说没有少生孩子，但因为排斥了一部分低年龄的妇女生孩子的可能性，所以，从全社会说，在一定时期内却少生了孩子。假使我国妇女都在 23 岁结婚，在 2000 年时，因为 20、21 和 22 岁 3 个年龄组的妇女还没有结婚，就可能少生 3000 万 ~4000 万个孩子。目前，我国各地的人口包干指标都很紧张，要有比较高的一孩比率。如能提倡较多的妇女晚婚和推迟生育，在计划期内也就可以相应让较多的家庭生两个孩子，从而把计划生育政策制定得更为合理一些。

ZHONGGUOSHENGYUZHENGCEYANJIU

当前,我们把晚婚年龄提高到妇女 23 岁,男子 25 岁,是有一定基础的。根据全国 1‰人口生育率的抽样调查,1980 年我国妇女平均初婚年龄 23.1 岁,其中城镇为 25.2 岁,乡村为 22.5 岁。1981 年初婚年龄 22.8 岁,其中城镇 24.7 岁,乡村 22.3 岁。都说明接近目前提倡的妇女初婚年龄。

提倡晚婚同《婚姻法》是否存在抵触? 有人问,《婚姻法》规定男 22、女 20 岁结婚,如果再提出晚婚年龄,是不是违犯《婚姻法》? 这是对法学逻辑不熟悉才会产生的问题。法定婚龄讲的是结婚的必备条件,指年龄的最低界限。因为,现代自由婚姻是建立在两个基础上的:一是自然的即人的生理上的界限,没有到达一定的年龄,人体就没有发育成熟。另一方面,当事人没有达到一定的年龄就谈不上自由婚姻,因为思想上的不成熟或者经济上对监护人(包括自己的双亲)的依赖,常常造成包办婚姻。所以,法律上有个年龄限制。但法定婚龄绝不是说到这个年龄就必须结婚,更不是这个年龄不婚者为犯法。比如,《中国大百科全书(法学)》上有关"婚龄"的解释就是:婚龄,亦称婚姻适龄,指法律规定中的结婚的最低年龄。男女双方均达法定婚龄是结婚的重要条件之一。未达法定婚龄是婚姻无效或得撤销的原因。结婚年龄的上限,各国法律没有规定,仅有的例外情形是,沙俄民法中曾规定已逾 80 岁的男女不得结婚。

历史上任何时代、任何国家中有关结婚年龄的规定,均受下列两个因素制约:一是自然因素,即人的身心发育程度;一是社会因素,即一定的生产方式和与之相适应的社会条件。在不同的时代和国家里,法律对结婚年龄的规定不尽相同。古罗马法和基督教旧教会法中的规定为男 14 岁,女 12 岁;1917 颁行的《天主教会法典》改为男 16 岁,女 12 岁;教徒所在国法定婚龄高于此规定者,依其规定。当代各国由于情况不同,对婚龄的规定也不同,婚龄为男 21,女 18 的有丹麦、芬兰、波兰等;男 20,女 18 的有瑞士、越南等;男女均 18 岁有苏联、联邦德国等;男 18,女 16 的有日本等;男 16,女 14 的有葡萄牙、菲律宾等;男 14,女 12 的有西班牙、希腊等。美国各州的法定婚龄高低不一。有些国家为不同民族、不同宗教的公民规定了不同的法定婚龄。不少国家规定的法定婚龄低于成年的年龄。在这种情况下，当事人因未达成年，除结婚行为能力外，不具有其他行为能力。因此，这些国家法律上有未成年人结婚须得法定代理人同意的规定，为包办婚姻提供了法律依据。

中国历史上长期流行着早婚习俗，有的封建王朝为征丁税，驱劳役，还采取一定的措施提倡或压迫使人们早婚。例如，汉惠帝时曾规定"女子年十五以上至三十不嫁，五算"（《汉书·惠帝纪》），即缴纳原税款的 5 倍。关于法定婚龄，唐贞观令规定男 20 岁，女 15 岁；开元令规定男 15，女 13；明洪武令和清通礼中的规定与宋相同。

破除早婚习俗是中国婚姻制度改革的一项重要内容。中华人民共和国成立前革命根据地的婚姻法令，如中华苏维埃共和国的婚姻条例、婚姻法，抗日战争、解放战争时期某些地区性的婚姻条例，多以男 20 岁，女 18 岁为法定婚龄。中华人民共和国成立后，1950 年的《婚姻法》规定，男 20 岁，女 18 岁始得结婚。随着社会主义生活的客观要求，1981 年施行的《婚姻法》第 5 条规定为："结婚年龄，男不得早于 22 周岁，女不得早于 20 周岁。"由于法定婚龄只是最低的结婚年龄，对具体的当事人来说，不一定是最合适的结婚年龄，更不意味着达到法定结婚年龄就必须结婚。1981 年的《婚姻法》规定："晚婚晚育应予鼓励。"①

《婚姻法教程》上有关婚龄的解释，是这么说的：男女结婚需要达到一定年龄，才能具备适合的生理条件和心理条件，履行夫妻的义务，承担对家庭和社会的责任。所以，各国法律中均对婚龄作了规定。

我国《婚姻法》第 5 条规定："男不得早于 22 周岁，女不得早于 20 周岁。晚婚晚育应予鼓励。"这一规定是有充分的科学根据的，是完全符合我国实际情况的。

法定结婚是指最低的结婚年龄。只有达到或者高于这个年龄始得结婚，低于这个年龄结婚为法律所不许。古今中外的法律，对结婚的最高年龄均无限制。只有旧俄民法有年逾 80 岁之男女不得结婚的规定（第 4 条）。

---

① 《中国大百科全书（法学）》，第 292 页。

中国历代封建王朝为了增加丁税和劳役，以及弥补战争的消耗，普遍提倡早婚。依唐开元令，男十五，女十三，听婚嫁；明洪武元年（公元1368年）令和清通典均规定，男十六，女十四可以嫁娶。新中国成立后，我国1950年《婚姻法》规定男二十岁，女十八岁，始得结婚。这一规定充分考虑了当时政治、经济、文化等发展情况，特别是人民群众的觉悟程度和接受能力，是切实可行的，对破除早婚习俗起了很大的作用。现在，新中国成立已经31年，社会条件发生了很大的变化，适当地提高法定婚龄，不仅是必要的，而且是完全可能的。

目前，我国广大群众实际上的结婚年龄，已经比20世纪50年代普遍提高，但农村尚低于城市。如果法定婚龄过低，不利于广大青年的身心健康、工作和学习，不利于计划生育工作的开展；如果法定婚龄过高，不仅不符合自然规律的要求，而且会脱离群众，尤其脱离农村的实际。在我们这样一个人口众多的国家，确定法定婚龄，须考虑到各种复杂的情况，过高或者过低都是不适宜的。

我国《婚姻法》关于婚龄的规定，是同提倡适当晚婚的政策一致的。法定婚龄是最低婚龄，并不是到了这个年龄就一定要结婚。有关法定婚龄的规定，并不妨碍青年男女在自愿的基础上，根据本身的情况和要求，适当地推迟结婚时间。如果当事人已达法定婚龄，又有结婚的要求，自应依法准予登记，不能随意干预。①

这都说明，提倡晚婚不仅不与《婚姻法》相悖，而且是一致的。当然，因为我国人口众多，各个地区、各个家庭的情况不尽相同，在提倡晚婚时还要注意区分具体情况。比如城市和乡村就应有所区别，人口稠密、经济文化比较发达和经济文化落后地区也应有所区别。此外，我们遇到家庭和当事人确有具体困难，需要在法定年龄之后晚婚年龄之前结婚的，只要保证晚育，都应该允许其登记结婚。所以，提倡晚婚和干涉婚姻自由是不同的概念，不能说提倡晚婚就是犯法。

提倡晚婚在控制人口自然增长中的作用是很显著的。据世界银行调查，发展中国家因为提高了婚龄，使整个生育率降低了10%到50%不等。

①《婚姻法教程》，法律出版社，1982年，第130—131页。

我们这几年仅仅注意了让每个妇女终生少生孩子的作用，还没有意识到晚婚的重要性，从而一味压低妇女终生生育率，同群众的生育意愿发生了矛盾。如果能在晚婚上再做点工作，控制人口增长的任务就更容易完成了。

试论我国人口发展战略和中国式的计划生育道路①

> 现在我才了解到成为一个完美人的
> 秘密,那就是生长在田野里与大地同吃同住。
>
> ——沃尔特·惠特曼

一、人口战略和计划生育

根据马克思主义的基本原理,一定量的人口是社会的基础。经过几十年的实践摸索,我们已经逐步认识到,只有经济发展计划而没有人口发展计划是不行的。从党的十一届二中全会以来,我们在制定经济和社会发展规划时,反映了人口生育计划的内容,这是应该肯定的。但是另一方面,我们又不能不看到,我们的人口生育计划仅仅是开始,还很不完善。这种不完善固然表现在诸多方面,如计划生育系统组织不健全,制度不健全,理论依据不充分,社会配合不协调以及政策不完善,等等。不过,从目前来说,最根本的还是没有处理好人口生育计划和人口战略的关系,缺少一个科学的人口发展战略。

人口发展战略是经济社会发展战略的重要内容。一个国家,特别是一个比较大的国家,在制定自己的经济社会发展战略时,没有一个适应自己发展规模的人口发展战略,再好的经济社会发展战略也难免要落空。通常,人口发展战略包括两个方面,一是指人口素质方面的发展战略,一

① 本文是 1985 年 10 月提交第四次全国人口科学讨论会(石家庄)的论文。

是指人口数量的发展战略。人口发展战略的这两个基本方面是相辅相成的。在一定条件下，两个方面可以互为条件。本文限于所要探讨的主题，主要是指人口战略的数量规定。

人口发展战略是经济社会发展战略的主要内容，也是其发展的物质条件。没有一定数量的人口，经济社会发展战略就失去了运动的主体。我们党已经为我国的经济社会发展制定了总体的蓝图，要求在 20 世纪能为我国经济社会发展的起飞打下良好的基础，然后在 21 世纪得到迅速的发展，在 21 世纪四五十年代时，或者说在新中国成立 100 周年的时候，争取赶上或超过发达国家。这样，20 世纪为 21 世纪的发展奠定一个好的物质基础，就包括两个基本方面：一是良好的经济基础，一是理想的人口群体。所谓理想的人口群体，主要是指合理的人口规模和合理的人口结构。

社会主义的计划生育就其本质上讲是由社会主义计划经济决定的。这种计划就是指服从一定的经济社会发展战略的计划。计划生育就是为经济社会发展战略所决定的人口发展战略的具体化，是一定的人口发展战略的实现。所以，确定科学的人口发展战略，是正确的计划生育的基础，是计划生育工作握有主动权的基本前提。故，欲求中国式的社会主义计划生育道路，就需先有适合中国国情的人口发展战略。

二、决定人口战略的诸多因素

人口过程作为一种社会运动，属于物质运动的最高形式。所以，推动人口运动的因素是多方面的，适应中国特色的中国人口发展战略，就是由我国诸多方面的特殊性所决定的。

1. 人口自身方面的诸多特点

人口过程是人口自身的运动。所以，现有人口规模、人口构成等有关人口自身方面的一些特征，在未来人口运动中的作用就成了不言而喻的事情。但是，人口过程具有顽强的连续性，未来人口的发展要由现实人口的许多状况所决定，而现实人口又是由历史人口发展而来的。

我国是古人类的起源地之一，在整个人类的发展史上，我国悠久的文化一直具有十分重要的地位。同优秀文化相联系的是，我国历代人口也一直居世界首位。据一些世界史学家推测,当公元前 400 年全世界仅 1 亿人口时,我国人口即达 3000 万,占世界总人口的 1/3。公元 600 年,全世界 2 亿人口,我国达 5000 万,占世界总人口的 25%。此后,这种状况一直持续下来,世界总人口在发展,我国人口也在以大致相同的步伐增长。到新中国成立前,我国人口已高达 4.5 亿。

如果同现代人口的增长速度比较,我国历史人口的发展应该说是比较缓慢的。这主要是由于历史上生产水平的低下,科学技术不发达,以及在私有制社会里,广大劳动人民受剥削和压迫,平均寿命低、死亡率高造成的。据考古等方面的考察,原始时代的人类平均寿命不超过 20 岁。封建时代之后,生产虽然已经有了很大的发展,但是,人民群众的生活状况却没有得到相应的提高。新中国成立前夕,我国人口平均期望寿命还不足30岁。我国数千年的人口再生产属于高出生率、高死亡率和低增长率类型。

新中国成立以后,我国社会主义制度的不断完善和经济建设的不断发展,都极大地解放了生产力,广大人民群众的生活水平得到了显著的提高,我国人口的平均期望寿命由新中国成立前的 30 岁提高到 60多岁。与此同时,由于意识形态具有的相对稳定性和相对落后于经济基础规律的作用,在新中国成立初期的 20 多年里,大多数人的生育观却没有发生相应的改变,结果造成死亡率下降了,而出生率在数十年中却仍然维持在新中国成立前的水平上。据国家统计局的资料,我国在 1949—1972 年的 23 年里,人口出生率平均维持在 3%以上,三年困难时期,因生活水平有所下降,人口出生率曾一度降低到 1.8%,但经济形势好转后,全国性的补偿性生育立即出现。1963 年,我国人口出生率高达 4.34%,超过了新中国成立前我国绝大部分农村的生育水平,这样就形成了我国目前人口群体的许多特征。

新中国成立之前,我国总人口就已达 4.5 亿。30 多年的迅猛增长,目前已高达 10.4 亿左右。从人口构成上来说,14 及 14 岁以下人口占总人口的 33.6%,15~64 岁的人口占总人口的 61.5%,65 及 65 岁以上的人口占 4.9%。这样的人口构成,就少年人口说,我国比发达国家人口比例偏高而较发展中国家为低;就老年人口说,我国比发达国家低,而比发展中国家要高;劳动人口的比例同发达国家相当而略高于发展中国家。[①]

我国现实人口的规模构成决定了我国人口的许多特征和趋势。特别是有关现实人口的特征,最近几年被人口学家说明的不少,诸如人口基数大、生育力强、增长快,等等。但是,关于人口未来的趋势或潜在的特征则讨论不够。因为我国 10 亿多人口中,7 亿左右都是 35 岁以下的人口,并且从 1973 年以来历年出生的人口又陆续呈下降趋势。这样的状况必然地决定了 2010 年之后,当新中国成立后出生的人口开始进入 60 岁以上年龄时,人口死亡人数和死亡率就必然要上升,出生率也相应地会下降。

我国现实人口的特征及趋势,是制定人口战略所必须注意的决定性因素,从这些特点出发制定人口战略,就要清除这样两种思想倾向,一种是对 20 世纪末我国人口增长势头缺乏估计的思想,没有注意到未来 20 年每年将有 1000 多万对青年进入婚龄,从而人口生育力还很强。所以,控制人口增长的任务仍然是我国人口战略的主要内容。另一方面,也不能像西方学者宣传的那样,把我国人口增长说成是永无止境的,人口将无限制地膨胀下去。特别是要预见到我国未来人口中老年人口比例上升,人口老龄化严重,采取长时期急刹闸是不妥当的。因为我国这么大,人口老化带来的许多问题都不会像西方国家那样容易解决。所以,从实际出发,我国人口战略应把人口增长速度限制在适当水平上,不宜过高地增长,但也不该压抑得太低。

2. 经济关系对人口战略的决定作用

人口过程本质上是一种社会运动,所以,一定社会的经济基础即成为决定人口过程的决定性因素。在私有制经济的条件下,就连经济生活都是各个家庭的私事,生育问题就更是私人的事情了。在奴隶制和封建制社会里,人口增殖的状况是完全由各个家庭自发调节的。在资本主义之前的人类历史中,人口增长极为缓慢,是同这种自然经济的家庭相对独立和相对稳定,从而很难发展的状况相一致的。资本主义生产方式把各个

[①] 限于本文所要探讨的主题,我们不能详细分析和比较这些比例的经济含义,但是,从比例中已经可以概括出我国目前人口属于最佳的年龄构成。如何充分运用我国人口的这种优势,已经成为我们领导和管理科学方面的重大课题之一。

家庭连接在一起了。商品交换和世界贸易的发展，打破了千百万年来的自然经济的狭隘界限，各个家庭失去了生产职能，成为纯消费的社会组织，人口增长真正成了与社会直接联系，受社会调节的社会过程。生产力的巨大发展唤起了人口疯狂增长的势头。你看："资产阶级在它的不到一百年的阶级统治中所创造的生产力，比过去一切世代创造的全部生产力还要多，还要大。自然力的征服，机器的采用，化学在工业和农业中的应用，轮船的行驶，铁路的通行，电报的使用，整个整个大陆的开垦，河川的通航，仿佛用法术从地下呼唤出来的大量人口——过去哪一个世纪能够料想到有这样的生产力潜伏在社会劳动里呢？"[①] 同资本主义社会的经济基础相适应，资本的需求在调节着资本主义人口过程，在资本主义社会里，不仅人口数量的增长是与资本主义生产发展相适应的，并且增长的形式也是与其经济性质一致的。资本主义生产是盲目的、无政府的，人口增长也是盲目的和自发的。这就形成了资本主义人口发展的独特规律性。从形式上看，人口的生育和成长仍然是各个家庭自己的事，但实质上都要由社会来调节：经济高涨，人口出生率上升；经济萧条，生育率下降。社会主义社会中的人口发展不同于资本主义。但是，就其发展的依据来说，它们又都不同于资本主义前的奴隶制和封建制社会。那时的人口增长都是从各个家庭的实际状况出发，由家庭的需要决定。生产的社会化发展，突破了这个界限。人口增长都要由社会生产来决定。但是，社会主义否定了资本主义无政府状态的生产，经济社会发展的计划性保证了人口发展也可以用稳定的方式前进，从而结束了资本主义社会中人口跳跃性增长的历史。社会主义实现人口发展的稳定增长是依靠社会主义人口的生育计划。[②] 社会主义人口的生育计划即计划生育，是同社会主义的经济社

---

① 马克思、恩格斯：《共产党宣言》，《马克思恩格斯选集》第 1 卷，人民出版社，1973 年版，第 256 页。

② 本文所讲的"人口增长"同"人口发展"是相同的概念。把增长等同于增加，是不妥当的。自从西方学者把增长和发展引入经济学之后，增长已不仅是增加而成了发展的同义语了。在一定程度来说，增长既可以是正增长，即通常所理解的增加，又可以是负增长，即通常所说的减少。所以，增长是发展，是前进（但不等于进步，是哲学上的前进）。

会发展计划具有同等性质的社会范畴。但是，根据人口生育方面的特殊性，人口生育计划是更有弹性的指导性计划，即社会根据人口构成等方面的资料分析，制订出人口发展规划，向各个家庭提出可选择的目标，然后由各个家庭根据自己的实际状况决定自己的生育计划。

这种方式不同于资本主义国家的家庭计划。资本主义国家的家庭计划纯粹是家庭的私事，一位家庭主妇终身不生孩子或者生了 15 个孩子，都是家庭计划，它与社会没有直接的联系。而社会主义社会里各个家庭的生育则是同经济社会发展计划直接联系的，是整个社会生育计划的一部分。虽然各个家庭的生育也有一定的自由选择权，但它的选择幅度不像资本主义国家那样完全处于一种无政府状态。这是社会主义国家不同于资本主义国家的人口运动形式。美国等西方国家根本不懂这一点，所以，像他们把社会主义经济叫做"集中管理经济"一样，他们把社会主义的计划生育也都看作是依靠"强制"和侵犯"人权"维持的。①

同时，社会主义人口生育计划方面的特点要求人口战略具有一定的稳定性，特别是人口的长期战略要慎重。因为，社会主义经济社会发展是有计划地进行的。"社会化的人，联合起来的生产者，将合理地调节他们和自然之间的物质变换，把它置于他们的共同控制之下，而不让它作为盲目的力量来统治自己；靠消耗最小的力量，在最无愧于和最适合他们的人类本性的条件下来进行这种物质变换。"② 社会主义经济社会发展的稳定

---

① "集中管理经济"是西德自由主义学派的代表人物路德维希·艾哈德的术语，他把人类历史上的不同经济形态都归结为两种，一是"自由市场经济"，一是"集中管理经济"。在他看来，不仅社会主义的经济是"集中管理经济"，而且希特勒的统制经济、封建采邑经济甚至埃及法老的奴隶制经济都是"集中管理经济"。 在计划生育方面，西方资产阶级同样显示出他们的无知。我国社会主义建设刚开始，他们把我国制度谓之为"专制"、"独裁"，以不承认我们的新政权为要挟，讹诈了我们几十年。现在，社会主义的计划生育刚刚出现，他们又以"侵犯人权"等为由向我们提出抗议。在这里引用伟大诗人但丁的话仍然是合适的："走自己的路，让别人去说吧！"

② 马克思：《资本论》第 3 卷，人民出版社，1975 年版，第 926—927 页。

性，要求人的生产和再生产必须具有一定的稳定性。人口年龄性别要合理，不能出现跳跃式的增长或大上大下。也就是说，社会主义的科学的人口战略，要根据社会经济发展战略的要求，为未来社会供应所需要的劳动者。

当前，鼓吹人口减少的学说甚嚣尘上。但是，很显然，人类历史上还未曾出现过任何民族因为人口的锐减而步入了"千年王国"。尽管人口与经济的增长等于繁荣作为一条永恒的真理还有待于证明，但至少得到了过去历史的支持。人口减少是通向幸福的必由之路，作为一种学术观点也可以让它存在。但让10亿人口的大国实践它却不能不说是铤而走险的事情。还有，当今世界上一些发达国家因为劳动力不足而采取松动移民的政策，吸引第三世界的劳工，从而为自己创造经济繁荣。同时，因为他们这样做可以节省大批的抚养费和教育费用，对发达国家十分有利。所以，它对于人口较少的民族不仅是可能的，并且是具有很大诱惑力的。[1] 但是，这对10亿人口的国家显然是不可取的。根据新中国成立后30年人口模式从增长型向稳定型过渡所必然出现迅速增长的情况，无疑需要提出控制人口增长的发展战略。但是，从我国经济社会发展战略出发，为了求得21世纪人口发展有个合理的人口结构，以及需要劳动力的相对稳定的供应，人口控制也不是愈低愈好。经济和人口的增长最好是有精确的定量分析，就像工厂生产那样。但这一点我们现在无论如何还做不到。在我们还无法有准确的计算之前，把20世纪人口发展战略确定在接近人口再生产的替换水平上，即把每个家庭的生育水平确定在平均生2个或接近2个的水平上的保险系数是比较大的，因为它至少可以避免因为人口增长的大上大下可能引起经济社会发展的波动，以及避免因人口波动而影响21世纪我国经济的起飞。

3. 生产力发展水平对人口战略的制约

人口过程是一个不断运动的过程，是社会劳动力的生产和再生产的过程。所以，人口的生产和再生产就必然地同生产力的发展相适应，受生

---

① 梁中堂：《关于现代国际移民的实质》，参见《人口学》，山西人民出版社，1983年，

　第25章。

产力发展水平的制约。从人类历史进入近代以来，人类自身的数量先是在发达国家继而在发展中国家迅猛增长的原因，众说纷纭，莫衷一是。但是，如果从马克思主义基本原理来看，最根本的原因还是近代生产力水平的迅速提高。随着社会生产力水平的发展，人类在社会各个领域中都有了很大的进展。不仅因为生产力发展后，社会可以负担起更多的人口，而且因为生产力水平的提高，社会也需要更多的劳动力。这样，在短短数百年的近代史上，人们可以明显地看到生产力的增长同人口的增长好像一枚硬币的正反两面一样不可分离，只是不少的人受传统思想的影响，试图保留硬币的这一面而要消除其另一面。

忽视人口盲目增长给我们社会造成的困难是错误的。但是，我国工农业生产力水平很低，尤其是处于从传统的农业国向现代化经济转变的过程中农业人口占我国总人口的 75% 以上和农业家庭占绝对多数的情况下，希望把妇女总和生育率降低到 1，是很不现实的。经过几十年社会主义建设的实践检验，因为生产力水平低，商品经济不发达，我国农业生产的经营形式主要还是依靠家庭承包。在这种与农业生产力水平相适应的经营方式的制约下，每一个家庭就是一个生产单位，这就必然地显示出简单协作的优越性。而协作正是需要 2 个或 2 个以上的劳动力共同合作才能进行的生产活动。在大多数农业生产的场合，马克思所揭示的协作可以节约生产资料，可以不增加投资而提高劳动生产力等原理都在发生作用。所以，农民为提高自己的生产着想，希望能把自己的家庭规模扩大，当这种愿望受到阻碍的时候，一般的农民至少也不会让他的家庭规模缩小。也就是说，在我国农业生产仍然以手工劳动为主的情况下，农民家庭为了维持简单再生产，至少也要生 2 个孩子。制定我国人口发展战略时，必须考虑到我国生产力的这一特点。

4. 自然条件对人口战略的制约

人口运动是在一定的地理空间进行的。所以，自然地理条件必然对人口过程施以影响。我国自然条件对人口的影响，在于地理区域比较大，地形复杂，南北纬度和东西经度的跨度都比较大，自然气候和工农业资源各有所异。同时，因为经济发展比较落后，大多数地区的交通不方便，经济文化不发达，就更进一步加强了自然条件对人口过程的制约性。特别是在我国广阔的地域内，因为各种自然条件的不同组合和历史发展，形成了许多类型不同的自然及文化区。在这种情况下，各个不同的自然文化区就有不同的经济社会发展战略，同时也应有不同的人口规划和人口战略。

我国各自然文化区域的不同特点也决定了全国人口发展战略不能搞得太死，应该有一定的灵活性，让各地区可以根据自己的情况有一定的选择自由。否则，把全国的人口规划和人口政策当作一个小区域来对待，各个地区没有一点地方特色，整个人口发展战略就没有广泛的基础。根据我国自然地理特点以及人口分布的特征，东部沿海地区就不同于内地，平原不同于山区，等等。总之，有所区别，才有政策。否则，没有体现地方特殊性的"一刀切"的规划和政策，都不会是符合中国特色的人口发展战略。

5. 生活方式对人口战略的制约

社会生活方式是指各民族在一定历史阶段的存在形式。不仅各种不同的社会经济形态会对各民族的生活方式产生影响，而且，历史传统、道德观念、自然条件等社会历史及自然都会对各民族的社会生活方式产生不同的社会影响。而不同的生活方式，都会对人口发展有制约作用。比如西方各民族在数百年较为发达的商品经济熏陶下，家庭观念比较淡薄，父母亲从孩子孩提时就培养其竞争力，孩子一到青年时代就自食其力，争取不依靠家庭，老年人也往往不依靠孩子。我国则不同，由于商品经济不发达，单个人的主要活动仍然是同家庭相联系的。一个人在未成年时依靠家庭，晚年时仍然要依靠家庭。所以，养儿防老在我国就不仅仅是一个观念问题，而且是我们民族在现阶段的现实生活问题。这是因为整个社会还不能把家庭抚养后代的职责承担起来，也不能把家庭赡养老人的职责接过去。在这种情况下，我们的人口发展战略就不能不考虑我国的具体国情。因为，在我国传统的生活方式影响下，人们要依赖家庭生活。不少农民总是把自己的幸福寄托在儿女身上，忽视了这一点就有可能导致人口的盲目增长。同时，传统的生活方式又决定了我们的农民必须依赖家庭。没有自己的儿女，他的生活的确没有保障。所以，提出比西方更低的生育指标，必然地要受到人民群众的抵制。

6. 传统观念对人口战略的制约

传统观念作为一种社会意识,必然会对人口过程产生强烈的影响。传统观念,是根据以往的生产条件及社会存在产生的。但这种观念产生,就有极大的惰性,即使产生它的经济基础已经从历史上消失了很长时期,它还会发生作用。比如日本由于战后人口老化比较迅速,许多老人因为得不到儿女的温暖,忍受不了孤独和寂寞,成为世界上老年自杀率最高的国家。这种现象的发生,很大程度上就是因为经济社会发展过于迅速,许多社会设施赶不上,人们的伦理道德等思想观念都没有得到相应的改变,以致传统思想同现实发生冲突,老年人的价值观得不到实现,从而走上绝路。当然从根本上来说,社会需要加强对传统观念的破除,宣传新的生活方式和新的道德观念。但同时也要在一系列的社会问题上顾及传统观念的许多特点,尽量缩小传统观念同现实生活之间的差距,不要人为地扩大二者之间的矛盾。从伦理观念上来说,生育是满足和实现传统观念的一种方式,如果现实的生育行为距离传统的观念太大,就可能导致比人口问题更为严重的其他社会问题。

7. 生育意愿

生育意愿是指推动生育动机的社会意念。它是由经济社会发展状况等因素决定的。生育意愿尽管也是一种社会意识,但它却是社会各种因素综合作用的结果。分析生育意愿,就是分析决定和推动家庭生育的各种因素,因为这些因素往往反映出决定人口运动过程中的规律性的东西。比如"养儿防老"在我国农村中有很大市场,是决定农民生育意愿的诸多因素中的重要因素。是因为在目前社会发展水平下,农民家庭仍然要承担老年人的晚年生活的重担,老有所养的职能仍然要由家庭承担着。社会组织如老年人的保险事业及其他慈善事业得不到足够的发展,取代不了家庭赡养老人的职能,"养儿防老"的生育意愿就不可能在农民中消失,生育男孩子的动机也就将一直是我国节制生育方面的一个大障碍。

从马克思主义基本原理来说,生育是一种社会行为。所以,我们就需要把生育问题同一系列的社会行为相联系,把生育当作经济社会发展的综合结果。社会的各种因素都需要加以考虑,比如社会福利条件、医疗卫生设施、文化教育水平,等等,都会起作用。当经济社会发展的诸多方面都还没有得到根本转变的时候,期望人们的生育意愿及妇女的生育水平发生根本性的转变,是不切实际的幻想。

当然,无所作为的观点也不是马克思主义者应取的态度。审时度势,承认客观存在,正确地和充分地估计到我们工作所能达到的程度,然后因势利导,使人口发展战略符合客观规律的要求,起它应起的作用。我们平时所说的控制人口增长,实际上只是说控制盲目增长的人口,而不可能脱离一系列的客观因素,把人口降低到任意低的水平。

三、人口发展战略的确定

确定我国人口发展战略要考虑到以上各方面的因素,使这种人口战略能够得到最佳的效果。

我国人口过程作为一种社会运动,应该服从经济社会发展的需要。党的十二大提出把我国人口控制在 12 亿的目标,是根据 20 世纪末力争使全国工农业的年总产值翻两番的经济战略目标提出来的。十二大提出的这个战略目标到 20 世纪结束总计 20 年的时间,我国人口年平均增长率为 1%左右。这样的增长水平相当于目前发展中国家的一半,但又比欧美发达国家要高一些。考虑到我国的体制以及许多社会因素,实现这样的人口目标虽有一定的困难,但不是不可能,关键在于确定与人口目标相应的战略重点、战略步骤和一系列正确的方针和政策。

根据我国人口社会构成中农村人口占绝大多数的特点,过去曾有不少人提出把人口控制的战略重点放在农村。这样的观点有一定道理,但不确切。我国人口在地理分布上不均匀,特别是东部集中了我国绝大部分人口。这样的地理分布不仅仅是人口发展不平衡的结果,而且是历史的产物,是经济社会发展不平衡的产物。解决我国人口盲目增长的问题应该抓住这种与经济社会相联系的人口区域分布问题,要求人口比较稠密的地区对控制人口增长多作点贡献。这样做的理由有两点:第一,如果把控制我国人口增长当作社会进步和文化发展的必然的话,因为人口密度往往与经济文化水平成正比,从经济条件到避孕技术服务、思想观念、家庭生活、社会福利等社会的各个方面来讲,以这些地区为重点实行节制生育和控制人口迅速增长，当然就是顺乎社会发展的事情。第二，因为这些地区的人口占我国总人口的绝大多数，只有在这些地区积极开展计划生育，控制人口的效果才最为显著。当然，人口分布上东部稠密西部稀少的状况，也只是一种总的趋势。事实上，在人口稀少的地区中也有相对稠密的地方，人口稠密的地区也有人口稀少的地方。根据这样的指导思想，无论是全国抑或各地区控制人口的战略重点，都应该是人口相对稠密的地区。比如全国的重点应该是在我国东部的松辽平原、渤海沿岸的京津唐地区、黄河中下游地区、长江中下游地区、珠江三角洲地带。而对于各个经济区来说，重点则是以大、中城市为中心的较发达地区，等等。总之，我国控制人口战略的重点应是人口较为稠密的地区，而不是笼统地说在农村。否则，占我国总面积80%以上的空旷地带，虽然也都可以谓之为农村，但实际上占不到人口总数的30%。在那些地域广阔、交通不便和经济文化都很落后的农村，因为人口稀少，行政管理系统很薄弱，医疗条件差，缺少避孕和其他节育手段，如果把控制人口的重点放在这些农村，我们就只能收到事倍功半的效果。

当然，我们也不是说农村的计划生育及控制人口增长的工作是无所谓的事情。而是说，不应笼统地说控制人口的重点在农村，而要看什么样的农村。在我国地域广阔和人烟稀少的农村，你再说它是重点，也无法实现你的战略。因为我们是讲控制人口，应该确切些说，包括中心城市和人口稠密的农村。正由于人口密度往往同现代文化相连，同行政设施的强化程度成正比，同现代医疗技术包括节育技术的程度成正比，所以这些地区作为战略重点，往往可以收到事半功倍的效果。

战略重点决定战略步骤。全国应在"七五"计划期间有计划、有步骤地逐步在全国推行新的人口发展战略。所谓有计划、有步骤是指：第一步，首先在人口稠密的省份实行新的人口战略，重点是人口密度大的上海、天津、北京、江苏、山东、河南、浙江、安徽、江西、河北、湖南、湖北、福建、四川、辽宁，其次是人口比较稀少的山西、陕西、吉林、黑龙江、贵州、云南、甘肃、内蒙古。争取在"七五"计划的前两年内，在这些省区的绝大部分地区能够推开。第二步，在"七五"计划结束的时候，在以上省份的所有地区和宁夏、青海、新疆、西藏的城市和人口相对稠密的地区也能够实行这种新的人口发展战略。根据经济社会发展的情况,争取"八五"计划期间,能在全国所有地区实行新的人口发展战略。当然,在实行新的人口发展战略的时候,各省区也应有所选择,有重点、有步骤地进行,切忌一哄而上。

我们之所以要求有计划有步骤地实行新的人口发展战略和控制我国人口盲目增长,是因为能否做到生育方面的计划性,取决于很多条件能否具备。计划生育是社会主义经济的必然要求,而生育方面还缺乏必备的社会条件,我们有再好的愿望也是难以实现的。一定的社会条件包括计划生育战线的自上而下的组织、技术网络、情报信息网络,等等。现在在不少地方连计划生育的行政机构都保证不了,更多的地方连技术设施都没有,如何能做到生育方面的计划性?因为技术服务没有保障,群众没有满意的避孕方法,运动一来,就只有靠"四术队"进村突击,使农民群众身心受到很大伤害。所以,实行新的人口战略,积极推行控制人口盲目增长的计划,首先要在社会条件具备的地方实行,不具备的地区,要加快步伐,积极创造有利条件,把社会设施和技术服务赶上去。

任何好的战略都是要通过具体的方针政策来实现的。一定时期内的人口方针和人口政策就是把一定的人口战略具体化。所以,不仅在我国人口战略确定上要体现我国的具体国情,如人口目标、人口战略的重点和步骤诸方面要从中国的具体实际出发,而且更为重要的是人口政策的制定上也必须体现中国的具体国情。从中国实际出发,才能制定出科学的人口方针和人口政策。我国人口政策的确定,要从前面分析中所列的各项制约因素出发,要体现"合情合理,群众拥护,干部好做工作"的原则。

我国的具体情况很复杂,但使人口政策达到合情合理也不是很困难的事情,只要我们切忌"偏激",事情就比较好办。特别是根据我国总的情况看,第一需要控制人口的迅速增长,第二又要考虑到尽可能保持人口过程能够平稳发展。这样最好应考虑到人口的增长能接近或维持在简单再生产的水平上。特别是在我们这个以农业为主的国家里,农民家庭既是消费单位,又是生产单位,绝大多数的农民从他们生产方面考虑,无论如何不会让他们的家庭规模日益缩小下去,我们的人口政策定在让其维持简单再生产的水平上,即允许每个农民家庭最多生 2 个孩子,这是现阶段能够让农民勉强接受的最低限度。在这一点上,即使我们有再良好的愿望,也必须向农民让步,满足他们最起码的生育愿望,否则就是脱离了中国的实际国情。

但是,从社会再生产过程来说,原则上许可每个家庭生两个孩子,即每个家庭最多生两个孩子, 这实际上已经是萎缩的人口再生产了。按照我国目前的人口死亡率水平,要维持简单再生产的水平,每个妇女应生 2.1~2.3 个孩子。因为有不少妇女活不到结婚的年龄,有的妇女会因各种原因不婚、不育,或者还有一部分妇女只能生一个孩子,等等。所以,倘我们的政策是每个家庭最多生 2 个孩子,社会再生产也是萎缩型的再生产。同时,在此基础上,我们应根据不同的社会条件,在人口密度不同的地区再要求有一定比例的“独生子女家庭”,即鼓励和提倡一对夫妇只生一个孩子。我们所说的提倡鼓励都是本来意义上的提倡、鼓励,做到这一点是完全可能的。应该从我们的实际出发,在希望得到比较多的一孩家庭地区,就应根据经济社会等方面的条件,真正拿出切实可行的鼓励手段,引导青年自愿生育一个孩子。在经济社会条件(当然包括相应的行政手段)还不具备的情况下, 绝不能拔苗助长。一孩比例的高低应该与人口密度成正比例,同人们的经济社会水平成正比。具体的比例,还应从社会各因素出发,请诸多方面的专家作科学论证。

除了减少妇女生育数量以外, 推迟生育也是控制人口数量的基本途径。在制定人口方针和政策时,应该重视这一作用,以减少纯粹由于要求人们少生孩子而带来的矛盾。我国封建时代的婚姻都比较早,很重要的原因就是为了达到鼓励生育的目的。考察晚育在人口计划期内的效果,是比较明显的。比如 2000 年以前,我们提倡青年妇女在 23 岁以后结婚,这等于排除了 2000 年时 20 岁、21 岁、22 岁、23 岁四个年龄组的绝大多数妇女生育的可能性。四个年龄组的妇女即 4000 万。考察基期的年龄指标,因为晚育这一项就可以少生 4000 万个孩子,这是很大的一个数字。延长二胎之间的间隔,推迟妇女第二个孩子的生育年限也是如此。

因为我国人口构成上的特点,在 20 世纪最后的 16 年和 21 世纪最初的 20 年内,采用推迟生育的办法,所得到的社会效果并非仅仅把一代妇女的生育推迟了若干年而已。如前面已经提出的,我国 12 亿人口中,35

岁以下的 7 亿人口逐渐进入高年龄层时,其他条件不变,就会出现生育率下降,死亡率上升的现象。如在 2015 年以后,我国人口死亡率达到目前发达国家的水平,人口政策不变,出生率就会降到 1.5%左右,或者更低一些,2020 年前后,我国人口变动状态即将出现人口负增长的现象。为了保证人口变动过程的稳定性,这时我们就可以进一步放宽人口政策,让推迟生育的妇女按各自希望的年龄结婚生育。此外,我国从 20 世纪 60 年代初开始的生育高峰期的人口现在已经陆续进入婚龄,倘采取推迟生育的办法,还可以把数十年的高峰相对拉平。所以,在我国目前具体的人口构成情况下推迟妇女的生育,还可以得到比控制人口更大的社会效果。

1979 年我曾提出这种人口发展战略的最初设想:

根据我国实际情况,今后几十年内的人口发展较为可行的办法应该是:从 1980 年起,在每对夫妇只生 2 个孩子的基础上,将两胎的间隔严格控制在 8 到 10 年,即按目前城市晚婚年龄 25 岁左右结婚的夫妇,其间隔为 8 年,按目前农村 23 岁左右结婚,其两胎间隔为 10 年。另外,再辅之一定比例的一对夫妇只生一个孩子的措施。[1]

当时,因为缺少我国人口构成等方面的详细资料,推算和规划都受到很大的限制。1985 年,我国人口普查资料汇总出来之后,经过重新测算,如果妇女推迟结婚年龄,第一个孩子在 23 岁生育,第二个孩子推迟到 30 岁生育,并在此基础上提倡和鼓励一对夫妇只生一个孩子,2000 年时,我国人口可以控制在 12 亿左右。根据国家计划生育委员会和山西省委、省政府批准实行这种生育办法的试点县的批件,可以把这种人口战略和体现这种人口战略的生育政策称之为"晚婚晚育加间隔"。从 1985 年 5 月在山西省翼城县试行以来,无论就控制人口的效果或干部群众对之的态度看,晚婚晚育加间隔的生育办法都不失为最佳的人口战略。

四、最佳人口战略分析

我们使用的人口预测资料主要是由《中国 1982 年人口普查资料(电子计算机汇总)》提供的。我们是以 1982 年人口普查得到的人口年龄和性

---

[1] 梁中堂:《论我国人口发展战略》,山西人民出版社,1985 年版,第 12 页。

别构成为基本资料,用年龄移算法分市、镇、县人口分别预测的。计算的步骤如下:

第一项,先按 1982 年普查资料提供的 1981 年死亡人数,求出各年龄的死亡概率,然后推算出 1982 年普查时点市、镇、县人口在 1983 年到 2000 年各年存活的人数。根据计算结果,1982 年普查时点我国 10.03 亿人口,到 2000 年还存活 8.7 亿左右。

第二项,如果以每个妇女只生 2 个孩子计算,并且按照晚婚晚育加间隔的要求计算,这里统一令妇女在 23 岁生育第一个孩子,在 30 岁生育第二个孩子,1982 年到 2000 年新出生并存活人口为 3.4 亿左右。

根据以上两项的计算,即只要实行晚婚晚育加间隔,即使每个妇女生 2 个孩子,到 2000 年我国总人口也只达 12.2 亿左右。

但是,根据我们讨论的人口发展战略,各地区都还有一定比例的独生子女家庭,即一定比例的妇女只生一个孩子,这样的比例以多少为宜? 当然需要有关部门组织讨论,以及根据我国计划生育工作的进展状况决定。我们这里暂且按照目前我国计划生育的现状,即市镇人口基本上是每个家庭只生一个孩子,农村中加上 3%的妇女不育,以及 2%的家庭因各种原因只要一个孩子,到 2000 年,1982 年后新出生并存活人口为 3.05 亿。这样的生育水平相当于 1982 年到 2000 年之间,社会有接近 25%的妇女只生了一个孩子。

如果以这样的水平计算,2000 年时全国总人口将是 11.8 亿左右。这个数字暂且作为我们讨论的人口发展战略的理论数据。

现在先来分析一下这个数据的准确性。从 1979 年以来,人口学界曾经有过几种不同的关于我国 2000 年人口总数的预测结果。比如作者在 1979 年为全国第二次人口科学讨论会提供的两个数据:按当时要求实现的 20 世纪末人口增长为零的发展战略计算,届时总人口为 10.5 亿。按照妇女 20 岁生第一个孩子,30 岁生第二个孩子,并保持社会上有 30%的家庭只生一个孩子的条件计算,2000 年总人口为 11.1 亿。[①] 1980 年,宋健、田雪原等按妇女平均生育率 β=1.0 时预测,2000 年的总人口为 10.5 亿,

——————————
① 梁中堂:《论我国人口发展战略》,山西人民出版社,1985 年版,第 5、第 13 页。

中国生育政策研究

ZHONGGUOSHENGYUZHENGCEYANJIU

β =1.5 时为 11.3 亿，β =2.0 时为 12.2 亿。[1] 1984 年，马瀛通、张晓彤假定农村妇女 24 岁生第一个孩子后，隔四五年再生第二个，以及其他一些附加条件，计算出期末人口 12.3 亿，等等。[2] 作者及宋健等人的两种计算都是在 1982 年普查之前并分别以 1980 年为基年的预测，马、张的计算是以 1982 年人口普查 10%抽样手工汇总的资料并以 1982 年为基年，以及加之许多附加条件的预测。即使如此，读者也不难看出，各种预测的结果差别不大。所以，作者这里的理论数据即 11.8 亿左右，是足以支持论点的理论数据。

当然，以上是个理论数据。它同目前实际还有很大的差别，在目前的讨论中就需要对以下情况分别给予处理。

第一，从 1982 年开始，我们计算新出生的人口是按正常情况死亡的（实际上是 1981 年的分年龄性别死亡人数推算的人口死亡概率），这无疑从计算过程讲是正确的。但考虑到每个家庭允许出生的人口都是最低限度，故此，每个家庭前面死亡的孩子，计划期内往往都会进行补偿性生育。尽管各年补偿性生育的人数无法预测，但期末应大致完成补偿。所以，期末总人口中应加上期间新出生人口中的死亡人数，累计 300 万。

第二，我们在计算时假定妇女 23 岁以前都未曾结婚和生育过，23 岁全部给安排一个孩子的指标。所以，期末总人口中应该减去 1982 年时 23 岁以前已生育一个孩子的妇女人数。参考 1982 年普查资料中我国 15 至 64 岁妇女活产及存活子女的数字，该年 23 岁以前妇女已有第一个孩子数为 2000 万左右。

第三，我们计算生二胎的妇女时，假设城乡妇女在 30 岁以前都没有生育过第二个孩子，故，期末总人口中应减去 30 岁前已生过二胎的妇女人数。还有，我们假定 30 岁以前妇女都生了一个孩子，实际上有不少还没有生过孩子（包括未婚者在内）。所以，期末总人口又要加上这部分妇女人数，两项计算相抵后，二胎妇女人数还有 2000 万左右，需从期末总人口中减去。

---

[1] 宋健、于景元:《人口预测和人口控制》，人民出版社，1985 年版，第 179、181 页。
[2] 马瀛通、张晓彤:《人口控制与人口政策中的若干个问题》，1984 年 4 月，未刊稿。

第四，我们假定妇女在 30 岁以后即不再生育，但其中有不少家庭未生育过一个孩子，或者还有不少家庭仅仅只有一个孩子，而按我们人口发展战略还可以再生一个孩子。故，期末总人口还需加上这两种情况的妇女人数（包括 30 岁以上未婚者），计 2000 万。

以上数据从实际统计是绝对不可能的，各数都是参照 1982 年人口普查资料、国家计划生育委员会 1983 年 4 月 8 日发布的全国 1‰人口生育率抽样调查资料，并经各方面的比较求得的。如同整个普查数据以及世界上所有的人口模拟都会出现些问题一样，要求这些数据绝对准确是不可能的。但是，考虑到这些数据受各方面因素的影响，作为参考数据是可以相信的。另外，我们计算是依照 1982 年为基础的（用该年的人口普查数，只能如此）。实际上，因为 1982 年到 1985 年没有实行这种人口战略，人口出生数比之多了 2000 万左右，这包括了在 23 岁以前生第一个孩子，和应在 30 岁生第二个孩子，在 30 岁以前就抢生了（当然，其中抢生多胎的人数就纯属于没有实行该种人口战略而超生育的）。这些抢生第一、二胎的，在以后几年的规划中，将予冲销。所以，这里就暂不计算。

计算的理论人口 11.8 亿左右，同以上需要考虑的四项合计，2000 年总人口为 11.6 亿左右。

当然，这也不能说就是十分准确的数字，我们知道，20 世纪以来，特别是 30 年代以后用控制论预测人口变动之后，世界各地预测人口的模式及方案，何止成千上万。但是，没有谁的预测是绝对准确的，因为决定社会人口的变动因素是极为复杂的，任何预测都是把人口过程中某一些现象普遍化，把静止的资料动态化，把相对的运动绝对化。但是，如果不把人口预测说得过于绝对了，不要搞得太长了，比如说只预测上一代人到二代人的时间，它倒是可以为我们提供一种可供分析的人口趋势。所以，我们认为，我国人口目标如果能保持在 12 亿左右，增加一点弹性，是有好处的。

还有，因为我国是个地域广阔、情况复杂和多民族的国家，如果继续保持目前每年 10% 的多胎生育，也增加不到 3500 万，期末总计 11.9 亿左右。经过以上计算说明，实行这种战略，可以把我国人口控制在 12 亿左右的水平上。

实行晚婚晚育加间隔的生育办法，主要的还在于能够满足目前广大农民的生育意愿，改善国家同农民的关系。近几年实行只准生一个的政策，脱离大部分农村的实际条件，同农民的矛盾很尖锐。十一届三中全会以来，农民在经济上翻了身，基本上解决了温饱问题，有不少农民经济上有很大的改善，但又因生育问题而受罚，从而挫伤了农民的积极性。实行晚婚晚育加间隔的生育办法，让绝大多数农民都晚一点结婚和晚一些生育，两胎的间隔长一些，但可以满足生 2 个的愿望，就能改善国家同农民的关系。这对于社会的安定和经济建设都是十分有利的。

其次，政策也好执行了，过去只让生一个，我们采取了不少鼓励和限制的措施，但事实上各样政策都无法兑现：一个单位的干部强硬，大家都只能生一个，奖励的政策无法兑现；工作稍有松懈，不少人都生了二胎，执行政策一认真，人人受罚，打击面又过宽。实行晚婚晚育加间隔的生育办法，虽然推迟了生二胎的时间，但可以满足绝大多数农民的生育意愿，需要奖励和必须受罚的都成了极少数，政策便于执行了。

同上两个问题相联系的就是干部好做工作了。目前计划生育工作难，不仅每一位做计划生育工作的同志深有体会，而且每一位有志于控制我国人口的人都有所感触。但是，工作难在什么地方？症结就在于不准生二胎或者基本不准生二胎上。现在，农村中真正自愿生一个的家庭不到 5%，加上各种鼓励手段也不会超过 10%。不允许生二胎，我们的政策就建立在和农村 90% 以上的群众对立的基础上，干部工作难度就大了。实行这个办法之后，工作的对象明确了，政策的处罚面积小，工作就好做了。这种办法在山西省翼城县试行以后，从地区的领导干部到一般的农民群众反映都很强烈，大家说：这样做真正体现了 7 号文件所说的"合情合理，群众拥护，干部好做工作"。

晚婚晚育加间隔的生育办法并不是新提出来的观点，而是过去周恩来总理抓计划生育时提出的"晚、稀、少"的具体化，在一定程度来说，也是我们当前计划生育的必然发展。我们说这种办法好，是相对而言的，也不是说它没有困难，我们只是说它把妇女几乎一生的节制生育的困难，转化为三个困难了。经过转化后，减轻了困难，节制生育的目的就更容易达到了。就当前来说，我们要求妇女只生一个孩子，如果从 20 岁结婚具备生育条件算起,到妇女 50 岁退出生育年龄为止,除了生一次孩子外,每个妇女近 30 年的时间,都是我们工作的对象。现在,我们通过晚婚晚育加间隔的办法,把这种困难相应地减轻了。只要具体分析一下有关困难程度,就可了解这些困难同原来只准生一个比较,几乎就不成其为困难了。

　　首先看晚婚。晚婚是社会生产力水平提高的结果,所以,晚婚是社会进步的产物。就它的社会意义来讲,移风易俗,有利于青年的身体发育,有利于青年的学习和婴儿的健康,等等。就目前来说,提高青年的婚龄是一种历史的必然趋势,是顺应社会发展的。但是,我们这里讲晚婚的动因主要还不是这些,而在于晚婚有利于人口的控制。就世界各国的资料看,仅仅晚婚就可以节制生育。因为,妇女晚婚之后,等于把初育的年龄推后了,从而缩短了生育期。在国外,生孩子是由各个家庭来决定的,妇女结婚年龄越大,家庭可以生孩子的时间就越少。据世界银行的调查资料说,印度在 1972 年到 1978 年妇女生育率由 5.6 下降到 5.2,其中因妇女提高结婚年龄所占的因素就高达 41%。此外,泰国、南朝鲜、印尼等国家的资料都程度不同地说明提高妇女婚龄的重要性。[①] 我们国家同这些国家的情况不同,每个妇女已减少到最多生 2 个孩子,即使有个别妇女生多胎,当然也不在乎推迟婚龄后的几年时间。但是,推迟婚龄在推迟初育年龄上有很大的意义。如过去我们所指出的,在计划期内,婚龄推迟后,等于排除了初婚年龄以前妇女生孩子的可能性。比如我们把妇女初婚年龄推迟到 23 岁后,2000 年的人口指标就可以因 20、21、22 及 23 岁大部分妇女缺少生育条件,使全国少生 3000 万 ~4000 万个孩子。当然,推迟结婚年龄,在一定程度上来说是可以的,如果提高到制约人们社会生活各方面的水平以上,就成了不合理的事情了。在我国农村生产水平很低的情况下,妇女结婚年龄不宜过高,否则会给群众带来一定的困难。但是,根据我国妇女生育率的抽样调查,1980 年生育第一个孩子和第二个孩子的妇女平均初婚年龄为 23.1 岁,其中城镇妇女是 25.2 岁,乡村为 22.5 岁,1981 年生育第一个孩子和第二个孩子的妇女初婚年龄为 22.8 岁,其中城镇为 24.7 岁,乡村为 22.3 岁。这些抽样调查资料说明,我们以提倡晚婚的形式号召

① 世界银行:《1984 年世界发展报告》,中国财政出版社,1985 年版,第 133 页。

中国生育政策研究

ZHONGGUOSHENGYUZHENGCEYANJIU

农村妇女把初婚年龄推迟到 23 岁,比较适宜,困难并不是很大。在此基础上,再对有困难而在法定年龄之后晚婚年龄之前结婚的家庭,进行晚育的教育,至少比不提倡晚婚晚育的社会效果要好。

延长生育间隔的困难也是有的。不少农村妇女是从自己家庭的实际状况来决定生两个孩子的间隔的。二十四五岁生了第一个孩子,中间间隔上三四年,自己还很年轻,带上两个孩子比较容易。另外,同时带两个孩子往往比分两次只带一个孩子要省些事,或者,自己的父母亲年纪还不是很大,可以帮助带孩子,等等。这些都是农民不愿意间隔较长的原因,从而成为我们的困难。

但是,这种困难同不允许生第二个孩子比较起来,就成为不足道的事情了。此外,我们详细分析一下间隔的困难,也不是很难的事。根据我国妇女生育率的抽样调查,1970、1977、1981 年三个年度妇女生育二胎的在初婚第二年仅占 1.42%,第三年占 14.10%,第四年占 26.31%,第五年占 21.61%,第六年占 13.99%,第七年及七年以上占 22.57%。这就是说,按照妇女自然生育,有 35%左右本来就是按我们的要求间隔生育的,26%左右比我们要求的少一年,26%左右的妇女比我们要求的少两年,15%的少三年,这样的比例通过做工作,可以争取基本上按照晚婚间隔生育。

实际上,妇女 23 岁结婚,24 岁生育第一个孩子,如果不是因为缺少避孕的技术手段,或不是怕我们上环抢生,她本人也不会要求马上生育第二个孩子。过去我国大多数妇女的间隔都是三年及三年以上,因为中间还有个哺乳期。哺乳期曾经是传统的避孕方法。在历史上,不少家庭都是通过延长哺乳期来达到避孕目的的。根据我国妇女生育率的抽样调查,73.88%的妇女在婚后第二三年初生,也就是说,如果能做到晚婚,一般的妇女都在二十四五岁生第一个孩子,然后加上两年的哺乳期,到二十六七岁了。若以正常的三年间隔算,就是二十七八岁了。我们要求妇女 30 岁生第二个孩子,也就是说 29 岁就可以规划怀孕了。这些情况说明,只要做到了晚婚,同大多数妇女的自然间隔并不相差很多。即使有一些困难,工作量也不算很大。

多胎能不能堵住?严格说,这并不是晚婚晚育加间隔的生育办法才有的问题。就人们的生育意愿说,实行新的生育办法并不会增加希望生多胎的人数,相反,一定会减少多胎。第一,目前只让生一个孩子,我们的工作对象是所有希望生两个或两个以上孩子的人,工作面大,任务不明确,重点不突出,几乎成了"四面出击",精力上就顾不过来。第二,因为我们处罚二胎以上的家庭,受处罚面大,与群众对立,生多胎的就不孤立,敢于生三胎的就比较多。第三,只准许每对夫妇生一个孩子,结婚和生育都比较早。农村妇女往往二十四五岁已生了两个孩子,才到了生育旺盛的年龄,生育多胎的可能性就比较大。

实行晚婚晚育加间隔的生育办法后,可以满足大多数人希望生两个孩子的愿望,他们就不需我们做工作了,这样,我们可以用更多的精力来堵多胎。其次,对生二胎的大多数人不处罚和限制了,少数人还想生多胎,就会感到孤立,愿意当少数人的人也就不多了。最后,妇女生完第二胎都已是 30 多岁的人了。再被限制上几年,真正还要生的就成了极个别的了。

总之,我们不难看出,实行这样的人口发展战略,既可以完成把我国人口控制在 12 亿的战略目标,又能符合大多数人特别是符合广大农民的生育意愿,把计划生育建立在"合情合理,群众拥护,干部好做工作"的基础上。

五、错误的理论和错误的战略

社会主义的计划生育作为一种适应新的经济制度产生的新生事物,在新中国的 35 年里经历了一段由不认识到认识,由认识不多到逐渐加深的过程。到 70 年代,周总理领导计划生育提出的"晚、稀、少"的生育方针时,我国的计划生育曾是得到人民群众拥护的。如果我们看 1982 年普查资料反映的我国人口年龄构成就不难发现,从 70 年代初开始,我国每年出生人口逐渐由近 3000 万降到近 2000 万。但是,从 70 年代末到 80 年代后,社会上逐渐出现一些对计划生育不满的情绪。特别是近几年农村的计划生育政策没法执行,严了必然导致作风粗暴,松了又导致生育自流。之所以如此,是同前几年我们人口学界盲目接受的"人口爆炸"、"适度人口"、"零增长"等理论以及在这些理论指导下提出的人口发展战略分不开的。所以,探索我国人口发展战略和有中国特色的社会主义计划生育道路，我们怎么也不能回避对这些由发达国家的人口学家所提出的人口理论和以这些为基础制定的两个人口发展战略的批判。

第一个人口发展战略就是争取 20 世纪末人口增长为零的方案，这是我国至今最为全面和影响最大的一个人口发展战略。我们之所以这样说，是因为这个战略有完整而明确的目标、步骤及方针和政策，至今我们的实际工作和学术界都难以从中跳出来。争取 20 世纪末人口增长为零是这一人口战略的目标，当时提出的战略步骤分两个阶段：第一步，在 1980 年将人口增长率降到 10‰的基础上，争取 1985 年自然增长率降到 5‰以下；第二步，到 2000 年，争取达到零增长。当时我曾计算过这个战略实施的可能性，指出实现这个发展战略的根本方针就是一对夫妇只准生一个孩子。

这样的人口发展战略是产生在我国经济极为困难的时期，从控制人口盲目增长的角度出发，认识到人口增长会把经济拖垮的思想是可嘉的。但不能不说，这一战略同时是在一种急躁的情绪下提出来的。此外，从它产生的背景和指导思想来说，是受了国外人口学家的非马克思主义思想的影响。西方学者从马尔萨斯的人口论出发，从来都不把人口运动当作社会过程来看待，而认为人口增长纯属一种误会，既可以随意增长又可以随意减少。所以，从 30 年代起，就有人提出人口减少的观点，不过当时的资产阶级经济学占统治地位的还是凯恩斯，凯恩斯主义的一个基本观点就是人口增长可以刺激经济的增长，所以人口减少和稳定的理论提出后很长时期无人问津。战后，一系列发展中国家相继独立并在经济上有了很大的进步。同时，人口增长十分迅速，发达国家的经济学家和人口学家面对发展中国家日益增长的人口，又提出了人口减少和稳定的观点。所以，随着科学春天的到来以及零增长理论被介绍到国内，就立即受到人们的青睐，要求我们这个 10 亿人口的大国向人口增长为零的目标挺进。

我们也不是说人口不能稳定或增长为零，而是说，人口是一种社会运动，它是受经济运动规律制约的。经济状况决定人口的发展，不同的国家有不同的经济条件，不同时期也还有不同的要求，发达国家的人口学家害怕发展中国家的人口增长淹没发达国家，所以提出，发展中国家的人口增长必须迅速为零。但是,发展中国家的人口、经济、社会等各种条件都不尽相同,怎么可能不加区别地都达到这个目标呢? 当然,发达国家及其他发展中国家的人口学家持这样的观点并不奇怪,因为他们缺少马克思主义的分析方法。问题是我们的许多人口学家也提出类似的观点,而且相信人口的发展是向稳定的即零度的目标前进的,并且在达到某一点后就永远保持这样的水平。这样的观点不论提出者抱有多么良好的动机和愿望,也不能说明是正确的。人口是社会运动的主体,这个主体的运动速度和方向是受各种条件制约,并且时快时慢,有时可以踏步不前,有时还会跳跃前进。特别是我们的人口发展要受经济社会发展战略来决定,经济社会发展又要受一系列的因素制约。经济社会发展水平不同、速度不同,一定时期人们向生产的深度开拓程度和速度不同,因而,所要求的劳动者的数量和质量也都不同,它怎么能保持人口永远稳定呢? 所以,希望人口为零的思想不过是相信人类有可能被人口增长所毁灭而提出来的,它表明了一种良好的愿望,但并没有任何科学道理。在社会主义制度下, 人口过程的实际运动只能依靠经济社会的发展, 需要增长的时候就应增长 (这是人类由近代开始至今的总的趋势), 需要稳定时就应稳定 (除了人类初期可以相对看作如此外,人类文明史还未曾发生过),需要减少的时候再加以减少 (除个别被淘汰的民族或即将被淘汰的民族外,人类整个运动中还没有在较长时期内发生过)。

其次,这样的人口发展战略是在缺少我国人口的具体构成,没有对人口的发展进行具体测算以及对人口发展战略进行可行性研究的情况下提出来的。当时,我国刚刚经历了十多年的混乱,人口构成的底子还不大清楚, 这个人口发展战略的产生实质上是给社会提出了一个即使让所有的青年夫妇只生一个孩子也无法达到的人口目标。所以, 这个战略在一些数学家把控制论的方法引入人口预测后, 就十分自然地被另一种人口战略替代了。

80 年代的第一个春天,人口学界又新增加了一个以百年后我国人口 3.7 亿为目标的新的人口发展战略。这种人口战略只有目标和政策,而没有进一步提出战略步骤,它主要是沿袭了"一胎化"的方针而设计的,后来又提出了一个以 "适度人口" 为理论基础的人口目标,要求百年后我国人口目标达到 6 亿~7 亿。

　　这个人口发展战略的理论基础只需要提出以下几点，而无须再作别的论证了。第一，"适度人口"从马克思斥之为庸俗经济学的詹姆斯·穆勒著作中萌芽，到 20 世纪 50 年代索维又为之吹上天，都是以马尔萨斯所器重的所谓"收益递减律"为基础的，只要相信科学的进步和生产力的发展，"适度人口论"就没有任何可取之处。第二，"适度人口"的另一个理论基础是马尔萨斯杜撰的人口以几何级数增长的观点。近代马尔萨斯主义又把它翻译为人口是按指数增长的观点，相信这种理论的人，怕增长的人口有一天会把天撑破，所以要求减少人口或者让人口保持一个"适度"。但是，宣传人口按指数增长的人没有反过来想一下，马尔萨斯所说的人口以几何级数或者说指数增长如果真的是一条"自然规律"，那么，即使我们提出"适度人口"也是无济于事的。因为规律是不能改变的。第三，"适度人口"是假设人口过程为静态加以阐述的。但是，人口过程恰好是一个动态的物质运动。这种复杂的物质运动是由许多因素相互作用推动的，各种力量的组合不断发生变化，人口过程怎么可能成为静态的或者固定以某个指数永恒增长呢？虽然"适度人口"是极为荒谬的，在国际上早就被抛弃，但我国的人口学家竟然至今爱不释手。①顺便应该说明，我们的学者相信这种观点并不是为这种理论严密而科学所征服，而是大家都具有的一种美好的愿望。

　　此外，这种人口发展战略主要是以自然条件对人口的制约为基础的，从现在的科学技术出发，以现有的不可再生的自然资源为界限，当然是人口越少，人均量越大，这是连小学生也懂得的道理。但是，人口过程并非是自然过程。这种人口发展战略舍去了决定人口发展的社会因素，把人口当作纯属自然的过程。在所有这些人口战略的论述中，人口和野羊、猿猴等动物并没有任何区别。资源有限，群体数越多，个体平均愈少，若如此增长下去，难免将来有一天要住进海洋，要吃细菌。

　　问题正是出在这里。几年来，不少地区的工作正是跟随这两种相互联

---

① 为了节约读者的时间，请看日本人口学家安川正彬在 20 世纪 60 年代写的《人口经济学》中对"适度人口"所做的简明扼要的批判。

系和衔接的人口发展战略而走上歧途。第一，中央提出 12 亿的人口战略目标是根本不需要用什么"一胎化"就可以达到的目标。就是连提出"适度人口"的人自己计算的结果也表明，今后 20 年(1982—2000 年)即使每个妇女平均生两个孩子(这本身就是有余地的概念，每个妇女平均生两个孩子，因为有不少妇女或许活不到生第二个孩子的年龄或各种原因只能生一个，等等，事实上就是一个比平均生两个还十分宽余的概念)，2000年的总人口也可以维持在 12 亿左右。但这一批人口学家就是拼命鼓吹"一胎化"，迫使计划生育在一个地域复杂的 10 亿人口的大国家里搞"一刀切"。这是两个根本不同的运动，12 亿的目标是平均生两个孩子就可以达到的目标，而我们几年来却把全国人民赶到另外一条道路上奔跑，这条路子就是："只准生一个，目标十亿五。"① 这实际上是让我们做一件根本不可能实现的事情，或者是在引导全国人民打一场根本不可能打赢的战争。同时，几年来的宣传又给大家造成了这样的印象：要实现 12 亿的人口目标就必须实现"一胎化"，计划生育政策就是"一胎化"的政策。② 而干部群众终于认识到"一胎化"是根本不可能实现的，所以 12 亿的人口目标也渺茫了。这样一来，就像打一场没有目标的战争一样，参加战争的人越来越人心涣散，越来越感到疲倦。第二，人口过程是一种社会运动，这种社会运动是以生命的连续性为条件的，提倡社会上一定数量的妇女只生一

---

① "如果选择第五种方案(即从 1985 年以后全部实行'一胎化'到 2004 年，全国总人口为 10.54 亿)，全国育龄妇女尽快实现'一胎化'，那么到 20 世纪末我国人口自然增长率便可以降低到零左右，总人口又不超过 11 亿，随后由于人口的发展将出现人口减少的趋向，这可能是解决我国人口问题比较理想的一个方案。如果在今后 20 多年的时间里，确实能够做到这一步，把人口的自然增长率降低到零，我们便争得了控制人口增长的主动权，以后的事情就好办了，人口发展规划的目标就能如期达到，控制人口增长的战略任务就能胜利完成。"宋健、田雪原、李广元、于景元：《关于我国人口发展目标问题》，《人民日报》，1980 年 3 月 7 日，第 5 版。

② "只有做到城市 95%，农村 90%的育龄夫妇只生一个孩子，到 20 世纪末，我国总人口才能够控制在 12 亿左右。"《人民日报》，1980 年 2 月 3 日，第 1 版。

个孩子或根本不生孩子,都是可能的。但是,要求所有的妇女只准生一个孩子,这违背了生物种群延续和繁衍的规律性,是人类历史上战争时期除外所未发生过的事情,是违反人类本能的自杀措施,当然会受到人们的抵制。第三,中国的经济社会发展水平具有一系列的特点,控制人口增长不能把生育水平压低到什么特点都不顾,从而离开中国的人口具体构成,离开中国农民仍然是大多数和农业以手工劳动为主的具体国情。所以,以这样的人口发展战略为基础就不能不陷入歧途。我们要从被动局面扭转过来,必须批判和清算那些错误的人口学观点,必须同过去的人口发展战略告别,必须向全体民众讲清我们的目标和方针,否则就提不起人民的信心,就没有切实可行的和足以把民众团结起来为之奋斗的人口目标。

六、科学的人口发展战略和我国计划生育趋势

几年来,我们在"增长为零"和"适度人口"的发展战略影响下,急于减少人口,提出了不顾我国人口和经济社会等方面特点的高指标,干了一些脱离群众的事。1984年以来,由于注意转变工作作风,干群关系有所缓和,促进了安定团结,形势是比较好的。同时,我们还必须看到,因为受零增长和适度人口等发展战略的影响,没有明确否定过去指导思想上以及高指标的错误,现在的计划生育工作仍然没有从被动的局面完全扭转过来。不少基层仍然处于一种观望状态,抓工作时仍按"一胎化"布置,但是因为不敢强制了,所以只好放任自流,不少地方的农民仍然是想生几个就生几个。几年来,计划生育管理上说是有计划,但基层实际上无法执行计划,每年层层下达的生育指标,一到基层就失去了它的意义。现在,我们虽然讲的是实行计划生育,但每年的生育计划和指标与实际并无必然的联系。各级下达的生育计划并不问要求执行计划的地区和单位该年有多少新婚的家庭,不论年龄性别构成,也不管各个家庭已有子女的状况,而只是以上年下达的指标为基数,经过再进一步提高指标,就成了下一年度的生育计划。这样的指标到了基层往往比根据政策需要安排的对象还要少,所以,乡镇领导无法让群众与指标见面,通常的做法都是生下一个孩子占一个指标,某一年内生孩子数与指标数符合,就是完成了计划。

生孩子数超过上面的指标或者不报,或者就报超计划生育。还有,少报死亡人数也是"完成计划"的常用方法。所以,计划生育这个本来是有丰富内容的社会行为,几年来在绝大多数地区就只变为想办法让老百姓少生孩子这样极为乏味的活动。

从政策的执行情况也可以反映这一现象的普遍性。1984 年以来,中央针对过去工作中存在的问题,要求各地要把计划生育政策建立在合情合理、群众拥护、干部好做工作的基础上,要不断完善计划生育具体政策。但是,近两年来,大多数地区都在"按兵不动"。比如山西省 107 个县(市、区)中,目前完善政策开小口比例不到 10%的有 34 个县,占县总数的30%,大多数县开口平均在百分之二三。出现这种情况的根本原因在于计划生育工作还没有从"一胎化"的格局中跳出来,基层工作无所适从。

农村的实际生育已经突破了我们给农民们规划的良好计划,广大农民是十分朴实的现实主义者,懂得怎样做才符合他们最基本的利益。几年来,大多数农村都开始同计划生育干部玩"车轮战术"——大家轮流当独生子女户。就连我们各级计划生育部门的不少领导干部也自觉不自觉地卷进去帮助农民搞车轮战术来对付我们。我在调查中发现,一些领导同志为大年龄的独生子女家庭不能规划第二胎着急,说如果再过几年不规划,母亲的年龄就不允许再生了,所以很以为憾事。还有,新的规定出台后,原来独生子女家庭生了第二胎,基层要求退赔原来享受独生子女的一些优待,我们的一些领导反而为其鸣不平。这些情况表明,虽然我们政策要求农民生一个,但从上到下都是准备生两个。

只要不满足和陶醉于统计上来的数字,对其略加分析,就不难发现目前计划生育的实际情况。目前,我国独生子女数达到 3500 万人,在有子女的大龄夫妇家庭中,独生子女家庭占到 12.2%,这个数字并没有多大意义。我们知道,妇女生育子女总是一个一个地生,即使我们不提出只生一个的政策,社会上也总是有一定数量的独生子女家庭或一孩家庭。根据我国妇女生育率调查,早在 1982 年以前,全国有一个孩子的夫妇数就是3300 多万对。在同一次调查中,只有一个孩子的妇女占已婚育龄妇女的19.14%。如果上面的 3300 万独生子女数按一孩家庭占有孩子的育龄妇女家庭比,那就是占 21.24%,比现在的比例还要高。反过来说,如果我们现在的统计数字不是按有子女的育龄夫妇家庭数算，而是按所有的已婚育龄夫妇家庭数计算，独生子女率将比前三年的 19.14% 还要低。

最近的统计资料也表明，独生子女家庭在减少。根据 1985 年上半年全国生育状况统计，上半年出生的孩子中，一孩比例比 1984 年同期减少了 0.15%。我们知道，我国近几年进入婚龄的妇女逐年增加，也就是说，每年生第一个孩子的妇女人数增加，但只有一个孩子的家庭却在减少，说明我们的只准生一个的人口战略已经到了再也不能实行下去的时候了。

为了摆脱目前的状况，各地也试图寻找一条适合中国国情的计划生育道路。诸如规定几条可以生二胎的，农民家庭生一个女孩的间隔几年可以再生一个孩子，等等。这些试验是好的，但因为缺乏科学性，缺少正确的理论指导，已经显示出它的不合理性。比如各地所定的允许生二胎的条件，其中，像三代单传、婚后男到女家、烈士后代等仍然是以迎合传宗接代的传统思想为基础的。"女儿户"即生了一个女孩的农民家庭还可以再生一个的政策，实际上也是以牺牲我们共产党人政治原则为前提的。①

上面所说的各种实验最后的归宿将是每个家庭生两个孩子。按照我们的设计，农村中生二胎的条件在逐步放宽，今年不够条件的家庭，明年或后年新的生育条件出现后就有可能够条件生第二个孩子了，只是我们现在不明确告诉各个农民家庭能够生第二个孩子，有些农民看不到希望，无论怎样都要抢生第二个，然后，我们就处罚。这实际上是人为地扩大对立面，于计划生育和控制人口并无一利。对于放开"女儿户"来说，实际上也等于放开两个孩子了。生了一个女孩可以再生一个孩子的家庭大致占总数的 50%，在剩下的 50% 的家庭中，如果我们考虑到一定比例的逐步符合我们照顾生第二个孩子条件的家庭，考虑到有一部分生了一个男孩后无论如何还要生个女孩的家庭，真正只生一个孩子的家庭就不多了。总之，不论怎么说都不值得采取这种以大多数人为对立面的政策。最后剩下这样小比例的只生一个孩子的家庭，运用提倡和鼓励(的确是提倡和鼓励)的方针是完全可以得到的。

---

① 梁中堂:《论我国人口发展战略》，山西人民出版社，1985 年版，第 156 页。

我国计划生育工作的现状和趋势已经充分显示了通过原则上允许农民生两个孩子，然后在此基础上提倡一对夫妇只生一个孩子的生育政策，就可以在 20 世纪末把我国总人口控制在 12 亿左右的人口发展战略，是十分正确的。问题仅仅在于我们是否公正地承认它和清醒地实行它。如果我们继续抵触这种人口战略，同绝大多数农民对立，因为力量分散，重点不突出，不少要生三个或四个孩子的家庭也达到了他们的目的。而那些比较老实不敢生和我们强制扶植的典型不好意思生第二个孩子的家庭，也仅仅是推迟了他们的生育，将来还是要补偿性生育的。这样，因为我们不按规律办事，由于农民抢生、早生和管理不好超生（指超生多生），必然要突破 12 亿很多。相反，如果比较早地清醒地认识了这个规律性，因势利导，明确允许农民生两个，但需要按照晚婚晚育加间隔的生育办法，并在此基础上提倡一对夫妇只生一个孩子，就可以达到我们的人口目标。

有的同志认为，目前我们通过逐步放宽条件允许生第二个，和你们允许生两个，然后在此基础上提倡一个，不是"殊途同归"吗？区别大矣！首先，这是分别不同的两种发展战略，一个是以 10.5 亿为目标的人口战略，一个是以 12 亿为目标的人口战略。战略目标不同，生育指标各异，相互掺搅不得。其次，一个是以社会主义经济社会发展战略为基础提出来的，一个是为减少人口提出来的。社会主义计划生育同减少人口是根本不同的两码事。因为，一定时期人口增加或人口减少是资本主义或任何社会都可发生的现象，但它不一定是社会主义计划经济所规定的，而我们的 12 亿战略目标却是社会主义经济社会发展计划所决定的。此外，我们不明确提出新的人口发展战略，人口目标虽然是 12 亿，但却从"一胎化"格局跳不出来。所以，现在自上而下仍然都在搞劳民伤财的"适度人口"那一套，无法扭转被动局面，农民不能得到解放，大多数人受罚，多胎也控制不住，人口在继续盲目增长。故，为要取得计划生育的主动权，就要有科学的符合中国国情的人口发展战略为指导。为此，要贯彻科学的人口发展战略，就必须公开地否定和认识到错误人口发展战略对我们的危害。否则，即使有的同志希望悄悄地纠正过去的做法，希望慢慢得到扭转，但实际上基层只能像目前这样"按兵不动"和无所适从。可以预言，公开纠正我们误入歧途的工作势在必行，而早点做这个工作，可以早点转入新的人口发展战略，争取早主动。

顾虑同过去的人口发展战略划清界限和贯彻新的人口发展战略会否定前段计划生育工作，会带来混乱，会造成人口失控，会出现新的人口生育高峰，会出现新的困难，会造成不好的国际影响，都是不必要的。

公开否定过去的人口发展战略是坚定全国人民实现 12 亿人口目标的必要条件。因为，几年来"只准生一个孩子也突破 12 亿"的观点在群众中扎了根。所以广大群众连 12 亿的目标也都持怀疑态度和动摇了。为坚定人们的信念，说明 12 亿并不是在"一胎化"的基础上才能达到的，它是在平均每个家庭生两个的基础上就可以实现的。为了增加保险系数，同时要求部分青年夫妇能够只生一个孩子，广大人民群众把人口目标和人口政策统一起来了，信心增强了，计划生育工作就必然好做了。并且，因为这样做实事求是，希望生两个的大多数农民，不再成为违反政策的了，受罚面更小了，所以只会出现安定团结的局面。

同时，因为我们同群众相持的现象是近几年发生的事情，逐年积累需要生第二个孩子的人数还不算很多。同时，因为我们的政策问题，不准生第二个孩子并且已经超过育龄期的妇女的现象也还不存在。所以，我们公开纠正过去的错误，既不会出现一哄而上，也不至于给群众造成无法弥补的损失。何况我们否定的是过去的人口战略，而不是否定计划生育。否则，现在不及时纠正，下面继续执行过去的战略，堆积要生第二个孩子的越来越多，甚至拖延到妇女超过了生育年龄，那时才真正会出现混乱。

担心新的人口战略会否定过去的计划生育工作的思想，主要是怕否定了"一胎化"的工作。其实，"一胎化"早已被实践所抛弃了。农民不是"一胎化"，我们自己也悄然地放弃了，所有这些都是不公开宣传就是了。而新的人口战略中还是要提倡一对夫妇只生一个孩子，尤其是在人口稠密的地区和中心城市里，由于经济文化条件比较优越，我们还要制定相应的政策鼓励(真正是鼓励)较多的青年夫妇只生一个孩子。它只不过是比过去的要求更符合实际了。即使对待过去受罚的情况，也不会因为实行新的人口战略而出现混乱，多胎生育仍然是要受处罚的。第二胎生育是要在妇女 30 岁才规划的指标，在此之前生育的二胎，仍然要算作计划外受一定处罚。所以,它并不否定过去的计划生育。相反,这种办法在试点县推行以后,更赢得了干部群众的拥护,大家都说:"现在才真正叫计划生育。"

害怕带来人口失控和出现新的生育高峰的思想也是没有必要的。虽然说允许生两个孩子,根据不同的地区和单位,生第一个孩子和生第二个孩子要根据人口包干指标及人口年龄构成等方面的情况再进行具体的规划,够条件生育的妇女23岁之后规划第一个孩子,30岁规划第二个孩子,并没有出现一涌而"生"的现象。相反,这种办法试行以后,有不少不到生二胎年龄而怀孕的妇女,感到自己虽然迟几年生育,但可以不再受罚了,还自动进行了人工流产。

各个地区的具体情况不同,需要制定临时办法解决新旧生育政策过渡期的问题。对于大多数地区来说,这几年农民抢生二胎,大多数妇女在30岁以前早把第二个孩子生育过了,这些地方实行新的生育办法,工作要从这几年的放任自流走向有计划地生育,工作正常化,实际工作量是要比现在大些,这是我们人类在生育领域内由必然王国迈向自由王国不可缺少的重要一步。但同时,因为大多数婚龄妇女把生两个孩子的任务完成了,未来的7~8年内的人口出生率相应要小一些,不会出现人口迅速增长。即使在这几年推行"一胎化"政策比较严的地区也不会出现这种情况。在这些先进地区,高年龄的一胎的孩子比较多一些,所以需要安排生第二个孩子的比较多一些;但是,这些地区的干部条件和群众基础都一定是最好的地方,"一胎化"能够达到,那么,做到有秩序地转移,有计划地安排生第二个孩子,也是完全可以的。

实行新的人口战略后,肯定地说生孩子少了。因为,如前面分析的那样,只准生一个,农村和城市都不强调晚婚晚育了,妇女刚到法定结婚年龄就结婚生育了第一个孩子。农村妇女怕你上环,22、23岁就抢生了第二个。因为,她的年龄还很小,很难管住不生多胎。如果实行了新的生育办法,第一个孩子23岁以后生,第二个孩子30岁以后生,即便原来有想法要生第三个,因为30多岁了,等第二个孩子再隔上几年,做一做工作,就有可能不生了。所以,实行新的办法,会由于扭转了现在早生、抢生、超生的局面,从而少生孩子,而不会多生孩子。根据七五规划,我国总人口如果在近几年每年都能将人口增长率控制在 12.5‰，就很不错了。但如果实行新的生育办法，我们从附表 1 可以看到，平均增长率到 10‰，还是很有余地的。

实行这样的生育办法会不会增加困难？可以说，新的生育办法是会有困难的。工作就是困难，正因为有困难才要工作，但可以肯定地说，实行新的办法只是把节制生育控制人口增长方面的困难具体化了、转化了。同现行的政策比，困难不知减少了多少倍。因为，这样做符合客观规律和客观实际了，对立面小了，更为合情合理，群众拥护了，困难必然是小了，干部也好做工作了。

实行新的办法会不会在国际上造成不好的影响？不会的。外交不过是内政的继续。我们首先有一个好的对内政策，社会各种关系搞顺了，大家心情舒畅了，生育计划和控制人口的任务才好完成。同时，政策对头，违反政策的事和强迫命令的事就自然减少了。过去把计划生育当作必然要强制，必然要作风简单，是极不合理的。要为计划生育正名。但根本的还是计划生育政策要建立在正确的人口发展战略的基础上，有合理的科学的人口政策。否则，要么就是计划生育流于形式，要么仍然会出现强制。

我们党的宗旨和历来的政策同美国等攻击我们的是风马牛不相及的。他们说我们搞强制，侵犯人权，我们说各个国家有不同的情况，你不该干涉我们的内政。另外，我们的政策正是反对强制，反对违法乱纪的。我们前几年出现的问题如同任何国家政策在完善过程中都会出现问题一样，没有什么奇怪之处。问题是我们一经发现就自己纠正和已经纠正了。他们拿我国的一些问题指责我们，除了说明他们在干涉我国内政和别有用心外，还有什么呢？

现在有不少的同志也认识到迟早要推行允许农民普遍生两个的政策，但是，希望能逐步改变政策，在大多数地区实行先允许一些"特殊情况"的生二胎，或者在大多数地区推行"独女户"。这样的想法当然是好的，但这种策略忘记了生育的特殊性。不要说这样的办法在绝大多数地区推行不开，大多数农民并不理会你是否提几条。农民是根据他的家庭再生产的要求决定其生育的，政策允许的要生两个，不允许的也要生两个。不同的只是政策允许的不受罚，而政策不允许的则受罚。这实质上就是人为地制造矛盾。在那些可以推行的地区里,够条件的允许生第二个,而不允许生第二个的即使不生了,但并不等于绝育了,推迟上 10~15 年,你政策转变时,她还是要生,并且因为大龄未生二胎的积累的多了,补偿性的生育对我国经济、社会冲击更大。所以,这并不是推迟实行新战略的理由。

总之,新的人口发展战略是我国目前人口变动和计划生育工作的必然趋势,我们自觉地实现这种人口战略,可以清醒地研究许多问题,把"战争"的主动权掌握在我们手里,领导好 10 亿人口的运动过程。不承认它,整个人口过程也要自发地走这条路,只是这将是一个痛苦的过程。我们同农民群众对立,农民第二个孩子也生了,12 亿人口目标还可能保不住。这样,我们能够得到的就是每年处罚一下农民。由于广大农民处于一种受压抑的境地,心情不舒畅,影响社会的安定,影响"四化"建设的顺利发展。何去何从,不是十分清楚了吗?

七、结论

读者即将看完这篇冗长的论文的时候也许要问,作者通过以上言词希望说明什么? 作者也想以较少的话来说明自己的意图。

在本文中,作者是想说明几年前我们选择了两个前后连接的、脱离我国实际国情的人口发展战略,在这两个错误的人口发展战略的指导下,制定出一些错误的生育政策。

在本文中,作者还想说明几年错误的生育政策的执行在农村损害了农民的利益,造成了党群关系、干群关系的紧张;现在大多数地区实际上放弃了过去的一些做法,但因为没有找到合理的人口政策,现在不少地区无所适从,而农民的自由生育又有所抬头。

当然,指出以上问题并不是作者的目的,作者主要还是期望说明符合中国国情的人口战略是由哪些因素所决定的,这样的战略究竟是什么。

所以,作者以比较长的篇幅用来分析科学的中国人口发展战略,及在此战略的指导下产生的生育办法。

也正是在进一步分析新的人口战略的时候,作者发现我们几年来所

中国生育政策研究
ZHONGGUOSHENGYUZHENGCEYANJIU

做的一件蠢事,即到 20 世纪末党的人口目标是 12 亿,我们却在全国使用了达到 10.5 亿才可使用的生育指标。这就说明,一开始我们就把 10 亿人卷进了一场根本没有希望打赢的战争。我们计划生育以及与生育有关的政策和工作就是在这里失足,以致陷入困境。

新的人口战略为我国计划生育展示了一条崭新的和光辉的道路,所有的人口学家的测算都表明每个妇女平均生两个孩子就可以使我国总人口控制在 12 亿左右。像党的其他任何工作一样,通过正面教育,把政策交给群众,实行晚婚晚育和延长二胎之间的生育间隔,在城乡普遍提倡一对夫妇生一个孩子,我国人口目标就一定能够实现。

这就是作者所希望说明的。

（写于 1985 年 10 月）

有关晚婚晚育和延长二胎生育间隔的几个问题①

1979 年,我们根据周恩来总理抓计划生育时提出的"晚、稀、少"的方针,加上我国当时人口问题的严重性和客观上要求把控制人口问题进一步抓紧抓好的指导思想,提出晚婚晚育加间隔的生育办法。经过近几年的深入研究和人口学界、计划生育部门中许多同志的支持、帮助、指导,使这一具体办法不断得到完善。关于该种生育办法作为我国人口发展战略的指导思想和计划生育关系等问题,作者在提交大会的论文《试论我国人口发展战略和中国式的计划生育道路》中已经说明,本文再从实施的可能性及必然性方面,做一些补充性的说明。

一、晚婚晚育加间隔生育办法的含义

晚婚晚育加间隔的生育办法即晚婚晚育和延长二胎间隔的生育办法。是指"原则上允许每个家庭生两个孩子,但青年妇女必须在晚婚的基础上 23 岁后生育第一个孩子,30 岁左右生育第二个孩子,并继续大力提倡一对夫妇只生一个孩子"。

请读者注意这种提法的完整性。第一,它不是普遍开二胎,而是指"每个家庭最多生两个"。第二,提倡一对夫妇只生一个孩子,既不是对过去提法的否定,也不是把提倡变为"必须"。要根据全国的战略要求,切合实

---

① 本文是 1985 年 10 月提交全国第四次人口科学讨论会(石家庄)的论文。

际地提出"只生一个"的比例来。各地区和各单位都要根据实际提出"只生一个"的比例。所谓"切合实际"也就是根据战略或计划的要求,经济和人口的具体构成,提出具体的要求和办法。希望有较高比例的"一孩率",就应该拿出优厚的奖励措施,诱导青年自愿地只生一个。第三,这里的一胎和二胎规划不是在 1979 年提出的"把二胎的间隔严格控制在 8~10 年"[1],而是从妇女的生育年龄上加以控制。考虑到这样做更为合理一些,因为妇女从 23 岁规划生育第一个孩子,30 岁规划生育第二个孩子,根据我国妇女 1‰抽样调查资料分析,初婚妇女 90%生育在 23 至 27 岁之间,10%生育在 27 岁以上或不孕。40%将生育在 26、27 或 27 岁以上,生二胎的妇女有 60%多将生育在 30 到 33 岁之间,这样的提法既有利于群众接受,又有利于人口的控制。

二、同其他生育办法的比较

从 1979 年以来,人口学界就我国今后人口趋势作过不少预测,根据不同的生育水平或控制方案,计算出 2000 年我国的总人数。虽然人口学家推崇的人口战略或人口政策不同,但因为所用的人口基数、参数比较一致,所以测算结果是比较相近的。

根据计算的情况看,从 80 年代初到 2000 年:(1)如果每对夫妇只生 1 个孩子,期末总人口可控制到 10.6 亿;(2)如果每对夫妇生 1.5 个孩子,期末总人口将达 11.5 亿;(3)生 2 个孩子期末总人口将达 12.4 亿;(4)生 2.3 个孩子,期末总人口将达 12.7 亿。

以上的计算是比较可靠的。之所以说比较可靠,是因为我们这么大的国家,即使各种生育水平相同,计算方法等有所不同,计算期末人数相差一两千万应该是被允许的。因为,2000 万的人数在其他国家也许是很大的数字,届时,在我国却占不到 2%。

问题是以上各控制办法中,究竟哪个可行?第一种方案即"一胎化"已经被实践否决了,第二种即平均一点五可以近似于现在提出的"独女方案"即第一胎生了个女孩的允许再生一个。因为它无法解决另一半生男

---

[1] 梁中堂:《论我国人口发展战略》,山西人民出版社,1985 年版,第 12 页。

孩的家庭问题，会人为地引起许多矛盾。第四种办法超过党的十二大提出的人口目标太大，也不可取。

从形式上看第三种方案也许是可取的，但因为平均生两个就是 12.4 亿了，如果我们把指标定在生两个上，再加上有一部分家庭无论如何要生三个和三个以上的孩子，即使多胎率以 10%计，总人口也要达到 12.8 亿。这超过了 12 亿的目标很多，实行起来也有危险。

但是制定生两个的政策比较符合大多数人的意愿。如果制定出接近这个生育水平的政策就比较主动和容易实行。我们提出晚婚晚育和延长二胎间隔的办法，不是以平均生两个为基础，而是以"最多生两个"为前提。根据计算，如果实行晚婚晚育加间隔的生育办法，到 2000 年还可以把我国总人口控制在 11.8 亿，即使各方面的余地再大一些即各方面的政策再放宽一些，总人口控制在 12 亿左右还是有把握的。

三、晚婚晚育加间隔生育办法的测算情况

该种生育办法的测算是运用我国 1982 年第三次人口普查数据并参照全国 1‰人口生育率抽样调查资料进行的。（1）1982 年普查人口按市、镇、县分别测算；（2）市、镇、县人口年龄性别构成等都是 1982 年年中数，故到 2000 年的人口总数是以 1982 年为基数；（3）城乡所定的一定比例的"一胎率"和"多胎率"都是暂以目前实际上的数据计算的，这些数据仍然可以上下浮动；（4）实际上的一些青年妇女生育状况主要参照 1‰生育率抽样调查和第三次人口普查时对 1981 年妇女生育状况调查等方面的资料分别计算的。

实际计算的数据如下：

如果城镇家庭基本上维持只生一个不变，农村妇女中有 5%只生一个（包括不婚不育的 3%和通过奖励等政策的诱导），妇女生育指标的具体规划是 23 岁生育第一个孩子，农村妇女到 30 岁再规划生第二个孩子。据计算，2000 年总人口为 11.8 亿左右。

这样的计算除了所有妇女实行晚婚晚育外，还相当于有 25%的妇女只生一个孩子，其中虽然城镇也因放宽政策一部分生二胎，考虑到占总人口比例不大，以及它将比今后十几年因青年上学招工、农转非等城市

化速度要低，不至于对结果有很大影响。比如城市允许生两个政策宽到20%，就可以制定出十分松动的政策了。但它只占总人口的4%左右。所以，如果我们在总的人口政策上稍加调整，就可以让城镇人口有较为松动的政策。

另外，还有个别可能达不到晚婚晚育年龄生育者，考虑到近40%的妇女在规划后第三年和三年以上的年份里生育，即使个别妇女在我们规划前一二年提前生育，也不会有较大的出入。所以，作为理论人口，实行晚婚晚育加间隔的生育办法，2000年全国总人口为11.8亿，是可以信赖的。

当然，这还有几个实际数据要作处理。(1)计算时，妇女统一规划第二个孩子，但在实行这种办法之前，因大多数地区没有实行晚婚，事实上在23岁前就已经生育过第一个孩子了。所以，计算中应减去重复计算的这部分人数；(2)同理减去30岁前生育过第二个孩子的人数；(3)还要加上30岁前没有生育过的妇女人数；(4)同理，加上30岁以上没有生育够两个孩子的妇女人数；(5)考虑到我国的少数民族和有些应照顾生三个的，以及实际上会因各种原因要生三胎及三胎以上的，再规划上10%的多胎生育。经过以上实际处理后，2000年总人口可达11.9亿左右。

以上数据是在考虑到各方面的政策都比现在有了很大放松之后计算的。如果要留有更大余地或内部掌握，为使保险系数更大一些，"一胎率"由25%降到20%，多胎率由10%上升到15%，这都是比目前计算的晚婚晚育加间隔生育办法有了更大松动的政策了。即使如此，期末总人口仍可控制在12.2亿左右。所以，从我国12亿左右的人口目标说，这是一个十分可靠的控制方案。

四、实行晚婚晚育加间隔生育办法的具体困难

除了在生育问题上的放任自流，由经济社会等方面的客观过程盲目和自发调节外，实行任何生育政策都有一定困难。实行晚婚晚育和延长二胎生育间隔的困难是什么？可以概括归结为三个方面。

第一是晚婚的困难。

在我国目前的经济发展水平下，让所有妇女特别是农村妇女在23周岁结婚(我们的计算就是23周岁生育第一个孩子，即实际上就按22岁计

算的),是个比较高的要求,但也不是做不到的。因各种原因,这几年尽管不多提晚婚了,仍有 30% 多的妇女是在 23 岁及 23 岁以上结婚。根据全国 1‰ 人口生育率抽样调查,1982 年以前的晚婚率更高。比如 1979 年和 1980 年的妇女晚婚率都接近 53%,其中农村为 45% 左右。1981 年,因在宣传新婚姻法工作中的片面性,晚婚率受到很大影响,1982 年的晚婚率仍高达 47.8%,其中农村为 38.9%。根据同一资料,1980 年妇女平均初婚年龄 23 岁,其中农村 22.5 岁;1981 年妇女初婚年龄为 21.8 岁,其中农村 22.3 岁。倒是近两年出现了怪现象,即不少城镇女青年也不晚婚了,这当然不是经济原因,而是人口政策所导致的。

从社会发展趋势来说,提出晚婚也是可行的。比如目前斯里兰卡平均妇女初婚年龄已高达 25 岁,马来西亚早在 70 年代初婚年龄已达 25 岁,新加坡达 23 岁。实际上,除了西亚、非洲等个别地区因宗教等影响外,世界上大多数国家的妇女初婚年龄都到了 23 岁以上。所以,从发展的眼光看,到 2000 年,我国妇女初婚年龄平均达到 23 岁,并不是不可能。

第二是间隔方面的困难。

规划是妇女 23 岁生第一个孩子,30 岁生第二个孩子,间隔长达 7 年,是有困难的。其实并不一定如此。根据我国生育状况调查,23 岁初婚并规划第一个孩子,其中当年生育的仅占 20%,第二年生育的占 30% 左右,不满三年生育的不到 40%,四年及四年以上生育的还有 30%。即 23 岁结婚,实际生育主要在 24 至 27 岁之间。按间隔最长计算,即 24 岁初育,大多数自然间隔是三年,也到 27 岁了。我们 30 岁规划生第二个孩子,实际上 29 岁就可以给指标让怀孕了,比自然间隔多了 27、28 两个年龄,经过做工作,多延长 2 年的时间还是可能做到的。更何况,有不少妇女因为 24、25 之后才生了第一个孩子,就连这样 2 年的牺牲也不存在。

事实上,我国妇女过去的初育年龄比 23 岁要高出许多。根据 1‰ 人口生育率抽样调查,1980 年我国妇女平均初育年龄为 24.4 岁,其中乡村为 23.3 岁;1981 年全国 24.3 岁,其中乡村 23.8 岁。以这种情况看,实际间隔方面的困难比想象的会更小。

第三是杜绝和减少多胎方面的困难。

有的同志以为允许生二胎会增加多胎比例,事实上不是这样。现在因

中国生育政策研究

ZHONGGUOSHENGYUZHENGCEYANJIU

为只准生 1 个,生 2 个和 2 个以上的都是我们的工作对象,几乎人人都要我们去做工作,我们没有精力管所有的人。加上我们基层计划生育管理人员和骨干分子都希望生 2 个孩子,认为生一个不合情理,所以,虽然我们喊得很厉害,实际上大多数地方执行不力。还有,因为生 2 个就受罚,生 3 个、4 个的也不孤立。几年来,大多数农村希望生 3 个或 4 个孩子的家庭,都实现了他们的愿望。

如果实行我们这种办法,70%~80% 的家庭满足了要求, 剩下要生 3 个、4 个的就孤立了。另外,30 岁以前因第二个孩子没生,即第二个男女未卜,还不会有一定要生 3 个的愿望。30 岁以后才生第二个孩子,即使因为性别不理想要再生,自然间隔上几年,年龄大了,真违反政策要生 3 个或 4 个就更困难了。所以,这种办法实际上会减少多胎。

总的说,实行这种办法不是增加困难,而是减少困难。从妇女 20 岁结婚年龄起,到 45 岁退出生育年龄止,25 年除了妊娠、哺乳外,都是我们工作的时间, 如果不实行这一办法而实行只准生一个的政策,除生一次孩子外,几乎 25 年要我们紧紧盯着。现在用晚婚晚育和延长间隔的方式,把25 年的具体困难转化为先推迟几年结婚、推迟几年生第二个孩子,就比原来单纯要求 21 至 22 岁生了第一个孩子后一直不准生困难小多了。如果这种困难克服不了,只让生一孩或别的比这种控制办法还要严的政策更不可能做到。这样的办法比平均二胎的困难还要小。如果只让生 2 个,不管什么时候生,不提倡晚婚晚育,23 至 24 岁就生完了 2 个孩子,她还有 25 年的生育期,如果还想生第三个,你无论如何也管不住。

五、怎样推行晚婚晚育加间隔的生育办法

我们主张这种生育办法,但绝不是说立即、全面、无条件地在全国推行。应该有一定的步骤。如果在"七五"计划期内全面推开,对全国计划生育将是个很大的推动。

这种办法无疑是一种比较合情合理、群众拥护、干部好做工作的好办法。但是,它在相当多的地区推行是比现在工作难度还要大的。因为大多数地区不仅目前没有达到"一胎化",而且早婚早育和多胎生育都很严重。现在实行这一办法,应该有条件、有计划、有步骤,边整顿边推行。第一步是先在基础好、基本上控制住多胎的县推开，其他地区把组织机构和技术设施赶上来。各省、市有计划地部署，从现在起就要积极工作，争取三四年内逐步走上正轨。

六、慢慢来行不行

几年来我们使尽了力气仍然是平均生 2~3 个，这是因为早生、抢生、超生所形成的。使用晚婚晚育和延长二胎间隔的办法，推迟生育，正确诱导，肯定会比目前要少生孩子。

同有些同志主张的"女儿户"比是否多生孩子？开"女儿户"因为对大多数群众来说，主要是以生男孩为目的，所以，不仅满足不了50%的头胎生男孩的家庭，也满足不了25%的连生两个女孩的家庭。

这种情况在只准生一个的地方已经得到了证明。在这些地方，生了一个男孩的并不因严厉的只准生一个的政策而放弃生二胎，开"女儿户"的地方比只准生一个的政策更松了，他会认为你只允许生了一个女儿的再生第二个孩子不合理，从而更有理由生第二个。所以，"女儿户"并不会比现在的生育率更低些。

晚婚晚育和延长二胎间隔的生育办法是"缓和渐变"的一种具体形式。推迟这种办法行不行？不行。因为目前农村生育是超过两个，平均要达2.5个，即近1/3的妇女生3个或3个以上的孩子。你现在推迟这种生育办法，农村却继续在早生、抢生、超生。特别是超生多胎的孩子，都在抵消我们的工作，即使卡得很严的地方，不符合我们政策的农民真的不敢生了，也于2000年的人口目标无益。因为，现在生育水平比较低的地区，即现行生育政策执行得好的地方，都是干部抓得紧，特别是县委书记强硬、重视计划生育的地方。但农民生孩子并不比其他工作，只要这次没生，以后永远无法弥补。妇女生孩子可不是这样。你现在不让她生，她可以暂时不生。过几年县委书记调整了，或者大形势稍一变，她马上就要生。如同前几年我们的"独生子女家庭"一样，现在陆续都成了"二孩家庭"甚至"三孩家庭"了，绝大多数农民家庭都在轮流当"独生子女家庭"。更为可虑的是，我们政策越是严，孕育的灾难可能要越大。因为，今后十几年左右都是生育高峰，各年累计"一胎率"越高，欠的账就越多，堆积起来要生孩子的妇女就越多。补偿性生育一旦爆发,势必无法收拾。

现在实行这种办法会不会引起混乱?不会。我们在翼城县试点时,刚开始调查,干部群众中不少人都有这样的心理,很紧张。其中县长就有顾虑,怕各级干部松劲,怕引起混乱。结果"规定"、"细则"一公布,干部发现工作比过去要求更合理、更具体了,工作松不得。另外,因为达到生第一胎、第二胎的妇女都是一批一批地规划,不够条件不够年龄的人有许多措施限制,一点儿也不乱。

事实已经证明,只生一个的办法是不行了。让生两个,无条件地,或者抛弃提倡生一个的办法,也是不足取的。而即使允许生两个,如果不提倡晚婚晚育也是不明智的。所以,晚婚晚育和延长二胎间隔的办法,是合情合理和大势所趋,迟早要做的事情,我们应该尽可能地清醒地去做,而不要拖延以至无可奈何而为之。同时,我们相信,开创我国计划生育工作新局面为期不会太远了。

(写于 1985 年 10 月 15 日)

论改变生育政策①

一、预测数据所说明的情况

1979 年,我国人口学者开始以不同的方法预测我国未来的人口。从几年来见到的数据看,大家的预测是比较接近的。即从 20 世纪 50 年代初到 20 世纪末,(1) 如果每对夫妇只生 1 个孩子, 期末总人口可以控制在 10.5 亿或 10.6 亿;(2) 如果每对夫妇生 1.5 个孩子, 达 11.5 亿或 11.6 亿;(3)生 2 个孩子达 12.3 亿或 12.4 亿;(4)生 2.3 个孩子达 12.7 亿或 12.8亿。

可是,几年来,我们在要争取的目标和制定指标的关系问题上,犯了一个方向性的错误。从 1980 年以来, 我们就提出了 12 亿的人口战略目标。这本来是平均每个妇女生 2 个孩子就可以达到的, 但我们却提出了只准生一个的政策。只准生一个是 10.5 亿。这不成了要向 12 亿的目标迈进,却让 10 亿人口沿着通往 10.5 亿的道路上奔跑吗? 因为只准生一个是人类历史上任何较小的民族,包括逐渐灭亡和被淘汰的民族都没有过的生育水平, 所以拿出来让我们这个 10 亿人口和有众多民族的国家来实践,就成了根本无法实现的事情。也就是说,我们这几年是在把 10 亿人口赶到一条根本没有希望走到尽头的胡同里,或者说是在领导 10 亿人去打一场注定打不赢的战争。

有的同志认为,"只准生一个,就可以堵住多胎"。我们且不说这种说法是否是制定"只准生一个"的真实用意,就方法论原则讲,也是违背我们党的一贯教导的。因为党历来的政策就是"从群众中来,到群众中去","相信群众,依靠群众"的政策。我们的目标是 12 亿,向群众讲清楚,像党的其他任何方针政策一样,像党的其他任何工作部门一样,采取正面教育的办法,在城乡提倡部分党团员及居民只生一个,向希望生三个或三个以上的群众做工作尽可能少生,向我们的群众讲清尽可能地推迟生育,即采取晚婚晚育和延长二胎间隔的做法,达到 12 亿左右的目标本来是不成问题的。并且,从党的工作原则来说,我们只能这样做。讲到这里,我需要声明一点,从 1979 年以来,我一直坚持这样的观点,并不仅仅是作者本人设想。我是从控制我国人口的战略出发,从大多数人的生育意愿及民族繁衍起码应遵循的规律出发,并按照党的工作原则提出来的。

实行这一办法的前提是什么?平均生 2 个是 12.2 亿~12.3 亿的水平。这是不晚婚也没有独生子女家庭的数字。我们不是要求每个家庭必须生 2 个,而是允许或最多生 2 个,提倡生 1 个。独生子女率以多少为好?现在全国的报表是 60%~70%。我们打上 2/3 的折扣,以 20% 计算。现在每年都报 10% 左右的多胎率。我们翻一番,即以 20% 的多胎率计,不还等于平均生 2 个吗?如果做到晚婚晚育相当于排除了六七个年龄组的妇女生育,还可以少生六七千万个孩子。如果我们再打上 2/3 的折扣,只有 1/3 的妇女做到晚婚晚育和延长二胎间隔,还可以少生 2000 多万个孩子。近 2000 万个孩子是足以应付任何其他干扰和意外,以保证 12 亿的保险系数了。

二、所谓各种实验和慢慢来的后果

我不主张目前除晚婚晚育和延长二胎间隔以外的其他试验办法。现在,除了"二晚一间隔"的生育试点以外,还有规定若干个生二胎的条件,"分类指导"、"女儿户"等几种试验。因地制宜,大胆探索,这是我们党历来所提倡的工作方法,无疑是正确的。但我们现在所指出的这些试验都没有从"只准生一个"的模式中跳出来,是以"只准生一个"为基础的,从而离开了百分之八九十的人民群众能够接受的"生两个"的这个"度"。

我不主张现在意义上的试验和等待,还是由产生试验的原因决定的。并不是什么情况下都可以试验和等待的,我们提出完善计划生育政策,是因为前几年的政策已到了执行不下去和再不能执行下去的时候了。如果"只准生一个"的办法还能实行,我们没有必要提出这个问题。七号文件以来,全国农村中80%以上的地方是处于一种等待或观望状态。旧的办法不行了,而新的办法或切实可行的办法又没有。结果,这些地方的农民趁机早生、抢生、超生。现在,各地可以选点慢慢试验,但面上怎么办,不是继续处于自流状态吗?如果真的要控制人口,就不应让这种状况继续下去了。

其次,我不主张其他几种试验还在于这些试验的后果已经是明确的。一方面,我们除了试点之外,面上的状况就是上面说的计划生育工作在观望、等待,而农民则抢着生二胎、三胎或四胎。另一方面,点上无非这样两种结果,一是你的办法仍然行不通,因为"只准生一个"执行不下去,并不仅仅是"女儿户"或够你的条件的这几类人抢生二胎,而是90%的农民抢生。所以,我们只规定让"女儿户"或其他条件的生2个不受罚,而不够这些条件的户会因为你允许符合条件的这些人生2个,他就更要抢生第二胎。二是控制好的地区和单位,执行一胎化都可以管住,所以规定几条或"女儿户"也可以暂时管住。等上十年八年,她还是要生。并且,因为这不是有计划的疏导,一旦抢生,就将是更大的生育浪潮,对调节生育高峰更为不利。

还有一个情况,由于人口周期的作用,60年代出生高峰的妇女从去年开始陆续进入婚育年龄。同80年代初期比,每年增加数百万育龄妇女。这样,今后几年必然会在我国出现生育高峰。我们可以慢慢试验,但人口群体生育的实际状况是很难统计出来的。简单的数字就是出生率上升了,或者总的生育率提高了,有人就会乘机攻击,说七号文件以来的形势越来越糟了。

所以,从后果来说,我们应该依据七号文件所要求的,尽快完善具体生育政策,这种试验和慢慢来的做法都是不可取的。

三、怎样推行晚婚晚育加间隔的生育办法

我们并不反对试验的原则。问题是试验的总体设计先要合理,不能说任何生育办法都可以试验。生育是一种特殊的物质运动,要控制它的速度,只能在两个方面做文章,一是控制出生的数量,一是尽可能地将生育

时间推迟或拉长。从我国的经济社会等状况出发，出生的数量应采取以 2 为中心线，上下浮动的办法。在执行过程中尽量提高一孩家庭的比例，压低生多胎的比例，其次就是把妇女生孩子的时间推迟。各地根据不同的情况，一胎及多胎的比例可以通过试验来确定，晚婚年龄和晚婚率以及间隔时间，都可以进行试验，以找出适合各地的生育办法。

有关学风的两个问题①

一

参加这次会议的大多数同志都认为改善计划生育政策是必要的。其中有不少从事计划生育工作较早的同志,因为了解"只准生一个"政策的形成过程,所以提出了学术界的责任问题。当然,如果我没有理解错,这些老同志提出责任问题,并不是为了分清个人责任,也不是要追究个人的责任,而是比较婉转地批评学术界所存在的一种学风问题。

我这里主要是说学风问题,而不是说研究水平问题、研究方法问题。这些总会有差异,无可非议。但学风却不是这样。过去我们学术界在给国家汇报自己研究成果的时候,存在一种不讲实话,投其所好,有意隐瞒的现象。比如,1980年春天有一个所谓社会科学工作者和自然科学工作者合作的研究成果,这些同志在公布自己的成果时,仅仅公布2027年之前的一些有关人口老化的数据。我们知道,老化指数是用65和65岁以上人口在总人口中的比例来表示的。2027年前的人口老化状况反映了1963年之前出生的并在各年中存活人口的比例。但我国人口群猛烈增长并不是在1962年之前,而是从1962年起到70年代后期。这10多年里,平均每年出生人口2500万。这样,测算了100年的人口发展,而只公布老化最严重之前的状况,就等于对领导人说该种方案有利无弊,给人以假象。比

---

① 这是1985年10月作者在全国第四次人口科学讨论会分组会上的几次发言和会议期间同学术界朋友磋商时的谈话。

如,我们在讨论人口老化同生育水平的关系问题时,总是用 2000 年前的老化和劳动力资源状况搪塞,从而说明现行生育政策的正确性。这对于没有人口素养的人来说是情有可原的。但对人口学研究人员来讲,是不可饶恕的。因为研究老化和人口生育状况的关系就是为了揭示已经老化的人口生育年龄时所取的生育水平。所以,你不能用现在的老化程度来说明现在的生育政策。因为"2000 年前的老化并不严重",正是 50 年代到 70 年代近 30 年高出生率的结果,现在要讨论 2000 年前的生育政策,就需要考察、分析 2000 年前生育的一代人到停止生育达到老年年龄时的社会状况。所以,用 2000 年前老化状况证明 2000 年前生育政策的人口学家,是采取了一种极不严肃的论证方法。

现在,因为要讨论生育政策的转变,我们就应提出学风问题。否则,把责任都推到实际工作部门,我们这些搞研究的人员是干什么的? 我历来认为,各部门科学政策的制定不能仅仅要求由党的领导和实际工作部门的同志来完成。这些负责同志有繁忙的事务,不可能对所有问题都研究那么透,至少在现阶段对领导同志这样要求不合适。所以,我们搞研究的人有责任把研究出的真实情况全面向领导汇报,以利于国家的决策。在这方面,因怕领导不愿听,怕别人说自己狂妄而不敢讲真话,同为了讨好领导而专讲领导喜欢听的,一样是不道德的。讲真话,如实反映自己的研究成果,而不管领导爱不爱听,都应坚持自己的观点,这是做学问的人应有的职业道德。

二

我们这些搞理论和学术研究的同志应正确估价自己的作用,不要幻想我们能起什么大的作用。这次讨论会绝大多数人都同意了我们过去的观点,但并不是我们学术研究和宣传的结果,而是实践教育了我们,广大人民群众特别是千百万农民用实际行动教育了我们,农民的生育行为抛弃了那些不符合我国国情的生育政策。

今后也不要幻想我们能起多大作用,要相信人民群众的力量。过去我们坚持的学术观点,虽然经过实践证明是正确的,但有人还会以你现在的主张不尽正确为由,继续拒绝考虑你的意见。这不要紧,让人民群众再做一些工作,我们相信,既然这是正确的,历史迟早要走这一步。

因为感情问题而拒绝倾听不同意见的做法,也仍然是个学风问题。过去的观点错了,觉得面子上过不去,为自己做辩护,再从对方的文章中摘出只言片语以指责对方"偏激"或把个别话加以歪曲,避开问题的实质来谈,当然是一种学风问题。现在客观要求我们实行计划生育政策的改善,说明实践要改变它。既然如此,我们就应讨论怎么改善。为了吸取教训,回顾和批判错误的理论基础和指导思想,都是必要的。但是,有些同志不是这样,他要同你辩论控制人口问题的必要性,辩论实行计划生育的成绩,似乎你是在反对控制人口,是在反对实行计划生育和否定计划生育。这当然还是学风问题。

以怕否定计划生育、怕引起混乱为理由拖延,是没有道理的。当政策要向群众拥护、干部好做工作的方向发展时,怎么可能出现混乱呢?如果怕政策由不合理向合理方向调整出现混乱,说明我们连最起码的共产党人的气魄都没有了。

计划生育完全能够
得到群众的拥护①

计划生育是人类对自身的生产和繁衍的认识，是人类在自身生产的领域里由必然王国向自由王国的迈进。我们能够做到生育方面有计划的发展,是社会主义计划经济制度的必然要求。所以,社会能够做到这一点并不是偶然的,它是社会文化发展的必然结果。从这一方面说,它必然地受人民群众的拥护,似乎是不成问题的。然而,近几年来,我们的工作却显然没有能够做到这一点。究其原因，并不是我们的群众看不到计划生育的优越性，也不是我们基层干部和计划生育干部无能，使我们的政策无法贯彻下去。根本的一点,是从 1979 年以来,我们犯了类似于"南辕北辙"的错误。

一、"十二亿"和"十亿五千万"

社会主义国家的计划生育从本质上讲是由计划经济所决定的。因为一定的人口构成了社会的主体，没有人口计划，任何经济社会发展规划都是空的。党中央根据我国经济社会发展规划,提出到 20 世纪末,把我国人口控制在 12 亿左右的战略目标,是科学的、合理的。这从人口学家在1982 年人口普查前后所做的许多预测中都可以得到证明。虽然,近年来我国人口学界的学术观点不尽一致,各人的测算方法也不相同,但测算我国人口在 20 世纪末的变动结果还是大体一致的。比如作者同宋健等人

---

① 本文是 1985 年 10 月给中央写的研究报告的准备稿。

分别在 1979、1980 年测算的 2000 年我国人口总数,按每对夫妇只生 1 个孩子,届时总人口为 10.5 亿;平均生 1.5 个孩子,11.3 亿;2 个孩子,12.2 亿。今年,我国第三次人口普查资料汇总出来后,经过重新计算,各种生育率的结果与前仍然差别不大。

但是,需要说明的是,以前计算我国妇女平均生 2 个孩子,期末总人口为 12.2 亿,是以自然状态即只要求妇女平均生二胎。至于每个妇女婚龄后什么时间生育,则完全是自由的。如果能够在让妇女生 2 个孩子的基础上提倡晚婚、晚育和一对夫妇只生一个孩子,情况就更乐观了。我们假设妇女 23 岁生第一个孩子,30 岁生第二个孩子(农村妇女生 2 个孩子,城市青年基本上生 1 个孩子),到 2000 年计算机显示的总人口是 11.8 亿。也就是说,如果提倡晚婚晚育和延长二胎之间的间隔,加上社会有 25%左右的家庭只生 1 个孩子,我们就可以把人口控制在 11.8 亿的水平上。考虑到我国地域辽阔、情况比较复杂,加上是个多民族的国家,如果像这几年保持的 10%的多胎,即抵消 10%的独生子女家庭,把我国人口控制在 12 亿左右的水平上,还是很有把握的。

一个社会,只有当两代妇女的人数相等时,才可能维持简单再生产。法国的人口达到不增不减,每个妇女要生 2.2~2.3 个孩子。我国目前死亡率比较低,但也可能要在这个水平上。根据我国现在的经济社会发展水平和广大人民群众的生育意愿,中央提出的 12 亿人口目标是比较合适的。我们只要根据测算的情况,提出每个家庭生孩子数不能超过 2 个,并在此基础上实行晚婚晚育和延长二胎间隔,提倡一对夫妇只生一个孩子,就完全有把握达到 12 亿。

一定的战略目标需要一定的方针和政策,所以,12 亿的战略目标和 10.5 亿的战略目标对其所应规定的方针和政策就不相同。如预测的那样,要在 20 世纪末总人口达到 10.5 亿,就需要实行"一胎化";如达到 12 亿,每个家庭就可以生二胎。从 1979 年以来,我们不是按这样的要求制定政策,而是每个家庭只准生一个孩子。这就出了一个大问题,即几年来我们向群众宣传的是 12 亿,但却把 10 亿人口赶到 10.5 亿的道路上。指标 12 亿,而实际却使用 10.5 亿的高指标。"犹至楚而北行也。"

二、播下的是龙种,收获的是跳蚤

几年来,我们虽然提出让每个家庭"只准生一胎",但是,实际结果却远远不止如此。并且,因为要求与客观相差太大,各地区发生了许多有害于党群关系和侵犯农民利益的事情。自从贯彻中央书记处 108 次会议精神之后,农村中过分强制的事件减少了,但并不是没有了。绝大多数农民以十分现实的眼光发现,他们没有 2 个孩子无论如何也无法保证后半辈子的正常生活。所以,尽管受罚,他照样要生 2 个孩子。在农村,宗法关系和血缘关系仍然是很重要的社会关系。即使我们处罚一家,也往往要招致一大片人的反对。何况,我们的办法又是"超生"一胎,连续罚 7 年或 14 年。所以,一个村里,积累上三五年,几乎都成了计划生育的对立面。其实,目前我们的农民仅仅解决了温饱问题,富裕的农民占很少一部分,绝大多数农民家庭仍然是"空空如也",罚什么呢?

就实际生育来说,广大农村并不是如我们有的同志想得那么好。只准农民生 1 个,不是生得少了,在一定程度上反而促使人们早生、抢生和超生。现在农村的实际生育是,借口政策只让生 1 个,所以他就不晚婚。妇女刚到 20 岁或还不到 20 岁,就举行了结婚仪式。婚后不久就生育了 1 个孩子。我们当前放心的节育办法就是给农村妇女上节育环或结扎。而根据政策,年轻妇女上了节育环就别想再取出来。所以,二十一二岁生了第一个孩子的妇女总是抢着在"四术队"进村前又怀上了第二个。二十三四岁的农村妇女,如果生了一男一女,做一些工作,也许就同意结扎了。如果连生 2 个女孩,因为年龄还小,怎么也要想法生第三个或第四个。在 70 年代初,我国妇女平均婚龄已经提高到 23 岁以上,1979 年城市妇女平均初婚年龄为 25.4 岁,农村为 23.64 岁。近几年,全国妇女平均婚龄下降到 21 岁左右。目前,连城市青年也不愿意晚婚了。

"一胎化"的办法所导致的结果同它的提出者的愿望处处不符合。要求农民只生 1 个,然而,农民却正在那里庆贺第三个乃至第四个孩子的出生;提出这个办法的动机似乎是希望农民能够在十一届三中全会后经济上翻身再翻身,然而,现在每年一次或两次处罚所受到的损失比多生一个孩子消费得还要多。

三、"进退维谷"

现在的情况不仅是没有达到只生一个的目的，而且在许多方面埋下了不安定的种子。在先进地区，只生一个孩子的家庭比例高，人人需要奖励和照顾，经济条件达不到，政策兑现不了，群众骂我们说话不算数。独生子女率比较高的地区和单位往往不是由于群众自觉自愿只生一个，而是靠领导干部的强硬作风。但是，生孩子不同于收获庄稼，这次少了就永远也不会补上了。妇女生孩子的能力是几十年具备的，这几年抓得紧不准生，但她还等在那里，只要有机会，这些独生子女家庭又成为双子女或多子女家庭。时间越长，这样积累的数字越大，补偿性生育的形势越严重，包袱也就越背越重。所以，独生子女户少了愁，多了也愁。

另一方面，工作一般化的地区，农民抢生二胎，个个家庭生二胎以上的孩子，人人受罚。从1984年以来，因为纠正计划生育工作上的强迫命令，大多数地区不再强制了。但政策没有改，问题并没有解决，该罚的暂时不罚了，该罚而不敢罚，造成其他人也敢于抢生。如此下去，自由生育更加严重。现在执行政策就是处罚，就是不安定；不执行政策，就是盲目生育。当前，在我国农村的大多数地区都是如此，紧不得，松不得。

四、必然趋势

从1984年贯彻书记处第108次会议精神以来，各地出现了一批试点，企图以不同形式"完善"政策。比如有的地方实行符合几条的可以生二胎，或者第一胎生了女儿的可以生第二胎，等等。这些实验动机无疑是好的。但是，其中不少条件都是重新落入了我们多年来批判的"传宗接代"、"养儿防老"、"男尊女卑"等俗套。比如"男到独女无儿家结婚落户者"、"兄弟三人以上，只有一人有生育能力者"、"烈士的独子"、"独子独女结婚者"，等等，这些条件中，绝大多数都是从"传宗接代"等传统思想出发提出来的。

其实，这些还仅仅是观念方面的。无论几条生二胎或开女儿户的生育试点，除了暂时缓和紧张的干群关系外，没有更多的实际意义。只生一个孩子的妇女不许生第二个，但并不是她不愿生第二个，也不是她以后就不会生第二个。按目前所谓逐步放开第二胎的办法，她可以因为不够条件先不生,但等逐步放开条件时,过去累积的"独生子女家庭"都可以生第二个孩子。也就是说,我们这些实验只是暂时没有让农民生他必然要生的第二个孩子,而当政策逐步放开时,累积起来的第二个孩子会像冲毁防堤的洪水一般猛地涌流出来。那时,我们将会承受更为艰难的压力。所以,以上各种实验并不能解决当前计划生育的根本问题。

目前计划生育的根本出路是要从过去"一胎化"的格局中走出来。几年来,我们从上到下在计划生育方面存在着一个错觉,即以为党提出的12亿人口目标是建立在"一胎化"基础上的,只有实现了"一胎化",人口目标才可能实现,否则,人口目标就要落空。积极分子以此为依据努力工作,强制节育,群众对此意见很大。一般民众看到"一胎化"根本实现不了,反而以为12亿就是一个不符合实际的高指标,对其实现的可能性失去了信心。特别是根据我国经济社会发展水平,要求大多数家庭生一个孩子是根本不可能实现的臆想。所以,几年来,计划生育所造成的这种困难局面,基本上都是人为的。

根据我国人民群众的生育意愿,提出每个家庭最多不超过2个孩子的政策是比较接近实际的。说"比较接近实际",是因为我们的目标是12亿,而12亿是平均生2个就可以达到的。考虑到有一部分人因各种情况要生2个以上(其中包括并不是本人愿意发生的情况),为使我们在实现人口目标的过程中有一定的余地,我们要求"最多生2个",提倡晚婚晚育和延长二胎生育间隔,提倡一对夫妇只生一个孩子,计划生育势必会得到人们的拥护,完成人口目标也不会有很大困难。

"只生一个达不到目标,允许生2个就更不可能达到了"的观点,是不正确的。只准生一个作为生育政策提出后,绝大多数人都达不到,多数人违犯规定,说明该规定没有群众基础。特别是把规定制定在多数人做不到的高度上,制定规定的意图就只能是惩办主义。惩办主义是不属于共产党人的。

事情往往是这样,指标定得低一些,比高了能够达到更好的效果。如前面所分析的那样,因为只准生一个,早生、抢生、超生的现象时有发生,这样,从一个时期内考察,生的孩子不是少了,而是多了。因为我们把生了二胎就当作违反政策,几乎以全力堵二胎,生三胎及三胎以上的不孤立,受罚的反而得到同情,多胎反而没有精力管。所以,只准生一个的办法反而带来较多的多胎。如果允许生两个,大家就放心了,加上我们拿出现在要堵二胎的精力去堵三胎,超生的就会大为减少。所以,这样做更符合实际了,反而比高指标时少生孩子,这才是事物的辩证法。

担心计划生育政策做这样的改变会引起混乱,是不必要的。无数的事实都说明了,我们纠正脱离实际的做法,把不符合客观实际的做法变得更切合实际的时候,不仅都没有发生过混乱,相反,都毫无例外地促进了工作向好的方向发展。实行晚婚晚育和延长二胎之间的间隔,其内容不仅包括妇女不足 30 岁生育二胎要受处罚,而且还要继续大力提倡一对夫妇只生一个孩子。所以,它不仅不会使计划生育工作受到损害,而且还将由此得到促进。山西省翼城县的实践已经证明这是个合情合理、群众拥护、干部好做工作的好办法。可以肯定,如果在全国推行这种生育办法之后,因为党提出的人口目标和人口政策一致起来了,政策和群众的意愿比较接近了,计划生育工作上的强迫命令减少了,受罚的面缩小了,计划生育工作更实际了,从而群众对实现 12 亿目标的信心就会更加增强,计划生育工作就更好做了。

致胡耀邦①

耀邦同志：

　　一进入 10 月,北方的气候越来越凉,继而较为寒冷,冬天就要到了。在我国,冬天照例是抓计划生育的重要时刻,也是中央酝酿新的部署,准备新年伊始,领导全国人民迈向更新高度的时刻。特别是近两年来,中央继十一届三中全会后进一步为农民松绑,两年两个一号文件,农民在致富的路上又迈开了两大步。但是,从 1979 年以来,我们在计划生育方面却一直跳不出根本不可能做到的"一胎化"格局,农民继续受到压抑。从 1980 年开始,农民每到年底去岁迎春时,一边为经济上取得的进展而拥护我们,同时又为生育上受到处罚而怨恨我们。我希望在这个冬天里能结束计划生育方面的这种状况,让农民高举双手拥护我们。

　　经过近 20 年的宣传,我国农民的生育意愿已经有了根本性的转变,大多数人都认识到生孩子少些对自己的生活有利。多年来的实践表明,农民对计划生育是赞成的。但是,目前我国计划生育受到农民的抵制,完全是因为我们犯了类似于"北辕适楚"的错误。

　　从 70 年代后期我提出人口老化将是我国人口的一种趋势之后,许多数学家和人口学家都曾对我国未来人口进行过预测。不论人口学家们的观点如何不同,测算的方法各异,但因为使用的基数比较可靠,测算的结果还是比较一致的。特别是关于 2000 年人口目标,只要使用比较接近的

---

① 本文是呈胡耀邦同志的一封信。据作者所知,胡耀邦同志曾亲自将此文批转王伟同志。

生育水平,结果是相近的。比如我做的几次预测,现国家科委主任宋健等人的几次预测,中国人口情报中心马瀛通和国家计划生育委员会政策处张晓彤做的预测,尽管各自的方法不同,观点也不尽一致,但前两者所做的关于 20 世纪末按"一胎化"的生育结果是完全一致的。后者没有进行过"一胎化"生育的测算,但他们同前两家所做的关于每个妇女平均生 2 个的结果却是比较接近的。根据这些预测,如果从 70 年代末开始逐步实现"一胎化",20 世纪末,我国总人口可以达到 10.5 亿;如果每个妇女平均生 2 个孩子,期末总人口可以达到 12.2 亿。

这些计算说明,党根据我国经济社会发展规划提出的期末将我国总人口控制在 12 亿左右的战略目标是正确的,它是一个经过全国人民的一定努力就可以达到的目标。考虑到我国地域广阔、情况复杂,并且是多民族的国家,为了使实现我国人口目标的把握更大一些,在我国青年中普遍推行晚婚晚育和延长二胎之间间隔生育的办法,以及在此基础上提倡(的确是提倡)一对夫妇只生一个孩子,到 2000 年把我国总人口控制在 12 亿左右,是完全可能的。据计算,如果青年妇女在 23 岁生第一个孩子,30 岁生第二个孩子,城乡有 25%的家庭只生一个孩子,20 世纪末,我国总人口就可以控制在 11.8 亿的水平上。即使在今后 16 年里每年继续保持 10%的多胎生育,人口总数也不会突破 12 亿。据此,为了顺利完成党的 12 亿的战略目标,我们应该制定这样的人口战略和生育政策,即允许每对夫妇生 2 个孩子,但必须实行晚婚晚育加间隔的生育办法,以及在此基础上继续提倡一对夫妇只生一个孩子。因为这样的办法必然能够得到群众的拥护,所以,如测算所表明的那样,实现人口目标是不成问题的。

但是,几年来,我们的计划生育不是这样,我们的目标是 12 亿,而实际的生育办法却是只准生 1 个。生 2 个的结果是 12 亿,生 1 个的结果是 10.5 亿。目标是 12 亿,指标却要按照 10.5 亿来定。高指标压得基层没法工作,只好蛮干。"一胎化"整得农民人人受罚,党群关系紧张。

当然,提出"一胎化"的同志可能是想少生孩子,但实际却不是如此。农民现在有这样一种心理:"既然你只准我生 1 个,就莫要管我什么时候生。"妇女一到 20 岁就结婚,结婚不久就生了第一个孩子。多年来,因为我们只准妇女生 1 个,并且只能靠上节育环卡她们。每年冬天"四术队"

进村搞计划生育,只负责给妇女上环而不再往外取。农村妇女怕你给她上了环,刚生下第一胎就抢在"四术队"进村前怀上了第二个。青年妇女二十三四岁生了一男一女还罢了,如果连着生了2个女孩,她的年龄还很小,到50岁前还有25年的生育期,无论如何也要生第三个。所以,本来我们实行计划生育是为了减轻农民的家庭负担,让他们生活更富足一些,结果因为只准生1个同他们的生育意愿差距太大,造成人人受罚。特别是大多数地区希望用处罚的办法制止农民生第二个,结果生育后连续多年的处罚比农民多养活一个孩子受的损失还要大;为了少生制定的办法,却因为农民由此放弃了原来已经达到的晚婚而出现了多生。应该得到农民拥护的事业却遭到农民的反对;要求"生一个",结果平均2个以上;提出"一胎化"是希望把人口控制得比12亿还要少,但因为宣传只有实现"一胎化"才能达到12亿,结果群众看到"一胎化"根本不可能实现,所以对12亿的目标也失去了信心。

人口过程作为一种特殊的物质运动有其自身的规律性。几年来,我们的计划生育现状已经充分说明它的一系列方针政策都急需要进一步修订和完善。特别是政策和人口目标不一致给我们造成的危害,已经到了急需纠正的时候了。经国家计划生育委员会、山西省委和省政府批准,我们在山西省翼城县进行了晚婚晚育加间隔的生育试点。这种生育办法深得基层干部和农民的欢迎。群众普遍认为,这样的生育政策才真正符合中央提出的"合情合理,群众拥护,干部好做工作"的原则。我们希望中央能派人到试点看一看,看这种生育办法是否成功,是否有条件在全国逐步推开。我们认为,只要把生育政策同人口目标统一起来,像目前翼城县那样,把政策制定得合理一些,完成12亿的人口目标是不成问题的。如果我们经过一个冬天的调查研究,能在1986年再为农民来一个新的"一号文件",使农民不要在生育方面失去经济上得到的实惠,就能够进一步调动起8亿农民的积极性。

(写于1985年10月15日)

几点声明①

主席：

请允许我就刚才某些同志点名提出的几个问题进行答辩。

第一，不少同志把我昨天所讲的"方向性"解释为否定计划生育。我没有说计划生育犯了方向性错误，我没有说计划生育工作，而是说指标和目标的关系，说我们要向 12 亿目标迈进，却以 10.5 亿的目标来定指标，要走向 12 亿，却向 10.5 亿的方向跑。

第二，我是主张缓和渐变的，我提出的晚婚晚育加间隔的生育方式就是一种缓和渐变。我昨天就声明，我绝不要求全国 10 亿人都同时站在一条起跑线上，一声枪响，同时生二胎。我提交这次大会的论文就指出，如果能在"七五"计划期间完成生育政策的转变，就很不错了。请同志们看我的论文。

第三，我从来没有否定过计划生育工作，没有否定过党的计划生育政策。我历来就不赞成"零度增长"、"适度人口"的理论和战略，我批判的只是这种理论和战略。因为这两种前后衔接的理论和战略影响了我们的政策。但我从来都是讲责任不在计划生育干部，而是我们的理论太薄弱，我们有必要在理论上多做些批判性研究和批判性宣传。

第四，我昨天说了我不主张进行目前的一些试验，并不是否定这些试验的良好愿望，对于这些大胆试验的做法，我是十分欣赏的。但我认为这些试验是建立在"一胎化"的基础上，没有从"只准生一个"的模式里跳出

---

① 本文是 1985 年 11 月 22 日作者在全国第四次人口科学理论讨论会上的辩论发言。

来,所以避免不了还会有强迫命令。并且,其试验后果已经可以预见,所以是不可取的。

第五,我建议学会不要就"要不要控制人口",以及"控制人口的必要性"问题进行讨论,这些问题已经成了小学生启蒙教育的内容,我们没有必要在中国人口学会的学术讨论会上再讲了。

最后,我认为这几天听到的对政策转变问题的疑问、责难、顾虑等,在实践上都是十分清楚的,它已不是一个理论问题,而是一个十分重要的现实问题。如果我们中间任何一位同志要想弄清楚,那么请走出机关、学校或研究单位,到农村听一听农民的回答,听一听基层干部和父老乡亲们的回答。

谢谢主席。

(1985 年 11 月 22 日下午)

致国家计划生育委员会主任王伟①

王伟同志：

近好！

原准备近期能见到您，希望把我的一些想法给您汇报一下。看来不大可能了，所以，这里简单说一说，等您什么时候认为有必要的情况下，再专门详细地向您汇报。

（一）目前计划生育的形势是比较好的。所谓比较好，是把目前的形势放在"六五"计划期间加以对比，它有其特殊地位。在以前，我们虽然就控制人口来说，出生率比较低了，但因政策不合理，一度搞得干群关系很紧张，特别是农民很反对我们。书记处 108 次会议之后，国家计生委顶着各种压力，在扭转工作作风方面，做了不少工作。现在，就作风问题来看，计划生育工作终于像我们党的其他许多项工作了，强迫命令及违法的现象减少多了。

（二）但是，从改变政策的情况看，我们走的路子还不长，或者说还在原地徘徊②。从 1979 年以来我们一直在讲"提倡一对夫妇只生一个孩子"，中央还为此发过号召党团员带头的"公开信"。但是，这些"提倡"和"鼓励"在我国目前法制还不健全的情况下，就都成了"只准生一个"的法律依据，实际上是把"提倡"当做法、政策来实行的。提出改进作风的问题以来，不能强制了，但实行什么样的生育政策？我们规定的并不明

---

① 按原文和王伟同志的批注付排。

② 王伟同志在"走的路子还不长"7 个字下面用碳素笔画了一条横杠，对"原地徘徊"4 个字批注"不对"。

确①。中央〔1984〕7号文件只是说要把计划生育政策建立在"合情合理，群众拥护，干部好做工作的基础上"，但怎么就可达到这样的目的？从上到下，从群众到我们党的负责同志②，以及我们这些专业人员，都是很茫然的。

(三)就生育政策来说，目前可以分为两种情况，一是个别试点单位，总人口占不到全国的百分之一二③。这些地区好像有个明确的人口政策，即干部群众多少还知道自己应该怎么办。二是全国面上的情况，没有具体的政策。"一胎化"是不能再实行了，但执行什么，上面并没有规定。要求是不让强制，但如何才能不强制？显然是靠合理的政策。没有合理的政策，又不让强制，所以只好放任自流。

(四)如果说面上的计划生育都是放任自流④，所有单位一直都是放任自流，也不是事实。有些县还抓得紧，大多数县是你上面喊的时候，他又抓一阵子。但没有好的政策，不抓则已，抓时又是"只准生一个"的要求。就是说，我们面上的计划生育政策并没有从"只准生一个"上跳出来⑤。同以前比，只是不能再照旧强制了。但政策没有变，从上到下都还没有从"计划生育强制难免"那一套的笼罩中解脱出来。

(五)试点上的生育政策基本上也没有从"只准生一个"方面转变过。⑥目前生育试点县基本是两类，一是所谓分类指导，各县根据自然资源等情况制定出一些人可以生两个。这在一个县来讲是不必要的。⑦经济发展本来就包括大经济区的劳动力流动，山东的、河南的、内蒙古的农民可以到

---

① 王伟对"规定的并不明确"7个字批注："否！"

② 王伟同志对"从上到下，从群众到我们党的负责同志"16个字批注："不能这么看！"

③ 王伟同志对"全国的百分之一二"8个字批注："百分之一二是一两千万，不知从哪里得到的这个数字？"

④ 王伟同志对"都是放任自流"6个字批注："不都是，但局部有。"

⑤ 王伟同志对这句话批注："只能说有的地方！"

⑥ 王伟同志对这句话批注："不对！"

⑦ 王伟同志对这句话批注："？很有必要，既然是试点，那就试了以后才知道，效果如何干群自有评论！"

山西下煤窑，冀西的人口可向冀东地区流动，辽西山地人口向辽东及渤海湾流动，经济不发达地区向经济发达地区流动，足以解决个别地区的劳动力发展不平衡，是经济、人口空间流动的规律，是历史规律。更别说一个县内即使自然资源不同，也可以通过劳动力流动来解决，而不是用在相邻村落之间规定不同生育政策来计划 20 年后的劳动力资源。就各县之间来说，县区的分类指导也无道理。这个县属于山区的环境，可以在这个县内让生两个，而类似的环境在另外一些县就可能是该县最好的地方。另外一些县看，可能全是深山区，相同的自然条件，在这个县就可以生两个，另外的县只准生一个。全国看，就更不合理，更不平衡。另外一些试点是规定一些条件让生两个，这些条件，多数还是从传宗接代考虑的。我们前门批判的东西，后门又迎了进来。比如"三代单传"、"独子独女结婚"、"烈士子女"、"女儿户"，等等，还不是从传宗接代考虑吗？①

（六）因为从"只准生一个"上跳不出来，不能合法，不能宣传，我们从整个社会大势上还是无法跳出被动局面。可以肯定地说，我们只要不退到"原则"允许生两个，就无法拿出计划生育法②，就无法制定出明确的生育政策，而只能如前几年那样，临时性地一时唱一个调，一时执行一个法。结果越搞，计划生育工作越较多地出现反复，计划生育事业的形象越糟糕。

（七）就实际生育来说，试点县的情况并不妙。这往往都是行政管理好的地方，如现在还有个别继续执行"只准生一个"的县那样，老百姓是不敢再生了，但他并不是牢靠的"独生子女户"，你的政策不断在"完善"，今天他不够条件，明天够了他还是要生。行政管理搞得不好的地方，他不够你今天的条件，如同他不够你昨天"只准生一个"的政策时不准生两个的条件一样，他根本不管你的条件，还是要生两个。所以，这样的试点并不少生孩子。

（八）面上的生育状况更严重。现在大家没有政策，过去的执行不下去了，不能强制了。个别管理好的，把不敢生第二个的孩子的推迟了几年；

---

① 王伟同志对这一段话的批注："这个问题各地会逐步解决！"
② 王伟同志对"就无法拿出计划生育法"10 个字批注："怎见得，有何根据！"

管不住的地方，因为没有管理办法，不少要生三个、四个的农民，因为你正处在犹豫状态，也就乘机实现了他的生育意愿。

（九）城乡的政策只要不明确地退到"原则上"让生两个，提倡晚婚晚育的办法就不会奏效。①特别是农民抢生、早生的现象总避免不了。这几年的初婚年龄、初育年龄下降了近两岁，生二胎的间隔也从中国妇女自然间隔3年左右降到1.9年。这都是"只准生一个"造成的。②目前，晚婚晚育的妇女都是即使我们让她们早婚早育，她也不可能再早了，是因为经济社会等客观因素造成的，而不是听我们号召的结果，基本上与我们这几年提倡的晚婚晚育没有联系。

（十）生育从本质上说也是一种物质的运动。控制人口增长，也是一种控制物质运动的过程。控制人口发展的规模，只能在让妇女少生、晚生这两方面做文章。考虑到生育的特殊性，少生要少到人们可以接受的程度，晚育也要晚到人们可以接受的程度。这样的程度，至少也要使社会80%以上的人可以接受，否则，任何过高的要求也会受到人们的抵制。从目前人们的生育意愿讲，这个数为每个妇女允许生两个，最后一个孩子不要推到30岁以后太远。据我对北方农村4000例18~30岁的男女青年生育意愿的调查，82%希望生两个孩子。两个孩子的生育意愿不仅是我的调查，王连城以及邬沧萍等同志都是这样的调查结果和看法。③这样的生育意愿形式上是观念性的，但它是经济、文化、生活方式以及自然条件等社会存在的综合反映。第二个孩子最好不要超过妇女35岁，则是从生理上来讲，从优生学来讲的。

（十一）从政策上讲，把政策定在"原则上"允许每对夫妇生两个之上，提倡晚婚晚育，人们就便于接受。"原则上"允许生两个④，并不是

---

① 王伟同志在这句话上批注："？你反复说：'原则上'退到生两个这句话，允许生两个，还有没有抢生的？"

② 王伟同志对"这都是'只准生一个'造成的"这句话批注："早婚是因为'生一个'造成的，有何根据！"

③ 王连城，《中国人口报》社长。邬沧萍，著名人口学家，中国人民大学教授。王伟同志在这句话旁批了"？"。

④ 王伟同志在这句话旁批了："这个原则是有的，就是有特殊困难的夫妇和若干条！"

号召和要求必须生两个，还可以提倡生一个，生三个以上就可以算超计划的了。这样做争取了大多数，既好宣传，又可以立法，主动多了。

（十二）因为经济社会的变动，晚婚晚育也是一种趋势。这几年晚婚率下降，不如1980年以前了。那时我国妇女的晚婚率曾一度达到58%。其中农村也达到45%左右。现在，尽管不晚婚，但有80%的妇女在23或23岁以上结婚。据计划生育部门的统计，1984年全国所有省市的晚婚率都有所下降，但妇女晚婚率仍达58.86%。根据国家统计局资料，北方一些省的妇女初婚年龄为21.9岁。就生育年龄说，河北妇女生育年龄平均上移到24岁，陕西上移到26岁，全国妇女的生育行为主要集中在25~29岁的年龄组。这些情况都说明，如果政策对了头，再号召晚婚晚育，70%的妇女做到晚婚晚育，是不成问题的。

（十三）从70年代末人们开始预测未来我国人口的发展以来，虽然各家的方法不同、观点不同，但测算的结果还是比较相近的。到2000年平均生一个，总人口10.5亿到10.6亿；平均生1.5个，11.5亿；平均生2个，12.2亿到12.3亿；平均生2.3个，12.7亿到12.8亿。这说明，我们把政策定在平均生2个上，"原则上"允许生2个，争取城镇青年基本上生一个，农村再争取5%或更多一些生一个，即使有15%左右的家庭生3个，再提倡晚婚晚育，要求延长2胎之间的间隔，20世纪末把我国总人口控制在12亿左右是没有任何问题的。

（十四）生育政策做这样的改善绝不会引起对计划生育工作的否定，也不会引起不安定的因素。提倡一个还是要有的[1]，这是控制人口增长的一个途径，但现在要变成本来意义上的提倡。政策改善时注意前后衔接，有计划有步骤地转移，是不会发生问题的。翼城县试点已经说明了这些问题。[2]最初请示试点的意图就在于此。

（十五）中央和国家计生委提出的"缓和渐变"的方针目的在于稳妥前

进，它无疑是正确的。但是，"缓和渐变"在生育方面，根据生育的特点，如何实行缓和渐变①，却是很不一致的。像目前这伴，不拿出合理的办法，试点让其慢慢试，面上"只令其捕鱼，而不教其如何捕鱼"，大家无所适从，等待观望，并不是好的缓和渐变。因为政策不明确，要么还只能按过去的办法管，要么没法管而放弃。按过去的办法，即使管住了只能生一个，但是生二胎的逐步堆积在那里，账越欠越多，将来补偿性生育更严重；放任不管的地方，农民连三胎、四胎都很快生下来了。因为生育既是十分经常的，又是可以补偿的，抓得严了她可以暂时不生而等机会生，抓得松了她可以完全按自己家庭的愿望生。所以，不赶快拿出好的生育政策来，"缓和渐变"的目的就达不到。

（十六）如果实行晚婚晚育和延长二胎生育间隔的办法②，从计算上看，假如城市基本上或 80%生一个，农村 5%生一个，70%～80%的妇女可以做到晚婚，第二个孩子在 30 岁左右生育，即使农村有 20%的妇女生 3 个孩子，总人口也可以控制在 12.3 亿左右。这里的所有控制指标都留有很大余地，执行起来抓得紧一些，12 亿左右的目标是不成问题的。

（十七）运用"缓和渐变"的原则，先要求计划生育好的地区实行这一办法，基础比较差的地方，要在计划生育行政组织和行政管理上"补课"。机构要健全，逐步推行，争取"七五"规划完成转变。马上实行不了的地方，③也要让他们知道他们将向什么地方转变④，现在早生的和抢生的，在实行晚婚晚育和延长间隔的政策后，仍然是要受罚的。像翼城县那样，过去抢生二胎的，现在仍然要罚到妇女 30 岁，而妇女 25 岁还未生二胎的，现在给规划，大家感到听党的话并不吃亏。不少早生了二胎的妇女认为，早知道这样，她们也不会抢生而受罚、受批，担惊受怕。只要准备把政策

---

① 王伟同志在这里批注："缓和渐变是指工作步骤和方法！"

② 王伟同志批注："这只是办法之一。"

③ 王伟同志在这里批注："浙江的想法相反，长江三角洲及江苏考虑订得紧些，一切从实际出发；你们可以试，别人也可以试，不能强求一律。"

④ 王伟同志对"向什么地方转变"7 个字的批注："向什么地方变，不见得是你的提法！"

定在"原则上"允许生两个，如何在全国实行，还可以再讨论如何有规划
地去推行。

（十八）各地区的情况不同，一胎比例以多少为好，晚婚年龄定在多大
及晚婚率有多高，第二胎究竟让妇女多大时生最好，各地都可以讨论，可
以做试验。

（十九）我们党的宗旨和群众的关系都决定了要正面教育、正面宣传，
把政策交给群众，把政策变为群众的自觉行动。平均生两个就可以达到12
亿，这是科学①。真相告诉群众没有什么害处，反而可以提高人民群众对
实现控制人口指标的信心，提高党的威望，说明党没有提出脱离中国国情
的目标，动员群众为此奋斗。否则，群众以为只有生一个才可以达到12亿，
而建立在"只准生一个"的基础上的目标和指标显然是不符合实际的②。所
以，控制人口的目标肯定不会实现，人心失散，自由生育会更严重。

（二十）在我们这样的国家里，生育的控制不可能建立在极端自由的基
础上，也不可能建立在对大多数人的强制上。我们能做的仅仅是从家庭生
活看③，可生不可生的尽量动员不要让其生；希望早些生的尽可能动员其
生的迟一些。这样的水平定在两个上，动员尽可能多的妇女只生一个，动
员希望生三个或三个以上的妇女尽可能只生两个，而在要生的孩子里，都
尽可能迟点生。计划生育工作围绕这个多做点行政的、技术性的事，仅此
而已。④

（二十一）"缓和渐变"明确地定到这一点上，大家现在都为此做准
备，农民吃了"定心丸"，他就不抢生、早生了。否则，目前这样，心里
还很茫然。因你的政策实际上还是"只准生一个"，他看到这一段抓作风
问题，不敢强制了，所以是生三个、四个的好机会，多胎比例就必然要上

---

① 王伟同志对"这是科学"4个字的批注："别的办法都不科学?"

② 王伟同志对"而建立在……"之后的28个字批注："这是什么目标! 谁提过这个目
标?"

③ 王伟同志对这句话的批注："我们能做的是国家利益和群众利益的结合，怎么仅仅
从家庭生活看?"

④ 王伟同志对这句话的批注："错误?"

升。这就是说，定在允许生两个上有利于控制人口。

以上所说不一定正确，请批评。

王伟同志，从前年开始，我是把您和国家计生委当做我们国家和党的职能部门及负责同志看待的，是代表党的。我是一个党员，党和人民给了我优越的研究条件，我有责任和义务将自己的研究成果报告给党和国家，所以给您去过不少次信。不正确的地方您可以批评。最近，山西省计生委肖育英同志给您汇报工作回来后，给省里正式和非正式扩散了您对我的一些意见。如说："山西吹捧梁中堂，说梁中堂是著名人口学家"，"梁中堂送美国人书这个要批评"，等等。在此之前，计生委给省委汇报说："王伟同志和国家计生委对梁中堂的书意见很大，王伟同志将意见告诉肖育英同志。并专门委派人来山西谈此事。"最近省委领导同志和我谈话说到这些事情，① 我不知道是否有这些事。同时，省计生委还把李宏规遵照您的指示写的对我的《论我国人口发展战略》一书的意见② 影印送省委常委，意为这本书有严重政治问题。③ 我不清楚您对我的批评是怎么来的，不过我还未发现山西什么地方说我是"著名人口学家"。送美国人书④是因为人家手里就有这么一本书，他们提出说，美国人口学家如寇尔等人都提出中国晚婚晚育就能在 2000 年达到 12 亿。我提醒他注意，这样的观点不是美国人的发明，我们中国人在 1979 年就提出来了。现在这方面的主张也大有人在。然后作为礼物，他送我两本书（一本 "Chinis Population Struggle" 1973 年版，405 个页码，一本 "Chinis Demegraphic Billionaire"，1983 年版， "Population Bulletin" 即通报形式发表，43 个页码），我才送其两本（一本《人口素质论》，一本《论我国人口发展战略》）。最后我也

---

① 指山西省委书记李立功同志对梁中堂的一次谈话。

② 李宏规同志的意见书，见本文附录。

③ 山西省计划生育委员会副主任、党组副书记肖玉英（主持工作）和我一起在太原火车站送走田心源博士后，他问我送田《论我国人口发展战略》一书否，我答送了。接着就有了省计划生育委员会党组向省委常委和省政府各副省长反映梁中堂送美国人书并附有李宏规对该书意见（复印件）的信件。

④ 指我送给来山西访问我的美国人口学家田心源博士的书。

不知他们影印李宏规同志的意见时，是否征求过李宏规同志和您的意见。这个意见是李宏规的，还是代表您和党组的意见。当然，不论怎样的方式，您对我的批评，我都是十分感激的。另外，因为这些都反映到省委领导处，属于正式工作问题了。所以，我希望了解以上所说的您有关对我的批评等问题，希望得到您明确的答复，我想并不是过分的要求吧。①

如有什么指示，望通知我。

专此布达。　　　　顺颂

安康!

梁中堂

1985 年 12 月 15 日

附录

李宏规同志对梁中堂
《论我国人口发展战略》一书的意见

王伟同志：

梁中堂同志《论我国人口发展战略》一书所载的 13 篇论文，我以前看过一部分，这次从头到尾系统地但只是粗略地看了一遍。有以下几点看法：

一、从学术角度看，梁从 1979 年以来敢提出不同观点，向人口研究领域的"主流派"挑战，这是符合百家争鸣的，是不容易的。

---

① 王伟同志对这一大段的批注："对你的书有意见是真的，因为书中有错误，在有人去山西时，曾对我谈了你的书。我们交换了意见，我说过对年轻人不要捧。""不管什么原因，送书是不妥的。"

二、梁论文集的发表对于纠正过去工作中确实存在的某些片面性，有促进作用（如老龄化问题、社会抚养指数等）。

三、梁的论文除提出学术观点外，也对我国计划生育工作形势、方针政策进行了评论，对某些方面提出了尖锐的批评。如果只是在内部提出来，那是正常的，因为它符合耀邦同志提出的，提倡开动机器，深入钻研问题，大胆发表意见，是我们发展大好形势解决许多困难的有决定意义的一项。

但是，梁的一些观点同先念等同志最近关于人口问题的谈话精神相悖，公开发表出来，势必会被国内外攻击我们的人所利用。比如他认为："1979年度开始，更进一步在全国范围内大张旗鼓地推行了'一对夫妇只生一个孩子'，实际上是'一胎化'的人口政策。""由于计划生育造成的与群众普遍对立，使党的各级领导工作很被动。"（140—141）"近几年来，我们离开了我国的实际情况，提出了不可能达到的生育政策和过高的生育指标，党群关系紧张，计划生育工作和党的各级领导被动。"（149页）"几年来的生育政策同群众造成了普遍对立，受到群众的普遍抵触。"（150页）新的人口发展战略与过去的提法"不同的仅仅是过去靠强迫，工作作风简单化"。（155页）

对梁中堂文章的一些不正确意见，在1984年4月4日，周伯萍同志召集的一次会议上也曾指出过。

四、梁提出的人口战略、人口目标和生育政策是缓和渐变的一种形式。目前正在山西翼城县试点，是否就是最佳方案，是待实践检验，现在就把这个战略谈成是"一个可以使我国计划生育工作摆脱窘境的绝妙方案"（新华社内部稿），显然是不严谨的。事实上，梁在提出他的方案时，对执行过程中可能碰到的困难考虑甚少，因而结果不会像他预想的那么好。（这一点我在去年8月成都人口学会议时向他提出过）

总的来说，梁中堂同志论文集的发行，对我们完善和执行生育政策有好处。建议委内有关同志（尤其是搞政策规划、外事、对外宣传的同志)看一看、议一议。同时也建议委领导或有关负责同志找梁中堂同志谈一次，以发挥论文集的积极作用，避免因公开发行可能出现的副作用。

以上意见供参考。

敬礼

办公厅政策规划处　李宏规

1985 年 8 月 20 日

关于完善生育政策的几个问题①

一、关于人口测算和发展战略问题

连续六七年的人口测算,结果越来越接近一致了,即如果只生 1 个孩子,到 2000 年,我国的总人口是 10.5 亿;如果生 1.5 个孩子,为 11.6 亿;生 2 个孩子为 12.2 亿。当然,各家的计算有一些差别,比如有使用数据上的差别, 其中有第三次人口普查前公安部的人口抽样资料,这同普查数据比就不那么准了。普查后又有 10% 的手工汇总和 100% 的机器汇总,都多少有点差别,但还是比较接近的。就计算的方法说,用总和生育率的方法是西方人口学家总结西方国家人口生育动态的结果, 也不是没有一点道理。所以,各种计算还是比较接近的。这些情况都说明,我国总人口控制在 12 亿左右,是比较严的控制目标,但又不是不可能实现的目标。

2000 年人口测算,如果为制定政策需要,即为宏观上的控制需要,主要是解决定性的问题,并不一定需要高深的统计学和数学知识。用 1982 年人口普查资料计算,今后 16 年, 每年进入婚龄的妇女平均是 1100 多万。现在,我们完全可以根据我们的政策或控制方案来测定 2000 年人口结果。如果让每个妇女生 1 个孩子,16 年总计生 1.8 亿,死亡率以 7‰ 计,16 年死亡人口的总数为 1.2 亿,期末总人口为 11 亿;如果允许生 2 个,这就要决定妇女生 2 个孩子的年龄。设定让妇女 23 岁生第一个孩子,第二

---

① 作者 1985 年 12 月 29 日由广州到北京,要求会见王伟同志。这是同意约见后连夜写的一个谈话要点。

个孩子在 30 岁生，那么，生第一个孩子的妇女仅有 1.4 亿，生第二个孩子的妇女仅 1.1 亿，共计生育孩子 2.5 亿。如果仍然以原来的死亡率和死亡人数计，期末总人口也只有 11.8 亿。

当然，这里还有许多因素未考虑进去，即现在生育状况、多胎生育等问题，但这都可以进一步计算，因为我们设定城市人口基本上生 1 个孩子，假定城市 80%生 1 个孩子，农村因不婚不育，以及经过提倡和鼓励有 5%~7%的一胎率，全社会就是 20%多的一胎。倘若少数民族、经济落后地区以及农村管理等方面的原因，全社会再有 20%的多胎，仍然是平均生 2 个孩子。因为这样做的期末人口总数是 11.8 亿，我们手里还有 5000 万 ~7000 万的余地，这是很大的保险系数，是足以应付许多意外情况的数据了。

正是从这个计算出发，我们几年来一直推荐实行允许农民生 2 个的战略或办法，这可以争取主动和有效地控制人口生育。注意我们说的是在农村允许生 2 个，而不是普遍、必须生 2 个。只可以说是"最多生两个"。并且还是提倡生 1 个，一般不准生 3 个和 3 个以上的孩子。

这是同党提出的 2000 年我国人口目标相一致的人口战略和人口政策。如果把政策定在这一点上，并就此多进行宣传，会提高人们完成 12 亿目标的信心。这几年把事情弄反了，我们提出 12 亿的人口目标，不是用制定达到 12 亿的生育办法，而是用达到 10 亿多不到 11 亿的人口指标来作为我们的办法。所以，不仅我们的工作被动，而且在民众中形成这样一种观念，好像要实现 12 亿的人口目标就必须做到只准生一个，否则，就要突破 12 亿。这是有害的宣传。因为实践已经证明，要实现一胎化，或基本上一胎化都是不可能的。这样，不少的民众就把实现不了一胎化当作实现不了 12 亿的人口目标来看待。所以，我们有必要在人民群众中进行一次人口目标的教育，提高大家的信心。而最好的办法就是告诉人们真相，12 亿不是用每个妇女生 1 个来保证，而是可以生 2 个，或平均生 2 个就可以达到的。考虑到我国这么大，社会历史和自然条件等情况的复杂性，为使保险系数大些，平均生 2 个，就需要比较多的家庭自愿生一个，尽可能少的家庭生 3 个，所有妇女生孩子都尽可能推迟一些。因为这样做比较符合大多数人的心愿，实行要容易一些。

二、目前计划生育工作的状况

7号文件下达以后，计划生育工作的形势是比较好了。这主要是纠正了作风问题后，过去曾一度紧张的干群关系、党群关系得到了很大的扭转和改善。但就生育政策来说，还潜伏着很多问题。因为我们还没有提出一个比较好的、明确的生育办法，用以代替我们以前的实际上是作为政策执行的"一孩化"。所以，形成了现在在管理上干部没法管，在农村的实际生育上，不少地方的农民自由生育的现象。中央反复强调不得强制，但若不强制又用什么办法控制人口呢？基层并没有别的办法。我们要求各地有10%的二胎，问题是，为什么那个10%就能生二胎，而其他90%的人就不能生二胎？过去要求100%或99%的人只准生一个，大多数人还是要生2个，现在允许生2个的人越来越多了，不让生第二个的人靠政策就更限制不住了。所以，造成了7号文件下达后，全国大多数地区实际上在生育政策方面踏步不前的状况。

生育政策上的踏步不前，规定不明确，农民就乘机抢生。不仅第一个、第二个提前生了，就连不少想生3个、4个孩子的，也都如愿以偿。因为现在一方面不好管，另一方面在不少地方就根本不管。所以，从这点上说，是需要很快拿出新政策的时候了。不少的省、地、县计划生育干部都十分焦急，希望有个办法，去年以来的情况不能太长久了，因为我们看到，不少试点县开个小口都不敢，面上因怕波及面大，更不敢让开。

三、怎样实行"缓和渐变"？

中央和国家计生委提出"缓和渐变"的办法出于稳妥前进、稳定社会方面考虑，是有道理的。但不能采取目前这样试点慢慢试、面上不准动的办法。或者那种要求今年二胎率提高10%，明年再提高到20%，指标拿在中央手里，逐年慢慢来，这样的办法不行。因为这个办法是上边定下比例，下边找条件放口，各地的人口构成（这里主要是社会构成，如独子独女结婚户、三代单传户等那样的条件）很不同，没法凑上面经常变动的比例。加之这些条件不合理，尽管上边早就提出了开口开到10%，但下面实际上是不动。

即使我们目前这种做法可行,结果怎样呢? 不外乎是两种情况,就是可以按我们的条件控制住和控制不住。控制不住的就是现在面上发生的,2个、3个和4个都在生了。能控制住的只让她生1个孩子,她就暂时只生一个。但她不是不生第二个了,等你的条件逐步退到她够条件时,她第二个孩子还是要生出来的。那时,因为我们积累的太多,生育高峰是更危险的。

所以, 如果我们把缓和渐变理解为到2000年放到允许生2个上,现在势必形成不少人因等急了而抢生。这实际上是从过去的圈子里跳不出来,是潜伏着的危机。相反,如果我们明确提出准备很快退到允许农民生2个的基础上,但不能抢生,要有计划地安排生2个。各地先稳住,先安排大龄妇女生第二个孩子。同时,我们组织计划生育、人口研究、经济规划等方面的同志,确定全国的及区域的规划,确定不同地区的一孩比例、晚婚晚育的程度及三孩的比例,并逐步实行争取"七五计划"期内完成转变,这也是一种"缓和渐变"。

四、几个误会

因为讨论比较少,不少同志对我们提出的建议有些误会。

第一,晚婚晚育加间隔的办法,实际上是周恩来总理70年代的"晚、稀、少"的进一步发展。周总理的"晚"即晚婚,当时是说农村男25、女23岁,城市男27、女25岁结婚为晚婚;"稀"是指孩子的间隔长一点,当时是说4年以上。"少"在当时是指不超过3个。把这些要求更进一步,"晚、稀、少"到大多数人可以接受的程度,就是在晚婚的基础上,少到最多一般只准生2个,间隔延长5~6年以上,争取在妇女30岁左右生第二个孩子。所以,我曾在石家庄会议上声明说,这不是我设计出来的一个"框子",让全国10亿多人都往里钻,它是客观发展规律,是周恩来总理的"晚、稀、少"的进一步发展和继续。

第二,这种生育办法不是人们理解的普遍生两个或要求生两个,而是允许生2个,要求最多生2个,并且仍然提倡生1个。所以,我们每次在计算中都设计了20%~30%的一胎比例。

第三,我们没有要求马上都变,但现在要打招呼准备转变,并号召农民顾全大局。我们强调逐步放开,不能含糊,使人印象中还是有的可以生2个,而有的人只能生1个。农民只要认为无指望就有可能抢生。特别是考虑到实行晚婚间隔生育的办法是比过去更具体、更细致了。工作要求不是低了,而是更高了。因为过去仅仅是不让生2个,"一刀切",现在就要有较高的工作艺术了。我们不少地方的计划生育机构不健全,干部素质差,这样任何好的办法都起不到应起的作用。所以,现在还有要健全组织机构的任务,促进各地把机构健全了再实行。

第四,我们曾批评过去的东西,并不是针对个人,也不是为了抓住不放。我们完善过去的政策,纠正过去的做法,总是要让人们知道为什么过去被动,原因是什么。要不如此,你提出完善政策,不少的人认为没有必要,仍然要执行过去的那一套政策,过去的那一套指标。现在,这方面的人不是大有人在吗?这就是说,该肯定的要肯定,该否定的要否定,还是要清理的。不然,政策是不可能完善的。更何况,我们从来没有专门写文章批评计划生育工作,批判计划生育政策,批判基层计划生育工作人员。有时的批评,都是批判西方的人口理论对我们的影响,批判那种急躁情绪,批判这些东西的影响和造成的后果。

(1985 年 12 月 29 日夜于北京)

要增强实现
十二亿人口目标的信心①

从 20 世纪 70 年代末以来，人口学界的不少同志都对我国人口进行了预测。特别是关于我国 2000 年的人口目标，因为预测 20 年左右，尽管人口学家们的观点不同，预测的方法也不同，但多数人的预测结果还是一致的。比如 1982 年人口普查前，作者同其他人口学家分别做的几个测算表明，到 20 世纪末，假如每个青年妇女终身只生一个孩子，我国总人口将达到 10.5 亿；每个妇女平均生 1.5 个孩子，总人口将达到 11.3 亿；平均生 2 个孩子，总人口仍可以维持在 12.2 亿。

第三次人口普查后，对我国总人口重新进行的预测说明，到 20 世纪末，如果青年妇女能够做到晚婚晚育和延长生育间隔，妇女在 23 岁以后生第一个孩子，30 岁以后生第二个孩子，即使平均生 2 个孩子，总人口仍可以维持在 12.3 亿。在此基础上，如果我们通过大力提倡和鼓励一对夫妇只生一个孩子，城乡能够有 25% 的妇女做到终身只生一个孩子，2000年人口总数将可以维持在 11.8 亿的水平上。

上面列举的仅仅是计算机显示出来的数据。实际上按照这种办法严格控制，期末人口数还有更大的余地。因为，计算机的数据是以每见到一个 23 岁的妇女，就给规划第一个孩子，每见到一个 30 岁的妇女，就给规划第二个孩子。而事实上有不少妇女在 23 岁以前就生育过第一个孩子，

① 本文是作者 1985 年 12 月在一次人口学讨论会上回答问题的记录。

在 30 岁以前就生育过第二个孩子了。所以,计算机的规划有不少是重复的。当然,也还有 30 岁以前没有生育过第一个孩子而当作已生育过,30 岁以后没有生育过第二个孩子甚至还有没有生育过而当作已生过两个孩子被漏掉的情况。如果把以上几项数字同计算的结果处理之后,期末总人口可以控制在 11.6 亿左右。

当然,在执行过程中,因为我国地域广阔,并且是一个多民族的国家,难免还会出现一些三胎或三胎以上的生育。但是,即使我们按照近几年出生人口中 10%左右的三胎和三胎以上的比例计算,到 2000 年以前再增加 3700 多万,期末总人口仍然可以维持在 12 亿左右。

控制人口增长主要有两个途径,一个是减少妇女终身生孩子的数目,另一个就是晚婚晚育。近几年来,我们在控制人口盲目增长的过程中,不少的地区和单位仅仅注意到减少每个妇女终身生孩子数,对于晚婚晚育的作用则重视不够。其实,晚婚晚育在一定时期内对于降低人口增长速度的效果是十分明显的。比如,20 世纪以内,如果我们基本上做到了妇女在 23 岁时初婚初育,这就等于排除了 2000 年时 20 岁、21 岁、22 岁三个年龄组的妇女生孩子的可能性。20 世纪以内,我国平均每年进入婚育年龄的青年都在 1000 万对以上,所以,仅提倡晚婚一项,全国就可以少增加两三千万人口。实行延长二胎的生育间隔也有同样的效果。所以,如果充分认识到晚婚晚育和延长二胎生育间隔的作用,就可以相应地多照顾一些有实际困难的家庭生育 2 胎,增强干群关系,增强 10 亿人民完成人口总目标的信心。

马克思主义人口理论
和我国计划生育

一

　　社会主义的计划生育乃是社会主义社会的本质要求。关于这一点，马克思主义经典作家，包括马克思、恩格斯，乃至列宁和斯大林等都没有明确的和直接的论述。但是，马克思主义经典作家一致认为计划经济是社会主义社会的一条基本原则，乃至于是对资本主义社会直接否定所必然产生，并且是区别于资本主义社会的最重要的标志。我们知道，人是社会物质生活的必要条件，是全部社会生产行为的基础和主体，没有一定和最低限度的人口，就不可能有任何物质生活。所以，社会主义社会的经济计划，经济与社会发展的方向、进度及规模，都不能不同人口的发展相联系，不能不同人口的生育计划相联系。如果我们是真的要搞社会主义的计划，而不是假的，就不能不对人们的生育做个规划。这，应该是社会主义计划生育的理论和实践的主要依据。这样的思想认识，也是毛泽东和周恩来等同志在 20 世纪 50 年代就十分明确地表述过的。虽然因各种原因，我国计划生育工作在 60 年代有过一个中断时期，但 70 年代周恩来同志力挽狂澜，使之走上了正轨。

　　本来，从这样的基本理论和基本事实出发，就已经把握了我国计划生育的本质。但是，70 年代后期，在国外先进的工业品涌进国内的同时，一些显然是非科学的人口学观点也被无批判地介绍进来了。"人口爆炸论"、"零增长理论"、"适度人口论"，等等，都成了舆论界传播最多的内容之一。这些理论加上"文化大革命"造成的经济困难,更突出了我国的人口问题。这些似乎都证实了早就被马克思主义理论否定和批判过的马尔萨斯主义是正确的了。所以,不仅有人在学术上要求为马尔萨斯正名,而且还要引经据典证明马尔萨斯在马克思那里就有一定的地位,是马克思主义的来源之一。同时,在对待我国计划生育事业方面,似乎是因为我国也存在西方资产阶级学者所说的"人口爆炸"、"人口危机",所以才有实行计划生育的必要。其实,西方资产阶级人口学家的"人口爆炸"只是指责发展中国家的人口现象的,是说发展中国家的人口增长将造成整个人类的毁灭。所以,他们设计出"适度人口"和"零增长"。"适度人口"是作为目标提出来的。"零增长"是达到人口"适度"的方法、措施和途径,劝喻和要求发展中国家往这些模式里钻。我们一些同志竟天真地相信这一套。

所以,他们不仅宣布我们至少有 3 亿多余的人,而且还论证了达到"适度"的人口数以及为尽快实现"零增长"所需要采取的方针和政策。

这些理论给我们造成的恶果已经是有目共睹的了。几年来,我们人口理论研究和计划生育工作上的某些混乱及被动,不能不说是概出于此。也正是由于这个原因,我从来不为计划生育工作上所出现的一些作风问题以及被国外学者和新闻界渲染了的性比例问题、人流问题等现象所动容。这些问题不仅在我们这样一个 10 亿多人口的大国里会偶然存在,就是在世界上任何国家、任何地区里,包括那些自诩为高度文明、极端自由和民主的国家里,也是不难找到的。因为,别说这一类问题,就是比这更野蛮千百倍、更令人切齿的强奸、抢劫、凶杀等行为,在那些高度文明和自由的国度里还时有发生,如此人口现象又算得了什么呢?而且,问题的本质在于,这些现象是同我们党的宗旨、我们国家的性质格格不入的。我们一经发现类似的问题,就立即要求加以制止和纠正。同时,我向来是把这些现象当作一定原因的结果来看待的。研究和探索隐蔽在现象背后的根源,正是我们研究人员责无旁贷的任务。所以,几年来,我总是把"人口爆炸"、"零增长"、"适度人口"等理论以及在此理论指导下所形成的人口战略作为我抨击和批判的对象,而仅仅在分析理论及战略的恶果时才涉及具体的政策和实际工作。

二

计划生育既然是从社会主义计划经济的原则出发所必然产生的结果,那么它就成了与资本主义国家的"家庭计划"根本不同的社会行为。在资本主义国家里,从"家庭计划"的宗旨来说,是从马尔萨斯的"道德抑制"出发,强调家庭的作用,宣传生育要根据家庭的"实力"来决定。所以,只要你养活得起,一位妇女生了 15 个孩子也可以说是符合"家庭计划"宗旨的。否则,你生一个孩子也不能证明是实行了"家庭计划"。这就是我为什么在《人口学》中要求把资本主义的"家庭计划"和我国的计划生育分别用 Family Planning 和 Planned Birth 区分开来,把资本主义国家强调父母作用的计划生育(Planned Parenthood)同我国的计划生育区别开来。

我在提交全国第四次人口科学讨论会论文的题首里,引用了美国伟大诗人惠特曼的诗句:"现在我才真正了解到成为一个完美人的秘密,那就是生长在田野里与大地同吃同住。"其意在于说明,那些攻击我国计划生育的人以及我们那些把我国计划生育也纳入资本主义"家庭计划"运动的同志,忘记了一条最根本的事实,这就是中国有中国的具体国情,中国的计划生育是从中国的社会制度出发,从中国的历史及自然特点出发的社会运动。如同生产人们赖以生存的生活资料虽然可以看作是社会的"自然规律"一样,同时发生于西方社会及一切国家,并且将与人类的历史共存,但我们社会主义的计划经济却与社会主义之前各形态截然不同,我们的计划生育同资本主义家庭计划也是决然不同的。

中国式的计划生育就是"生长"在中国这块"田野里"并与之"同吃同住"的物质运动。它主要受社会主义经济社会发展规划的制约,受人口自身许多特点的制约,同时还要受到传统观念生活方式以及我国自然地理等诸方面的影响。中国式的社会主义计划生育道路,应该是为中国经济社会发展战略所决定,并要受中国传统文化及各种社会因素、自然条件的制约。

当然,决定中国特色的社会和自然的诸方面的因素也不是凝固不变的。在研究和探索的过程中,应该注意各种因素的变化情况,用发展的观点看问题。但是，因为整个民族生育状况是作为一种社会运动形式而表现的，所以，它不是如同机械的、物理的、化学的运动那样，每种参与运动的因素都可以十分精确地在运动过程中得到明确的和直接的表现。相反，社会各因素的变化，往往在生育方面得不到迅速的反映。这就是我们所看到的人口生育方面的稳定性，即一定时期内，生育水平是比较稳定的。它要求生育政策有历史的连续性、稳定性，而不能过急地要求生育水平在极为短暂的时间内就可以大幅度地提高或降低。历史上不乏急于刺激妇女提高或降低生育水平的事例，尽管当时统治者还往往伴以严厉的法律，但几乎没有成功者。我们在确定中国式的计划生育道路时，一定要注意到这一特点。

三

从 20 世纪 70 年代以来，我国计划生育工作取得了举世瞩目的成就。仅出生率水平就由 60 年代的平均 35‰左右，下降到目前的 19‰左右。同一段路程，法国大约用了 130 年，英国用了 70 年，德国和日本分别用了 50 年。

现在，无论在国内还是在国外，都出现了这样一个问题，即中国出生率水平的下降是计划生育的结果还是别的什么原因？如果把计划生育放在社会发展趋势中考察，那么就可以发现，人口出生率水平的下降就是一种必然的结果。

生育是一种十分复杂的社会行为。不用说推动每个妇女的生育动机，就是考察具有规律性的生育动机，情况也是十分复杂的。从生育的本质方面说，生育水平是经济社会发展的结果。但是，经济社会发展水平并不是直接地、同步地和等比例地影响生育水平。经济、文化、科学技术、社会福利、思想传统等社会因素决定妇女生育水平，是通过人们的生育意愿体现的。而社会存在对社会意识的决定作用，并不是立即产生影响的。社会意识对社会存在的反映，往往落后于社会条件的发展。也就是说，虽然经济社会诸方面影响生育观从而影响生育水平的条件已经出现了，但人们的生育观并不一定会马上转变。比如在旧中国，农民为保证有 2 个孩子可以活到结婚年龄，就必须让他的老婆生育5个以上的孩子。高死亡率是旧中国出生率比较高的根本原因。新中国提高了劳动人民的生活及医疗水平，死亡率明显地降低了。但是，农民的生育观却在一个很长的时期内没有得到相应的转变。比如我国50年代、60年代以及70年代中期的大多数人的生育观，就是如此。计划生育就是人们在生育方面适应这些经济社会发展所产生的社会行为，它的内容主要是生育问题，但涉及的范围远非生育所能包含了的。经济的、文化教育的、科学技术的、医疗卫生的、社会福利、思想道德，等等，各方面都直接影响着人们的生育观。由于整个社会的变动必然地影响到生育观的变动，从而又影响到社会的生育水平。

在我国，多子多福的生育观是适应生产力发展水平较低阶段的。在私有制社会里，劳动人民的生活得不到社会的保障，加之低下的生产水平也抵抗不了自然灾害的困扰，各个家庭都只能把自己的未来寄托在儿孙这一代身上。尤其是在自然经济里，手工劳动的生产力水平往往是同劳动力数量成正比例的。所以，孩子越多，相对地说幸福就越有保障。久而久之，在我国民众中就形成了多子多福的生育观。

新中国成立后，我们的社会制度变了，生活水平提高了，医疗条件改善了，人们从自己的生活中感到孩子少些、家庭小些，生活更舒适、更幸福。加上70年代以来计划生育的广泛宣传，自上而下的计划生育服务网络、周到的技术服务，不仅使生育观迅速改变了，而且还使改变了生育观的广大人民希望少生孩子的愿望可以变为现实。这里面有社会制度问题，也有社会文明发展的程度问题。比如在70年代之前，人们还没有发明出较先进的避孕药丸和舒适方便的避孕器具之前，即使人们希望少生孩子，但她又有什么好的办法可以避孕呢？当然，在社会制度和社会文明发展水平两方面的因素里，主要的还是社会主义制度在起作用。由于我们自由民主的社会主义制度，在新中国成立初就公布了节育及流产是公民的基本权利。我们工作虽然有曲折，但从国家法权方面说始终是推行计划生育的。并且，我们毫不遮掩地把自上而下的计划生育行政和技术管理工作，当作各级政府的一个重要职能部门要求不断加以完善。同样，也仍然是由于社会主义制度的问题，我们才依据经济社会发展规划，提出了人口生育方面的规划，争取把人口的发展同经济社会的发展日益协调起来，这是我们的人口出生率能够迅速下降的根本原因。探寻这一巨大成就的原因，说它是实行计划生育的结果，又不完全是；但要离开计划生育从别的方面来找原因，又绝不会得出令人信服的答案。国外不少学者不懂这一点，他们仅仅从经济现象同人口出生率的简单类比方面得出一些历史的异同点，认为人口生育水平的根本转变是经济发展的结果，只有达到这样的经济水平时，人口的出生率才会真正降低。一般地说，这样的观点是对的。但是，他们不是从经济关系即社会经济结构上以及经济制度上找原因，而仅仅从人均生活水平上把握经济水平。好像只有当人均收入多少美元时，人口出生率才会降低到中国这样的水平。现在中国的人均收入还没有达到这样的程度，而生育率却降到这个水平，这只能是"强制"、"高压"和"侵犯人权"的结果。我们的同志把这些人的观点概括为"经济决定论"，并要对其否定和批判，其实是不妥的。与其说他们是"经济决定论"，不如说是"机械唯物论"。这些学者忘记了一些必要的历史常识，即当发达国家在人均收入相当于我们今天的时候，不少国家还处在教会的统治下，严禁节育和流产的法律仍然发挥着效力。此外，那时也还找不出理想的避孕方法，妇女们有什么办法不多生孩子呢？

四

这里有必要谈一谈学术争论问题。我是主张学术争论的，特别认为应该有指名道姓的争论。这样的争论是学术繁荣和学术发展的"助产士"。遗憾的是，我国学术界竟然拿不起这样的武器。在这一点上，我们甚至还比不上资产阶级学者。在国外，资产阶级学者之间争论是十分自然的事情。特别是一些有名的学派之间的辩论，异常激烈。在学术观点上，往往相互尖锐对立的人们，私交反而十分密切。大家比较熟悉的李嘉图和马尔萨斯就是这样。无论在人口学方面，或者在政治经济学方面，马尔萨斯都是李嘉图的论敌，但这并不影响他们的友谊。

我们学术界应该拿起批评和反批评的武器，给论战的双方以充分发表言论的自由。几十年来，我们习惯了一个时期只能有一家之言，这是不正常的。党的十一届三中全会之后，这种状况有了很大的改变，科学民主的气氛好多了。但是，按科学发展的要求说，我们做得还是很不够的。同时期为什么不能有两家或数家之言？科学进展是无条件的，而科学的繁荣是需要学术斗争维持的。所以，批评和反批评应该是同时的。一个时期只有一个观点，说明我们科学民主的气氛和条件都还没有形成，科学的进步就会受到影响。

怕我们的学术斗争被国外敌视我们的人利用的心理，是科学不发达状态的反映。在计划经济的初期，我们也不敢公开讨论或批评经济体制方面的弊端，怕被敌视我们的人利用。现在，评论和批评经济政策、经济效果，已经不是什么神秘的事情了。原因是我们在计划经济方面走得很远了，计划经济科学有了充分的发展，大家都认识到要发展我们的认识，不讲实话是办不到的。人口学研究和计划生育事业还都刚刚开始，所以一讲实际工作上的弊病就很紧张，怕损伤积极性，怕被人利用，等等。其实这些担心都是大可不必的。要想制止敌视我们的人对我们的攻击，是不可能的。我们正义的事业都是他们攻击的对象。我们的缺点他也要抓住宣扬。但我们不能怕别人抓辫子就不敢公开辩论自己的问题。辩论是认识问题的最好武器。通过辩论，我们可以很快认识客观事物，找到方向并从迷途中大踏步地前进。这是摆脱敌人抓辫子的根本办法。否则，因为怕被抓辫子，我们捂住盖子不放，对错误的东西遮遮掩掩，继续在十字路口徘徊，被抓的辫子会更多。走自己的路，怎样走得更快就怎样走，这是摆脱敌人纠缠的最好办法。

我们的人口学研究和计划生育事业起步都不很久，但已经看到一个必然的趋势是人口理论科学的生命在于面向实际，包括面向我国的计划生育实际，而计划生育事业的发展在于要以马克思列宁主义人口理论为指导。人为地设置禁区，研究工作不敢触及社会主义建设的实际，不敢联系计划生育，研究工作将一事无成；计划生育离开了马克思列宁主义，拒绝用马克思列宁主义作指导，也不会有出路。

（写于 1985 年 12 月）

按照晚婚晚育加间隔生育办法
测算我国人口情况的报告和建议①

　　1984 年春节,我曾将从 1979 年开始研究的晚婚晚育和延长二胎生育间隔的科研成果,写成题为"把计划生育工作建立在人口发展规律的基础上"的报告,写信给中央,建议进一步修正和完善我国现行的生育政策,即在继续提倡一对夫妇只生一个孩子的基础上,允许每个农民家庭生 2 个孩子,提倡晚婚晚育和延长两胎间隔。一年多来,我们重新对我国人口的发展进行了新的测算。与此同时,我们还对我国计划生育工作的状况做了一些调查研究。后经国家计划生育委员会和山西省委、省政府批准同意,在山西省翼城县按晚婚晚育加间隔的生育办法进行试点。先后参加这些研究工作的还有山西省人口学研究所张广柱、翟胜明,山西经济管理学院马培生、张培军等同志。关于在山西省翼城县推行晚婚晚育加间隔生育试点的情况,新华社以"人口学家梁中堂在翼城县蹲点试行'晚婚晚育加间隔'的生育办法效果良好"为题,于 1985 年 10 月 18 日向中央作过反映。这次仅对我国人口预测的结果和当前计划生育有关问题作如下报告和建议。

一、测算情况

　　对我国人口测算过程分三个阶段进行:

---

① 本文是 1986 年春节给中央书记处写的一个研究报告。据我所知,此件曾以书记处参阅文件的形式予以刊登。

第一阶段,为检验过去的测算结果和对比各种方案的优缺点,我们按4种生育水平测算了20世纪末我国人口总数。其结果是:(1)平均每个妇女生1个孩子,2000年全国人口为10.6亿;(2)平均每个妇女生1.5个孩子,期末总人口11.6亿;(3)平均每个妇女生2个孩子,期末总人口12.4亿;(4)平均每个妇女生2.3个孩子,期末总人口12.8亿。

第二阶段,按照晚婚晚育加间隔的方式测算20世纪人口。

晚婚晚育加间隔的生育办法不同于以上任何生育办法,它是在70年代周恩来总理提出的"晚、稀、少"的基础上更进一步的控制方案。我们测算的具体条件是:第一,城市基本维持一对夫妇只生1个孩子,农村有5%的家庭只生1个孩子;第二,妇女平均23岁初育;第三,第二个孩子在妇女的30岁时生育。经过计算,得到2000年我国总人口的理论数据11.8亿。

第三阶段,对第二阶段测算的结果进行分析和修正。

以上数字都仅仅是计算机显示的结果,它同实际还有很大的差距。第一,在运算过程中,从1982年起,电子计算机每见一位23岁妇女安排一个第一胎,每见一位30岁的妇女安排一个第二胎。但1982年人口普查资料表明,该年几乎有40%不足23岁的妇女已经生育1个孩子,50%不足30岁的妇女有了2个孩子。另外,30岁以上的妇女中还有一些未生育或仅有1个孩子,电脑都按照已有2个孩子计算。经过冲销,计算机至少重复计算了2000万个孩子。第二,我国是一个自然条件与社会发展水平都很不平衡的国家,加之多民族并存,需要规划一定比例的多胎生育。如果以10%的多胎生育计算,2000年总人口为11.9亿;如果以20%多胎生育计算,期末总人口为12.2亿。

此外,我们还计算过实行晚婚晚育加间隔的生育办法以后,21世纪前50年的人口增长情况。进入21世纪以后,随着我国20世纪50年代以来出生的7亿人口进入高年龄层,提高了老年人的比例,死亡率将逐渐上升到目前发达国家13‰左右的水平上,而那时每年进入婚龄的青年只有800万对左右,平均每个家庭生2个孩子,全社会自然增长率就会保持在3‰~5‰。到21世纪30年代,当我国总人口达到13亿的时候,我国人口可能达到稳定状态。

分析以上测算情况,第一,计算所得的各个数据是可靠的。过去,人口学界有不少的测算,如宋健等同志 1979 年的计算:(1) 妇女平均生育率 β =1.0, 2000 年时的总人口 10.5 亿;(2) β =1.5,11.3 亿;(3) β =2.0,12.2 亿;(4) β =2.3,12.8 亿。我们第一步测算的结果同这些数字基本一致。而晚婚晚育加间隔的生育办法,既不同于 β =1.5,又不同于 β =2.0。因为计算了 25% 的独生子女家庭,加上几乎一代人推迟了生孩子的年龄,就使期末的总人口数减少 3000 万 ~5000 万。第二步测算晚婚晚育加间隔的理论数据 11.8 亿,低于平均生 2 个而接近于平均生 1.5 个孩子的数值。

第二,我们假设今后有 25% 左右的妇女生 1 个孩子,是比较切合实际的指标。目前城市基本上做到了一对夫妇生 1 个孩子,今后,如果我们逐步把政策放宽到城市有 20% 的妇女可以生 2 个孩子,也仅仅占全国的 4% 左右。在计算中,农村只算了 4%~5% 的一胎率。考虑到不婚、不育等因素,农村中做到 5%~10% 的一胎率,是有可能的。同时,随着经济社会的发展,20 世纪城市化过程和更多的农村青年转向城市,在实际控制中都会增加独生子女的比例。

第三,设计的晚婚晚育率也都是比较现实的。我们假设妇女在 23 岁初育,这是最近几年不号召晚婚都可以达到的标准。早在 70 年代,我国妇女平均初婚年龄就已经达到 23 岁,平均初育年龄超过了 24 岁。根据 1982 年普查资料,二十五六岁的妇女才平均 1 个孩子,比我们计算中 23 岁平均生 1 个孩子要高两三岁。

70 年代,我们妇女平均生二胎的年龄是 26.4 岁,我们今后提高到 30 岁,实际是二十八九岁就可以给生育指标而不采取避孕措施了,比 70 年代曾达到的水平推迟了两三年,相信这是大多数家庭都可以做到的。

第四,多胎比率以 20% 计,是一个通过做工作可以达到的指标。因为这个数字相当于今后十几年逐渐进入婚龄的少数民族妇女和农村中所有连生 2 个女孩家庭的总和,希望生三胎的家庭,大致也就是这些家庭的工作难做一些。

总之,测算的情况表明,在我国推行晚婚晚育加间隔的生育办法是可行的。

二、农村现状迫切需要完善生育政策

目前,农村生育形势迫切要求完善生育政策,这表现在以下几个方面:

第一,早婚、早育、抢生、超生的现象严重。70年代,我国妇女初婚初育年龄都已经很高。从提出"只生一个"的办法以来,各级党组织不好再抓晚婚晚育了,早婚、早育、抢生、超生的现象普遍发生。从全国妇女生育率抽样调查得到的材料看,1979年到1982年上半年,不满20岁结婚的妇女占当年结婚总数的比例由11%上升到26%,晚婚率由52%下降到47%,妇女平均初婚年龄由23岁下降到22岁(现在又下降了近1岁),初育年龄由24岁下降到23岁(现在又下降了1岁)。由于抢生,妇女生育二胎间隔由过去的3年左右下降到不足2年。

第二,农民不仅普遍抢生二胎,而且多胎比率也都很高。为了了解目前人们的生育意愿,我对4000多名农村青年进行了调查,结果表明:希望生1个孩子的占9.4%,希望生2个孩子的占82.7%,希望生2个以上的占7.9%,平均希望理想子女数2.0个。根据国家统计局最近在陕西、河北、上海等两省一市的调查,目前没有存活子女或只有1个存活子女的理想子女数,上海市为1.16~1.65个,而陕西、河北二省为2.00~2.24个。说明生2个孩子是绝大多数农民的生育意愿,它基本上反映了我国农村的经济社会发展水平。把生育指标定在不准生二胎上,不仅做不到,而且因为对立面太大,连多胎生育也管不了。国家统计局的资料表明,陕西、河北2省农村自1980年以来出生的孩子中,一、二胎各占45%、38%,四分之一以上都是多胎,根本原因就是处罚二胎,致使生多胎的也不感到孤立。

第三,全国"独生子女"数停滞不动,农村独生子女率相对下降。独生子女本来是指不再生第二个孩子的家庭的子女,现在,实际上是把生了第一个孩子还没来得及生第二胎的都统计为独生子女。据抽样调查,1982年年中,这样的"独生子女"全国总计3300多万,到1985年年初,两年半里至少有2000万对青年结婚。同期,全国新出生的孩子至少也有4000多万,而"独生子女"家庭只增加了200多万,达到3500万。这个数字说明,除了大中城市"独生子女"绝对数增加之外,农村中独生子女率反而相对下降了。

第四,由于不切合实际的高指标,压得各级弄虚作假。除上面所说把"头胎子女"改为"独生子女"统计外,各级上报的"一胎率"同实际上的差别,已经大致使统计数字到了毫无参考价值的程度。以陕西、河北、上海为例,据国家计划生育委员会的统计,1982、1983、1984 和 1985 年上半年,陕西省的独生子女率分别为 63.5%、65.9%、66.5%和 62.2%,而国家统计局调查表明,同期出生的孩子中头胎子女仅为 44.3%(城乡合计)。同期,河北省统计独生子女率分别为 70.5%、78.4%、75.7%和 71.3%,而实际上,该省的一胎率才 46.8%。上海市分别统计为 92.9%、96.6%、98.5%和 98.6%,实际上只有 80.6%。在多胎生育统计中,河北、陕西两省 3 年半里上报的都不超过 10%,少时仅有 3%~4%,实际上却都超过了 25%。

第五,侵犯群众利益的问题近年虽有减少,但违法乱纪的现象经常发生,党群关系紧张的状况仍然存在。同 1984 年中央 7 号文件下达前比较,计划生育方面违法乱纪、侵犯群众利益的事减少了,党群关系有所缓和。但是,因为中央提出的"要进一步完善具体生育政策"的精神没有得到贯彻,广大农民并没有从高指标下面解脱出来。几年来,受罚的群众不仅没有减少,实际上每年仍以 1000 多万户的速度递增。

第六,生育政策不明确,基层干部手足无措,农民群众人人自危。中央 7 号文件是纠正过去不合理的生育办法的开端,要求把计划生育工作建立在合情合理、群众拥护和干部好做工作的基础上。但是,两年过去了,我们还没有拿出一个足以替代过去"只准生一个"的高指标的生育政策的办法,以致干部群众现在手足无措,老的办法被否定了,新的生育政策又没有,农村基层干部无法做管理工作,农民无法计划自己的家庭生育。目前,生二胎仍然是要受罚。尽管大多数农村因受罚面太大而使现行政策无法实行了,但广大农民还是因为"违反生育政策"而处于不安的状态中。

三、关于完善生育政策的几点建议

几年来,实践表明,关键性的问题并不在于我们允许不允许农民生 2 个孩子,农民正在那里生 2 个孩子,这几乎与我们的政策无关。同党的其他各项工作一样,关键性的问题仅仅在于我们敢不敢在计划生育领域里贯彻实事求是和群众路线的原则。最近,民政部统计的材料表明,社会养老是个负担十分沉重的问题,我们应该尽量避免这个包袱。到 1985 年,我国 60 岁以上城镇老人 1720 多万,无依无靠的老人虽然只占 0.7%,仅 35 000 人,每年国家就需拿出 6000 多万元和 10 000 多工作人员来赡养、照顾这些无依无靠的老人。我们不要说让一代人只生一个孩子,只要一代人中有 30% 的青年只生一个孩子,就会造成 15% 以上的老人无孩子照顾,这对社会将是个十分沉重的负担。所以,只生一个孩子的比例如果超过一定的限度,留给后代的并不一定是幸福。中央领导同志多次强调既要控制人口增长,又要有一个好的年龄结构,是很有道理的。从 1979 年以来,中央提出"提倡"生一个孩子,但各地在执行中实际上把"提倡"当作政策。具有直观和现实主义特征的我国农民,意识到解决养老问题还要靠自己的家庭。所以,尽管不少地区强制生一个孩子,但广大农民还是从切身利益出发平均生了 2 个孩子。从长远看,这并不是坏事。

从我国经济社会发展的趋势看,我们也有条件允许农民生 2 个孩子,以满足大多数农民家庭维持简单再生产的需要。党中央根据我国经济社会发展规划,提出 20 世纪末将我国人口控制在 12 亿左右的水平,这是整个社会不实行晚婚晚育、平均生 2 个孩子就可以做到的。如果要求大部分城市青年只生 1 个,农村少数人只生 1 个,再加上晚婚晚育和延长二胎生育间隔,即使社会上仍有现在这么多的多胎生育,把我国人口控制在 12 亿左右的水平,也是有把握的。为此,建议当前计划生育抓紧做好以下几方面的工作。

(一)在群众中普遍进行关于人口目标的教育

从 1979 年以来,为了让更多的家庭只生一个孩子,直到最近,我们仍然宣传说,只有至少一代人的"一胎化",才能解决我国人口问题和实现 12 亿的目标。这样,不少人认为,只有"一胎化"才能把人口控制在 12 亿左右。经过一段实践以后,因为我们根本无法做到"一胎化",所以广大群众连实现党的 12 亿目标的信心也失去了。

现在,我们需要在全体人民中普遍地进行党的人口目标的教育,说明 12 亿的人口目标是同我国经济社会发展水平相适应的,它不是建立在"一胎化"基础上的,而是平均每个妇女生 2 个孩子就可以实现的。只是因为我国经济社会发展不平衡,各地的经济和自然条件差别很大,为了提高保险系数，才需要在有条件的地区和单位鼓励一部分家庭只生 1 个孩子。所以，这是接近我国大多数群众生育意愿的目标，是科学的。实现这样的目标是有条件的，从而提高干部群众做好计划生育工作的自觉性和完成 20 世纪末控制人口目标的信心。

（二）调整各地人口包干指标

目前，各地区的人口指标是在历年计划生育工作的基础上逐步形成的。过去，因为人口年龄性别构成不清，我们在分配指标时习惯于"鞭打快牛"、层层加码和"留有余地"，使各地的人口包干指标苦乐不均。现在，因为各级手上都要有余地，造成不少地区每个妇女只生 1 个孩子，也难以完成人口指标，人为地增加了紧张气氛。为了使各地的人口计划同实际情况更加吻合，需要在全国调整人口包干指标。调整的原则是根据我国人口地理分布和人口构成的特点，以全国人口的增长幅度为基准线，确定各地区的人口增长速度和人口指标。一般地说，城市人口比重大、人口密度大、少数民族人口比例小、年轻人比重小和经济文化比较发达的地区，人口指标稍紧于全国的平均增长幅度（15‰），相反，人口指标可以稍松一些。

（三）完善具体生育政策

在修订和调整各地人口指标的基础上，要尽快完善具体生育政策。因为，如上面所述，没有一个比较明确的生育政策，于控制人口的需要、于人民的日常生活都是极为不利的，应该尽快结束目前这种状况。在修订和完善具体生育政策时，全国的生育政策不宜统得过死，原则上要宽、要相对稳定，要扩大地方的权限。各地在保证完成调整后的人口包干指标的前提下，可以制定自己 15 年或更长时间的具体生育政策。

对于全国统一的生育政策，中央只需要制定出极少的几条具有原则性的意见，如继续提倡一对夫妇只生一个孩子；提倡晚婚晚育；城镇居民原则上一对夫妇只生一个孩子；除少数民族外，一般家庭不许生三胎……除此而外，中央主要审批各省（市、自治区）关于 20 世纪内人口发展规划，并监督其执行情况。

各省有权在不违背中央精神的前提下，根据自己的包干指标和实际情况制定人口政策和人口规划。生育指标紧的地区和单位，可以通过制定出足以诱导较多青年自愿只生 1 个孩子的办法和措施，也可以通过提高晚婚年龄,延长二胎生育间隔的办法,适当增加生二胎的比例,以缓和人口指标同人们生育意愿的矛盾。生育指标松的地区和单位，则可以降低晚婚年龄和缩短二胎生育间隔,等等。总之,人口包干指标下达给各地后,相应地要扩大各地的权力,以使权责相适应。

由于几年来执行我国绝大多数农民无法做到的只生 1 个的政策,致使目前每年成千上万的农民受罚，使计划生育成了与群众普遍对立的工作,与党的十一届三中全会以来党的整个工作不协调,同 12 亿的人口目标不协调，同越来越好的形势不协调。我们已经赢得新中国成立以来政治、经济等方面形势最好的时期。几年来,农民对我们各方面都满意,就是对计划生育有意见。所以,现在应该是中央下决心解决这一问题,使千百万农民得到解脱的时候了。无数的事实都证明，我国的农民群众是听党的话,跟党走的。只要我们的政策合理,体现群众的利益,是从群众中来到群众中去的政策，就可以变成广大人民群众的自觉行动。计划生育完全可以做到这一点。

（写于 1986 年 2 月 9 日）

关于 20 世纪末我国人口总数的 测算情况①

一、情况介绍

1985 年，我国第三次人口普查 100%机器汇总资料出来后，我们重新对 2000 年内我国总人口进行了测算。现将测算结果情况报告如下：

（一）资料来源

这次测算和研究的基本数据、参数取自以下几个方面：

（1）国家统计局《中国 1982 年人口普查资料（电子计算机汇总）》；

（2）国家计划生育委员会《全国千分之一人口生育率抽样调查资料》；

（3）国家统计局 1985 年 4 月在河北、陕西、上海等二省一市深入的生育力抽样调查初步报告。

（二）方法和手段

在这次计算中，我们没有采用传统的以西方总和生育率预测的办法，而是使用我国绝大多数地区实际发生的办法——胎次规划法，即寻找平均的妇女年龄，由社会对妇女生育胎次给予规划。我们作这样的改变，主

---

① 本文是 1986 年 4 月 25 日作者在国家计划生育委员会组织的对晚婚晚育加间隔生育办法测算我国人口状况的听询会上的发言。国家计划生育委员会主任王伟、副主任常崇烜、政策规划处处长李宏规等同志参加了听询会。

要是考虑到西方国家目前使用的以总和生育率模拟的数学模型方法，以及我们过去采用的传统的统计学方法，不大符合我国计划生育的实际情况。

总和生育率实际上是一年内育龄妇女的生育速度或规模。在采用总和生育率测算时，是把一年内的妇女生育率假设为一名（或一组）妇女在其生育年龄内都按该年的分年龄生育率生育，在这一条件下，她（们）一生中平均所生育的活婴数目。比如 1975 年我国育龄妇女总和生育率 3.571，是该年 15~49 岁妇女分年龄生育率的总和。如果用这个生育率水平预测人口出生数，就是假设今后各年龄生育妇女终身依次经过 15~49 岁时，生育水平都相当于 1975 年相应各年龄妇女生育的实际水平。这等于是把该年妇女总和生育率当作妇女终生生育率。这种办法在西方国家和我国实行计划生育之前，进行一般的测算，都是可以的。因为在这些条件下，社会都没有直接疏理、计划、干预妇女的生育过程，妇女的生育是在社会经济、民族传统、历史文化和自然等方面因素的间接影响下进行的。而以上诸因素综合地决定生育观，在短期内很难有较大的变化。所以，不仅妇女总和生育率在较长年代里比较平稳地滑动，而且 15~49 岁各年龄组妇女的生育率变动也比较平滑。这是因为，在那些社会没有直接计划和控制情况下的妇女是处于自由生育状态的。发明这种预测方法的欧美等发达国家的妇女生育水平在近百年里才显出较大的变化，完全可以近似地用某一年生育来预测较近一段时间的未来人口。

但是，我们目前预测的是在社会主义条件下实行人口控制的未来人口，我们利用生育政策和人口计划直接调节妇女的生育水平，这就与西方很不相同。在这种情况下，我们国家的妇女生育率可以在很短几年里下降到西方国家近百年里才能达到的水平，妇女生育行为不是平滑地拉长在 15~49 岁的 20 多年里，而是突出地集中在相近的几个年龄组里。比如从近几年的情况看，我国妇女生育率是集中在 21~30 岁，特别是 24~29 岁成为妇女的生育高峰期，35 岁以上的年龄组就开始出现微弱的生育行为。这种现象充分说明，社会自觉控制和调节之后，给妇女生育行为带来的后果。其次，我们目前还处于完善政策的阶段，采用什么样的具体生育政策，对于预测未来社会生育水平是十分重要的。这就不能用过去总和生育率模拟人口的方法，因为这样的预测方法同实际的人口计划无法保持一致。还有，如果我们使用总和生育率预测，我们就必须让已经有过生育历史和存活子女的育龄妇女依次走完她们的生育年龄，这就会造成我们把总和生育率尽可能压在理想水平比如 2.0 以下，但实际上比如说 25 岁的妇女在达到 50 岁时，她有可能是平均生了 5 个孩子。这显然是不应发生的。我们的控制只能是未生过 2 个的规划 2 个，而生过的以后就不再规划了。所以，我们是用比较切合实际的胎次预测方法。

在按晚婚晚育加间隔的生育办法预测 2000 年我国总人口的时候，我们设计了四类二十四个扩展 BASIC 语言程序，并运用电子计算机分别进行计算。

（三）具体测算过程

测算工作大致分为两步。第一步是先按市、镇、县测算出 1982 年人口普查时的人口在历年的存活数；第二步是从以上各年存活人口中，抽出当年生育的妇女人数，计算出各年出生人口。各年存活人口数加上各年新出生的人口数，即为各年的总人口数。按照晚婚晚育加间隔的生育办法进行的测算是以这样的生育条件为前提的：（1）城市基本维持目前一对夫妇只生一个孩子，农村中有 5% 的家庭只生一个孩子；（2）妇女平均 23 岁初育；（3）生育第二个孩子的妇女年龄为 30 岁。

（四）使用的基本数据说明

（1）在计算中，是以 1982 年普查资料为基数，即把普查时的全国市、镇、县人口中市、镇人口看作市人口，县人口中包括常住的非农业人口，包括在县辖区内的厂矿、农场、机关"城镇居民"，都是当作县人口看待的。考虑到 1982 年是人民公社变为乡镇设置之前，县一级的市以及镇的编制要比现在少得多，可以同市郊和县辖区内城市居民计入农村相抵。所以，采用 1982 年的普查资料为基本数据，与实际出入不大。

（2）在计算中，假设城市基本维持每个家庭只生一个不动，主要是考虑到我国城市经济社会生活水平和这几年计划生育工作的实际情况，大、中城市基本上做到了每个家庭只生一个，有些群众对此虽然也有意见，但不是如农村那样严重。虽然说，今后对城市的生育政策也应适当放宽，但不宜同农村一起动，也不宜在计算时就作为条件。实际上，如后面将看到的那样,如果城市二胎放到占城市青年妇女的 20%,其在整个妇女生育中还不到 4%,这是一个不很大的数字。

农村只生一个的家庭占 5%,是根据党提倡的"只生一个"的号召以及经过做工作后可能达到的最低比例。这一方面是每个年龄组中都有一定比例的妇女只生一个孩子,还有一定比例的农村家庭特别是经济文化较为发达的地区里受城市的影响而自愿只生一个孩子。加上做工作以及可行的鼓励政策,农村中达到 5% 的家庭只生一个,是一个不高的比例。据对北方 4000 多名 18 到 30 岁的男女青年调查,愿意生一个孩子的占 9.35%,愿意生 2 个孩子的占 82.74%,愿意生 3 个或 3 个以上的占 7.91%。此外,根据我国的经济社会发展水平,农村中也不宜有更多的独生子女家庭,以避免将来孩子结婚后出现过多的老年人无人照顾,加重社会负担。

考虑到我们生育政策的特点以及将来社会的实际情况,为留有余地,我们在计算时未把我国妇女中 2%~3% 的终身不孕因素计算进去。因为妇女结婚后即使不孕,该家庭也往往会领养一个孩子。所以,我们没有从育龄妇女中减去这部分少生人口。

（3）初育妇女的年龄为 23 岁,以常规类推,是以妇女初婚年龄为 21 岁到 22 岁为前提的。1980 年我国妇女平均初婚年龄已高达 23.1 岁,其中城镇 25.2 岁,乡村 22.5 岁。同年,我国妇女平均初育年龄 24.5 岁,其中城镇 26.9 岁,农村 23.9 岁。只是最近几年因各种原因,大家不重视晚婚晚育问题了,初婚初育年龄又都降了一岁多。随着今后经济文化事业的发展,社会只要稍加教育,把初婚初育年龄稍加提高,就可以达到我们这里定的妇女平均在 23 岁初育。

（4）我们将生育二胎的妇女年龄定为 30 岁,而不是采用间隔 7 年的办法,是因为实际生育年龄往往是个人无法确定的事情。如果用间隔 7 年再生第二胎的办法,更增加了妇女生育的盲目性。同时,用这种办法势必形成第一胎早生,则第二胎就可以早生的观念,从而可能导致抢生第一胎。此外,无法早生的妇女比如二十六七岁之后才初育,如果单纯以间隔为条件,第二胎生育年龄就在三十五六岁之后了。这无论就家庭、社会或优生学方面来说,都是不宜取的政策。规定妇女生育年龄,头胎生育迟了并不影响二胎生育。同时,大家都知道自己生育的时间,社会计划和家庭计划在几年前就都是清楚的,减少人们的盲目性。

生育二胎的年龄定在 30 岁,是考虑到历史的实际水平和经过努力可以达到的程度。1980 年和 1981 年,我国妇女生育二胎的平均年龄分别为 26.4 岁和 26.2 岁,其中城市为 29.3 岁和 28.8 岁,农村两年都是 26.1 岁。如果让生育二胎的妇女平均在 30 岁生育,二十八九岁时就应该给其安排指标并结束避孕期。所以,节育时间相应地比过去仅延长两年多。这不是一个很高的要求。

(五)计算结果及修正

经过计算,1982 年人口普查时我国 10.3 亿人口中,2000 年存活数达 8.7 亿。从 1982 年到 2000 年内,全国出生的头胎子女累计达 1.8 亿,出生二胎累计 1.2 亿,一、二胎合计约 3.1 亿。所以,届时总人口 11.8 亿。

不能笼统地说这就是晚婚晚育加间隔生育办法计算的人口数。这个数据仅仅是在以上条件下计算的理论数据,同我国的实际情况还有一定偏差,需要根据不同条件做进一步的修订。(1)在以上的计算过程中,我们假设妇女 23 岁初育,所以在 1982 年后每见一位 23 岁妇女安排一个一胎。但实际上在当年 15~19 岁妇女中 1% 已经存活一个子女,20~23 岁妇女中近 40% 的妇女存活一个子女,24~29 岁妇女平均存活一个半孩子。即除每个妇女至少有一个孩子外,其中有 50% 的妇女已经存活两个子女。按绝对数计算,当年 23 岁以前至少有 1000 万妇女已经生育并存活一个以上的孩子。同样道理,在 1.4 亿从 15~30 岁育龄妇女人数中,至少有 1600 多万妇女有了两个以上的活产子女。当然,还有一部分 30 岁前未生育的而当作已存活一个子女和 30 岁以上没有两个孩子而都按存活两个子女对待,从而多计算了一定的出生人口。考虑到改善政策实行晚婚晚育和延长生育二胎间隔后,23 岁前已生过一胎的和 30 岁前已生过二胎的,一般不再安排相应的胎次,再冲销按政策要求补足生育数,大致重复计算了 2000 万个孩子。就是说,如果严格按照以上条件,2000 年人口数将是 11.6 亿。

(2)随着农村生育政策的放宽,根据我国的实际情况,城市中也适当放宽政策。如果城市中只准许生二胎的条件放到 20%,这从目前看是一个可以照顾到各种具体困难的比例,但也仅相当于全国妇女中又增加了 4%

的妇女生二胎，于全局无多大影响。此外，我国是个民族众多的国家，从党的少数民族政策出发，如果允许让汉族之外的少数民族生 3 个，在总人口中也仅有 6.7%。连同城市放宽的 20%，两项合计，也仅相当于增加了 10% 的多胎。按照这样的水平计算，2000 年我国总人口可达 11.9 亿。

（3）我国是一个地域辽阔、自然条件及历史文化发展都很不平衡的国家。在人口控制过程中，因为人民群众实际困难以及管理工作等方面的原因，还会有一定比例的多胎生育。如果把多胎率限制在接近目前的水平上，以 20% 计算，2000 年我国的总人口则将是 12.2 亿。

二、对质询问题的答复

（一）晚婚晚育加间隔生育办法同普遍生二胎有什么区别

晚婚晚育加间隔的生育办法不简单地等同于普遍开放二胎。首先，无论城市或乡村，都有一定比例的"一孩率"。就是说，仍然是以提倡一对夫妇只生一个孩子为前提。其次，在生育上坚持要有计划，不是简单地允许生 2 个。一般的允许生 2 个，早生晚生全由个人决定，是在 2 个以内的自由生育。相反，晚婚晚育加间隔的生育办法是以疏导和要求晚育为条件的。所以，它不同于目前有些失控而普遍生二胎的情况。顺便解释一句，凡是生育二胎的对象，都是在完成 2000 年人口指标前提下的计划生育，也属于服从我国经济社会发展要求而应该完成的生育量。所以，这种生育办法是不能简单地归结为生一个或生两个，它就是晚婚晚育加间隔的生育办法。

（二）这一办法是不是"一刀切"

把这种办法模拟后加以计算，取妇女初育 23 岁，生二胎年龄 30 岁，但绝不是要把这当作一个模式让全国所有地方都这样套。这种生育办法仅仅是要求从减少单个妇女终身生育率和推迟妇女生育期两个方面实现控制人口过快增长的目的。特别是在当前我们已经把妇女的生育力压低到群众难以接受的程度的情况下，希望通过推迟生育来缓和生育计划同人民生育意愿的矛盾。各个地方究竟把晚婚晚育（包括生二胎）的年龄放在多大的限度上为好，应根据各地的实际来定。不过就目前来说，因为各地的指标都很紧，所以就只能通过推迟较年轻妇女的生育期来多安排一些年龄较大的妇女生育二胎。

我们提出的生育一二胎年龄同目前生育的实际情况有一定的矛盾，大致比实际上的都提高了两三年。首先，提高两三年的幅度是个不很高但又很必要的界限，如果同实际完全一致，计划生育和控制人口增长的工作就成为多余的事情了。其次，即使目前不可能完全达到，对 2000 年的人口目标是无妨碍的。在最近十年内，只要妇女生育胎次都不突破我们设定的条件，妇女生育一二胎的年龄或提前或推迟一二年，结果是一样的。但需要指出的是，妇女生育期越迟，节制生育和人口控制工作就越好做。如果 10 年后能使全社会的妇女生育达到我们提出的条件，即妇女 23 岁初育，生二胎年龄 30 岁，实现 12 亿左右人口的目标是有把握的。

（三）晚婚晚育加间隔是不是将 20 世纪应该出生的孩子简单地推到下个世纪，以凑足 2000 年总人口不突破 12 亿的指标？

如果我国人口年龄构成是十分平滑、稳定的，晚婚晚育主要就是把 20 世纪出生的数千万个孩子推到 21 世纪去了（即使如此，也是很有意义的）。但是，因为我国人口年龄构成不合理，目前年轻人口比重大，所以推迟生育就不是平推，而是调节人口结构的主要途径。当前，35 岁以下的一代人合计 7 亿多，占总人口的 70%，所以形成目前死亡率低和出生率高的特有现象。随着时间的推移，高年龄层比例逐步提高，人口死亡率也相应上升，到 2030 年左右，我国死亡率水平将可能达到目前发达国家的水平，由现在的 6‰~7‰上升到 12‰~13‰。同时，如果控制人口增长的政策不变，人口出生率会相应下降，这时将可能出现大比例的负增长。同样，为使那时经济社会不发生较大波动，人口变动就不应过于剧烈。所以，执行这个政策，将 20 世纪出生的孩子推迟一定年限，会使最近 50 年的死亡和出生水平大致平衡，实现人口的稳定发展。

（四）为什么用晚婚晚育加间隔生育办法测算的数据同实际结果、同"七五"人口规划都有出入？

利用晚婚晚育加间隔生育办法测算的各年人口数，同目前实际的人口数，同"七五人口规划"的人口数有差别，其原因如下：用这种办法预测的 1985 年人口总人数是 10.2 亿，而目前是 10.5 亿。差别的 3000 万属于这样几种情况，一是预测中没有计算多胎，而实际上几年来有 20%的多胎;二是预测以晚婚和推迟生育为基本条件的,而这几年恰恰出现早婚、早育的现象,提前一个年龄组生育,就可能多生 1000 万左右的孩子。但只要实行晚婚晚育加间隔的生育办法,因为抢生的妇女届时就不给指标了,所以早生的孩子会在以后的规划中逐步被冲销。故从目前的实际人口数和测算的人口数的差别上不能引出否定该办法的结论。

"七五人口规划"的 11.3 亿,主要是以现在的生育水平和年龄构成为基础制定的,其中包括一定比例的多胎以及不少因素的早生,而这两者都是晚婚晚育加间隔生育办法测算中所没有的, 所以会有差额。如上面看到的,晚婚晚育加间隔的生育办法实际上是有一定比例多胎的,但为了不误认为一定比例的多胎都是计划内的,是合情合理的,所以在测算中我们没有考虑进去,而是放在修订因素中。同样,希望在政策的制定中除了少数民族外,都只把多胎作为内部掌握的因素。

（五）晚婚晚育加间隔生育办法是否比现在的政策放宽了?

实行晚婚晚育加间隔的生育办法从形式上看,是政策放宽了。但真正实行起来,因为把人口控制具体化为提倡(真正的提倡)只生一个、晚婚晚育、延长二胎间隔等几个环节,工作更具体了,实际上比过去"只准生一个"的办法工作强度更大了。这是把原则具体化,改善过去"一刀切"和作风简单化之后所必将出现的情况。

（六）晚婚晚育加间隔的生育办法是否能很容易地完成人口计划?

任何办法包括相比之下的好办法, 都仅仅是一种解决问题的办法或途径。再好的政策也还是要通过人去执行的,工作能否干好,还有许多因素和条件,比如机构是否健全、干部素质的强弱,等等。所以,这种办法也仅仅是在 12 亿的比较紧的人口指标下的一个较为理想的办法,但它不能替代人们去做工作。在基础差的地方,还需要做好健全机构、提高干部素质、加强药具供应、加强信息及管理等方面的工作。

发展中国家的人口问题和
我国计划生育①

在第二次世界大战以前，人口问题只限于发达国家，因为那时的落后地区即现在所称的发展中地区，大都是发达国家的殖民地。在这些经济发展相当落后的地区，人口模式处于高出生和高死亡状态，增长水平还很低。所以，除了少数学者外，大家并不认为发展中国家有什么严重的人口问题。或者，因为发展中国家的人口现象仍然是数千年来的贫穷导致，所以不配谈人口问题。相反，倒是在发达地区，从 16、17 世纪开始，随着资本主义生产方式的产生和发展，一极是历史上从未有过的生产力的高度增长，一极是历史上从未有过的人口的猛烈增长。所以，人们通常认为发达地区才有着可怕的人口问题。

第二次世界大战后，一系列殖民地相继独立。随着发展中国家经济上的独立和发展，人民群众生活水平提高，人口增长现象越来越显著。加之大多数发达国家这时的人口模式由"高出生率—低死亡率—高增长率"转化为"低出生率—低死亡率—低增长率"，发达国家人口快速增长的现象基本结束。而发展中国家这时开始由"高出生率—高死亡率—低增长率"走向"高出生率—低死亡率—高增长率"。发展中国家的人口增长成为越来越显著的社会现象。先是发达国家的学者，接着发展中国家的学者也都跟上叫喊人口问题了。20 世纪 60 年代后，英国等国家的政府首脑

---

① 本文是 1986 年 5 月作者给海军某军事院校做的一次学术报告。

出面，动员了一些国家的领导以及联合国的机构，呼吁人们重视人口问题。这样，人口问题就成了发展中地区普遍严重的社会问题。我国是世界上人口最多的国家，近几十年同其他发展中国家重复相同的过程，所以，大多数人认为，我国的人口问题也就是目前世界性的人口问题，我国的计划生育也同发展中国家的"家庭计划"一样，是为了解决世界性的难题。这种观点是否正确？我们有必要做进一步分析。

一、人口问题具有特殊的社会性

1. 什么是人口问题

人口学家以及评论者往往只是从现象上来讲人口问题，把近代社会中存在的失业、失学、住房、饥饿、交通等社会问题，笼统地称之为人口问题。由于是从社会现象上来讲人口问题，如社会上一部分人没有职业、忍受饥饿和贫困的折磨，几乎是人类社会中任何历史时代都曾存在的。所以，人口问题就十分自然地被马尔萨斯主义者抽象地推广为人类历史上永恒存在的社会问题了。

但是，如果我们具体地分析不同时代的人口现象，就不难得出这样的结论，即人口问题在不同的历史时代，是由不同的原因造成的，其表现形式也是极不相同的。比如，原始人群因资源的贫乏而挨饿，同奴隶制时代的逃亡奴隶，封建制时代的流民以及资本主义时代的失业工人，尽管可以说其形式都是饥饿，但产生饥饿的原因是截然不同的。正是从这种基本的历史事实出发，马克思主义才坚决地反对那些抽象地谈论人口问题的非历史主义错误。所谓人口问题，实际上就是不同时代人类所面临的一些困难。而不同的历史时代，人们所面临的困难的性质、形式以及解决人口问题的方式、途径都不相同。比如解决封建时代的人口问题主要就是调整土地关系，以及自然经济向资本主义生产方式的发展，解决资本主义人口问题的根本途径就是社会主义革命。根据这样一些道理，我们再分析近几十年来的一些流行的人口学观点，就必然地得出一些截然不同的结论。

2. 根本就不存在世界性的人口问题

人口问题是人类生存所面临的困难和问题。就这个定义说，任何时代,任何国家或民族都存在人口问题。历史不用说,这也是当前的现实。近30年来,对发展中国家的人口问题的描述及揭露,已致使人口问题可以取代发展中国家的概念:只要一提起发展中国家,不禁令人想起饥饿、贫穷、失业、"人口过剩"等许多人口现象。人口问题几乎已经可以成为发展中国家的最重要的特征了。指出发展中国家的人口问题,是发达国家社会学家及人口学家的功劳。

但是,发达国家何曾没有人口问题?家庭破裂、性道德危机,以及出生率长期下降带来的劳动力供应紧张、人口老化和财富增长所不能消除的贫穷人口,都是发达国家经常存在的人口问题。所以,"每家都有一本难念的经"。

因为发达国家和发展中国家共同存在人口问题,就说人类面临世界性的人口问题,是不符合事实的。最近几年,叫喊最凶的莫过于粮食危机、资源危机、能源危机和环境危机了。但是,我们仔细地具体地分析这些所谓危机时,都会发现人们所担心的危机是不存在的。比如,20世纪70年代的粮食危机,其原因是从60年代后期开始的多年的世界性干旱,苏联的粮食减产,非洲的饥荒,都加重了全球性粮荒的紧张气氛。但是,从本质上讲,粮食仍然是一个市场问题。这一结论也被70年代的粮荒所证实。不错,这次粮荒要以非洲最为严重,以致70年代每年都有不少的非洲人饿死。但当我们看到像埃塞俄比亚等许多非洲国家不止一次出现的怪现象时,就很难说被饿死的人是因为缺少粮食。在这些国家里,一边是因饥饿而死的人,一边又是堆积在码头上的粮堆。毫无疑问,这些国家需要粮食,但当联合国支援的粮食运到这些国家时,却又让这些粮食堆放在码头上。所以,很难说这些国家是需要粮食,还是需要一个开明而又廉洁的政府。

70年代在发展中国家粮食受困的时候,发达国家因为能源问题曾受到极大的惊扰。我们知道,西方发达国家的高度文明是建立在石油基础之上的。70年代之前,一方面,欧美和日本等主要发达国家所耗能源的60%左右都是来自于石油,另一方面,这些国家所需石油的80%以上又都依赖于进口。第二次世界大战后,美国等发达国家垄断了海湾国家的石油开采权,海湾等发展中国家的石油在国际市场上往往比煤炭还要便宜。不仅美国等石油储量十分丰富的国家把钻出的油井封存，而且像英国和西德那些以燃烧煤炭推动蒸汽机而产生资本主义文明的国家，也都把煤井废置不用。70年代爆发的中东战争结束了发达国家使用廉价石油的历史。1973年，石油输出国组织收回了石油标价权。在短短六七年的时间里，石油价格上升了近20倍。石油价格上涨冲击了资本主义发达国家用石油建造的经济机制。这就是发达国家所说的"能源危机"。其实，这种能源危机与发展中国家的人口增长毫无关系。所以，根本不存在什么世界性的人口危机。人口问题，说到底，不过是不同制度下的社会问题、体制问题。

3. "人口爆炸论"批判

需要重视的是，几十年来，发达国家一直散布"人口爆炸"理论，说发展中国家的人口增长会带来人类的毁灭。这种观点显然是老殖民主义理论的翻版。如果我们如实地分析300年来的历史，就不能不承认人口增长是生产力发展的必然结果。300年前，资本来到人世间，很快就创造了比以前数千年总和还要大的生产力，随之而来的是发达国家的人口增长。300年来，欧洲这个资本主义的发祥地，几乎生下了包括欧洲在内的以及南美洲、北美洲、大洋洲等四个大陆的人口。在欧洲发达国家人口迅速增长的时候，亚、非等落后地区因受发达国家的殖民主义和传统的落后生产方式的统治，生产力和人口变动都处于停滞状态。第二次世界大战后，发展中国家在政治及经济上相继独立，被解放的生产力才以过去所未有的速度发展，人口变动也开始重复发达国家刚刚结束的历史。所以，不应该把人口增长当作纯粹偶然的事件，当作一种历史的误会。否则是与历史唯物主义格格不入的。

中国的人口增长，也是有其历史的必然性的。新中国成立后，人民翻身当家做主，经济生活有了很大改善，人口平均期望寿命由30岁左右很快增长到60多岁。如果我们不是陷入脱离实际的空想，我们能有什么办法不让人口猛烈增长呢？当时的死亡率一下子降下来了，但我们在出生水平方面却还不可能做很多的工作。第一，人们的生育观念作为意识形态的范畴，不可能一下子就得到改变。第二，今天看来很简单的避孕药具和技术，在10年、20年、30年前的中国老百姓面前，且不说受道德观念的约束还不可能普及宣传，即使可以公开宣传，我们有什么办法可以向广大农民传授？第三，现代化的避孕药具，如避孕药丸、避孕环等，都是 60年代后期、70 年代的产品，如果在 20 年前数亿农民自觉要求避孕，我们又有什么办法可以让她们不怀孕？并且，那时我们的医疗设施都很少，我们有多少医生可以帮助农村妇女实施人流手术？第四，假使 20 年前世界上已经生产出今天流行的避孕药具，但是，如果数亿人每天要使用这些药丸时，我们国家怎么会有那么多钱买这些药品？第五，在自上而下的医疗网络还没有形成的情况下，我们有什么办法可以把居民每天使用的药具送到他们的手里？这些看来都是十分简单的问题，就是在今天我们还不一定能够做到，如何能去指责 20 年或 30 年前的国家呢？其实，避孕和节制生育，是科学技术和社会发展的产物，没有社会的发展，没有科学技术的普及和发展，是根本谈不上的。所以，人口增长是有其历史的必然性的，我们不能也不应该把这一问题当作历史上偶然的、可有可无的事情。

把历史当作天然合理崇拜也是非历史主义的。我们说人口增长有一定的历史必然性，并不否认可以研究人口增长的幅度、速度等方面的问题。如果我们一开始就是清醒的，比较早地抓这个问题，人口增长的幅度也许会低一些。这样的讨论是有益的，但"人口爆炸论"并不是这样。这种说法不仅把发展中国家的人口增长当作是历史的误会而且认为就是人口增长成了社会发展和经济停滞的根本原因。所以，这种理论要求发展中国家通过抑制人口增长来摆脱目前的困难局面。

我们并不否认，发展中国家有着十分严重的人口问题。但是存在人口问题是一回事，而认为解决人口问题的根本途径存在于人口本身方面则又是一回事。如果说人口少了就能幸福，发展中国家在独立前一般都处于人口停滞状态，但那时的经济状况比现在还要糟糕。不错，发展中国家在战后相继取得了独立，殖民主义者再也不能毫无代价地取得发展中国家的自然资源了。但是，发达国家在得到发展中国家的资源时，仅仅扔给发展中国家一点点"小费"。相反，发展中国家购买发达国家的工业品时，价格却高得令人瞠目。新老殖民主义的掠夺方法区别仅仅在于，过去是豪夺，现在是巧取。所谓巧取，就是利用"剪刀差"。70 年代石油输出国组织利用石油涨价，曾经给发达资本主义国家带来困难。但很快发展中国家也就明白了他们的做法并没有让发达国家蒙受什么损失。"道高一尺，魔高一丈"。发展中国家提高石油价格后，"水涨船高"，发达国家很快把所有的产品都相应提高价格，包括卖给发展中国家的产品，价格都相应作了调整。发达国家把在石油方面送出去的钱，又通过粮食以及卖给发展中国家的其他各种商品收了回来。这种情况说明，发展中国家处于现存的世界体系中，不能从根本上改变同发达国家的经济关系，从而也不可能通过人口规划取得经济上的平等。除此之外，由于人口问题是从属于社会发展规律的现象。所以，发展中国家还要根据自己的具体情况，制订出一个适合自己特点的经济发展规划，把解决人口问题的途径纳入社会改革的轨道。

二、计划生育是社会主义的基本特征之一

1. 人口是一定社会的基础

人口是一定条件下实现其生命过程的总体。一定量的人口构成社会存在的基础。这种道理是十分浅显的。没有一定数量的人，就不可能形成一定的社会。社会生产的发展是需要人去推动的。一定数量的人口构成社会生产力的要素。

社会主义是人类由必然王国向自由王国发展的开端。在社会主义之前，人类处于盲目发展的状态。这种盲目性是以生产统治人为特征的。在社会主义条件下，人们开始了自觉改造客观环境的历史。这就是人们所说的计划经济时代。

社会主义的经济计划离不开人口的计划。首先，经济计划是要通过一定的劳动力去实现的。所以，经济计划要以一定的劳动力计划为前提。没有必要的劳动力，经济社会发展就失去了动力，成为没有主体运动的抽象。其次，社会主义生产的目的是为了人的消费，社会经济发展目标要同一定的居民数量相适应。否则，不断提高或不断增长的人民群众的消费，也就都可能落空。这些最基本的事实，无论社会主义国民经济管理还是每一个企业、事业单位，都是一样至关重要的。每一个生产单位都需要了解自己的市场即人口的多少，每一个事业单位比如医院、剧团也要了解自己的服务对象的多少。所以，社会主义经济社会要有计划发展，其中包

括人口要有计划发展。计划生育和计划经济一样，都是社会主义历史时期的重要特征之一。所不同的是，计划经济是人类在经济领域即物质生产领域所取得的自由，而计划生育则是人类在自身的生产领域里所取得的自由。当然，同经济领域一样，计划生育也有一个由低级向高级阶段过渡的问题，即存在一个计划性不强，或者只有计划的形式，而计划的科学内容还不十分完备的阶段。这是另外一个问题。

把计划生育作为社会主义社会本质特征来看待，是一个十分重要的认识。因为最近几十年，不少人都把计划生育当作为了遏止人口爆炸才出现的。从这点出发，他们又把计划生育等同于控制、减少人口，以为是在为世界、为人类做贡献，把社会主义计划生育事业纳入国外的"家庭计划"运动之中。这样的认识包含了对计划生育事业的否定。因为，根据这样的观点，当我国人口增长不怎么猛烈或比较稳定的时候，计划生育就成了多余的事情了。或者，计划生育是资本主义社会也可以产生的事业。显然，马克思主义的人口理论同这样的观点毫无共同之处。

计划生育是社会主义的本质特征。就是说，它将贯穿于社会主义社会的始终。只要有计划经济的存在，就必然需要计划生育。作为计划，它对生育的要求在某一阶段或某个地区可能是减少，在某一阶段或某个地区又可能是增加。而在我国总人口经过 30 多年猛烈增长后，虽然要求降低增长的速度，但并不排除今后某个时期根据经济社会发展的需要而要求人口又有所增长。总之，无论如何，计划生育不是乏味的仅仅要求不生孩子的临时措施，而是具有长久生命力的自我调节的社会行为。

2. 计划生育不同于"家庭计划"

从 20 世纪初期开始，在资本主义世界出现了一种"家庭计划"运动。这种运动鼓吹家庭通过生育计划而谋得妇女的解放和家庭的幸福。第一，这种运动的理论依据是马尔萨斯主义，它认为个人的贫穷或幸福是由于生育造成的。马尔萨斯的"道德抑制"就是说如果贫穷，你就不要结婚生育。第二，"家庭计划"仅仅强调家庭或父母的责任，是说各个家庭根据自己的情况确定生育行为，强调生育是家庭的私事，同社会或国家没有关系。第三，家庭根据自己的情况生育，一个家庭妇女生了 1 个孩子或生了 15 个孩子，都可能是"家庭计划"。可见，家庭计划同我们的计划生育是根本不同的事物。

三、我国现阶段的人口目标和人口政策

1. 现阶段的人口目标

根据计划生育从属于社会主义经济社会发展的原理,人口发展目标就成了经济社会发展规划的重要内容。中央依据我国目前的经济社会状况,制定了长期发展蓝图。这就是在 20 世纪末争取使我国能够达到小康水平,21 世纪,争取在新中国成立 100 周年的时候,能使我国赶上中等发达国家。

根据这样的经济社会发展规划和设想,我国的人口在未来的发展中,一是不能增长过快,影响小康社会的实现。二是我们要尽可能避免人口年龄结构畸形,造成老年人口比例过高、劳动力紧张。权衡这样两个方面,20 世纪末我国人口目标为 12 亿左右,是比较合理的。因为从 10 亿多到 12 亿多,平均每年人口增长率为 1.5%,比发达国家略高而比发展中国家略低,是我们的人民群众可以通过努力而达到的水平。

2. 现阶段的人口政策

我国的具体生育政策应该是依据 12 亿左右人口目标以及目前的经济社会状况提出来的。据测算,12 亿左右是今后十几年内每个妇女平均生 2 个孩子就可以达到的目标。但是,我国的经济自然不平衡、少数民族众多,把生育政策直接定在平均生 2 个的生育水平上,势必会出现少数民族妇女生育率大于 2,广大农村特别是山区控制水平低出现多胎生育,结果将会突破 12 亿很多。所以,从实际出发,我国具体生育政策可能出现"一、二、三"的局面,即有一部分妇女生 1 个,大部分生 2 个,一部分生 3 个。具体讲就是城市大部分妇女维持生 1 个,农村大部分妇女生 2 个,少数民族妇女生 3 个。除此之外,所有的地区都应注意晚婚晚育。至于各地"一、二、三"的具体比例和晚婚晚育年龄问题,则应该根据中央下达的指标以及各地的实际情况来确定。

关于改善农村计划生育政策的
几点意见①

计划生育是我国的一项基本国策,是社会主义经济的必然结果。但如何实行计划生育,我们还处于摸索阶段。当前,计划生育在城乡都存在一定的问题,但相比较看,现在城市生育还基本上可以控制住,而党的政策要求同农民的生育状况距离太大,亟须完善。

一、改善农村生育政策的焦点

目前农民要求改善政策的原因很多,有思想方面的,也有实际生活方面的。但主要还是我国经济发展水平所决定的。在现阶段,我国农业生产力水平低,文化交通都很不发达,农民的生活主要依靠各个家庭自行解决,国家为之提供的帮助很少。特别是广大山区,国家基本上还不能为农民提供多少帮助。这样,农民同国家职工和城镇居民不同的是,其生活需要的一切,从经济收入到家务劳动,全是家庭自己解决。因此,现阶段最一般的农民家庭,如果不能保持其家庭的简单再生产,也就是说不能平均每个妇女生 2 个孩子,不能保证每个家庭平均有一对年轻夫妇,这个家

---

① 本文是 1986 年 8 月 23 日作者在山西省人大常委会主任会议讨论计划生育工作时的发言。1988 年由中国城市经济社会出版社出版《中国人口问题的"热点"》一书时,未收入本文的第六部分,本次出版将其补上。此外,本次出版增加了 2 个附录。

庭就无法维持正常生活。不难想象，我们国家是无法解决众多的农民无自己亲生孩子照顾的问题的。所以，能否满足农民生 2 个孩子的愿望，是当前完善农村计划生育政策的焦点。我们认为，农民的这一生育意愿，主要的还不是观念上的落后思想在作怪，而是经济社会发展水平在农村生育观方面的反映，是符合我国社会主义总目标和长远利益的，并不是坏事。

二、农村生育政策改善后不会突破人口包干指标

根据我国经济社会发展水平允许农民普遍生二胎，绝对不会突破 2000 年的人口目标。

从 1979 年以来，我们对这个方案反复进行过测算，同时，人口学界也有很多种测算。测算结果都表明，全国平均每个妇女生 2 个孩子，就可以把总人口控制在 12 亿左右。最近（1986 年 7 月 30 日），《人民日报》载航天部七〇一所的预测，说普遍生二胎，到 2000 年为 12.5 亿，都说明如果每个妇女平均生 2 个，不会突破 12 亿很多。

以上的测算都是无条件地平均生 2 个孩子，即不晚婚，无一胎，只要不超过 2 个，各家庭按照现在的生育状况自由生育。航天部的测算是根据外国人的公式，是采取逐步由较高的生育水平（比如 1978 年的生育率是 2.3）逐年下降若干年才按预测的水平测算，而不是如我国制定出生育条例后，最多一年后，大家都执行那样的政策。所以，他们的计算是偏高的。

如果我们考虑到城镇生活水平，以及只生一个在部分居民中的影响，如果不是把它理解为必须生二个，而是"允许生 2 个"和"最多生 2 个"的话，加上晚婚和延长二胎的间隔，就更有把握可以把人口控制在 12 亿左右。根据 1985 年我对全国总人口的计算：（1）城市基本维持只生 1 个不动，农村 95% 可以生 2 个；（2）农村妇女平均 23 岁生第一个，30 岁生第二个，届时总人口可以控制在 11.8 亿的水平上。如果考虑到生育问题的特殊性，再加上 10% 的多胎，少数民族基本上三胎，以及城市青年中 20% 的二胎，总人口可以控制在 12.3 亿左右。

此外，我用相同办法对山西省及临汾地区、翼城县等分别进行了测算，结果证明都不会突破人口包干指标。按照这种办法测算山西省的情

况是,实行晚婚晚育加间隔政策后,可将总人口控制在 2949 万的水平上,比我省包干指标 3030 万还低 80 万, 说明我省推行这一办法是完全有条件的。

三、人口目标测算结果说明计划生育可以成为大多数群众拥护的事业

我国 2000 年人口目标测算的结果表明, 中央制定的 20 世纪末将我国人口控制在 12 亿左右的战略目标是正确的,因为它是平均每个妇女生 2 个孩子就可以达到的,是同绝大多数人的生育意愿相符合的。这种符合不是偶然的, 因为我们党提出的人口目标依据是我国的经济发展水平和发展的规划、要求。而这样的规划和要求又是符合我国现阶段发展水平,符合我国绝大多数人民利益的。如果在此基础上提倡 (真正是提倡和诱导)每对夫妇只生一个孩子和晚婚晚育,在城市一胎紧一些,在农村松一些,完成人口目标是完全有把握的。党制定的人口目标的科学性、社会主义经济发展方向和速度, 以及广大人民群众根本利益这三者的一致性,正是我们计划生育作为一项基本国策的客观基础。是计划生育能够得到绝大多数民众拥护和我们做好计划生育工作的根本保证。否则,在目标、发展方向和群众利益等方面不一致,那才是不正常的。目标、方向、利益一致的基础则只能是绝大多数群众的根本利益。从我们党的宗旨或国家的性质来说, 只能是把群众利益作为我们制定政策的主要的甚至是唯一的基础和标准。别说我们这里的目标、方向、利益是一致的,即使出现了不一致, 我们党也应该根据群众的利益和愿望, 修正已定的目标和经济社会发展规划。

几年来的实践也证明了只有允许农民生 2 个, 生育政策才能起到作用。只准生一个的办法是 1979 年提出来的,1983 年以前全国搞得很凶,但是从结果看,在广大农村并没有实现。以执行政策最严的 1981 年为例,全国共生育 2043 万, 其中第一胎为 960 多万, 二胎及二胎以上 1000 多万。这几年相继开始了另外一些生育办法,什么分类指导、规定若干条允许生二胎、女儿户,等等。实践证明,这些都有问题。所谓分类指导,比如一个县的山区可以生 2 个,而平川就只能生一个。这样出现许多矛盾,比如村和村本来大致相同或相当, 应该说各方面条件差别不大, 但因为这

个村划到山区就能生 2 个,另外一个村划到平川就只能生 1 个。还有,比如太原划分的山区县和山区乡,吕梁地区就可以全是只能生一个的"平川地区"。这种政策是按照自然资源来给生育指标的,村里土地多少或资源丰富不丰富成了准不准生第二个的标准。但有些资源是没有被发现的。有些资源恰好是不需要自己的劳动力,比如左云的煤,并不是左云的农民来挖,在那里下煤窑的是内蒙古的农民,你给他那么多生育指标干什么? 这种分类指导还是以自然经济的思想为指导,而不是把社会主义当作大生产对待。

规定几条允许生 2 个的政策也是一个想当然的办法。决定生育意愿的因素是很复杂的。我们规定 8 条或 12 条,只要符合一个条件就可以生二胎,实际上给群众带来许多矛盾,人为地制造不平等。有些家庭并不困难,但可以生 2 个,有些很困难,生了却被罚,加重负担。特别是有不少条件是从我们批了多年的"传宗接代"、"男尊女卑"那一套出发制定出来的,比如说"夫妇双方均为独生子女者"、"连续两代单传者"、"烈士子女",等等。仔细分析,还不是为了迎合"传宗接代"的思想? 实际上,这些地区的农民生孩子并不管你这些规定,我们制定的政策仅仅起到一个作用,即某些人生二胎可以不受罚,而其他人则必须受罚,起不到控制人口的作用。

"女儿户"即农村中生了一个女孩的允许再生一个的办法,对于解脱农民中近一半的人不再受罚来说,是有作用的。

目前,不论是先进地区还是落后地区,不论执行的是刚才说的哪种生育办法,农村已经开始普遍生二胎,"轮流当独生子女户"。这点可以从全国的统计数字中得到证实。据国家计生委公布,1982 年,全国独生子女户3300 多万,经过两年半后,全国至少又生了 4000 多万个孩子,1985 年年初的独生子女户才上升到 3500 多万。可以看出,除了两年内大中城市新生的 200 万左右的孩子外,广大农村并没增加独生子女数。说明我们计生部门多年上报的独生子女,不过是新出生的第一胎,这些妇女还没有来得及生第二个孩子,各年龄组的妇女轮流在生"独生子女"。

上面所说的政策也给计生部门造成很大的困难。不执行吧是上级的政策,执行吧又行不通,所以弄虚作假很严重。根据国家统计局对河北、陕西和上海等两省一市的抽样调查，从 1982 年到 1985 年上半年出生的孩子中,陕西省城乡合计的头胎子女仅占 44.3%,而计划生育部门在四年半的统计报表中,分别是 53.5%、65.9%、66.5% 和 62.2%。河北省的抽样调查是 46.8%,而统计报表是 70.5%、78.4%、75.7%、71.3%。上海市的抽样调查是 80.6%,而报表为 92.9%、96.6%、98.5% 和 98.6%。河北、陕西各年的多胎子女上报不到 10%,而实际平均却在 25% 左右。当然不应把根子归结到基层干部和计划生育部门,但我们的政策不科学是根本的原因。同我们党其他所有的部门工作一样,出现类似的问题之后,除了改善我们的政策以使之适合人民群众的利益、愿望之外,还有什么别的出路吗?

四、完善农村计划生育政策的阻力来自于我们的认识

几年来的实践已经证明我们的计划生育工作不能再这样继续下去了。中央 1984 年 7 号文件明确规定要把计划生育工作建立在合情合理、群众拥护、干部好做工作的基础上,但我们几年来完善具体生育政策的工作却进展不大。以山西省为例,中央 1984 年 7 号文件下达时,国家计划委员会要求当年把二胎的比例放到 10%,1985 年又放到 20%,1986 年进一步扩大。但几年来我省基本维持不动,省里边上报的几个试点县动向也不大。根据 1985 年省计划生育委员会对全省的分析看,绝大多数县的口子仅开到 2%~3%,形成这种局面有以下几种原因:

一是往往像农村老太婆算账,资料不准,方法不科学。所以,越算越害怕。比如我前几天偶然看到的山西省计划生育委员会给省政府的《关于农村独女户生育一胎问题测算情况的报告》,每一步的计算方法及结果都有很大的错误。[①]这种计算上的问题,造成了不敢完善生育政策,害怕完善生育政策,认为完善政策就会突破指标。

造成以上这种局面的第二个原因是指导思想方面的。有些同志之所以不敢完善生育政策,是怕"人口失控",怕群众"你让他生两个,他又要生第三个、第四个"。这样的认识我以前也曾有过,但只要一实践,我们党的群众路线等一系列基本原则就显示出强大的作用,实际完全可以回答

———————————

① 见本文附录。

群众是通情达理的,是听党的话的。这不是什么仅说说而已,而是真理,是我们所有的事业能够取得巨大成绩的根本原因。因为广大农民并不是生孩子的机器,他们也仅仅是追求自己理想的家庭规模,而不是希望生孩子越多越好。这一点在翼城的试点就说明了问题,实行晚婚晚育加间隔生育二胎的办法后,无论群众和干部,大家都心情舒畅,认为这才真正是计划生育,工作好做多了。这也是从中央、省到地区的各级领导数十次以不同方式下去调查后一致的看法。

还有一个思想,即有的同志过分相信政策的作用,以为他定什么农民就执行什么。其实,政策作为一种上层建筑和意识形态领域里的范畴,只有在它符合客观规律的时候才能奏效。特别是在我们这样的国家里,政策和法律只有在符合绝大多数人的愿望时,才能行得通,否则是起不到控制人口作用的。几年来的农村生育实践充分说明,现实问题并不是你规定谁可以生二胎谁不可以生二胎就能解决的。真正起作用的是经济社会条件、文化传统以及家庭结构、生活方式等因素。就是说,农民的生育问题里也有一个客观性。不按客观规律办事,什么法律条文都不会起作用。相反,法律还会给居民的习惯行为让步。所以,还是制定法律的那条最根本的规律起作用,即法只能将社会、将大多数居民的习惯固定下来,将已经达到的社会行为固定下来或制度化。绝大多数人做不到的,法也是无能为力的。

五、普遍允许农民生二胎不会引起人口失控

当前的农村生育自由原因很多,但重要原因是我们的"一胎化","一胎化"导致农民生育和我们管理两方面的副作用。因为只准农民生 1 个,你就不好再要求晚婚晚育了。因为终生只生 1 个,早生迟不生,现在农村妇女 20 岁或不足 20 岁就结婚,婚后一二年就生了第一个孩子。因为我们宣传只准生 1 个的办法不变,他认为迟生第二个也是受罚,还不如早生。第一个孩子刚生下来,怕你给她上环,抢着在"四术队"进村前就怀上了第二胎。这样,二十三四岁就连生了 2 个孩子。我国妇女的生育旺盛年龄是 24~30 岁,45~50 岁才闭经绝育。要使数亿妇女在生育旺盛期或长达 20 多年里不再生育,是很难的事情。这几年我国妇女的初婚年龄由 70 年代

的 23 岁多下降到 21 岁多,初育年龄由 24 岁多下降到 22 岁多,二胎间隔由平均 3 年左右下降到 1.9 年,生育峰值年龄段由 25~29 岁下降到 20~24 岁,不能不说同"一胎化"有很大的关系。这是心理学和法学等意识形态方面的负反馈作用的结果。

从管理方面来说,因为只准生一个,绝大多数干部的思想也不通,不仅对那些早生抢生的抱有同情感,而且对于超生多胎的也往往持默认态度。同时,为了推行只准生一个的办法,对于生多胎的要处罚,生二胎的也要处罚。这样,农村中 90%以上的家庭要生二胎,90%以上的群众都是处罚对象。大家都受罚,生三胎、四胎的一点不孤立,反而得到大多数干部群众的同情,使超生多胎的比例一直减不下来。以致形成这种情况,大多数地方,干部对计划生育没法管,而要管,就是挨门罚款,如果碰上一个"钉子户",整个村子就没法推动工作了。现在说计划生育工作瘫痪,失去控制,从根子上说是因为我们的管理系统没法正常工作,管理系统不灵了。

相反,如果把指标定在普遍允许农民生 2 个孩子的基础上,然后要求晚婚晚育,农民生 2 个的愿望满足了,迟生或早生几年都是可以接受的。同时,什么时候生第一个,什么时候可以生第二个,人人都知道,每个家庭可以各自做出自己的规划,使生育真正有了计划,群众满意,干部也好做工作。只要大多数人在 30 岁左右生第二个孩子,妇女生育的旺盛年龄段过去了,后面就好做节育工作了。此外,因为大多数要生第二个的愿望实现了,超生多胎的就成了少数,在群众中就孤立了,干部也可以有重点地做这部分人的工作。加上我们还是要提倡一对夫妇只生一个孩子,所以有把握地说这种办法不仅不会失控,并且有利于人口控制。

六、建议

第一,目前讨论山西省计划生育委员会的这一个"暂行规定"同 1982 年 6 月 20 日省五届人大常委会第十五次会议通过的"若干规定"并没有多大的区别。如果认为那个规定落后于实践,应该分析一下究竟在什么地方落后了,新的规定在什么地方修订足以弥补原来的"落后"造成的缺陷。如果没有新的更好的足以突破那个规定的政策,应维持原状或由省计划生育委员会作一些个别性的规定先执行，不要轻易以省人大、省政府或省委的名义下达新的文件，以免在群众中造成不严肃的印象。

第二，目前不少兄弟省在完善生育政策问题上都进步了许多，上面说了，我们省现在要求通过的这个条例从开口子即允许生二胎来说，即使通过了也是不到10%，而四川省在1984年就放到了20%。山东省和浙江金华等几个地区实行"女儿户"已经几年了，东北三省从今年起也都开始这样做。广东省从1986年6月份开始实行农民可以根据各乡、镇的生育计划指标普遍生二胎，《南方日报》1986年6月1日第一版颁发了省人大通过的"条例"和评论。我们如果怕担风险，至少跟上这些省走，这对于一个山区面积大，人口密度比较小和人口少的小省来说，都不为过。

第三，中央13号文件批评了"完善生育政策试点有的做表面文章，试点而不推广"的问题，我在翼城县的试点是向中央报告后经过国家计划生育委员会、省委及省政府批准的，试点不几个月后就被定为联合国生育政策评估县。全国人大法律委员会、省人大教科文卫委员会等都分别下去做过调查，认为是个好办法，应该推广。全国人大法律委员会送政治局的简报上还做了反映，我们省能不能先做一些推广。因为这样做比广东省的步子还要小，不会有什么风险。或者，省人大能不能派个规格高一些的调查组，去翼城、临汾及其他地方做一些调查，看我省的计划生育究竟应向什么方向发展。

第四，翼城县实行晚婚晚育加间隔的生育办法已经一年了。一年来创造了不少好的经验，这样的试点在全国是绝无仅有的。前一段临汾地委和行署在总结翼城县的工作时，地委和行署都以极大的期望要求在全区推行这一办法。地委书记和行署专员等主要领导同志都说，他们现在已经有了一个县搞好计划生育工作的经验，他们愿意在一个地区范围内为全国和全省创造和摸索好的经验，可以立"军令状"保证完成上级给的人口指标，如果出了问题，甘愿受党纪国法处理。我听后很受感动，我愿意同临汾地委和行署一起为完善人口政策做贡献。所以希望省人大授权临汾行署，根据中央18号文件要求积极推行试点的精神，在临汾地区进一步推行翼城的办法，为全省和全国积累好的经验。如果这项工作搞不好，我愿意同临汾地委、行署的同志一起受处分。

总之，根据农村目前经济社会发展的水平以及中央给我省的人口包干指标，我省农村的生育政策应实行晚婚晚育加间隔的生育办法，这是目前唯一可以有效控制人口的办法。如果不能如广东省那样立即在全省推广，那么先在临汾一个区的范围内实行，等半年或一年后再考虑推行。

附录一

对山西省农村
生一个女孩再生一胎计算结果的意见

省政府：

前几天，省人大要求对完善农村生育政策问题发表意见，所以见到省计生委的《关于农村独女户生育二胎问题计算情况的报告》。据计生委的同志讲，省政府对此件作过批示。因为这个报告中的所有计算数字都不准确，影响省委和省政府的决策，故反映如下：

第一，计生委是用农村老太太的计算方法，所以很不科学；

第二，他们所用的数据是历年统计数，而不是普查资料，所以，计算的结果每一项都有数十万差距，累计差百万以上的人口数。具体说：

1. 1966—1979 年我省出生的人口累计是 764 万，但到 1982 年这些人口因死亡或迁移只剩下 747 万。所以，今后决定我省人口出生的就不是 764 万，而应该是 747 万，这一项至少多算了 17 万。

2. 计生委在计算上面 764 万出生人口可能达到的夫妇数字是简单用 2 除，是错误的。因为男性人口多于女性人口。上面的总人口中妇女人口就不是一半的 382 万，据普查资料仅有 360 万。就是说，这些年龄中的人口在 1982 年之后即使不再死亡，即使每个妇女都能找到丈夫结婚,最大可能也只有 360 万对夫妇。

3．每个年龄组中都有一定比例的妇女不婚不育,我国平均 2%~3% 的数字,计算时没有考虑。

4．每个年龄的妇女在进入结婚年龄后,其实际的婚姻行为总不是同时完成的。比如同一年龄的妇女有 40%在 20 岁及 20 岁之前结婚,55%在 21~23 岁结婚,5%在 24 岁及 24 岁之后结婚,等等。而计生委在计算时是把 1966—1979 年出生的人口到 20 岁时全部当作已婚。

5．每个年龄的妇女在婚后生育都是逐年完成的,比如婚后当年(即 12 个月内)初育的占 40%,2 年内初育的占 60%,3 年内初育的占 75%,4 年内初育的占 85%,5 年内初育的占 90%,6 年及 6 年以上才能生育的还有 7%,终生不育的占 3%,等等。计生委把达到 20 岁的出生人数(不论男女)都当作顺利完成婚姻,而 20 岁完成婚姻的夫妇又立即当作生了孩子进行计算的。

6．任何时候都有一定比例的婚后而未育的妇女,计生委计算时把进入婚龄的人口全部当作生孩子人数,并把现在已婚未育的 33 万也加进预测数,这样,他们的计算是把两头可能未育的人口重复计算了。

7．在计算农村需照顾的独女户生二胎人数时,没有扣除 20% 左右的城市人口,没有扣除不足间隔 5 年不能生育的人口。如果做这样的扣除,农村独女户可生二胎数不足 187 万,而可能只有 100 万。

8．这几年因为政策不合理农村失去控制,大多已婚妇女都生了二胎以上的孩子,而他们在计算时并没有扣除这些妇女将不再规划的第二胎。

9．因为到 2000 年的 15 年中,各年的高年龄层的人口将是上升趋势。人口死亡率在 1990 年左右将明显上升。而他们计算死亡人口却按下降趋势。

仅仅纠正以上明显的错误，全省今后 15 年出生的一胎人口数就不是 405 万，而是 394 万；农村中独女户再生二胎的数字不是 187 万,而只有 97 万。总之,根据我的计算,如果晚婚晚育和延长二胎生育间隔，在我省推行第一胎是女孩的农民允许再生一个的政策,我省总人口到 2000 年不会超过 2750 万人,如果再加上农村中头胎是男孩需照顾的 10%,总人口怎么也不会超过 2800 万,比中央 1982 年（最近还会给各省再增加一些指标）给我们的指标还要少 200 万。

几年来,我主要研究全国的生育政策,很少就本省的计划生育问题发表意见。这次因省人大要我谈点看法,我感到由于省计生委的算账方法很不科学，结果也很不正确,以致得出不敢在我省农村开女儿户的结论,不敢按中央精神完善政策,这对山西省计划生育工作是很不利的,所以谈以上情况。供参考。

梁中堂于 1986 年 8 月 25 日

附录二

中共临汾地委、临汾地区行署
关于在全区进行晚婚晚育加间隔生育
办法试点工作的请示①

国家计划生育委员会：

经国家计划生育委员会、中共山西省委、省人民政府批准,我区

---

① 1986 年 6 月,临汾地委和行署委派行署副专员樊玉龙、地区计划生育委员会主任王伯生、翼城县计划生育委员会主任安斗生等和我一行 6 人带着这份文件赴京,向国家计划生育委员会请示在全区实行晚婚晚育加间隔的生育办法。在北京等待了许多天,未能见到王伟主任。

翼城县于1986年5月初开始,试行了梁中堂同志提出的"晚婚晚育加间隔"的生育办法。一年来,试点工作进展顺利,发展健康。实践证明,在农村实行"晚婚晚育加间隔"的生育办法,效果是很好的,主要表现有四个方面:

第一,增强了群众遵守《婚姻法》的自觉性,提高了妇女平均初婚年龄。试行"晚婚晚育加间隔"生育办法前,翼城县农村妇女在20周岁前结婚的占5%左右,1985年9月至1986年4月份,全县共有新婚夫妇1262对,全部在法定结婚年龄以上结婚,其中妇女达晚婚年龄(23周岁)的1060人,晚婚率达到83.99%。

第二,已婚妇女普遍推迟了初育年龄。试点后,翼城县妇女初育年龄平均为24.36岁,比试点前提高了1.17岁。

第三,计划外怀孕减少,人流数量下降。试点前,翼城县出生人数与人流比平均为1:0.87,1986年1至4月份,全县共出生956人,人流625例,比1985年同期减少了250例,下降40%,出生与人流比为1:0.64。

第四,符合实际,顺乎民意,减少了阻力,密切了党群关系。实行"晚婚晚育加间隔"的生育办法,允许生二胎,既能控制人口增长,不会突破计划生育指标,又符合广大群众的意愿,工作好做多了。过去少数地方为了实现一胎化,搞强迫命令,把干群关系弄得很紧张,乡镇干部反映:"上边压,群众骂,咱在中间受不下。"试点后,广大群众反映说:"党中央是咱的知心人,干部是咱的贴心人,咱一定要按国家政策办事。"1986年1至4月份,翼城县共有新婚夫妇818对,晚育率达92%;计划外生育19个,比1985年同期下降41%;多胎一个(属术外怀孕)。全县有89对夫妇表示终生只生一个孩子,并领取了独生子女证。

翼城县的试点工作,在全区引起很大反响,各县、市普遍认为,实行"晚婚晚育加间隔"的生育办法,既符合我们的国情,又符合民意,是行之有效的好办法,纷纷要求试行这一办法。为了使试点工作能够顺利进行,很快取得经验,而且不致使人口的增长失控,地委和行署一方面加强对翼城试点工作的领导,一方面将试点工作情况通报各级党委和政府,讲清翼城试点工作的意义,明确指出实行"晚婚晚育加间隔"的生育办法,必须具备以下四个条件:一、各级领导切实把计划生育工作放在非常重要的议事日程,坚持常抓不懈;二、各级计划生育机构健全,队伍坚强,服务设施完善,基础工作扎实;三、计划生育政策落实,奖励和限制都能兑现;四、杜绝或基本杜绝了多胎,保证不突破人口包干指标。同时又明确指出,一个新的生育办法的实行,要经过上级政府的批准,不得擅自决定。

经过将近一年的工作,翼城试点和全区面上的计划生育工作都取得了很大进展。根据各县、市要求和广大农民群众的呼声,以及我区计划生育工作的基础,经过对全区 2000 年内的人口发展的测算,我们认为,在我们地区全面开展"晚婚晚育加间隔"的生育办法试点工作,条件已经具备。

第一,我区现有人口 315.6 万。上级根据 2000 年将我国人口控制在 12 亿左右的战略目标,分配给我区的指标是 358 万。如果实行"晚婚晚育加间隔"的生育办法,即城市基本维持生一个不变,农村在继续提倡一对夫妇只生一个孩子的基础上,妇女平均 23 周岁初育,30 周岁以上生第二个孩子,那么,2000 年全区总人口将控制在 351 万左右。如果考虑到人口控制过程的复杂性,即使出现 5%~10% 的多胎,总人口仍然可以控制在 353 万 ~356 万之间。

第二,我区各级党委和政府对计划生育工作十分重视,几年来,都已取得了一定的计划生育工作经验。1986 年全国计划生育双先会上,我们地委和行署还荣获了先进集体的奖状。

第三,建立了各级计划生育的专业队伍,基本上形成了一整套行之有效的计划生育工作制度。

第四,经过多年的工作,广大群众的生育观已有很大转变,到 1985 年,全区人口出生率由 1979 年的 16.32‰ 下降到 12.53‰,多胎率由 28.48%控制到 6.98%。

第五,我们已经取得了翼城县试点的基本经验。

在我们地区全面开展"晚婚晚育加间隔"生育办法的试点工作,既有现实可能性,又符合中共中央[1986]13号文件关于"对各种试点要加强领导,认真总结经验,积极加以推广"的精神,而且比一个县的试点更有说服力。我们拟请提出这种生育办法的省计生委顾问、省人口研究所所长梁中堂同志做我们的顾问,指导我们全区的试点工作。我们有信心、有决心搞好全区的试点工作,为探索具有中国特色的计划生育新路子做出贡献。

特此报告,请批准!

中共临汾地委
临汾地区行署
1986 年 6 月 3 日

"人口失控"的提法不妥①

1986 年 9 月 13 日《山西日报》头版登载《我省人口局部失控问题严重》一文的同时,中央电视台在当天的《简明新闻》中也作了报道。由于该报道内容的"新闻价值",这条新闻还将会在全国各报上出现摘录,海外也可能转载,我认为这个报道是很不慎重的。

首先,这篇报道的关于人口失控的标志、特征或含义是错误的。人口失控应该是干部放弃领导、群众自由生育。如果说局部失控,至少应有个别县属于这种情况。但该文并没有指出哪些县属于此种情况。事实上,我省目前也无这样的县。

第二,生孩子需要"十月怀胎",一群妇女的生育是需要很长时间才能表现的社会行为。如果现在发现是人口失控,即使说"局部",它也是至少有一年多我们没有正常工作或处于盲目状态的结果。该报道说"六五"期间我省"人口控制计划圆满完成",现在"六五"计划才过去半年,怎么就能表现为"失控"?

第三,我国的计划生育工作是一个较之教育、卫生等其他事业开展得比较迟的事业。人民群众不习惯,我们的人口政策不够完善,管理水平还比较低,等等,问题比较多。但这是属于计划生育事业处于发展的较低阶段,而不属于现在突然说的"失控"。比如该报道中所说的静乐县 1979 年以来全县干部职工中有 231 人超生,说明干部超生这个问题一直存在,是

---

① 本文是 1986 年 9 月 14 日作者给山西省委、省政府领导的信,原题"'我省人口局部失控问题严重'报道严重失实"。

该县处于较落后状态,而不是现在突然的"失控"。报道中洪洞县的例子也说明这一点。该县马牧镇的三个领导干部超生未得到处分,也属于我们工作中政策不落实。这绝不是刚发生的超生,或由于"失控"而引起的超生,是很早以前的超生未予处分,不能说该县的人口"失控"。如果以此逻辑看,在全省任何地方都可以找出一些不落实或存在的问题,然后说全省失控。

第四,从目前的统计报表看,各县的计划生育管理水平是不断得到提高的。1985 年参加全省后进县会议的 28 个县,1986 年都有了很大提高。1985 年的后进县标准是计划外二胎为 30%,多胎率为 15%,共有 28 个县。1986 年的后进县标准成了计划外二胎为 25%,多胎率为 11%,只有 27 个县。1985 年的后进地区如晋中、吕梁等都在 1986 年有了很大的提高。如果说全省的前进步伐还嫌慢,可以提出批评,但它同"失控"是截然不同的概念。

最后,我在三年前曾对省委领导同志说过,从历史上看,我省的妇女生育水平和计划生育工作处于全国的中下游,至今仍不过如此。目前,全国的计划生育工作都不很理想,这也是事实。但如果把这种状况就叫"失控",那么全国都已"失控"了。

因各种原因,我国的计划生育事业处于较低的水平上,严格地讲还没有做到生育有计划。但这是历史的事实。此外,1986 年的出生率高也是由于 1962 年之后高峰期的出生人口开始进入结婚期和育龄期造成的。其他条件不变,在男女性比例平衡的情况下,进入初婚年龄的人口越多,生孩子的就越多,否则就越少。前三年进入婚期的是三年困难时出生的人口,全省平均每年结婚的人口不到 20 万对,从 1985 年开始的后 3 年每年平均超过 30 万对。这必然有个生育高峰,但这绝不等于"人口失控"。同全国一样,我省计划生育工作有许多问题要解决,特别是人口生育政策还很不合理,是我们丝毫不应掉以轻心的。但是,我们也绝不能在这个问题上大惊小怪,自己把自己搞乱。

影响当前完善计划生育政策的
几个模糊认识问题①

从 1984 年 7 号文件和中央领导对国家计划生育委员会马瀛通、张晓彤推荐我提出的晚婚晚育加间隔生育办法的报告批示以来，我国的计划生育工作又有了新的进展。同时，由于有些同志在思想上还存在一些模糊认识，直接影响着我们进一步完善具体的生育政策。这些认识问题是：

一、把完善生育政策同 12 亿的目标对立起来

人口学界几年来的测算表明，党的十二大提出在 20 世纪末将我国人口控制在 12 亿的目标是正确的、合理的。所谓正确与合理，是因为这个目标在今后 20 年里平均每对夫妇生 2 个孩子就可以达到目标，而这样的生育指标是比较接近我国农村经济社会发展水平的。如果城市能继续维持在平均 1.2 或 1.3 个，少数民族以及农民中还可以有一部分生 3 个。这样的结果不仅被我的测算所证实（我的计算结果 1986 年 3 月份已向党中央书记处报告，每个妇女生 2 个孩子，届时 12.4 亿），而且宋健、于景元等同志的几次计算都是如此。国家科委 1986 年 7 月 18 日给中央的报告中的最新测算结果，也大致如此。这次他们的测算是让前 9 年每个妇女平均生 2.5 个孩子，后 9 年平均生 1.5 个，20 世纪末总人口达 12.5 亿（前 9 年逐年进入婚龄的妇女比后 10 年多一些）。这种情况充分说明，倘能在 80

---

① 本文是 1986 年 10 月 5 日给中央的一个报告的摘要。

年代就实现每个农村妇女生 2 个孩子，城市妇女生 1 个多孩子，12 亿的人口目标是可以实现的。

我国计划生育工作的历史还不太长，具体生育办法需要完善的方面也很多。但当前的主要问题还是因为农村经济社会发展水平低，农民对不让生第二个孩子有意见。完善生育政策，其焦点就在于能不能让农民生第二个孩子。既然各种测算的结果可以满足农民生 2 个的要求，那么，把完善生育政策同 12 亿的目标对立起来，一听说妇女生了二胎，一提完善生育政策，就怀疑 12 亿保不住的观点，显然是不对的。事实上，科学而合理的人口目标也应该是同人民群众的根本利益一致的。因为，就当前的生产水平来说，我们无法担负农民的养老问题，独生子女家庭少一点，对我们国家是有利的。

二、把 12 亿的人口目标同 10.5 亿的人口指标混淆在一起

根据我们和宋健等同志的分别测算，如果每个妇女生 1 个孩子，2000 年我国总人口 10.5 亿；如果平均生 2 个孩子，届时总人口 12.3 亿。这就是说，根据城乡经济社会发展水平上的差别，要求城市的生育指标较紧一些，城乡妇女生孩子尽可能晚一些，允许农村妇女生 2 个孩子、少数民族妇女生 3 个孩子，12 亿目标是没多大问题的。但是，1980 年以来，我们一直在执行一条只准农民生 1 个的办法。这个生育政策是 1979 年我们党还没有提出 12 亿目标的时候，从事计划生育工作的同志为了实现我国总人口到 2000 年"不增不减"提出来的。因为年龄结构上的原因，即使到 20 世纪末实现了"一胎化"，也不可能达到人口不增长。12 亿的人口目标提出来之后，我们的宣传和具体生育办法仍然停留在只准生 1 个上（我这里是讲实际生育办法，因为尽管中央是说"提倡生一个"，但基层和计划生育部门是执行"只准生一个"）。从测算的结果看，平均生 1 个是 10.5 亿，生 2 个（包括城市）是 12 亿。就是说，只准生 1 个的办法是实现 10.5 亿的指标，允许生 2 个的指标才是实现 12 亿的目标。我们的目标是 12 亿，但至今 90%以上的地区仍然是使用 10.5 亿的指标。

同时，这一目标和指标上的错误组合搭配，是形成计划生育部门盲目急躁和灰心丧气两种极端倾向的重要原因。对于一少部分人来说，根据

长期的宣传,实现 12 亿是以城乡"一胎化"为前提的,见现在农民中不少在生二胎,急躁情绪又有所抬头,要恢复前几年的严厉做法。另一部分同志相信,目标是以"一胎化"为前提的,只准生一胎的办法在农村是行不通的,所以又认为党的 12 亿目标"保不住了",对计划生育失去了信心。我们只有明确了 12 亿同"一胎化"的办法并无必然联系的时候,才有可能制定出正确的生育办法,纠正我们干部群众中普遍存在的以上两种十分有害的思想。

三、把控制人口增长同限制每个妇女终身生育简单地等同起来

一些同志近些年从国外人口学家那里拿来一些现成的人口公式(他们天真地认为全世界会有一个"公认的"公式或方法),把我国的人口数字往里一代,以为这样就可以得出我国的人口前景和人口政策。实际上,我国的计划生育有许多方面是国外人口统计指标无法概括的。1983 年以来,我国的人口学专家和计划生育部门逐渐发现西方的人口统计指标并不能完全反映我国的计划生育实际,比如国家科委 1986 年 8 月份给中央的报告中所用的"总和生育率",同我国的实际生育状况是极不相同的东西。这些同志错误地认为,总和生育率就是妇女平均终身生孩子数目,只要把这个数字压下来,控制人口的目的就达到了。事实并非如此。许多有头脑的计划生育干部用不少事实说明,总和生育率下去了,不一定孩子少生了。而孩子少生了,总和生育率也不一定下降,这些都说明人口现象是一个很复杂的社会问题,弄清它需要许多人口学专门知识,从国外搬来的人口公式和人口预测方法并不能解决我国的人口问题。

除了减少每个妇女终身生育孩子的数目外,晚婚晚育也是减少妇女生育水平的一个基本途径,它甚至是历史上调节妇女生育水平的传统方法。古代统治者为了达到鼓励增殖的目的,大都是采取鼓励早婚的办法。国外一些学者近几年也开始领悟到这一点。比如我们在最初刚提出只准生一个的办法的时候,是得到美国科学界及舆论界支持的。1985 年美国人口学家[①] 在同我交流时就说,美国人口理事会的研究人员开始计算说,

---

① 美国人口学家田心源博士。

只要中国妇女能推迟到 25 岁生育，即使生 2 个孩子也可把人口控制在 12 亿以内。这位人口学家对我说："美国的学者开始提出支持您的观点的见解。"说明国外在有关我国人口控制的问题上也有不同的认识。科委报告说航天部的同志用"世界公认的科学方法"，是很轻率的。

从社会控制论的角度说，推迟生育往往同减少妇女终生生育数目的作用是相同的。如果我们像推骨牌一样让每个年龄组的妇女头胎和二胎都分别推迟 2~3 年，这就等于 2000 年内有四五千万妇女少生了 1 个孩子，但对每个家庭来说这没有多大损失。所以，农民是乐于接受的。上面说过，12 亿是城乡妇女平均生 2 个可以达到的目标，如果能在此基础上晚婚晚育，再加上提倡一对夫妇生 1 个孩子（城市有 70%~80%，农村有 6%~7% 的妇女只生 1 个），即使因管理及少数民族等因素部分生 3 胎，也完全能实现 12 亿。所以，我们不能和农民一样把眼睛死盯在二胎上，他千方百计地要生，我们拼命地要堵，必然形成很大的对立。如果变成让农民晚婚晚育和延长二胎间隔，不但每年的实际生育水平低了，而且计划生育的事情也好办了。

四、把控制人口和开口子决然对立起来

从中央书记处 108 次会议和中央 1984 年 7 号文件提出"开小口、堵大口"以来，计划生育在向科学性和合理性的方向上迈进了一大步。但是，1986 年以来，有些同志看到各地人口出生率有些回升，就立即惊慌失措，这是大可不必的。

这几年的"开小口"仅仅是指允许部分农民生二胎。即使全部农民生二胎，也都是在 12 亿目标之内的，没有什么可怕的。怕也没用。根据我国的条件，绝大多数的农民都非要生二胎不可。几年来为了不让农民生二胎，各地把能使的法子都使尽了，也挡不住。"非不为也，是不能也。"这里面有一个十分重要的辩证法思想，是我们几年来没有悟出来的，结果在"一胎化"的 3 个"副产品"上吃了大亏。

一是当实际工作部门提出"一胎化"，并且说 2000 年以前政策不变。农民认为既然这样，等待几年以后生二胎也是受罚，所以，不如让孩子早结婚早生育。农村妇女往往不到 20 岁就结婚，一结婚就生孩子。当然，早

中国生育政策研究

ZHONGGUOSHENGYUZHENGCEYANJIU

婚的原因很多,但同 70 年代相比,现在的早婚早育是同我们只准生一个的政策相联系的。一是你只让人家生一个,群众认为迟生早生一个样,反正是一个,第一个生得都很早。二是我们把工作的全部精力放在堵人人想生的第二胎之上,没有精力管人家早婚。早婚成了"一胎化"的第一个"副产品"。

还有,现在我国大多数农村的计划生育就是县或乡镇医生每年给育龄妇女做一次透视、上环或人工流产。因为只准生一个,七八年以来,我们的医生只给妇女上环而不负责取环(一取环就怀孕),而妇女自己又无法取出,所以,想生育的妇女最怕你给她上环。刚结婚一年的妇女就生了 1 个孩子,抢在你农闲时医务队进村前就要怀上第二胎。所以,现在农村妇女二十二三岁就连生 2 个孩子。早育成了"一胎化"生育办法的第二个"副产品"。

还有第三个"副产品",这就是多胎。因为只准生 1 个,所以希望生第二胎的就成了我们做工作的对象。农村几乎人人需要做工作,精力上顾不过来。此外,因为生二胎的就成了违反政策,生三胎、四胎的也就同生二胎的性质一样了。生多胎的不孤立,反而受人们的同情。这是几年来多胎率一直得不到降低的根本原因。

现在反过来,开小口子,允许农民生二胎,但不准生多胎,必须晚婚晚育,大多数农民就不同我们对立了。工作面小了,既有利于推迟生育,又有利于堵多胎,控制人口的目的就容易达到了。这就是"控"和"放"的辩证法。我国古代有"文武之道、一张一弛"的说法,是指在政治生活中处理"紧"和"松"、"宽"和"严"的关系。当前我们计划生育也有一个控和放的问题。过去我们紧得失了度,现在只有放才能控。如果再紧下去,控的目的是不可能达到的。

近几年我们我们在完善生育政策方面才刚刚起步,而今后的 10 年因为 60 年代到 70 年代生育高峰期出生人口陆续进入婚育期成为我国人口发展的关键。正确的抉择只能是沿着 1984 年 7 号文件和 1986 年的 13 号文件前进。到 2000 年之前,我国计划生育工作上的真正危险不是农民生不生二胎,而是有多少农民生了多胎,但要有效制止农民生多胎,就必须痛痛快快地允许生二胎,目前这样犹犹豫豫是不行的。倒退到"一胎化"上更是没有出路的。

不应片面理解晚婚[①]

索兰同志在《社会报》1986 年 10 月 21 日撰文《不应片面提倡晚婚》，我以为该文的立意是错的，错就错在对晚婚的理解是片面的。

首先，晚婚的概念是相对于传统社会中的早婚而言的。在资本主义之前的社会里，劳动力再生产周期短，社会对劳动力的要求也不高，不到 20 岁的小伙子就可以成为合格的劳动力。再加上经济社会发展水平低，人类的平均寿命短，人类自身生产是属于迅速更替型的。所以，传统社会是早婚早育。欧洲国家或我国，历史上都是十三四岁的女子就披上了嫁衣。这种婚姻是适应传统社会发展水平的。

可是到近代社会，生产社会化水平比较高，社会对劳动力的质和量的要求都提高了，一般的劳动力也都要求受到中等教育。这样，大多数人上完中学也近 20 岁的年龄了。加上传统家庭被商品经济所击溃，那种依靠遗产生存的家庭被适应商品社会的小家庭所取代，而新的一代达到能独立成家的年龄，往往要等到有了一个较为稳定的工作和经济收入的时候。所以，现代经济社会的发展促进了晚婚。这不是人们提倡不提倡的问题，而是一种客观趋势，并非人为地制造。

其次，现代科学也揭示了人的身体发育成熟的年龄界限。对绝大多数男女青年来说，20 岁仅仅是性器官比较成熟了，但整个身体的发育还没有完全成熟。20 多岁的青年往往正是长身体的时候，这是我们周围随时

[①] 本文为《健康报（计划生育版）》作。

的现象。不少年轻人，几个月不见，身体发育就有明显的变化。适应这一生理上的特点，等身体发育比较定型，或生理各部器官完全成熟后再结婚，是符合科学的。

此外，结婚迟一些，在处理个人恋爱、婚姻、家庭等方面少费一些时间，把较多的精力用在学习和工作上，无论对于男女青年或全社会，都有好处。正是因为晚婚有多方面的社会意义，所以周恩来总理在生前曾把晚婚晚育当作移风易俗的大事，要求在青年中加以积极推行和提倡。

索兰同志的文章仅仅从控制人口方面来理解晚婚，显然是片面的。晚婚不只是出于计划生育的要求，而是社会经济发展水平的要求。最近几年来，有些地方仅仅出于计划生育的需要提倡晚婚，这种宣传是不全面的。至于个别地区由此强制晚婚，更是做得不对。之所以不对，并不是晚婚不好或不应提倡，而是因为婚姻是个复杂的社会问题，每个青年结婚时间的确定要受多种因素的影响，社会只能在这个问题上加以提倡，而不能强制。如果索兰同志反对强制青年晚婚，当然是正确的。但他的文章不是如此。他说："晚婚的提法对计划生育并无多少实际意义，且带来了诸多的副作用，不应提倡。"看来，他把晚婚归结为计划生育的一种目的，又由此推出起不到计划生育的作用，所以认为"不应提倡"。这就说明，不是人们提倡晚婚有什么片面性，而是他对晚婚的理解有片面性。

顺便还需要提出的是，索兰同志单纯地从性的方面来解释婚龄的迟早，并列举日本《读卖新闻》上刊登的观点，都是片面的。婚姻是以性爱为前提的，但婚姻的内容要远比性更为丰富。《读卖新闻》上的观点说中国"由于政府片面提倡晚婚，因此婚前性生活和同居问题变得十分严重"，是根本不符合事实的。婚前性行为是传统的道德观念等一系列社会生活及意识形态变动的结果，它是需要许多方面的研究才能解释的问题。欧美国家的政府没有提倡晚婚，而且这些国家的女子法定婚龄往往只有12~15岁，但这些国家的婚前性行为不是都已经成为十分普遍的社会现象了吗？日本政府也没有提倡晚婚，婚前性行为不是并不亚于欧美吗？欧美、日本等发达地区是当前世界上婚前性行为最严重的地区，少女未婚先孕和"学生妈妈"在这些国家早已经司空见惯了。这些情况别说对日本的大通讯社,就是对我国稍有世界知识的人来说,也都早不是什么新鲜的事情了。我们怎么能轻信日本的新闻宣传,把我国个别青年的婚前性行为的原因,片面地归结为"政府提倡晚婚"呢?

(1986 年 10 月 24 日)

要重视晚婚晚育和延长
生育间隔的作用①

从 20 世纪 70 年代后期以来,由于我国计划生育工作的深入开展,人口自然增长率比较稳定地控制在 1.5%以下。除了 1981 年和 1982 年之外,各年的人口出生率都在 1.9%以下。在我国人口构成很年轻的情况下,人口出生率控制到这么低,是古今中外绝无仅有的。但是,我们还需要看到,在控制人口增长的过程中,不少地区没有充分认识到推迟生育的重要性。

一般来说,限制人口出生率有两种方法,一是减少妇女总和生育率,即减少妇女终身生孩子数目;二是推迟生育时间。目前我们比较重视前一种方法,而忽视了后一种方法的作用。

以社会为对象加以考察,用推迟生育的方式达到控制人口增长目的的效果是十分显著的。比如说,在 2000 年之前,我们鼓励青年妇女实行晚婚,把初次生育年龄推迟到二十三四岁以后,这就等于排除了期末时 20~22 岁 3 个年龄组妇女生孩子的可能性。全国算账,因为今后 16 年每年进入婚龄的妇女是 1000 万以上,仅因实行晚婚晚育就会少生 3000 多万个孩子。延长二胎之间的生育间隔也是这样。根据 1981 年全国妇女生育状况的调查,73.53%的妇女都在初婚后第四年生了第二胎。即是说,如果以 23 岁为妇女初婚年龄,绝大多数妇女在 27 岁时就生完了第二个孩

---

① 本文是 1986 年 10 月为上海《社会报》所作。

子。倘若我们能够让生第二个孩子的年龄推迟在 30 岁,就可以少 3~4 个生育妇女年龄组的孩子。到 20 世纪末,仅因为实行晚婚晚育和延长二胎之间生育间隔的办法,全国至少就可以少生育 7000 多万个孩子。

晚婚晚育和延长生育间隔的办法不仅仅是把一代人的生育推迟了,它在全国人口构成中,还有更为重要的意义。众所周知,我国目前 10 亿多人口中,新中国成立后 35 年出生的人口达 7 亿。这样年轻的人口构成,在其他各种条件不变的情况下,就必然地表现出两方面的特征,一是生育能力强,二是人口死亡率比较低。随着时间的推移,众多的年轻人口逐渐进入高年龄层,其他条件不变,就会显示出生育率下降,死亡率上升的趋势。为了防止人口自然增长方面大上大下给经济社会造成的不利因素,我们就可以在 2010 年后,当新中国成立后出生的人口开始进入 60 岁以上的年龄层时,放宽生育条件,包括推迟生育年限,达到人口稳定发展的目的。

如果充分运用晚婚晚育和延长生育间隔的办法,各地在完成人口包干指标时,就可以逐步放宽政策,让较多的确有实际困难的家庭生育二胎。根据各地不同的人口构成,推迟生育的年轻妇女人数较多,受照顾的家庭面就越大,生育办法就越合理越有群众基础,人口包干指标就越容易完成。

关于我国人口发展战略
及其有关问题①

因为真理是灿烂的,只要有一个缝隙,
就能照亮整个田野。

——赫尔岑

一、我国人口发展战略的含义

人口战略是社会关于人口发展趋势的科学规划。由于人口是社会的基础,所以,它涉及的面相当广泛。根据人口是量和质的统一,以及人口在量和质的规定性方面的丰富多样性,人口战略的内容也是相当丰富的。比如人口在量的方面所具有的数量、地域分布、年龄性别构成以及在质的方面所具有的文化素质、身体素质、道德素质、科学技术素质等方面。人口战略要涉及生育、经济发展、教育文化等许多领域。而目前我们所讨论的人口发展战略,不过是个借用的概念。1979 年以来,计划生育成了新的禁区,人们忌讳科研人员涉及生育政策。所以,我经常在生育政策的含义上使用人口战略这一概念。最近,中央领导指出,不在乎学术问题

① 本文是为中国人口学会 1986 年 11 月 3 日至 7 日在湖北省宜昌市召开的"中国人口发展战略讨论会"提交的论文。作者在由北京转车去湖北时,曾和王文同志讨论过计划生育形势,并将此文和后一篇《评宋健、于景元的人口测算》两篇文章送王文同志。1998 年王文同志逝世后,我在整理其遗稿时发现,时任中共中央政治局委员、中央书记处书记的胡启立同志在 1986 年 11 月给王文同志的一封短信(复印件)。该信真诚地接受王文批评的同时,还告诉王文遵嘱将梁中堂的这两篇文章已转耀邦同志。

同政治问题有没有联系，政治问题也可以讨论。现在明确讨论生育政策也是正常的，但大家约定俗成，还继续在人口战略的名义下讨论生育政策。所以，我们仍继续沿用这一习惯用语。

有关人口战略的制定依据、它和计划生育的关系，以及确定科学的人口战略等问题，我已在 1985 年提交给全国第四次人口科学理论讨论会的论文中作过阐述，这里原则上不再赘言。现在仅就人口战略及生育政策的决策等有关问题，陈述如下。

二、几年来对我国人口测算情况及评价

从 1979 年以来，我国人口学界开始对我国人口的发展做过一些测算。由于人口所具有的特殊性，决定人口发展的因素的复杂性，以目前的认识水平预测百年左右的时间，仅仅具有某种程度的参考性。这里仅对几家较有影响的有关 2000 年的人口测算情况，罗列、评介如下。

1. 刘铮、邬沧萍、林富德的测算

1979 年上半年，中国人民大学人口所刘铮、邬沧萍、林富德等同志给当时计划生育会议提出一个研究报告，该报告提出几个有关人口数的数字：

（1）如果按照 70 年代末计划生育工作的水平，即农村每年多胎率占 30%，城市多胎率占 10%，2000 年的人口将接近 13 亿；

（2）如果能做到每对夫妇只生两个孩子，2000 年可以把总人口控制在 12 亿；

（3）在杜绝多胎的基础上，逐步做到 20 世纪末城市有一半家庭只生一个孩子，农村 1/4 家庭只生一个孩子，2000 年总人口可达 11.8 亿；

（4）其他条件和（3）同，如果到 20 世纪末城市有 2/3 家庭、农村有一半家庭只生一个孩子，2000 年的人口为 11 亿多一点。[1]

上面的几种估计是在人口底子不甚清楚的情况下计算的。它是近几十年来第一家对我国人口发展所做的预测。虽然计算过程和结果比较粗

---

[1] 刘铮、邬沧萍、林富德：《对控制我国人口的五点建议》，载《人口研究》，1980 年第 3 期，第 3—4 页。

糙,但相对地说,这个结果对于科学决策还是足够的。因为该文已经看到导致我国人口增长的主要因素是每年 30% 以上的多胎。只要抓住这一点,就等于抓住了控制我国人口问题的根本。但遗憾的是,第一,作者也存在当时社会上所存在的急躁情绪,急需要我国人口达到"静止"。第二,作者没有把多胎及一胎问题放到我国的特定环境里,从政治、经济、文化等社会条件以及自然条件的不平衡方面考虑可能达到的程度,所以提出了半数家庭只生一个孩子的问题。第三,作者显然忽视了晚婚晚育在控制人口增长中的重要作用,仅仅着眼于每个妇女终身生育孩子的绝对数。第四,该文犯了一些不应该是人口学家所应犯的错误,比如把讨论当前生育政策问题同当前劳动力和老龄化问题扯在一起,混淆了所论问题的逻辑界限。这在最近几年的人口学讨论中,是人们经常犯的一个错误。以上报告如果在正常的情况下,经过充分的讨论,是可以有利于决策的。由于当时国家体制的不正常和全社会所流行的那股急躁情绪,以及我们还没有来得及肃清数十年蔓延的办事和决策宁左勿右的思想,该报告中的"人口静止"以及"大力提倡一对夫妇生一个孩子"就被作为具体的决策,变成为争取 2000 年我国人口实现零增长和生育要求实现"一胎化"。当然,我们应该区分该研究报告的优缺点和决策程序不民主、不正常所造成的结果。当时人口政策决策抛弃了该报告的科学成分,仅仅抓住报告中的个别观点,是决策者的问题,而不能由报告的作者来负责。

2. 同年召开的全国第二次人口科学讨论会上,由我提出两种按不同方案测算的数字

（1）按当时提出的"一胎化"方案,2000 年我国总人口将达 10.5 亿;

（2）在杜绝 3 胎及 3 胎以上的基础上,从 1980 年起,如果我国有 30% 的家庭只生一个孩子,其余的家庭生两个孩子。但农村平均在妇女 23 岁结婚,2 胎间隔 10 年,城市妇女平均在 25 岁结婚,2 胎间隔 8 年,到 2000 年我国总人口 11.1 亿左右。[①]我的以上测算也是在缺少准确的人口统计数据的条件下进行的。应该说,计算的过程以及结果都是很粗糙的,特别是第二种方案即后来所概括的晚婚晚育加间隔的生育办法,统一要求间

---

① 梁中堂:《论我国人口发展战略》,山西人民出版社,1985 年版,第 5—13 页。

隔时间,而不是从妇女的年龄上计划生育指标,是很不合理的。因为妇女平均婚后近两年才能生育头胎,当实际生育二胎的时候,也就是婚后第十二三年之后,从妇女年龄说,就是 36 岁左右,有的甚至更晚一些,这将对妇女儿童的健康有很大影响。另外,我国的经济状况,特别是农村的经济状况也不允许这样做。

但是,该测算及所提办法仍然是当时可供选择的最佳方案。因为它把握住了控制人口的两个基本的方面,即少生和晚生。从少生的角度说,统一以不超过 2 胎为限(当时假设,少数民族及其他情况下生 3 胎是以减少生 2 胎来缓和平衡的),以及将一胎率放在30%的水平上(这个数显然是高了),从推迟生育来说,以晚婚为基础,加上第二胎以间隔 8~10 年为限,这样是很严格的控制方案了。但是,由于该文是作为"一胎化"生育办法的对立物出现的,这篇文章在阐述晚婚晚育加间隔的生育办法的同时,第一次指出了"一胎化"的严重后果。在还缺乏学术民主的情况下,问题被揭示得过于透彻了,反而会起到相反的作用。

3. 1980 年春由首都自然科学和社会科学家合作预测的数字

(1) 妇女平均生育数 $\beta=1.0$ 时,2000 年的总人口为 10.5 亿;

(2) $\beta=1.5$ 时,2000 年的总人口为 11.3 亿;

(3) $\beta=2.0$ 时,2000 年的总人口为 12.2 亿;

(4) $\beta=2.3$ 时,2000 年的总人口为 12.8 亿;

(5) $\beta=3.0$ 时,2000 年的总人口为 14.2 亿。[1]

所谓自然科学和社会科学工作者即宋健、田雪原、李广元、于景元等同志。他们的人口预测,显著的优点是把西方数学家所用的控制论方法引入我国人口测算之中,这是我国研究人口手段上的一大进步。但遗憾的是,这些同志并没有阐述清楚他们所得数据的真正含义。加之当时急于要求我国人口增长为零和实现"一胎化",运用先进技术的同志为迎合这一决策,使我国计划生育部门沿着一条激进的路子走得更远了。具体讲,第一,以上测算的结果表明,如果平均每个妇女生两个孩子,到 2000 年我国总人口也可以保持在 12 亿左右,但在他们的所有宣传中却总是说,只有实

① 《光明日报》,1980 年 2 月 14 日。

现"一胎化"或"城市 95%、农村 90% 的育龄夫妇只生一个孩子,到 20 世纪末,我国总人口才能控制在 12 亿左右。[①]"而基本生一个,2000 年的总人口将是 10.5 亿。直到目前,我国从上到下对人口目标所特有的那种恐怖感,不能说不与这种不懂人口知识的人所散布的理论有关。在对比 20 世纪末 21 世纪初劳动力数量时,他们也没有意识到相同数量中具有不同的年龄结构的重要意义,以及在公布测算数据时,把十分严重的老化系数仍然解释为"老化并不严重",说明研究人员的人口学知识不足,等等。第二,公布研究成果时,采取一种不严肃的非科学家的态度。比如关于 21 世纪人口老化问题,当我国 60 年代到 70 年代高出生人口进入统计学上的"老化"年龄时,数据就没有了。第三,讨论 20 世纪最后 20 年的生育政策竟以 20 世纪最后 20 年的劳动力、老化等问题为依据。

当然,要详细讨论我国 80 年代初的人口决策即生育政策同这一方案的关系,并非是本文的任务。要当时的所谓"自然科学和社会科学工作者"承担责任也是不公正的。因为根据我国的体制,当时没有这些人从理论上支持,类似的决策也完全可能被提出来。但是,因为体制上的问题,国家和人民往往迷信最高层次的科研机构及科学家的招牌,尽管这些人并不懂得自己所从事研究的领域。其次,与其说当事人在从事严肃的科学事业,不如说是为了迎合"风头"。

4. 经过几年严厉的生育政策的实践,当时"自然科学和社会科学工作者"所极力支持的"一胎化"遭到农民群众强烈抵制

"自然"和"社会"分开了。1985 年,宋健、于景元等自然科学工作者又公布了一个计算结果:

(1) 妇女平均生育率从 1982 年的 2.63 逐年下降到 1984 年的 2.40,1990 年降到 1.70,1995 年到 2000 年为 1.50,则 20 世纪末全国人口不足 11.9 亿;

(2) 妇女平均生育率从 1982 年的 2.63 下降到 2.40,1990 年再降到 2.0,届时总人口 12.5 亿;

(3) 妇女平均生育率由 1982 年的 2.63 到 1984 年下降到 2.40,2000 年

---

① 新华社 1980 年 2 月 2 日电讯。

总人口则不足 13 亿。①

1986 年上半年,我国妇女生育水平有所回升,但这些同志并没有弄清回升的要害和原因,又一次发表了几种测算数据:

(1)总和生育率为 1.5,2000 年全国总人口为 12 亿;

(2)实行扩大生育间隔(二胎),2000 年总人口为 12.5 亿;

(3)生男为止的方案,倘不许生三胎,2000 年为 12 亿;如允许生三胎,2000 年则为 12.4 亿;

(4)实行独生子女政策,2000 年为 11.9 亿。②

人口测算虽然不需要十分深奥的理论,但能够对它进行测算的人,在我国还是极少数。特别是能将测算结果公布于众的,更是极少数。在大多数情况下,这些作者仅仅公布计算的结果,而不介绍计算的条件。读者可以对比宋健、于景元等人所做的三次计算。当然,社会情况以及我们掌握的资料都是不断变化的,科学研究的深入需要不断修正我们的计算方案。但宋健等人的计算不是这种变化,他们把人口预测看作自然科学或代数学,以为把西方数学家的公式拿过来,改换基数和参数,输入计算机,就可以得出中国 2000 年的人口数据。当人们指出他们的数据同他们的观点发生矛盾的时候,又随意改换条件和计算结果的称谓。比如,根据 1980 年的计算,如果妇女全都生 1 个孩子,2000 年的总人口为 10.5 亿;平均生 1.5 个孩子,11.3 亿;平均生 2 个孩子,12.2 亿。最近的测算则更换为:平均生 1.5 个孩子,2000 年总人口为 12 亿;实行生 2 个扩大间隔,12.5 亿;平均生 1 个,11.9 亿。显然,后一种计算更换了条件。但测算者并没有介绍他们改变的具体条件,这就给人以只有"一胎化"办法才能保证 12 亿的假象。

近几年关于我国人口发展的测算机构还有几家,但对学术界和我国计划生育系统较为有影响的,基本上就是"自然科学"方面和采取晚婚晚育加间隔的生育办法这两种。后一种计算的方法和结果,下面还要做详细介绍。

① 宋健、于景元:《人口控制》,科学出版社,1985 年版,第 244—247 页。

② 《人民日报》1986 年 7 月 30 日转自 1986 年 7 月 30 日《中国科技报》。

三、1979 年以来我国人口政策的形成及演变

70 年代,周恩来总理抓计划生育工作时,陈慕华同志以及当时的国务院计划生育办公室,为探索符合我国具体国情的计划生育政策和道路,积累了不少好的经验。在短短的几年里,计划生育政策的宣传和恰如其分的工作,使我国大多数群众传统的"多子多福"的与封建时代经济社会相联系的生育观念,得到了明显的改变。新中国成立初期到 60 年代,我国人民群众在生育行为方面无节制的观念还很普遍,妇女平均生育孩子仍达 7 个以上。到 70 年代中,大多数妇女的生育水平就降到三四个了。70 年代末期,大多数农民的理想子女数是 3 个,而城镇居民中的多数则认为是 2 个。这固然同 70 年代计划生育工作提出的"一个少,三个多,两个好"的宣传方针分不开,但主要还是这样的生育水平比较符合我国城乡经济社会发展所达到的高度。需要明确的是,这个时期的计划生育工作有其具体的目标、方针,但还谈不上具体的生育政策。因为它仅仅如目前国外大多数发展中国家一样,政府仅仅是号召性或指导性的,并没有强制性地提出一项只准生几个的具体生育政策。当然,一般性的计划生育政策是存在的。因为社会主义国家的经济与人口发展相协调的问题已经得到较为明确的认识,国家主要领导特别是分管经济工作的领导比如周恩来、李先念、陈慕华等,思想是很明确的,即控制人口盲目增长的任务提出来了,围绕完成任务的一系列方针也都确定了。在这个意义上说,人口政策或生育政策是存在的,这就是要控制人口和实行计划生育的政策。但是,这只是广义上的生育政策。狭义的具体的生育政策 1979 年以前是不存在的。

1978 年,中央在一个文件中提出,一对夫妇生育子女数"最好一个,最多两个",开始对妇女生育的子女数有了较为明确的规定。1979 年六七月之后,报刊及新闻工具中开始宣传我国政府争取 20 世纪末人口增长为零的方案。该方案分为两步,第一步是在 1980 年将我国人口增长率降到 5‰以下,第二步,到 2000 年,争取实现零增长。为达到这个目标,主要措施就是"提倡一对夫妇只生一个孩子"。1979 年五届人大第二次会议的政府报告中进一步提出:"要订出切实可行的办法,奖励只生一个孩子的夫

妇,对无子女老人逐步实行社会保险。"1980年,五届人大第三次会议上,国务院又提出:"在今后二三十年内,必须在人口问题上采取一个坚决措施,就是除了在人口稀少的民族地区以外,要普遍提倡一对夫妇只生一个孩子。"同年9月,中共中央向全体共产党员、共青团员,发出了关于控制我国人口增长的《公开信》,要求全党热烈响应国务院关于一对夫妇只生一个孩子的重大号召。中央和国务院的这些文件,是作为一种方针,鼓励提倡和号召一对夫妇只生一个孩子的。但是,作为实际工作部门以及主管的同志都是一步步沿着这条路子,在我国法律制度不健全以及全党对人口问题本质还认识不清的情况下,把中央和国务院的方针当作具体的生育政策,要求实行"一胎化"。"提倡生一个"的号召性的提法,在我国特殊的历史条件下,实际上在起着具体生育政策的作用。

1984年,中央根据当时的具体情况,提出计划生育政策要建立在"合情合理、群众拥护、干部好做工作的基础上","要进一步完善计划生育工作的具体政策"。这给全党指明了现阶段我国计划生育工作的根本原则。1985年,国家计划生育委员会将这一条提高到理论的高度,要求探索一条符合中国国情的计划生育道路。在中央总的原则指导下,各地开始试行(虽然绝大多数的试点进展很慢,更缺乏指导和推广)各种生育办法。从1984年七号文件以来,全国生育政策大致有这么几种:(1)基本生1个,大约占总人口的90%;(2)"女儿户",大约占2%~3%;(3)少数民族可以生3个,大约占5%;(4)可以生2个,大约占2%~3%。当然,这些划分仅仅是从实际政策的执行看,而不是相当多的名义上的"试点",实际上始终未正式开展工作。

四、我国生育政策失误原因初探

新中国成立后,我们在人口问题上历经了两次失误。一次是从50年代到70年代初,由于传统的认识观念和缺少社会主义经济社会管理经验,对社会主义人口问题缺乏足够的重视,没有抓人口与经济社会的协调发展工作,致使人口盲目增长。从1972年起,由于周恩来总理根据我国经济与人口的实际状况,力排众议,提出了一系列适合我国国情的控制人口的具体方法。既使我国人口得到了有效控制,又没有伤害人民群众的利益。

70 年代末到 80 年代初在我国计划生育方面出现的"一刀切",是我国人口问题决策上的第二次失误。一直到现在，我们并没有充分认识到它的危害。特别是在今后 10 年内，我国将面临人口生育高峰。70 年代末80 年代初的人口政策将影响到我国有效地控制人口增长。党的十二大提出的 20 世纪末将我国人口控制在 12 亿的目标能否实现，在很大程度上取决于我们对这次错误决策的认识程度和纠正的措施。

当然，形成这次错误决策有其特定的原因：第一，我们刚刚经历了"文化大革命"，极左思想未得到很好的清理，从上到下我们往往还拖着一条"宁左勿右"的辫子：既然要节制生育，那就是生得越少越好。于是，就产生了只准生一个的怪办法。第二，受国外资产阶级人口思想的影响，70 年代西方发达国家正在风行"能源危机"、"粮食危机"、"环境危机"以及"人口危机"等思潮。而人口危机属人类面临的困难之首，是总根源。当时国外不少社会学家提出了要发展中国家学发达国家，实现人口静止。这些观点离开了经济社会条件讲人口，当然是错误的。但它被毫无批判地介绍到我国，同国内的极左思潮相吻合，立即被当作目标和理论依据。第三，我国体制上的缺陷以及法制不健全，为这种特殊条件下的决策提供了方便。这次决策的特殊性还在于，对中央来说，仅仅是"提倡一对夫妇只生一个孩子"，甚至讲得更严一些，也仅仅是"大力提倡"。但在实际部门和基层来说，它就成了"只准生一个"的具体生育政策。由于法制不健全，侵犯群众利益或违法行为得不到追究，更助长了这种特殊政策的推行。即使到现在，我们并没有充分意识到，它作为一种实际政策是错误的，第四，我们进城之后，一大批高级干部和高级知识分子长期脱离农村，不了解农民的实际生活，以为经过几十年的发展，农民的生活水平也像他们生活得那样安逸、舒适，有没有孩子或有几个孩子都全然成为观念上的问题。特别是部分知识分子认为自己有一个孩子就是最理想的了，所以农民也都可以通过只生一个孩子找到自己的幸福。在我国目前的体制以及社会发展水平下，这部分知识分子的意见虽然并不正确，但他们在我国的决策系统中却占据着十分有利的地位。因为他们往往以科学的形式论证自己的观点和感情，对人民群众以及各级领导具有重要的影响作用。在社会主义初级阶段,如果我们不愿使自己陷入空想,政治经济生活中完全根除以上弊端是不可能的。谁也不能超越历史发展的阶段。从这点上说,这次失误是有其"合理性"的。不过,同样根据黑格尔的逻辑,这一"合理性"也必然要退出政治舞台,特别是从当前我国农村的实践来看,"一胎化"的办法早已被农民抛弃了,而唯有个别人才对其怀有一丝眷恋的感情。

五、几年的人口测算结果究竟说明了什么

几年来,我国人口学界的许多测算都表明,从 80 年代初开始(严格说是 1982 年,因为我们只有 1982 年的全国人口分性别、年龄、城乡及行政区划分布的资料),平均每个已婚育龄妇女生 2 个孩子,就可以使 20 世纪末人口控制在 12 亿左右。比如根据我们 1985 年的重新测算:

(1)平均每个妇女生 1 个孩子,2000 年总人口为 10.6 亿;

(2)平均每个妇女生 1.5 个孩子,总人口 11.6 亿;

(3)平均每个妇女生 2 个孩子,总人口 12.4 亿;

(4)平均 2.3 个孩子,总人口 12.8 亿。

以上结果几乎与刘铮 1979 年、宋健等人 1980 年的测算基本一致,说明我国城乡妇女平均生 2 个孩子,12 亿的目标是可以实现的。

但是,在近几年里有不少人又提出平均生 2 个就要达到 12.8 亿、13 亿或突破 13 亿的权威论断。比如宋健、于景元 1985 年又提出了一个"四种方案"的测算数据。① 这四种方案的具体结果:

方案一:2000 年我国总人口为 11.9 亿;方案二:同上;方案三:12.5 亿;方案四:13 亿。仔细分析这四个方案,则不难发现:

第一个方案,妇女平均生育率从 1982 年的 2.63 逐年下降到 1984 年的 2.40,1990 年下降到 1.70,从 1995 年起保持 1.5;

第二个方案,2000 年前同上;

第三个方案,生育率由 1982 年的 2.63 到 1984 年的 2.40,1990 年后为 2.0;

第四个方案,1984 年前同上,以后永远为 2.4。

① 宋健、于景元:《人口控制》,科学出版社,1985 年版,第 244—247 页。

这些结果与其说同大家的测算不同,倒不如说是完全一致的。这里的关键在于妇女生育率是多大。大家不难看出,当妇女生育率为 2.0 时,2000 年的总人口就将是 12.3 亿或 12.4 亿。如果各年大于 2.0,人口总数就会上升,反之下降。上升或下降的幅度全在于妇女生育率同 2.0 的差额以及它在不同年份(这是因为不同年份中的育龄妇女人数的差别)的分布。比如第一、二方案因为在 1995 年前各年的育龄妇女人数要比 1995 年后大得多,所以,它平均起来可看做是处于 1.7~1.8 之间的生育率,故人口数大于我们预测的 1.5 而又小于 2.0;第三方案执行结果为 1982—1990 年间的处于 2.0~2.4 间的生育率,故 2000 年结果大于我们预测的平均 2.0,为 12.3 亿~12.4 亿;第四个方案是 1980 年到 2000 年为 2.4,结果就比我们的生育率 2.3 多 2000 万。

还有,最近(发表时间是十分恰当的 7 月 30 日)又有新的结果,根据同一天《人民日报》、《中国科技报》的报道:

(1)控制总和生育率(1.5),2000 年的总人口为 12 亿;

(2)实行扩大生育间隔时间(2 胎),2000 年为 12.5 亿;

(3)实行生男孩即止(不准生 3 胎),12 亿;允许生 3 胎为 12.4 亿;

(4)实行独生子女办法,2000 年 11.9 亿。

如果仅看以上的结果,我们只能推行"一胎化"政策。因为,即使是这样,2000 年的总人口也将达 11.9 亿,这样的结论只能是一个,即我们必须停留在"一胎化",否则,12 亿的目标是"保不住的"。

但是,如果我们是在分析他们的实际测算,而不是仅仅看以上发表的结果的话,就不能不在脑海中闪现一个"伪科学"的概念。因为它发布的结果是说:

(1)平均生 1.5 个,2000 年的总人口将为 12 亿。而他们实际的测算是以:以 1982—1990 年的妇女生育率为 2.47 预测,1990—2000 年才为 1.5,而一般读者所不知的是,1982—1990 年每年有 1200 万~1300 万妇女进入生育年龄,1991—2000 年每年进入婚育年龄的妇女有 900 多万。就是说在 1982—2000 年进入婚育年龄的妇女总共为 2.1 亿,而在前一半的 8 年中,妇女生育率为 2.47,后一半为 1.5。但发表时却说生育率为 1.5 时,2000 年的总人口将为 11.9 亿。

（2）方案二发表说是扩大平均生 2 胎的间隔，2000 年为 12.5 亿（实际结果是 12.36 亿，但发表为 12.5 亿），显然说扩大间隔生 2 胎的生育办法是行不通的。而他们的计算是 1982—1990 年生育率仍然是 2.47，仅仅 1990 年之后才是延长间隔的 2.0。

我们没有必要一一分析这些在我国科学界颇负盛名的学者的最近计算了。所谓独生子女政策到 2000 年总人口也将达 11.9 亿的计算结果，也不过是把 1982 年的 2.47 多延长几年，下降幅度小些罢了。

如果不说别的原因，单从人口学的角度说，以上乃是对西方人口学生吞活剥的结果。在西方资产阶级国家里，生育是一个极为敏感的社会问题，它是各个家庭的私事。所以，政府从不制定要求妇女生几个孩子的具体生育政策。社会生育水平是随着经济发展水平、社会意识形态等因素自发调节，对人们的生育观念逐渐起着一种潜移默化的作用。所以，妇女生育水平的变化往往是几十年乃至上百年才显现出来的事情。这样，当人们无法得到年轻一代妇女的终身生育率时，往往把全社会一年的总和生育率当作刚进入婚育年龄的妇女的终身生育水平，应以终身生育水平测算的预测工作，往往就以总和生育率来代替。西方发达国家的预测模式就是这样建立起来的。它是适应西方发达国家历史条件的，[①]但它并不一定符合我国的具体国情。

第一，西方国家缺少具体的生育政策，其他有关生育的政策，经济和社会政策以及其他社会因素对生育水平的影响是缓慢发生作用的。我国在 70 年代就已经撕破了罩在生育领域上温情脉脉的面纱，我国传统的伦理观念对婚姻及生育所保持的羞涩之情，早已不复存在了。国家现在制定的每一项政策，往往都同生育问题相联系。对每个家庭有一个明确的生育数目的规定，只要政策比较合理，大多数人是乐于按照政策的规定去执行的。所以，它没有必要采取用总和生育率的模式测算我国人口状况。相反，如果用胎次分配法测算，结果将会更准确一些。第二，用反复变动总

---

① 即使如此，西方发达国家人口学家的预测模型也是多种多样的。把某一种模型说成是"世界科学界公认的人口预测方法"，也许该模型的设计人是同意的，但其他人口学家肯定会持异议。

和生育率的办法测算,在实践上是行不通的。这是因为,要把数学模型上的总和生育率改换为实际上的妇女生育水平,是通过具体的生育政策来实现的,经常变动的总和生育率在实践上是由不断变动生育政策来实现的。这些变动在计算机上是十分方便的,但在实践中却必然产生政策多变。发生这种情况,只能说这些自然科学家的人口学及社会学知识不足,对我国的具体国情不熟悉。比如在一份材料中,科学家们竟然说因为现行的生育政策,我国从 1980—1986 年的 6 年里,少生了 1 亿多人口。这只能令人感到作者根本不知其所云。别说 70 年代末,我国人口生育水平已经控制到每年出生不足 2000 万,即使继续保持"文化大革命"中最高纪录的每年 2800 万,6 年也仅能出生 1 亿多人口,怎么会因为"只生一个"的办法,全国 6 年就少生了 1 亿多?

根据以上情况,几年来的人口测算至少说明了这样两点:第一,12 亿的人口目标是比较科学、合理的。这种科学合理性不是从理性方面来说,而是因为它比较符合我国经济社会发展水平,符合我国绝大多数人的生育意愿。它是在今后十几年内我国妇女平均生 2 个孩子就可以达到的指标。倘不是符合大多数人的生育意愿的指标,是不能说科学合理的。第二,为有利于我国的具体生育政策的制定,测算的方法应该适合我国的具体国情。

六、用晚婚晚育加间隔生育办法对我国人口的测算

上面说过,用总和生育率的办法不能反映我国的具体情况,是因为总和生育率无法在实践中将它转化为具体的生育政策。我们知道,总和生育率往往是指一年内各年龄组妇女生育比率的总和,它反映不出具体生育政策和妇女生育的胎次情况。一个国家要制定一系列的政策来体现总和生育率,比如符合什么条件允许生 1 个,符合什么条件允许生 2 个、3 个,以使其与总和生育率相吻合,是根本无法做到的事情。所以,用这种办法测算的人再找不出什么具体政策,只有一个简单的"一胎化"。用总和生育率测算人口是在没有具体生育政策的社会里的基本方法,把它拿到我们这个必须制定具体生育政策的国度里,它就无能为力了。鉴于以上原因,我们用胎次分配法对我国人口进行了测算。这种方法把每个妇

女终身生育数目看作是已定的，然后根据我国的具体情况，从推迟生育和减少妇女终身生育数目两个方面对人口进行测算。

首先从减少生育数目来说,根据我国的具体情况,特别是依据农村经济社会发展水平,考虑到农民生 2 个孩子不仅有利于家庭,而且有利于国家。毫无疑问,21 世纪初我们国家少背一些孤独老人的包袱,将有利于整个世纪的经济发展。所以,我们以家庭的简单再生产 2 为水平线(社会的水平线实际在 2.2 左右),允许农民生 2 个孩子,考虑到不婚不育以及我们鼓励提倡等因素,农民有 95%生 2 个孩子,5%生 1 个孩子,这可能是我们在农村争取到的好的成绩了。城市如果能维持目前的政策不动, 也是好的成就了。

推迟生育是控制人口增长的基本方面之一, 在一定条件下甚至是最重要的方面。我国封建时代的统治者就曾运用婚龄调节生育期,以达到调节人口的目的。所以, 每当经过较长的社会动乱, 人口减少较多的时候,统治者就颁布律文,要求十几岁的妇女必须出嫁,或者要求多大的男子应该在邻里、县府等干预下成家。这都是鼓励人口增殖。如果人口增长得快了,这方面的律令就不再强调了,社会的婚龄不一定很早了,人口增长就慢一些。在我国人口众多的情况下, 如果每个年龄组的妇女生孩子的年龄推迟 2~3 岁,就相当于在一代人的生育总数中减少了四五千万。同时,我们参照 70 年代末我国妇女平均婚龄所达到的 23 岁,以及考虑到社会发展,结婚年龄将再度提高的情况,我们设定:第一,妇女生育第一胎的年龄为 23 岁;第二,生第二个孩子的平均年龄为 30 岁。关于以上条件的原因以及实施的可能性,在石家庄会议已详述。经计算,到 2000 年,我国总人口可达 11.8 亿。

以上计算同事实仍有一定距离。第一,所用 1982 年普查资料,该年有 40%不足 23 岁的妇女已经有过一个孩子,50%不足 30 岁的妇女有过两个孩子。但分配胎次的模式是从该年起,每见一位 23 岁妇女就安排一个第一胎,每一位 30 岁妇女给安排一个第二胎。当然, 还有一定的未婚育妇女也当作已婚育处理了。经冲销后至少还重复计算了 3000 万个孩子。第二,我国的复杂条件, 没有一定比例的多胎是不可能的, 比如少数民族要生三胎,由于管理以及其他方面的问题,农村还会有多胎。如果以 10%~20%

的多胎计算,是一个较为合适的幅度。第三,城市生育政策也应有一定的松动,比如允许 20%~30%的妇女可生二胎。这样,2000 年,我国人口将控制在 12.2 亿多。

应该说,这是很宽松的生育政策了,但它仍可以保住 12 亿左右的目标。我们反复说 12 亿科学而合理,就是基于这一点,而不仅仅是出于维护党的领导的良好愿望,更不是从理性出发的。12 亿目标好,就在于可以在它的基础上制定出"合情合理,群众拥护,干部好做工作"的具体生育政策,使计划生育成为群众拥护的事业。

七、"12 亿保不住"的思想是怎样产生的

"一胎化"的生育办法推行不足 3 年,就开始产生了"12 亿保不住"的说法。这种思想最初是从基层产生的。近来,这一说法影响到上层,有强化的趋势。产生这一思想的原因有四:

第一,几年来的"一胎化"的宣传。几年来在宣传中说,只有做到"一胎化",才能实现 12 亿。实际情况是,"一胎化"的结果是 10.5 亿,12 亿可以平均生 2 个。用实现 10.5 亿的指标来达到 12 亿的目标,人为地制造紧张气氛。因为与实际差别太大,先是基层看到不可能做到"一胎化",所以对 12 亿产生了怀疑。但那时上面还是不松劲,拼命要"一胎化",气可鼓不可泄,故上面并不说保不住的话。现在因完善政策,刚开始有离开"一胎化"的迹象,那些制定和鼓吹"一胎化"的人就开始喊"12 亿保不住了"。他们的依据还是 10.5 亿的"一胎化"指标和 12 亿目标的错误组合搭配。

第二,陈旧的统计口径。为适应不同时期的计划生育方针政策,计划生育部门建立了一套统计指标。但不同时期反映不同政策内容的指标没有及时更新。比如前几年的生育指标中"计划内生育"和"计划外生育"是适应"一胎化"办法的。这几年政策有了变化,特别是各地的政策不同,但统计指标却得不到调整。

"计划外生育"仍是以前的一胎之外的所有生育。所以,绝大多数二胎都成了"计划外"。人们乍一看"计划外"比例大,就说如此下去"12 亿保不住了"。其实,因为 12 亿左右是以平均每个妇女生 2 个为基础的。所以,现在的不少"计划外"都还在 12 亿以内,它并不说明 12 亿就实现不了。

第三，最近几年的早婚早育。这几年的实际同大多数的测算都有很大差别，不仅比按"一胎化"测算时的人口多，而且比平均生2个的测算生育还多。比如根据平均生2个的测算，1985年的总人口应有10.2亿，而实际是10.4亿。有的同志认为，才3年的时间，实际生育比测算结果就增多2000多万，再过十五六年不增多一两亿人口？其实，现在实际人口比测算多，主要是由于这几年政策不明确，特别是大多数地区仍然是"一胎化"，由此出现早婚、早育，实际生育比测算年龄都要早得多。但是，如果我们正式把政策定在只准生2个上，提前生的也就没有指标了。所以，它并不影响12亿的目标。

第四，生育高峰的出现。前几年是我国50年代末到60年代初生育低谷时的孩子陆续进入婚龄的时候，每年结婚的人数比较少，总的生育水平也低一些。从1985年开始，1963—1972年生育高峰期的孩子进入婚育年龄，1986年上半年的统计就显出了势头。其实，这些高出生率也都仍然是12亿目标之内的。只要这些妇女不生3胎，对完成12亿目标并无影响。

可见，现在说"12亿保不住"是没有道理的。但是，我们也不是说12亿就稳操胜券了，因为还有其他方面的问题。

八、当前计划生育工作的主要危险是什么

我们说过，12亿的目标是平均生2个就可以达到的。所以，危险不在于农民生2个孩子。真正的危险是生多胎和早婚早育。因为生3个或3个以上的孩子，是计算中超越12亿的因子。而妇女生育过早，就增加了以后节制生育的困难。所以，当前计划生育工作的危险在于对晚婚晚育工作的轻视和缺少一个明确的、合理的具体生育政策。

九、对当前生育政策的三种不同意见

在当前我国具体生育政策问题上，存在着三种意见。一是要回到1984年7号文件之前的明确的"一胎化"上，二是维持现状，三是要尽可能快地走到允许农民生二胎上去。

要求"一胎化"的观点已经没有什么理论依据可说，唯一的借口就是

非此就不可能保住 12 亿,正如大家所看到的那样,这是以错误的目标和高指标为条件的。包括我们搞人口学专业的大多数人都不可能实际测算和很详细地分析测算数据的含义,所以,这样的宣传在人民群众中有很大的欺骗性。我相信,关于人口测算的实际分析,包括宋健、于景元同志在内对我的分析是无可指责的,即他们的测算结果是对的,而命名及分析的结论是错误的、有欺骗性的。

第二种意见是维持现状。而现状是什么样子?就是原来"一胎化"生育政策实行不通了,但新的生育办法还没有形成。从形式上看,两年来各地有不少的"试点"。但绝大多数仅是名义上的"试点",并未真正推行。由于不敢前进,就生育政策来说,相当于对"一胎化"执行不力,而不属于什么新的生育政策。目前的状态也可以看作是由不合理向比较合理的一种过渡。但是,由于态度不明确,它在理论上受两方面的攻击,而在实践上正在制造较多的多胎——许多要生多胎的农民乘我们犹豫之机实现了他们的愿望。

第三种意见就是要求根除犹豫,痛痛快快地向农民说只要愿意,就可以生二胎,但这要以推迟生育为条件。这里别的不说,仅仅从它能得到群众拥护和敢于将政策交给群众,就足以说明其优越性。别的意见不必细述。这里仅附一笔,向关心翼城县晚婚晚育加间隔生育试点的同志汇报一下,那里的工作发展很顺利、很健康。

十、近两年来人口增长的原因分析

从 1985 年开始,全国人口出生率较之以前有不少回升。1986 年以来,不少对中央 1984 年 7 号文件要求"开小口,堵大口"和"要进一步完善计划生育具体政策"有意见的同志,不加分析地把原因归结为计划生育离开了"一胎化",是对"一胎化"政策"估计"不足,各地出现了"试点"。(根据 1988 年 3 月 6 日《光明日报》转述"有关专家的意见",1984 年 7 号文件以来的人口回升是"长官意志"的结果。——1988 年 3 月 20 日)根据这种意见,"一胎化"不是由于客观规律作用和受到农民的抵制才不能继续下去了,而是我们任意政策的结果。他们认为,只要改变 1984 年 7 号文件和 1986 年 13 号文件精神,"取消成命",将试点收回,再改为"一胎化"政策,全国就能实现"一胎化"。这显然是人口学上的主观唯心主义。

从1985年以来,我国人口出生率上升,是由极为复杂的多因素促成的。

第一,婚育年龄的妇女突然大批增加。1983年作为界限,前4年每年进入婚育年龄(以20岁结婚年龄为标准)的妇女不足1000万,大多数年份仅700万~800万,后4年每年进入婚龄的妇女突然猛增到1200万,最高时1400万。因为60年代困难时低出生期和1962年开始的补偿性生育,正好在1983年达到20年的周期,比如1961年出生的人口到1982年存活数是1070万,而1963年出生的人口在该年的存活数就达到2740万。前一年的结婚人数有了较大变化,后几年的人口出生率必然有较大变化,这是极为明显的道理。比如1986年,我国生育峰值年龄即23岁妇女比1985年就多了500万。生育的"物质基础"突然雄厚和增长,生育水平也必然呈突发性增长。第二,早婚早育。我们的分析仅仅以婚龄为限,如上面引文分析,这几年生育办法等因素形成妇女实际婚龄下降,不足20岁结婚比例增加,更进一步增加了生育妇女人数。

第三,多胎生育。其原因亦如所引材料的分析。

形成这些情况,应分清哪些是客观必然的,哪些是我们工作上包括政策和管理水平的问题。第一种原因是客观的,由此所造成的生育水平上升并不会增加什么危险,因为12亿就是以这些妇女平均生2个孩子为条件计算的。第二种原因的早婚早育也要做具体分析。如果早婚所生的孩子数不超过2个,之后妇女不再生育了,除了早生的孩子将参加迅速更替型的人口再生产外,近些年早出生的人数也仍然是12亿之内的因素,并无什么可怕。但是,毫无疑问,由于早婚早育,增加了之后控制人口的困难性:一般妇女刚进入二十三四岁生育高峰期就完成了生2个孩子的指标,到30岁左右逐步退出生育高峰期,以及到45~50岁之前长达几十年的避孕期,节育工作着实是艰巨的。第三种原因即每增加一个多胎,为保证12亿的目标,相应就需要减少一个二胎即增加一个独生子女家庭,或推迟一位妇女生育的年龄。现在,大多数家庭都希望生2个孩子,并且妇女的生育年龄要求由自己家庭的具体情况来确定,生了3胎及3胎以上的孩子,需要别的妇女和家庭做出相应牺牲,当然也就增加了计划生育工作的难度。这才是最为危险的。

持"一胎化"观点的同志认为,近两年人口出生率上升的原因是由于中央允许开了小口子,在各地出现了不同的试点。这显然是不对的。第一,1984 年中央 7 号文件批评过去"有的同志对中央的有关计划生育的方针、政策缺乏全面理解",要求"进一步完善计划生育工作的具体政策"。这种原则和精神实质是完全正确的。1986 年中央 13 号文件充分肯定各地试点的同时,提出一些地区试点工作指导不够,推行不力,这些原则当然也是正确的。第二,毫无疑问,近两年来的计划生育工作是存在一些缺点和错误。最主要的就是对〔1984〕7 号文件和〔1986〕13 号文件贯彻、执行不力。比如,人口出生率上升除了客观的育龄妇女人数上升等原因外,还在于人口生育政策完善不够。两年多了,我们还没有制定出一个如中央所说的"合情合理、群众拥护和干部好做工作的"具体生育政策。或者,这样的政策在没有制定出来的情况下,又不敢让地方依据本地的实际情况制定出确保完成中央指标的管理方式。我们两年来在这个问题上犹豫不决,以致各级干部因为缺乏具体的生育政策无法管理,群众无所适从,让不该生的多胎生出来了,不该早生的一、二胎也提前出生了。这显然应在 1984 年以来的中央两个文件的指引下继续前进,而不是倒退的问题。第三,各地根据自己的情况试办试点是我们党的一贯工作原则。无论什么工作,各地在将中央的精神原则具体化的时候,必须结合自己的具体情况,试验、摸索,这才有可能将中央的精神贯彻好,并创造性地工作。否则,没有地方特色,置具体的条件于不顾,怎么有可能把工作做好呢? 不允许各地有不同试点,就不可能摸索出中国特色的计划生育道路。最后,说试点引起人口回升,更是没有道理的。凡是好的试点,有积极意义的,都是有利于人口控制的。比如山西翼城县的试点,形势发展比我们原来设想得还要顺利,那里同以前比,抢生的少了,计划外怀孕少了。我们奇怪的是,这类试点县没有出现人口失控的现象,这些县的周围也没有出现人口失控,因而怎么能说别的地区的失控是由试点引起的呢?

十一、我国人口发展战略和宽松的研究环境

十一届三中全会以来,我国科学领域里的禁区越来越少了。但现在各

种势力仍然极力保卫着生育这个领域,使之成为禁区。它不允许不同观点的存在,不准研究人员越雷池一步。本来,这一节的题目是几年来我酝酿的一个较长篇的论文,特别是万里同志在软科学会议上讲话之后,我就搜集资料准备就此为这个会议提交一篇论文。但在写作过程中,我以为写这样的文章仍然为时过早。比如,中央历来就没有压抑不同意见这一条,但它丝毫不意味着现实生活中不存在同中央要求对立的现象。我们即使认识了科学的人口战略需要宽松的研究条件,但丝毫不意味着我们个人能够摆脱那种受压抑的处境。所以,此节不再赘言了。我只想说明一点,即无论什么问题,当缺少民主的时候,就谈不上科学。

尾 注

由于 1986 年夏天以来的特殊形势,以上所言,在很大程度上具有随笔性和小结性。我们在人口政策上所花费的时间同我们这个民族的传统太一致了。我指的是我们这个民族在时间问题上的奢侈作风。一个人口测算,反反复复用了六七年。我们可以奢侈地计算、讨论、试验上几年、几十年,但许多农民却在那里受罚,许多基层干部在那里忍受非正常状态的折磨。这就是我在此类问题上持激烈反对意见的理由。我们一直在做一件违背党的宗旨、违背我们国家性质和损害我们民族利益的事情。如果现在正在受处罚的不是农民,而是我们自己,我相信谁都会持同我一样的态度。

当然,我从来没有认为我们这些搞理论研究的人的意见会起决定性的作用。我也很欣赏歌德的这句诗:朋友,理论是灰色的,生命之树才是常青的。但我从来都不怀疑千百万人民的实践。10 亿人民,特别是 8 亿农民会以自己朴实有力的脚板校正我们思想路线和政治路线中的摇摆、弯曲。当然,如同一个没有经过系统训练的运动员一样,农民的有力的然而又难免笨拙的动作有时也会过了头,从而使我们蒙受一些损失。而这些损失将是对我们的一种惩罚。

（写于 1986 年 10 月）

评宋健、于景元的人口测算[①]

从 1978 年开始,以宋健为首的航天部(原七机部)的一些同志和西安交通大学的同志, 分别率先用控制论的方法预测我国人口发展, 使我国人口学在预测人口增长的前途方面, 又增加了一种简便的方法。[②] 但是, 由于宋健等同志缺乏对我国具体情况和人口学专业知识的研究, 因此,

---

① 该文是与马培生同志合作提交中国人口学会 1986 年 11 月 3 日至 7 日在湖北省宜昌市召开的 "中国人口发展战略理论讨论会" 的论文。

② 1988 年 3 月 6 日《光明日报》《议事堂》栏目里的文章转述 "有关专家的话" 说:"1978年, 在宋健同志指导下的一个研究小组, 与国家计生委、公安部等单位密切合作, 应用控制论、系统工程和计算机技术, 对人口发展过程进行了广泛的研究, 并于1979 年首次做出了全国人口未来发展趋势的长期预报……这项研究的一个重要结论是, 要摆脱我国在人口问题上的困境, 必须在我国广大地区实行一对夫妇只生一个孩子的人口政策, 而且这项政策至少要坚持到 21 世纪初。" 这与当时的历史不符。第一, 宋健 1978 年在国外讲学时才知道国外用控制论和系统工程方法测算人口。第二, 包括国家统计局在内, 当时任何部门都没有足以预测人口的较为可靠的资料。1978 年, 宋健手下的同志(李广元)去公安部索要有关人口测算的资料。如果我向公安部索要到了资料, 能否说我的测算是同公安部合作的结果? 第三, 当时, 国家计划生育委员会尚未成立, 国务院计划生育办公室负责人在 1979 年 12 月成都召开的全国第二次人口理论科学讨论会上才发现计算机可以测算人口未来。第四, "宋健小组" 即当时宣传的 "自然科学和社会科学工作者" 是 1980 年春开始接受国务院计划生育办公室的委托, 用计算机测算我国人口的。而在此之前, 宋健同志的百年预测和国务院计划生育办公室的 "只准生一个" 到 20 世纪末实现人口持平, 都早已经分别产生了。即便如此, 我接受某个部门委托研究某一课题, 我的研究结论能否称为同该部门的 "合作"? ——1988 年 3 月 20 日注。

在测算工作中和把测算结果用于人口决策方面时，存在一系列明显的缺点、错误。

一、没有世界公认的人口发展预测方法

对人口未来发展的预测，自古有之。但是，只有到了人们开始用人口统计学上的年龄移算法测算后，才相对有了一点较为可靠的依据。40 年代以来，人们开始用线性方程的办法测算，到计算机被广泛运用之后，人们用控制论的方法预测人口就更为方便了。

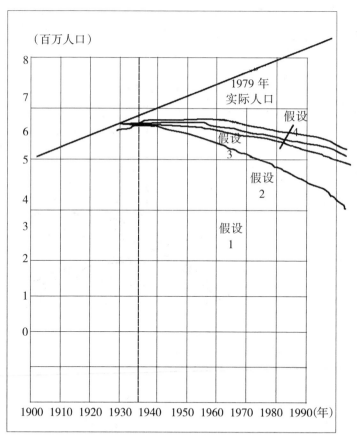

图 1　1935 年科学家对瑞典人口的预测和 1979 年的实际人口

但是，由于人口发展过程是十分复杂的社会现象，不论用统计方法还是用控制论方法，都只能大致地提供一些发展趋势。哪一种测算方法都很难说十分科学。从开始有人预测以来，有志于此道者，何止成百上千。所不同的是,有的人是以省区或一个国家的人口为测算对象,有的人以世界人口发展为对象;有的人测算时间长一点,有的人测算时间短一点。但相同的一点是,从来没有人预测得绝对准确。比如 20 世纪 30 年代欧美等资本主义国家对人口出生率下降就很恐慌,当时一些最优秀的科学家在瑞典进行了人口预测,根据当时的几种测算,50 年之后,瑞典将可能由 30 年代的 500 万人口下降到 400 多万,其中最高的估计也只有 600 万。实际上,70 年代末,瑞典的人口就超过了 800 万(见图 1)。美国也是这样。一个由优秀专家组成的总统研究委员会在 1933 年给胡佛总统的报告说:"本世纪我国人口可能在 1.4 亿到 1.5 亿之间。"而实际上,美国人口在 60 年代就超过了 2 亿(见图 2)。

（百万人口）

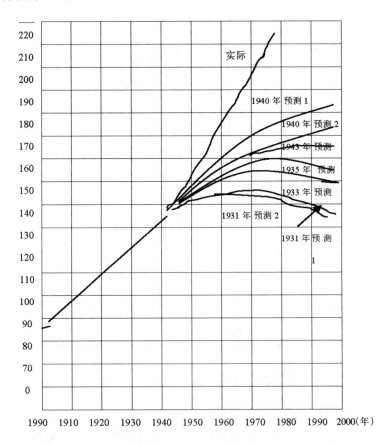

图 2　美国科学家 20 世纪 30 年代的人口预测和实际人口增长的比较

从未有人预测准确过，不能说明预测不重要，而是说明决定人口发展的因素是多方面的，很复杂，人们往往很难预料。所以，人口预测都只能提供一个大致的趋势。在预测方法上，大家现在都在摸索，别说人口统计方法和控制论方法各有千秋，就是都用控制论方法测算的人，各人也有各人的模型，很难说谁的模型和方法就很科学。以60年代以来联合国、美国有关组织及部分专家对2000年世界总人口的预测为例，仅二三十年的人口变动，差别都很大。（1）1969年，美国国务院公布的测算数字，2000年世界总人口75亿，1974年又改为72亿；（2）1976年联合国人口活动委员会负责人宣布，2000年世界总人口70亿，后又改为58亿；（3）李斯特、布朗等专家的预测，2000年世界总人口为54亿。

以上测算数字都是出自权威组织或优秀专家之手，各家的测算模式和方法都不相同，结果也不大一致。同是2000年的世界总人口，测算期仅20多年，就有75亿到54亿间的20亿之差。我们能说谁是对的呢？或者说谁的方法是科学的呢？都不好说。在人口计算上的偌大差别，我们认为，不是方法上或模式上有多大的差别，主要的是预测的指导思想、参数不同。60年代到70年代初，世界人口正处于迅速增长的时候，发展中国家还没有出现人口增长率下降的迹象，所以预测家们把形势估计得过于严重了。70年代中期之后，发展中国家开始出现出生率下降的趋势，测算的人自然就将这些已经显露的因素考虑进去了。而当新的因素进一步出现时，又将暴露出这些测算存在的局限性。

从这里我们得到启示，需要给宋健、于景元等同志指出，即他们把西方的某些人口预测方法或模型神化了。他们给中央讲他们"采用世界科学界公认的人口预测方法，对我国未来人口发展趋势作了定量研究"，这是很不正确的观点。宋健、于景元等同志开始学西方的人口预测方法时，已经是70年代后期的事情了。西方的模型和方法各不相同，是科学界"公认"谁的方法最科学呢，还是实践证明了谁的方法最科学？所以，这里除了迷信外，再说明不了任何问题。让西方人口学家或数学家讨论一下，谁也不会认为自己的方法和模型比别人差一些。[①] 用吹捧西方人的办法来掩盖人口测算问题的复杂性,从而造成一种假象。即使自己的意见得到首肯,历史也可能像嘲笑30年代瑞典、美国的优秀科学家那样,嘲弄80年代的中国科学家。

二、用妇女总和生育率不能制定人口政策

近几十年来的人口预测中,西方国家往往使用总和生育率来测算新出生的人口。这种方法在人口变动缓慢(比如西方发达国家的人口出生率由30%多下降到20%左右,用了四五十年乃至上百年,作为一代人的妇女生育水平比较稳定),国家没有具体的生育政策的情况下,在一定程度上说,是可以的。但是,现在用这种办法预测我国人口,则不能说是科学的。总和生育率即15~49岁年龄组妇女生育孩子数/15~49岁相应年龄组育龄妇女人数之和。在通常,这一概念反映出一年内,15~49岁各年龄组妇女分年龄生育率的总和,却不能准确地反映某一年龄组或某一个妇女的终身生育水平。这是因为:第一,它是在国家不具体限定生育胎次,也无须统计胎次的情况下,妇女自由生育的指标,与终身生育水平无关。因为总和生育率同样是1.5,但它可能是在有的妇女生了八九个孩子,又有不少的妇女只生了一个孩子的情况下平均取得的。以此测算人口,无法知道某一代妇女的终身生育情况。也就是说,在计算了二三十年的人口出生情况之后,我们并不知道这一代妇女中有多少生过两个孩子,有多少生过三四个甚至更多。由于底子不清,下一个计划期的人口政策也无法确定。第二,总和生育率反映的是生育结果,而不是生育的原因。它是生育行为完成后被假设当作全体育龄妇女的生育情况,综合地反映全体育龄妇女生育水平的指标。比如,同样一个生

[①] 需要指出的是,宋健、于景元无疑对美国人口学家 A.J.Coael 的数学模型是十分推崇的,因为 Coael 是宋健、于景元所使用的方法的创始人之一。但是,恰恰是 Coael 在1983年给宋健致函,述说宋健、于景元数年来所乐道的人口发展战略的不可取性。美国人口理事会高级研究员 John Bongaarts 和 Susan Greenhalgh 在1985年预测和分析中国人口发展问题时,却使用了与 Coael 完全不同的预测方法,说明这一方法纯系子虚乌有。

育率 1.5，可能是无数个生育政策和实际生育组合的结果。美国的、法国的，都可以有个 1.5。中国计划生育前和计划生育后、允许生多胎和不允许生多胎等情况下，都可能出现一个 1.5。也就是说，不同的情况，不同的组合，其结果都可能是 1.5。当前，法国、英国、西德、瑞士等发达国家的总和生育率大致都在 2.0 以下，但这丝毫不妨碍这些国家的妇女随自己的意愿自由生育，其中包括终身生育六七个或十几个。所以，用总和生育率测算人口，仅仅反映的是一个社会生育趋势，而不能以此为基础制定具体生育政策，比如宋健、于景元的一个具体测算，令妇女总和生育率从 1982 年的 2.47 逐渐下降，到 1990 年降到 1.5，然后保持到 2000 年。这样的测算是可以的，但现实中无法实现，因为各年的育龄妇女年龄结构不同，生育孩子的具体政策无法实现。因为各年的育龄妇女年龄结构不同，生育孩子的具体政策无法在某一年或某几年内规定出几条，使妇女生孩子水平正好达到我的 2.47 或 1.5。所以，用总和生育率测算人口是在国外不能定出妇女终生生孩子数的情况下的权宜之计。我国这么多年已撕下了盖在生育领域中的温情脉脉的面纱，定出了妇女生育的最高胎次，为什么还要用总和生育率这个弯拐棍？

宋健、于景元等有一个观点，这就是反复给中央及有关部门说的，"我国人口控制就是通过控制妇女总和生育率来实现的"。这个观点显然是不正确的。根据上面的公式，总和生育率是 15~49 岁各年龄组妇女所生孩子数与同年龄组的育龄妇女人数比率的总和，我们计划生育工作具体怎样做才能降低各年总和生育率？因为年龄构成等方面的原因，总和生育率低了，并不一定是妇女终身少生孩子；总和生育率高了，也不见得就是每个妇女终身多生了孩子，比如，尽管 25 岁以上的妇女在某一年比上年多生了 100 万个第三胎及三胎以上的孩子，但可能因为低年龄组的妇女生第一二胎的孩子少了 150 万。这样，其他条件不变，尽管从控制人口的角度说是孩子生多了，但总和生育率还是降低了。相反，同上年比较，某一年控制人口出生很成功，基本上制止了多胎。但是，可能因为前几年进入婚育年龄的妇女生一胎的孩子数突然增加了很多，这必然使个别年龄组的生育比率上升，在其他条件不变的情况下造成该年总和生育率上升。所以，从公式 15~49 岁分年龄组妇女生育孩

子数 /15~49 岁相应年龄组育龄妇女人数之和的含义来说，分子就包含着 15~49 岁各年龄组妇女实际生育的不同组合在内，它就存在个别年龄组妇女终身生育率增加了，而使整个数值不变或下降的假象。① 我们怎么能天真地用这个指标来衡量计划生育工作，把它作为控制人口增长的工具呢？

国外人口预测实际上是建立在国外人口的无计划发展基础之上的。没有别的办法可以帮助规划、预测，所以只能用总和生育率抽象地预测。国外的人口学家把总和生育率办法理论化和绝对化，提出这是个人口控制的好办法。其实，把一个总和生育率交给基层，比如让基层实现总和生育率 1.5，而我们的基层同志还是无法把这个指标落实到人头的。就是说，总和生育率的控制办法并不适应我国的计划生育和控制人口增长的要求。

我们有更好的办法。这就是控制终身生育率和推迟生育年龄的办法。终身生育率是指一个妇女终身生育孩子的水平。一代妇女平均生了 2 个、3 个，与整个社会的人口增长当然有密切的关系。这是我国人口控制的一个基本方面，但它不是唯一的方面。妇女终身生育率达到一定程度后，再让其下降将是不可能的。因为大多数家庭的生育都是让子女达到自己的理想水平，而这个"理想"在一定的社会经济条件下，是个大致的数。在这个理想数值以下，还有一个最低限度。如果希望将妇女生孩子数减少到这个最低限度以下，各个家庭就不乐意了。在这种情况下，还有一个基本办法，就是推迟生育年龄。在每个妇女来说，虽然终身生育孩子的数目不变，但推迟了几年生育。这对社会控制来说，就是很重要的事情。比如我们像推骨牌一样，在 2000 年之前能够让每个妇女生的两个孩子推迟二三年，就等于全国减少了四五千万的妇女进入婚育年龄。

---

① 关于总和生育率不能反映计划生育水平的观点，也得到北京等地计划生育的实践证明。北京一些市区的计划生育工作者在 1982 年就已发现，因为青年妇女人数在 15~49 岁妇女中比例较高，尽管该年基本上实现了"一胎化"，但总和生育率却仍然接近 1.9。

当然,无论社会怎样控制,最后都可以用总和生育率表示。因为根据总和生育率的公式及定义,它是表示妇女生育水平最抽象、最一般、最综合的概念了。在我们无须反映具体生育政策和不同年龄组及不同地区、不同民族生育水平的情况下,作为全国某一年妇女生育状况的最概括的反映,作为妇女生育行为的最一般的结果,使用这个概念是可以的。如同我们有时使用粗出生率来表示生育水平一样,是允许的。但不同的是,第一,因为它是一般和抽象,所以不能作为我们计划生育和人口控制的重要指标。因为它不具体,基层就无法用它将指标具体落实到妇女人头上,无法用政策将其具体化。就是说,作为计划生育的控制指标,它不适应中国目前的国情。第二,总和生育率是反映、描述妇女生育水平的指标,所以,它是作为结果被反映出来的,而不能被当作原因,当作控制的条件提出来。

三、宋健、于景元几年来的测算说明了什么?

即使如宋健、于景元同志的观点,把妇女总和生育率看作"相当于"一个妇女一生中生育孩子数,他们几年来的测算却证明了同他们宣传的意见相反的东西。

1980 年,宋健、于景元等有过一个人口测算,结果是:

(1)如果让妇女生育率为 3.0,2000 年我国总人口为 14.2 亿;

(2)妇女生育率为 2.3,2000 年总人口为 12.8 亿;

(3)妇女生育率为 2.0,2000 年总人口为 12.2 亿;

(4)妇女生育率为 1.5,2000 年总人口为 11.3 亿;

(5)妇女生育率为 1.0,2000 年总人口为 10.5 亿。

就是说,假使平均每个妇女终身生一个孩子,2000 年总人口为 10.5亿;平均生两个孩子,为 12.2 亿。但是,在当时的宣传以及决策的讨论中,宋健等同志的发言、文章都一直是说,只有实现了"一胎化",平均每个家庭生一个孩子,才能达到 12 亿。

1985 年,宋健、于景元又做了一次测算,结果是:

(1)妇女生育率从 1982 年到 1984 年由 2.63 下降到 2.40,1990 年再降到 1.70,1995 年后为 1.50,2000 年的总人口为 11.9 亿;

（2）其他同上，1990 年降到 2.0，届时总人口 12.5 亿；

（3）其他同上，1984 年后妇女生育率为 2.40，2000 年总人口为 13 亿。[①]

如果对比 1985 年和 1980 年的测算结果，可以看出变动并不大。方案（1）是说让 1990 年以前的 8 年中，生育率由 2.63 下降到 1.70；让 1990 年到 2000 年 10 年间再由 1.70 降至 1.50。这样的水平除了年龄构成的问题外，相当于妇女平均生育不到 2.0 个孩子，即妇女总和生育率稍低于 2.0，则 2000 年的总人口就是 11.9 亿（比 1980 年测算的总和生育率 β=2.0 的 12.2 亿稍少一些）。方案（2）是说让 1982—1990 年 β=2.40，1990 年才为 2.0。这当然要比 1980 年测算时让 20 年全部为 2.0 要多生孩子，这个方案从反面也说明，如果 1990 年以前就实现了每个妇女平均生 2 个孩子，2000 年的总人口肯定不会突破 12 亿（因为 1989 年的 2.40，总人口才 12.5 亿）。方案（3）是一直让 β=2.40，总人口比 1980 年测算的 β=2.3 时多 2000 多万，这是不奇怪的。总之，1985 年的测算并没有推翻 1980 年的测算结果。但是，宋健、于景元仍然坚持说，在今后二三十年里，最好让每个妇女平均生 1.5 个以下的孩子，到 2000 年才有可能将人口总数稳定在 12 亿左右。

最近，于景元等又有个测算，为了方便，现将《人民日报》（1986 年 7 月 30 日第 3 版）发表的全文抄录如下：

据今天出版的《中国科技报》报道：航天部七〇一所根据我国 1982 年人口普查资料，预测了未来百年内我国人口增长情况，并在此基础上探讨了适合我国情况的人口控制方案。

根据预测，实行控制总和生育率（一点五胎），2000 年为 12 亿，2040 年为 13.2 亿，2100 年为 11.2 亿。实行扩大生育间隔时间（二胎），2000 年为 12.5 亿，2040 年为 15.8 亿，2100 年为 16 亿。实行生男孩为止的方案（不许生第三胎），2000 年为 12 亿，2040 年为 13.3 亿，2100 年为 11.1 亿；如果允许生第三胎，2000

① 宋健、于景元：《人口控制论》，科学出版社，1985 年版，第 244—247 页。

年则为 12.4 亿, 2040 年则为 14.6 亿, 2100 年为 13.6 亿。实行独生子女政策, 2000 年为 11.9 亿, 2040 年为 13.5 亿, 2100 年为 11 亿。

从上述测算数据可以知道, 即使实行独生子女政策, 到 20 世纪末, 我国仍有可能突破 12 亿。所以计划生育工作不可有丝毫的放松, 更不能出现任何不科学的人口政策。另外, 下个世纪 20 至 50 年代, 我国还将承受 13 亿至 14 亿人口和老龄化社会的压力。

根据这里的数据和说明, "即使实行独生子女政策, 到 20 世纪末, 我国人口仍有可能突破 12 亿"。所以, 人口测算已经排除了其他生育办法的可能性。对决策人来说, 这里仅留下一条路子可走: 必须实行"一胎化"。

以所谓"控制总和生育率(1.5)"为例, 根据发表的计算, "实行控制总和生育率(1.5), 2000 年为 12 亿"。即, 平均每个妇女生 1.5 个孩子, 20 世纪末总人口也要达 12 亿。我们不说这个计算同以前的巨大差别, 如果了解了他们计算的资料就可以发现, 所谓"总和生育率(1.5 胎)", 实际上是让 1982—1990 年由 2.47 下降到 1.5, 之后到 2000 年继续保持 1.5。而 1990 年以前 8 年里, 进入婚育年龄的妇女比之后的 10 年还要多, 在前 1 亿多妇女中实行的总和生育率平均大于 2, 后 1 亿妇女中平均 1.5, 计算的结果当然就要接近以前计算的平均生 2 个(12.2 亿)。

计算结果的误差在所难免, 技术上的错误也是经常发生的。但为什么要把近一半时间大于 1.5 的测算称之为"总和生育率(1.5 胎)"?

明白了这个名堂之后, "实行扩大生育间隔时间(二胎), 2000 年为 12.5 亿", 就好理解是怎么一回事了。所谓"1.5 胎"实际上就是接近 2 胎的数字, 届时 12 亿。如果两胎之间再有较长的间隔, 其计算数字肯定不会超过 12 亿很多。于景元等同志这里的计算数据 12.5 亿, 让 1990 年以前总和生育率由 2.47 下降到 2.0, 然后再实行"扩大生育间隔时间", 并把这一方案称为扩大间隔时间允许生二胎。

其他各个方案, 包括"独生子女"政策的计算都是如此。于景元说是独生子女, 但谁知道他们的独生子女在 2000 年前是把总和生育率放在多大计算的？

我们还是回到刚才说过的问题上，即计算的结果无所谓，错了都是允许的。但为什么在实际运算中一半或一半以上的妇女生育指标都使用比名称（"一点五"、"扩大二胎间隔时间"、"独生子女"等等）大得多的总和生育率，但发表的结果却都使用低生育率呢？需要指出的是，1980 年新闻单位发布"首都自然科学和社会科学工作者"合作的成果时，也是使用类似的手法。

题外话

宋健、于景元等同志从 70 年代后期开始用控制论方法测算人口，在我国是较早使用先进手段的同志。但是，如果老老实实做这方面的工作，是可以摸索适合我国国情的一套计算方法的。比如中国人口情报中心马瀛通，山西经济管理学院张培军等同志，在接受我们提出的晚婚晚育加间隔的生育办法之后，不是采用总和生育率，而是用胎次分配等办法，都分别建立了全新的、不同于国外的控制模型，这样的模型完全可以同我国的具体生育政策结合起来，从而走出一条自己的路子。同宋健、于景元等同志比较，不能说后面几位同志的知识基础好。毫无疑问，宋健、于景元同志作为我国控制论领域的权威，数学等科学方面的知识是不容怀疑的。但后面的年轻人不迷信国外的控制模型，在他们的启发下，对国外的东西做了改革，才搞出我们自己的模型。如果宋健、于景元等同志也能这样做，可能会搞出比马瀛通、张培军等同志更科学的模型来。

说到此，有必要指出一点，根据于景元同志的计算，从 1980—1986 年，"全国少生了一亿多人口"。而事实上，我国 20 世纪 70 年代后期人口控制就已达到每年出生不足 2000 万。80 年代初，每年进入婚育年龄的妇女比 70 年代后期还要少，即使 6 年里每年出生人口达到我国历史上最高的 2800 万，总出生人口也只有 1 亿多。何况，这 6 年的人口出生水平不足 2000 万，6 年合计出生仅 1.2 亿。怎么能说 6 年少生了 1 亿多人口呢？

此文别无他意,仅在向宋健、于景元等同志说明,人口问题很复杂,不是照搬外国公式就可以搞清的。为了不要让 30 年代欧美优秀科学家丢脸的事①,在 80 年代中国科学家身上重新出现,还是要承认人口学又是一门科学。类似的话梁中堂在 5 年前曾给这些同志讲过②,这次愿意再重申一下。

（写于 1986 年 10 月）

---

① 人口过程是一种复杂的物质运动,所以,20 世纪 30 年代欧美科学家预测的情况与实际发展存在较大出入事实本身并不丢脸。可能丢脸的事是那些似乎穷尽了真理,吹嘘自己的预测就一定科学、绝对准确。不过,我想客观世界绝对不会按照某个人或者某个小组的预测去发展。

② 见本书《关于"适中人口"》一文。

关于我国人口发展战略的几个问题①

一、人口发展战略的含义（略）②

二、人口战略的理论基础

人口战略的理论基础是马克思的社会主义经济社会有计划发展的理论。社会主义经济社会发展的计划性，决定了人口发展的计划性。

不能认为我们控制人口，实行计划生育是因为人类面临了危机。这等于计划生育部门和社会主义人口学家自己承认自己是没有生命力的，等人口增长停止了，计划生育委员会就要撤销。这是社会上包括一些领导同志把计划生育委员会当作临时性机构的认识论根源。这是很不正确的。社会主义经济的本质决定了人口战略、人口计划是社会主义本身固有的。

由此我们要认识社会主义计划生育同资本主义家庭计划的区别，区分我们的理论来源同西方人口学家所制造的"人口爆炸"、"人口零增长"、"人口适度"及"人口危机"的区别。我们不是从那样的理论出发来实行计划生育的，即使当前意义上的"人口危机"过去了，计划生育还是要搞的。

---

① 本文是作者 1986 年 11 月 4 日在中国人口学会召开的"中国人口发展战略理论讨论会"上的大会发言。

② 本节所讲的内容与论文《关于我国人口发展战略及其有关问题》中的有关内容相同，所以在收入本文集的时候略去。

三、我国现阶段人口战略的依据

现阶段人口战略的必要性不是由西方的人口学观点引起的，而是由我们当前的客观经济运动过程和党所揭示的中长期社会总体战略所决定的。中长期战略能给近期提供较具体的目标、重点、步骤等，远期的计划较为抽象、概括。我们党的战略分两步走，20 世纪末实现小康，21 世纪争取在新中国成立 100 周年时，达到中等发达国家水平。从这点出发的人口战略是，20 世纪末人口目标 12 亿，21 世纪的数量目标，现在还待确定。此外，因为现在的生育状况直接影响到 21 世纪初的劳动力数量和结构，所以，科学地制定现阶段的人口政策，对于党的总体战略将至关重要。

说到这里，应重申一条基本原理，即我们不能制造运动，而只能根据客观过程来决定自己的行动。一个人是这样，一个民族、一个党、一个国家和一个社会也都是这样。我们预测什么条件下经济社会或人口在若干年后是一种什么样的趋势是可以的，但以为那时的人们也会如我们今天想的那样去做则是不合理的。我们既不可能决定 100 年后人们的社会经济政策以及人口政策，也无权那样做。我们只能讨论我们这一代人怎样具体参与人口过程，而无权决定下一代人实现什么增长。下一代人会依据经济社会发展的需要，做出有利于自己生活和福利事业的决定。我们相信，未来的人一点也不会比我们笨。

四、几年来的人口测算说明了什么

几年来的人口测算表明，只要不超过 2 个，即使每个妇女平均生育 2 个孩子，也可以把人口控制在 12 亿左右。这个一致的结果说明了党的 12 亿的人口目标是合理的。这里说合理是因为它符合经济社会发展要求，符合广大人民群众的生育意愿，符合国情民情，是通过努力可以争取实现的。如果相反，即使已经确定的目标和政策，也要改正。因为我们党的原则是政策要符合客观要求，而不是客观适应政策。

五、我国现阶段可以选择的人口战略究竟是什么

如果我国妇女平均生 2 个孩子，2000 年总人口可达 12 亿左右，但考虑到少数民族问题，我们的总体管理还不完善等情况，势必会有一定比

例的多胎。所以,如果把基本点定在普遍生 2 个上,势必超过 12 亿。为此,我们还应在此基础上制定更详细、更具体的战略。这需要从两方面入手,一是人口规模,即减少平均每个妇女生孩子的数目;二是从速度、时间上入手,推迟生育。这样做可增大保险系数。具体讲:1.城市维持"只生一个"不动;2.农村 95%允许生 2 个;3.妇女初育年龄平均 23 岁,生 2 胎年龄平均 30 岁。若如此,2000 年总人口为 11.8 亿。

这里同实际还有一定的差别。经与实际冲销,即 40%的妇女 23 岁以前已经生了 1 个孩子,50%的 30 岁以前已经生了 2 个孩子,至少多计算了三四千万。加上少数民族允许生 3 个,保持 10%~20%的各种原因的多胎,城市 20%生 2 个,总人口仍可控制在 12.3 亿。

这是一个大致的战略趋势,各地的情况因社会结构、人口自然构成等方面的差别,同全国的情况还有一定距离。确定各地的战略还应在全国人口总体战略的前提下,做具体的、进一步的讨论。

六、几点误会

因各种原因,有些同志对我提出的人口战略产生了一些误解:

1. 反对中央提出的"提倡生一个"的号召

其实,我在 1979 年提出这一人口学主张时就说,争取全社会有 30%左右的家庭只生 1 个孩子。现在看,这一提法并不是低了,而是比我们几年来争取到的还要高。几年来,包括我的人口测算在内,都有 25%~30%的"一孩"比率。我们认为,全社会有一部分家庭只生 1 个孩子,不超过一定的限度,即使有些家庭 1 个孩子也不生,只要自己情愿,都是可以的。并且,因为不超过一定的限度,即使这些家庭因为没有孩子或孩子少,将来生活上有困难,社会还能拿出切实可行的政策保证这些家庭的正常生活。部分妇女只生 1 个或不生,对我们当前控制人口有好处,是应该提倡和鼓励的。

其次,平均生 2 个同要求生 2 个是有区别的。平均生 2 个总人口达到 12 亿,是说出了一个事实。在这个基础上,我们就可以制定出正确的人口战略和人口政策。根据我国人口社会发展不平衡,人口地区分布不平衡以及人口社会结构、自然结构的具体特点,要求经济发达地区指标紧一些,经济不发达地区指标稍松一些,少数民族允许生 3 个,农村人口政策定在 2 个上,城市基本只准生 1 个(具体情况当然需另行研究和确定),执行下来可能就是"平均生 2 个"。但绝不能说"要求生 2 个",而宁可说"最多允许生 2 个"。

2. 所谓迁就农民的生育意愿

我们这几年经常讲要考虑到农民群众的生育意愿。但我们这里不是仅仅从观念上讲的,或仅仅把"意愿"当作一种意识形态的范畴。当然,从形式上来说,意愿是意识形态或精神方面的范畴,并非是物质的东西。但是,意识形态是客观物质运动的反映,特别是我们这里说的生育意愿指广大人民群众所希望的数量,低于社会简单再生产的水平,已经排除了纯观念性的因素了。农民希望生 2 个,这样的意愿,从我国自然条件、生产力发展水平、经济社会发展水平等诸方面说,都是一个极低的要求。我们认为,从广大农民和我们党、国家的利益来说,这个要求或意愿都是一致的。低于这个意愿或要求,给广大人民群众和我们党、国家、民族带来的不是繁荣,而可能是灾难。这就是为什么低于这个要求的指标或政策受到广大农民抵制的根本原因。因为它侵犯了人民群众的根本利益,必然受到客观规律的抵制。所以,我们说的意愿,是同我国自然地理条件、经济社会发展趋势相适应的。

3. 所谓一律要妇女 23 岁结婚、30 岁生第二个孩子

我们是用妇女平均 23 岁生第一个孩子、30 岁生第二个孩子算账的。懂统计学的人都知道,如果平均 23 岁生第一个孩子,就相当于有一大半妇女在 22 岁之前结婚,一少半妇女在 22 岁之后结婚。如果都要求妇女在 23 岁结婚,妇女的平均初婚年龄至少要高达 24 岁或 25 岁。妇女平均婚龄 23 岁,初育年龄 24 岁,是我们 20 世纪 70 年代末曾经达到的水平。同时,如果考虑到实际结果是 2000 年才要达到的水平,我们的要求是比较低的。

用较低的水平计算可以达到 12 亿的目标,说明该战略还有一定的余地,并不是有些人解释的那么可怕。一位从事实际工作的同志说,12 亿的目标让学术界给搞紧张了,是有一定道理的。12 亿本来并不是像有些人宣传的只有实行"一胎化"才能实现,而是平均生 2 个就足以达到的指标。

七、几年来的分歧究竟是什么？

几年来，我们在战略方面是就以下问题进行争论：

1. 我们人口战略的根据是什么？是我国社会主义实践的需要，还是人类出现了共同的"人口危机"，从而要寻求"适度人口"、"最优化人口"或"人口静止"、"人口零增长"？或者说，控制人口趋势是因势利导，还是要求人口过程适应什么原则，制造什么运动？

2. 科学测算的结果表明了党的 12 亿目标是同广大群众的利益一致的，还是靠违背农民的生育意愿才能实现？或者说，12 亿目标是以允许妇女生 2 个为前提，还是以只准生 1 个为前提？

3. 计划生育政策是以育龄妇女的实际构成、社会及自然方面的条件为基础，还是以不断变化的总和生育率为基础？

4. 计划生育工作能不能成为广大群众欢迎的事业，计划生育政策能不能交给广大农民群众，计划生育能不能成为广大人民群众自觉的行为？

八、人口发展战略和科学民主

我们国家的民主气氛比过去好多了。特别是中央及小平同志提出政治改革之后，应该说更民主了。但并不是已经实现了"真理面前人人平等"了。因为有不平等，我们才拥护平等，要求平等。几年来，在人口研究方面不讲民主、不讲平等的现象是人所共知的。为什么生育政策的研究会成为新的禁区？为什么会成为最敏感的问题？就是因为在这个问题上不让发言，打棍子，社会地位、学术地位不平等。几年来，我们许多有质量的学术论文不仅不能公开发表，甚至连学术会议的论文集都不敢刊登，怎么能谈得上民主？有人说这是因为同党的政策不一致。但是，谁同党的政策不一致？我们认为，我们的主张符合客观实际，从理论与实践的结合上论证了党的 12 亿目标的群众性、合理性及可行性，为完成 12 亿目标提供了科学的方法、步骤、策略及范例，是同群众利益和党的政策相一致的。只是因为不民主，不让我们的学术观点同广大群众见面，先被扣上了"不一致"的帽子，才使许多人误解了我们的观点。如果真的做到了"学术面前人人平等"，是不会出现什么与党的政策不一致的说法的。请同志们想一想，为什么在一开始被当作"极少数人"和所谓"非官方"的观点能被越来越多的人所接受，封锁不住扼杀不了？这就是因为它同人民的利益相一致，同党的方针和政策相一致。事实证明科学民主是我们党的发展所需要的，如果一开始不给我们的学术观点戴上"反对党的政策"的帽子，允许大家平等地讨论，我们的工作可能不会这么被动。现在形势发展了，有的人还以"同党的政策不一致"为由企图消灭对立观点存在的权利，或者把人口回升的原因归结为对立观点的存在，都是很不应该的。

九、人口研究和职业道德

几年来我一直准备写一篇这方面的论文。这是我看了赫尔岑的《华而不实的作风》之后萌生的想法。1985年石家庄会议上我曾就此在小组会上作过发言。现在，我重新提这样几个问题：

1. 我们这些搞学术或科学研究的人，是跟着政治风向走符合职业道德，还是坚持实事求是的科学结论符合职业道德？

2. 以认真负责的精神将科学结论讲出来符合职业道德，还是将真实的结果隐瞒了或者在自己还弄不懂自己数据含义的情况下，去迎合与自己研究结果相反的东西符合职业道德？

3. 继续坚持错误的观点，让计划生育工作继续与客观实际相脱离，从而成为党的最难的一项工作符合职业道德，还是批评并极力扭转这一状况的做法符合职业道德？

4. 以平等的态度对待论敌的做法符合职业道德，还是以企图消除对方存在的做法符合职业道德？

5. 在学术问题上把对方当成科学家指名道姓地批评符合职业道德，还是以社会地位决定真理权更符合职业道德？

十、现在要解决的急迫问题是什么

学术问题可以争论一万年，但广大农民正在受罚。既然大家都认为把我国妇女生育率压在1.7左右是可行的，那么，我们认为当前要做的事就是先在占人口70%左右的农民问题上松松绑，以此为基础制定人口政策。

谢谢同志们。

谢谢主席。

有关人口战略的几个补充问题①

一、关于人口测算问题

几天来,有人说我的计算不准确。他们计算说,从 1985 年起,平均每年进入婚龄的妇女是 1100 万,15 年是 1.6 亿,平均每个妇女生 1 个孩子就是 1.6 亿个孩子。如果平均生 2 个孩子,就是 3.2 亿个孩子。扣除 20 世纪死亡人口,以及晚婚晚育和推迟生育的孩子,到世纪末至少要达 12.7 亿人。我以为这样的算法是不妥的,因为下面这些问题是十分确凿的事实,即达到结婚年龄的妇女不等于结婚的妇女,结婚的妇女不等于生育的妇女,生育的妇女不等于生 2 个孩子的妇女。而上面的算法正好把以上几项概念等同起来了。我国每个年龄组的妇女人数都是一个很大的数值,所以,这里的误差绝不是个小数。

同时,我以为以上算法也正好说明这样一个道理,即只要平均每个妇女生 2 个孩子,其总数值也就在 12 亿左右。因为,尽管这样的算法很粗,误差很大,20 世纪末总人口也才 12.7 亿,如果减去进入婚龄而未婚、已婚未育以及初育后还未生第二个孩子的人数,无论如何总人口不会突破12 亿很多。

二、关于总和生育率

几年以来我们批评总和生育率,并不是说总和生育率本身有什么不

---

① 这是 1986 年 11 月 6 日,作者在中国人口学会召开的"中国人口发展战略理论讨论会"大会辩论时的几次发言。

好。它如同出生率一样,是反映妇女生育水平的一个最基本的指标,甚至是比出生率更为具体的一个指标。但是,根据它的特点,是不能作为我国现阶段控制人口的主要工具的。它是一个统计学范畴,所以只适用于人口统计,而不一定适合于我国的人口控制和计划生育工作。

第一,总和生育率是对社会全部育龄妇女生育情况的综合反映,它看不出各年龄组的妇女实际生育水平。因为总和生育率是 15~49 岁分年龄妇女生育孩子数 /15~49 岁相应年龄组妇女人数的总和,即 15~49 岁各年龄组妇女生育率之和。在某一年里,如果高年龄组的妇女生育率高了,因为低年龄组妇女生育水平比较低,总和生育率就可能不起变化。相反,总和生育率变化了,比如提高了,可能是因为低年龄组的妇女生育率提高了。在现阶段,我国高年龄组(30 岁以上)的妇女一般都生了 2 个以上的孩子,其中 40 岁以上的妇女平均生了 3 个以上的孩子。控制人口增长,主要是控制 3 胎及 3 胎以上的生育。如果我们仅仅控制总和生育率,同样在某一年内这个地区达到了我们所要求的总和生育率 2.0,但却可能是该地区高年龄组妇女多胎生育上升,而低年龄组妇女生育水平下降的结果。如果把总和生育率作为考察计划生育工作的指标,相反,某个地区因为年轻妇女结婚比例突然提高,从而在某一年内,23~30 岁组妇女生一孩的和计划内二胎的比例上升,即使多胎生育杜绝了,总和生育率还有可能上升。比如说总和生育率达到 2.4,如果把总和生育率作为考察计划生育工作的指标,那么,我们是说前面总和生育率 2.0 而多胎生育增加的地区完成了任务,还是说这个总和生育率上升到 2.4 而杜绝了多胎生育的地区完成了任务呢?我们正是从这个意义上批评那种"控制人口就是控制总和生育率"的观点的。

第二,总和生育率实际上是生育行为已经完成之后的概念,它所反映的是生育行为的结果,而不是原因。所以,各地或各单位无法把总和生育率具体化为某种政策。相反,各地必须根据经济社会发展水平以及中央给各地的指标,制定出合理的人口政策,然后根据政策规划人口发展。这样,人们根据政策生育,各年度中生育水平高了或低了,都是允许的。也就是说,实际的人口控制应该是先有生育政策和生育行为,然后才有各年度的总和生育率。而不是先有总和生育率,后有政策。程序和方向不同，反映了两条不同的认识路线，即从实践到政策还是从政策到实践的两条认识路线。几年来，一些地区的计划生育工作被动，正是因为直接或间接地受到这一理论的影响。

三、关于"零增长"

有人把我国人口发展战略归结为"零增长"，这是不慎重和不妥当的。

第一，"零增长"是发达国家的学者 60 年代末 70 年代初针对发展中国家的人口增长情况提出来的。发达国家的人口增长趋于稳定，接近于零，而发展中国家人口增长势头越来越猛。虽然西方发达国家的零增长并不是他们争取的结果，但是，他们怕发展中国家人口比例越来越压倒他们，所以在提出"人口爆炸"、"人口危机"等概念的同时，要求发展中国家的人口也尽快实现零增长。

第二，这一理论的提出抹杀了不同国家、不同地区经济社会发展水平的差别和人口自身的不同构成等。他们把人口当作脱离经济社会及自然条件的独立因素了。因为，如果承认人口的许多特点以及社会历史、自然条件对人口过程的制约性，其本身的发展或增长就不能一律为零。因为，毫无疑问，制约因素不同，增长或减少的特定形式就不同。

第三，这一概念的提出抹杀了世界人口分布不平衡的现实。各地人口增长都达到零，就等于各地人口都处于静止状态。我们且不说这种静止人口是否科学，它本身就包含着不合理的因素。因为，发达国家的人口分布同发展中国家是极不相同的，各地区都实现人口增长为零，就等于将目前不合理的人口分布永远保持下去。

总之，70 年代初罗马俱乐部在将"人口增长为零"的观点进一步广泛宣传的时候，并不是从客观实际得出的合乎世界人口发展规律的理论，而是发达国家的学者凭空杜撰的一个概念，试图制造一种运动。需要指出的是，这一理论在发达国家已经很少有人再提了。因为每过十几年西方就要盛行一种新的思潮，"零增长"已被新的社会思潮所取代了。作为一些学者的观点，存在是可以的。不过，在西方并没有任何国家真正把这一"零增长"当作他们自己民族的争取目标。所以，我们社会主义国家将其作为人口战略，显然也不合适。第一，社会主义国家人口发展战略是社会主义国家经济社会发展规律所要求的，它不可能用发达国家的学者提出的抽象理论来概括。因为任何发达国家的学者都没有，也不可能对我国总体发展战略做出科学的、全面的理论概括。

第二，我国人口的发展要依据我国社会主义经济社会发展的规律要求，在不同时期有不同的具体要求，因为经济社会发展水平是不断变动的。所以，我们应实事求是地在不同时期提出该时期科学的人口发展战略，而不应简单地把不同时期的人口发展归结为一个永恒不变的"零增长"。

第三，人口发展战略是一个有极为丰富内容的概念，其本身包括人口素质方面的要求和数量方面的要求。"零增长"既不是对质量的全面概括，也不是对数量方面的概括，它仅仅是一个人口发展速度方面的标量。就其内涵讲，它不仅小于通常所说的人口发展战略，而且小于人口数量战略。因为人口过程的量的规定性不仅有一个速度问题，而且还有一个在某时点上空间规模的状态问题。"零增长"仅仅反映了速度，并不反映时空规模，所以，用"零增长"概括人口战略，显然是以点概面。

我们不同意将我国人口发展战略概括为"零增长"，还出于这样的认识，即一种理论一经形成，对实践就有一定的反作用。"零增长"理论是脱离实际的，而我国人口发展是由经济社会发展所决定的。如果把"零增长"定为人口战略，当经济社会发展要求我国人口以大于或小于零的速度发展时，人们头脑中所形成的"零增长"理论就会极力反对实事求是的新理论，它就成为一种思潮，极力维护人口静止状态，从而给我国的经济社会发展带来危害。

谢谢同志们。

谢谢主席。

我国计划生育政策完全可以再宽松一些①

近六七年以来，我们一直在宣传只有做到城乡每个家庭基本上只生一个孩子，才能在 20 世纪末把我国总人口控制在 12 亿左右。基于这样的认识，我国的计划生育政策只能以"一胎化"为基础。

然而实际情况并非如此。从 80 年代开始，如果能够做到每个家庭生两个孩子，就足以把我国人口控制在 12 亿。这不仅是我多年反复测算的结果，而且被人口学界其他同志的测算所证明。比如中国人民大学人口理论研究所所长刘铮等同志在 1979 年全国计划工作会议的研究报告中说："如果做到每对夫妇只生两个孩子，那么到 1980 年的人口自然增长率能降到 1%以下，但到 1985 年的人口仍然要超过 10 亿（10.3 亿），到 20 世纪末可以控制到 12 亿⋯⋯"② 再比如宋健等同志的几次测算。1980 年他同他的"小组"预测我国妇女平均生育数为 2.0 时，2000 年的总人口为 12.22 亿。③ 根据他们 1985 年的测算，我国妇女平均生育数从 1982 年的 2.63 到 1984 年降到 2.40，1990 年降到 2.0，此后到 2000 年，总人口为 12.5 亿。④

---

① 本文为《健康报（计划生育版）》而作。

② 见《人口研究》，1980 年，第 3 期，第 3 页。

③ 见宋健、于景元等：《人口控制论方略》，人民教育出版社，第 86 页。

④ 见宋健、于景元：《人口控制论》，科学出版社，1985 年版，第 247、245 页。

1986 年，于景元等测算说，"实行控制总和生育率（一点五胎），2000年为 12 亿"，"实行扩大生育间隔时间(二胎)，2000 年为 12.5 亿"。[①] 这里说的"控制总和生育率"的办法是指，从 1982 年到 1990 年进入婚育年龄的妇女平均生 2.47~1.5 个孩子，1991 年到 2000 年平均生 1.5 个孩子，总人口可控制在 12 亿。"扩大间隔"的办法是让 1990 年前平均生 2.47~2.0 个，然后延长二胎的间隔，总人口可控制在 12.5 亿。都说明了，如果能实现每个家庭平均生两个孩子，我国总人口可以控制在 12 亿左右。

　　以上还没有考虑随着我国经济社会的发展，城乡青年晚婚和自愿只生一个孩子的比例会有一定提高等因素。如果城市有 80% 的家庭自愿生一个，农村有 5% 的家庭只生一胎，加上提倡晚婚晚育和延长二胎之间的间隔，把 20 世纪末的我国总人口控制在 12 亿左右，是有更大把握的。

　　这种情况说明，我党十二大制定的 12 亿人口目标是完全正确的、合理的和科学的。因为它符合我国的经济社会发展水平，符合我国绝大多数人希望生 2 个孩子的生育意愿，是经过努力争取就可以达到的目标。

　　但是，几年来我们宣传只有"一胎化"才能实现 12 亿。据我和以上同志的分别测算，如果实现了"一胎化"，20 世纪末我国总人口就将是 10.6 亿而不是 12 亿。既然我们的计划表明生育政策可以定得宽松一些，何乐而不为呢？

（写于 1986 年 12 月）

---

① 见《人民日报》，1986 年 7 月 30 日，第 3 版。

关于制定"山西省计划生育暂行规定"的意见和建议①

一、对《山西省计划生育暂行规定(送审稿)》的基本估价和具体意见

(一)既落后实际,又缺少稳定性

法规具有强制性和权威性。所以,它本质上是把绝大多数公民可以达到的社会行为以法的形式固定下来,不能对绝大多数人施以强制,也不应经常地或者反复地补充、变更或修改。根据我省的实际,农村中几乎90%以上的人都生二胎。我们这里要求处罚大多数人,做不到。同时,根据国家计划生育委员会近年的指导思想,计划生育实行"缓和渐变",逐年要把生二胎的口子放开10%,即1984年生二胎的口子开到10%,1985年又开到20%,1986年还要大些。从本稿起草人的"说明"看,现在各条加在一起才开到国家1984年7号文件规定的口子上,落后实际,又不稳定。

(二)过于具体,像个条例或细则

省一级的"规定"只规定原则性的东西,各地情况很不一致,不宜过于具体,过于具体了就不是省一级的"规定",而成了县以下行政单位为执行某规定拟定的条例或细则。

(三)以处罚为特征,像个超生处罚条例

文中的处罚条文过多,并且制定得很细、很具体。从规定上看,计划生

---

① 本文是1987年初山西省人大常委会教科文工作委员会征询对《山西省计划生育暂行规定(送审稿)》的意见时写的文字材料。

育全是由处罚来维持。有些必须处罚的情况，只应拟定原则，而具体的处罚标准和幅度用不成文法的形式由各地具体规定就行了。

（四）文句不通，语病太多

规定应逻辑性很强，文句简洁而无语病。本文稿中不少地方不符合法学逻辑，不少条款中所写的规定逻辑混乱，以致出现一些内涵与外延相矛盾、重叠的现象。此外，还有一些文字和语法上的毛病，建议修订后提交讨论的规定应先请懂法学及文字功夫好的同志改定。

（五）对一些条款的具体意见

第二条中"提倡和鼓励晚婚、晚育、少生、优生、优育"一句，缺少主语，应加上"国家"。成为"国家提倡和鼓励晚婚、晚育、少生、优生、优育"。文中"按法定结婚年龄推迟三年以上的初婚者晚婚，已婚妇女在二十四（含二十四周岁）以上生育第一胎为晚育"有严重语病，应改为"比《中华人民共和国婚姻法》法定年龄推迟三年以上初婚者，为晚婚。晚婚年龄后结婚生育者，为晚育。"条文中要求妇女二十四周岁生育才是晚育，不妥。随着妇女初婚年龄的推迟，婚后当年生育第一胎的比例会越来越高。据全国生育率调查，1980 年初婚妇女当年生育的占 11.5%。达到晚婚年龄结婚了，23 岁结婚并当年生育的都应是晚育。起草人显然是想制止婚前同居，这要靠各方面的教育来解决，而不宜用这种做法。

看来这条是想解释晚婚晚育的法定含义，但同时并列列出的"少生、优生、优育"都不解释说明，仅释明"晚婚、晚育"的含义，不协调，所以，这句话应该删去。

第三条中"国家干部、职工和城镇居民，符合下列情况之一者，可有计划地安排再生育一个孩子。"犯有逻辑上的错误，应先说明一般情况，然后才有特殊条件。应改为：

"国家干部、职工和城镇居民，除特殊情况并经批准外，一对夫妇只准生育一个孩子。"

"国家干部、职工和城镇居民，凡符合下列情况之一者，可有计划地安排再生育一个孩子。"

后面第一、二款"经县以上两个医疗部门的联合鉴定或县级以上计划生育鉴定小组鉴定""经县以上医疗单位诊断为不孕症"等，属于什么等级的证明具有法律效力的问题，在这里仅仅是技术程序问题，不应列入规定。因为各条规定实际上都有什么样的证明具有法律效力的问题，而其他此类问题并没有列入。包括后面出现的类似字句，可以看出都是起草人抄录别的省市或地区的政策、规定，但这些大都是以计划生育委员会的名义发的暂行规定，或者以省政府、省委转发的形式，不是人大通过的法规。政策可以灵活一些，法规却必须稳定、严肃。

还有，第八款"一方丧偶，生育过两个孩子，另一方是三十岁以上的初婚者或未生育者"，应把"三十岁以上的"几个字删去，因为该条件允许再生一个，是从初婚或未生育过的这一方的条件来说给规划一个孩子，对再婚者一方来说是照顾再生育一个，但对初婚或未生育者一方来说是履行基本的权利和义务。所以，不应限制三十岁以上的初婚，只要是初婚者就可以。我了解起草人的意图，想限制某些道德败坏男性，连娶几个姑娘，这只能通过教育但不能用这种规定去限制。因为那样的人是少数，而做这样的规定后，结果是限制了大多数未生育过人的基本权利。

第五条中"农民离土离乡到城镇从事工商服务行业或女方在城镇居住三年以上的，按城镇居民的生育规定执行"，不妥，应删除。农民应比国家职工的生育宽松一些，因为国家职工比农民生活来源有保障。在城镇暂时居住的农民仍然是农民，即使这期间发了财的农民，其工作、生活、居住地都很不稳固，因各种情况的变化，即便在异地住了相当长的时间，还有可能又返回家乡，我们不能因此又变动规定。

第六条中"生育间隔时间须在四年以上"不妥。不少的城镇妇女都在30岁左右结婚，30%以上在婚后3年及3年以上生育第一个孩子，此时妇女年龄就三十四五岁了，再让间隔4年以上，近40岁生第二个孩子不符合优生学原理。这些情况要么就别让生第二个孩子，而允许生就应该在35岁左右尽快安排生育完。所以这条改为"生育间隔一般在4年以上"较妥，个别情况各地具体掌握，并无碍大局。

第七条"符合晚婚规定结婚的干部、职工，除按规定享受婚假外，再增加十五天婚假。一方符合的一方享受，双方符合的双方享受。"不妥，应删除。晚婚是经济社会发展的必然产物。现在的国家干部及职工实行晚婚即女在23岁，男在25岁结婚，绝大部分不是什么困难的事情，有相当大的比例,本来就不是个人响应号召而做出什么牺牲的结果,要完成一定的教育和训练,就必须这么大年龄后结婚。还有些几经选择后,到找到较为合适的对象也就是这样的年龄了。总之,目前的结婚年龄对国家干部、职工来说本来是比较合适的,不应用省人大的法规规定统一的标准去奖励大多数人自发的行为。个别地区或个别单位晚婚工作难做,可以自己制定一些奖励办法。

另外,一般法规不宜动辄采取奖励假日的方式。国家对假日规定都是很严肃的,中华民族的传统节日才法定三天假日,有政治意义的如三八妇女节才让妇女享受一天假日。要考虑到目前晚婚年龄很容易普及,从目前许多发展中国家的妇女平均初婚年龄都超过了 23 岁,就知道不是什么难事,鼓励不鼓励都可以做到。但作为法规多给婚假 15 天,今后就不好取消了。到那时等于每个公民都像今天过星期天一样成为必休日,既不严肃,又无意义。

同样理由,产假及独生子女的产假具体规定的条文,也应取消。婚假、产假国家都有统一的规定,这几年因独生子女工作难做,下面有不少“土政策”,一定条件下,这样也未尝不可,但省人大不宜明确以法规通过。

第八条中“一对夫妇终身只生育一个孩子,并采取了绝育措施,经本人申请,所在单位核实,由乡人民政府或街道办事处发给‘独生子女证’的父母,称独生子女父母,其子女称独生子女。”逻辑不通。本段好像是要说“独生子女父母”、“独生子女”的法定含义,但前一句又把计划生育工作中的一些管理程序放进去了,如果为了强调领证和节育措施,应改为“一对夫妇终身只生育一个孩子,该夫妇为‘独生子女父母’,其子女为‘独生子女’”。或者干脆表述为“一对夫妇终身只生育一个孩子,其家庭为‘独生子女家庭’”,接着再说“独生子女家庭,父母应采取有效节育措施,并须领取‘独生子女证’”。至于采取什么节育措施以及在什么地方领取证书,则是计划生育工作中具体管理问题,不应在此列出。

后面条款中“(一)夫妇一方为初婚未生育者,另一方在婚前只生育过一个孩子,婚后不再生育者”逻辑上不严密。如果夫妇一方在再婚前生育过一个孩子,另一方未生育过,再婚后生过的孩子没有在该家庭,比如说是在再婚一方的前一配偶的婆家里,怎么能称“独生子女”?这一条应改为"夫妇一方为初婚或未生育者,另一方在婚前只生育过一个孩子,并在婚后只抚育一个孩子而不再生育者"。这里不必问这个孩子是谁生育的,包括抱养别人的孩子。

该条中第四款"未到晚育年龄生了一个孩子,不再生育者",容易引起逻辑上的混乱,故不需要这一款。因为我们上面所说的"独生子女"中没有限定晚婚晚育,写上这一条就好像到了晚育年龄生了一个孩子不再生育者,反而不是独生子女了。起草者的意思是指计划外的头胎生育也可以算独生子女,这本来就是两码事,并不矛盾。过去我们计划生育指标不合理,准许结婚而不准许生育,即使有不少达到晚婚年龄了,结婚后好几年也不给规划生育指标。根本的办法还是要通过调整生育指标来解决,个别不到晚婚年龄结婚抢生的其生育是计划外的,只要终身只生这一个孩子,可以追究计划外,也可以不追究。各地可以自行制定一些办法,而不必用省一级人大制定条文来解决,好像这是我们省的普遍现象。

该条中还缺少一种情况,即"再婚夫妇过去双方各生育过一个孩子,再婚后重新组成家庭,只抚育一个孩子者"。不论这个孩子是谁生育的,包括抱养别人的孩子。

第九条中照顾和鼓励的各条款,请省人大考虑实际一些,凡达不到的,应不列出。有条件的地方,可以自己制定。

第十条对职工的处分,也不能过于严厉,不给生活出路。有些标准不宜全省统一规定,如对"农民和城镇居民……"中,对农民计划外生育的处罚,一次性计算,又外加收 300 元或 800 元,可能大多数是无法兑现的。类似的条款,不如定一个原则,如"计划外生育必须处罚",至于如何处理,各地自己制定,让省人大的法规写上这些,有损人大的威望。

第十一条中"在征收超生子女费期间不提干,不提职,不转干,不晋级,不评职,不评奖,不增加住房面积……"应改为"在征收超生子女费期间,一般不提干,不……"因为生育仅仅是一个人的某一个侧面,而上面列出的评奖等则可能是根据一个人的各种表现来定。因为前几年超计划生育,几年后还在缴纳罚款,给社会作了特殊贡献也不准社会承认和奖励,不是文明社会的做法。比如我们国家实行"按劳分配",这是宪法和一切法律规定的。只要是国家公民,都享受这一权利。超计划生育了,可以用罚款等形式去处理，但不应违反按劳分配的原则、劳而不酬或多劳少酬。多劳了，就应多得，哪怕是从这里领下，那里又缴出去，只要都符合各自规定，就不会带来副作用。

第十二条中"不得享受救济"和"吊销营业执照"，不妥。社会"救济"往往都是当事人处于十分困难的处境时，征收子女费往往起因于之前的有时是数年前的行为，他过去超计划生育了，现在即使到了十分危急的处境仍得不到社会的帮助，不是现代社会的做法。至于个体户被吊销营业执照，等于剥夺了其劳动权和断绝了其生活来源，也不是我们应采取的政策。

目前的计划生育工作正处于政策完善阶段，开口子的比例一直在扩大。如1985年扩大到占20%，我们这个规定远远不够。现在的选择有3个，上策是执行翼城县关于"晚婚晚育加间隔"的办法，这不是在农村普遍生二胎，而是号召和提倡一对夫妇只生一个孩子，然后对生二胎的家庭动员其推迟生育。这种生育办法相比目前大多数地区的现状来说，工作要难做一些。农村目前要求推行"只准生一个"，实际上做不到，都是生2个、3个，基层工作没法干。如果推行晚婚晚育加间隔的生育办法，要求妇女晚婚晚育延长间隔，实际上比现在的工作量大了，但这样对控制人口有利。第二是推行"女儿户"，即让农村中生了一个女儿的家庭，过4年以上，可以再生一个。这种办法在辽宁全省，山东省100多个县，浙江省几个地区都大面积推行了，不担政策上的风险，我们完全可以在全省搞，有利于解脱近一半的农民，使其不再受处罚，这是中策。第三是不做大的调整，基本上还执行我省142号文件规定，相当于这个"规定"(送审稿)的形式，但开二胎的口子现在要扩大到30%左右，因为1986年已经要求开到20%了，我省实际上才开到3%~5%。因为现在讨论的稿子同1982年的142号文件相比没有多大改进，所以不需要省人大通过，而是由省计划生育委员会每过一段时间，做几条补充规定，把口子开到较大的程度。这样做，当然政策不稳定，农民心里不踏实，故此为下策。

二、制定生育规定需遵循的几个原则

为了推动计划生育工作的开展，我们希望拿出一个既能有效控制人

中国生育政策研究

ZHONGGUOSHENGYUZHENGCEYANJIU

口增长,又能改善党群关系,促进社会安定团结的法规来。我认为,这个法规应遵循这样几条原则。

（一）总的指导思想

万里同志 1986 年 3 月 1 日在全国计划生育表彰大会上讲话时说："做好计划生育工作,关键在于实事求是,因地制宜。我国幅员辽阔,各地人口状况不同,计划生育工作的基础不同。因此,不能要求各地同时实行一种办法,而应由各省、自治区、直辖市根据中央制定的人口计划指标和工作原则,从本地的实际出发,通过试点把政策和计划逐步地结合起来,确定自己的实施方案。总的原则是不同情况要区别对待, 城市与农村要有所不同;人口密度较大,剩余劳动力多,资源相对不足的经济发达的地区与资源比较丰富,劳力相对不足的深山区、深海捕鱼区、林区、牧区以及边境地区也要有所不同;少数民族地区,尤其是对人数特别少的民族应当有更多的灵活性。"①

万里同志的讲话明确提出,各省应根据中央确定的指标和工作原则,根据本地的实际情况,通过试点把政策和计划逐步地结合起来,确定自己的实施方案,这是我们制定暂行规定的指导思想和理论依据。

（二）适应我省目前计划生育形势

符合当地实际是地方法规的基本原则。根据我们对全省计划生育工作的了解和对一些地区的调查,从 1980 年执行"只准生一个"的政策以来,虽然人口出生率有了一定的降低,但发生的问题也不少。首先是政策要求和实际不一致。我们政策要求是只准生一个,除了城市外, 农村中 90% 以上的农民仍然是生两个。以领了独生子女证后所生二胎的情况来说,祁县城关镇 1980—1984 年,领取独生子女证的家庭共有 945 个,到去年调查时又陆续生二胎和多胎的就有 697 个。在剩下的 248 个家庭中,减去一方或双方是国家职工的 178 个,仅剩下 70 个,占不到原领证总数的 7.5%。据基层的同志反映,这 7.5% 主要还是生头胎子女比较迟的,即还没有来得及生二胎的,如果考虑到这部分人中仍有要生二胎的,独生子女数可能比这还要少。据计划生育部门上报的数字,1985 年全省 118 个市、

---

① 《人民日报》,1986 年 3 月 3 日。

县、区没有超生子女的仅 9 个,其中多胎(三胎及三胎以上)率 15%以上的有 19 个市、县、区,有的多胎率高达 33.58%;计划外二胎达 30%以上的有 16 个市、县、区,有的高达 41.22%。据基层的同志反映,农村中生二胎是极普遍的现象。

其次是受处罚农民增加。因为每年出生人口中胎次问题无法掌握,究竟有多少计划外生育,实际上是不清楚的。根据祁县的调查,该县每年出生人口 4000 左右,1984 年超生二胎的(不含计划内二胎)1030 人,多胎 601 人,共超生 1604 人(原文如此),大约占总数的 40%。按规定,该年应征收子女费 1 588 078 元。

另外是干部工作难做,无法实现控制人口的目的。因为要求生二胎的极为普遍,计划生育工作的对立面太大,工作做不过来。现在把政策定为生了二胎就处罚,结果不少生三胎、四胎的人都不孤立。群众认为,缴了钱就可以生育,所以就管不了群众生多胎。加上几年来累计超生的越来越多,一个乡或一个村碰上一两个"钉子户",计划外生育制止不住,罚款又兑现不了,致使整个乡的计划生育工作没法做。所以,超生的现象越来越多。

(三)根据我省包干指标规划比较合理的方案

中央根据 20 世纪末把我国人口控制在 12 亿左右的战略目标,分配给我省的人口包干指标是 2000 年把人口控制在 3000 万左右。目前关于我省人口的控制测算共有三四家,但形成文字的有两家,一是省人口普查办的计算,一是我的测算,从测算的结果看是比较一致的。

人口普查办测算,我省出生人口中多胎率到 1985 年逐年降为 0,而妇女平均生育水平为 1.5、1.6、1.7 时,2000 年我省的总人口分别为 3047 万、3078 万和 3108 万。

我是按照晚婚晚育加间隔的生育办法测算的,即城市青年基本维持只生一个不变,农村妇女在晚婚晚育的基础上,23 岁规划生育第一个,30 岁生第二个,2000 年我省总人口 2948 万。

上面两种测算办法,包括普查办的平均妇女生育 1.5、1.6、1.7 几种方案,都比现在讨论的生育政策要宽得多。1985—1986 年,新华社报道了我按晚婚晚育加间隔的生育办法在翼城县试点的消息,并评价试行效果良好，全国人大法工委王文同志在翼城县调查研究后，也指出这是他在全国各地没有看到过的好办法。说明翼城县的做法是有普遍意义的。所以我再详细介绍一下我的方案。

我测算所使用的是人口统计学上的年龄移算法，用相同的方法预测的我国人口在 2000 年为 11.8 亿。我们查了一下国家科委主任宋健同志在 1979 年和 1985 年两次用控制论方法的测算结果，当妇女平均生 1 个孩子时，2000 年我国总人口为 10.5 亿；平均每个妇女生 1.5 个孩子，后者为 11.3 亿；平均生 2 个孩子，后者为 12.2 亿；平均生 2.3 个孩子，后者为 12.7 亿。晚婚晚育加间隔的生育办法既不同于平均生 2 个，也不同于平均生 1.7 个。按城市基本维持生一个，农村中争取 5%的妇女生一个，大致是 25%的一胎比率，即每个妇女平均生 1.75 个。但宋健以及我省普查办的计算都没有考虑晚婚晚育加间隔生育办法。一般生二胎，根据我国目前的人口构成，婚育年龄在原来的基础上提高一岁，等于在同期内排除了一个年龄组妇女婚育的可能性，到 2000 年就可以少生 1000 万个孩子（我省大约少生 25 万个孩子），所以，实际上比平均生育 1.75 个孩子还要低，测算全国的数字为 11.8 亿，在宋健的平均 1.5 个孩子的 11.3 亿和平均生 2.0 个孩子的 12.2 亿之间，说明数据可信。同样道理，全省的数据比人口普查办的 1.5~1.7 个孩子都低，是因为省人口普查办的测算中有一定比例的多胎数，我们没有算多胎数。

实际控制过程中，人口控制数可能比 2948 万还要低一些，因为我们的计算是用年龄移算法，计算机在计算过程中，每遇到一位 23 岁妇女就给安排一个第一胎，每遇到一位 30 岁的妇女就给安排一个第二胎。但我省 1982 年人口普查表明，其中 52%的妇女在 24 岁已经有一个孩子，73%的妇女在 30 岁前已经有了两个孩子，这里显然是重复计算了。如果再冲销了部分 30 岁妇女未生育的，至少多计算了 100 万~150 万。这个数字接近于按现在每年多胎率计算的到 2000 年累计出生的多胎人数。也就是说，如果实行晚婚晚育加间隔的生育办法，即使农村中仍然有一部分多胎生育，20 世纪内把我省总人口控制在 3000 万左右，还是比较有把握的。

（四）在我省逐步推行晚婚晚育加间隔的生育办法

晚婚晚育加间隔的生育办法并不是普遍生二胎，不仅城市基本上维持生一个孩子，农村也可根据不同情况规划一定比例的一胎率。我省非农业人口占总人数的20%，如果从现在起到2000年逐步把城市生二胎的比例上升到20%，仅占总人口4%左右。同样，因为经济社会的发展，将来农村中有5%~10%的妇女生一个孩子，也是有希望达到的。

重要的是这种办法比较符合目前我省农村的实际。在调查中，不少的农民和基层干部都反映，只要能让农民生第二个孩子，哪怕迟一些年，大多数农民也能接受，这样一来工作就好做多了。翼城县试行晚婚晚育延长二胎间隔的生育办法后，群众心顺了，干群关系更融洽了。临汾地委和行署在这一问题上尝到了甜头，要求在条件成熟的襄汾等县推行翼城办法。

根据这种实际情况和万里同志的讲话精神，干部群众对晚育和延长二胎间隔生育有要求，并且执行新的生育办法后仍可以把人口控制在3000万左右。所以，我们建议在全省有步骤地推行晚婚晚育加间隔的生育办法，具体设想如下：

（1）从1986年开始，在与翼城县有相同工作基础的晋城、阳城、高平、陵川、沁水、长治、壶关、黎城、襄垣、沁县、太原南城、太原北城、太原河西等13县、区推行翼城县的试点经验。以上各县同时也是长治、晋城、太原三市的试点。

（2）由晋中、雁北、大同、吕梁、运城等城市各选择一个与翼城县工作接近的县（市、区）试点，在积累经验的基础上，再逐步在本地区推开。

（3）临汾地区除继续抓好翼城试点工作外，再在侯马、曲沃、襄汾推行翼城经验，并准备积累如何在一个地区试行这种生育办法的经验。

以上试行这种生育办法的县都是基本上制止了多胎生育、县委对计划生育重视和计划生育组织健全的县，这几条同时也是实行这种生育办法的前提条件。所以，通过推行这种生育办法，还可以把全省的计划生育工作向前推进一大步。这样，1987年将有22个县试行这种办法，占全省的1/5左右。在1987年取得经验的基础上，争取三到五年全省普遍推行这种办法。倘如此，我省的计划生育工作就可以走向正轨。同时，加上农民的拥护，我们的"四化"建设不仅无后顾之忧，并且因为进一步激发广大农民的积极性，将会使农业生产进一步取得大发展。

（五）新的规定需简明、易行，最好只定几个大的原则

第一，继续提倡只生一个孩子的政策要突出。特别是在农村，只生一个的政策不明显，有部分地方都体现不出独生子女的优越性。所以，这里要求县一级要针对全县的独生子女制定一些可行的、足以吸引人们愿意当独生子女家庭的政策。

第二，对城市中国家职工和市民的政策也放宽。现在的条例虽然放宽了政策，但幅度不大。这几条据省计划生育委员会的估计，占城市的 4% 左右。我们核实一下，大概占 2% 多一些。即使以 4% 计算，实际上只占全省的 1% 左右。城市生育二胎的口子，应逐步放在 20% 左右为好。今后开口子的指标及条件，责成省计划生育部门进行。

第三，农村中基本上制止了多胎生育，执行晚婚加间隔的生育办法，大多数群众欢迎，指标也没问题。同时，明确提出这种政策，不仅不会出现一哄而上，而且因为各县看到差距和目标，还会促进当前的计划生育工作，减少多胎生育。因为只有少生多胎，才是 2000 年前我们真正可能控制住人口数的好政策。

第四，强调各级重视计划生育工作，强调计划生育管理水平。最近几年只有少数单位的计划生育干部能胜任工作，不少地方的计划生育机构还不健全。建议地、市在审批县实行晚婚晚育加间隔的生育办法时，应附加检查计划生育机构的健全状况和基层计划生育工作人员的配备状况，特别是省计划生育委员会要注意培训专业人员，努力改变目前专业人员素质差的状况。

第五，本规定要改变过去政策过于集中、统得太死的做法，给地市和县(区、市)都留有一定权力，允许各地制定执行本规定的细则，允许各地有处理一些特殊情况的权力。这样做，不仅符合各地实际情况，避免省人大通过的法规过于死板、以处罚为主和不严肃的现象，而且可以让各地在工作中进一步积累好的经验。同时，各地出现的特殊情况与总目标关系不大，由各级处理好了，往往因为合情合理，可以团结更多的群众，改善干部和群众关系，促进计划生育工作的开展。

晚婚晚育加间隔生育试点在我国
计划生育工作中的地位和作用①

一、怎样看待我国人口问题和我国计划生育事业

怎样看待我国人口问题？是否就像目前发达国家人口学家讲的，世界面临一种最大威胁，即人口增加得太可怕了，人类已经发展到这样一种地步，人类将要被自身的生殖所毁灭。这是目前世界人口学界，或者经济学界，甚至整个理论界一种占统治地位的思想。我们国家人口学在70年代后期复兴以后，实际上很大程度接受了这种观点，即在整个人类的发展中，我国人口最多，所以，中国首当其冲。中国要控制人口，要实行计划生育，可以说就是从这点出发的。

我不同意这样的看法。世界上没有共同的人口问题，只有不同国家、不同社会和不同地区的具体的人口问题。我们当前的人口问题是社会主义初级阶段所决定的。由于我们处于社会主义初级阶段，生产力水平比较低，并且和资本主义世界发生直接联系，所以，我们必然地面临着社会主义初级阶段的人口问题。什么叫人口问题？从广义上来理解，就是人类在自己发展过程中所面临的一些具体困难。所以，不同时期有具体的、不同的人口问题，如果从这个意义看我们的人口问题和计划生育工作，我们就主动一些，因为人类在不同发展阶段都有它自己特殊的人口问题，

① 本文是作者1987年9月10日在国家计划生育委员会主任王伟同志主持召开的"全面贯彻计划生育政策研讨会"（山西省翼城县）上的发言。

我们现在解决的不外乎是社会主义初级阶段必然存在的人口问题。我在前几年给一些计划生育干部讲课时说过，如果我们把目前的人口问题和发达国家宣传的那一套联系在一起，把那些观点作为我们的指导思想的话，那就是我们自己否定自己。为什么这样说呢？比如说过了 30 年、50 年，我们的人口问题缓和了一些，或者说人口增长停止了，那么，计划生育部门还要不要呢？这是一个大问题。几年来，我们听任发达国家人口学观点的流传，包括相当一部分领导同志，都一直把计划生育工作当作一种临时性的工作。这不能说我们理论界没有责任。因为我们没有很好地跟大家讲清楚，我们社会主义初级阶段的人口问题，和人口爆炸、人口危机之类的观点有区别。我们有我们自己的看法，我们解决的是我国社会主义初级阶段的人口问题。

我们需要和发达国家人口学家进行来往，进行一些学术交流。但是，在来往和交流过程中一定要认识到自己的地位。我们自己应该有自己的东西。我们在和他们一起讲控制人口时，特别不要忘记我们究竟是干什么的。发达国家讲这个问题的时候，毫不掩盖他们的另一种目的。他们担心在世界发展过程中，发达国家越来越陷于被动的局面。发达国家中，人民不愿意生孩子，他们感到他们的力量越来越小，比重越来越小，所以很焦急。我国的学者不大注意介绍这方面的情况。但实际上在这方面发达国家的人口学家一点也不隐讳，一点也不迷惑。他们经常用欧洲中世纪先进民族被日耳曼民族毁灭的例子来教导他们那些文明民族，说现在他们也面临着新的被落后民族吞没的威胁。学过世界历史的人都知道，公元 3 世纪，罗马帝国处在奴隶制时代的较高发展阶段上，而日耳曼民族还是原始部落时期，但罗马帝国遭到了日耳曼人的入侵。在长达三四百年的蛮族入侵中，处于较高发展水平上的罗马帝国崩溃了。其实，在历史上，不乏落后民族战胜先进民族的例子。比如我国历史上周胜商，元取代宋，清取代明。发达国家的学者经常用这个例子来教导自己的民族。比如法国历史学家新近论述罗马帝国灭亡的专著《宝贵而无情的历史教训》，说那是"西方的第一次死亡"，而目前他们正面临着"第二次死亡"。当然这不是什么新观点，因为 100 多年来，西方一直有一种"黄祸论"，说他们面临着亚洲人种的威胁。他们是在警告他们的同胞，说他们面临着这种危险,他们要被落后民族吃掉。所以说,人家讲人口爆炸,实际上是说发展中国家在威胁发达国家。发达国家给发展中国家提供一些援助,控制人口(这里我不否认有人道主义和慈善事业的因素),占主导地位的思想是怕发展中国家的人口增长"吃掉"自己。我们在看发达国家的理论的时候,一定要看到这一点。否则,我们在运动的过程中,就没有坚持我们自己的原则。如《圣经》中讲的,为了一碗红豆汤,出卖自己的长子权。所以,我们的人口问题,就是社会主义发展的初级阶段必须要解决的社会问题。从我们社会的本质来讲,我们要搞计划经济,搞社会主义,就必须有计划生育。这是一种本质的要求,而不是为了防止什么"人口爆炸"。

技术悲观主义和技术乐观主义是近几十年来西方社会学方面的两个基本派别。这两种哲学社会学思潮大约每十年一个周期,这一时期悲观主义占上风,再过一段乐观主义又占上风,他们在不同的时期有不同的主张。技术乐观主义认为,只要科学技术发展了,自然会使人类生活越来越好。它否认社会革命的必要性。简单理解技术悲观主义,就是说人类最后将要毁灭于人类所取得的科学技术的成就上。这两种社会思潮的产物在西方不断交替出现。而 70 年代后期,我国的人口学思想慢慢活跃的时候,正是 70 年代初期西方技术悲观主义思潮影响还比较大的时候,这次集中以罗马俱乐部报告《增长的极限》为代表。根据罗马俱乐部报告的观点,在 70 年代初人类已经发展到这个程度:由于人口增长、工业的投资,导致了严重污染、工业生产下降、农业生产量越来越少,非再生自然资源如铜、石油,越来越少。人类如果不立即停止增长的话,那么到 21 世纪就会毁灭。这个报告提出来以后,整个西方轰动很大,一些活动家,国家的总统、首相等,很重视这个东西。特别是这个报告提出还不到一年的时间,中东的石油危机发生了,西亚、非洲的石油输出国组织,把原来被西方国家控制的石油标价权收回到自己手里。因为西方国家在战后把自己的经济生活建立在廉价石油上,所以仅石油提价就给西方国家的经济生活造成了很大混乱。西方新闻界宣传世界经济发展证实了罗马俱乐部的报告有关人口危机造成的石油危机、能源危机、粮食危机、环境危机以及资源危机之类的观点。所以,70 年代初期悲观主义思想占上风。但这个时期,罗马俱乐部报告并没有直接传入我国。到了 70 年代后期,西方这种思想随着经济的起步复苏,乐观主义的东西已经抬头(乐观主义的代表,也就是大家知道的"第三次浪潮"之类的观点)。在这种情况下,我们学术界却把那个技术悲观主义的东西搬过来了。说造成世界几大危机的祸根就是人多,所以我们现在的人口就可怕了,了不得了。咱们现在要控制人口,就是参加到整个人类大会战当中,要堵住人类增殖,我国的计划生育工作就要成为全世界"整体战役"的一部分。这里边有个认识问题。我们不是这么回事。我们要发展社会主义,发展生产力,就需要实行计划生育,这是根本的一点。王伟同志前几年就提出摸索、探索具有中国特色的社会主义计划生育道路的问题。我在 1980 年写的《人口学》中提出,我国计划生育事业同资本主义国家的"家庭计划"并不是一回事,是有原则性区别的。我们不是和他们在一起为战胜人类自己的生殖所形成的危机而控制人口,我们是在为了发展社会主义而实行计划生育。所以,即使我们在同发达国家人口学家一起交流,也要记住这个原则,就像我们共产党人过去在革命战争年代同资产阶级和不同党派共同前进当中,保持我们自己的特色和原则一样,我们必须对此有一个清醒的认识。

二、解决现阶段我们人口问题的基本道路和政策

70 年代,周恩来总理抓计划生育工作以来,我们所拥护的晚婚晚育加间隔的生育办法,就基本上摸索出来了,就比较明确了。当时的提法是晚、稀、少,现在更具体地讲就是晚婚、晚育、少生、优生。70 年代后期,中央提出 12 亿目标之前,就有一些人提出只准生一个。中央提出 12 亿后,原来用各种测算结果证明"一胎化"是"最佳方案"的同志,又把"12 亿"和"只准生一个"捏到了一起。一对夫妇只生一个和 12 亿的人口目标本来没有什么联系,但这时被主张"只准生一个"的同志当作一个因果关系提出来了,说只有生一个,才能实现 12 亿。经过长期的宣传,在我们的干部群众中形成了这样一种概念。但实际情况是什么呢?我把当时比较有影响的几个人的测算数据给大家简单介绍一下。一个是 1979 年全国计划工作会议上,中国人民大学刘铮、邬沧萍、林富德等同志提出的,他们当时测算的数据是:1.按 70 年代末计划生育水平,农村多胎比例占 30%,城市多胎比例占 10%,2000 年人口接近 13 亿。也就是说,农村 70% 生 2 个,30%

生 3 个,城市 90%生 2 个,10%生 3 个,那么 2000 年人口是 13 亿。2.如果每对夫妇只生两个孩子,2000 年总人口可控制在 12 亿。3.在杜绝多胎的基础上,到 20 世纪末,城市有一半家庭只生 1 个,农村 1/4 家庭只生 1个,那么 2000 年人口总数可到 11.8 亿。4.其他情况和第三种情况一样,到20 世纪末城市有 2/3 家庭,农村有一半家庭只生 1 个,那么 2000 年人口11 亿多一点。

影响比这更大的一家,是 1980 年首都自然科学工作者和社会科学工作者合作搞的几个测算。一个比较轰动的就是百年后我国人口 3.8 亿。可能是因为人们对这个议论比较大些,后来又提出这么四种测算数据:1. 当平均每对夫妇生 1 个的时候,2000 年总人口 10.5 亿;2. 平均生 1.5个孩子,2000 年总人口 11.3 亿;3. 平均生 2 个,2000 年总人口 12.2 亿;4. 平均生 2.3 个,2000 年总人口 12.8 亿。虽然这些自然科学工作者和社会科学工作者的测算数据如此,但他们在几年来的宣传上却一直讲:"只有实现一胎化,才能达到 12 亿。"说我们要实现 12 亿的总目标,就只能在一胎化的道路上前进,或者基本上在一胎化道路上前进。直到现在,我们许多同志仍然摆脱不了这种束缚。对照上面的测算,我们不难发现,这实际上是把 12 亿的目标和 10.5 亿的道路搭配在一起了。我以为,这么多年我们计划生育工作被动,在很大程度上讲,就是因为道路和目标搭配错了。

总之,如果我们用 70 年代周总理提出的"晚、稀、少"这个方针,或者再进一步用"晚婚、晚育、少生、优生"的办法,以及根据我们的具体国情和我们党提出的 12 亿人口目标,模拟现阶段的生育办法或控制人口的道路的话,大致就是这么一种情况:城市基本上只生 1 个不动,农村有 5%的生 1 个,再加上晚婚晚育。这个晚婚、晚育到什么程度?比如农村妇女 23岁生第一个孩子,29 或 30 岁生第二个孩子(差别不是很大),那么 2000年总人口可能只有 11 亿多不到 12 亿。这里还是有很大余地,比如说,1982 年进行人口普查的时候,我国 15~19 岁的妇女中,1%的已有 1 个存活孩子,20~24 岁妇女中 39%已有 1 个存活孩子。也就是说,23 岁以前她已经有了 1 个孩子,我们测算时又重复给了她 1 个孩子。还有,25~29 岁的妇女中,除每个妇女平均有 1 个存活子女外,还有 49%已经有 2 个孩子。这样，到 30 岁时，我们在测算过程中又重复给她规划了第二个孩子。如果考虑到这些余地的话，我们的指标还可以再宽裕一些。这些宽裕指标干什么呢？第一是农村政策放宽了，城市也可适当放宽一些，比如说让城市 20% 的妇女生第二个孩子。另外，我们少数民族，还可以放宽一些，允许生多胎。边远山区，因为我们服务条件还比较差，没有那么好的条件给人家药具，以及有些人因各种原因生多胎，总起来多胎率加上 10%~15%，那么我们仍可以把总人口控制在 12 亿左右。

这就是我对控制当前我国人口的基本道路或基本政策的总的认识。几年来有些同志有误解，说梁中堂的观点是要人们普遍生 2 个。翼城试点之后，又说我要将翼城这种办法套用全国。其实不然，我的想法，全国各地执行一、二、三的政策。至于各地的"一、二、三"的比例结构，可以由各地的具体情况自行决定。而且晚婚晚育到什么程度，也由各地根据实际情况来决定。这里所说的实际，主要包括经济结构、人口结构以及中央下达的指标，而不是全套一个模式，更不是套翼城这种模式。翼城这种办法是我国典型的北方农村区域执行的办法，还有比翼城各方面条件好的，具体政策可以再严一些；比这还差的地区，政策就要松一些。就是说，你让广西少数民族学翼城，就必然碰壁。总的原则是晚、稀、少。或者说晚婚、晚育、少生、优生。这应该是最近一个时期内控制我国人口的基本道路或实行计划生育的基本政策。"只准生一个"的生育办法不是和生产方式适应不适应的问题，而是已经低到生物类群在发展自己和要求自己生存的这个界线以下，所以遇到人们一些自发反抗。它是一种生物本能的反映。根据我们国家的发展水平，妇女平均生 2.2~2.3 个孩子，可能是人口的简单再生产水平。就是说，超过 2.3 个，属于扩大再生产；小于 2.3 个，就是人口的缩小再生产。你让每个妇女只生 1 个，因为还有些妇女活不到生孩子的年龄，还有些妇女不婚不育，实际上平均每个妇女还生不到 1 个孩子。这是比战争状态还要低的萎缩型的人口再生产。不要提什么社会规律了，就从生物学的规律来讲，这无疑是一种面临灭绝状态的生物过程。所以，它必然地遇到人类本能的反抗。这几年农民抵制我们的一些做法，我认为其中就有生物类群的延续规律在起作用。

顺便讲一下怎样看待晚婚晚育加间隔的工作难度问题。晚婚晚育加间隔能不能做到？翼城县基本上做到了。全国行不行，我们测算和要求是说妇女 23 岁晚婚，这个标准并不需要全部做到。如果全部做到这一点，那就不是 23 岁生育第一个孩子，而可能是妇女平均初育年龄提高到 25 或 26 岁。这是很简单的道理。目前法定结婚年龄是 20 岁，咱们统计上的初婚年龄却平均在 22 岁，有 20%的早婚妇女。如果仅仅把 20%的早婚杜绝，就足以使妇女初婚年龄达到 24 或 25 岁。此外，初婚和初育年龄往往还要差 2 岁左右。这就是说，我们要求晚婚晚育并不是说要所有的妇女都达到 23 岁结婚，这么提出问题，是说要一部分做到就可以了。有些地方一下子达不到 23 岁，22、21 岁总可以吧。1980 年我们国家的妇女初婚年龄 23.1 岁，当时《婚姻法》规定妇女 18 岁可以结婚。虽然说在 70 年代后期，各地计划生育工作已经有一定发展，但和现在比较就差了。此外，从理论上讲，农村生二胎间隔是 6~7 年，实际上却要短一些。因为妇女 23 岁结婚，生第一胎的年龄要分布在 24~28 岁几个年龄段，而 29 岁就可以给妇女生育二胎的指标，有相当大比例的妇女实际生育间隔要小于 6 年。

翼城县的办法有没有普遍意义？晚婚、晚育、少生、优生，在翼城县这些先进的地方能做到，落后地方能不能做到？这种办法在落后的地方能不能推广？我认为，从哲学上来说，人口过程作为一种特殊的物质运动，对它的控制就只能在时间和空间这两个方面进行。时间上的控制就是让她晚一点生，空间上的控制就是生育的规模要小一点，即少生。这就是晚婚、晚育和少生，这不论在什么地方，都有普遍意义。落后的地方往往更需要这种生育办法。从政策的比较研究来看，晚婚晚育和延长间隔的办法，是现在最宽松的一种生育政策。所以，越是工作落后的地方，执行这一政策就更合适，更有意义。因为那些地方原来执行的政策比这更严，而农民实际生育比这种办法更多。现在许多同志已经认识到，不是你让他生多少，他就生多少。事情才不是这样呢。你卡住他只准生 1 个，农民才不理睬你，在这些地方，政策是政策，实际是实际。实际情况是 2 个、3 个、4 个地在生，你根本管不住他。与其那样，还不如实事求是地放宽一些。翼城县这种办法有利于堵住多胎。因为把大面积的二胎放开了，不需要对个人做工作了。对大多数人来说，你愿意生 2 个就生 2 个（根据调查，这是 80%的人们的愿望），剩下百分之十几的还要生多胎的，我们的精力就可以顾过来了。对少数经教育仍要生 3 个、4 个的,我们执行比较严厉的政策,可以得到大多数干部和群众的支持。

工作落后有两种情况,一个是工作问题,还有一个是政策问题。干部、群众认为我们的政策不合理,连干部自己都不懂,怎么能保证他去做好群众的工作?这些地方的干部实际上是采取了听之任之的态度。目前大多数地方都是这样。如果我们的政策更完善的话,就会使落后面大大减少。当然在具体推行这一办法的过程中,有这样两种工作方法,一个是因为政策不完善,工作落后,所以要尽快推行类似翼城县这一办法。还有一个方法是要求落后地区把多胎降到一定的比例,才让你实行这种较合理的宽松一些的政策。我认为大面积还是前一种办法好些。

三、晚婚晚育加间隔生育办法是党的现行生育政策之一

我讲这么多,可以说就是要归结到这一点上,为什么呢?因为多年来,我的思想就不踏实,在座的同志恐怕也不很踏实。咱们搞试点这个东西,有些人就散布说你这是和现行政策不一致。我认为需要给大家吃一颗定心丸。1986 年计划生育工作会议后,有些地方还是那样讲,说党的生育政策是只准生 1 个,或者是基本只准生 1 个。我不是这么认为的。党的生育政策是努力控制人口的过快增长,提倡只生 1 个,照顾有困难的生 2 个。我们现在在一部分农村实行允许农民生 2 个,因为这些地区的农民在现阶段就普遍困难些。所以,我们并没有离开中央政策,我们的试点是现行政策中的一种。首先,我们这么做,同开"女儿户"有区别,但没有多大区别,仅仅就是开的面稍宽一点,照顾的面也稍大一些。翼城县是晚婚晚育加间隔,其核心就是要解决早婚早育问题,解决多胎问题。所以,我们要把试点坚定不移地搞下去。总之,从政策依据、理论基础,到探索我们中国实际道路这个问题上,都说明,我们目前搞这个试点虽然地盘还比较小,但是有很大意义。它的作用和地位是很重要的。

这种办法能否在全国马上推广?我认为,目前不能全面推开"一、二、三"这个政策,不是人口控制本身问题,而是有比人口控制问题本身更复杂的原因,包括人们的心理问题、政治上的问题、社会问题,等等。不是这种办法好不好,这种办法合适不合适。就是合适的东西也不一定就能马

上用。所以这不是这个办法或者道路本身的问题,还有个条件问题。但是如果从理论上讲,早走一步好还是晚走一步好? 我认为还是早走好,早走早主动。各个地区也是一样。此外,我认为,在全国的农村还未能实行翼城这种政策的,实行"女儿户"的政策也是好的。因为,"女儿户"的办法不一定行得通,但至少可以让一半的农民少受折腾。有的同志说他算账后仍不敢开"女儿户",那是账没有算对。12 亿左右是全国平均生 2 个的目标,怎么你这儿生 1.5 个都不可能? 如果指标紧一点,不过把晚婚年龄提高一些,一般来说,哪怕晚上两年,只要让生二胎,群众也是欢迎的。

12 亿目标的危险是什么呢? 我认为,在许多地方政策很严,实际上它执行不了。在这种情况下,早婚早育、多胎生育都很严重。目前好些地方的妇女二十二三岁就生了 2 个孩子。后边还有几十年的节育工作,你想让她不生多胎,就很难做到。另一方面,因为二胎就属于计划外生育。所以生三胎、四胎和二胎一样,都是超计划的。不罚二胎,生三胎、四胎也就毫无顾虑;罚了二胎,处罚面又太大,脱离群众。我们说 12 亿目标比较合理,因为它是以妇女平均生 2 个为基础。每个妇女平均生 2 个孩子,无论从各个家庭说或全国来说,都是比较实际的。但每增加一个多胎,就给我们造成一份困难。在人口控制问题上,真正的危险就是政策没有完善。在这种情况下,多胎生育会越来越多。如果再推迟几年,还有更大危险。为什么呢? 现在进入初婚初育年龄的妇女越来越多,她一胎生完了,二胎生完了,接着就有一定比例的妇女生多胎。如果像目前这种情况继续下去,育龄妇女越多,生多胎的可能性就越大。多胎越多,12 亿目标就越可能被突破。所以说,这是我们的真正危险。

中国生育政策研究

致徐雪寒①

徐寒老:

您好。11 月初我看了《贵州日报》办的《文摘报》摘自 10 月 17 日《信息日报》上的您关于"去年人口出生率为什么回升"的文章,因为这是个文摘性报纸,不清楚报纸对您的观点反映得是否准确。经过多日查找,今天看到当天的《信息日报》,从行文看,这篇文章可能是该报记者对您的采访。②

我认为,作为一位公民、一位学者,自由发表自己对一些问题的看法,是完全正常并且应该受到尊重的。但是,您很明确地把去年人口回升的原因归结为"开了三个不应该开的'小口子'",并在文章中批评"国家计划生育部门对此采取了节节后退的方针"。我以为您对我国去年以来的人口回升原因的分析是不妥当的。所以,出于相同的理由,我认为有必要讲以下几个方面的情况。

首先,从 1986 年开始的我国人口回升是有其政策和工作以外的客观原因的,这就是我国育龄妇女总人数的急剧增加。国家计划生育委员会和国家统计局的许多次调查说明,我国妇女生育年龄主要集中在 20~29 岁。特别是进入 80 年代后,多胎生育人数减少,以及早婚早育问题的严重,妇女生育峰值年龄由 25~29 岁前移到 20~24 岁。我们知道,妇女婚育年龄的变动基本上对本年度妇女生育状况无多大影响,当年生育往往

---

① 徐雪寒,经济学家。

② 原文见本文附录。

反映前几年育龄妇女的变动情况。而正好以 1983—1984 年为界,我国刚进入生育旺盛年龄的妇女人数有很大的增长。据我国第三次人口普查资料分析,1982 年 20～24 岁妇女为 3648 万,1983 年为 4087 万,1985 年为 4638 万,1986 年为 5132 万。1985 年同 1982 年相比, 仅 20～24 岁妇女就多了近 1000 万。即使前后都能够实现一对夫妇只准生 1 个孩子,不仅人口回升是难免的,而且回升的幅度也必将是很大的。

其次,您认为人口回升是因为"开了小口子",即一些地方允许 10%～30%或 50%的农民生 2 个孩子。其实,多少年来,我们计划生育仅仅是把 50 年代平均每个妇女终身生 5～6 个,减少到 3 个以下,特别是农村妇女生第二个孩子的状况一直没有什么改变。据国家统计局 1985 年上半年对河北、陕西两省的抽样调查(这些状况应该说是反映 1984 年以前即还没有"开小口子"时的妇女生育行为),在该年的 25～29 岁妇女中,河北省 43.7%生了二胎或多胎,陕西省 54.7%生了二胎或多胎。在 30～40 岁妇女中,陕西省 83.9%的妇女生了 2 个或 2 个以上的孩子,河北省 79.7%的妇女生了 2 个或 2 个以上的孩子。如果考虑到这两个省的大、中城市相同年龄的妇女大都只生了 1 个孩子,那么,这些情况应该说明,随着年龄的增长,绝大部分(农村)妇女都轮流生了第二个孩子,这是一个带有普遍规律的事情,而不在于我们的政策是否放在了允许农民生 2 个这一界限上。

还有,您认为人口回升是因为开了"小口子",我还可以为您提供一些数据,说明事情并不一定是这样。据我对全国 10 个省的 11 个地或县的调查(这些地区大多数都是经济文化比较落后的地区),这些地方的政府十分明智地把生育政策确定为: 在提倡生一个的前提条件下, 允许农民生两个。这样做的结果,1986 年,这些地区总人口 320 万,出生人口 5.7 万,出生率为 17.68‰,比全国平均出生率 22.77‰小得多。山西翼城是您所说的三个"小口子"中的第三种即政策最宽的一个(它并不是您所说的生 2 个为 100%,因为城镇人口仍然是只生 1 个,加上农民中还是提倡生 1 个,最多只有 80%是生 2 个) 县,1986 年出生率为 13.32‰, 人口自然增长率为 6.84‰,比全国自然增长率 14.08‰低得多。

以上这些情况说明,我国人口生育动态在最近几年出现回升是有其客观必然性的,合理的人口回升本来就应包括在我国由 10 亿到 12 亿的增长率之中，没有必要一提回升就害怕。另一方面，"开小口子"的地区也不一定就必然地出现回升，或者回升的幅度就一定比不开口子的地区高。当然，我们还要分析和解决那些不合理的回升问题，这个不合理的回升并不是农民生二胎造成的，因为我们从来没有卡住过农民的二胎生育。我认为不合理的人口回升就是赵紫阳同志今年"7·22批示"中所说的两种原因，一是早婚早育，二是多胎生育。我们解决人口控制的任务主要就是这两点。只要把早婚早育和多胎问题解决了，有些人口回升，也是正常的。

顺便说一点，从记者报道的倾向中似乎可以看出，您认为12亿的人口目标是建立在"只准生一个"的基础上，并把这称之为"总政策"。第一，无论根据人口学界比如中国人民大学人口研究所刘铮等同志，还是数学或控制论方面的比如说宋健、于景元等同志，他们的计算都是如果每个妇女只生1个孩子，我国到2000年的总人口为10亿多，如果每个妇女平均生2个孩子，总人口12.3亿，即12亿左右。所以，应该说12亿的目标不是以"一胎化"为基础，而是以平均生2个为基础的。如果考虑到城市人口政策可以放在平均每个妇女1个多一点，加上普遍提倡晚婚晚育和间隔生育，人口政策完全可以更合理些，更宽容一些（我相信您也会同意在政策问题上应该有个适度，而不是越严越好）。此外，据我所知，我们党从来没有过"一对夫妇只生一个孩子"的总政策，党中央只有一个"提倡一对夫妇只生育一个孩子"的号召。我们不少的同志把党对群众发出的倡议和号召，当做政策和法规并要求所有的群众必须做到，是不可能不出问题的。

徐老，您当然知道，我国是一个10亿多人口的大国，各地区的地理和文化水平都不完全一样。在这样的一个比较复杂的国家里实行计划生育，即使我们党有一个统一的政策，各地在贯彻时也必须注意摸索结合当地的许多特点的一些具体做法，更何况我们目前的计划生育水平还有点像五六十年代我国计划经济的水平，国家仅仅有一个"实行计划生育"的基本国策和12亿的人口目标，还缺少更详尽具体的政策、法规。这样，各地就必须试验、摸索一些既可以有效控制人口，又可以让大多数群众满意的办法。"小口子"是近几年来，中央领导同志和计划生育系统用来特指各地完善具体生育政策的一些试验和做法。总的来说，这些"小口子"开得都很小，除了"女儿户"外，试验的范围也不大，所以它不可能会造成人口失控或人口回升。在实际中出现的一些人口失控或回升的现象，都是赵紫阳同志说的那两点，是由部分地区在计划生育方面的"放任自流"造成的。这是工作问题，而不是完善具体生育政策的问题。

从去年人口出现回升以来，不少同志对中央文件要求进一步完善具体生育政策的做法表示怀疑，认为国家计划生育部门这几年把工作放松了，所以又希望把政策退到"一胎化"基础上。这是很不正确的。就是1980—1983 年我们的弦绷得那么紧，农民仍然平均生 2 个以上的孩子。而那条路是再也不能走了。所以，问题的出路只能是赵紫阳同志概括的，解决"早婚早育和多胎"问题，解决工作中的"放任自流"问题。这是对我国现行政策的高度概括，我们只有不折不扣地走这条路，才能控制好人口。可以预料，今天国家统计局发布我国人口达 10.7 亿的调查结果，还会有人把形势估计得很严重，不敢执行赵紫阳同志的"7·22 批示"。我以为大可不必。根据调查结果，1987 年 7 月 1 日比 1982 年 7 月 1 日多了 7 000万，加上抵销每年的死亡人口，这几年至少生了 1 亿人口。而在这 1 亿新出生人口中，有一部分属于 20 岁之前早婚早育，再加上 20～29 岁的 1 亿育龄妇女中至少有一半以上的妇女已经生了 2 个以上的孩子，即使全国都执行赵紫阳同志所强调的两点，现在到 20 世纪末完成 12 亿左右的目标，仍然是有把握的。危险性在于我们执行政策走过了头，结果多胎和早婚早育一点也管不了。如 1980 年以来的不少地方，好像执行了很严的生育政策，要求"一胎化"，其结果离群众的接受程度太大，脱离了群众，使不少希望生多胎的人也有了群众基础，达到他们的目的。

徐老，你们老一代学者有许多优秀品质，如对国家、对民族负责的精神以及作为一个正直学者大胆发表自己的意见，批评和自我批评的作风，等等，永远是我们晚辈学习的榜样。也正是从这点出发，我很直率地谈了我的看法，我不认为这是对老一代学者的冒犯。相反，这是向前辈学习所应该做的。

我认为，你我之间的看法无论在学术界还是在实际工作部门，都是很有代表性的。而这些分歧在很大程度来说又都是由于很少交换意见造成的。所以,我十分欢迎您对我的批评。我向来把学术界率直的和指名道姓的批评,看做是繁荣科学的杠杆和科学繁荣的标志。

请接受一个晚辈对您的祝福。

梁中堂

1987 年 11 月 15 日

附录

徐雪寒对去年人口出生率回升提出看法

开了三个不应该开的"小口子"

北京 16 日电(井胜报道):老一辈经济学家徐雪寒对 1987 年人口自然增长率大幅度回升的原因提出了自己的看法。

他认为,1980 年党中央、国务院确定在 20 世纪内的目标时,已经考虑到人口基数大、人口生育的惯性作用、对少数民族照顾、中国的旧习惯势力难以在短时间克服等因素,尚留有相当的余地,一对夫妻只生一个孩子的总政策是不应当动摇的。但是,1985 年以来,国家计划生育部门对此政策采取了节节后退的方针,开了三个"小口子":①扩大生第二胎的照顾面,扩大面在 10%～30%;②对独女户允许生第二胎,扩大面为 50%;③实行晚婚晚育加间隔,生二胎面达 100%。这些小口子是 1986 年人口自然增长回升的主要原因,如不改变,到 20 世纪末,我国人口将超过 13 亿。是祸是福,尽人皆知。

(本文原载 1987 年 10 月 16 日《信息日报》)

致徐雪寒

徐寒老：

11 月 27 日的信早已收到，知您正在病中，我把握不准是否该给您写信。因为，毫无疑问，您看信需要付出一定的精力，这是否是您目前的病情以及身体素质所许可的。但另一方面，我不清楚在我这个年龄中的做学问的人所固有的那种通病是否会随年龄的变化而消长，即为追求某一种学术观点，总是希望不时地看到人们对其所作的评论，极希望经常地同各种意见做反复的磋商。我不知道怎样处理这一问题是正确的。所以，思想上斗争了好多天之后才确定下来，将一些基本思想向您谈一谈。

首先要感谢您以及您的夫人，写了一篇长信。您的信以及您寄的大作，对我有很大的帮助，使我从中学到不少东西。特别是这些文章帮助我比较全面地了解了您的思想和观点。此外，需要指出来的问题是，在我们这样一个比较落后的大国里，提出"只生一个孩子"的政策（如果可以称之为政策的话），是不正确的。过去（包括 1980—1984 年），我国任何一个较大面积的地方，都未实现过这一要求。虽然，从报表上看，也确有每年数千万的"独生子女"户的数字，但从累计总和看，全国却从来没有接近4000 万的数字。如果知道我国每年有 1000 万妇女进入婚龄，就不难发现，这 3000 多万的"独生子女"，不过是农村和大中城市的初育妇女的总和。而在农村，间隔二三年后，90%以上的妇女却在轮流生二胎。我们一些生活在大城市的和国家机关的同志往往被表面的报表数字所迷惑，以为每年都有上千万的"独生子女"数被报上来，我们国家每年都出现了上千万的"只生一个孩子的家庭"。其实真实情况并非如此。前面的年轻妇女生了头胎,就暂叫"独生子女户",接着后面达到一定间隔期的妇女照常生第二个,甚至第三个。这是我们农民和同情农民的基层干部对付强迫命令的绝好办法,也是只有我国一定时期内才会出现的特有现象。

您已经看出,我不认为这种情况有什么不好。这是我国淳朴的人民对付那种脱离实际的政策、法令的一种特殊做法,它以其特有的方式表现了客观过程的规律性。一些在自然科学上可能承认客观规律性的人,并不一定认为社会领域也有规律性。所以宋健等同志认为,国家定上个"只生一个"的法或政策,我国就能按"只生一个"控制人口。我始终反对这一观点。我认为,平均生 2 个孩子是我国目前绝大多数人能够接受的生育标准。我们的政策应该以此为基础,让方针和政策在每个妇女生 2 个上下调节,即"提倡生 1 个,允许农村妇女生 2 个,照顾少数民族生 3 个"。具体点说,城市基本上生 1 个,争取农村有 10%生 1 个,少数民族不超过 3 个,加上晚婚晚育,我们完全可以把人口控制在 12 亿左右。绝大多数群众满意,社会必然安定,何乐而不为?

徐老,您也许现在能够知道,我就是极力反对宋健同志人口学观点的那位极为顽固的"年轻人"。从 1981 年早春 2 月的第三次全国人口科学理论讨论会上见面后,只是经常看到您写的一些经济学的文章,包括您整理的关于新中国成立后人口争论方面的文章,却一直未能有机会再见到您,但在我的心目中一直留下一位精力充沛的老学者的形象。愿您寿比南山。

送上人口学方面的两本拙著,请指教。

梁中堂
1987 年 12 月 10 日

我国人口出生率回升的原因①

从 1986 年上半年以来,我国人口出生率普遍出现明显的上升。据国家统计局抽样调查,1985 年我国人口出生率为 17.8‰,1986 年上升到 20.77‰;自然增长率也由 11.23‰上升到 14.08‰。从出生孩子的绝对数来说,1986 年比上年大约多生了 300 万。1987 年 7 月 1 日,国家统计局又对全国人口做了 1%的抽样调查,从调查资料的手工汇总分析,1987 年的人口出生率上升到 21.20‰,自然增长率将上升到 14.8‰。一年多以来,人们对我国人口回升的原因有许多不同看法。一些同志甚至直接撰文批评近几年各地为完善生育政策所进行的试验,批评国家计划生育部门采取了错误的方针。

其实,近几年来的人口回升主要是由 60 年代中期开始的 10 年左右的生育高峰引起的。俗语说,"十月怀胎,一朝分娩"。妇女生育并不一定反映当年的婚育状况,而是前几年婚育变动的结果。1983—1984 年,正好是我国生育史上的一个分界线。1982 年,我国 20~24 岁妇女为 3648 万,1983 年为 4087 万,1985 年为 4638 万,1986 年为 5132 万。也就是说,同 1982 年相比,1985 年多了近 1000 万育龄妇女,1986 年比之多了近 1500 万育龄妇女。这种状况,必然决定了近几年我国人口出生率的较大回升。

1986 年以来的人口回升,也不是农村妇女生二胎造成的。因为,从 70 年代以来我国妇女生育率的降低,主要是靠把五六十年代平均每个妇女终身生 5~6 个孩子,迅速减少到 3 个以下,但农村妇女生 2 个的状况却基

① 本文为《健康报(计划生育版)》而作。

本上没有改变。国家统计局在 1985 年上半年对河北、陕西两省妇女在 1980—1985 年的生育情况作过调查，在该年 25~29 岁的妇女中，河北省 43.7%生了二胎或多胎，陕西省 54.7%生了二胎或多胎。30~34 岁妇女中，河北省 79.7%的妇女生了二胎或多胎，陕西省 83.9%生了二胎或多胎。如果考虑到城镇妇女在同期内基本上生了一个和部分妇女不婚不育等因素，说明这两省的农村妇女在 1980—1985 年，仍然平均终身生 2 个左右的孩子。

人口回升会不会是各地为完善生育政策做的试验和"开小口子"造成的？也不是。近几年来，为了更好地贯彻计划生育的基本国策，全国个别地方布设了一些试点。但所有的试点都没有超过一对夫妇生 2 个孩子。根据对 10 省 11 个试点单位的调查（这些地区大多是经济文化比较落后的地区，城市人口比例低，有不少还是少数民族地区），1986 年，这些地区的出生率为 17.68‰，比全国平均出生率 20.77‰低 3.09 个千分点。山西省翼城县是实行晚婚晚育加间隔的生育试点，该县农村在提倡一对夫妇只生一个孩子和晚婚晚育的前提下，允许农民生第二个孩子，1986 年的出生率仅为 13.32‰，自然增长率为 6.84‰，比全国的平均水平都要低得多。

毫无疑问，在我国一些地区，除了以上所说的人口出生率的正常回升外，还存在一些早婚早育和多胎生育现象。早婚早育和多胎生育也会导致人口出生率回升。最近，中央领导同志在论及如何看待人口回升问题时指出，问题不在提 12 亿左右，也不在开小口子。但目前出现的人口出生率回升要重视，按照目前的政策认真抓紧贯彻，解决多胎问题和早婚早育问题。目前，有些地方确实有放松与放任自流现象，应坚决予以纠正。这就是说，几年来的人口生育政策并不是非正常的人口回升的原因。现在需要重视解决的是工作上的一些问题，由于一些地区工作上的放任自流导致了该地区的早婚早育和多胎生育。只要我们将早婚和多胎生育问题解决了，即使出现一些人口出生率回升，也是我国总人口从 10 亿增长到 12 亿左右的正常回升。

（写于 1987 年 12 月）

计划生育的形势还是乐观的①

（一）最近《人民日报》连续发表了两篇情绪低沉、对计划生育形势估计过于悲观和认为人口发展前途暗淡的文章。我不认为如此。现阶段，我国计划生育工作有一大堆问题，但同 1984 年之前比，问题并不那么严重。在 20 年或许更长一点的时期内，我们还将面临人口增长带来的威胁，但在较短时期内控制住盲目增长势头的希望还是存在的，计划生育的前途还是光明的。

（二）关于在我国计划生育政策、人口发展战略和作为理论基础的人口理论等方面的两种基本观点的分歧，早在 70 年代末就产生了，最近几年愈来愈明显了。

（三）70 年代，以美国为首的西方国家盛行的社会学思潮是技术悲观主义那一套，说人类即将被日益发展的科学技术所毁灭。这次的代表作是罗马俱乐部的报告《增长的极限》，主要观点是说由于人口增长和工业投资，造成自然资源枯竭、农业资源衰退、环境污染日益严重。该报告的一个观点即人口增长如果不立即停止，到 21 世纪末，人类就走到了尽头。这等于宣告了世界的末日。从此，世界面临人口危机、资源危机、粮食危机、环境危机、能源危机的口号和标语，将不时地在世界各地传播开来。并且还说，人口危机为"世界五大危机"之首，是总根源。

因为从 50 年代后期开始，大多数发达国家都陆续进入人口停滞或者

---

① 1988 年 2 月 10 日，新任国家计划生育委员会主任彭珮云同志约见了作者。本文是约见前准备的谈话要点。

低增长状态。所以,发达国家说人口增长造成了整个人类的威胁,主要还是针对发展中国家的。并且,发达国家学者提出"人口零增长"、"适度人口"等,企图强加于发展中国家,要求发展中国家立即实现。

(四)我国人口学在50年代末60年代初曾一度被取消。70年代后期逐渐复苏起步的时候,大多是从各个学科比如统计学、数学、经济学等方面转行的,理论基础比较差。同时,因为"文化大革命"给我国经济造成的损失,进一步加重了人口问题的严重性。人们急于摆脱长期以来历史造成的人口问题,所以,轻易接受了盛行于西方的人口学和社会学观点,认为人类面临一个共同的危机,即人口的增长。而铲除这一祸根的根本办法,就是世界各国同心协力,共同攻克人口增长的难关,以使本国的人口很快停止增长。

(五)在这样的理论指导下,我们一些同志不对我国人口年龄结构及经济社会发展水平做具体分析,就提出了要我国人口在20世纪内就实现"零增长"的战略。为实现这一战略,进而提出"一胎化"的生育办法。根据我国人口构成,2000年前后即使实现了城乡"一胎化",因为我国每年死亡人口仅700多万,届时出生一胎的孩子1000万左右,仍然无法实现"人口零增长"。"一胎化"本来就是一个脱离我国实际的、对国外人口学和社会学观点生吞活剥的结果。并且,这一办法已被1980—1983年的实践证明是行不通的,但提出和拥护这一观点的同志至今仍然抱住不放,要求党的政策回到"一胎化"上去。

(六)与此相反,在同期内我国人口学界逐步形成另外一个基本学派。这个学派认为,计划生育是我们社会主义国家特有的现象,是人类由必然王国向自由王国发展过程中,所必然要产生的。如同资本主义无法在物的生产上实现有计划的控制,在人的生产上也无法实现有计划的控制一样,社会主义在本质上要求做到人的生产的计划性。因为没有人的生产的计划性,经济计划是无法实现的。所以,我国的计划生育同资本主义国家的"家庭计划"并不是一回事。西方社会学和人口学的"人口爆炸"、"人口零增长"等理论是完全错误的。

(七)我国的人口发展战略、人口目标和人口生育政策,都要同我国社会主义制度相适应,从我国的实际出发,从我国的具体国情出发,我们认为，社会主义制度决定了我们的人口战略和人口政策要有利于人民群众，无论何时都不能违背这一宗旨。同时我国生产力水平还很低、人口结构还很年轻的特点又决定了我国人口既不能任其盲目发展，又不能在计划生育工作上急于求成。人口的盲目增长会冲击我们的经济社会发展计划，"一胎化"等"猛煞车"的办法又必然破坏了人口再生产的基本条件，将会造成数十年后广大农民失去家庭依托，同样会造成灾难。

根据以上思想，我们在周总理抓计划生育时提出的"晚、稀、少"的基础上提出了"晚婚晚育加间隔"的生育办法，即在提倡一对夫妇生一个孩子的同时，允许农民生两个孩子，其中第一个孩子在妇女晚婚的基础上23岁以后生育，第二个孩子在妇女30岁左右生育。

（八）我们认为，中国地域广阔，各地区的历史文化发展和经济社会条件有所不同，在具体的生育政策上也应该有差别，切忌如"一胎化"那样的"一刀切"。总的说，全国应实行"一二三"的生育办法。即各大中城市一对夫妇生1个孩子，农民家庭允许生2个，少数民族允许生3个。

（九）这样的生育政策同我们党提出的12亿目标是一致的。从70年代末以来，无论刘铮或是宋健的测算，都同我们的测算大体一致，即如果继续保持70年代的初婚初育状态，也就是说不再进一步强调晚婚晚育，也不要求有较长的生育间隔，即使城乡妇女平均生两个孩子，我国2000年的总人口也可以控制在12.3亿左右。

这样的测算结果表明，我们党的12亿目标是比较科学比较合理的。所以说科学合理就是因为比较接近我国大多数人的生育意愿，这样经过努力就能完成。有不少同志把生育意愿纯粹当作观念性的东西，这是不正确的。大多数人的生育意愿反映了经济社会发展水平，形式是意识形态的，本质上却是客观物质运动的结果。

既然城乡平均生2个到2000年可以达到12亿左右，那么，如果我们继续提倡一对夫妇生1个孩子，提倡晚婚晚育和延长二胎间隔，经过努力造成这样一个格局，即在晚婚晚育和尽可能地延长生育间隔的前提下，争取城市有80%的妇女只生1个孩子，20%的妇女生2个孩子；农村95%的妇女生2个孩子，5%的妇女只生1个孩子；约占全国总人口5%的少数民族生3个孩子，即使每年有10%~20%的多胎，总人口控制在12亿左右,也是很有把握的。

（十）现在有几个糊涂认识必须澄清。第一,把12亿人口目标同争取完成的措施搞混了。根据宋健、于景元等同志的测算,平均每个妇女生1个孩子,2000年总人口10.5亿,如果生2个可达12.3亿,但1989年来的宣传说只有实现"一胎化",才能达到12亿。我们的干部和群众看到"一胎化"是完全不可能的,所以对党的12亿目标也失去了信心。这个被颠倒的理论应该重新颠倒过来,讲明12亿目标是平均生2个就可以达到的,为了扩大保险系数,搞好控制,就应大力提倡(真正的提倡)一对夫妇生1个孩子,提倡晚婚晚育和延长二胎生育间隔。

第二,认为现在总人口已经达到10.7亿,近几年生育水平又很高,如此下去肯定突破13亿了。这是被表面现象所迷惑。这几年生育水平高是遇到生育高峰,同时还发生了早婚早育。除了生多胎外,包括这几年早婚早育和生的二胎,都是我国12亿目标之内的,只不过提前两三年出生了。如果现在我们政策明确了,允许生2个,并且最多只能生2个,已完成2个指标的,就不能再生了,对12亿的目标并无多大影响。

第三,说晚婚晚育加间隔生育办法就是否定中央提倡只生一个的政策,普遍生二胎。其实,这一办法同普遍生二胎并不是一回事。普遍生二胎是无论城乡都生2个,也不提晚婚晚育和延长生育间隔。我们并不是这样。一是允许农民生2个,不是普遍要求生2个;二是晚婚晚育和延长生育间隔;三是提倡一对夫妇生1个孩子,特别是城市要求做到80%的家庭只生1个孩子。所以,我曾经说过,晚婚晚育加间隔的生育办法不同于其他任何办法,更不能说同中央政策不一致。中央的政策历来都是提倡一对夫妇只生1个孩子,但我们实际部门和基层一度把它改为"一胎化",不是中央的政策错了,而是我们下面另搞了一套,所以碰壁了。现在我们一离开"一胎化",有人就说我们离开了党的政策,这不是事实。

（十一）实践最具有说服力。翼城县试点3年了,从1985年的数据开始,连续两年来该县的生育状况都比全国水平低得多。1986年,该县出生率13.32‰,人口自然增长率6.84‰。同一年全国出生率20.77‰,人口自然增长率14.08‰。1987年翼城县的出生率12.72‰,自然增长率6.66‰,全国的出生率预计22‰左右,自然增长率要接近15‰。

（十二）翼城县的试点受到国内外人口学家和舆论界的重视，特别是试点被列为我国同联合国的合作项目之后，国内外很关注它的结果。截至目前，国内不少做计划生育工作的同志和人口学专家曾实地考察并对其给予很高的评价。在国外，这一办法也被给予很高的评价。1985 年 11 月，即试点开始后不久，美国、我国香港等地有不少电台及报刊就开始予以报道。美国人口学家 John Bongaarts 和 Susan Greenhalgh 在 1985 年 12 月份发表了一篇论文，说中国妇女如果能在晚育的情况下生 2 个孩子，即使不用一对夫妇只生 1 个孩子，也可使中国人口在 2000 年实现 12 亿。他们还有一系列的测算数据。文章发表后，在国外也有一定影响。应该承认，他们的观点是在独立的情况下提出来的。美国人口学家田心源在 1986 年 4 月份的美国人口学会年会上对 John 和 Susan 的文章作评价时说，这一观点的提出很有意义。国外学者在充分肯定 Susan 文章价值的同时，也有人指出这一办法早在 1979 年就由中国的学者梁中堂提出来了，现经中国政府同意，正在一个县里进行试验。有些国外学者认为，指出这一点是在于说明，中国的学者有能力解决中国自己的问题。我认为 Susan 能提出这一办法是很可贵的。并且，她很有学者的风度，几年来一直同我交流这方面的问题，多次表示希望看一看翼城县的试验。国外朋友认为，这可能是解决中国人口问题的好办法，甚至这可能为发展中国家解决人口问题走出一条新路子。

（十三）当然我们也不是说计划生育工作没有任何问题，万无一失。应该说现在的困难还很大。所谓困难很大主要是缺少具体的合理的生育政策。1984 年以前，各地执行的是"一胎化"办法，7 号文件扭转了这一现象，并提出要完善计划生育的具体政策，寻找一个"合情合理、群众拥护、干部好做工作"的生育政策。因为各种原因，4 年来我们还没有做到这一点。所以，下面的情况是，喊得紧一些就是按"只准生一个"办，多生罚款；不喊了，群众想怎么生就怎么生，要生几个都可以。所以，早婚、早育和抢生多胎的问题很普遍。这不能怪基层，而在于我们没有拿出切实可行的办法。如果这样继续下去，到 2000 年，可能因为 1982 年以来累计多生 3000 万 ~4000 万多胎，12 亿的人口目标就无法实现了。

全国的生育状况不需要做详细的调查就可以说明情况。尽管下面的同志对我们说下面是只生1个,或者仅仅生了1.5个,但生孩子数从两个方面就把问题的实质暴露了。一是许多年以来,一个孩子的家庭基本上没有增加,如每年领独生子女证的统计数达数千万,多时可达六七千万。但是,自80年代初至今,每年全国有一个孩子的家庭一直在3000多万,至少说明农村并没有多少"只生一个"的家庭。二是我国近些年每年初婚妇女平均不足1000万,如果每个家庭只生1个孩子,每年出生人口就不应超过1000万。即使全国有50%的家庭只生1个,也仅生1400万个孩子。但实际上我国每年新出生孩子大约2000万,说明农民都生了2个以上的孩子。如此名不副实的事,再也不应该继续干下去了。

此外,因为人口政策没有做相应的改变,现在计划生育同农民群众对立的状况也没有从根本上得到扭转。每年冬季,我们基层的同志还要为处罚农民而奔波。多少年来,我一直有一个坚强的信念,即我们共产党绝对没有一个与大多数群众对立的政策。我也不相信计划生育作为党的一项事业,会得不到群众的拥护。出现上面说的这一问题,只能是我们具体职能部门的工作没做好,而不是党中央的政策或原则有什么错误。

(十四)还有两点,一是有的同志认为,只让生1个控制不住,怎么让生2个反而能控制住?这是因为只准生1个脱离了大多数群众,人人受罚,失去了政策的作用,生3个4个的反而不感到孤立,我们的精力顾不过来,基层干部管不了(甚至包括自己思想上也不通,所以也不想管)。早婚、早育、抢生多胎,出现的结果就是这几年所看到的,控制不住。相反,如果允许生2个,希望生3个、4个的毕竟是极少数(据我们调查,占10%~15%),愿生二胎的晚婚晚育,我们把主要精力放在生三胎上,管得过来;同时,极少数生3个的也感到孤立,处罚也能兑现。只要管理好,是可以控制住的。

二是有的同志怕政策转变会否定计划生育工作,发生混乱。翼城县的试点已说明不会出现这种情况。我们不是否定计划生育,而是否定计划生育工作中的不符合客观实际的东西,这是任何时期都可能存在的问题,需要不断完善工作,纠正错误。其中原则性的东西,如提倡一对夫妇只生一个孩子,晚婚晚育,都是过去早就有的,只不过把不可能做到的"一刀切"的"一胎化"抛弃了,怎么会否定计划生育呢?至于说混乱,由不尽合理向合理化转变,从来都不会发生混乱。

(十五)总之,计划生育工作的前途是否光明,关键在于能否很快完善生育政策。如果我们能在"七五"期间完成这一转变,12亿人的目标是有希望实现的。

我们的分歧所在①

一

　　收进本文集中的绝大多数文章都是 1984 年之后写出来的。所以,它可以看作是《论我国人口发展战略》(山西人民出版社,1985 年版)的姊妹篇。1979 年,根据周恩来总理抓计划生育时的"晚、稀、少"方针,我提出了"晚婚晚育加间隔"的生育办法,并极力论证了这是解决现阶段我国人口问题的一个好办法。

　　1984 年中央 7 号文件下达后,我将几年来的有关论文结集出版,命名为《论我国人口发展战略》,期望能为"进一步完善计划生育工作的具体政策"做点工作。1985 年初春,经国家计划生育委员会及山西省委省政府批准,开始在山西省翼城县试行晚婚晚育加间隔的生育办法。从那时起,围绕试点县的工作和寻求解决我国人口问题的出路,又写了一些论文和报告。特别是在 1985、1986 两年里,就怎样看待晚婚晚育加间隔的生育办法和翼城县试点问题,学术界和计划生育部门都有很大分歧。所以,这一时期写的文章也就多一些。1986 年 12 月 2 日,中央领导同志高度评价了晚婚晚育加间隔生育办法,使晚婚晚育加间隔生育办法和翼城试点县的性质及地位得到十分明确的解决。中央领导同志把晚婚晚育加间隔生育办法概括为我国现行生育政策之一。我们寄希望于这种办法。要给一些地区进行试验。如果最后实践结果证明是好的,顺乎民心,合乎民意,又能控制人口,那当然好了,那就是一

---

① 本文是《中国人口问题的"热点"——人口理论、发展战略和生育政策》一书的序言,该书 1988 年由中国城市经济社会出版社出版。

个很好的政策,解决了一个很大的问题,何乐而不为呢? 试点工作开始后,我一方面在实践上抓紧实验,另一方面又力图在理论上对其进行论证。

可以说,这本书是对晚婚晚育加间隔生育办法论证的部分成果。

从 70 年代后期以来,人口问题成了中国问题的热点。而有关中国人口问题的分歧和争论又大都集中围绕在如何解决人口过快增长问题的生育政策、发展战略和基础理论上。10 年来,我在人口学领域里的活动也大都集中在这三个方面。为此,我才将这本书叫作《中国人口问题的"热点"——人口理论、发展战略和生育政策》。实践是个伟大的学校。我的一些观点全然是土生土长在中国这块土地上。很坦率地说,如果我的这几本人口学方面的书可以称之为学术著作的话,那么,它全然是从我国计划生育实践中来的。

几年来,千百万人的实践也纠正了我许多不正确的思想观点。但是,鉴于收入本书中的大多数文章在人口学界和计划生育部门的同志们中都很熟悉(这些文章有的是呈送给党和国家的研究报告,有的是提交学术会议的论文,还有不少属于学术辩论的产物),包括那些已被实践证明不很正确的观点,因为它反映了我的思想形成和变化的过程,所以,除了个别文字外,我尽可能保持原来的面目。

在已经长期习惯于有关中国人口问题方面的调子低沉和令人感到前途渺茫的气氛之后,读者将不难发现我奉献给了您一本充满光明的书。这是一本会给您带来希望、带来光明的书,因为有许多事实表明我们有理由乐观。60 多年的党的历史总是同中国农民的命运息息相通的。现代的中国农民比他们的祖辈更为成熟。特别是党的十一届三中全会之后,农民对党的经济政策无不拥护和关心。所以,没有任何理由指责农民同党的生育政策不协调。当我们摸索出符合我国国情的具体生育政策的时候,广大农民是会伸出双手拥抱它的。

二

近十年来,在与中国人口问题有关的理论基础、发展战略和人口政策等方面,有两种截然不同的意见。最初以宋健、于景元为代表的一派同志认为，我们的计划生育和控制人口的任务是由世界性的人口危机决定的，人口问题是一个世界性的问题。"中华民族不是单纯从民族利益出发，而是从照顾全人类的长远利益出发的。""我们把向全国、向全世界宣传的计划生育政策和控制人口的目标看作是自觉地担负的国际义务。"从"只有一个地球"的基本概念出发，从世界人口危机的紧迫性出发，我国的人口发展应该尽可能取停止增长甚至负增长的战略，比如百年以后达7亿~8亿或3.8亿。在人口生育政策上，则要求制定并执行一个严而又严的政策，即要求必须在我国广大地区实行一对夫妇只准生一个孩子的人口政策，而且认为这项政策至少要坚持到21世纪。这一生育政策又被概括为"一胎化"。

从70年代末开始，包括我在内的另外一个学派不同意这样的观点。这一学派认为，世界上不存在"共同的"、"世界性的"人口问题。不同国家和不同地区都有各自不同性质、由不同的原因引起的人口问题。我国现阶段的人口问题是由我国的具体历史和现阶段的经济、政治等发展状况所决定的，或者说，是由社会主义初级阶段所决定的。我们实行计划生育和人口控制，不是由于发达国家的学者提出了"人口危机"等问题之后，也不是在"人口爆炸"理论的指导下，为加入世界性的总战役才决定的。早在新中国成立初期，在社会主义开始阶段，我们就已经认识到，从社会主义计划经济的本质要求出发，必须在人口问题上也来个规划，实行计划生育。新中国成立40年来，如同在经济及政治等方面都存在不少失误一样，我们在人口问题上也出现了不少的失误。毫无疑问，如果没有失误，我们的日子会好过一些。但是，即使没有这些失误，即使没有这样的人口增长，由于社会主义经济社会发展的计划性，也必然地要实行计划生育。在关于未来的人口发展战略上，这一学派认为，人口发展要受经济社会发展的总体战略所制约。在现阶段，社会政治、经济以及自然等方面的因素对社会发展的制约程度都还没有完全认识清楚，有不少方面才刚刚开始研究。当包括科学技术在内的社会文化还未发展到足以做出百年左右的经济社会发展总体规划的时候，单独的百年以上的人口战略是谈不上科学的。更何况，70年代末80年代初提出的那个百年人口预测是几位接触人口学不足2年的业余研究者。因为，这一时期，我国的人口学还尚待建立，整个国家都找不到准确的人口数字。在这样的情况下拿出一个百年日程表，要 10 亿人民立即付诸实行，不能不说是草率的。所以，这个学派提出，在近期内，我们在人口发展战略上能够做的，仅仅是如经济社会发展战略一样，将中国人口的长期发展规划限制在二三十年以内。在当前，我们只能根据我国社会主义经济和文化等方面的现状，制定出与党的 12 亿目标相联系的人口规划和人口政策。这个学派认为，从我国经济比较落后，自然条件及经济文化发展不平衡的现状出发，晚婚晚育、延长二胎生育间隔，提倡一对夫妇只生一个孩子，这可能是适合我国现状的较为合理的生育政策。在实践中，这一生育政策又被概括为"晚婚晚育加间隔"。

在以上总的不同看法的基础上，两方面还在以下几个具体问题上存在着重大分歧。

1. "只准生一个"是不是我国的基本生育政策？几年来，坚持"一胎化"的同志实际上是把一对夫妇只生一个孩子当作唯一的生育政策来论证、宣传的。其论据主要是唯如此才能控制住人口增长。我们不同意这样的观点。第一，政策是一定时期内政党和国家行为的依据和准则。在我们这样的国家里，因为我们党是执政党，所以，无论党的政策或国家的政策，都是国家有关法律的依据和内容。所以，制定任何一项政策，特别是作为国家的根本政策不能不考虑到绝大多数人所能接受的程度。第二，我国社会主义初级阶段的经济社会发展状况不仅决定了要控制人口生育水平，而且决定了在家庭的再生产水平上不能把生育率压得过低。特别是广大农村，基本上还属于自然经济，社会化水平相当低，农民的生活主要依靠家庭的各种职能来完成。这是我国社会主义初级阶段的主要特点。这就是说，我们的计划既要反映防止人口盲目增长的要求，又要照顾到广大人民群众(特别是农民)的实际生活需要。生育政策忽视了二者的任何一方面，都不能叫计划生育。第三，政策的制定不仅要考虑"严"，更重要的要考虑到经过工作后能否在绝大多数群众中行得通。要区分政策的宽严和具体工作的宽严。政策适当宽一些，有利于执行，有利于人口控制。政策不合理，形式上很严，但无法执行，反而会导致计划生育的放任自流，不利于人口的控制。第四，党中央、国务院充分考虑到以上原因，所以从来没有把"只生一个"说成是我国的基本生育政策,而一直把这一条当作"提倡"和"号召"。从广义上说,党和国家的一切行为和意向都是其一定政策的反映。但是,提倡和号召同根本性的或基本的政策是有区别的。无疑,丢掉和放弃党的提倡和号召,是不正确的。同样,将提倡、号召解释成主要的和唯一的政策,要求人人必须做到,也是错误的。鉴于以上原因,我们认为,"一对夫妇只生一个"是我们党在现阶段的具体生育政策的内容之一,但不是唯一的政策,更不是"一对夫妇只准生一个"。我们应该有一个大多数群众可以遵循的主政策,这个政策就是晚婚、晚育、少生、优生。不难理解,如同"晚育"中本来就包含着延长生育间隔一样,"少生"的内涵中也包括"提倡一对夫妇只生一个孩子"。"晚婚、晚育、少生、优生"的生育政策将是我国较长时期内的基本生育政策,其内容相当丰富。仅仅因为"延长生育间隔"和"提倡一对夫妇只生一个孩子"在当前有其特定意义,需要将其特别提出,但绝不能以为现阶段特别提出加以强调的东西就是问题的全部。

2. 控制人口是否就是"控制妇女总和生育率"? 坚持"一胎化"的同志认为,"控制人口,关键在于控制妇女总和生育率"。所以,这些同志要求用总和生育率来规划我国的计划生育,以总和生育率为标准评价计划生育工作。他们还认为,如果主管部门能够按照他们计算的那样,让我国妇女总和生育率也逐年降低,这才叫计划生育和"人口控制"。我们不认为这是正确的。第一,总和生育率反映的是一个地区(或一个国家)一定期间内育龄妇女已完成的生育行为。比如,1983 年我国妇女总和生育率为2.1,反映了该年我国各年龄组妇女群体的生育行为,并不同单个妇女的生育行为有直接的联系。这是由有些妇女生第 1 个孩子、有些妇女生第2、3、4……个孩子构成的。同一个 2.1,甚至可以包括那些生第 15 个孩子的妇女生育行为。所以,总和生育率只综合地反映了妇女群体的生育水平,但并不代表单个妇女的实际生育水平。第二,总和生育率是西方统计学家无法对妇女生育胎次进行规定或限制的情况下(这在西方被视为不可想象的事情),测算未来人口发展状况时借用的统计指标。使用这一指标有两个基本前提,一是妇女年龄构成不变,二是无死亡。但这在实际上都是不可能的。特别是因为新中国成立后的几次生育高峰和低谷,对妇女总和生育率的变动影响很大。第三，由于总和生育率反映的是群体的生育行为，它和现在下达的粗出生率指标一样，使基层的同志无法将其具体化。比如，即使交给 A 地 1988 年生育指标（总和生育率）为 2.3，但 A 地的干部如何才能把指标送给各个妇女以使其生育水平正好达到 2.3？鉴于这些原因，我们主张控制妇女的生育胎次和生育期，在少生和晚育两个方面下功夫。允许生两个，但动员妇女尽可能地少生，尽可能地晚生。根据各地人口年龄构成、性别构成、婚姻和生育状况，自下而上地按照国家计划周期编制生育计划。如我们在山西省翼城县所做的那样，五年计划形成后，再按照年度计划，分年实行管理。不仅干部清楚各年度妇女生育指标，而且所有群众提前五年都可知道谁将在什么时间得到生育指标。简便易行，确能有效控制人口。

3. 12 亿人口指标是否有弹性？1984 年春节，根据我国当时计划生育工作的状况，我向中央写了一份"把计划生育工作建立在人口发展规律的基础上"的报告，建议按照晚婚晚育加间隔的生育办法控制我国人口的过快增长。马瀛通、张晓彤在向中央建议采用这一办法的同时，提出我国 20 世纪末人口目标应适当增加一点指标。中央领导认为报告所阐述的问题有道理，值得重视。并指出，12 亿人口控制指标，可以增加一点弹性，没什么了不起。持反对意见的同志对"12 亿左右"的弹性说很为恼火，他们认为，12 亿就是 12 亿，超过一点也不行，更不能提什么"左右"。并说 12 亿左右的提法是"离开时间、地点和条件来讲弹性"。此外，他们还认为将 12 亿、12 亿以内的提法改为 12 亿左右之后，就可能造成"政策不稳"，影响群众的士气、影响人口控制工作。我们认为，这里的分歧关键有两点：第一，人口控制究竟是自然过程还是社会过程？我们认为，中央领导同志关于人口指标弹性的思想，是对我国人口控制目标本质的进一步揭示。其实，不仅人口目标，就是物质生产也都不可能没有一点弹性。比如 2000 年我国粮食目标 4800 亿公斤，难道就不允许多一点，少一点？社会过程不同于那些纯理论的物理的或化学的自然过程。人口控制要有点弹性这是客观存在。中央领导教育全党充分认识这一点，对于提高全党认识人口过程的性质和搞好计划生育工作，有很重要的现实意义。对立观点的错误在于，他们把十分复杂的人口过程简化为几项系数值所构成的模型之后，以为人口发展就只是由这几项系数决定的，并且这几项系数都永恒不变。所以，这些同志很自信地说："这个模型建立起来之后，不论全国的或哪个省区的，只要将数字向里边一代，要多少年的预测，计算机马上都可以打出来。"其实，人口问题不是算术问题。任何人口模型都不是人口过程本身，其中所使用的任何一个即使是很重要的参数，也只能是一些社会因素抽象的结果。一方面，数学模型不可能包容所有的社会因素；另一方面，任何社会因素都在不断地变化。所以，任何人的人口预测都只具有一定的参考性。人口预测年限愈是久远，荒谬性就越大。第二，从70年代末以来，我们不少同志以一种十分脆弱的心理来看待计划生育事业，怕中央这样的提法引起群众的误会，报刊上那样的提法将导致失控。其实，如果认为人口过程是一种客观的物质运动，就应该承认客观必然性不会因为一个提法就能改变其本质。客观的东西，绝不会因某些提法和一两篇文章而使其发生大的改变。

4. "开小口，堵大口"的做法是否正确？从1981年以来，为使计划生育事业更符合实际一些，不少地区在人口控制过程中采取了适当放宽二胎生育，以减少多胎生育的做法。中央和计划生育部门将这种做法形象地称为"开小口，堵大口"。坚持"一胎化"的同志反对这一做法。他们遵循这样一个逻辑思维：《宪法》规定我国实行计划生育，中央又"提倡一对夫妇只生一个孩子"，所以，"只准生一个"就是计划生育，计划生育就是"只准生一个"。计划生育是我们的基本国策，"只准生一个"就是"既定国策"。既然是"既定国策"，任何人都不能动，包括中央也不许松动。1984年中央7号文件提出"要把计划生育政策建立在合情合理、群众拥护、干部好做工作的基础上"，"要进一步完善计划生育工作的具体政策"。他们把这当作是"开小口，堵大口"的开始，是造成"人口失控"的主要原因。我们认为这些观点是不正确的。这些同志的逻辑错误是很显然的。计划生育是一项伟大的社会活动，其内容意义都远不止一个"只生一个"。在我国当前条件下，"只生一个"只能是社会上少数人才能做到的。对于绝大多数人来说，我们只能根据实际情况，同意其生育第二胎。否则，我们劳民伤财，做了大量工作，二胎不仅照样出生了，而且还造成许多不该出生的多胎，在群众中形成许多对立面。相反，如果政策合理一些，允许较多有困难的农民生二胎,取得人民的拥护,控制人口的效果才会好些。所以,"开小口,堵大口"的原则不仅是正确的,而且要根据工作发展的程度使其"开口"的比例达到一个更适当的界限。

5. 计划生育能不能搞"试点"? 为摸索完善计划生育工作具体政策,近几年各地都搞了一些"试点"。坚持"一胎化"的同志认为,让谁生二胎,谁就高兴,这是十分明显的道理,还搞"试点",岂非咄咄怪事? 几年来,一有机会,这些同志便把必然出现的人口回升归之于"开小口"和"试点",三番五次奏请"收回成命",取消试点。我们认为,这种认识比"生孩子还要搞计划"的观点并没有前进多少。第一,生育问题是很复杂的社会行为,特别是生育管理问题更为复杂。一个政策的制定和执行,涉及当地经济文化水平、自然条件、生活方式、居民的心理承受能力、社会组织形式、干部素质和社会管理水平,等等。作者最近几年在山西省翼城县蹲点感受到,要成功地摸索出一套充分体现党的政策、群众拥护、干部易于管理的管理办法,绝非是在书房或试验室里所能想象的。没有几年的摸索试验,绝不可能将管理工作科学化和经常化。第二,"从群众中来,到群众中去",这是我们党的政策形成的基本方式。先试点,然后推广,是我们党的各项工作行之有效的基本方法之一。正是由于"只准生一个"违反了这些普遍原则,所以才造成我们前些年工作上的被动。我们党在50年代后期提出的"人口节育,要3年试点宣传,3年推广,4年普及",一直没能够十分清醒地去做,耽误了许多大好时机,现在是该如此实践的时候了。

6. 怎样看待近几年的人口回升? 持"一胎化"观点的同志从1986年夏天开始,一直把近几年人口回升归结为1984年7号文件、中央和国家计划生育委员会诸如"12亿左右"之类的提法以及各地所开的"小口"、"试点"。这一问题实际上涉及对自1980年以来的人口变动过程及计划生育形势的看法。他们从其错误的"控制人口就是控制总和生育率"的理论出发,对比了一下1980—1985年的总和生育率,就草率地说1984年7号文件之前,人口已经控制住了,7号文件之后出现了人口"大幅度回升"。其实,如果仔细分析的话,就不难发现相反的情况,即1984年以前的妇女多生了孩子,而1986年相对地说少生了孩子。所以,持对立观点的同志所引述的总和生育率根本无法证明他们要证明的东西。他们在一份报告中引述 1982—1985 年的总和生育率,希望给人以 7 号文件前的做法已使人口得到很好控制的印象。但在资料的选择上却表明连作者自己也不相信自己的理论。我们知道,所谓"只准生一个"是 1979 年后半年提出来的。但因为 1980、1981、1982 年的总和生育率依然很高,说明不了"只准生一个"的效果,所以,这些同志"各取所需",就从 1982 年说起(顺便说一句,这是我们持对立观点的同志经常性的做法)。第二,事实上,1978—1985 年,正好是我国 20 年前的生育"低谷"的再现。他们几次引述的 1978—1985 年各年的总和生育率分别为 2.71,2.74,2.48,2.63,2.40,2.10,2.00,2.20,说明从 50 年代后期到"三年困难时期"出生的孩子,逐年进入婚育期,造成了 1982—1985 年的人口出生率的下降。这是育龄妇女年龄构成上的变化引起的,而不是妇女生育水平造成的。第三,为了说明上面列举的总和生育率变化不是"一胎化"政策的结果,我们还可以利用国家统计局二省一市的调查资料。河北省 1975—1984 年的总和生育率分别为 2.58,2.59,2.39,2.61,2.61,2.55,2.95,3.02,2.41,2.37,基本没有较大波动。这是因为该省从 70 年代开始,一直按"晚、稀、少"的方针抓工作,不少妇女把生育推迟到了"低谷"时期,使其"低谷"表现得不那么明显了。陕西省 1975—1984 年的总和生育率分别为 3.24,2.80,2.65,2.41,2.06,2.00,2.32,2.32,2.34,2.31,其下降波动大约比全国提前两年。如果按照"一胎化"同志的观点解释,陕西省比全国提前两年推行"只生一个"的办法。这显然不是事实。其根本原因只能归结到陕西省的早婚习俗,使妇女生育周期比全国提前了两年。上海市更能说明问题,1975—1984 年的总和生育率分别为 1.04,1.31,1.16,1.22,1.24,1.12,1.42,1.60,1.38,1.14,其特点是一开始就处于 10 年的最低点,而在全国执行"一胎化"最严厉的 1981 年,上海的总和生育率反而高了。能不能说,上海市早在 1974 年前就执行了一个比"只准生一个"更严的办法,而到 1980 年全国紧张时,上海反而松劲了呢?当然不能。其真实原因在于 60 年代上海的计划生育没有像其他地区那样走很大的弯路,加上"文化大革命"前后知青出沪,是上海生育水平一直比较低的根本所在。顺便说一下,从二省一市的资料分析说明,只要我们进一步认真贯彻了"晚、稀、少"的方针,就可以使生育率迅速降低到比现在还要低的水平上。相反,即使喊得再严,也没有什么效果。第四,我们认为,只有妇女的生育胎次和晚育程度,才能反映我们的实际控制水平。在当前的社会条件下,绝大多数农民是要生二胎的。我们无法改变这一状况。如果是真的想控制人口,那只有将多胎比例压下来,尽可能使每个孩子出生得晚一点。否则,还有可能造成更高比例的多胎。近10年来的事实是,1980—1983年的多胎比例高,1984年之后则相对下降。根据1982年人口普查和国家统计局的几次抽样调查,"一胎化"顺利执行的1981年,多胎率高达27.16%,而1984年下降到19.56%,1985年为19.75%,被专家们称之为"人口大幅度回升"的1986年仅占17.8%。特别有趣的是,当作者写这篇序言的时候,我们的观点进一步为新华社播发的消息所证实。几年来,国家统计局的一些专家也认为1986年以来人口出现大幅度回升主要是"政策"和工作造成的。但他们对1987年全国1%人口抽样调查分析后开始得出相反的结论:1984—1987年我国的人口增长幅度比前几年又有所下降。所以说,如果以1984年的7号文件为界,1980—1983年的人口增长幅度不是低了,而是高了。生育政策"严"——生育率高,生育政策"宽"——生育率低。这是个矛盾,但又是事实。

7. 几年来的人口测算究竟说明了什么?可以毫不夸张地说,在我国近代学术研究中,再没有比在这一个问题上出现的错误更明显,也再没有比纠正这一个错误更困难的。宋健、于景元等同志在1980年测算,我国妇女平均生1.0个孩子,2000年全国总人口10.5亿;平均生1.5个,后者为11.30亿;平均生2.0个,后者为12.2亿;平均生2.3个,后者为12.8亿。但是,这些同志却一直要求党和国家采用严而又严的政策、紧而又紧的指标:"只准生一个"。这等于要去12亿的目标,却朝10.5亿的路子上奔跑一样,是必然要犯错误的。但就是这样一个十分明显的错误,我们用了七八年的时间还未能得到纠正。

三

基于以下几个理由,我认为,应尽快完善计划生育的具体政策。

第一,按照目前的办法,计划生育工作已经成了县以下各级党政领导沉重的包袱。县及乡镇党政主要领导,每年都需要投入很大的精力亲自到农村抓计划生育工作。长此以往，势必影响其他各项工作。同时，党政一把手不出面，计划生育工作就无进展。而党政主要领导越俎代庖，又势必影响计划生育职能部门自身建设。

第二，大多数地方的现行生育政策并不能从根本上扭转伤害群众利益的现象。1984年以来，计划生育工作上违法乱纪的现象减少了。但是，由于我们并没有完成中央提出的完善政策的任务，所以农村侵犯群众利益的问题并没有从根本上得到解决。

第三，如果这样"磕磕碰碰"的工作能有效地控制人口，维持下去也是可以的。问题是，如此下去，不仅二胎没少生，许多不应该生的多胎也"应运而生"了。上面曾经引述的几个多胎率数据是全国城乡合计，如果专门计算农村多胎率，一般都高达20%~30%。据资料推算，1981年全国农村多胎率达到30%左右，1984—1986年，各年达21%~25%。应该指出的是，1984年以来，因为我国生育第一、二胎妇女的年龄组要比生多胎的妇女年龄组人数高得多，所以如果按年龄组考察，农村妇女多胎生育可能要接近30%。

鉴于以上情况，我们认为很快在农村放开二胎，提倡晚婚晚育，延长生育间隔，提倡一对夫妇只生一个孩子，效果可能会比现在好。尤为重要的是，我们为此可以使较多的人从"违犯生育政策"中得到解脱，使基层干部从与大多数农民顶牛而造成的十分繁重的"计划生育任务"中得到解脱。可以相信，这样做了，必将赢得农民群众的拥护，从而使党的威望进一步提高。

完善农村生育政策不会造成混乱，不会比现在多生孩子。凡过去政策转变出现的混乱，都是政策脱离了客观实际，转变后的政策要求比转变前更紧、更严了，在群众中产生了一种恐惧心理，所以容易发生混乱。由现在各地的政策向晚婚晚育加间隔生育办法转变，是由极"紧"向较"松"转化，农民群众只会松口气，心情更为舒畅。其次，实行晚婚晚育加间隔的生育办法，并不是在全国各地"一刀切"，一下子立即实行。各地要拿出较符合当地实际的生育办法，有领导、有步骤地推行。此外，晚婚晚育加间隔的生育办法是达到一定的年龄才规划指标，并且继续提倡一对夫妇只生一个孩子，实际上是比过去的计划性更强了，"提倡生一个"的政策名副其实了，更符合实际的政策不可能产生混乱。至于会不会比现在多生孩子，是再好回答不过的问题。现在农村妇女平均生 2~3 个孩子，而且有早婚早育，如果政策完善后，至少将生育的年限推迟了，怎么能不比现在少生孩子呢？

据我的了解，现在还有两个认识问题影响一些同志完善生育政策的意识。一是说，80 年代初的人口测算，完善生育政策，允许农民生两个，可以保证实现 12 亿的人口目标。现在我国人口已达 10.8 亿，还能不能实现人口目标？不错，我们已经失去了几年的有利时机，但是，亡羊补牢，为时还不算很晚。第一，我们说过，现实的农村生育同我们准不准农民生二胎无多大关系。农民二胎总是在生，这是一种客观存在。如此下去，生育的人口还会更多。第二，除了多胎生育外，近几年生育的第一、二胎有不少属于早育。如果实行晚婚晚育加间隔的生育办法，早出生的不再给指标，达到年龄的还要动员再晚育一点，还有可能使今后几年的出生率水平降低。因此，完成 12 亿左右的人口目标，还是有把握的。

二是顾虑这样做似乎和中央不一致。我们认为，实行计划生育，控制人口增长，提高人口素质，这是我国的基本国策。我国的现行生育政策是提倡晚婚晚育，提倡一对夫妇只生一个孩子。中央并没有一个"只准生一个"或"一胎化"的政策。在过去一段时间里，有些地方把党的政策绝对化了。我们不能用绝对化的观点解释党的政策，并把同绝对化的认识不同的做法当作偏离了党的政策。如前面说过的那样，将党的原则和政策具体化是各级领导的职责。计划生育领域也十分需要根据党的原则和实际而创造性地工作。所以，不仅那些执行党的政策有所偏差的地方，就是执行政策较好和控制人口效果明显的地区，也都存在一个根据实践的发展而不断完善党的政策的问题。坚持实事求是的原则，善于将党的原则具体化，有利于实现 12 亿的人口目标。我个人认为，只要能有利于改善党群关系，促进社会安定团结，足以使人民群众心情舒畅地进行"四化"建设的做法，就都是同党中央保持一致。

此外，我们认为还有一个更为重要的基本条件，这就是党中央对我国人口问题的认识始终是清醒的，所采取的完善生育政策的战略步骤和具体做法是积极的、慎重的。在对待我国人口问题的认识上，中央领导，从来都不把中国人多当作洪水猛兽，当作世界性的危机，而是十分中肯地认为人口盲目增长会给我们造成很大困难，搞社会主义不实行计划生育不行，计划生育是社会主义的重要内容。在发展战略上，中央并没有轻易地提出百年后人口达到多少亿，而是很慎重地提出 2000 年争取达到 12 亿左右的目标。在具体的生育政策上，中央一直反对过火的做法。早在 1981 年，中央就已发现不少地方在计划生育工作中有些绝对化，搞"一刀切"，将中央的提倡和号召当作"只准"。中央没有过多地批评和指责地方的同志，而是建议把农村妇女生育水平放在 1.5 以上，肯定山东省等一些地方"开口子"的做法。1982 年，中央领导同志就曾对计划生育部门的代表说："那些担心开了口子会收不住的想法，是多余的。问题在于我们把工作做好。""政策合理一些，能够取得多数人的支持，又能形成一种舆论，少数人完全无计划生育的问题就相对容易解决。否则，工作不能持久，结果会助长无计划生育。"从那时起，中央反复强调计划生育不要搞强迫命令，并教育我们要把计划生育当作党的一项事业，要顾全大局。1984 年以来，中央又反复要求，要把计划生育政策建立在合情合理、群众拥护、干部好做工作的基础上。1986 年上半年我国人口出现回升以后，学术界一些同志怀疑和否定各地不断完善生育政策的实践，急切要求回到 1984 年 7 号文件之前的那种做法上去。党中央再一次表现出对我国人口问题所具有的极为深刻的认识，冷静地提出，"请有关部门对 1986 年上半年人口大幅度增长的情况与原因做出分析"。接着，又表示寄希望于有科学价值的学术思想，鼓励大胆试验，积极论证。特别是在有些同志对人口回升惊慌失措的情况下，中央十分精辟地抓住了问题的本质，指出人口回升问题不在于提 12 亿左右，也不在开小口子。但目前出现的人口出生率回升要重视，按照目前的政策认真抓紧贯彻，解决多胎问题和早婚、早育问题。目前有些地方确实有放松与自流现象，应坚决予以纠正。这些情况充分说明，党中央对我国人口问题的认识是十分正确的，也完全有魄力有能力领导我们解决好我国人口问题。现在的问题在于我们各级领导对解决各地人口问题所持的态度和认识。1981 年，大多数地方领导对中央提出农村妇女生育水平应放在 1.5 以上的精神有一定的顾虑，怕放开后突破人口指标、怕乱套、怕干部转不过弯，等等，不愿放松绷得过紧的弦。中央没有强求地方,而是等待地方思想通了再转变。1984 年以来,逐步有一些省要求并已经实行了这种转变。这种做法至少对于缓和党群关系,使 50%以上的农民不再受处罚,是很有效的。所以,如何完善和什么时间完善生育政策的问题,主要在于我们各级干部的认识水平。

四

我国学术界对中国人口问题的研究刚刚开始,无论有关中国的人口问题的基础理论,还是中国人口的发展战略和生育政策,都还需要投入很大的力量。但是,关于允不允许农民生第二胎,我认为,它现在既不是什么理论问题,也不是什么实践问题了。因为近 10 年的实践已经表明,不论我们是否采取严厉的政策,农民总是在生第二个孩子。如同我们在经济建设方面碰到过的其他许多问题一样,乍一看也许是很深奥的。但只要我们把它放在具体的国情里,其理论色彩就并非那么浓了。同样,如果把要求每个农民家庭只准生一个孩子的主张放在现阶段我国绝大多数农民具体生活的环境里,它也就不是什么高深的理论问题了。

虽然我不认为上述许多争论是什么极深的理论问题,但是,我却清楚地意识到要纠正这一思潮将是十分困难和复杂的。马克思一生始终拒绝凭空设想未来,因为他认为任何荒谬的思想一经形成,就有可能变成支配人们行为的观念,诱使人们试图实现那种根本不可能实现的东西。这些空想的东西在特殊的条件下往往极容易形成一种思潮,而这些思潮一旦形成,再纠正它就将颇费周折。当然,我不认为纠正"一胎化"之类的东西比纠正 50 年代末的高指标更困难。但毫无疑问,它将继续耗去我们较长的时间和精力。并且,随着时间的推移,我们还会不时感受到它带给我们的隐痛。

最后,我想无须做更多的说明,这本文集完全是我个人对中国人口有关问题的看法。其中不少文章是几年来学术辩论的产物,为尊重历史,我不愿迎合某些公允的情绪把其中一些尖锐的话改得缓和些。相反,我倒是感到这些年来我们学术界过于"文雅"了。一个民族不能没有科学的思维,而科学思维的发展不能不借助于批评和反批评,不能不伴之以激烈的论争。更何况,我们处在一个特殊的时期,这些文章往往是在特殊的条件下形成的。

我欢迎读者和同行们的批评,更期待不同观点的同志的公开批评。

(写于 1988 年 2 月)

怎样渡过第三次人口生育高峰①

准确些说，从 1984 年开始，中国人口已经开始进入第三次人口生育高峰，因为 60 年代初到 70 年代足有 10 年的第二次生育高峰出生的人口是在该年开始陆续进入婚育年龄的。1988 年，第三次生育峰期应该是已进入高峰年。估计，今后三年将可能是最高峰期。如何渡过高峰期？首先有这样几个问题要解决，即从 1984 年以来的计划生育形势如何，怎样估计今后的前途，然后才能回答怎么办。

一、怎样看待近几年的人口形势?

从 1986 年夏天开始，在我国学术界及国家机关中逐渐宣传一种观点，即 1984 年 7 号文件以来的生育政策导致了人口出生率的回升。这种宣传似乎给人这样一种印象：1980—1984 年人口控制得很好，因为政策的变动，人口才失控了。事实并非如此。

看形势有两种看法，一是从表面上看，一是不仅要看表面，而且要看现象背后的本质。从形式上看，1984 年之前我们每年出生不足 2000 万人口，1984 年之后逐年上升到 2200 万左右，似乎就是因为"人口失控"。其实，如果仔细分析，就很难得出这样的结论。

首先，1984 年之前，平均每年进入婚育年龄的妇女不足 1000 万，其中1979—1982 年每年仅有 600 多万。从 1983 年开始，每年进入婚育年龄的

① 本文是 1988 年 7 月 24 日作者在国家计划生育委员会人口专家委员会会议（北戴河）上的发言要点。

妇女达到 1200 万以上,育龄妇女增加了,势必导致人口出生率的上升。其次,比较 1984 年前后各 4 年的妇女生育状况,正是前 4 年妇女生育水平较高,后 4 年生育水平较低。比如 1981 年是所谓"一胎化"执行比较严厉的时候,但根据第二次全国人口普查资料,该年的多胎生育占到 27.16%。据国家统计局的抽样调查资料推算,1984 年以后, 多胎生育率下降到 20%以下。比如 1984 年的多胎生育率为 19.56%,1985 年为 19.75%,1986 年为 17.27%,1987 年为 18.23%。此外,根据国家统计局对 1987 年全国 1% 人口抽样调查进行的分析表明,1973—1982 年的 10 年里, 每年人口平均增长率为 1.54%,1987 年以后已下降到 1.25%。都说明 1984 年中央 7 号文件之后,我国人口控制工作比以前更好了,而不是更糟了。

我们认为做这样的分析不仅是必要的,而且是必须的。因为,这里涉及一个渡过以后高峰期,能不能以现在的一些政策为基础,以及 1984 年以来是前进了还是倒退了,要不要回到 1984 年之前去,等等。所以,我们认为有必要在群众中进行这些形势教育, 很好地宣传当前的大好形势,以提高干部群众控制人口的信心。

二、今后的前途如何估计?

怎样看待未来的前景?数年来,人们总是把未来描写得很暗淡。最近,又有人说如此下去,2000 年肯定要突破 13 亿, 到 21 世纪中期可能我国人口就达到 14 亿,21 世纪 15 亿也打不住,等等。

我不这样认为。根据 70 年代末以来许多同志对人口的计算,每个妇女平均生两个孩子,2000 年总人口不超过 12.3 亿。就是说,只要城镇青年基本上维持一胎,因为农村至少也有 5%左右的一胎,即使允许每个农民生两个孩子和每年有 20%左右的多胎,2000 年总人口维持在 12 亿左右,也是没有问题的。需要说明的是,这些计算都还是以 1980 年前后,我国妇女婚育的自然及社会状况,如当时的结婚年龄、生育年龄等为标准的。如果考虑到以下因素,前景应该说更有把握:第一,大力提倡晚婚晚育和延长二胎生育间隔等因素。不言而喻,如果每年有 1000 万妇女推迟了婚龄或生育年龄,这无异于该年有 1000 万妇女减少了生育。第二,进一步对多胎的控制。根据对农村中多胎生育的妇女进行调查, 其中不少的多胎生育并不是农民家庭一定要生育的。有些是服务条件不周到，农民不生育没有办法，还有些是通过做工作完全可以避免的多胎，这些究竟在当前的多胎中占多大比例，我们很难有准确的数字，但毫无疑问，是存在的。随着计划生育服务工作的加强，多胎率会呈减少趋势。第三，城市人口的增加。这是不言而喻的，经济发展是城市人口增长的根本原因，一方面乡村人口随行政区划的改变而成为城市人口，另一方面是农村青年通过上学或进城寻找工作而留在城市。城市人口的增长无疑会提高妇女结婚的年龄和扩大生一胎的比例。

现在有些人口账越算越有点害怕。比如有的同志说平均生 2 个是 12 亿，如果再有 30% 的生二胎，即每个妇女生 2.3 个就会达到 13.4 亿。这种算法很不确切。我们说平均生 2 个孩子，其中就包括有一定比例的多胎，因为占总人口 20% 的城镇居民是基本生一个。如果 2000 年总人口为 13.4 亿，就必须在今后 13 年里增加 2.6 亿，平均每年增加 2000 万个孩子。如果每年以最低死亡率 600 万计，每年出生人口就应该是 2600 万，这完全是不可想象的。

三、几点建议

根据以上对形势和今后前景的分析，我认为我们对待今后 10 年的高峰，应做以下几个方面的工作：

第一，抓住早婚早育和多胎生育问题。只要把这两个问题抓住了，我国人口问题就算解决了。国家计生委应以中央领导同志的批示为根本，把一切工作的重点放到落实这一批示上，不要舍此再求其他了。

第二，应该督促目前同党的现行生育政策不一致的少数几个省、市，赶快完善生育政策。这里有个认识问题，即中央 1982 年就提出允许只生一个女孩的农民再生一个，但不少地方有顾虑没有执行中央的政策。经过五六年的实践，事实已经说明中央是正确的。在这种情况下，地方还不动的，就需要做工作了。因为只准生一个的办法既控制不了人口，又折腾农民，我们不应让这种状况再继续下去了。

第三，加强计划生育战线的基层组织建设和提高计划生育系统的干部素质。

第四,我们需加强对科学人口理论和科学人口政策的公开宣传,不敢宣传、害怕辩论的做法是不对的。这必然使下面不知其所以然,对现行政策怀疑,把表面上的或根本不存在的问题归结到个人头上,不利于正确政策的贯彻。

第五,国家计划生育委员会应支持人口学界拿出自己的理论,让中国人口科学能够立于世界,同发达国家抗衡。

翼城县农村人口
抽样调查的主要数据①

    1988 年 7 月初,为准备召开由全国著名人口学家参加的试点工作论证会议,并了解翼城县从 1985 年以来试行的"晚婚晚育加间隔"生育试点状况,对全县农村人口进行了 1% 抽样调查。调查对象为全县农村中抽样本单位的常住人口,重点为 15~59 周岁的育龄妇女。调查时点为 1988 年 7 月 1 日零时。调查队伍由乡镇统计员和计划生育助理员组成。在经过专门培训后,各乡镇计划生育助理员离开本乡镇,以各乡镇统计员为主,直接对被抽中的调查对象询问调查、填表。

    该次调查的设计样本规模约 2600 人,占全县农村人口的 1 %。样本单位为村民户。抽样方法依据随机原则,从全县 296 个村民委员会中等距抽取 98 个村委会, 然后再从 98 个村委会中的 19 033 户中等距抽取 634 个样本户。因为在调查设计时,全县各村民委员会的户名单位都已掌握,所以,调查员在下乡镇调查登记时,被调查的户名单已定。这次调查的主要内容为每个被调查人的基本情况,每个人的婚姻状况,15~59 周岁已婚妇女的生育史,1979 年以来样本户的死亡人口状况。

    按原设计抽查 634 户,在实际调查过程中有 5 户属于无人户,1 户拒

① 这是 1988 年 7 月初为准备国家计划生育委员会主任彭珮云同志参加的在翼城县召开的一次学术会议的讨论会准备的调查,调查时点为 1988 年 7 月 1 日零时。这次讨论会拟在 1988 年 9 月召开,后因故未开。

绝回答。实际调查 628 户, 2610 人, 仍占全县农村人口的 1% 左右。在被调查的 2610 人中, 男 1322 人, 女 1288 人。在女性人口中, 15~49 岁的育龄妇女人数为 688 人(其中未婚 187 人)。

一、1979—1988 年妇女初婚状况

在被调查的已婚妇女中, 1979—1988 年 7 月 1 日零时初婚的妇女合计 211 人, 1979—1988 年各年妇女平均初婚年龄分别为 20.77、21.70、21.46、21.32、20.48、21.92、20.91、21.90、21.00、21.88。

二、妇女生育状况

除 1979 和 1988 年外, 其余各年被调查妇女的生育数大多在 40~50 个之间, 个别年份如 1985 年曾达到 53 个。各年生育胎次比例如下表:

年份	育龄妇女人数	生育总数	一胎	一胎率(%)	二胎	二胎率(%)	多胎	多胎率(%)
1979	554	38	9	23.68	9	23.68	20	52.63
1980	572	35	14	40.00	11	1.43	10	28.57
1981	584	42	21	50.00	10	23.81	11	28.57
1982	599	45	17	37.78	15	33.33	13	28.89
1983	602	45	26	57.78	13	28.89	6	13.33
1984	611	41	23	56.10	15	36.59	3	7.32
1985	624	53	30	56.60	22	41.51	1	1.89
1986	640	46	19	41.30	22	7.83	5	10.87
1987	663	43	15	34.88	27	62.79	1	2.33
1988	683	25	9	36.00	13	52.00	3	12.00

三、被调查妇女生育第一、二胎的年龄

1979 年为 22.89 和 25.22, 1980 年为 23.14 和 25.45, 1981 年为 22.86 和 24.20, 1982 年为 23.12 和 26.20, 1983 年 22.62 和 26.80, 1984 年 23.57 和 25.80, 1985 年为 23.50 和 26.50, 1986 年为 22.74 和 25.77, 1987 年为 22.73 和 26.56, 1988 年为 23.00 和 27.38。

这次抽样调查的主要数据反映出不少问题, 所以很有意义。

第一,抽样的出生率、多胎率、初婚年龄和初育年龄都比全国平均数字要好。如根据 1987 年全国 1%人口抽样调查资料,1987 年翼城县妇女初婚年龄较全国妇女平均值 21.01 岁高 0.87 岁;该年全国的多胎率为 18.23%,翼城县 1986—1988 年平均 7.9%。如果考虑到全国的数字是城乡合计,而翼城县的调查为农村人口,对比效果就更为明显。

第二,抽样资料的数据,反映出许多问题。首先是多年来的报表数字不实。翼城县从 1982 年开始就是山西省的计划生育工作先进县,根据报表看,1980—1985 年一胎率占 70%左右,从 1982 年开始,每年出生率仅 10‰左右,自增率在 5‰以下,而实际是 1980—1985 年的多胎率在 15%以上,出生率仍接近 20‰。其次,抽样数据反映出,近几年相当多数的村民委员会没有或者没有严格按照翼城县计划生育"试行规定"和"细则"进行管理,所以,妇女初婚年龄、初育年龄、生育二胎年龄,都有些偏高。此外,还有一定比例的多胎。

最后,从抽样的结果看,在一个县的范围内,设计 1%的抽样似乎有些小,所以,不少数据总感到量小而带有偶然性。

翼城县试点工作的进展和
今后工作的意见①

　　翼城县实行晚婚晚育加间隔的试点工作从 1985 年 8 月份正式开始，至今已经整整 3 年了。几年来的工作，成效是很大的，这主要表现在以下几个方面：

　　第一，政策更为合理了，农民群众和基层干部的心情比较舒畅，关系理顺了。专职干部都一致认为，计划生育工作更好做了。试点工作前后，翼城县的农村计划生育政策有一个比较大的变化，但是，政策上的转变并没有造成社会的动荡或混乱。可以说，计划生育政策的这次转变是顺利的、成功的。转变后的形势发展也越来越好。计划生育事业也为社会安定、经济和政治改革顺利进行创造了不少有利条件。几年来，我们在这些方面都有比较多的切身感受，就不多讲了。

　　第二，1985 年以来，我们反复宣传晚婚晚育和延长二胎生育间隔的政策，农民群众对这一政策有了较为普遍的了解和认识。我认为，这一点很重要，这是有关党的政策的群众基础问题，也是党的政策得以贯彻的基本条件。我们知道，党的任何一项成功的政策都是"从群众中来，到群

---

① 1988 年 7 月 1 日抽样调查数据给翼城县委、县政府主要领导通报后，因主要数据和平时报表反差很大，县委、县政府和主管部门的领导情绪有所低落。在作者的建议下，8 月 23 日召开了翼城县委和县政府领导干部听取试点工作汇报会。本文是作者在该次会议上的讲话。

众中去"，要想把政策变成群众的自觉行动，群众没有普遍的了解和认识怎么行？晚婚晚育加间隔生育办法是由原来"一胎化"转变产生的，如果群众对这一政策没有广泛的了解，还停留在过去的心理状态下，或者还处于盲目生育的状态，我们就不能用科学的办法控制好人口。

第三，摸索和制定出一套能够把晚婚晚育加间隔生育政策得以贯彻的具体规定和管理办法，找到了一些贯彻这一政策的好形式。3年多的实践证明，我们制定的"规定"和实施的"细则"基本是正确的。特别是最近两年我们在过去"七簿一卡"的基础上，结合晚婚晚育加间隔生育政策的要求，又摸索出"四表一笺"和"一簿一表"的管理办法。最近，南唐乡北史村又摸索出计划生育理事会承包全村的计划生育工作的几项主要任务，形式很好，预计会有明显的效果。我们认为，这些东西都是十分宝贵的，是我们从事计划生育工作的指南，也是对计划生育工作的贡献。

第四，控制人口的效果是明显的。最近，为了总结工作，我们进行了一次全县农村人口1%的抽样调查和6个农村的典型调查。[①]从调查的初步分析看，全县农村妇女平均初婚年龄由1985年的20.91岁推迟到1988年的21.88岁，同全国1987年的城乡合计比较，几年来的晚婚教育是很有成效的。此外，几年来，生育多胎的明显减少了。据这次抽样调查，试点工作以前的1981—1984年，全县多胎率平均达19.08%，试点工作开始后的1985—1988年已经下降到5.99%。全县已涌现出一批多年来连续无多胎的自然村和几个基本上无多胎的乡镇。全县的出生率和妇女总和生育率的变化也很明显。在生育高峰时期，我们的生育水平能控制到这样的水平，应该说是全县干部群众执行党的生育政策的结果，是干部群众对晚婚晚育加间隔生育试点工作的拥护和支持。

当然，我们目前的问题还是比较多的，比如，妇女初婚年龄有所提高，但同我们的要求比，还有较大的距离，二胎生育年龄平均还差2~3岁，多胎生育比例还比较高，等等。根据典型调查的情况，有个别单位的情况还比较严重。比如，妇女早婚的问题，这几年我们在试点工作中，把晚婚年龄前即23岁前结婚的称为早婚，主要是指20~22岁，现在有些地方仍有

---

① 见上篇《翼城县农村人口抽样调查的主要数据》。

18、19岁就已经结婚的了。就是说，不足法定年龄结婚的还有。这些现象甚至发生在县直机关，如红旗街一位女青年，1987年结婚时的实际年龄仅18周岁。城镇尚且如此，农村这种情况更不能说在少数。据抽样调查推算，1985—1987年，全县农村不足法定婚龄结婚的人数分别占到18.18%、5.00%、17.6%。这种情况应引起重视。生育第二胎的情况有点类似。在调查中发现，1987年有一位农村妇女20岁就生了两胎。根据抽样调查推算，全县农村生育二胎的妇女近一半未达到我们生二胎的年限。即使是好一些的点上，晚婚晚育工作的差距也还是比较大的。形成这些问题的主要原因，我认为有以下几个方面：

第一，由历史的或传统的自由生育向计划生育的转变本身就是一个较为艰巨的工作，不是短期内就可以改变的。特别是现在政策只允许生两个之后，在生育子女的数量上同大多数人意愿相符后，突出问题就表现在晚婚和晚育方面。这是符合问题的辩证法的，即主要矛盾解决之后，原来次要矛盾就可能上升到主要地位了。所以，现在晚婚晚育的问题比较突出。

第二，一些干部群众对晚婚晚育在控制人口总战略中的作用认识不足，所以对婚育年龄很不在意，不少人认为既然允许生两个，生完二胎就结扎，在生育年龄的计划管理方面就放松了。

第三，中央领导同志批示过的放任自流的问题在我们县的一些地方也是存在的，管理不认真不细致。比如说年龄，可能大多数同志在管理上是不区分周岁和虚岁的，有的甚至仅仅听申报生育指标的对象自己说年龄，而我们在人口抽样调查和人口统计上是以实际年龄计算的，所以差别就比较大了。此外，我们制定的制度和规定也没有认真执行。不要说一般的政策兑现，我的想法是，在1985年试点开始时下面总结出的"三榜定案"，即每年的生育指标由村民委员会三次出榜公布，真正执行的有几家？还有晚育押金，各乡镇都说实行了，但认真检查一下，真正执行的有多少？不少规定和制度流于形式，危险就大了。

第四，任何工作的深入发展都要有一个过程，3年来，我们县上的管理工作主要放在这么几个方面：第一年是"规定"及"细则"的制定、宣传和普及，第二年是摸索出"四表一笺"管理办法和准备召开全国计划生育试点现场会,第三年又是摸索使计划生育信息经常化的"一簿一表"管理办法和北史的计划生育承包形式、准备这次全国学术讨论会。我们把这些管理办法普及到全县农村,并使之普遍化、经常化、制度化都还做得很不够。这都是造成我们工作上有以上差距的主要原因。

总结 3 年来的工作,我认为"成绩很大,问题不少"。但分析以上问题的性质,均不是很严重,只要认真抓工作,就可以得到很好的解决。比如晚婚年龄现在是 22 岁多,而每年差不多还有 7%~8%的早婚,如果把不足法定年龄结婚的人数消灭了,就可以使婚龄达到 23 岁以上。间隔生二胎的年龄现在是 27 岁左右,比我们要求的差 2~3 岁,经过做工作是可能达到的。根据这些情况,为引深试点工作,我提出以下几点设想:

第一,在全县范围内对三年来的试点工作进行一次全面的总结和回顾,肯定成绩,总结经验,特别是在秋收后进行一次较全面的政策兑现,对近 3 年来违犯计划生育政策的,要根据规定细则和各乡镇的补充规定,进行严肃处理。

第二,严格规章制度,对计划生育干部和管理人员进行一次总结评比,比如几年来有不少 18、19 岁的妇女结婚,这种违法的事是怎么形成的? 县里要出面严肃地处理一下。有不少多胎生育,村、乡镇助理员、信息员为什么都没有上报? 应当算做失职,作一些处理。

第三,以村、乡镇为单位认真搞一次评比和奖励。这次再不能以过去那种办法搞奖励了,认真抓一抓早婚早育和多胎问题。要来真的。表彰多年来无多胎或基本无多胎和晚婚晚育工作做得好的村和乡镇,并要求乡镇也对村民委员会实行一次奖励。此外,对早婚早育和生育多胎的要给予严肃处理。

第四,县、乡镇及农村村民委员会也要做出规划,比如在现在摸底基础上,县里规划出各年基本制止多胎的村和乡镇,乡镇规划出村,层层规划,层层抓。无多胎或基本无多胎的村、乡镇,将工作重点转移到晚婚晚育和延长二胎生育间隔方面。

第五,加强村委会的管理工作。早婚、早育和多胎生育,只要村里有人管,再稍认真一些,事情都会比现在有一个大发展。根据抽样调查,每年有一定比例的妇女在 22~25 岁就生了二胎(1987 年曾有一位 20 岁妇女生第二胎），只要村里有人抓这方面的工作，间隔很快就能提高。最近看了南唐北史村的计划生育理事会承包计划生育的几项主要任务，有职有权，建议各乡镇列出规划，推广一批，对基层建设很有好处。

试论现阶段我国最佳生育政策①

借用这次全国"人口与发展"学术讨论会之机,将我对我国人口政策的一些研究说明如下,敬请诸位同行批评指正。

一、人口政策的作用

人口政策是指那些足以影响一个国家或地区的人口发展过程的国家行为。在评价人口政策的作用方面,有三种不同的意见。一种意见认为国家法律和政策可以决定人口过程;第二种意见认为人口过程是客观的,人口政策起不了多大的作用;第三种意见认为,人口过程是一种客观的物质运动,人口政策符合人口过程的规律时,可以较好地引导人口过程实现自己的规律性,否则,人口政策是不会有效的。我们认为,第三种意见是正确的。在中外历史上,有过不少较成功的人口政策,我国封建时代的不少君主在其王朝初创时的一些鼓励人口增殖的措施,如西汉初年和唐初,人口政策都是比较成功的。在近代历史上,德国纳粹虽制定了鼓励日耳曼妇女生孩子的政策,法国政府从 19 世纪末一直在试图阻止法国妇女生育率下降的趋势,都没有多大成效。说明人口政策的作用,关键在于人口政策的科学性。

二、制约我国人口生育政策的若干因素

有一系列制约我国人口生育政策的因素:

---

① 本文是提交 1988 年 9 月在大连召开的第二次全国"人口与发展"学术讨论会的论文。

我国的经济社会基本状况决定了现阶段我国人口发展的总趋势同经济社会发展水平不协调，人口面临高出生期，但经济发展却比较缓慢，控制人口增长是我国现阶段人口生育政策的主要任务。

——我们正处在社会主义初级阶段，一方面经济发展水平低需要控制人口，另一方面正因为经济水平低又不能把人口生育水平压得太低。因为在较低的生产力条件下，最基本的主要的社会生产力还是劳动力。我国10亿多人口中，80%左右处于乡村，乡村成了控制人口的重点。我国现在农业生产主要还是以手工为主，劳动力就更具有其特殊的意义。并且，乡村的文化教育、医疗卫生服务设施通常都很落后。所以，控制人口的难点也在乡村。

——我国人口正值峰期，年轻人多，生育力强，一方面需要大力控制人口，另一方面也不能采取急刹车的办法。因为生育问题从本质上讲是一个人类的再生产问题。在现阶段，作为单个人的生产和再生产是通过家庭进行的。人口生育政策不仅会对当前的妇女生育行为产生影响，也许更重要的是当前的育龄妇女达到老年时，对她和她的丈夫的被抚养问题产生影响。

——人口过程也有一个生物学规律在起作用，这就是动物类群有一种顽强的维持其再生产的本能。这种本能在扩大的人口再生产的情况下，往往不易被发现，但如果有外部条件迫使其采取萎缩性的再生产，或者濒临灭绝时，生物类群就会显示出一种顽强的生殖行为。马克思曾经重复一些资产阶级学者的观点，说"贫穷生人口"，是有一定道理的。人口生育政策如果旨在使人口再生产处于简单再生产之下，就必然会受到这一生物学规律的反抗。

——我们社会主义国家的性质和宗旨决定了人口生育政策只能建立在人民群众自觉自愿的基础上，我们无法也不可能通过强制达到控制人口的目的。即人口生育政策只能调整妇女生育时间，并且将一些可生不可生的孩子通过做工作达到节育的目的。这是因为，凡是在家庭还在承担经济生活职能的时候，一个家庭要能够维持下去，依据当前的社会和自然条件，总是需要一定数量的孩子。因为我们不可能把生育政策建立在强制的基础上，所以，生育政策对维持家庭经济的生育是不起作用的。

三、现阶段我国科学的人口生育政策的选择

根据以上一些人口生育政策的制约因素,我们党从 70 年代开始逐步提出的提倡晚婚、晚育、少生、优生,是有一定的科学性的,以这些内容为主作为我国较长一段时期内的人口政策,是可行的。按照近几年人们比较关注的提法或我国人口生育政策具体化,大致给每个家庭的生育数界定一下,那么近期生育政策规定在平均每个家庭生 2 个孩子可能好一些。平均生 2 个孩子,对绝大多数家庭来说是维持在简单再生产的水平上,对全社会来说,则是缩小规模的再生产。因为,平均每个妇女生 2 个孩子,其生育的子女中女子仅占 48%。此外,还有相当部分人将活不到结婚和生育的年龄,再加上一部分人不婚、不育,实际上无法维持社会的更替水平。根据我国现在的经济生活水平和医疗条件,如果要维持更替水平,平均每个妇女应该生 2.2~2.3 个。

如果不想开玩笑,当然不可能将以上所述理解为要用法律规定每个妇女必须生 2 个孩子。"平均生 2 个"是说实际上,可能有一些生 1 个,大部分生 2 个,部分生 3 个或 4 个。具体说,城市和经济发达的乡村只生 1 个的比例要高一些,一般的乡村生二胎比例高一些,边远山区、少数民族地区的多胎比例较高一些。也就是说,我国实际实行"一、二、三、四"的生育政策。

除了把注意力放在每个家庭尽可能地少生孩子外,注意提高妇女的晚婚晚育水平,也是至关重要的。晚婚晚育并不减少单个妇女的终身生孩子数目,但在一定时期会减少全社会的生孩子数。从控制人口数量上来说,1000 万妇女因晚婚晚育推迟了生孩子的时间,等于在同期内全社会有相同数量的妇女减少了自己的生育。所以,多年来,人口学界在讨论人口生育政策时忽视晚婚晚育的作用,人口测算也很少计算晚婚晚育的因素,是一种很不明智的做法。

当然,各地在执行晚婚晚育和"一、二、三、四"的政策时,应该结合各地的实际,具体规划出晚婚晚育及"一、二、三、四"的比例。在这种具体规划中,至少要给各省一些自主权,使各省依据中央 1982 年分给各省的人口包干指标,进一步制定自己的具体生育政策。

　　1985 年,我们运用第三次全国人口普查资料,按晚婚晚育、延长二胎生育间隔的办法,对我国人口进行了预测。其具体测算条件是:(1)城市人口中 80%的妇女生一胎,20%的妇女生二胎;(2) 农村中 95%的妇女生二胎,5%的妇女生一胎;(3) 妇女平均初育年龄 23 岁, 二胎生育年龄 30 岁;(4)每年保持 15%左右的多胎,2000 年总人口可控制在 12.4 亿。

　　我们认为,这一计算是比较准确可靠的。比如 1979 年刘铮等同志计算:(1)我国妇女生 2 个孩子的同时,农村妇女中 30%、城市妇女中 10%仍然生多胎,2000 年的人口将接近 13 亿;(2) 如果能够做到每对夫妇只生两个孩子,2000 年可以把总人口控制在 12 亿。再比如,宋健等同志 1980 年发表的计算结果:(1)妇女平均生育次数 2.0 时,我国 2000 年的总人口为 12.2 亿;(2)生育数 2.3 时,2000 年的总人口为 12.8 亿。刘铮和宋健同志的计算都是在自然状态下即没有考虑晚婚晚育和延长二胎生育间隔因素的影响。所以,他们的计算结果偏紧一些。

　　"一、二、三、四"的人口生育政策具有明显的优点。第一,它比较接近目前我国现实人口的生育状况。地处边远山区的少数民族正是以生 3 或 4 个为多数;除此之外,我国的农村妇女一般都普遍生 2 个,部分生多胎;城镇市民,大多生 1 个,个别生 2 个。随着计划生育工作的深入,下一步的工作应放在减少少数民族 4 胎及 4 胎以上生育,提高 3 胎比例方面;对广大农村,重点应放在减少多胎,提高一、二胎比例方面;城镇应适当放宽生二胎的条件,以使政策更为合理一些。

　　第二,这样的政策比较符合实际,可以得到大多数群众的拥护,较好执行。人口生育政策同其他一切政策一样,忌讳宽、严。宽了,放任自流,同过去一样自由生育,等于放弃计划生育;过于严了,引起群众的反感,政策执行不下去,也无法达到控制人口的目的。具体点讲,宽了,就是放弃晚婚晚育,不要求生育间隔和限制多胎生育。过于严了,就是希望在全国城乡普遍实行"一对夫妇只准生一个孩子",这是不现实的。把政策建立在当前现实的基础上,循序渐进,合情合理,控制的效果会更好一些。

　　过去,我认为如果执行过于严厉的政策,如某些同志鼓吹的"一胎化"政策,会破坏我国人口的年龄、性别构成,迅速导致人口老化、减少劳动力资源和影响经济的发展。从近 10 年的实践看,除了影响党群关系,导致社会不安定，扰乱人民群众的正常生活外，过于严厉的人口政策在人口过程本身方面并没有很显著的影响。客观规律要通过各种方式为自己开辟前进道路。人口过程是一种客观的物质运动。所以，群众总是以各种方式努力实现自己的生育意愿。从 1979 年以来，我国人口的各种构成没有发生畸变，这正是因为群众并没有实践某些同志鼓吹的那种严厉的"人口革命"的结果。

四、对若干个疑问的解答

在全国实行"一、二、三、四"的原则，人们对少数民族的"二、三、四"不会有多大分歧。据 1987 年全国 1%人口抽样调查资料推算，我国少数民族人口为 8553 万，占全国总人口的 8%。在"二、三、四"的具体划分上，如果缩小 17 个人口在百万以上的少数民族生四胎的比例，特别是提高总人口已达 1338 万人的壮族人口生二胎的比例，加之对不在边陲地带生活的少数民族最多生 2 个，农村最多生 3 个，等等，少数民族人口的生育在我国总人口的增长中，并不占有很大的位置。问题的分歧也不在占全国 20%左右的城镇人口的生育政策方面。城镇目前基本上维持了一对夫妇只生一个孩子的生育水平，尽管小县、镇究竟有多大比例的一孩家庭谁也不很清楚。

问题的焦点集中在除此之外的约占我国总人口 70%~80%的东部、中部和部分西部大面积的农村人口，人口控制的核心问题究竟应该是什么？一种意见认为是抓一孩化，一种意见是抓早婚早育和多胎生育。因为，每个妇女生 2 个孩子已经是比较低的生育水平了，再比这一水平低，就很难使多数人接受。抓早婚早育和多胎生育，才能赢得群众的支持和有效地控制住我国人口。

第二个问题是，1982 年我国人口 10.08 亿时未能公开实行"一、二、三、四"的政策，当时不论城乡、地区、民族等方面的差别，只提"只准生一个"。现在我国人口已经达到了 10.8 亿，是否还敢重提"一、二、三、四"？应该说，因为我们走了很大的一段弯路，所以，已经丧失了不少控制人口的大好机会。但是，"亡羊补牢，未为迟也"。目前的 10.8 亿人口中，近 6 年来平均每年新出生人口为 2000 万左右，如果用"一、二、三、四"的政策来衡量,真正超越计划的并不很多。以 1987 年为例,据 1%抽样调查推算,该年一胎生育为 49.23%,二胎生育 32.54%,多胎生育为 18.23%。即使真正威胁就在 18.23%的多胎之中,我们还是应该承认,这些多胎中有一部分仍是合理的多胎。所以,每年真正计划外出生的估计不足 200 万的多胎生育,6 年大约 1000 万。这可能是我们这些年里真正损失的数字。

另外,现在的早婚早育现象也比较严重,这既是我们控制人口的难点,也同时是我们计划生育工作的潜力所在。同样根据 1987 年的抽样调查,该年妇女平均初婚年龄为 21.01 岁,比 1982 年的 22.8 岁提前了 1.79 岁。婚育年龄降低 1 岁,等于每年有 2000 万妇女结婚生育,同 1981 年比较,我国妇女生育峰值年龄都提前了 2~3 岁。如果我们实行晚婚晚育,将妇女婚育年龄恢复到 1981 年的水平,就将会减少大约 5000 万妇女在同一时期内的生育,这是我们争取 2000 年把人口保持在 12 亿左右的有力措施。

还有一个疑问是,说在以前"只准生一个"的阶段里,有些积极分子响应我们的号召,不仅只生了一个并且还采取了节育措施,倘现在允许农民生 2 个,这些人怎么办? 如果引起社会动荡怎么办? 其实,这些仅仅是存在于我们某些同志头脑之中的问题。第一, 我们仍然鼓励和提倡一对夫妇只生一个孩子,过去响应号召的,不仅不错,而且要继续受到鼓励。第二,多年来,农村中普遍生 2 个,部分还生 3 个,且是早婚早育。现在提出晚婚晚育和延长二胎生育间隔,仅仅是承认客观事实,并在此基础上比现实生育状况要求更为严了。所以,这样做是不会产生混乱的。

五、十年来我国计划生育政策的选择和反思

1971 年, 周恩来同志重提计划生育,从此开创了我们目前的计划生育事业。在 70 年代的计划生育工作中,党和群众摸索了不少好的经验,如"晚、稀、少"就是在这一时期提出来的。与此同时,妇女的婚育水平明显得到改变。1970—1971 年,我国初婚峰值年龄 19 岁,到 1978—1979 年就已达到 23 岁。妇女总和生育率也由 1970 年的 5.706 下降到 1979 年的 2.727。也就在这时,一些同志开始产生急躁情绪,提出一对夫妇只准生一个孩子的观点。1980 年,学术界开始用控制论方法论证了这一方案所谓的"科学性"和"可行性"。在很长一段时间内,"一胎化"是以党的政策的

形式出现的，所以曾在全国得到很广泛的宣传，说舍此就没有更合适的办法以解决我国现阶段的人口问题。也就是说，"一胎化"应该是我国现阶段的"科学的"人口生育政策。前不久还有人说，"只准生一个"是我国既定的"一项国策"。为了说明事实并非如此，我认为有必要对这段历史做一些回顾。

1978年10月，中央批转的国务院计划生育领导小组第一次会议报告中提出："提倡一对夫妇生子女数最好一个，最多两个。"1980年9月7日，国务院总理在全国人民代表大会第三次会议上的讲话说："国务院经过认真研究，认为在今后二三十年内，必须在人口问题上采取一个坚决的措施，就是除了在人口稀少的少数民族地区以外，要普遍提倡一对夫妇只生一个孩子，以便把人口增长率尽快控制住，争取20世纪末把我国人口总数控制在12亿以内，国务院已经向全国人民发出号召，提倡一对夫妇只生育一个孩子。"

我们不少同志把中央这一精神片面理解了。1980年2月2日，北京召开的一个"婚姻、家庭、计划生育新风尚座谈会"提出："只有逐步做到城市95%、农村90%育龄妇女只生一个孩子，到20世纪末，我国总人口才能够控制在12亿左右。"据新华社1980年2月13日发表宋健、田雪原、李广元、于景元等同志的测算结果说："他们得到的大量数据表明，从现在起大力提倡一对夫妇只生一个孩子，到1985年普遍做到'一胎化'，那么，20世纪末人口自然增长率可接近零，全国人口总数可控制在11亿以下。他们认为，这是解决我国人口问题的最理想的方案。"继这篇相继发表在《人民日报》和《光明日报》上的新闻报道之后。1980年3月7日，这四位同志又撰文说："如果选择第五种方案，全国育龄妇女尽快实现'一胎化'，那么到20世纪末我国人口的自然增长率便可降低到零左右，总人口又不超过11亿，随后由于人口的惯性发展将出现人口减少的趋向。这可能是解决我国人口问题比较理想的一个方案。"此后，北京几家大报曾反复宣传首都自然科学和社会科学工作者合作的这一成果，并以这一小组为核心，1980—1983年在不少全国性的会议和各地召开的专门会议上，不断重复介绍实行"一胎化"的必要性。

但是，中央在这一时期对我国人口问题的性质以及解决的途径的认识是与这一观点不同的。1980 年 9 月 25 日,党中央国务院发出《关于控制我国人口增长问题致全体共产党员、共青团员的公开信》。第一,这是以"公开信"的方式而不是以中央文件的形式。第二,这是给党团员的倡议和号召,而不是要求让全体人民群众必须做到,表明中央是在号召一对夫妇只生一个孩子,并不认为在全国能够实行"一胎化"。此外,在《公开信》中还同时提出:"某些群众确实有符合政策规定的实际困难,可以同意他们生育两个孩子,但是不能生三个孩子。对于少数民族,按照政策规定,也可以放宽一些。"说明中央这时并没有一个要在全国推行的"一胎化"的政策。1981 年底,当全国各地风行"一胎化"的时候,中央书记处在一次会议上集中讨论了计划生育政策问题。会议认为,农村必须适当放宽政策,农村计划生育政策的核心问题是照顾农村二胎,当时提出两个方案,一是继续提倡一胎,允许生二胎;一是独女户可再生一个。这两种意见经计生干部及各省、自治区、直辖市党委讨论后,国家计生委党组根据中央精神,代中央草拟了一个以第二方案为原则的文件,经中央通过后下发。但绝大多数农村照顾二胎生育的比例仍都很小。

山东省在实际工作中摸索出一套适当放宽生二胎条件的经验,因为政策合理了,反而更有利于减少多胎,群众称之为"开小口,堵大口"。1982年 8 月,全国计划生育工作会议肯定了山东"开小口,堵大口"的经验。

1984 年,中央 7 号文件进一步明确提出,要把计划生育政策建立在合情合理,群众拥护,干部好做工作的基础上。提出"要进一步完善计划生育工作的具体政策",规定了"四个口子"。接着,中央书记处在一份内部通知中指出:"我们关于计划生育政策的实质,就是要逐步做到,除城市、城市郊区外,在大部分农村地区,逐步做到允许第一胎生女孩的再生第二胎。这一点,只在实际工作中掌握,不公开宣传,并要有一个缓和渐变过程。从长远来看,如果能切实做到杜绝多胎,则允许生二胎并没有多大危险。因此,现行的计划生育政策,仍是一个历史阶段的政策。今后,随着我国经济、文化水平等方面的提高,还可以进一步加以完善。"

应该说,中央的思想是一贯的、坚定的。1984 年,中央领导同志在视察浙江时对地方的同志说,农村生育政策要适当放宽,不能把弦绷得太紧,否则会出问题。1986 年 8 月,当学术界及部分同志看到人口回升而惊慌失措的时候,党中央表现了异常的沉着和冷静。中央领导在 8 月 2 日的一个文件上批示说:"请告计生委,对今年上半年人口大幅度增长的情况与原因做一分析。"同年 12 月 2 日,全国计划生育工作会议再次强调,要继续提倡一对夫妇只生一个孩子和照顾确有困难的群众生二胎的现行生育政策。中央认为,农村不能完全一刀切,农村一对夫妇只生一个,不考虑任何特殊情况,执行起来难度很大。这样,反而助长了多生,多胎制止不了,因为它在群众中没有基础。所以,我们一直主张农村应该有一个长期、稳定、得到多数农民支持的计划生育政策。除了过去规定的一些特殊情况可以生 2 个孩子以外,加一个独女户,只有 1 个女孩的,间隔几年以后允许生二胎。严格按这个去办,不会因农村"女儿户"而使中国人口爆炸,但是可以大大减少农村计划生育工作的难度,可以密切党和农民的关系,不会发生那么多的外逃抢生及溺婴。同一次会议,还对用晚婚晚育加间隔的生育办法所进行的试验,给予了较高的评价和鼓励。

1987 年 7 月 22 日,中央针对学术界及国家机关中认为因为提了"12亿左右"而不是提"12 亿以内"和各地开了"小口子",从而导致了我国人口回升的观点,在一个文件上又批示说,问题不在提 12 亿左右,也不在开小口子,强调要按照目前的政策抓紧工作。1988 年 3 月,当有些同志又把人口回升归结为"长官意志"的结果,并对现行生育政策产生怀疑,要求回到 1984 年之前的普遍只准农民生一个孩子的那种做法上去时,中央再次明确指出,近几年的人口回升是由 60 年代的生育高峰和一些地区的放任自流造成的。一对夫妇只生一个孩子是提倡,什么时候也没有讲过这是法律、是命令,从来没有说过一对夫妇只生一个孩子是基本国策。中央强调说,从 1984 年以来的现行生育政策不是哪一个人的政策,也不是计划生育委员会的政策,而是中央的政策。中央所以决定在农村实行照顾有困难的农民生二胎的政策,其出发点是既要坚定不移地把计划生育工作抓紧,又要从实际出发使计划生育政策能够为多数农村接受,得到他们的支持,只有这样,计划生育工作才有坚实的基础,并能长期稳定地坚持下去。

从以上的简单回顾中不难看出:

第一,总的来说,中央对我国人口问题性质的认识是清醒的,关于我国计划生育政策的主张是比较一贯的,不仅没有受 70 年代末 80 年代初的那股急躁思潮的影响,而且还对其做了反复的大量的工作。鉴于我国的经济和人口发展状况,提倡一对夫妇生一个孩子,无疑是正确的。但是,只有在 1980 年那种特殊的环境和思潮里,中央和大多数群众都可以理解的"一对夫妇生一个孩子"的号召,被不少地方当作政策、法令去推行。平心静气而论,如果实际工作部门不受这种思潮的影响,人口生育政策在当年"晚、稀、少"的基础上循序渐进,区分不同地区和不同对象,在全国范围实行"一、二、三、四"的政策,我们不至于在 1980 年以来绕这么一个大圈子,计划生育的形势要比现在好得多。

第二,"独女户"是在特殊的条件下提出来的。作为一种政策,"独女户"有其自身固有的许多方面的缺陷。但是,作为"一胎化"的对立物,它的产生和存在有其特殊的现实意义。首先,这一政策的提出是建立在农村家庭中无男劳动力,生产和生活就有极大困难的现实基础之上的;其次,政策作这样的界定,农村中受罚面会由 90% 左右下降到 50% 以下,计划生育的对立面小了;再次,溺弃女婴的现象可能少了。所以,尽管我认为"女儿户"不是一个理想的人口政策,但它比"一胎化"要进步得多。特别是按照中央 1984 年提出的"缓和渐变"的方针,"女儿户"至少是向科学的人口生育政策过渡和发展的一个阶梯。

第三,从 1980 年开始,一些同志为在全国推行"一胎化",曾制造了不少的错误理论。近 3 年来,为了证明实际工作部门和许多地方摒弃"一胎化"是错误的,又增加了不少说法。比如"一胎化"是摆脱我国现阶段人口困境的唯一可行的途径;党的 12 亿的人口目标是以"一胎化"为前提的,只有实现"一胎化"才能保证 12 亿人口目标的实现;"一胎化"是党的一项既定国策;"一胎化"已经使 1980—1984 年的生育得到很好控制;从 1985 年以来的人口回升是由于没有坚决执行"一胎化"政策的结果,等等。多年来,这些观点都曾得到广泛的宣传,相反,对错误的分析和反驳,包括中央的一些精神都没有系统地公开地给予过宣传。这是当前不少干部群众对我国人口前途悲观、对党的现行生育政策持怀疑态度的根本原因。谬误被当作正确的观点经广泛宣传后,正确的东西就会被视为异端邪说而难以贯彻。所以，我们认为，在人口学界进行一些公开的争论，在干部群众中进行一场科学的人口理论教育和宣传，不仅是必要的，而且是不可避免的。

从实际出发是搞好我国计划生育工作的基本经验①

　　党的十一届三中全会以来的 10 年,是我国计划生育和人口发展史上一个十分重要的时期。这一重要时期以其两方面的特征为标志:一方面,我们在 70 年代计划生育工作的基础上,进一步健全和完善了计划生育和人口控制工作的社会机制, 使我国人口的盲目增长得到了较好的控制;另一方面,10 年来, 我们曾经在农村的具体生育政策方面走了一段不小的弯路——从而使我们从正反两方面获得了一条搞好计划生育工作的基本经验,这就是必须坚持实事求是和从实际出发的基本原则。

一、近十年来,我国盲目增长的人口得到了较好的控制

　　党的十一届三中全会以来的 10 年里,我国计划生育战线上的成就最显著的表现是对盲目增长的人口比较好的控制。说明这一问题的证据至少可以罗列以下两点:第一,70 年代的人口出生率和自然增长率还相当高,比如,如果使 1970 年的自然增长率继续保持下来,现在而不是下个世纪,我国人口就已达到 13.1 亿了。18 年来,我国少生了 2 亿多人。根据国家统计局的计算,近 10 年来,至少少生了 1.04 亿人。第二,也许更能说明问题的是,20 年前的生育高峰平行推移过来的时候, 已经使其得到了有

① 本文是提交 1988 年 10 月全国人大教科文委员会和国家计划生育委员会联合在大连召开的"纪念党的十一届三中全会十周年理论讨论会"的论文。

效的抑制。据统计资料,在 1962 年开始的持续 10 年的"育婴高峰"期间,我国人口出生率一直高达 30‰~43‰,出生人数每年接近 3000 万,自然增长率在 20‰~33‰之间。进入 80 年代之后,我国的人口出生率被有效地控制在 18‰~22‰之间,每年出生人数均保持在 2000 万左右,自然增长率被控制在 13‰~16‰之间。根据我国妇女生育峰值年龄提前 2~3 岁的情况分析,1986—1991 年将可能成为这次生育高峰的最高峰值段,若无特殊的偶发性的因素,即使今后两年我国人口继续回升,其幅度也不会超过现在很多。在一定程度说,1988 年我国的人口生育水平已接近峰顶。

以上数字仅仅是我国人口控制机制所产生的结果。其实,更为重要的是,从 70 年代初开始,特别是党的十一届三中全会之后,我国已经初步形成了一个比较健全的控制人口的社会机制。这一社会机制至少包括以下几个方面:

第一,实行计划生育和控制人口的过快增长,已经成为我们各级党组织和各级政府的指导思想和基本国策。我们所讲的社会机制是在整个国家机器的制约下发生作用的,所以,我们党和国家对于计划生育和控制人口的认识不能说不是最为重要的。10 年来,计划生育由过去"从不登大雅之堂"变成各级党组织、各级政府最为重要的一项任务,对我国计划生育事业的发展起到了关键性的作用。

第二,以计划生育委员会为核心的计划生育行政管理机构的建立和健全。70 年代,我国计划生育工作已经有了一定的发展。但是,自上而下还缺少一个从事计划生育管理的行政机构。当时虽然大多数省、地、县都有一个"计划生育办公室",但它往往都是作为临时机构,附设在卫生部门。党的十一届三中全会之后,由于我们党已经认识到实行计划生育和控制人口是一个在社会主义历史时期内的长期的战略任务,才开始把计划生育委员会作为各级党组织和政府的职能部门,建立健全起来。自上而下的计划生育委员会的建立,标志着计划生育工作已经正式成为我国社会主义建设事业的一个重要组成部分。从此,我国计划生育事业开始向正规化、科学化和经常化方向发展。

第三,同全国医疗卫生网相联系的计划生育服务网点的形成。我国医疗卫生网络的建立和形成比较早,但医疗卫生服务网点并不等于计划生育服务网。在过去，一般医院附设妇科，就被认为有计划生育技术服务点。其实，医院的妇科同比较健全的计划生育技术服务部门相差甚远。近10年来，专门为节制生育服务的医疗点，也在医疗卫生部门建立起来。在不少有条件的地方，计划生育委员会还建立和发展了隶属于自己的技术网点。这是方便群众和把计划生育工作落到实处的基本保障。

第四，一批包括计划生育科学技术和人口学科在内的科学研究机构的建立，使节育技术和计划生育事业方面的一些课题能够有一定的超前研究。

此外，也许还有一项我们不便列入社会机制，但毫无疑问它又在计划生育和人口控制的社会机制运行过程中起着十分重要作用的因素，这就是我国人民群众生育意愿的改变。这些年来，尽管有不少人继续指责我国人民仍然有多子多福的传统生育观，但如果负责任地说，就不能不承认我国绝大多数人已经摒弃了这一观念。现在，绝大多数农民的实际生育愿望就是 2 个孩子，市民愿意生 2 个孩子的还要少一些。应该说，正是由于人民群众的生育意愿有了明显的改变，所以，控制人口的社会机制才能产生作用。否则，我国人口的盲目增长是不会得到较好控制的。因为，在我们这个民主国家里，如果违背了群众的意愿，什么事情都不可能办成。

二、近十年来，我国计划生育政策变动的回顾和基本经验

在讨论计划生育和人口控制的社会机制时，无论如何，我们都无法回避具体生育政策问题。因为，政策是决定社会机制运行方向和速度的根本问题之一。正是因为它如此重要，并且同时因为近 10 年来生育政策变动的特殊性和为我们提供了最为宝贵的经验，所以，我们需要对政策问题讨论的更为具体一些。

一方面，由于我国近十年来人口生育曲线必然要出现的"高—低—高"现象，另一方面，正好在 1984 年生育曲线将由"低谷"开始上升的时候，以中央［1984］7 号文件为标志，人口生育政策和实际工作部门的工作作风都有了比较大的转变，所以，几年来，有些同志在评价近 10 年的计划生育工作和人口生育政策时认为，1979—1983 年因为全国不分城乡都执行了"一胎化"的人口生育政策,有效地控制了人口;从 1984 年 7 号文件开始,因为放弃了"一胎化"而导致了人口失控和人口回升。

我们认为,这样的意见仅仅是抓住了一些皮毛,没有深入问题的本质。首先,80 年代初的人口出生"低谷"是由 50 年代末到 60 年代初的生育"低谷"决定的。根据国家统计局的资料,1958—1961 年,我国人口出生率都在 30‰以下,最低点的 1961 年仅只有 18.02‰。而在此前后,人口出生率都高达 30‰以上, 最高点的 1963 年曾达到过 43.37‰。作为周期性的人口现象,必然造成 20 年后即 1981—1984 年的人口生育"低谷"。这就是说,1981—1984 年的人口生育"低谷"与当时的"一胎化"并没有必然的联系。其次,从 1985 年就开始的人口回升同样是由 60 年代中期开始的生育高峰造成的。如果分析 1982 年人口普查资料,就不难发现,1979—1982年,每年进入婚育年龄的妇女仅 600 万~700 万,其中 1981 年达到 20 岁的妇女仅 537 万。从 1983 年开始, 每年达到 20 岁的妇女人数多达 1200万以上,其中 1983 年达到 1371 万人。以我国目前生育峰值年龄段 20~24岁组的妇女人数为例,1982 年仅有 3648 万,1986 年即达 5132 万。在育龄妇女人数猛增的情况下,人口出生动态必然呈上升趋势。还有,同那种意见决然不同的事实是,1984 年以后的人口控制水平比执行"一胎化"政策的 1979—1983 年中的任何一年都要好。根据普查资料分析,在严厉执行"一胎化"政策的 1981 年,出生多胎的婴儿高达 554.8 万,是当年出生人口总数的 27.16%。1984 年之后,全国各地陆续放弃了"一胎化"的做法,多胎率反而下降了。根据国家统计局的抽样调查,1984 年的多胎率为19.56%,1985 年为 19.75%,1986 年为 17.81%,1987 年为 18.23%, 都比1981 年低得多。按此推算,当全国大部分省份都放弃"一胎化"的做法时,每年农民生多胎的绝对人数反而下降了 100 多万。

许多年以来,不少人总是认为"一胎化"是中央制定的基本生育政策或基本国策。所以,我们应该对 10 年来的一些有关情况作一些必要的回顾。

1978 年 10 月,中央批转的国务院计划生育领导小组第一次会议报告中第一次提出"一对夫妇只生一个孩子"的概念,当时的提法是"提倡一对夫妇生子女数最好一个最多两个"。1980 年 9 月 7 日,国务院总理在全国人民代表大会第三次会议上的讲话说:"国务院经过认真研究,认为在今后二三十年内,必须在人口问题上采取一个坚决的措施,就是除了在人口稀少的少数民族地区以外,要普遍提倡一对夫妇只生一个孩子,以便把人口增长率尽快控制住,争取全国总人口在 20 世纪末不超过 12 亿。"1980 年 9 月 25 日,中共中央在致全体共产党员、共青团员公开信中说:"为了争取在 20 世纪末把我国人口总数控制在 12 亿以内,国务院已经向全国人民发出号召,提倡一对夫妇只生育一个孩子。"

我们不少同志把中央这一精神片面理解了。1979 年 12 月召开的一次计划生育工作会议上,开始将前一段中央文件和宣传中的"最好一个,最多两个"的形象提法,改为"最好一个"。这次会议提出,提倡一对夫妇只生一个孩子,是"计划生育工作着重点的转移",是"我国目前人口发展中的一个战略性要求"。1980 年 2 月 2 日,北京召开的一个"婚姻、家庭、计划生育新风尚座谈会"开始提出:"只有逐步做到城市 95%、农村 90%的育龄妇女只生一个孩子,到 20 世纪末,我国总人口才能够控制在 12 亿左右。"新华社 1980 年 2 月 13 日发表宋健、田雪原、李广元、于景元等同志的多种测算结果时说:"他们得到的大量数据表明,从现在起大力提倡一对夫妇只生一个孩子,到 1985 年普遍做到'一胎化',那么,20 世纪末人口自然增长率可接近零,全国人口总数可控制在 11 亿以下。他们认为,这是解决我国人口问题的最理想的方案。"继这篇相继发表在《人民日报》和《光明日报》上的新闻报道之后,1980 年 3 月 7 日,这四位同志又撰文说:"如果选择第五种方案,全国育龄妇女尽快实现'一胎化',那么到 20 世纪末我国人口的自然增长率便可降低到零左右,总人口又不超过 11 亿,随后由于人口的惯性发展将出现人口减少的趋向。这可能是解决我国人口问题比较理想的一个方案。"此后,北京几家大报曾反复宣传首都自然科学工作者和社会科学工作者合作的这一成果,并以这一小组为核心,1980—1983 年在不少全国性的和各地召开的专门会议上,多次介绍实行"一胎化"的必要性。还有的同志认为,"一胎化"是正在实行的一场"人口革命"。也正是在这次连续数年的一边倒的宣传中,个别同志把"一胎化"观点说成是中央的"既定政策"。

但是,中央在这一时期对我国人口问题的性质及解决途径的认识并不同于此。中共中央 1980 年 9 月 25 日《关于控制我国人口增长问题致全体共产党员、共青团员的公开信》，一是以"公开信"的方式而不是以中央文件的形式，二是给党团员的倡议和号召，而不是要求全体人民群众必须做到，表明党中央是在号召一对夫妇只生一个孩子，而不认为在全国能够实行"一胎化"。此外，在公开信中还同时提出："某些群众确实有符合政策规定的实际困难，可以同意他们生育两个孩子，但是不能生三个孩子。对于少数民族，按照政策规定，也可以放宽一些。"说明中央这时没有一个要在全国推行的"一胎化"的政策。1981 年底，当全国各地风行"一胎化"的时候，中央书记处在一次会议上集中讨论了计划生育政策问题。会议认为，农村必须适当放宽政策，农村计划生育政策问题的核心是照顾农民生二胎。会议上提出两个方案，一是继续提倡一胎，允许生二胎；一是独女户可再生一个。在实际工作部门和大多数地方都沉浸于"一胎化"热潮的时候，中央将这两种方案交给国家计划生育委员会和各省、市、自治区党委讨论，征求地方的意见。国家计生委党组根据中央精神和各地讨论的意见，代中央草拟了一个以第二方案为原则的文件，经中央通过后下发（即 1982 年 11 号文件）。但绝大多数地方在当时都未传达中央的这一文件，各地对农村照顾生二胎的面也都很小。

由于大多数地方都未执行中央 1982 年 11 号文件，几年来农村计划生育工作引起农民的不满。1983 年底，中央书记处召开第 108 次会议，再次讨论农村计划生育工作问题。充分反映这次会议精神的 1984 年中央 7 号文件明确提出，要把计划生育政策建立在合情合理，群众拥护，干部好做工作的基础上，提出"要进一步完善计划生育工作的具体政策"。接着，中央书记处在一份内部通知中指出："我们关于计划生育政策的实质，就是要逐步做到，除城市、城市郊区外，在大部分农村地区，逐步做到允许第一胎生女孩的再生第二胎。这一点，只在实际工作中掌握，不公开宣传，并要有一个缓和渐变过程。从长远来看，如果能切实做到杜绝多胎，则允许生二胎并没有多大危险……因此，现行的计划生育政策，仍是一个历史阶段的政策。今后，随着我国经济、文化水平等方面的提高，还可以进一步加以完善。"

应该说，中央的这一思想是一贯的。1984 年国务院的领导同志在视

察浙江时告诫地方的同志说，农村生育政策要适当放宽，不能把弦绷得
太紧，否则会出问题。1984年7月30日，中央领导同志在一份批评"一胎
化"观点和拥护在农村实行晚婚晚育加间隔生育办法的报告上批示说：
"我认为此文有道理，值得重视。所提措施，可让有关方面测算一下，如确
有可能，建议采用。20世纪人口控制指标，可以增加一点弹性，没什么了
不起。"

1986年夏天，当国家机关和学术界中的部分同志因人口回升而惊慌
失措的时候，中央领导在8月2日的一个要求把生育政策拉回到1984年
以前的报告上批示说："请告计生委，对今年上半年人口大幅度增长的情
况与原因做一分析。"同年12月2日，全国计划生育工作会议再次强调，
要继续提倡一对夫妇只生一个孩子和照顾确有困难的群众生二胎的现行
生育政策。中央认为，农村不能完全"一刀切"。农村一对夫妇只生一个，
不考虑任何特殊情况，执行起来难度很大。这样，反而助长了多生，多胎
制止不了。因为它在群众中没有基础。所以，中央一直主张农村应该有一
个长期、稳定、得到多数农民支持的计划生育政策。除了过去规定的一些
特殊情况可以生两个孩子以外，加一个"独女户"，只有一个女孩的，间隔
几年以后允许生二胎。严格按这个去办，不会因农村"女儿户"而使中国
人口爆炸，但是可以大大减少农村计划生育工作的难度，可以密切党和
农民的关系。这次会议还对用晚婚晚育加间隔的生育办法所进行的试
验，给予较高的评价和鼓励。实际上，这次全国计划生育工作会议，是在
重申大多数省份并未执行的4年前的中央有关计划生育的政策。

1987年7月22日，中央领导针对那种认为提"12亿左右"而不是提
"12亿以内"和各地开了"小口子"，从而导致人口回升的观点，在一个文
件上批示说，问题不在提12亿左右，也不在开小口子。强调要解决多胎问
题和早婚早育问题，并要求按照目前的政策抓紧工作。这一批示实际上
是对那种要求把生育政策拉回到"一胎化"上去的观点的直接否定。

1988年3月，当有些同志把目前人口回升归结为"长官意志"的结
果，再次要求回到1984年之前的普遍只准农民生一个孩子的那种做法上
去时，中央政治局常委会议明确指出，近几年的人口回升是由60年代的
生育高峰和一些地区的放任自流造成的。一对夫妇只生一个孩子是提

察浙江时告诫地方的同志说，农村生育政策要适当放宽，不能把弦绷得

倡,什么时候也没有讲过这是法律、是命令,中央从来没有说过一对夫妇只生一个孩子是基本国策。中央强调说,从 1984 年以来的现行生育政策不是哪一个人的政策,也不是计划生育委员会的政策,而是中央的政策。中央所以决定在农村实行照顾有困难的农民生二胎的政策, 其出发点是既要坚定不移地把计划生育工作抓紧, 又要从实际出发使计划生育政策能够为多数农民接受,得到他们的支持,只有这样,计划生育工作才有坚实的基础,并能长期稳定地坚持下去。

从以上简单回顾中不难看出,近 10 年来,国家机关和学术界的部分同志曾经试图在我国计划生育和人口控制工作方面选择一条较为激进的道路, 不少地方在这一思想的指导下也已经走上了这条道路。虽然中央没有直接批评学术界和地方的这种做法,但是, 党中央的意图和一贯主张却是十分清楚的, 这就是计划生育和人口控制工作要实事求是, 从实际出发。1984 年以前,尽管全国绝大多数地方都不加区分地在城乡执行"一胎化"的政策,但是,农民不仅普遍地生了二胎,近 1/3 的妇女还生了多胎。1984 年 7 号文件以来,大多数省份陆续放宽了政策,允许生了一个女孩的家庭等确有困难的农民生第二胎, 多胎率反而有了明显的下降。这些实践说明,政策和指标过于紧了,脱离了实际,脱离了群众,不利于人口控制;政策和指标合理一些,比较接近实际,容易得到群众的拥护,有利于人口控制机制的完善,有利于计划生育工作的开展。所以,我们今天完全有理由说,从实际出发制定和完善计划生育政策,是党的十一届三中全会以来计划生育和人口控制工作的最基本的经验之一。

三、从实际出发,继续完善计划生育工作具体政策

党的十一届三中全会最伟大的成就就是解放思想,破除"两个凡是",恢复党的实事求是的原则, 提出并开始探索一条适合中国国情的社会主义道路。毫无疑问,我们纪念三中全会的最好方式,莫过于坚持实事求是的原则,从实际出发,进一步完善我国计划生育工作具体政策,走适合中国国情的社会主义计划生育道路。

人类的生殖与繁衍是一种复杂的社会现象。人类的生育水平历来就是由一定社会发展阶段下的历史文化和不同区域的自然条件所决定的。

节制生育问题说到底，仍然是一个社会文化发展的水平问题。社会的经济、政治、科学技术、文化教育等方面的状况无不对人们的生育行为产生一定的制约和影响作用。我国是一个 10 亿多人口的多民族国家，地域广阔，各地区的社会文化和自然条件都很不相同。所以，我们在人口生育政策上必须避免"一刀切"。根据我国的具体国情，在人口政策上仍应采取"一、二、三、四"的方针。具体讲，国家职工和城市市民及以城市郊区为主的经济文化发达地区，以一对夫妇只生一个孩子为主，部分确有困难的家庭依据有关政策和经过严格的审批手续，准予生第二胎；在一般农业区域，提倡一对夫妇生一个孩子，允许农民家庭生两个孩子；在少数民族集中的边陲地带，号召一般居民家庭生两个孩子，允许生三个孩子，总人口较少（譬如在 10 万以下）的少数民族还可以生四个孩子。按照这样的人口政策，我们就可以把全国的人口生育模式划分为这样几类：第一类以大中城市为主，绝大多数家庭一对夫妇只生一个孩子，部分家庭生两个孩子；第二类以农村为主，部分家庭只生一个孩子，绝大多数家庭生两个孩子，极少数家庭生三个孩子；第三类以 300 万以下的少数民族集聚地为主，大部分家庭生两个孩子，少数家庭生三个，极个别的少数民族还可以生四个。

由于我们国家的每一个行政省区的地理面积都很大，人口也很多，各省在制定具体政策时，仍然是很复杂的。这要根据各地的具体情况和中央下达给各省的人口包干指标，做比较切合实际的规划。比如北京、天津、上海及辽宁、江苏、浙江等城市人口较多、工业经济比较发达的省份，执行"大部分妇女生一胎，部分妇女生二胎"的政策，河北、山西、吉林、黑龙江、安徽、福建、江西、山东、河南、湖北、湖南、广东、四川、陕西、甘肃、青海、宁夏等以农业为主，工业已有一定发展，民族构成也不算很复杂的省区，执行"部分妇女生一个，大部分妇女生两个，个别少数民族生三个"的政策。内蒙古、海南、广西、贵州、云南、新疆及西藏，执行"部分生一个，大部分妇女生两个，部分少数民族生三个，极个别的还可生四个"的政策。如上述所说，因为各省的具体情况也极为复杂，在具体规划过程中，还应考虑到各方面的复杂情况。否则，像目前不少地区那样，即使有一个政策，充其量也不过是个空文，对居民的实际生育起不到约束作用，也达不到控制人口的目的。此外,不难看出,即使在第三类地区中,允许生二胎的农民仍然占绝对多数,可以生三、四胎的少数民族属于极少数。所以,从全国宏观上分析,具体生育政策仍然是以城市和乡村来区分,城市基本维持一对夫妇只生一个孩子的政策,乡村则在提倡一对夫妇只生一个孩子、提倡晚婚晚育的前提下,允许农民生二胎。

当前,我国大多数省区的生育政策都是城市基本上"只准生一个",农村允许第一胎生了女孩的可以再生第二胎。这样的生育政策是 1981 年中央认为适合我国农村实际的最低要求。虽然全国(严格地说还不是全部)经过 6~7 年的时间才统一到中央的这一认识上来,但这毕竟是一个进步。客观地评价在农村实行"独女户"的政策,其作用主要在社会政治方面,而不是人口数量的控制本身。凡是实行了"独女户"政策的地方,因为农村有 60%左右的家庭可以生二胎(50%"独女户"+原来规定的其他条件约占 10%),缩小了违犯生育政策的面,受处罚的人少了,同基层干部对立的农民少了,党群关系得到了改善。但是,从控制人口的角度讲,"独女户"的政策并不能起到多大的作用,因为,根据现在我国的农业生产条件以及广大乡村的社会发展水平,农民家庭没有平均两个孩子就无法维持家庭的简单再生产,农民的养老和日常生活就会受到影响。所以,目前我国农村的生育现状就是"普遍生两个,部分生三个"。许多年来,我们已经试行各种严厉的生育政策和管理办法,都改变不了这一状况,说明农民的这一生育行为是带有必然性的。实行"独女户"的政策,一方面比过去的政策更趋合理了,但另一方面仍然未从"只准生一个"上完全走出来,工作重点还是放在堵"不符合生二胎的政策"上。如果从实际出发,在现阶段就应允许农民生二胎。因为只有这样,我们才能把工作的重点转移到解决早婚、早育和多胎生育问题上,这是解决我国当前人口问题的关键所在。

近 10 年来,党的十一届三中全会所开辟的航程赢得了新中国成立以来最好的政治局面和经济改革给人民群众带来的实惠,都为我国计划生育事业的发展造就了极为有利的条件。特别是 1984 年中央 7 号文件之后,计划生育战线在贯彻实事求是的方针方面,有了不小的进步。但是,我们必须清醒地认识到,计划生育工作曾经偏离了农村的具体情况,走了一段不小的弯路。由于各种原因，不少地方直到现在仍然没有清醒地离开这条道路，以至于现在还在把一些根本无法达到的指标当作具体生育政策要求农民去执行。在这些地方，不少的干部仍然是在用很大的精力去做"无用功"。我们认为，十一届三中全会以来的 10 年，计划生育工作无论反面的或者正面的经验都已经不少了，现在我们必须从实际出发，把计划生育工作的重点转移到晚婚晚育和减少多胎生育方面，这是今后我们做好计划生育工作的根本。

致 Susan Greenhalgh[①]

敬爱的 Susan：

十分感谢您 1 月 12 日的来信以及寄给我的《中国生育计划研讨会纪要》。[②] 这个"纪要"包括三个部分，而基本点则是第一、二两部分。第二部分的观点是从 1985 年我们国家关于生育政策的改善以来，就反复宣传的对立观点；而第一部分则是从会议之后在学术界多次被提及的。请允许我直言不讳地将我对这个会议及《纪要》的看法说出来。

从会议本身来说，我有必要说明，这次会议邀请参加的人基本上都是有所选择的，其主要人员都是不同意 1985 年之后完善政策的。此外，您当然还记得，你们关于测算的模型在 1986 年就曾寄给于景元，他对你们的计算方法是十分熟悉并早有分析的。而 Bongaarts 先生对其他人的模型事前并未作详细的研究。就是说，这次会议持反对意见的观点得到了充分发表，而对您及 Bongaarts 的模型持赞成意见的观点很少能够展开申述。这样，这次会议似乎就成了与会专家基本是持不同意见者，我们的学术

---

① Susan Greenhalgh，哈佛大学教授，当时为美国人口理事会副研究员。

② "中国生育计划研讨会"是由西安交大人口所主持召开的一次会议。根据 Susan 给我的信，参加会议的有蒋正华（时任西安交大人口所所长）、于景元、林富德、Bongaarts 等。会议主要讨论 Bongaarts 和 Susan 在 1986 年合作写的关于中国妇女间隔生育二胎，2000 年人口也可控制在 12 亿的论文。Susan 在接到会议的纪要后，认为中国学者是对我的人口学观点的认同，所以很欣喜地把会议纪要复印件寄给我。而我却从纪要中读到相反的内容，故此有了这封信。

思想就成了被否定的。

您可能不很熟悉中国文人行文上的许多手法，《纪要》的第一、二部分完全是否定你们的计算结果及方案的。第一条，在前面说了各位"模型和计算方法都是正确的"之后，其措辞就十分明显地说你们的计算是不正确的。"人口理事会的苏珊和庞加斯博士与中国学者之所以在人口预测的结果上存在较大差异，主要是对参数和未来参数变化的估计和假设不同。如何取得符合中国实际的参数和预测未来参数变化是人口预测中的关键问题。"1.你们同中国学者在测算结果上存在"较大差异"，是参数的估计和假设不同；2."如何取得符合中国实际的"参数，是"人口测算中的关键问题"。按中国文人行文逻辑连贯起来，就十分婉转地说由于你们没有取得"符合中国实际"的参数，所以同中国学者的测算有较大差异，所以你们的计算结果是错误的。

如果说第一条是从计算结果上驳斥的话，第二条则进一步从方案本身否定。即是说，你们所提出的办法从科学上讲是不可取的。"只有个别专家"从农民的生育意愿上出发可"考虑"此种方案（但这是不科学）。这是全盘否定。我对整个会议及《纪要》的观点反驳有如下几条：

第一，《纪要》说各位专家的人口预测模型和计算方法在"根本原则上及建模依据上""大同小异"，是不对的。其实所列四人的模型，我认为庞加斯的原则还是比较接近中国实际的。

第二，其《纪要》上说，"据中外专家的计算，在目前平均初婚年龄不降，一、二胎生育间隔二三年的情况下，即使能完全杜绝三胎以上生育，普遍实行生育两胎，2000年中国人口也将接近13亿"，是不对的。80年代初的计算都是平均生两胎，2000年的总人口为12.2亿或12.3亿。这几年农村有不少人生多胎，但大中城市却基本上实现了一对夫妇只生一个，即使平均生2.3胎，最近这六七年里，平均超过二胎的也没多少妇女。现在怎么能无根据地说"中外专家"都统一计算出生2个中国人口也将接近13亿呢？他们算没算出现在15~30岁的妇女中有多少已经生了2个或2个以上的孩子，而在他们的模型中用TFR=2.0时，又重复计算了呢？（因为中国人口的年龄构成不平衡以及生育政策直接因素对生育过程的干预，所以用总和生育率建模型就无法把这样一些因素考虑进去。正是因为这个原因,我说他们的模型不符合中国的实际。)

第三,《纪要》说:"尽管从计算上看,若能完全杜绝三胎,则初育年龄推迟一岁可使 2000 年人口减少 2000 万,普遍晚育二胎的情况下,间隔增加 1 年可使 2000 年人口减少 1000 万(这不对,也应该是 2000 万)。但考虑到以前多孩率较高,早婚早育现象相当多的现状,与会绝大多数专家认为在全国普遍实行生育二孩的方案是不可取的。"我不知道,这段话前后有什么必然的因果关系。为什么现在多孩率较高,早婚早育现象相当多,难道是让生两个造成的吗?相反,这些年不正是"只准生一个"吗?所以,我说这段话逻辑不通。因为,即使实行严厉的生育政策,多胎及早婚早育并不是减少,有时反而是增加了。相反,如果普遍放开二胎,可能会好些。

其实,中国的现实是,农民并不在乎生育政策规定让生多少,他的实际生活需要 2 个以上的孩子,他总是按照自己的实际需要来生育。政策符合实际,农民认为合理,可能将必然生育的行为推迟一些,这即是现阶段的"计划生育",否则,由于抢生而导致盲目生育。

Susan 博士,我之所以如此关注这次会议的结果和对这次会议持这样的态度,是因为我的学术思想。在国内,人们很少知道您。而在学术界一定圈子内,又是把您的观点与我等同起来。所以,这次会议是借讨论您的学术思想而实际上否定我。反驳和否定您的理由正是直接用来反驳和否定我的。自这次会议之后,有些人正是以美国的学者也认为自己的观点是欠妥当的为由,孤立和反对我的学术观点。诸如,这次会议证明了平均生 2 个中国人口也要达到 13 亿;即使提倡晚婚和延长生育二胎间隔,专家们也都认为这种生二胎的方案是不可取的。这样的结论在我们国家的传播本身,就是直接反对我的。正是因为我站在我们国家学术界的第一线,所以我以比您更为认真和激烈的态度对待这个会议的一些观点。至于您认为这次会议是对我一种支持的看法,我是不能同意的。前些年,正是这些人要求取消我的试点。只是因为中央几次会议(包括这次讨论会之前不久,即 1988 年 3 月 31 日的一次会议上)明确指出,要给一些地盘实验,十分明确地保护了我的试点县,指出试点的重要意义,试点工作才得以继续下去。

我的看法可能不使您满意,但这并不是我的过错。我也希望有机会同您就中国生育政策问题作进一步的交流。①

忠实于您的　梁中堂

1989 年 2 月 15 日

---

① 1987 年春天,Susan 曾专程赴太原同梁中堂交流晚婚晚育加间隔生育政策和试点县的情况。

有关计划生育法规的几个问题①

一、对制定《条例》的基本估计

社会主义国家实行计划生育,转变人口生产的无政府状态,是有客观必然性的。为了切实使社会主义的人们在生育方面做到有法可依,制定计划生育方面的有关法规,是有道理的。但是我们知道,法作为上层建筑的范畴,并不是起决定性的作用,也就是说,并不是我们国家如何规定,人们就会如何生育。法只能把人们已有的行为固定下来,在一定的范围内起到调节作用。如果距离现实很远,脱离了社会大多数人的意愿,法并不能起到它应起的作用。

根据我国的实际情况,农村家庭生 2~3 个孩子,城市家庭生 1~2 个孩子,可能对于社会经济发展的需要和广大人民群众的生活,都是大有好处的。计划生育立法的客观基础,最好能以这一实际状况为背景,在这样的水平上调节各个家庭的生育计划。1981 年中央书记处第 122 次会议上,多数同志的意见也是这样。至少,我们的政策也应制定在允许农村生了一个女孩的家庭再生一个。但是,由于我们大家都知道的原因,即在我国 70 年代末 80 年代初历经了"只准生一个"的弯路,而且因为现行体制的原因又不能十分明确而又坚决地纠正,所以,现在只能做这样一个选

① 本文是 1989 年 7 月 24 日至 30 日作者在国家计划生育委员会人口专家委员会夏季会议(北戴河)上讨论《中华人民共和国计划生育条例》(讨论稿)等文件时的几次发言和会下交谈。

择,即以农村"照顾"只生了一个女孩的家庭再生一个孩子为基础,制定生育法规。

虽然,从政府方面说,这可能是最佳选择了,但是,如果我们把这样一个以"独女"政策为核心的法规放在全国范围内,就不难发现,这一法规是代表了东北三省、江浙、四川平坝地区等少部分地区,代表经济较发达、计划生育工作发展较为"先进"的地区。约占全国总人口70%的地区,农民仍然是在生两个以上的孩子,这一法规恐怕不会起很好的调节作用。即使这样,因为这一法规是在现在的"只准生一个"的基础上"放宽"了,至少生一个女孩的家庭再生第二个孩子就"不违法"了,不受罚了,处罚面小了,群众的对立面也相应小了,所以,这仍然是个不小的进步。

二、"法"应有法的样子

现在讨论的这个《中华人民共和国计划生育条例》,准备交国务院通过,所以属于行政法规。但是,从讨论稿看,不太像法规。其中规定了公民在生育方面应该怎样,不应该怎样。但是,在违犯了这样的条例或法规后,该怎样处理,这个条例仅仅是把现在各地所做的例如罚款之类的做法综合了一下。这样做当然很有必要。但是,这还不够。因为目前各地这样的做法是在法之外的行为,即使现在通过国务院的法规加以肯定,似乎形式上具有了法的效力,但其行为本身并没有发生变化。我是说,这个《条例》综合的结果并没有把这些行为上升到法规的高度上,所以事实上仍然无法具有法的效力,不像个法规。比如,现在有钱的人不怕罚,他交钱后似乎生育就成了合理合法的;没钱的人也不怕罚,"要钱没有,要命有一条"。交不起钱,或有钱就是不交,但孩子还是要生,你有什么办法?现在基层干部希望我们解决的是这一类的"钉子户",但《条例》并未能在这方面前进一步。

三、有关再婚家庭的生育政策问题

关于再婚家庭的生育问题,在我们目前讨论的这个《条例》中回避了,意即这一问题争论比较大,可由各省、市、区自己制定。我认为回避不妥。原因是再婚家庭的生育问题并不具有地方特点,其性质和表现是全国普遍和相同的,共同性大于个别和特殊。所以,全国性的条例明确加以解决不仅必要,而且大有好处。

所谓争论大，主要是一些下面搞计划生育工作的同志对允许再婚夫妇生育一个孩子持反对意见,怕这样增加了生育。这些年我们生育问题上持紧而又紧的宣传和做法，在不少同志的脑子里扎下了这样一个思想根子，即只要在某个条件上能卡住群众少生一个孩子，就坚持在这方面不"松口",而很少顾及这样做是否合理,于全局上对党的事业是否有利。

再婚夫妇有以下几种情况:双方都有过生育和其中仅有一个生育过,另一方未曾生育过。① 前者即双方都曾生育过更为复杂,我们暂不讨论。现在仅仅说一方生育过（不论生多少）,另一方未生育过（当然包括初婚）,应不应允许其生育的问题。因为大多数地区的政策是这样定的:再婚家庭②,一方曾生育过两个以上的孩子（含两个）,另一方即使未生育过,也不允许再生。社会对这样的政策反应很大,认为极不合理。

我认为,再婚家庭中,只要有一方未生育过,不论另一方曾生育过多少个,都应允许其再生一个。这是因为,生育是每一个人的自然权利,在我们社会主义国家中,应该说是每一位公民的基本权利,而自然权利或公民的基本权利,在公民未曾损害社会的情况下,是不能予以剥夺的。这不同于对某些人判处死刑。生存也是人的一项自然权利,但因为他杀了人或做出了其他严重损害社会的行为,造成了危害社会的严重后果,根据"复仇原则",就必须剥夺其生存的权利。而作为一个未曾生育过的公民,他(她)并没有做出足以剥夺其婚姻和生育、生存的权利的行为,就有权自由选择自己的婚姻配偶。他(她)现在与曾生育过的人合法结合,并未危害社会,更未给社会造成什么损害,我们就无权剥夺他(她)的生育权利。相反,合法婚姻的含义除了男女结合受国家保护外,结合的结果——生育也受法律保护。

允许一方为未育的再婚家庭生育一个孩子,会不会增加人口？当然,

---

① 还有一种情况,即虽然夫妻双方都属于再婚,但在此之前都未曾生育过,大多数地区都允许生一个,此不再论。

② 其实,我们这里"再婚家庭"这一概念并不严密,因为其中包括了一方为再婚,另一方为初婚的家庭。

从现在已经存在一定数量的有一方为未育的再婚家庭来说,不允许其生育,就少生了人口;允许其生育,就增加了人口。但是,我们做计划测算未来人口时,都是从社会一定的性别构成,以妇女人数进行测算的。设定一代妇女的生育水平,决定未来人口的出生量。如果这些未生育的妇女不同已生育过的男性公民结婚,她同其他未育的男性公民结婚,还不照样要生孩子?只有在男性未生育者同已生育过两个以上的孩子的女性结婚,并允许其再生育一个的情况下,只能按照现行生育政策的计算上多生了孩子。但是,考虑到我国的传统文化,男性未婚或未育而寻找已生育过两个以上女性的比例极少,即使放开这一条,即她(也包括他)只要未生育过,允许其生育一个孩子,就我们原来的控制量来说,并不会增加多少人口。同时,如果我们考虑到政策合理了,人心顺了,会有利于人口的控制,这样做,可能实际上会减少人口的出生。所以,我曾在下面论及这一问题时说,允许这些家庭生育,一不增加投资,二不增加人口,三可以使计划生育工作在人民群众中改变那种过激的形象,我们何乐而不为呢?

至于从道德方面讲,说放开这一措施就会使我国的离婚率大大上升,被一些重男轻女的男性公民所利用,我并不以为然。任何一项法律都会被一些人所利用。某些人为达到自己的个人目的甚或是卑劣的私欲而利用法律,总会有的。古今中外,莫不如此。制定法律绝对不应因为会被别人所利用,就不使之出台了。法律要求为社会大多数人所接受,调节社会一般的关系,不能顾及个别人抱什么目的或态度而决定是否应制定某一法律。我们并不否认,允许有一方未育的再婚夫妇生育一个孩子后,有个别追求男孩子的男性公民,会因妻子生了一个、两个、三个女孩后,继续通过"离婚—结婚(同未生育过的妇女)"的途径追求男孩子。但是,这样的可能性究竟有多大、有这样条件的人有多少以及能够达到这样目的的人又能有多少?婚姻以及通过婚姻的结合而生育是个极为复杂的问题,即便社会上有一定数量的人相信人类只能通过男子传宗接代,并且这一思想相当浓厚,他要利用我们这里讨论的这个法规的空子,仍要通过许多个关口。第一,为自己生育了一个女儿的妻子,除此之外,如果其他方面都还令人满意,两口子的感情十分和睦,他是否舍得离异?第二,在我国目前这样的体制下,他能否离异?第三,他有多少有利的社会地位、个人才华、经济实力方面的条件可以吸引既能在人品、外貌、社会职业等方面都令自己满意并未曾生育过，也愿意并相信自己一定能为他生个男孩子的妙龄女郎？男子企图利用这样的法规是一回事，而真正能否如愿以偿又是一回事。事情并没有这么简单。

四、关于在县以上设技术鉴定委员会的问题

我们这个条例中有三处讲到计划生育技术小组的问题。根据我国计划生育的现状，我认为应明确地提出，在县以上各级计划生育委员会内设立一个计划生育技术鉴定委员会，专门对节育病例的后遗症问题、是否属于残疾而准予再生育的问题，给以权威性的鉴定。这个自上而下的技术鉴定委员会的职责要十分明确，县级委员会的鉴定仅仅是初步的，最终要以地区一级的鉴定为准。否则，如现在那样，县级并不是没有类似的机构，而是关系过于直接。县里因节育手术而累计的"后遗症"，每年所费经费不少，不少人就靠吃计划生育生活，没完没了。而在审批二胎上，有点影响或社会地位的人，都可以开个什么证明，生育第二胎，影响很坏。设立县级及县级以上的技术鉴定委员会，由有关技术人员和专家对类似的技术问题予以权威性鉴定。特别是县级以上的技术委员会相对超脱一些，距离基层远一些，可以避免现在许多方面的弊病。

五、关于"国家提倡男性绝育"问题

应该在条例第三章"节育措施与优生"中明确写上"国家提倡男性节育、绝育技术"。这对于改变广大农村把节育、绝育行为都推给妇女的状况，有一定的促进作用。现在农村中的计划生育好像就是妇女的事。我在基层曾处理过一起来信来访事件。一位农民曾向我反映他们村的干部、新党员的爱人或儿媳，应该结扎的都未结扎。我们曾把此件批给县及乡联合调查。查出的结果是，村庄的支部书记、村委会的会计等确有此类情况，但大都有证明说因妇女有病等原因不宜结扎。于是，我就说，既然女方不宜结扎，男方为什么不能结扎？从县到乡里，有关干部好像都不以为然。因为大家都形成这么一个观念，即结扎理应是妇女的事，这一观念应逐步改变。其实，不少的节育、绝育技术，男性比女性简单，易于操作，事故

中国生育政策研究

ZHONGGUOSHENGYUZHENGCEYANJIU

417

和后遗症发生率都比较小。推广男性节育、绝育技术,对社会和家庭都有好处。现在,我们都把绝育当作一种惩罚,所以夫妻间总是把女性推到前面。我们写上这样的条文,用"国家提倡"来反映国家在一定时期的意向,对国民起一种号召作用,可以较为有效地改变某些传统做法和传统风气。

六、关于计划生育"双轨制"问题①

近来,人们从经济改革所提出的"双轨制"引申出来,又提出计划生育机制方面的"双轨制"。所谓计划生育"双轨制"是指政策和计划指标的矛盾现象,即在有些地区出现的政策紧于计划或计划紧于政策的现象。严格来讲,这种现象是不合理的,我们不应该将此理想化,提出计划生育奉行生育政策和计划双重机制。

1. 计划、指标和政策的矛盾是由于我国计划生育缺少科学计划和科学管理形成的

我们在 70 年代实行计划生育时,对于人口由年龄性别等构成状况所决定的道理,了解得很少。那时抓计划生育主要靠出生率、死亡率及自然增长率等几个指标。控制人口增长,每年下放指标都压低一些,而不管该单位和该地区的人口构成如何。比如某城市 1975 年的人口出生率是 26‰,1976 年下放指标时,就放到 25‰。这样逐年下降,沿袭下来。到了 80 年代后,比如制订"七五"、"八五"规划时,全国平面算账每年的自然增长率,各地也不论其人口构成,一律平推,结果形成了有不少地方根据政策本可以多安排一些家庭生第二个孩子,但本地的生育计划和指标却没有了;相反,有些地方的指标很充裕,可以安排一些人生二胎,但政策却不许可。我们通过考察可以发现,这些现象大多发生在这样两头:计划生育基础较好的地区,政策许可生较多的孩子,指标紧;落后地区有指标,但再规划却是违背政策的。这是由于政策和计划不配套造成的。

2. 政策和计划、指标是统一的,每一项政策都需要一定的计划或一个指标体系来体现、落实

其实,计划生育的政策和生育计划是统一的,也完全能够统一起来,

---

① 这是讨论《中共中央关于加强计划生育工作的决定》(讨论稿)时的发言。

这并不是很难的事情。因为，一定的人口总是具有十分确定的人口构成，我们决定生育政策之后，根据这样的政策和人口构成，就可以制定出某一时期的人口计划来；一定的人口计划又是通过一系列的人口指标诸如人口出生率、增长率、生育率等指标体系表现的。只要政策、人口构成是既定的，人口计划就是既定的。全国的人口和各个局部的人口计划都如次制定，就不会出现不一致，至少不应该出现不一致。所以，从这个意义上说，政策和计划"双轨制"本来就不存在。因为政策和计划本来就不是一个层次的东西，政策是第一层次的，计划是反映政策的，属于次一层次的范畴。在哲学上讲，"双轨制"就是二元。只有政出二元或二门，才会出现"双轨制"。我们计划生育方面的"双轨现象"即政策和指标的矛盾是由方法不对造成的，或者说是由政策和指标体系不配套造成的。

3. 我们的现行政策同 12 亿的人口目标本来不应出现"双轨制现象"

将 20 世纪末我国人口控制在 12 亿的人口目标是怎样提出来的？在人口学界的认识并不一致。这一点我们且不论，但现在讲"12 亿左右"是指不突破 12.5 亿很多。这样的目标是完全可以保证我们用现行政策制订的人口规划。因为根据包括主张"只生一个"的同志计算，12 亿左右是我国妇女生两个孩子的结果。[①]而我们当前讨论的生育政策是以农村独女户即"农村生女孩后可再生一个孩子"的。这样的人口政策如规划起来，最多是平均每个妇女生 1.6 个的水平，2000 年还不会到 12.5 亿。所以，方法对头，不致出现政策和计划相矛盾的"双轨"现象。

4. 只有坚持自上而下和自下而上相结合的规划方法，才可避免生育政策和生育计划相矛盾的现象

虽然说用现行生育政策规划全国的生育目标，20 世纪末不会突破 12 亿左右，但这仍然不能保证有些地区不出现政策和计划矛盾的现象。因为如果用全国的计划平推各地区各单位的人口规划，比如 1989 年全国增长水平要求是 12.55‰，各地都要求这样，在某些地区就会因为最近几年进入婚育年龄的妇女比较集中、比重大，这样的生育指标就很紧；而另外一些地区则可能相对说进入婚育年龄的妇女少，指标就松。所以，既要有

① 见宋健等:《人口规划和人口预测》。

全国根据人口构成做的规划,又要有各地区根据人口构成做的规划。这样的规划,就可能避免出现人口政策同人口计划相矛盾的现象。

5. 即使政策和计划一致,也不一定会收到控制人口的好效果,生育调节的效果最终还看政策是否符合客观实际

克服政策和计划的矛盾,使生育政策和生育计划尽可能一致是比较好实现的。因为政策、计划、指标体系都是主观的东西,由一定的政策派生的。只要在编制计划和设计指标体系时,坚持用一个政策,"政出一门"而不是"政出多门",要搞"一元论",使生育政策、生育计划和计划生育的指标体系一致起来,并不很难。然而,生育的控制实际效果如何,即用这样的政策、计划和指标调节生育的结果能不能奏效,这就要看我们的政策能否符合实际和反映了客观规律的要求。如果政策脱离实际,客观规律总是要通过盲目性为自己开辟前进的道路,而政策并不会达到制定它的人所希望的目的。不过这是另一个问题,即对现行政策的评价问题,中央已定了这样的政策,目前,又不做讨论,所以暂且别论。

七、关于本条例的最低目标

根据我国政治格局,近期内计划生育政策不会有较大的变动。在这种情况下,要使计划生育工作有较大的推动,这个条例至少应解决这样两件实事:一是明确农村计划生育管理机构的编制问题,二是明确规定计划生育事业的经费问题。现在计划生育工作的重点是农村,管理工作薄弱环节也在农村。从中央到省、地、县、乡(镇)都有计划生育专职人员,而农村的村民委员会却没有专门的人来做工作,靠一年来上一两次会战,支部书记、村委主任突击抓一下。这样工作很被动。我们需要把村民委员会的组织建设搞好,以便这种工作能够长年有人抓。另外,经费问题也是一个大难题。计划生育经费需要保证,至少应该保证平均每人一元的经费,或者以此为基础,条例上明确写上计划生育经费应占国民收入的一定比例。如果其他的做不到,这个条例解决这么两个具体问题,下面的同志也都会有一定程度的满意。

关于人口形势和
人口控制方略问答录①

姚敏华：您近些年一直在探索解决中国人口问题的出路,这一探索无论在理论界和实际工作中都已产生了很大影响, 我想, 这一工作简单一点来说是解决计划生育怎么办的问题。

梁中堂：我想是这样,我们全部研究工作可以说是以这个问题为目标的。就中国来说,人口研究的首要问题是采取什么办法以有效控制人口的问题,也就是您所说的怎么办的问题。

姚敏华：关于怎么办的问题在国内学术界有多种看法,如果说把这些学术观点加以简单分类的话, 我想大概可以分为左中右三种意见, 若以坚持认为控制中国人口必须采取一胎化的一方为左类, 那么中间类则是那些较为温和,提倡一孩、照顾二孩的一方,右类则是那些主张放弃一胎化目标,而过渡到允许生两个孩子的人。在这三种意见中,我想您是持较右的那种主张的, 而且甚至可以认为您是人口学界持这种意见的代表人物之一。

梁中堂：这个问题看您怎么说,您可以做这样的划分,但我并不排斥提倡生一个,就是在农村,我也不排斥"提倡"。最近,有一位人口学者发表了一篇文章,把 20 世纪提出生二胎的几个人口学家列了出来,陈长衡、马寅初,接下来就是我。②

---

① 这是 1989 年 8 月 13 日作者接受《中国人口报》记者姚敏华同志的一次采访。

② 刘长茂：《完善生育政策要瞻前顾后》,《人口》,1988 年, 第 2—3 期。

姚敏华：当然这仅仅是一种学术观点的简单分类，不十分准确，但我想我国人口学界确实存在着这三种意见，至于说把某位学者归入哪一类则不一定很准确。

梁中堂：您的这一分析有一定的依据，但我想如果您一定要分的话，我显然一直是后一类。

姚敏华：我认为您对中国人口形势的分析是比较一贯的，而且您在实践中也在努力验证您的分析。

梁中堂：说到人口形势，我比较同意大多数学者的看法，就是当前人口形势严峻。至于我国人口形势严峻形成的原因，我与许多人有不同的看法，我认为严峻就严峻在我国人口具体构成上。从人口构成上来说明1985年以来的生育高峰，是由我比较早地提出来的。1985年石家庄会议时我提出过，当然，更为明确和公开提出是1986年中国人口发展战略讨论会上。而在此之前，关于这个问题给中央写的一个报告中，我就澄清了我国计划生育和严峻的人口形势中的一些模糊认识，其中谈到人口为什么从1985年下半年以后回升。人口出生高峰究竟是什么原因造成的，我认为，人口出生率回升的根本原因是我国的人口年龄的特殊构成。这个观点不是我现在才讲，而是一贯的观点。现在形势严峻，我认为就严峻在这一点上。

姚敏华：您仍然坚持这个观点，仍用这个观点来分析人口形势，并据以研究人口政策？

梁中堂：是的，我仍然坚持这个观点。从另一个方面来说，我们的人口政策如果保持不变，很难应付目前面临的这种生育高峰。我过去有一种同您刚才讲的左中右三派较类似的说法，就是对现行政策有三种意见，一种是从右的方面，另一种就是从左的方面，中间的那种就是坚持现行政策。我从1984年以来就讲，现行政策如果踏步不动的话，就是所谓稳定政策的话，会面临两个方向的批评。一个方向是部分学者批评离开"一胎化"，认为政策往前走导致了人口回升；另一个方向，我们认为走得还不够，因为现行政策不能应付目前的这种人口形势。

姚敏华：您为什么这么讲呢，您的理由是什么？

梁中堂：我想，根本的原因要归结到人口形势的严峻，根子就是由于

60年代的那个出生高峰。这些人口开始进入婚育年龄,如果政策维持现状,她们的生育率水平平均2个多。这样就会形成今后从比例上来讲出生的多胎可能不太多,但从绝对数来讲会很多。这就是前面讲的形势严峻。在20世纪80年代初这几年,为什么出生人口比较少,每年的出生率不到20%,主要是因为进入婚育年龄的妇女少。

姚敏华:现在,人口学界在人口政策问题上的分歧从根本上说还是生几胎的问题,您是怎样看待这个问题的呢?

梁中堂:我担心的人口形势,并不在于生二胎,因为这个数是已定的数,就是说平均每个农村妇女生2个是无论如何压不下来的。问题在于生多胎上,按照现行政策稳定下来的话,恐怕解决不了过多的多胎问题。所以,我认为如果维持现状的话,危险就发生在这个方面。

姚敏华:我同意您上面的分析。但是,在我看来,在某个时期,稳定政策是必要的。我个人的理解是稳定为转变创造条件,没有一个稳定的阶段,一个再好的政策在没有充分准备的情况下一步到位,可能引发一些始料未及的问题。

梁中堂:您说的这个问题很重要。经国家计生委和山西省委、省政府批准后,我已在山西省翼城县搞了一个试点,您可以去看看。

姚敏华:我一直希望去这个试验县看看,我想这是您理论与实践相结合而做出的努力,经过一段时间的试验,您的理论是否在实际工作中得到了部分印证?

梁中堂:从这几年翼城县的实验来看,我是坚信这一点的。如果真的允许农民生两个的话,是有利于堵住多胎的。我们在翼城县搞了两次抽样调查,而且不仅计划生育部门搞,我1988年搞的抽样调查是让统计员而不是计生助理员搞的。翼城县可以作为我们国家这几年计划生育走过的一个缩影,它在20世纪80年代初期自然增长率下降4‰~5‰的水平,相当低,我开始搞试点时,根据统计报表上的数字,全县还有4000多对只生一个孩子的夫妇。他们自认为一胎比例比较高,因为翼城县曾是国务院准备授予的红旗单位,所以当时他们对政策执行得比较坚决。但根据抽样调查的数字,80年代初期妇女生多胎的比例在19%,这说明那些所谓生一个的,只是统计报表上的,实际上不是这个样。

姚敏华：您说的这种情况，我在南方也发现了。我到湖南省的长沙县，这个县应该说是一个比较好的县，经济比较发达。我到了一个工作先进的乡，发现独生子女的比例，即使在报表上也长期徘徊在 10% 左右。这明显地告诉我们，"独生子女"就像小河的流水一样，尽管总有水，但它是要流走的。也就是说当年的一孩，也许在明年或后年就要生二胎了，而来填补这个空缺的是新结婚新生育的夫妇。所以，尽管独生子女的比例保持在 10% 左右，但最后每对夫妇还是生了两个或三个孩子。我认为这种地区根本不存在一个独生子女群，这种情况在全国也是一个普遍现象。我记得 1985 年时，全国独生子女总数为 3500 万左右，但 5 年过去，现在仍徘徊在这个数。从理论上讲，全国人口增加了，即使农村独生子女绝对数没有增加，由于城市独生子女绝对数的增加，全国总量也应有所增加。这一点说明，农村独生子女的绝对量是下降了。

梁中堂：确实是这样。如果匡算的话，每年应该有 200 万或接近 200 万城市新婚夫妇。如果大中城市基本做到一对夫妇只生一个的话，每年至少要有 150 万左右的独生子女，全国的总量也要有相应的增长，但事实上并没有增加，说明农村大多数家庭生两个。我分析了翼城县 10 年的情况，80 年代初基本上是 19% 生三胎，到了 1985 年还有 12%~13% 生多胎，但到了 1988 年秋已降到 5%，说明妇女的生育水平是降下来了，这是我们推行试验后的结果。相反，周围的农业县，现在多胎一般在 13%~14% 以上，这说明放开二胎以后，控制多胎的工作好做了，这主要从以下几个方面可以说明，一是群众对政策比较拥护了，大多数的人如果让他们生较多的孩子他们也不愿意，一般认为生 2 个比较符合他们的意愿。我们曾经搞过调查，84% 的家庭认为生 2 个比较合适，这样就使绝大多数妇女的意愿满足了。再一个从干部做工作来讲，大多数干部也认为这样比较合理，好做工作，他愿意去做计划生育工作。另外，从精力上讲，干部也顾得过来，你要是真的只准生 1 个，那么绝大多数是想生 2 个，绝大多数要成为做工作的对象，这样我们精力就顾不过来。第三，同坚持只生一个观点比，我主张允许生 2 个，原则分歧在哪儿？实质是让生 1 个好堵多胎，还是让生 2 个好堵多胎。分歧的实质就在于此。放开生 2 个剩下百分之十几的想生多胎，你就全力做他的工作。相反你要把精力放在二胎上面，计划外二胎就搞得你手忙脚乱，多胎就更顾不上，多胎比率可能维持在这几年 20% 左右，或者是 17%~18%，高悬不下，根据现在抽样调查多胎率大约 17%，这 17% 与 1985、1986 年比也是一种下降趋势，但这种下降趋势也不完全是妇女生育水平低，还有年龄构成的因素，生育一胎和生育二胎的比例增长，生育三胎的比例现在比较少。生育二胎是在 26~27 岁以前，生育多胎的人口比较少，这几年多胎水平下降，还隐含着这一因素。

姚敏华：我看几乎绝大多数人口学家都对我国人口形势持一种谨慎的态度，但是，他们之间在为什么持这一态度上有很大的不同。有的学者是因为严格的"一胎化"政策变了而不乐观，也有的学者是因为政策开得还不够而不乐观。

梁中堂：我认为那种完全"一胎化"的主张是脱离我国实际的，是不符合我国的基本国情的，甚至可以说不符合任何一个国家的实际情况。就西方发达国家来说，也根本不存在一对夫妇只生一个孩子，这是脱离人类繁殖规律，一种臆想的理论，这样搞下去后果很严重。任何一种生物类群，都会本能地反抗这种压力。人口规律是社会规律，社会规律需要受人们意识的支配，所以根本不可能做到这一点。

姚敏华：我认为作为一项政策必须要有可行性，如果根本不可能实行，而你又拼命要去做，那么不仅可能劳而无获，而且可能引发许多新的矛盾。

梁中堂：实际上也是这样。就中国的情况来说，我国有 80% 的人口是农民。要农民只生一个孩子，那么到了晚年，他们靠谁呢？这并不遥远，农民也能看到，他们只能靠自己来解决未来的问题。自己解决问题，只有靠生孩子，到晚年后，由自己的孩子担起养老问题。现在还提出一些别的养老办法，都只能是学术上的探讨。

姚敏华：当前学术界在探索解决中国人口问题时，提出了一些新对策，有些学者还引入一些新机制。我个人认为，他们那种设想目前仍不很符合中国的实际，一是从经济制度来说，我国目前还是有计划的商品经济，而不是市场经济，在这种情况下，依靠经济的自发调控很难实现我们的目的，这是一个方面；另一个方面是经济机制对生育率的导向有利于人口控制，是有条件的，这就是人均国民收入又要达到一定水平，如果达不到这个水平,那么可能导向相反的方面,而我国尚未达到这个要求。

梁中堂: 我也有同感。从理论上抽象地来讲,他们说的也有些道理。但是,在实际工作中却很难做到。从教育、经济发展、福利等许多方面,我们都不具备条件。那样一种机制的运行需要相当有效的社会经济机制,那样高的水平目前不具备, 当然教育水平提高,人们的生育水平下降。但是,教育水平提高又谈何容易?养老问题也一样,你把那么点钱集起来,做几十年后的养老之用, 现在看来几十年后是较大的收入,但物价和总体生活水平的变化是很难估计的, 这点资金到那时可能起不了多大作用。20 世纪 50 年代二三百元是相当大的一笔钱,但现在二三千元也不是个大数。总之,从中国的现状来说,国家需要为农民提供政策,让农民自己解决自己的问题,这是唯一的途径。

姚敏华: 根本的一点是政策必须要为大多数人所接受,否则就会有问题。如果你的政策能让绝大多数群众接受,那么群众也能体谅政府。在生育政策上,现在看来政府要做点让步,那么群众也牺牲一点个人利益,这样才能达到政策本身所要达到的目标。

梁中堂: 前几年有一种假象,从统计报表上来看,好像大部分地方都做到了一对夫妇生一个孩子, 这实际上是群众和基层干部对付我们官僚主义的一种消极做法。一项不很切实际的政策也许最初还可以, 但要长久维持却不行,肯定会出问题。一个政策如果群众暂时接受不了,你也不应当强制执行,只能经过教育使群众接受它,才能行得通。所以政策不能脱离实际, 要有可行性。我认为制定计划生育政策一定要了解农民和农村的情况。有些同志认为要不要二胎、三胎,纯粹是一个生育观念,是多子多福的生育观念在作怪。我国农民的生育观念从总体来讲,已经有了很大的转变,可以说是根本性的转变。你看我这一代人的父母,一般都有六七个孩子(实际上生的当然还要多,只不过没存活这么多)。这是 40 年代的情况,到了七八十年代,就是我们这一代,基本上是生 2~3 个孩子,应该说是一种很迅速的或根本性的转变。

姚敏华: 所以不能指望这种转变发生后一下子都变成生一个,转变指的是从多生到少生的转变,但这正是一种根本性的质的变化。

梁中堂: 只生育一个孩子的生育观,作为一个民族或者一个国家的生育观,在目前世界上任何一个国家都没有。即使是西方发达国家中,生一个的比例较高,但从总体上看人们的生育观也不是一个。所以,把生育一个、两个孩子看作纯粹是传统观念在作怪,是不符合实际的。实际上人的生育行为是客观的规律性的反映。至于讲人口生育政策的完善,我作为一个学者有时认为,生育政策收紧,也就是说回到早些年的政策,也许不一定是坏事情。你强制只生一个,那么必然会造成客观的反抗,出现这种情况会导致矛盾激化,从而导致问题的彻底解决。我们许多同志主张稳定,这种稳定就是僵持。当然,这种僵持也是争取来的。同那种要回到只准生一个的主张比,稳定现行政策还是进步的。

姚敏华:说到这里,我有同感。适当的稳定是必要的,稳定并不意味着停滞,所以从生育政策上来说稳定是为完善准备条件。这个条件就是组织、物质和思想三个方面,一个新政策的实施执行起来也会有困难,1984年以来的完善政策就说明了这一点。所以,一项更好的政策出台也要作充分准备。基于上述理由,我支持一种缓变的政策,我说的"缓"就是给准备条件提供时间。

梁中堂:现在让农村独女家庭再生一个,我本来是不同意这么做的。但比较而言,这种政策毕竟比只准生一个的政策要好。好在什么地方? 好在有一半的人解脱了。但它对人口控制没有多大帮助,对人口高峰的疏导帮助不大。因为从政策上未解脱的另一半人的工作量仍然很大,如同现在正发生的那样,早生和多胎生育问题都难以顾及。

姚敏华:您希望政策的完善能一次到位,这当然很好,问题是我担心一次到不了位。您在这个问题上是不是还有别的考虑?

梁中堂:我为什么特别强调放开政策要迅速一步到位,原因是再过三五年可能出现大批的多胎生育,就是说现在那些生育一、二胎的到了生多胎的年龄,非常集中。如果她们按照现在妇女的生育率去生育的话,那就会出现我所担心的严峻人口形势。很多人对此没有充分的认识,没有看到它的危险性,而只是笼统地说面临生育高峰。所以,危险的不是一般意义的生育高峰问题,而是多胎问题,真正可怕的也在于此。

姚敏华:这就是问题的累积,生育的累积。你不让她生,她终有一天要生。这样,一旦这一天到来,可能是难以收拾的。看到应该做这一工作,但要做这件事,恐怕没有政策的调整和灵活性是不行的。

梁中堂: 我现在正在搞一个关于中国农村人口和计划生育的研究课题。从目前初步调查和分析来看,我们在农村生育问题上主要应抓多胎的问题。如果我们不讲政策因素,农村现在面临的一个大问题是管理问题,在有的地方就是长年没有人做这项工作。从表面看,从计生委主任到信息员都有,但他们很少能在那里搞计划生育,不少地方都是靠一年一次的突击,或者一年两次,利用农闲时间才抓一下。要知道,妇女受孕至今仍是一个很复杂的问题。人和其他动物不同,其他动物有一个发情期,而人或者说妇女则没有,这就需要经常做好避孕和节育工作。而现在这个经常性工作恰恰是最薄弱的,没有人去做。计划生育的重点在农村,农村需要有一支稳定的队伍,常年去抓。

姚敏华: 您在翼城县是不是这样做的?我认为在政策稳定时期和政策完善之前,要做的主要是这项工作。如果有了一支良好的队伍,思想认识上统一了,那么政策完善不仅可能,而且能真正收到预期的效果。

梁中堂: 我们在翼城县试图解决这个问题。具体做法是每个村都有三五个人组成的承包组,这个承包组同村民委员签订合同,并经过公证处公证,合同明确规定一定的指标,也给一定报酬,他们的报酬一般不低于村支书和村委主任。

姚敏华: 您这么搞当然很好,但经费是个大问题,您是怎么解决的呢?

梁中堂: 经费就是从村里开支,包括从计划生育罚款中来解决。除了这以外,还有一些其他来源。当然各个村的多少不同。除了用这个办法,还给承包组一定的必要权力,批宅基地、安排合同工等,也要经过他们投票。翼城县已搞了一年,但从效果上看,有接近 2/3 的村比较好,1/3 的村不太理想。这部分落后村,不仅计划生育工作搞不起来,其他工作也搞不起来。

姚敏华: 您的试点还遇到一些什么困难?

梁中堂: 困难是有的,翼城县是一个比较穷的县,经常连干部的工资都发不出来。比如我们有一项计划,就是独生子女优待,这需要县财政支持,现在兑现不了。给独生子女做一些体检也不能实现,所以我们主要依靠村里搞承包。我觉得农村实行计划生育,承包是从行政手段到管理手段的一个转变。

姚敏华：从现在情况来看，只能从管理上来做更多的工作，没看到这一点的同志，对人口形势和计划生育持悲观的态度是可以理解的。

梁中堂：我认为不管怎样，翼城县的群众是拥护现在的做法的。如果不以发展的眼光来看，是会认为这些工作没有意义的。

新的生育高峰——中国改革与发展
面临的契机①

从 1983 年开始,我国人口发展已经进入一个新的转折时期。这一新的转折是以可能发生的高出生率为特征的。因为以该年为界,过去的 10 年内,我国每年步入 20 岁的妇女仅 800 万左右,而之后 10 年内每年将有 1250 万名妇女进入婚龄。我们知道,数量多和年龄结构不合理,是我国现阶段人口状况的两个基本特点。新的潜在的生育高峰为我国经济社会发展提供了一个新的契机,如果能提高我国人口控制的领导艺术,将潜在的生育高峰加以抑制,我们不仅可以有效地控制住人口过快增长的势头,而且还可以为 21 世纪的经济社会发展提供一个好的人口结构。否则,我们不仅将遇到更大的人口出生洪峰,而且人口结构的畸形还要加剧,从而使今后我国的经济建设遭受更大的困难和挫折。

党的第十二次代表大会确定了 20 世纪末的经济社会发展目标,当经济社会发展目标(人口目标也是一种社会发展目标)确定之后,只要这种目标是科学的、合理的,关键就在于达到目标的政策的科学性及合理性了。

一、12 亿左右的人口目标是比较合理的

1982 年,党的第十二次代表大会将我国 20 世纪末的人口目标确定为

---

① 本文是 1990 年 1 月提交第五次全国人口科学讨论会(北京)的论文。

12 亿以内。1984 年 8 月,中央根据我国人口学界部分同志的建议,将 12 亿以内的提法改为"12 亿左右"。同"12 亿以内"的提法相比较,增加了弹性,更符合目前我国人口控制工作的发展水平和人口过程的本质。同时,根据我国人口学界的许多次预测,12 亿左右是我国妇女平均生两个孩子就可以达到的指标,这比较符合我国现阶段生产力的发展水平,也比较接近我国大多数群众的生育意愿。

比如,刘铮、邬沧萍、林富德等同志 1979 年在全国计划会议上提出的人口测算:

(1)如果按照 70 年代末计划生育工作水平,即农村多胎率占 30%,城市多胎率占 1.0%,2000 年的人口将接近 13 亿;

(2)如果能够做到每对夫妇只生两个孩子,2000 年可以把总人口控制在 12 亿;

(3)在杜绝多胎的基础上,逐步做到 20 世纪末城市有一半家庭只生一个孩子,农村 1/4 家庭只生一个孩子,2000 年总人口可达 11.8 亿;

(4)在杜绝多胎的基础上,如果城市有 2/3 的家庭、农村有 1/2 的家庭只生一个孩子,2000 年的总人口为 11 亿多一点。①

1980 年以来,宋健、于景元等同志曾做过几种测算,其结果和刘铮等同志的也大致相同。比如根据宋健、田雪原、李广元、于景元等同志在 1980 年初的计算:

(1)如果从 1980 年起,每个育龄妇女平均生育 3 个孩子,2000 年全国总人口将为 14.2 亿;

(2)如果平均生育 2.3 个孩子,2000 年的总人口为 12.8 亿;

(3)如果每个妇女平均生育 2 个孩子,2000 年的总人口为 12.2 亿;

(4)如果平均生 1.5 个孩子,2000 年的总人口为 11.3 亿;

(5)如果从 1985 年开始就能实现"一胎化",2000 年的总人口将为

---

① 刘铮、邬沧萍、林富德:《对控制我国人口增长的五点建议》,《人口研究》,1980 年第 3 期,第 3—4 页。

10.5 亿。①

1983 年,据宋健和于景元同志说,他们又用新的数据对我国人口重新进行了测算。②结果如下:

(1)妇女平均生育从 1982 年的 2.63 逐年下降,到 1984 年下降为 2.40,1990 年下降到 1.70,从 1995 年以后长期保持到 1.50。则 2001 年全国总人口为 11.9 亿;

(2)2000 年以前的条件及结果同(1);

(3)妇女平均生育率从 1982 年的 2.63 逐年下降,1984 年降为 2.40,1990 年下降到 2.0,2001 年的人口总数为 12.5 亿;

(4)妇女平均生育率从 1982 年的 2.63 到 1984 年后为 2.40,2001 年的总人口为 13.1 亿。③

1986 年夏天,于景元等同志为我们增加了一种新的测算,根据这次测算:

(1)实行控制总和生育率(1.5 胎),2000 年为 12 亿;

(2)实行增大生育间隔时间(2 胎),2000 年为 12.5 亿;

(3)实行生男即止(不许生第三胎),2000 年为 12 亿,如果允许生第三胎,2000 年为 12.4 亿;

(4)实行独生子女政策,2000 年为 11.9 亿。④

---

① 新华社 1980 年 2 月 13 日电讯:《自然科学和社会工作者合作进行人口研究——首次对我国未来一百年人口发展趋势作了多种测算》,《光明日报》,1980 年 2 月 14 日;宋健、田雪原、李广元、于景元:《关于我国人口发展目标问题》,《人民日报》,1980 年 3 月 7 日;宋健、田雪原、于景元、李广元:《人口预测和人口控制》,人民出版社,1982 年,第 160—161 页;宋健、于景元、朱广田、胡顺菊:《人口控制方略》,人民教育出版社,1984 年,第 92—93 页。

② 顺便说明一下,据宋健、于景元同志说,测算过程证明 1979 年底的测算尽管"由于当时缺乏全国生育状态统计资料",在计算方法上也稍有别于 1983 年的新的计算,但"对人口发展方程解的精度影响并不显著,对百年预报结果敏感性很小"。

③ 宋健、于景元:《人口控制论》,科学出版社 1985 年,第 236、247 页、244—245 页。

④ 据 1986 年 7 月 30 日《人民日报》转载当日出版的《中国科技报》。

几乎与此同时，国家科委签发的于景元等同志一份报告上的几种人口测算的数据：

（1）妇女总和生育率由 1982 年的 2.47 下降到 1990 年的 1.5，2000 年的总人口为 11.9 亿；

（2）以前相同，1990 年后为 1.8，2000 年的总人口为 12.4 亿；

（3）1990 年后为 2.0，2000 年总人口为 12.6 亿；

（4）1990 年后为 2.2，2000 年为 12.9 亿。

……①

此外，其他一些同志的测算也说明如果平均每个妇女生两孩子，2000 年的总人口可以维持在 12 亿左右。② 如马瀛通、张晓彤等同志在 1986 年的测算，如果 1987—1990 年妇女生育间隔为 2 年，1991 年之后间隔为 4 年，85% 的妇女生 2 个孩子，20% 的妇女生 3 个孩子，2000 年的总人口为 12.3 亿。③ 1985 年，我同马培生、张培军等同志的测算，（1）平均每个妇女生 1 个孩子，2000 年总人口为 10.6 亿；（2）平均生 1.5 个孩子，后者为 11.6 亿；（3）平均生 2 个孩子，后者为 12.4 亿；（4）平均生 2.3 个孩子，后者为 12.8 亿。如果实行晚婚晚育加间隔的生育办法，即使每个农村妇女生 2 个孩子，再加上 10%~15% 的多胎，而第一胎能在 23 岁生育，第二胎 29 岁以后生育，2000 年总人口也仅有 11.8 亿。④

从 70 年代末到 80 年代中，人口学界许多同志对我国人口测算的结果都充分表明，12 亿左右的人口目标是我国妇女平均生 2 个孩子就可以达到的，而每个家庭 2 个孩子，对于家庭来说，正好是简单再生产。这比较

---

① 国家科委：《关于我国人口增长趋势的报告》，1986 年 7 月 8 日，内部稿。

② 需要再次说明的是，宋健、于景元等主张"一胎化"政策的同志，多年来坚持的主张同他们的测算结果并不一致，即他们的多次测算结果都是每个妇女平均生 2 个孩子 2000 年的总人口不超过 12.5 亿，但他们却说只有每个妇女生 1 个，才能达到 12 亿。

③ 马瀛通、张晓彤、王彦祖等：《人口控制中的严格有效问题》，1986 年 10 月，未刊稿。

④ 梁中堂：《按照晚婚晚育加间隔生育办法测算我国人口的情况的报告和建议》，见拙著《中国人口问题的"热点"》，中国城市经济社会出版社，1988 年，第 281 页。

符合我国经济社会发展水平，特别是比较符合我国大多数农村的生产力发展水平。所以说，12亿左右的人口目标是比较合理的。经过全国人民的努力是可以达到的社会发展目标。

二、我国妇女的生育现状及对策

我国妇女的生育水平在新中国成立后的近40年里，变化很大。50年代，我国妇女的总和生育率在5.8~6.4之间徘徊，最近几年已经下降到2.4~2.6的水平上，但是，这样的水平距党的12亿左右的目标来说，还是很不够的。当前，我国妇女的实际生育状况是，大中城市每个家庭基本上只生一个孩子，县镇人口中的市民仍有50%左右的家庭生了2个孩子。农民家庭普遍2个孩子，部分有3个以上的孩子。

如果从地理区域上来划分，也可以明显地发现经济社会发展状况对妇女生育水平的制约。除了大中城市基本上每一育龄妇女只生一个孩子外，妇女生育水平比较低的仍然是工业基础较好、城镇化程度高的江浙地区、东北三省以及四川省的平坝地区，占全国总人口的20%~30%。生育水平最高的地区是文化落后、经济社会发展水平低和偏离城市的山区、农牧经济区，特别是广东、海南、广西、云南、贵州、四川、甘肃、宁夏、青海、新疆、内蒙古等省区的少数民族集聚的地方，占全国总人口的10%~20%，这些地区的妇女在其决定不再生育时，大都已生了3个以上的孩子。在其他约占总人口60%的地区内，绝大多数妇女都生了2个孩子，部分妇女也仍然生了3个以上的孩子。

如果仔细分析最近几年人口控制工作做得好的江苏、浙江、东北三省及四川的平坝地区，实际上大多数农民也拥护2个孩子。因为，把江浙、东北三省及四川等省同一些农民实际上普遍生了二胎省区加以比较，就不难发现这些省的人口控制工作好主要地还不是农民少生了二胎，而在于这些地区的城市人口比例高，非农业人口多和农民生多胎的比例要少些。

读者不难看出，前后两组生育状况主要差别存在于第一胎和多胎问题上，二胎的生育比值较为接近。如果后一组的省份能将多胎的比例下降到第一组，即使仍然让农民普遍生二胎，也可以把人口控制工作提高到目前第一组的水平上。

表 1　部分省区 1987 年生育胎次比较　（单位:%）

	一孩率	二孩率	三孩率
江　苏	65.93±3.13	27.15±2.55	6.29±1.57
浙　江	66.72±2.72	29.71±2.60	3.57±1.07
辽　宁	67.78±3.23	30.79±3.02	1.43±0.70
吉　林	69.83±3.21	26.17±2.82	4.00±1.49
黑龙江	62.87±3.24	28.51±2.68	8.62±1.87
四　川	60.75±2.72	32.53±2.45	6.72±1.47
山　西	47.22±3.24	33.31±2.66	19.47±3.21
内蒙古	50.99±3.74	35.56±3.00	13.45±3.08
安　徽	51.82±2.65	31.30±2.18	16.88±2.00
福　建	48.37±2.76	32.77±2.65	18.86±2.30
江　西	44.06±2.38	32.45±2.16	23.49±2.09
山　东	53.66±2.84	34.80±2.40	11.54±1.86
湖　北	44.67±2.57	39.25±2.40	16.08±2.09
湖　南	50.27±2.34	36.66±2.11	13.07±1.63
陕　西	44.73±2.77	33.47±2.37	21.08±2.66

资料来源：国家计划生育委员会 1988 年 2‰生育节育抽样调查手工汇总

根据最近几年的抽样调查资料分析，当前我国农村妇女生育的主要问题表现在三个方面:第一，早婚早育。据国家统计局 1987 年 1%人口抽样调查，在男 15~21 岁，女 15~19 岁人口中，已婚人口占 4.91%，1987 年女性平均初婚年龄比 1982 年下降了 1.79 岁，仅 21.01 岁。据 1986 年国家统计局的抽样资料计算，该年 15~19 岁不足法定婚龄的妇女人口中，已经有816 万人有了一个孩子。1986 年我国 15~19 岁早婚妇女生育率为18.85‰，是 1982 年同年龄组生育率 6.12‰的 3 倍。据推算，在 1986 年当年新出生的孩子中，有 116 万是 15~19 岁的妇女生育的。第二，生育峰值年龄段提前。60 年代，我国妇女生育的峰值年龄段在 21~24 岁。70 年代后期到 80 年代初，生育峰值年龄段提高到 25~29 岁，最近几年又提前到21~24 岁。据国家统计局的抽样调查，1987 年同 1981 年比较，无论在城市还是农村，妇女生育峰值年龄都提前了 2~3 岁。据目前我国人口的年龄性别结构推算，妇女生育峰值年龄每提前一岁，即相当于有 2000 万妇女提前生育。同时，因为早育和生育峰值年龄的提前，生育二胎及多胎的间隔密度缩小。据辽宁省的 1987 年 1 % 人口抽样调查,1986 年到 1987 年的一年半时间里,生两胎的妇女占 15~49 岁有生育能力妇女的 0.08%。第三,多胎生育比例仍然偏高。目前, 多胎生育的比例在各年新生婴儿中还比较高。据国家统计局的抽样调查,1987 年的多胎比例占当年新生儿 8.23%,国家计划生育委员会生育节育调查为 14.95%。以国家计划生育委员会的资料计算,1987 年仍有 370 万属于多胎生育。从以上分析不难看出, 如果我们能够解决早婚早育和多胎生育问题,我国人口出生率就足以下降 5 个千分点,使人口自然增长率下降到 11‰ 左右。如果考虑到晚婚晚育的作用, 每个家庭的结构不经大的改变, 人口过快增长的势头仍然可以得到抑制。

现在的问题是, 如何才能有效地解决早婚早育和多胎生育。我们认为, 只有在农村放开二胎, 才能全力以赴将力量投入到解决早婚早育和多胎生育问题方面。否则, 如果我们将生二胎就算作 "违犯计划生育政策", 因为绝大多数农民必然地要生二胎, 所谓计划外的二胎同多胎问题、早婚早育问题混淆在一起, 势必形成二胎管不住, 也没有多少精力抓早婚早育和多胎生育问题。相反, 如果我们将二胎放开, 把主要精力放在抓早婚早育和多胎生育问题上, 即便措施再强硬一些, 也不会脱离群众。

三、需要解释的几个问题

(一) 我们多年来一直主张要在计划生育工作上取得主动, 关键在于农村放开二胎。这是否造成人人生二胎? 是否是新的 "一刀切"? 我认为不是这样。由于我国特殊的管理体制、观念及统计口径等方面的原因, 我国农村及农民的概念是有很大片面性的。在西方一些国家, 凡属 3000 或 5000 人口的集中居住地, 在统计学上就可以称之为城镇。而我们的城市、镇等主要是国家行政管理体制上的概念, 基本上不包含居民生活环境的内容, 也不反映居民经济文化生活的水平。即使江浙靠近上海的郊区县, 哪怕 100 余万人口的县城, 只要国务院未批准为市, 仍要称作 "农村"。在一些发展中地区, 由于发展规划或改革试验的需要, 一些区改为市的建制, 即使居民生活仍然如初, 也可称之为 "市"。这样, "农民" 已经不是一个反映其职业的概念, 而是看是否持有城市市民户口。现在, 我国人口中不少虽然是"农民"，但却不从事农民职业的工作。特别是经济文化发达地区，这样的"农民"的比重都很高。所以，我们说的农村、农民，是指还未完全从自给自足的自然经济状态中走出来的以农业收入为主的居民。这些居民基本上还是与旧的生产方式相联系，国家和社会还不能为其做很多的帮助，其经济文化生活的社会化发展水平都还相当低，其生存生活仍然要依赖家庭。至于经济文化发达地区中已经同土地脱离关系，或者已经基本同土地脱离关系的"农民"，并不是真正概念上的农民了。当然，我们应该对其有一个划分标准，这个标准就是视其经济收入的主要来源，看其是否主要以土地为生。不难看出，这里的标准仍然是以商品经济发展的程度为标尺的。

根据这样的原则，即使我们在农村放开二胎，现在全国约30%的第一类地区如京津沪三市、江浙地区、东北三省、四川平坝等，农村的人口生育状况大致一胎率将占30%以上，生二胎家庭占65%，生多胎的不超过5%。第二类即占全国总人口60%的广大地区，因为非农业人口仅占这些区域的20%左右，农村一胎率大都在20%以下，二胎率占70%，多胎率占10%。第三类地区，因为仍有10%以上的国家职工、城市居民户，所以一胎率仍有10%左右，50%的家庭生二胎（这些地区中汉族仍为一半左右），40%左右仍为三胎。

我们从1985年起就反复说过，农村放开二胎是一个总的原则，其具体方法上仍然有涉及时间、比例等方面的很多技术问题，都需要专门加以研究。

（二）1988年5月份，西安交通大学召开了一次关于美国人口学家苏珊（Susan Greenhalgh）的人口思想讨论会。会后有些同志提出即使生二胎，我国人口到2000年仍然要突破13亿，还有的同志提出将接近13亿。我认为，这就看政策如何执行。如果在农村很快放开二胎，2000年12亿左右的目标还是有希望的；如果不放开就可能要突破13亿。因为只有放开二胎才是从根本上解决我国早婚早育和多胎生育问题的根本措施。

在具体的测算问题上，我们往往为现在已经达到的11亿所迷惑，认为11年剩下不足1亿的指标，而似乎这几年每年净增1600万以上，无论如何12.5亿打不住了。其实，在目前11亿中，最近几年新出生的近1亿人口中,有不少属于早婚早育提前出生的,这些应该是 1990 年或以后各年出生的孩子,但却出生在此之前。如果政策合理,我们疏导人口出生时就可以逐渐随着年度计划"吃掉"这些提前出生的人口。根据多年的人口测算,平均生 2 个孩子可以达到 12 亿左右。我们现在计算一下从 1982 年人口普查以来,究竟有多少属于"平均生 2 个孩子"以上的。在每个育龄妇女的年龄组里,20%左右为城市市民,这部分基本上属于"一对夫妇一个孩"。而农村中生多胎的妇女以 25%计,冲去城市 20%左右生一个的比例,每年超过"平均生 2 个孩子"的新生儿仅占 5%左右,人口总数不足 100 万。也就是说,最近几年起 12 亿指标计划的人口不足 1000 万。只要很快完善政策,"12 亿左右"还是有希望的。否则,早婚早育,加之现在每年超过"平均生两个"的 100 万左右的多胎,2000 年的人口前途很可能就是接近 13 亿。所以,20 世纪末总人口是 12 亿左右还是 13 亿,关键在于农村实行什么样的人口政策。

许多同志在具体的计算中往往用某一年或某几年的生育动态来评论 20 世纪末的人口目标。最近几年人口回升,比如 1986 年的人口出生率达到 22‰左右,1987 年达到 23‰左右,有的同志从这里引出人口指标将被突破的结论,我以为是不正确的。我认为这几年的人口回升基本上是正常的,其中有一定的不正常因素,这就是超过终生生二胎以上的多子女家庭和早婚早育现象。除了其中部分不正常因素,造成回升的绝大部分因素是合理的,这些回升早已包含在 20 世纪 80 年代初的 10 亿人口基数到 2000 年 12 亿人口目标之间的差额之中。我们不能用某一年的人口出生动态来衡量长期的人口目标,因为某一年或某几年的人口出生动态可能有许多具体的偶然性因素,而这些因素又往往是在今后的发展中能够剔除的。

(三)几年来,有一种倾向,总是企图将历史拉向后转,从而在客观上阻止了我国计划生育政策的进一步完善。根据这一观点,1980—1984 年的低出生率不是由于我国人口年龄性别的特殊构成,而是由于某些同志鼓噪的"一胎化";同样根据这一观点,1986 年以来的人口出生率的回升,也不是由于人口年龄性别构成,而是因为进一步完善了人口生育政策,或者更具体点说,我们正在经历的人口生育高峰是因为执行了"开小口、堵大口"的生育政策。同其他许多事物一样，人口现象并不一定直接反映本质。由于一般的人并不懂得人口生育动态同人口年龄性别构成的因果关系，特别是人口构成是深伏在人口变动等现象之后的东西，难于被人们直接觉察，所以这样的观点在社会上有一定的影响。加之最近半年来，宣传这一观点的人又把赵紫阳的问题牵扯进去，使这一学术问题具有了政治色彩，使得问题更加复杂化了。但是，从科学的角度说，这个观点是不能成立的。

首先从命题说，这一理论观点本身就很片面。我国人口出生动态呈下降趋势并非是从 1980 年始到 1984 年的几年时间，而是从 1976 年始到 1985 年 10 年多的时间。因为，无论人口出生率，还是妇女总和生育率，都是从 1976 年开始就有明显的下降。根据国家统计局的资料，1976—1979 年的我国人口出生率比 1981、1982 年的还要低。[①] 美国人口学家寇尔（Ansley J. Coale）根据国家计划生育委员会 1982 年做的全国 1‰人口生育抽样调查资料的计算，1977 年始我国妇女总和生育率已下降到 3.0 以下，其中 1979 年总和生育率同 1982 年的水平相等。[②] 1980—1984 年的人口生育动态，既不是那一个时期我国人口出生率下降的开始，又不是那次低生育时期的谷底。即使从生育的绝对数来讲，1976—1980 年，我国每年出生的人口仅 1700 万~1800 万，而 1981 年之后，我国每年出生的人口又都在 2000 万以上。所以，仅仅把推行"一胎化"的 1980—1984 年抽取出来，说是这些年人口控制住了，是不科学的。

其次，用人口出生率和总和生育率作为衡量人口控制水平的标准，是不科学的。我们知道，粗出生率是指每千人中的出生人口，而对每千人口中的育龄妇女人口占多大比例则并不加以考虑。但是，在一群人中，育龄妇女的多少，则决定着出生人口的数量。此外，妇女总和生育率虽然是比粗出生率要精确的人口指标，但是，它不仅仅是一群妇女在一定时期内的分年龄生育水平的算术和，至于这群妇女生育的胎次状况如何，则仍不加考虑。无论一名或一群妇女，就其生育控制来讲，只能是两个方面，一是

① 据《中国统计年鉴》(1987)。

② Ansley J.Coale, Rapid population Change in China, 1952—1982.

生育的胎次是多少,二是生育的时间早或晚。而粗出生率和总和生育率,都无法反映出这两方面的情况。运用这两个与人口构成和妇女生育胎次不直接相关的统计指标,同没有人口知识的人一样,总以为一个时期里出生的人口少了,就是社会控制水平高了;相反,就是控制水平下降了。

应该特别指出的是,近 10 年来,我国人口出生动态所呈现出的另外一种事实:在 80 年代推行"一胎化"时,我国妇女生育水平要比现在高。1984 年中央 7 号文件以来,由于各地生育政策比较过去合理了,实行"开小口、堵大口"的办法,人口控制水平较之过去提高了。说明这一客观事实的证据有以下几个方面:第一,1985 年之后的多胎比例较之 80 年代初降低了。1981 年是我国推行"一胎化"最有力的年份之一,但根据国家计划生育委员会做的全国 1‰ 人口生育抽样调查,该年出生的多胎人口占全年出生人口总数的 30.98%。即使按照 1982 年的人口普查计算, 当年多胎率仍高达 27.15%。1984—1986 年, 多胎率分别为 19.56%、19.75%、17.81%。① 如果以此比例计算,1981 年共出生多胎婴儿 550 万,1984—1986 年则分别出生多胎婴儿 355 万、368 万和 391 万。无论怎样说,出生多胎的绝对数是下降了。

表2　1981、1986 年 15~64 岁妇女分年龄段
平均每一妇女活产子女数

	1981 年平均每一妇女活产子女数	1986 年平均每一妇女活产子女数	1981 减 1986 年平均每一妇女活产子女数
15~19 岁	0.01	0.02	—0.11
20~24 岁	0.42	0.53	—0.11
25~29 岁	1.59	1.48	0.01
30~34 岁	2.76	2.13	0.63
35~39 岁	3.80	2.88	0.92
40~44 岁	4.64	3.78	0.76
45~49 岁	5.37	4.54	0.84
50~54 岁	5.68	5.18	0.50
55~59 岁	5.54	5.46	0.08
60~64 岁	5.27	5.26	0.01
总计	2.62	2.27	0.35

---

① 根据国家统计局 1985、1986 和 1987 年的抽样调查资料计算。

第二，比较我国 15~64 岁妇女活产子女数，1981 年绝大多数年龄组的妇女比 1986 年同年龄组都拥有较多的孩子。下面是根据 1982 年全国人口普查资料和国家统计局 1987 年全国 1% 人口抽样调查资料分析比较，说明 1986 年我国妇女比 1981 年生育水平有了明显的下降（见表 2）。此外，表 2 还表明，除 15~19 岁和 20~24 岁组的妇女生育水平有提高外，其他年龄组的妇女在 1986 年比 1981 年都有了很明显的下降。

第三，比较 1981 年和 1986 年的妇女生育率，1986 年绝大多数年龄组的育龄妇女都比 5 年前生育水平降低了（见表 3）。

表 3　1981、1986 年两个年度 15~49 岁妇女年龄别生育率

	1981 年妇女 年龄别生育率	1986 年妇女 年龄别生育率	1981 减 1986 年妇女 年龄别生育率
15~19 岁	6.2	18.9	−12.7
20~24 岁	144.6	208.1	−35.5
25~29 岁	243.6	156.3	87.3
30~34 岁	85.6	62.7	22.9
35~39 岁	32.9	19.5	13.4
40~44 岁	14.0	6.3	7.7
45~49 岁	3.2	1.2	2.0
年生育率	82.4	80.7	1.7

第四，如果以上情况还不能准确说明我国妇女在 80 年代中期比 80 年代初期的生育水平有了很大的降低的话，比较 1981 年和 1986 年的妇女分胎次生育状况，则完全可以说明这一问题（见表 4）。

表 4　1981、1986 年两个年度育龄妇女分胎次生育率

	1981 年度 育龄妇女分胎次 生育率	1986 年度 育龄妇女分胎次 生育率	1981 减 1986 度 育龄妇女分胎次 生育率
第一胎	38.9	42.1	−3.2
第二胎	21.1	24.5	−3.4
第三胎	10.6	8.5	2.1
第四胎	5.4	3.1	2.3
五胎及其以上	6.3	2.5	3.8

　　分胎次生育率的分析比较充分说明，1986 年我国育龄妇女比 1981 年生育的第一、二胎比率略有提高，而生育的多胎比例都有较大幅度的降低。① 多胎生育的比例下降，正是我国计划生育工作水平提高的结果。

---

① 在分析这个问题时还应考虑到各年进入初婚、初育年龄的妇女数量方面的差别。

　　——2004 年 3 月 26 日注。

在生育政策问题上
只能前进不能倒退①

一、"晚婚晚育加间隔生育办法"不是"两胎化"

晚婚晚育加间隔的生育政策是在提倡晚婚和提倡一对夫妇只生一个孩子的前提下，要求城乡妇女的生育水平限制在大中城市基本做到每个家庭只生一个,农民家庭生两个孩子,而第一、二个孩子的间隔要适当延长,一般平均间隔 6 年。

如果能执行这样的政策,全国妇女生育状况大致会平均两个,因为大中城市一个、农村普遍两个,个别农民及少数民族 3 个。加上晚婚晚育和二胎生育的推迟,都有可能使我国的妇女总和生育率水平低于 2。

不难理解,这样的生育政策并不是"两胎化"。大中城市不是两胎,农村提倡生一个。此外,根据我国的经济文化水平,计划生育管理程度及节育技术服务设施还不完备,以及少数民族等,都不可避免地还会有多胎。所以说,我们坚持"两胎化",也搞"一刀切",是一种误解。

二、我国人口生育政策的依据

这里只说客观依据。我国人口生育政策只能从我国的国情出发,制定适合我国实际情况的生育政策。一方面,我国人口增长太快,每年出生的绝对数太大,经济社会发展水平低,特别是社会管理水平不适应,所以形

---

① 本文根据 1990 年 1 月 5 日至 9 日作者在中国人口学会第五次全国人口理论科学讨论会(北京)的大会发言、会议期间的几次交谈及大会辩论发言。

成人口与经济发展方面的巨大矛盾。控制人口过快增长，是我国现阶段人口生育政策的一个基本原则。

但是，我们说控制或抑制人口的过快增长，也不能说把我国妇女生育水平压得越低越好。从生物类群繁衍看的人口生产和再生产，人口过程不过是一种特殊的物质运动，是一种生命载体的无限延续的过程。但这一无限的或永恒的延续都是通过一个个短暂生命的个体实现的。作为一个个有生命的个体从其母体分离（即出生）开始到死亡，要分别历经"出生—发育—成长（繁殖）—衰老—死亡"等六个阶段。自从私有制产生之后，有生命的单个人的这些生理过程都通过一定的家庭形式来完成。而家庭作为一定的组织形式，社会的细胞，其经济生活的方式又有其大致的确定性。比如，也许资本主义社会中贫困家庭的生活也要比封建社会、奴隶制社会中的一般农民、奴隶生活水平高。但是，如果贫困家庭的生活水准在长时间内低于社会平均水准，就可能无法忍受。也就是说，每个时代的家庭都有其传统的、能够为社会接受的存在方式。我们现在的家庭仍然承担着公民的生育和养老的职能，特别是广大农村，国家还不能给农民较多的帮助，在一定程度说，我们只能给农民以合理的政策，然后由农民自己解决自己日常生活中的具体问题。为了不使农民家庭的生存有较大的波动，我们就只能让农民生两个孩子，使家庭维持其简单再生产。我国的农业条件差，每个家庭的实际生活至少需要有一个男性强壮劳动力，这是十分现实的，这是由我国的国情决定的。

三、经济文化状况决定人口状况是历史唯物主义的基本原理

有人说经济发展了妇女生育水平低是资本主义的经验，并把坚持这一观点的同志说成是"照搬资本主义国家的经验"。其实，这不是资本主义国家的经验，而是资本主义国家的历史。资本主义国家的领导人并没有有意识地要他们的妇女不生孩子，相反，他们往往是企图鼓励妇女们生孩子，是这些国家的妇女们不愿意多生。所以，与其说发达国家妇女生育水平下降是资本主义国家的经验，不如说是资本主义国家的历史验证了马克思的历史唯物主义。早在资本主义产生和发展的初期，当资本主义的人口也如今天发展中国家一样日益膨胀的时候，马尔萨斯等资产阶

级和大土地所有者说是老百姓生孩子造成了他们的贫穷，造成了资本主义的人口过剩，马克思批驳了这一荒谬的观点，提出经济文化状况决定人口状况，是资本主义生产方式造成了贫穷人口问题，造成了人口过剩。现在，资本主义国家人口生育水平的下降，一方面说明了生产方式的变化导致了传统家庭及妇女生育水平的变化。传统的自然经济和死亡率刺激高生育率，商品经济的高度发展要求小家庭和低死亡率从而造成妇女生育水平的下降。另一方面，工人的生活水平和教育水平的提高，都导致妇女生育水平的下降——证明马尔萨斯对穷人的指责是无道理的。

此外，从我国的现实来说，经济文化比较发达的地区人口控制水平高，妇女生育水平比较低；经济文化落后的地区人口控制水平低，妇女生育水平高，这也是事实。我们不能说经济文化水平低的地区老百姓不听话，干部能力低；相反，发达地区的老百姓听话，干部能力都很强，等等。事实是，这些情况说明，经济文化状况决定人口状况，这是对历史唯物主义的验证。

四、我们能不能"超经济"控制？

有人提出"超经济控制"，其目的是为当前计划生育中的过严要求制造理论依据。提出"超经济控制"貌似有道理，首先我们国家很穷，但生育水平比发达国家低，其次我国城乡不管经济差别而政策相同，控制水平也应相同。其实，这都是误解。第一，人口控制不过是社会在人口的生产和再生产方面开始由必然王国向自由王国的过渡和发展，为什么人口的控制在社会主义现阶段才发生，而不是在此之前？说到底，还是一个经济社会的发展问题。也就是说，人口控制本身就是经济文化发展的结果。没有经济文化的一定发展，是谈不上人口控制的。第二，人口控制的水平如何，也要有一定的经济前提。新中国刚成立时，我们没有提计划生育，即使开始讲计划生育，可能成效也会很小。一方面我们科技水平还不能研制出有效的避孕药具，二是1亿多的妇女市场，我们也供应不起。70年代后蓬勃发展的计划生育，一是国内外大量的先进药具的出现。二是我们经济发展了，满足大多数育龄妇女节育的经费还是可以保障的。第三，我们虽然采取了强有力的措施，这一系列措施包括行政的、经济的、立法的等多渠道和多形式的社会行为，但其控制效果还达不到发达国家的水平，说明经济仍然是基础。第四，我们进行了 10 年的"超经济控制"，但从实际效果上并没有奏效。10 年来，不少同志对"一胎化"梦寐以求，能用的办法都用了，却从来未达到目的。老百姓也不是不为，而是不能。第五，就是我国的人口动态也反映了我们向往"超经济"，但却无法实现。比如我国经济较发达的各大中城市，以及江浙地区、四川的平坝、东北的松辽平原等人口控制效果都较好。而广大农村、边远山区及少数民族聚集的地方，人口控制效果往往都差一些。说明我们自己无法"超经济"。第六，就是主张"超经济控制"的同志，自己自觉不自觉地还是离不开经济。他们还要依靠经济手段，所以，希冀"超经济"的想法有点像企图抓住自己头发将自己拔高一样，仅仅是一种幻想。科学的态度只能是实事求是地承认我国的现实，制定符合我国实际情况的政策，把人口控制的基点也放在现实的基础上，不抱不切实际的幻想，脚踏实地地做点工作，这可能是最有效的人口控制。

五、有关当前的人口形势

有人将 1980 年以来的 10 年划分为两个阶段，说 1980—1984 年人口形势很好，1985 年以来人口失控。这种观点是不能成立的。从现象上看，1980—1984 年每年人口出生数比 1985 年以来是少，但如果认为人口生的少了，就说人口控制得好，生得多了，就说人口控制得差，这就不需要人口科学了。人口控制水平不应以人口出生多少来衡量，因为人口年龄性别构成不同，相同的控制水平，出生人口就大不相同。人口控制水平应从妇女生育水平等方面得到反映。如果这样看，我国的人口控制工作是越来越好。这从近 10 年的所有调查数据都可以得到说明，比如我们使用 1982 年人口普查和 1987 年国家统计局 1% 人口抽样调查的数据分析：

第一，1980—1981 年并没达到如有些同志所鼓吹的"一胎化"，相反，1981 年作为推行"一胎化"政策极为严厉的年份之一，该年出生孩子中一胎率为 47.25%，二胎率为 25.60%，多胎率为 27.15%。1986 年这三个比例分别为 52.15%、30.35%、17.50%。在这些年份里，人们从统计报表上得到的一胎率数字要远远高于此数，如 1982 年的统计该年胎次比例一胎为

61.21%，二胎为 23.68%，多胎为 15.11%，给人造成"一胎化"政策控制住了人口的印象。其实，根据统计局的抽样调查，1984 年的控制水平也没有这么高。

第二，1984 年之前每年出生人口的绝对数要比 1985 年之后少，但每年的多胎人数却比后者多。如 1981 年出生的多胎为 550 万，1986 年仅391 万。

第三，比较 1981 年和 1986 年两个年度 15~64 岁妇女平均每人的活产子女数，1981 年每一妇女平均活产 2.62 个孩子，1986 年活产 2.27 个，平均每个妇女下降 0.35 个孩子。说明几年来中国妇女平均生的孩子数减少了。

第四，比较 1981 年和 1986 年的妇女生育率，总出生率由 82.4 下降到80.7，降了 1.7 个千分点。

第五，再比较 1981 年和 1986 年的妇女分胎次生育率，第三胎由 10.6降到 8.5，第四胎由 5.4 下降到 3.1，五胎及五胎以上由 6.3 降到 2.5。

这没有什么奇怪，从 80 年代初以来，政策比较合理了，计生系统的组织机构更充实了，计划生育的必要性深入人心，节育技术网络更健全了，人口控制的水平怎么会不提高呢？如果说这几年的生育控制水平提高了也可称之为"失控"，那么，我们甚至可以说我国的人口从来就没有控制住过。

六、关于翼城县试点

去年我国经历了那场政治风波之后，有人说翼城县"晚婚晚育加间隔"的实验是赵紫阳的计划生育试点。这显然是企图把学术问题政治化。晚婚晚育加间隔生育办法是由我在 1979 年全国第二次人口科学讨论会上提出来的。1984 年春节，我给中央书记处总书记胡耀邦同志呈送了一篇《把计划生育工作建立在人口发展规律的基础上》的研究报告，建议用"晚婚晚育加间隔"的生育政策取代"一胎化"的生育政策。中央将我的研究报告批转到国家计划生育委员会后，中国人口资料情报中心的马瀛通和国家计划生育委员会政策法规处张晓彤按照我提出的允许每个家庭生育 2 个孩子，但必须实行晚婚晚育的办法对全国的人口进行了测算后，又给中央写了《人口控制中的若干个问题》。该文除了指出 20 世纪末人口目标应该增加点弹性外，同时肯定我提出并向胡耀邦建议的晚婚晚育加间隔的生育办法。赵紫阳和胡耀邦先后批示同意该报告的观点，并提议由主管部门测算后替中央起草正式文件在全国实行。1985 年春节，我在有关部门没有动向的情况下，又给中央写了要求选择一两个县进行试点的报告。后经国家计划生育委员会和山西省委省政府批准，在山西省翼城县进行了"晚婚晚育加间隔"的生育实验。

应该承认，翼城县从 1985 年试点以后，赵紫阳对试点效果是十分关注的，是支持试点工作的。但是，我们不能把赵紫阳的支持当做反对翼城实验的理由。赵紫阳作为一位在我国先后担任过国务院总理和中共中央总书记的党和国家领导人，曾决定和参与过许多重大事情。我们不能，也不允许因为他的领导或者参与就否定那些事情本身。尤其我们学术界企图借用赵紫阳而否定翼城实验，实际上是把学术政治化，是一种学术上软弱无力的表现。

七、中国人口向何处去？

第一，在当前对待新的生育高峰的对策上，存在高低中三个方案或对策，而控制的效果将会是突破 13 亿、接近 13 亿和 12 亿左右三种。即形式上紧的"一胎化"方案突破 13 亿，维持现状接近 13 亿，在农村放开二胎可使人口控制在 12 亿左右。

第二，这样的分析是从当前人口状况的实际出发的。农民普遍生二胎，不论我们执行什么样的政策这一事实都是不会改变的。我们说过，人口学界的所有预测证明妇女普遍生二胎是 12 亿左右；所以真正的威胁是多胎，看哪个方案有利于堵多胎和实行晚育。"一胎化"主要工作对象是90%以上的农民，我们的精力和管理水平达不到，所以二胎普遍生，多胎没人管，势必大乱，完全失控。维持现状对缓和党群关系有一定作用，但对总人口 80%的广大农村一半人不起作用，即精力还要对付"独男户"，而这个"独男户"要生二胎是很难阻止住的，这会形成事倍功半的效果。只允许农民生两个，然后提倡一个，提倡晚婚晚育、延长生育间隔，把主要精力放在多胎问题上，会得到大多数人的拥护，干部好做工作，生多胎的人孤立，社会逐渐形成少生的风气。

人口学研究三题①

一、我国妇女生育水平正处在一个下降过程中

我不大理解现在许多人口学家的思维方式,当然,对于一些记者的思维方式是可以理解的。因为记者的思维特点是敏捷,笔调是渲染,所以总是把人口形势说得严峻加严峻,以此增强新闻性。但作为学者就不能把自己降低以放到这样的层次上。现在人口学界也总说形势严峻、人口失控。我不理解作为人口学研究人员,在向人们宣传这种观点时,他是否研究过,或者分析过中国妇女在近 40 年来的生育率变动的历史?因为只要稍微分析一下我国妇女生育率的变化始终是很规则的:第一,总和生育率一直处于下降的过程中,即使这种下降是通过摇摆来实现的。并且,公正地说,我国妇女总和生育在下降的总趋势中,摆动的幅度一直很小。第二,我国农村妇女生育率变动一直尾随城市之后,相差 15~20 年。50 年代城市妇女总和生育处于 5.0~6.0 之间,70 年代初农村妇女才达到这样的水平;经过 10 多年即 60 年代末 70 年代初,城市妇女的生育水平降到 2.4~3.5,农村妇女在走这段路时则到了 70 年代后期,以至于整整一个 80 年代还没有走完。第三,我国城乡妇女生育率下降的轨迹是由较高胎次依序首先下降,达到一定水平才开始出现较低胎次的下降。比如按分胎次的生育率的变动,50 年代妇女的生育率下降主要依赖于 4 胎、5 胎、6

① 本文是在国家计划生育委员会和中国人口学会联合召开的 1990 年夏季人口学研讨会暨人口专家委员会(密云)的几次发言。

胎以及 6 胎以上,到 60 年代,6 胎以及 6 胎以上比例已经很低,其生育率下降则主要依赖于 3 胎、4 胎、5 胎以及 5 胎以上的生育率的降低。到 70 年代,5 胎以及 5 胎以上的生育率城市已降到 0.5 以下,所以这时的生育率下降主要是 2 胎、3 胎以及 4 胎。农村的妇女生育率下降也是沿着这个轨迹,从 60 年代开始,先是 6 胎以及 6 胎以上,4 胎、3 胎的生育率也有了一定程度的下降。接着,70 年代 2 胎的生育率也有了下降的迹象。目前,城市妇女生育率已下降到 1.36,农村下降到 2.94(均为 1987 年,据国家计划生育委员会 2‰生育节育抽样调查)。这里不论城市或农村都是典型意义上的,城市指"街道",农村指"县属乡"。全国妇女总和生育率该年下降到 2.59,现在正在向极限值——替代水平 2.3 左右逼近。10 多年来,我国城乡妇女生育率下降的轨迹说明,我国人口生育动态很正常,一点反复也没有。第四,我国妇女生育的多胎比例和绝对数都正明显下降和减少。据 1987 年 1%人口抽样调查,该年生育的多胎人数占该年出生人数的 17%左右,以此推算该年生育的多胎接近 400 万。1989 年多胎率为 15%,多胎人数 360 万。所以说,我们没有理由讲我国的人口形势严峻,甚或讲我国的人口失控。这样的观点没有道理。一般的群众或一些记者这么说,情有可原。这些话出自于人口学家之口,就很令人惊奇。正确地估计我国的人口形势,我国的妇女生育水平正处于下降过程之中,而且是处在向更替水平逼近的下降过程之中。

二、今后十年的重点是农村的多胎生育

既然如此,我们在人口控制工作方面只能将工作的重点放在减少多胎上面。因为,如果承认人口过程是一个客观的物质运动过程的话,那么,妇女生育水平的下降轨迹表明生育率下降是从多胎次向低胎次逐步递减的。人的意志包括国家的法律和人们的主观意识,希望较为有效地控制人口的增长水平,就只能依循客观的规律性,进一步降低多胎生育率和减少多胎生育,其次将现阶段还必需生育的 1、2 胎尽可能地向后推迟即鼓励和提倡晚婚晚育。90 年代人口控制工作的成效如何,在很大程度来说,就看此一举。

减少多胎的途径和对策,我们以为需要解决这样三个层次的问题。第一个层次属于基础性的工作,比如推进经济改革,加速农村经济的发展,这是根本性的工作。因为生育率说到底,不过是以一定的经济发展水平为基础的。要一定的低生育率,必须以一定的高的文化经济水平为依托,否则,是不可能的。现在有一种"超经济控制"的理论,说我国近些年的低生育率是不以经济发展为基础的"超经济"手段控制的结果。我不赞成。其实,我国当前的低生育率是新中国成立后经济发展的结果。正是因为经济社会发展水平提高了,国家明确提出计划生育并且有较强的控制手段后,才出现了先进民族和发达国家没有出现过的生育率的极快的下降。从现象上看是国家行政干预,国家的计划生育政策起作用,但从本质上讲,还是因为经济社会发展水平在其下降前造就了下降的基础。否则,生育水平不会有所降低,至少不会有较大幅度的降低和长期、稳定的下降。同样,现在要求更低的生育水平,必须有经济的持续、稳定增长和发展,使农业从传统的生产方式中解放出来,如果没有农业的持续发展,农村妇女生育率就不会有持续的下降,即使采取其他途径暂时下降了,还会再拉回来,使之达到同落后的传统农业相适应的水平上。这个层次除了经济因素外,还有教育、文化等各种因素,总之,这是需要社会发展的高层次的因素。或者,如我们计划生育战线常说的"综合治理",这需要多方面的配合,不是计划生育一个部门就能解决的。

第二个层次是计划生育管理水平和管理体制问题。在这一层次上首先需要解决的是生育政策问题。同志们知道,我多年来坚持认为,在农村执行允许每对农民夫妇生 2 个孩子的政策,既有利于党群关系的改善,又有利于人口控制工作。我以为这是不需要多么高深的知识就可以懂得的道理。现阶段我国农村生产力和社会发展水平决定了每个家庭 2 个孩子,是绝大多数农民的生育愿望。我们如果把生育政策定在只准生 1 个或平均生 1.5 个的极限上,这就等于绝大多数人都是我们工作的对象。另一方面,要生育多胎的家庭往往只是那些有女无男户,大约只占 1/4。我们是把有限的精力放在根本不可能堵住的 2 胎上,还是放在堵 3 胎上,我以为其效果是能够预想得到的。当然,根据目前的体制,完善生育政策不是计划生育部门所能解决的,近期也解决不了,这是最为遗憾的事情。

除了政策之外,我们就只能在计划生育的科学管理上要低生育率了。

现在我们的计划生育管理体制主要还是行政体制，从中央到村民委员会，靠自上而下的行政法规和行政命令之类的行政规范进行管理。问题是，这种行政体制还不健全和完善，存在断层。从中央开始到乡镇，我们都配了专职干部从事计划生育工作，并且在县以上各级政府都设有计划生育专职机构进行这方面的管理。但是，正好在需要将节育生育计划落实的村民委员会却没有专职机构，也没有人来专门从事这项工作。这是目前我们计划外生育还比较多的一个很重要的原因。克服这一问题的办法只能是农村配置专职人员以使有人常年做工作，当然，靠国家出工资委派干部或招聘人员都不可能，但依靠村民委员会出适当报酬，是完全可能的，至少在那些支部力量较强的村民委员会是可行的。在村民委员会解决了常年有专职人员管理的情况下，计划生育管理体制的重点就要放在管理的科学化、经常化和规范化方面。

第三个层次就是计划生育的技术服务问题。必须呼吁计划生育部门要建立一支强有力的专业技术服务队伍。这支队伍的技术力量高、中、低三个层次的结构要合理，比例要适当。在我国实行计划生育的初期，人们还没有普遍接受节制生育的观念，农村中实行避孕和节育的夫妇较少，依靠医疗卫生战线的技术人员出去做几次巡回服务，配合宣传，是可以的。在计划生育的第二个阶段，农村的计划生育工作主要是依靠行政手段，重点放在每年冬季农闲时期，从卫生战线抽调技术力量，每个村民委员会搞几天查环、上环、流产等突击性的工作，计划生育战线不设专职技术队伍，也勉强可以应付。但是，现在要将计划生育当作常年工作的时候，自己没有一支队伍，就不能胜任了。说一千道一万，计划生育工作最终还是要靠千百万育龄夫妇落实节育措施来保证。现在，我国实行节育措施的夫妇在育龄期几乎达到 90%（据调查是 77%，即相当于 1500 万，这是在某一时点上的横断面的调查，如果从每一对夫妇的历史考察，现在城乡都要求不超过 2 个孩子，少数民族也不得超过 3 个孩子的情况下，除了那些深山中我们无法管理的地方，不孕夫妇以及极少数智力不全等实在无法管理者外，每对夫妇都在不同时期使用过不同的避孕方法）。这样多的工作对象，依靠借用卫生方面的技术力量，已远远跟不上形势的需要了。

三、关于人口学研究

我同意刘铮同志对70年代以来我国人口学发展情况的评价。我国人口学复苏以来,发展很快,做了不少工作。这方面不多讲了。应该提出我国人口学的缺陷和努力方向。关于我国人口学的缺陷,主要是由先天造成的。10多年来,我国人口学的发展较快,一是计划生育实践呼唤着人口科学,另一个很重要的原因是"吃美元"的需要。有不少的人口学机构是因为联合国人口基金和其他一些国际基金的吸引才建立起来的,这些地方不一定具有建立人口科学的条件,所以长期不能形成研究力量。还有一个背景是,当我们70年代末打开窗户看世界的时候,发达国家正流行以罗马俱乐部的"增长的极限"为代表的人口学观点,这种技术悲观主义观点加上我们由于经济困难所形成的沉闷气氛,一拍即合。我国人口学尚处在需重建的大背景下,各个学科、各个单位一哄而上,都涌入人口学,难免把发达国家的人口学观点毫无批判地接受过来,生吞活剥。比如"人口危机"、"人口爆炸"这些观点,直到现在仍然当作真理来宣传。这样的人口学连一些最基本的现实也解释不了。10多年来,我一直在向计划生育部门的同志说,如果我们接受罗马俱乐部的那一套,把人口控制和计划生育说成是为了解决"人口爆炸",那么,当几十年之后,或者即使按悲观性的估计,下个世纪中期,当我国人口也如目前发达国家,处于停滞状态的话,还要不要计划生育了? 很显然,不能用这样的观点来说明问题,我们面临着一个对发达国家人口学观点的批判和建立自己的科学的人口学的繁重使命。

第二个问题是人口学界要同计划生育部门合作,建立一套适合中国计划生育工作需要的统计指标体系。我国的计划生育是在人口学复苏之前就开始工作了的。开始的计划生育指标很粗糙,就是出生率、死亡率、自然增长率等几个指标,连人口年龄性别结构都不联系,其中有不少这样的指标一直延续到现在还在使用。如大家讨论的国家计生委"八五"规划的材料中关于各省计划生育工作的排队,我怎么也不懂一、二、三、四类是如何划分的,生育率、死亡率、自然增长率、总和生育率、多胎率排在一起,而这些东西往往是无内在联系的,至少其必然的联系并不明显,结果是有些多胎率很高的省份排到了前面,而多胎率低的省份却排到后面。这样的指标体系已不能起到如实反映计划生育工作状况的作用。我们需要结合实际来解决这个问题,我以为这并不是很难的事情。

关于国家计生委设置研究课题的问题。我主张国家计生委设计的课题要结合自己的工作实际,承担课题的专家在经过一段时间的研究后提交成果,国家计生委的领导和有关同志应比我们每年夏季例会更为重视承担课题的专题汇报。我不主张这些课题由国家计生委设奖进行奖励。①因为奖励同所奖励的课题本身、研究的结论以及评奖人的感情、观点倾向等许多主观性的因素都有直接的关系。这里的课题都是与国家计生委当前工作有关并且十分重要的一些研究问题,而不同的人承担的题目又不同,第一,不是在同一起点上竞争,第二,又会因为结论不同而受影响。此外,因为设了奖,难免有些人离开了课题设置的本来目的进行研究,为了避免迎合世俗的或评委们的观点及感情而撰写研究报告,从而影响科学研究的严肃性。国家计生委应在帮助专家完成课题研究的必要条件方面下功夫,而不应为此再设立别的什么奖。我以为,专家们是为了帮助国家计生委的当前工作而来承揽课题的。以我来说,我的报告完成之后,国家计生委的领导倾听一次我的意见和陈述,能够采纳我的一两项建议,这就是对我的莫大奖励了。因为作为科学研究人员来说,最大的奖励莫过于其研究成果被社会采纳和应用。

---

① 关于对专家委员的课题研究设立奖项之说,是根据国家计划生育委员会主任彭珮云同志会议期间的讲话而说的。

需要加强对县及县以下计划生育管理体制的研究①

一、"中国农村妇女多胎生育问题研究"进展和完成情况

（一）立题和历经的时间

"中国农村妇女多胎生育问题研究"是国家计生委"我国农村妇女早婚早育和多胎生育问题研究"课题的第二部分。1988年夏季，鉴于我已意识到20世纪内我国人口控制的成败在于农村妇女的早婚早育和多胎生育，所以向国家计生委建议对此问题展开研究，并同时申请承担这一课题。课题被批准以后，我们又根据经费等实际条件的限制，将"我国农村妇女早婚早育和多胎生育问题研究"改为"中国农村妇女早婚早育问题研究"和"中国农村妇女多胎生育问题研究"。现在的这一课题，即原课题的第二部分"中国农村妇女的多胎生育问题研究"。附带说明一下，1990年5月份基本完成"中国农村妇女多胎生育问题研究"后，我们又集中精力对"中国农村妇女早婚早育问题研究"作了一年的深入研究。这两个课题的研究，成果集中反映在我们最近写成的专著《中国农村妇女早婚早育和多胎生育问题研究》一书中。②

---

① 本文是作者在国家计划生育委员会人口专家委员会1991年夏季例会（威海）的汇报和几次发言。

② 梁中堂，阎海琴：《中国农村妇女早婚早育和多胎生育问题研究》，山西高校联合出版社，1992年版。

课题从 1988 年 11 月份正式开始,到 1990 年 6 月份,共历经一年又八个月。本课题大致经历了以下几个阶段:

1. 1988 年 9 月至 1989 年 1 月,申报课题、搜集资料,并对整个课题进行总体设计,大约 1988 年 11 月份基本形成课题的总体构想;

2. 1989 年 1 月至 1989 年 3 月,对近 20 年来我国妇女生育现状进行分析,重点研究我国妇女生育率下降过程中多胎生育减少的关系;

3. 1989 年 3 月至 4 月,对广东省及山西省的有关地区进行相关调查;

4. 1989 年 4 月至 1989 年 5 月,选择山西省临汾地区 1/3 生育妇女进行调查,主要了解近 10 年来妇女生育状况,尤其是 1986—1988 年生育多胎的具体人数;

5. 1989 年 8 月至 9 月,在以上工作的基础上,对山西省临汾地区的翼城县、襄汾县、隰县三县 1986—1988 年近 2000 名生育多胎的妇女进行本人及家庭的文化、经济、生育意愿和农村节制生育技术、服务设施、计划生育管理等方面的近 50 个问题进行调查;

6. 1989 年 10 月至 12 月,对三县调查汇总,并撰写《1986—1988 年襄汾翼城隰县部分生育多胎妇女婚育状况调查报告》;

7. 1991 年 1 月至 6 月,撰写本研究报告。

(二)本报告提出的一些基本观点

本课题在设计时就把它放在一个大的背景中,即通过我国妇女近 40 年来的生育率转变的分析,讨论我国农村妇女多胎生育的经济文化关系,生育多胎的意愿、动机,农村计划生育的设施和管理方式。由于本课题尝试在较大的社会背景中做较系统的研究,所以,我们认为不仅报告的结论有较高的价值,而且还发现和提出了一些重要的观点和问题。

1. 1950—1986 年近 40 年来我国妇女的婚育变化充分反映了目前我国经济社会的巨大变化。从 50 年代中期开始,我国经济文化和妇女生育率的关系就明显呈现出经济社会发展水平提高,妇女生育率降低。无论城市或农村,妇女生育率下降的轨迹都显示出生育水平的下降是高胎次率依次递减。所以,20 世纪最后 10 年的人口控制工作的实质就在于,我们究竟能否将农村妇女的多胎生育控制住,或者说究竟能使多胎生育降低多少。如何减少农村妇女的多胎生育,这才是让我们忧虑的问题。

2. 从 50 年代后期开始,我国妇女生育率持续和稳定下降,说明我国人口变动是有规律性的。所以,那种认为我国人口在 70 年代之前处于一种毫无秩序的状态,似乎是计划生育才使人口生育水平降低的观点,是没有事实依据的。实际上,我国开展计划生育只说明适应历史发展要求,将妇女生育水平下降过程由盲目推向自觉的阶段,促成和推进了这一过程的发展。从这个意义上也足以回答国外那种把中国的计划生育归之于强制和违反人权原则的陈词滥调。

3. 我国农村妇女平均初婚年龄和平均初育年龄的提高、平均多胎生育胎次的减少和生育率的下降,都是极有规律性的,最为显著的特点就是尾随于城市妇女之后发生同向变化。目前我国城市妇女的总和生育率比农村妇女低 1.0 左右,所以,认为农村妇女生育水平不会再有所降低的观点也是无依据的。

4. 从 1979 年开始到 1986 年的近 10 年里,我国妇女生育水平,尤其是农村生育水平一直处于下降的过程,就连农村妇女的多胎生育也是处在不断地下降过程中,而不是许多同志宣传的 80 年代初我国妇女生育水平低,或者已基本实现了一胎化,从 1985 年二胎率又回升了。分年龄组考察,80 年代初进入生育年龄的妇女要比其后进入生育年龄的妇女生的孩子多。这种状况反映了我国人口控制的社会机制包括人口生育政策和农村计划生育管理体制的不断完善。

5. 我国妇女平均初婚年龄和平均初育年龄在 20 世纪 80 年代初曾经有较大幅度的回升,如果仍用传统的计算办法,至今还没有回归到 70 年代末的水平上,这其中除了人们通常解释的社会体制带来的变化和农村旧的习俗的复归外,还有很重要的两个纯人口学因素。一是 70 年代中后期政府普遍提倡晚婚晚育,而一批妇女由早婚早育到晚婚晚育在其变动的初期较快地就会在统计学上反映出来。但是,当这批妇女完成其晚婚晚育的行为之后,妇女平均初婚年龄和平均初育年龄的上升过程不再发生。这样,如再有一批妇女降低婚育年龄,人口统计学上就呈明显下降迹象。特别重要的是,由于人口构成的原因,即 15~23 岁组的妇女在 15~49 岁组(主要是在 15~40 岁)妇女中的比例明显升高,对平均初婚和平均初育年龄的下降都有十分直接的影响,这是过去人口学界没有或很少说明到的(1989年我曾在北戴河会议上提出过)。这样也等于说,等将来24~40岁组妇女在15~40岁组妇女中的比例提高的时候,即使其他因素都不再发生变化,平均初婚和平均初育年龄也仍然会有提高。

6. 我国农村社会既存在维持农村妇女较高的生育率的机制,也存在降低生育水平的机制。而从总的社会发展趋势来看,抑制妇女生育水平的因素会比鼓励机制进一步加强。所以,我国农村妇女的生育率还会有一定幅度的下降,其下降的轨迹仍然是高胎次率依次递减。这就是说,我国农村妇女多胎生育仍处于下降的过程中。

7. 我国计划生育管理体制虽然有了一定的发展,但从科学性和合理性到经常化和具体化差距还很大,尤其是村民委员会还缺少专业计划生育管理和技术服务人员,使中央—省—地—县—乡(镇)行政管理体制到农村都出现了"断层",这是目前农村仍有较高多胎率的一个十分重要的原因。此外,我国计划生育的政策、计划、控制体系都还存在许多问题亟待解决。

8. 我国计划生育没有一支自己的技术队伍,这是和目前计划生育形势极不相称、极不适应的。这是目前农村计划生育工作难以上新台阶的一个重要原因。

(三)本报告的结论

本课题一方面揭示出妇女生育率的变化,反映了经济社会发展的深刻背景,所以,我国农村妇女较低的生育水平有待于社会文化的发展。但在另一方面也揭示出即使在农村社会基础不变的情况下,要减少农村妇女的多胎生育和降低妇女生育率,也不是不可能的。这就需要使农村计划生育管理工作提高一步,其中包括改革、健全和完善县、乡及村民委员会三级计划生育管理体制。鉴于我国行政设置县一级建制具有接近农村、辖内自然条件和历史文化差别小、工作主动性强等特点,本课题组建议国家计生委将较大精力放在县一级计划生育工作的管理上,这一工作应包括健全基层计划生育组织、加强计划生育技术设施和专业技术队伍在内的农村计划生育管理体制的建设方案,帮助县一级计划生育管理工作向科学化、规范化和经常化方向努力——这可能是20世纪内我国从人口窘境中走出来的唯一通道。为此,我们还建议国家计生委设"县级计划生育管理体制研究",作为"八五"课题中"四、计划生育作为一项社会工程的研究与实施"和第二部分的课题中"13.计划生育基层建设和基层工作研究"的具体课题,鉴于我们已对这一课题有了一定的思考和准备,我同时申请承担本课题的研究工作。

二、有关农村青年早婚现象的两次发言

(一)

在几天的专家委员会的讨论中,听到不少对农村青年早婚现象的非议与责难,其中不乏有一些误解,我以为需要说明一些情况。

首先从人们的讨论中看,似乎农村青年的早婚现象最近突然严重,而且有愈来愈严重的趋势。这不符合事实。新中国成立以来,我国农村妇女的早婚比例一直是下降的。说明这一问题有两个不同的衡量标准。一是50年代颁布的第一部《婚姻法》中妇女法定婚龄18岁,二是80年代初颁布的第二部《婚姻法》中法定婚龄20岁。以18岁计,就是说,不过18岁结婚的为早婚,1950—1988年的近40年里,早婚比例一直处于下降过程中,现在18岁以下结婚的为数极少;如以20岁计,则80年代前期比70年代后期曾一度有所提高,但80年代后半期又有所下降。这可能是因农村联产承包责任制和新《婚姻法》的颁布,曾一度受到影响。但随着时间的推移,社会的客观进程又发生作用,早婚现象又有所下降。就农村妇女的平均初婚年龄来说,40年来的总的趋势还是不断提高的,其中有些年份提高得快些,有些年份提高得慢一些,还有些年份有些回升。比如80年代初农村妇女的平均初婚年龄就比70年代末低1~2岁。但是,我国农村妇女平均初婚年龄总的趋势也是明显提高了。我们现在讲农村青年的早婚问题,并不是说它在近些年更严重了(也许局部地区有如此情况),而是说和我们希冀的要求比较,早婚现象还很严重,是我们继续搞好计划生育工作的前提条件之一,是我们工作的潜力之所在。

第二个问题是有关早婚问题的发生,有些同志似乎以为这是偶然发生的,是愚昧的或丑恶的。其实,早婚现象在历史上是符合客观经济社会发展需要的。在自然经济中,生产力的主要体现者就是劳动力。农民获得

劳动力的主要来源就是生孩子。因为生产力水平低,社会保障能力差,人的平均寿命短,别说追求多数量的劳动力,即便保持相同的男劳动力,这个家庭就必须生育六七个以上的孩子。多生的主要途径就是早婚,只有早婚才有早育、多育。所以,早婚现象在历史上是适应生产力发展水平出现的。现在有些地区仍然普遍存在,除了习俗及社会意识形态等因素外,可能主要的还是经济发展水平及生产方式问题,基础性的条件还起作用。如果说这一习俗落后,首先是我们的经济设施、生产条件落后。不错,那里的农民可能是落后和愚昧,但那里有什么物质条件属于先进的呢?

第三个问题是对早婚问题的处理。有的同志说我们太软弱了,早婚既然属于违法,那就不应要求到婚龄后补办登记手续,而是坚决令其分离,并将当事人逮捕。这是混淆了一些问题的性质。法律是对社会各个领域中大多数人的行为的肯定,是对现行社会制度的维护。所以,不同的领域和不同性质的问题,法的产生和性质也是不同的。对于危害社会的刑事犯罪问题,就需要通过逮捕、监禁、劳改以致剥夺政治权利和死刑等强制的方式。对于属于习俗方面的问题,尽管由于社会大多数人都毫无困难地自觉地可以做到,所以社会可以用法的形式把它固定下来,但对极少数做不到的公民也绝对不能采用法律强制手段。譬如婚姻的年龄问题这不是阶级关系中的敌对行为问题,也不是刑事犯罪危害社会,而是由社会的发展水平决定的,而这一点在我们这么一个大国和多民族的国度里,其发展的不平衡又是绝对无法避免的。

我们不能一提国家、法制就想到强制。不可否认,国家和法律就是强制。但这也只是一个方面。另一个方面或另一个基本的方面就是教育、诱导,而且在民主国家里对内基本职能就是这个方面。有的同志不同意法律有教育的职能,显然是不正确的。法制教育和经济处罚、拘禁、监禁、剥夺政治权利以致处以死刑,都属法的基本行为。对于大多数公民来说,前者比后面所列举的那些更为重要。至于已经早婚的青年,我们只能通过两种方式处理,一是还未达到婚龄的青年劝其分居,二是已达婚龄的令其补办登记手续,即使因婚龄不够而令其暂时分居,当其达到法定年龄后,如果当事人仍然自愿结合,政府应同对待其他公民一样给其办理登记手续。

总之，早婚属于习俗问题，我们则必须按照处理习俗的方式，主要通过宣传教育和发展生产、提高社会化水平的途径来解决。

（二）

这次有人从法的角度提出早婚问题的性质，说我们制定婚姻法的目的就是为了保障公民的幸福，保障公民生活秩序正常，而早婚属于非法婚姻，那么为什么不能按违犯刑法一样重治？

我们也先从法的角度去考察这个问题。婚姻法的制定是从保障公民幸福出发的，保护它所承认的合法婚姻。早婚没有通过法律认可，所以属于非法婚姻，也即是无效婚姻。从性质上首先肯定下来早婚是非法的，法律不承认它的婚姻行为。早婚行为属于陈规陋习，属于传统习惯、传统文化，虽然为我们的法律所不允许，但却为我们的传统文化所许可，为当地的部分甚或大部分群众所接受。为此，就不能绳之以法。

讲到传统和风俗习惯，需要再进一步说明传统是如何形成的。中国的早婚早育在历史上曾经是符合历史发展规律的，是当时的经济社会所需要的。在漫长的历史年代里，同自然经济相适应。因为人口平均寿命比较短，再加上社会对劳动力的文化素质要求并不高，所以，早婚成了过去一切历史时期的通常现象。尤其是社会经过自然灾害或战争之后，社会总人口锐减，统治者还颁布命令要求早婚。这是一个方面。另外，中国历史上的婚姻缔结形式也不是如现在这样经过国家委派的机构给当事人办理有关手续，然后再承认其合法。在我国历史上，有效婚姻并不是经国家认可，而国家和社会都承认"父母之命，媒妁之言"。这些风俗在现在的不少地方仍然如此。所以，人们认为只要举行了结婚典礼，家庭、家族、亲戚及乡邻四舍就都承认其同居事实，并认为与法律有相同的效力。① 我国经历了漫长的封建制时代，包括资产阶级的法律在内，我们人民所接受的法权观念总的时间还不很长。我们正处在一个由传统的社会向现代化的过

---

① 实际上，有不少地区把习俗上的婚姻缔结形式看得比法律还要重要。在那些地方，不领结婚证可以，但如果领了结婚证而没有举行当地通行的结婚仪式，群众则视其为"未结婚"。

渡时期。这个过渡时期将比较长,但我们目前历经的时间还不长。这样,我们国家中还有不少的人不习惯于在法权规范的约束下生活。尤其是在遇到法律与习俗发生冲突的时候,国家往往不得不向习俗妥协。讲到这里,我想起我在《人口学》中曾讲过土耳其在这类问题上的做法。土耳其的国家法律不承认教堂婚姻为合法,而只承认国家的尊严,要求公民到政府登记结婚。但一些地方的青年仍然去教堂接受教民的祝福,在教堂举行婚礼。这样,这些地方每年都有不少没经过政府批准的婚姻,而这样的婚姻生下的孩子也就没有公民权。居民丝毫不在乎这一点,倒是政府怕因此引起麻烦,地方议会每过一定时间通过相应的法规,宣布前一段因未经政府登记结婚生下的孩子为合法。我们在这类事情面前也不得不采取类似的办法。早婚经过罚款而补发结婚证,计划生育部门也经过罚款而准许早育的孩子上户口。其实,这都是国家向习俗的妥协和让步。

如果从我国的传统文化条件来看,就不能不承认,早婚早育现象的土壤还存在。我们说了,早婚早育是生产力低下的自然经济的产物,而今天在我国的广阔国土上,经济文化发展不平衡。虽然从总体上说,尤其是从有代表性的城市经济文化的发展来说,已经进入了现代社会的行列之中。但是,就不少农村来说,社会生活水平比旧时代的传统生产方式并没有前进了多少。即使对于大多数农村来说,其生活方式也没有发展到完全向传统告别的程度。从历史唯物论来说,风俗习惯之类一般都属于生产力水平和经济基础等因素派生的社会现象,当农村生活方式的手工操作条件和自然经济成分都还依然存在的时候,当农村的文化生活仍然十分贫乏的时候,产生早婚的土壤就还存在,早婚现象也就不可能完全杜绝。

从另一个角度说,对于早婚,我们必须在一定程度上予以妥协,从而在短期内无法杜绝。我国是一个多民族国家,而不同的民族有不同的风俗习惯,我们不能在这个问题上采取"一刀切"的办法。当然,从根本上说,不同民族风俗习惯的产生也都是经济发展的结果。但是,因为多种原因,造成了不同民族的不同历史发展水平。在这些问题上,我们不能用统一的尺度来要求所有民族,否则就可能造成一些兄弟民族难以接受的"民族感情"问题。

我们作这样的解释,并不是主张对早婚现象放任自流。恰恰相反,从

80年代初提出"一胎化"从而导致我国从上至下都忽视晚婚晚育的时候，我就一直大声疾呼晚婚晚育问题。80年代中期，我还向一些领导同志讲过，我们很快会看到放松晚婚晚育教育而造成的严重后果。大家都知道，我关于中国人口战略和人口政策主张的核心之一就是晚婚晚育。所以，我在上面强调早婚现象的客观性，就是说要把因不到法定婚龄而同居的早婚现象，及一般来讲的"通奸"区别开来，同其他的刑事犯罪区别开来。这类问题只能采取宣传教育、经济处罚、行政处理等手段。其实，因为这是一个带有风俗习惯性质的问题，所以我们的干部群众都是采取迁就的态度。在那些认真的地方，我们基层干部只要在青年的结婚仪式上认真检查其是否持有结婚证书，就足以阻止大多数早婚现象的发生。遗憾的是，因为我们的管理部门和各级政府对这个问题并没有足够的重视，所以村民委员会往往是听之任之罢了。

三、关于专家委员会的课题研究方式

在这次讨论中，有的同志提出我们的课题应由国家计划生育委员会的有关司、省计划生育委员会和专家组成"三结合"的课题组[1]，我不大赞成。我以为国家计划生育委员会成立人口专家委员会的初衷是为了借助计划生育委员会本系统以外的力量，借助高校及有关社会科学和医学等方面的专家，为自己的工作服务。如果使用本系统的力量，则不必采用这一方式，直接指派任务就是了。我以为由专家单独承担课题的研究，计划生育委员会给予经费、人员等方面的帮助，有利于专家委员独立地提出自己的观点和独立地产生结论，而这对计划生育战线的领导来说是十分难得的。否则，"三结合"的方式难免有"长官意志"的因素，这是不利于科学研究的。

---

① 关于成立"三结合"课题组之说，根据是国家计划生育委员会主任彭珮云同志在会议期间的讲话。

人口形势、人口预测和人口对策①

一、根据第四次人口普查结果,1990 年年中我国总人口为 11.6 亿,其中内地 30 个省、市、自治区的人口为 11.3 亿。人口普查后不少同志反映,说这次普查的质量不高,数据不可信。甚至还有人说真正的总人口已超过了 15 亿。这次普查的项目比以前都多,增加了普查的难度,可能在一些方面会影响到普查的质量。但从总人口看,我以为数据还是可信的。原因是从 1982 年第三次人口普查以来,国家开始注重人口的日常登记和调查,尤其是人口抽样调查每年都在搞。除了国家统计局每年的抽样调查外,国家计划生育委员会、公安部等也都不时地搞一些关于生育率和人口生育动态方面的抽样调查,尤其是国家统计局在 1987 年刚刚做了 1%人口抽样调查,国家计划生育委员会 1988 年做了全国 2‰生育节育抽样调查,都是属于抽查的样本较大,距离 1990 年第四次全国人口普查时间较近的调查。把这些调查同第四次人口普查的资料联系起来分析,就不难看出,第四次人口普查关于我国人口总数还是比较可信的。

二、即便我们说第四次人口普查得出的 11.3 亿的总人口是比较可靠的,但也不否认从 1982 年第三次人口普查到 1990 年全国第四次人口普查期间的人口增长幅度仍是十分惊人的。8 年来共增加了 1.26 亿,增长12.45%,年平均增长率 1.48%。据人口学界的一些同志估计,这种状况似乎还要持续下去,到 2000 年我国总人口要超过 13 亿,甚或更高一些。可

---

① 本文是提交 1991 年 9 月在武汉大学召开的 "中国人口控制与社会发展学术讨论会"的论文。

见人口形势的严峻。

我们也同样认为人口形势是十分严峻的。问题是人口形势的严峻性是什么,产生的原因又是什么? 在都承认人口形势严峻的看法后面,包含着不同的观点,其中一些预料人口势必突破 13 亿的同志认为,人口出现这么高的增长率,就是因为从 1984 年春天以来,中央颁布了 7 号文件,制止和改变了从 1980 年开始的全国推行"一胎化"的人口政策。1984 年各地在贯彻中央 7 号文件以后,即发生了人口生育高峰,是这次从 1986 年开始的人口生育高峰,导致了人口目标的突破。所以,要制止人口生育高峰,就需要实行 1984 年以前的人口政策。

三、我们不同意这样的观点,事实上从 1986 年开始的生育率回升是有其客观基础的。这是新中国成立以来开始的第三次生育高峰。第一次生育高峰是同 40 年代中期开始的世界上大多数国家发生的"育婴高潮"相一致的,我国因为国内战争,开始的稍迟一些,大约是从 50 年代初开始,到 50 年代末,因为全国经济形势恶化,部分城市人口压缩回乡,农村强劳动力不时抽调兴办水利工程或大炼钢铁,以及 1960 年前后的自然灾害,使之中断。第二次生育高峰是从 1962 年开始,一直持续到 1972 年中央正式提出计划生育为止,长达 10 年之久。在这次长时期的育婴高潮中,每年新出生孩子在 2300 万 ~2800 万。从 1986 年开始的第三次生育高峰就是因为第二次生育高峰期出生的人口陆续进入了婚育年龄,这是新的生育高峰的物质基础。

如果用数字来说明一下,可能更会令人信服。1978—1983 年,每年进入婚育年龄(统一按 20 岁计)的女性人口不足 1000 万,平均每年 15~49 岁育龄妇女不足 3.4 亿,其中生育旺盛年龄段 20~29 岁组 8100 万。而 1985—1989 年每年进入婚育年龄的女性人口 1200 多万,平均每年 15~49 岁育龄妇女大约 3.8 亿,其中生育旺盛年龄段 20~29 岁组,接近 9800 万。婚育年龄的妇女人口、生育旺盛年龄的妇女人口、育龄妇女人口增加的幅度都是中国历史上从未有过的。近些年中国的人口学家喜欢用总和生育率来说明问题,1981 年中国妇女的总和生育率是 2.63,即使 1987 年妇女总和生育率仍以 2.63 计,还是要比 1981 年多出生数百万人口,这就是说,当婚育年龄的妇女人数迅速增加的时候,生育高峰的出现就是难免的。

四、几年来,不少人口学家持有这样一个观点,这个观点离开了人口实际发展过程,说 80 年代初妇女的生育水平低,也就是说社会控制的水平高,1986 年开始出现"人口失控",所以妇女的生育水平高了。这不是事实。80 年代初的生育水平还是相当高的,说明这一点的依据只能是妇女的终生生育水平。80 年代初虽然"一胎化"叫得很响,实际上农民并没有理那一套。根据 1982 年的普查资料,国家计划生育委员会 1982 年全国 1%人口生育率抽样调查、1988 年全国 2‰生育节育抽样调查、国家统计局 1985 年全国第一期深入的生育力调查、1987 年全国第二期深入的生育力调查资料显示,都证明 80 年代初农民不仅普遍生了 2 个孩子,而且多胎率还很高。譬如 1982 年第三次全国人口普查资料,1981 年我国新生儿中,多胎率高达 27.15%,其中县人口中农牧林渔业中的妇女(可近似看作农村妇女)多胎率高达 32.19%。据 1987 年国家统计局全国 1%人口抽样调查,1986 年 7 月 1 日到 1987 年 6 月 30 日多胎率下降到 17.9%,其中县人口多胎率降到 20.01%。(没有得到分行业的妇女生育胎次资料)如果再分析生育率,可同样印证生育水平的下降。1981 年我国妇女总生育率为82.4,1986 年为 80.65,其中一胎生育率由 38.9 上升到 42.06,二胎由 21.1 上升到 24.48,三胎则由 10.67 下降到 8.47,四胎由 5.4 下降到 3.11,五胎及五胎以上由 6.3 降到 2.53。分胎次的妇女生育水平说明,当某一批妇女结束她们生育期时,平均地说,她们比她们年龄大的妇女少生育了孩子。这也就充分说明 80 年代后期比 80 年代初的控制能力提高了,而不是什么"人口失控"了。也就是说,我国人口控制和计划生育工作是越做越好了。

五、为什么人们会产生一种印象,说 80 年代中期之后"人口失控"了呢? 这一方面是人口问题本身的特点造成的,即人口现象比较复杂,决定人口群体生育水平的因素很多,其中有一些是隐藏在人口现象背后,不像单个妇女生育那样直接可以被人觉察得到。比如人口年龄性别构成,这是看不见、摸不着的。人们只看到生育的孩子多了,就认为生育水平提高了,而不知道其中是人口自身的规律如年龄和性别构成决定的。二是生育指标的问题,即通常我们所使用的一些人口生育指标如出生率、总和生育率、妇女年龄别生育率，等等，都是反映人口表面现象的一些概念，并不是深层次的范畴。这几个常用的概念都只反映社会在一个时期内人口生了多少，而不计有多少妇女生育，不计这些妇女自身的生育比自己的母亲那一辈和比自己的姐姐们终生生得多了，还是生得少了。第三个原因很重要，即 80 年代初的计划生育工作给我们造成许多假象，那时我们不少地方不考虑实际的可能性，在农村强制推行"一胎化"，基层干部被高指标压得喘不过气，所以就说假话。你要求他那个村子"必须一胎化"，他就说达到"一胎化"了。其实差得很远。比如根据国家计生委的统计报表，1982、1983 年陕西省独生子女率为 63.5% 和 65.9%，实际上国家统计局调查同期的新生儿中一胎率仅 44.3%。同期河北省 70.5% 和78.4%，实际一胎率仅 46.8%，这里的独生子女率和一胎率还不是一个概念，因为任何年代里都有一定比例的"一胎率"，但它却不是"独生子女"。其他各省的情况莫不如此。基层干部这样做是迫不得已，他们并没有错。

六、人口控制也不能毫无道理地希望人口一点也不生，或者人口不能增长，事实上，人口控制仅仅是抑制人口的盲目增长，要求人口的发展符合客观规律性，与经济社会发展水平相适应。所谓符合客观规律性，其中就包括人口自身的客观规律性。比如决定人口过程的诸多因素中就有一个人口自身的状况问题，人口年龄老化，老年人口比例过高，你希望多出生也不一定能做得到；人口年龄构成轻，青年人口多，育龄妇女比例过高，不增长也不可能。我国人口目标是 2000 年达到 12 亿左右。提出这个目标时我国总人口 10 亿左右，从 10 亿到 12 亿，其中就考虑到人口还要有一个增长幅度。

七、为什么我国政府将 2000 年人口目标定为 12 亿，而不是更多或更少?这个量度是否合理?将 20 世纪末我国人口目标确定为 12 亿的许多基本条件及具体背景，我们现在还很难完全讲得清楚。大致情况是，提出这一目标的时候，我国总人口只有一个大概的数量，即 10 亿左右。因为截至 1980 年前后，我国已有 16 年未普查过人口，而且中间经历的 10 多年正好是我国历史上最大的生育高峰，我国究竟有多少人口，以及年龄构成、性别构成、死亡人口的年龄性别等都不很清楚，这样，我国对未来总人口作较为准确可靠的人口预测都是相当困难的。当时提出 12 亿的人口目标,应该说提出者就考虑到从 1980 年到 2000 年的 20 年内还有一定的增长幅度。

确切地说,当时提出的人口目标是"12 亿以内"。这样的提法是在我们对人口规律和人口现象都还很不了解,人口学知识都还很肤浅的情况下提出来的。不用说一般同志,那时大多数搞人口学专业的同志也都是刚刚转行,还未深入研究。所以,不少搞人口学的同志连人口年龄构成决定人口状况的道理都还不懂得。在实际工作部门,许多年来,计划生育工作者也只懂得每年把出生率往下压些,而不懂得每年出生人口同年龄构成密切相关。1984 年,中央和国务院的领导同志在一份文件上批示,指出人口控制属于社会控制,12 亿人口目标需要有点弹性,才正式提出将 12 亿理解为"12 亿左右"为好。

八、1982 年人口普查之后,我们有了比较准确的人口年龄构成和最新的死亡概率,对总人口的预测也才真正成为可能。70 年代末以来,搞人口预测的同志越来越多,但从预测的结果看,大家比较接近。下面介绍几家的测算情况。

1. 1979 年上半年全国计划会上,中国人民大学刘铮、邬沧萍、林富德等人提出:

(1)如果按照 70 年代计划生育工作的水平,即农村每年多胎率30%,城市多胎率 10%,2000 年人口接近 13 亿;

(2)如果能做到每对夫妇生 2 个孩子,届时总人口为 12 亿;

(3)在杜绝多胎的基础上,城市一半家庭生 1 个孩子,农村 1/4 家庭生 1 个孩子,届时总人口为 11.8 亿;

(4)如果城市有 2/3、农村有 1/2 家庭只生 1 个孩子,届时总人口大约 11 亿。

2. 同年 11 月份全国第二次人口科学讨论会上,由我提出:

(1)"一胎化",2000 年总人口 10.5 亿;

(2)杜绝多胎的基础上,30%只生一个,农村妇女晚婚到 23 岁结婚生育,间隔延长 8~10 年生育第二个孩子,2000 年总人口 11.1 亿;

3. 1980 年宋健等人以自然科学工作者和社会科学工作者合作的名义提出:

（1）妇女平均生 1 个孩子，2000 年总人口为 10.5 亿；

（2）平均生 1.5 个孩子，届时总人口为 11.3 亿；

（3）平均生 2 个孩子，届时总人口为 12.2 亿；

（4）平均生 2.3 个孩子，届时总人口为 12.8 亿；

（5）平均生 3 个孩子，届时总人口为 14.2 亿。

可见，20 世纪末 12 亿左右的人口目标是我国城乡妇女平均生 2 个孩子就可以达到的。现在可以看得清楚，我国城市人口的生育意愿大多数是 1~2 个，大多数农民 2~3 个。如果城市有 80% 的新婚夫妇只生一个，20% 生 2 个。农村原则是只准生 2 个，由于管理等方面的原因，再有个别生 3 个（不超过 15%），把我国总人口控制在 12 亿左右即不超过 12.5 亿，还是有把握的。

顺便说一点，我们可以看到，从 80 年代初开始，如果我们要求妇女平均生 1 个到 2000 年总人口是 10.1 亿，平均生 1.5 个是 11.3 亿，平均生 2.0 个是 12.2 亿。但是，80 年代初却不顾条件地要城乡"只准生一个"。

九、说 12 亿左右的目标基本上符合我国的经济文化状况，平均生 2 个也比较接近我国大多数人的生育意愿，1990 年普查结果 11.3 亿人口也较可信，那也不是说这 8 年来的人口增长部分都是合理的。我们认为，其中不合理的部分就是由于管理不善而生的多胎，计划外的二胎，一胎、二胎的抢生导致提前生育等 3 种情况。如果我们不要太精确，而是大致了解 10 年来我国人口出生和人口增长的态势，那么，以下分析可能还说明点问题。

从 1981—1990 年的 10 年中，根据普查和一些抽样调查推算，平均每年新出生的三胎人数接近 450 万，而城乡自愿只生一个的人数大约 200 万。这就是说，如果说平均生 2 个孩子到 2000 年才能达到 12 亿，那么 10 年来我们有 2500 万左右的孩子是超出了人口学家预测时的 12.2 亿的水平。

此外，生育期有提前的趋势。据资料分析，我国妇女初婚到初育的间隔在 40 年代是 3.71 年，50 年代 3.05 年，60 年代 2.58 年，1985 年的计算则为 2.13 年。生育二胎的年限也有相应缩短的趋势，其中 40 年代婚后生育第二胎的间隔是 7.8 年，50 年代 6.77 年，60 年代 5.66 年，70 年代 5.39

年,而 1980—1988 年则平均 4.56 年。当然,我们不能一味地指责这是社会因素造成的,平均初婚年龄提高了,所以生育期提前了。但这种提前生育的倾向,从社会角度来说,因为一年内多生了 200 万而不论其为多胎或一胎,就这一年和此后各年的经济社会发展规划的制定来说,是相同的,等于没有控制住人口。

还有,近 10 年来,我国农村的早婚早育现象也相当严重。根据资料推算,每年妇女在 20 岁以前生育的孩子约占当年新生儿的 10%,达 200 万之多。当然,早育和前面分析的生育间隔缩短而提前生育的孩子不能同多胎生育比较,但提前 2~3 年生育造成的后果则是使人口再生产周期加快,并且在计划期内,社会发展面临的诸如消费、教育、就业等社会难题则可能是相同的。

第三部分是从政策上讲,不应生的第二胎,这部分主要是指国家职工和城市居民中的第二胎。我们知道,大中城市基本做到了每对夫妇只生一个,但小城镇,尤其是县城以下相对是比较差的。这种情况每年约占城市居民的 10%,计 20 万左右。10 年来也不是多大的数字,约 200 万左右。

十、从上面分析中可以知道,我国制定的 2000 年 12 亿左右的人口目标是基本合理的,从 10 年来的执行情况看,超过部分也仅 2000 多万。假如以预测时平均生 2 个达到 12 亿计算,再扣除每年大中城市以及发达地区的农村部分只生一个的差额,大约也是 2000 万。10 年来,除了早婚早育和二胎生育提前,从生育孩子的总数看,计划执行的是比较好的、正常的,11.3 亿反映了我国人口控制的能力还是比较理想的。但是,这是不是说人口发展没有危险了?事情绝不是这样。相反,问题还是很严重的。我们说 12 亿左右的目标,指人口计划执行下来可以有个弹性,但弹性不能"弹"出去很多。比如说 12.5 亿就可以说是 12 亿左右,再多 12.7 亿,如果再增加就是 13 亿左右了。今后一段时期内早婚早育和提前生育的现象还将存在,除此之外,更为危险的因素还是多胎生育。1986 年 11 月份湖北宜昌召开的"中国人口发展战略讨论会"上,我就提出真正的危险是早婚早育和多胎生育,后来又多次重复。我之所以这么说,是由我国人口的年龄结构和我国目前妇女生育方面的特点决定的。在我国总人口中,15~25 岁年龄组的妇女占 15~49 岁育龄妇女人口的比重增加,加上早婚早育和生育一孩、二孩比例提高，所以显得三胎和三胎以上的多胎比例相对低一些(当然，和1980—1982年以前比较，绝对数也的确少了)。但是，我们必须看到，现在的城市妇女只生了一个孩子，尤其很多农村妇女20岁左右就生了两个孩子，但我国城乡妇女的绝育率并不很高，后面还有20多年的生育期，别说生育多胎的比例完全有可能提高，即使每个年龄组的妇女生育多胎的比率仍然保持现在的水平，也就是说同年龄的农村妇女中大约有1/3的人生育多胎，那每年绝对数就是六七百万(生育多胎妇女的胎次比例也大致维持现在的状况)，10年六七千万。如果再有一两个年龄组的妇女提前结婚生育，这就又是一两千万。我们说，这才是最危险的。

十一、那么，有没有解决问题的办法？有。这就是晚婚晚育。许多年之前我就曾指出过，把人口控制过程当作控制特殊的物质运动，这就只能在时间和空间两个方面做文章。在时间上做文章就是要求必须生育的孩子尽可能地晚一点生；所谓在规模方面做文章，就是尽可能少生育。我们从70年代以来说的"晚、稀、少"，就是对这一过程的最形象的概括。"晚、稀、少"中都具体到什么程度好？不能愈晚愈少就愈好，应该有个客观的标准。从我国妇女在70年代末以来达到的终生只生2~3个孩子的标准看，"一个不少，两个正好，三个多了"可能是较好的数量界限。晚婚晚育即妇女达到政府提倡的23岁结婚生育，可能是较好的婚育年龄。如果23岁以后结婚，生育第一胎后再间隔4~5年生第二个孩子。假使再加一条，无论什么情况都不得生育第三胎，这可能就是最好的控制方案了。

十二、这样的控制方案有没有可能？如果探寻我国妇女近40年来的生育变化轨迹，就会发现不仅是可能的，而且是唯一可以做到的。

50年代之前，我国妇女平均每人在退出生育年龄时终生生育6~7个孩子，到现在降到2~3个孩子。40年来生育率下降的过程是相当有秩序的，即按照依次降低高孩次生育胎次来实现的。比如我国城镇妇女在1940—1971年中，光三胎总和生育率在0.50以上，四胎总和生育率在0.40左右时，别说一胎总和生育率在0.70~0.90之间高悬不下，就是二胎总和生育率也在此区间徘徊而不再下降。1971年之后，城镇妇女三胎生育率降到0.5以下，四胎降到0.32以下，五胎及五胎以上总和生育率降到 0.37 以下时，二胎总和生育率才开始出现下降的迹象。城镇妇女如此，农村妇女尾随城市之后，其变化的规律也是如此。我国妇女生育率变化的过程说明，当高胎次生育水平没有降到一定程度时，较低胎次的生育水平是不会下降的。

目前，我国农村妇女的多胎生育水平还相当高，在这一情况下，企图让妇女一、二胎生育率能降下来，是不可能的。我们能做到和必须做到的就是降低农村妇女的多胎生育。

此外，早育即妇女法定婚龄前的生育问题，我们认为这有法律依据，真正管理是比较好办的。只要引起全社会的重视，在短期内，我们将现在的早婚早育现象再下降一个较大的幅度，是有可能的。

十三、根据这样的分析，我们认为解决我国人口问题的最好办法就是把问题提得响亮些，在农村放开二胎，把主要精力放在解决早婚早育和多胎生育问题上。我们认为，这样做的实质在于同实际生育水平接近，工作对象少了，精力更集中，干部群众都好接受，计划生育工作可以说就理顺了。1979 年我在全国第二次人口科学讨论会上提出这个观点，1985 年春节请示中央试点，后经国家计划生育委员会、山西省委省政府批准，在翼城县试行这一办法，群众形象地称之为"晚婚晚育加间隔生育办法"，6 年多来，已经收到良好的效果。据 1990 年人口普查，翼城县总人口由 1982 年普查时的 25.1 万增加到 27.2 万，8 年共增长 8.38%，比同期全国增长率低 4.07 个百分点，比山西省同期低 5.33 个百分点，比所在的临汾地区同期低 6.16 个百分点。该县近 10 年来的地方工业较周围的县发展快，所以迁入人口较多。依据临汾地区公安处的统计资料，该县 8 年来纯迁入 6258 人，如果扣除这一数字，该县的人口自然增长率实际上还要低出许多。再说明一点，翼城县过去是个典型的农业县，农业人口比例较全国、全省及临汾地区都要高，这都说明"晚婚晚育加间隔"的生育办法所取得的良好效果。

十四、由于各种原因，我们目前公开的和自上而下的改变生育政策，是不可能的。即使如此，我们将工作的重点放在解决农村的早婚早育和多胎生育上，加强县一级的计划生育管理，效果虽然差一些，但因为解决早婚早育和多胎生育的目的明确，也可能会收到较好的控制效果。

十五、当前我们仍处在生育高峰期，这次生育高峰的峰期究竟有多长，峰顶有多高，我国 20 世纪 12 亿左右的目标能否实现，以及实现到什么程度，其根本都取决于今后 10 年对农村妇女早婚早育和多胎生育的控制。我们能否解决我国近期的人口问题，关键也在于这次生育高峰期对农村妇女的早婚早育和多胎生育问题解决的程度如何。——这是历史提交到我们面前的、20 世纪的最后一次机会。

20 世纪中国人口问题的症结①

　　我国妇女生育水平在新中国成立后的 40 年里,变化很大。50 年代,我国妇女总和生育率大约在 6.0~7.0。如果将 60 年代初期生育低谷同稍后几年的补偿性生育拉平计算,60 年代的总和生育率也是在 6.0 左右向 5.0 方向滑动。70 年代则是生育水平急骤下降的历史时期,从 1971 年开始至稍后仅 5~6 年的时间, 我国妇女总和生育率由 5.0 以上降至 3.0 以下,至少从现象上看,中外人口史上未曾发生过类似的变化。但是也正是至此之后, 我国妇女总和生育率水平就一直徘徊于 2.0~3.0 之间了。比如,从 1981—1987 年,其值分别为 2.62,2.86,2.42,2.35,2.20,2.42,2.59。

　　自 1986 年起,我国妇女每年大约生育 2300 万个孩子,若以现行生育政策衡量,其中计划外生育者达 900 万左右,接近当年出生人数的 40%,现以 1987 年为例,如果能将 900 万计划外生育减半,那么该年的出生人数有望下降到 1900 万以下。这样,出生率不超过 19.0‰,自然增长率不会超过 13.0‰。

　　每年约 900 万计划外生育的分布是:90%以上发生在县和镇, 大中城市不足 10%。若以生育类型划分,大约可分为以下三类:

　　第一类为早婚早育,即我国法定婚龄前的妇女生育。这类生育量每年 100 多万,占当年出生人数的 5%左右。在我国,虽然非婚生子女受法律保护,但妇女在 20 岁以前的婚姻属无效婚姻。因而,20 岁以前的妇女生育行为无法律依托。

---

① 本文曾载《晋阳学刊》1992 年第 2 期。

第二类是计划外二胎。依据现行政策，凡属未批准的二胎都属于此类。一般认为，目前计划外二胎生育每年400多万，占当年出生总人数的17%左右。必须说明，由于客观现实与政策的矛盾以及由此而产生的复杂性，在"计划外二胎"中，有不少属于提前出生者，但从政策上讲并非是不应当出生者。

第三类是多胎。从人口再生产角度讲，平均每个妇女生育两个孩子，便可使其家庭维持简单再生产。若将其限制于二胎之下，则有利于我们克服面临的困难。因此，除个别少数民族外，我国的多胎生育是不合理的。目前每年的计划外生育中，约有400万属于多胎生育，占当年生育人口的17%左右。

如果说在20世纪最后不足10年的时间里，中国人口所面临的根本问题仍然是过快增长的话，那么，中国农村妇女的多胎生育就成了20世纪人口问题的症结。为了较好地解决这一问题，我们必须将其放在40年来中国妇女婚育变化的历史中和现阶段我国经济社会发展的大舞台上，才有可能探索和寻求正确的道路。

一、我国农村妇女多胎生育概况

（一）我国妇女婚姻状况的变化

有关资料表明了我国妇女婚姻状况的历史与现状及其变动轨迹。总的来讲，有这样几点：

1.我国妇女在行将退出生育年龄时，结婚者几乎为100%。如1982年的结婚年龄分布是：80%左右的妇女至24岁时已经结婚，30岁的妇女结婚率逼近100%，终身未婚比率微乎其微，49岁组的妇女未婚率仅为0.11%。农村妇女这种状况更甚。1987年29岁组农村妇女的未婚比例为0.52%，也就是说，我国农村妇女在29岁之前几乎全部结过婚。

2.由于我国农村的婚姻家庭一直随着传统农业生产方式向现代社会生产方式的转变而变化，所以，作为传统社会产物的早婚行为，也正在经历着一个逐步下降的过程。从1949年至1982年，女性早婚比例直线下降。以我国颁布的第一部《婚姻法》妇女法定婚龄18岁为标准，其早婚比例由49.3%锐降至3.8%。若以1982年新婚姻法规定的20岁为界，近几年早婚比例则有所回升，由 1979 年的 12.7%升至 1982 年的 17.3%，1986 年又进一步跃升为 21.0%。

3.除个别年份外，70 年代以前的妇女总和初婚率逼近 1.0 之后，1971—1978 年其值略低。1979 年以后，稍有回升。但再向后几年，复又徘徊于 1.0 左右。

4.我国妇女 40 年来平均初婚年龄有所提高。1949 年我国妇女平均初婚年龄是 18.57 岁，1982 年为 22.66 岁（其中 1979 年曾高达 23.12 岁）。城镇同期由 19.41 岁提高到 24.93 岁，农村由 18.52 岁升至 22.07 岁。但是 1982 年以后初婚年龄却有下降，1987 年降到 21.01 岁。需要说明的是，1980 年以来我国所出现的平均初婚年龄降低，总和初婚率一度上升，早婚年龄构成提高和由此而形成的 80 年代中期开始的妇女总和生育率回升，固然与经济改革后原来形成的对妇女婚姻约束条件的冲击有关。但是，我国妇女年龄构成上的变化在客观上起着不应忽略的重要作用。比如，15~23 岁组的女性人口在 15~49 岁女性人口中的比例提高了，那么，即使不同年龄组初婚率相同，妇女平均初婚年龄也会因此而有所下降。这就是说，把 80 年代以来的妇女平均初婚年龄的降低完全归结到社会控制水平的衰弱，是不全面的。

5.我国城乡婚姻状况的区别在于：第一，农村妇女的婚姻状况尽管各个方面均有了不小的变化，但较之城市仍显平稳缓慢。第二，平均初婚年龄农村低于城镇，1987 年农村妇女为 19.22 岁，乡镇为 22.21 岁，城市为 23.5 岁。

40 年来，有关我国妇女的婚姻状况可总结如下：第一，我国妇女婚姻状况是同其经济社会文化状况相关变动的，尤以初婚年龄最为明显。主要原因在于，现代社会同传统农业社会比较，社会对劳动力的技术、文化条件要求提高了，这就必然延长劳动力的学习和训练周期，进而婚期主动或被动推迟。我国妇女总的婚姻状况是未婚率低、有偶率高、离婚率低、婚姻稳定。第二，城乡妇女婚姻状况的变动大体符合社会经济文化发展顺序，即经济文化由城市向农村逐步推进。妇女婚姻年龄、有偶率、丧偶比例及离婚率，都明显地反映出城乡差别和乡村紧随城镇之后发生的变化。第三，农村妇女早婚比例仍很高，20 岁的初婚峰值年龄说明农村妇女进入婚育期较早,也较集中。第四,我国妇女婚姻状况同社会经济文化紧密相关的特点决定了对我国妇女婚育行为的控制、调节和疏导,都离不开我国城乡经济、社会文化等方面的具体国情。第五,1979年以来结婚率上升,表明紧跟其后的生育率将有一个上升时期。不过这是短期内发生作用的因素,它并不一定会决定妇女的终身生育水平,虽然它通常总会有一定影响。

(二)我国妇女生育率的转变

妇女生育率的变动,说到底,仍是一个社会经济、文化教育和科学的普及与发展问题。生育率在一定时期内的变动,可能具有偶然性。但只要用历史的眼光对其加以分析,就有可能把握决定生育率变动的各种社会因素。

通过多种资料并从多种角度进行分析,我们发现:

第一,1950—1986年,我国妇女生育水平已由终生生育6~7个孩子降到2~3个,比一般发展中国家的生育水平都要低,甚至接近日本、美国等发达国家。支撑这种判断的依据是:(1)总和生育率由1950年的5.81降到1987年的2.58;(2)仅拿1986与1981年相比,高年龄组的妇女生育水平都有了不同程度的降低,尤其是25~29岁生育峰值年龄组的生育率下降了87.3个千分点;(3)平均每一妇女活产子女数由2.62降至2.27。

第二,现代社会的发展顺序是由城市波及农村,由城市发展带动农村,妇女生育水平的转变同样也沿循着这样的轨迹。我国城市妇女的生育率率先发生转变,而农村则尾随其后。尽管一些资料显示出60年代中期之前的城市人口出生率高于农村,但就妇女生育率而言,仍是农村高于城市。如1950年城市妇女总和生育率为5.00,农村为5.96。1955年城市为5.67,农村为6.39。1965年城市为3.75,农村为6.60。

第三,无论城市或农村,妇女生育率的转变都是循着高胎次生育逐步减少,高胎次生育率逐步下降的轨道。如1963年和1981年比较,无论城镇和乡村的多胎生育率都由1.0以上降到0.4以下。但一胎总和生育率却变化不大,同期城镇不过由1.30降到1.17,农村则由1.60降到1.20。

第四,目前我国农村妇女的多胎生育仍较严重,大约同70年代后期城市妇女生育状况相当。要降低当前农村妇女生育率,其要点在于降低农村妇女的多胎生育。

必须指出,我国城乡妇女随着国家社会和经济文化的发展,内含着一种生育率下降的自发趋势。这种趋势在国家对此问题明确和强调之前就已经存在了,只是从 70 年代初开始,国家有关计划生育意向不断加强,以及各种有利于人口控制的设施进一步形成、完善和强化后,生育率下降更为迅速罢了。

就是说,国家的法制、政策等主观意向只是促成了原来就存在着的趋势得以迅速实现。那种把中国妇女生育率降低说成是国家强制性的生育政策的结果,显然难以成立。比如,五胎及五胎以上的总和生育率自 1965 年开始便明显下降,四胎总和生育率则从 1968 年之后开始下降。应当知道,1964 年和 1965 年,国家关于实行计划生育的主张虽已提出,但远未在广袤的农村大地发挥出如同目前一样的效力。更何况,60 年代后期"文化大革命"中的混乱局面几乎没有能使国家的这一意识发生作用。但是,这一阶段的城乡多胎率却已悄然下降了。这就完全反映了我国妇女生育率下降的自发趋势。农村的四胎和三胎生育率几乎都是从 70 年代初我国政府重提计划生育时才开始直接下降。然而当时政府的有关计划生育行为还完全是意向性的,缺少系统、明确而具体的法规,也还没有设立相应的行政机构,宣传也不到位。耐人寻味的是,农村妇女二胎和一胎总和生育率在 70 年代提出计划生育问题后相应来说变化不大,尽管二胎总和生育率在有些年份也曾下降到 0.7 以下,但较多仍是在 0.7~0.8 之间波动。应当说,这是我国农村妇女生育率变动的实质,即多胎生育的下降还没有达到一定程度,一胎和二胎生育率不会发生较大的变化。

我国妇女生育率转变的特征是:(1)正处于一个由高向低的转变过程中;(2)生育率转变的地区分布是先城市后乡村;(3)多胎率先期下降,一胎和二胎变动幅度都不大;(4)70 年代之前我国妇女生育率已有下降迹象,多胎生育确已减少;70 年代之后随着计划生育工作得到更多重视和推广,妇女生育率下降的速度有所加快,多胎生育尤为如此。

(三)我国农村妇女多胎生育现状

1986 年,城市和乡镇出生的多胎占全国多胎总数的 12.6%,而县人口出生的多胎则占全国的 87.4%。以此计算,1987 年全国农村就有近 450 万新出生的孩子属于高胎次。不过,纵观其多胎生育,仍处于由高到低的转变过程之中。如 1963—1981 年,农村妇女三胎及三胎以上总和生育率已由 4.90 降至 0.99。扫描城乡多胎生育率,则仍有较大差距(见下表)。

表 1　1986 年我国城乡育龄妇女分胎次生育(‰)

	合　计	一胎生育率	二胎生育率	多胎生育率
全国	80.7	42.1	24.5	14.1
市	59.2	42.7	11.4	5.1
镇	76.7	42.1	23.3	11.2
县	88.8	41.8	29.1	17.9

资料来源:国家统计局 1987 年全国 1%人口抽样调查

进一步的分析还表明,在多胎生育方面,主要还是生育三胎的问题。如 1986 年,农村妇女三胎生育率为 10.6‰,占多胎生育率的 59.1%。

由此我们可以把我国农村多胎生育现状归结为以下几点:

第一,农村多胎生育虽仍较高,但目前毕竟处于一种由高向低的演变阶段,特别是从城乡近几年的变动历史看,农村妇女多胎生育的下降水平一直紧随城市之后。

第二,农村妇女多胎生育从 20 岁之前到 49 岁都有发生,主要集中分布于 25~34 岁这 10 个年龄组,比如在这个年龄段,每个年龄组的第二胎生育率都在 12‰以上,尤其 25~29 岁,三胎生育率在 33%~41%之间。30 岁之后,生育三胎的速度逐渐递减,虽说较高年龄组的四胎及四胎以上仍有发生,但已相当微弱。

第三,一般来说,多胎生育是与社会经济文化水平的发展相适应的。在我国,工业发展较早的东北、江浙及四川平坝等地区,多胎比例都比较低,如黑龙江、吉林、辽宁三省 1987 年多胎率占生育胎次的比重分别是 8.6%、1.4%、11.5%,浙江是 3.6%,江苏是 6.9%,四川是 6.7%。相反,工业发展较迟或其他社会经济、文化等因素发展缓慢的地区,多胎率则相对较高,如青海、宁夏、新疆就分别是 28.3%、29.9%和 45.2%,揭示出多胎生育中地区分布的奥秘。生育水平大多反映了各地经济发展水平。从地区上看,由于辽阔的农村人口密度差异较大,使我们不能仅仅从多胎生育的比率上确定工作重点。如在我国东部和中部的一些省份内，虽然其多胎生育比率不很高，但因人口密集度强，人口绝对量多，多胎生育的绝对数往往还比较大。所以，30 岁左右是我们要特别重视的年龄段，我国东部和中部地区的各个省份将是我们要特别重视的地区。

（四）我国农村妇女节育状况

现在需要进一步讨论的是，当农村的妇女如果并不希望生那么多的孩子时，社会服务设施是否做得到保证满足她们的意愿，以及本人的文化知识、文化素质等主观条件是否足以使其有能力不致怀孕和终止妊娠。

资料表明，我国的节育水平是在上升的，1982 年，我国育龄妇女节育率为 69.46%，1987 年则达 77%，相当于 1.5 亿对已婚夫妇在采用不同方法进行着避孕或节育。这一比值或绝对数，即使同西方发达国家相比，也是高的。如美国 1976 年避孕率为 68%，日本 1975 年为 61%，新加坡 1978年为 71%，为控制人口耗费了心血的印度节育率 1981 年不过是 23%。我国节育夫妇在节育方法上的分布是多以宫内节育器为主，尽管这一方法的使用率近年来因多种原因有所下降，而方法简便的避孕套使用率却最低。其原因我们认为是这样的：(1)宫内避孕器方便、长效，相对安全；(2)省去其他现代避孕药具经常性消费和经常性购买、发放等繁重的任务；(3)易于管理，尤其农村妇女放置避孕环之后，自己很难取出。

农村已婚育龄妇女的节育率为 69.6%，比城镇节育率 75.9%低 6.3 个百分点。在未采取任何节育措施的 36.4%的农村已婚妇女中有生育指标的占 34.2%，绝经者 13.9%，患不孕症者 6.0%，其他无措施者占 45.9%。将城镇无措施原因同农村进行比较，反映了我国城乡经济文化方面的差别。在城镇，无节育措施的夫妇中，有生育指标者占到 51.3%，绝经占 21.4%，不孕者 9.2%，其他 18.1%。城乡在"其他"项方面差别很大，显示了农村无计划生育状态的严重性。再进一步讲，除宫内节育器外，口服避孕药及避孕套的使用率在城市远远高于农村，其原因大致同前。

研究妇女或夫妇的节育状况，仅从他(她)们的主观意愿以及方法的选择方面进行是不够的。还应看一下我国尤其是农村的计划生育技术网络的建立情况如何。从目前来看，计划生育技术服务主要承担三方面的职能。一是医疗,二是技术咨询和服务,三是避孕药具的发放。城市的情况还好一点,农村就不那么乐观了。在农村,力不从心的服务往往造就出这样的结果:要么一些县级医院的医务人员要不时地下到乡(镇)乃至农村做一些乡卫生院做不了的手术;要么农村节育夫妇要跋涉数十里甚或上百里到县城医院去做一个很小的手术。

总之,我国农村妇女节育的现状特征是:(1)节育知识的了解及方法的使用相比之下较为普遍;(2)同城市相比,农村夫妇的节育方法比较单一、死板,除宫内节育器外,最"时髦"的就是女扎(占各种节育方法总额的 36.1%)和男扎(11.6%)了;(3)农村无措施育龄夫妇比例明显高于城镇,说明农村节育率低于城镇;(4)计划生育管理部门不健全,相应的技术设施等薄弱或短缺。有相当多的农村,根本没有人专门从事计划生育工作,也没有建立起避孕药具发放点,这是现阶段农村节育避孕工作难以提高的一个重要原因。

二、制约我国农村妇女生育的社会机制

人的生育行为说到底,不过是人口生产和再生产的客观运动,而推动这一特殊运动的"力"是一个十分复杂的"自然力"和"社会力"的综合体。如同机械运动包括推动物体位移的推力和阻止物体位移的阻力两部分一样,妇女的生育行为也包括推动生育和抑制生育的两大类因素。这正与反的两类因素相互作用并有机地结合,构成了决定人口生产和再生产的生育机制。如果将前述对我国农村人口生育现状的分析视做描述客观规律体系作用的结果,那么,分析推动或抑制农村生育的客观因素,才是寻找生育现象背后的原因。

(一)推动我国农村妇女生育的客观因素

人的生育即人的繁衍是同生产方式紧密相关的。人类从脱离动物界到近代工业化之前,基本上是处在开发土地的阶段,在这一阶段上,生产力的提高几乎全部是劳动力对土地的呼唤。这样,生产力的提高总是与劳动力的增加成正比。在传统的生产方式下,农民为了增加劳动力进而提高直接的"生产力",就必须设法让他的老婆多生孩子。因为那时的死亡率还很高,一个农民如果希望有两个儿子能够活到娶媳妇和生孩子的年龄,再由于出生性别比例等因素的原因,就必须让他的老婆生 6~7 个孩子。

现代社会生产方式的变革把劳动力也抛到市场上来了。新的生产方式要求有较高文化水平的劳动者以及这一劳动者拥有至少满足当时需求的技术。这不同于传统社会中八九岁的男孩也可以成为他父亲的帮手。在旧的生产方式下,一个庄稼汉把式不需要读多少书,甚至完全可以是文盲。一个目不识丁的孩子在大田里滚上三五个春秋,就足以成为合格的庄稼把式。现代生产方式否定这种劳动力的成长。它所需要的普通劳动力,也至少要接受十多年的教育。如果说传统生产方式的特点是对土地的开发的话,那么,新的生产方式的特点则是对智力的开发。生产方式对劳动力需求标准的提高和家庭培养劳动力费用的增加成了制约妇女生育的决定性因素。加上妇女走向社会,由传统生产方式中专职的生育职能向与男性劳动力同等地位的转变,都成了妇女生育率下降的重要原因。所以,从根本上来说,我国农村妇女的高生育率问题仍然是一个生产方式问题。

第一,从社会制度上说,我国已进入了社会主义社会,但生产方式却是手工与机器、传统与现代并存。农村绝大多数地区的生产手段仍以手工操作为主。尤其是实行农业生产责任制之后,大多数农村生产方式同传统的一家一户的小生产在许多方面没有多少区别。因而,农业生产和小农式的自然经济的生活方式对劳动力尤其是对男劳动力的追求,便构成了我国农村妇女生育水平较高的根本原因。

第二,由于文化教育从本质上讲也是一个经济问题,所以,有时人们很难分得清生育究竟是由文化还是经济因素所决定。但是下面一些原因是直观的。比如,由于受教育时间延长,人们的婚育期相对地说推迟了;其次,有文化的青年男女走向社会较容易,而职业妇女相对地说从事家务的时间少了,使其自觉地减少生育;此外,有文化的妇女易于接受包括各种现代避孕手段在内的科普知识,从而也能减弱生育率的势头。1982年,我国 12 岁及以上人口的文盲率、半文盲率是 31.87%,其中男性 19.15%,女性 45.23%。在后者中,15~19 岁的女性文盲率是 14.73%,20~24 岁为 23.26%,25~29 岁为 36.10%,30~34 岁是 40.31%,35~39 岁是 43.4%,

40~45 岁高达 57.4%。最后，年龄相同的同一批妇女，因为文化程度不同，其生育水平显示出明显差别。1987 年，有大学文化程度的 64 岁妇女平均一生生育过 2.91 个孩子，高中毕业的同年龄妇女则生育 3.57 个，初中文化的生育过 4.25 个，小学文化的生育 4.73 个，文盲半文盲生育过 5.16 个。那么，前述我国妇女文化水平的现状便足以反映出低文化水平对我国妇女生育率下降的阻碍作用了。

第三，对于大多数农民来说，生育的目的是从增加家庭的劳动力到扩大家族的势力等。但是，生育本身并不构成为目的。毫无疑问，出生后的小孩存活得越多，就越会减少人们再生育的动机。反之，因为"薄收"，就需"广种"。不用说，农村比起城市来，生活水平低，医疗条件差。因而人口死亡率尤其是儿童死亡率和婴儿死亡率较城市高。如 1987 年的调查表明，0~4 岁儿童死亡率城市为 3.47‰，县为 6.69‰，5~9 岁组城市为 0.52‰，县为 0.90‰，这就刺激了农村妇女的生育期望。因为即使城乡妇女追求相同的子女数，但是农村妇女的生育期望值相对要高一些。因为即使城乡妇女追求相同的子女数，但是只有农村妇女的生育率高于城市才能补偿由于较高的死亡率造成的低存活率，从而达到他(她)们所追求的结果。

第四，无论决定生育行为的客观因素有多少，妇女生育都是在一定的观念因素推动下进行的。虽然观念和意愿是生育行为的直接推动者，但它们都不是第一层次的推动力。第一、二层次的因素当属生产方式以及由此而决定的政治、法律、道德等。但是，作为观念性的生育意愿或生育观念，一经产生，就会成为脱离生产方式而可以单独存在的客观因素并在较长时期内发生作用，甚至不再受产生它的生产方式所左右。目前我国所谓的传统生育观念是指同自然经济相联系的封建制生产方式所产生的生育观。这一生育观以追求劳动力为核心，包括"不孝有三，无后为大"、"多子多福"等内容。如我们对山西襄汾、翼城、隰县的调查就表明，在已生育多胎的妇女中，头胎希望为男孩者占 79.8%，二胎为男者占 65.6%，三胎为男者占 68.5%。丈夫与公婆对出生男性的期望值与之大致相同，传统观念对生育的影响由此可见一斑。

总而言之，我国现阶段以手工为主的农业生产方式、较为落后的农村文化、相对低下的生活水平、难以满足现状的医疗条件,以及根深蒂固的传统观念,均是阻碍生育率尤其是农村生育率下降的重要因素。

(二)抑制农村妇女生育的因素

从理论上讲,妇女从 15 岁开始排卵,每 28 天 1 个,到 45 岁结束,30 年可排卵 400 个左右。但事实是,即使生育水平较高的妇女一生也仅生育 10 个左右的孩子。这其中既有生物生理等自然方面的抑制因素,也有社会文化等方面的抑制因素。我国妇女生育水平由 50 年代平均生 6~7 个孩子,降到目前 2~3 个,主要是社会文化方面的因素在起作用,或者说主要是社会文化方面的抑制因素通过生理因素在发生作用。下面讨论的主要是阻止农村妇女生育的社会因素,以期进一步提高社会控制的水平。

1. 前面的分析已说明了传统和现代生产方式对于劳动力,进而对于妇女生育率分别起的不同作用。如果说传统农业刺激着妇女的高生育,那么,现代农业则会降低妇女生育水平,这其中的主要原因是农业纳入商品经济的轨道之后,农业劳动力也必然地被卷入统一的劳务市场。劳动力的生产和再生产要受市场规律的制约。我国传统农业向现代经济的发展是从两个方面同时进行的:一方面是农产品商品化程度的提高,农民平均收入的提高,广大农民沿着同一方向,无论生产方式或生活水平都在或多或少地、不同程度地朝着社会化进展。另一方面是较发达地区的农民迅速地向现代社会迈进,这或者主要是那些有特殊资源的农村,随着国家对其生活地区的特殊资源的开发,或者靠近城市的农村,由于城市的发展,促使郊区也较快地走向现代社会,现阶段特别是东部沿海地区广大农村的发展速度更为迅猛。这或者是说,除了农村经济由传统向现代发展外,由城市向农村,由东部发达地区向中西部纯农业区的推进,也都影响以致直接导致了妇女生育水平的下降。换个角度看,我国作为传统农业国家,绝大多数能够开垦的耕地基本上已经开发,绝大多数农村都面临伴随人口增加而人均耕地减少的问题。还有,农民看到了城市丰富的文化生活和较高的经济生活,向往着城市的现代或接近于现代的生活方式。所以,大多数农民都有一个强烈的愿望,即希望自己的孩子能够走进城市,跻身于现代城市生活之中。进入 80 年代,当绝大多数农村基本上解决了温饱问题之后,农民的这种愿望变得更加强烈而明显起来,不用说,这些都十分有利于农民减少生育。

有一点在此需要明确一下,有些同志认为,改革春风吹拂农村大地之后,联产承包责任制弱化了过去对农民生育行为的行政管理体制,所以,80年代中期以后的农村生育率有了明显回升的兆头。我们认为这种观点只说对了一半,的确,同过去的大集体相比较,改革后的国家行政体制同农民的关系松散了,行政管理不那么直接了。从几十年来习惯于一切都利用行政手段来实现的管理经验和管理办法来看,可能有利于农民的无计划生育,因为农民不再依靠集体取得口粮和其他生活消费品,集体也在很大程度上失去了可以直接制约农民的经济力量。但不应忘记,社会有其自身的发展规律。具体来讲,农民的经济演变是一种无形的力量。这种力量正在潜移默化地改变着农民的生育意愿,从而限制着自身生育期望数量。一是生产发展的家庭越来越紧密地同市场发生关系,市场需求限制农民按照传统的观念生育,二是如前所述的现代农民望子成龙的宏愿也促使着他们少生少育。何况现在的村民委员会仍掌有分配土地等方面的权力,如果愿意,总还是可以限制农民的生育。

总之,随着农村经济文化事业的发展,我国农村妇女生育水平还可能进一步下降。这也是能使我们的人口控制工作更上一层楼的基本条件。

2. 作为制约国家一切法律法令的国家宪法是主张计划生育的,它有利于节制国民的生育行为。此外,我国的《婚姻法》及其他有关法规,国务院有关条例也都作了推行计划生育的规定。与此相应的是,我国的宣传教育和舆论都是有利于计划生育的。其中,宣传教育内容一方面是国家的意向,另一方面是有关计划生育的知识。社会意识形态的舆论,也在默默地改变着人们的观念,反映国家对计划生育意向的舆论导向也在制约着人们的无计划生育。因此,现行的法规及政策加强了计划生育的社会舆论,并通过这种舆论促进计划生育工作的开展。但是,同城市相比,我国农村文化设施的落后、法制观念的淡薄却又顽强地抵消着这些作用。当然,从另一个角度看,这也正是我们能够进一步做好农村计划生育工作的潜力所在。

3. 我国计划生育管理机构是从70年代初逐步形成的,到目前为止,除西藏自治区外,从中央到各省、市、自治区的最基层的地方政权机构都建立了相应的计划生育管理机构。此外，城市的居民委员会和乡村的村民委员会也都相应有人分管计划生育工作。无疑，遍布于祖国大地的纵横交错的计划生育管理网络是十分有利于我们开展计划生育工作的。

4. 我国农村计生技术管理体制仍显薄弱。比如，县以下计划生育委员会没有节育避孕技术的科研和医疗部门，而县计划生育委员会主要是利用卫生部门的技术人员来完成自己繁重任务的。由于服务对象、服务目的、服务手段乃至服务空间和服务时间均不一致，因此两个部门之间的工作很难协调，这势必严重阻碍农村计划生育工作的深入开展。

三、减少我国农村妇女多胎生育的建议和对策

生育问题是一个十分复杂的社会行为。特别是农村妇女的生育，在我们看来可能是十分简单的"违反生育政策"的行为，但对农民家庭来说，可能是经过了深思熟虑之后才决定的。比如，在大多数同志看来，追求男孩子和寻求"儿女双全"是农村妇女生育多胎的主要动机。但如果我们做了深入和具体的分析后就不能不对这一观点持疑问态度。因为一些资料表明，生过男孩再想生男孩，或者生过男孩还要继续生的妇女大有人在。这些由于复杂的原因所引发的复杂情况说明，我们不能企求将我国农村妇女的多胎生育问题的解决，寄希望于短期内和一两个具体的措施上。相反，它需要我们进一步做深入的研究和全社会做长期的努力，才可能逐步取得成效。

根据现阶段决定农村妇女生育多胎的不同社会因素，我们认为有三个层次的工作有待于我们去做。一是属于社会基础性的工作，二是计划生育行政管理工作，三是计划生育技术和服务设施方面的工作。

（一）多胎生育是一个社会发展水平问题

40 年来我国农村妇女的生育率一直尾随着城市妇女生育率下降的轨迹不断下降的事实，充分说明，多胎率的下降是随着社会经济文化水平的提高而出现的。所以，它是一个社会发展的水平问题。因此，农村妇女多胎率的进一步下降就需要做许多艰苦的、具体的和基础性的工作。

第一，坚持经济改革的方向，促使农村经济进一步发展。前面的分析已经表明，只要农民富裕起来了，就会从那种愈贫穷愈多生的怪圈中解

脱出来。

第二，增加农村教育投资，提高农村教育水平。目前的农村中小学生教育举步维艰的主要原因，一是缺少资金，二是缺乏师资，三是农民家长看不到孩子上学有什么出路而令其辍学。另外，农民的生产节奏全是依照季节变化而变化，所以，绝大多数农民在许多时间里处于休闲状态，但农村基本上没有开展成人教育。既然文化水平同生育水平有直接关系，提高文化水平有助于降低农村妇女生育率，那么，提高农村教育水平就势在必行。这其中包括农村学校教育落后状态的改变以及农村成人教育的发展。当然这不是一朝一夕就能办到的事情，但却是我们应当着手进行的基础性工作。

第三，发展农村文化事业，丰富农民的文化生活，将农民希图从性和养儿育女方面寻求乐趣的单调、贫乏的文化生活中解脱出来。我们在山西隰县、襄汾、翼城等三县的调查结果表明，公开承认生育第三胎是为了增加家庭欢乐目的的占各种生育目的的 20.5%。如果能将这一目的排除掉，受此目的所支配而生育的孩子数在今后就会大大减少。

第四，加强法制教育，提倡晚婚，尽快改变农村的早婚习俗。关于这一点，只要对干部群众进行普遍的、经常性的法制教育，干部以身作则，真正下力气扭转早婚习俗，是可以收到明显效果的。

第五，重视舆论作用，多做有针对性的宣传教育工作，帮助农民改变生育观念。比如，对"传宗接代"的观念就可以从其产生的背景、代表的阶级利益、所起的历史作用，以及为什么说现在已经过时从而应当抛弃等方面做一些有理有据、令农民信服的宣传工作。不能仅仅把宣传工作停留在控制人口的必要性方面，也不能不加分析地把希望生男孩都一概斥之为"传宗接代"、"多子多福"、"男尊女卑"等封建意识。

第六，加强党风建设，正确执行党的政策，是降低农村妇女生育水平的重要条件。目前党的生育政策在大中城市执行得比较好，但县及县以下执行得并不如愿，这与我们一些干部走后门、批条子使违法超生合法化有很大关系。

（二）改革农村计划生育管理体制

在社会发展的一定阶段上，妇女生育率水平的变化会因为社会对其所做的工作不同而有所差别。这种差别在很大程度上是由管理的优劣造成的。为此,我们要向科学管理要低生育率。

第一,实事求是,正确地制定符合我国各地农村实际情况的人口生育政策,是降低我国农村妇女多胎生育的基本前提。这里所讲的"实际情况"类似这样一些例子,比如处于东北三省、江浙等长江中下游的省份及大城市近郊等工业基础好的县份,其农民早已失去本来的含义。这样,所制定的生育政策即使是对农民这一群体,也应当有所区别。

第二,把竞争机制引进计划生育领域,健全基层组织,在村民委员会一级实行计划生育承包责任制,并力求使计划生育工作人员专职化。目前我国农村尽管在村一级都有搞计划生育工作的人员,但因为不是专门招聘,其报酬也不同于脱产干部,实际上仍是兼职。加之这些本乡本土兼职人员碍于面子或慑于家庭和街坊的某些压力,其责任心明显不强,也就难以适应计划生育需要常年抓的特点。这种主要依靠国家行政体制来抓计划生育的做法可能是我国农村生育率居高不下的又一重要原因。

第三,按照生育政策和人口实际构成做好规划,改变过去那种粗略的指标下达办法,使上级下达的指标合理而科学,使符合政策的育龄妇女能够心满意足地得到指标并如愿生育。

第四,村民委员会的计划生育管理要规范化和经常化。最基层的计划生育管理是计划生育成功的关键所在。现在大多数农村的计划生育工作既不正规又不正常,这往往成为农村计划外生育的直接原因。在我国绝大多数的农村地区,每年工作队或手术队进村一次,根本无法解决农民日常出现的节育技术问题。

(三)建立一支强有力的专业技术队伍

如果从人类对科学技术的普及与使用率来说,恐怕在现代科学技术中,没有多少新技术能比现代避孕节育技术更深入地、直接地被人类这么普遍地广泛使用着。因而从本质上讲,现代避孕方法就是现代科学技术的普及与使用。这样,广大农村妇女生育率的降低,说到底是需要通过节育技术来保证的。因此,我们不仅要向科学管理要低生育率,而且还要向科学技术要通向这一途径的保证条件。为此,需做以下几方面的工作。

第一,计划生育部门必须有一支专业技术队伍。目前我国的计划生育部门基本上没有专业技术队伍，日常工作需要依靠卫生战线的力量。如果说计划生育开展的初期阶段借用医疗卫生战线的技术力量还足以应付的话，那么到了计划生育工作开展到较高层次，每一对夫妇都将在其多年内实行避孕和节育措施的情况下，再要让计划生育战线借用卫生战线的力量，显然是不再适宜的了。近 10 年的正反两方面经验都证明了，计划生育部门拥有了自己的专业技术队伍，就会有利于技术人员钻研计划生育技术，有利于节育科研和技术的发展。

第二，比前一项内容更具有长远意义的是，为了推动计划生育事业的开展，从中央到县都应当建立计划生育专科医院，其职能应集教育、科研（实验）和临床于一身。具体地说，一是可以为下面（农村）培养技术专业人才，二是可以改变现在许多节育技术靠医疗卫生战线投入的不适应状态。在这种情况下，计划生育技术服务的重点仍然应当并且有可能放在农村。此外，乡镇要设立计划生育技术服务站，县和乡镇还要多筹建若干支计划生育技术服务小组，经常在农村巡回服务，常年活跃在农村。

第三，应当明确，广大农村的育龄夫妇如果真的服用一日一粒的避孕丸或使用一次性的避孕套具，其用量及由此而产生的经费开支会立即加大。况且，没有一定文化知识或文化修养的人很难准确应用这类方法或者说很少选择这类方法将其经常化。相比之下，绝育手术和节育环具有节约、简便、长效和便于管理等方面的优点。经验证明，妇女生一胎后上环，生完二胎后男性或女性结扎，是解决现阶段我国农村妇女生育间隔过密、多胎生育比例过高的最有效的技术措施。这里需要强调的一点即前面已经指出过的：为了真正做到一胎后上环，二胎后结扎，辅之以必需的避孕药丸和避孕套具，就必须有一支过硬的行政管理班子、技术管理队伍。这便是适合于我国经济相对落后、人口众多、分布面广、农村人口比重过大、文化水平不高等国情的具体可行的办法。

从我国人口发展的角度来说，我们正面临一个特殊时期，这一特殊时期是以人口生育高峰为基本特征的。根据 1990 年的人口普查，此后 5 年平均每年进入婚育年龄的人口达 2200 万，而每年处于 20~29 岁生育高峰年龄的妇女将在许多年内维持在 2.5 亿左右。所以，庞大的育龄妇女群是 20 世纪最后 10 年人口控制工作方面的巨大困难和压力，同时，它又是历史送给我们走向新境界的良好契机。即如果我们把可能的生育高峰平抑得和缓一些,则对今后我国人口构成合理化和 21 世纪经济社会发展都是有积极作用的。40 年来中国妇女生育率的变化说明,妇女生育率的下降是通过高胎次比率逐步减少实现的。这就是说,当育龄妇女中还有较高比例的人处在高胎次生育的行列时,企图减少低胎次的生育往往是不会成功的。根据 1990 年的人口普查,全国生育多胎的比率还高达 19.32%,农村妇女的多胎生育则要达到 25%~30%。这就是说,中国人口问题的症结在农村妇女的多胎生育,而且我们在控制人口方面能做的主要工作也只能是解决农村妇女的多胎生育问题。只要我们认识正确,目的明确,集中力量围绕农村妇女的多胎生育开展工作,就一定能做出成效来。

(写于 1992 年 3 月)

计划生育工作的成效取决于控制
农村妇女的早婚早育和多胎生育①

　　辑入本书的 30 多篇论文,就其写作时间来说,除少数几篇外,大都完成于 1988 年之后。就其内容来说,除第一组的 5 篇外,无论公开发表的论文,或者学术会议上的发言,与同人之间的交流以及研究课题的报告,主要是围绕解决我国正面临的生育高峰期的人口控制问题。所以, 我把这本新的文集取名为《生育高峰期的探索》。

　　人口过程是有其自身规律性的。这句话说起来简单,而且似乎早就很明白,但认识它绝不那么容易。回顾我十多年来从事人口学研究的经历,主要是探索了我国人口过程的规律问题。我个人的这段经历大致可以分为 3 个阶段。第一阶段是从 1979 年全国第二次人口理论讨论会上提出用"晚婚晚育加间隔"的生育办法解决我国人口过快增长的观点开始,到 1985 年 5 月由国家计划生育委员会和山西省委、省政府批准我的建议,在山西省翼城县试行"晚婚晚育加间隔"生育办法为止, 其间 5 年的研究, 与其说是对人口过程的客观认识, 不如说是出于对马克思主义基础理论的理解和计划生育工作的直观感觉。这也没有什么奇怪。从 1964 年我国第二次人口普查之后, 近 20 年来没有任何权威性的人口统计数据,人们对人口的认识只是一片混沌和模糊。那时我只是担心急躁的"一胎化"和"人口革命"的主张会导致我国人口急刹车,造成人口构成的畸形

① 本文是《生育高峰期的探索》一书的序言,该书 1995 年由山西高校联合出版社出版。

发展和党群关系的恶化。所以,这一时期的文章,无论我指出"一胎化"会过速地导致人口老化和人口年龄"四二一"倒金字塔也好,或者批评农村中过激的做法也好,总都是以为人口过程也许会任由人摆布。

从 1985 年开始,由于以第三次人口普查为开端的人口统计和人口调查数据相继增多,使我真正了解了人口规律的客观性和铁一般的事实。此前几年,虽然不少地区花费了很大的精力,但任何地方都没有实现持"一胎化"观点的同志所希望出现的局面,80 年代初曾经让某些人兴奋了一阵子的计划生育统计数据,都是基层干部用以对付我们官僚主义工作方法的结果。毫无疑问,农村妇女们以其偶然性的生育显示了我们现阶段人口过程的必然性。农民群众以其淳朴的行动再次教育了我,并引导我深入实际,接受实践的教育,向实践学习。人口学界的同志可以感觉出来,我在这一时期的文章不仅和农村生活贴得很近,而且从情绪上来说也不那么急躁了。截至 1988 年 10 月接受国家计划生育委员会委托的课题之前,这是我研究人口学的第二个阶段。

在 1988 年国家计划生育委员会人口专家委员会的会议上,我提议设立"中国农村妇女早婚早育和多胎生育问题研究"的课题,是因为通过几年来的研究,意识到我国计划生育工作的重心应该放在这个问题上。此外,从 80 年代初开始的几次大规模的人口调查也较全面和详尽地为研究这一课题提供了可能。经过几年的研究,我们发现和证实了这么几个极为简单的道理,即 40 年来我国妇女生育率的变化是极有规律性的,妇女生育水平的下降是由城市波及农村,而生育率下降的轨迹是通过高胎次递减来实现的。当妇女较高生育胎次的比例还相当高的时候,企图降低较低胎次的生育率,是不现实的。过去自以为十分神圣的研究工作,现在回顾起来,就只剩下这么一个极为简单的道理:我国人口过快增长的直接原因是农村妇女的早婚早育和多胎生育,解决人口问题的成效也只能取决于控制农村妇女的早婚早育和多胎生育。

说起来令人惭愧,人口客观过程中这些极为简单的道理,我却是经过十多年的探索才认识的。如果说,在这段时期内,能够反映第一个阶段的探索历程的是拙著《人口学》、《人口素质论》和《论我国人口发展战略》,第二个阶段是《中国人口问题的"热点"》的话,那么,第三个阶段就是与阎海琴同志合著的《中国农村妇女早婚早育和多胎生育问题研究》和这本文集——《生育高峰期的探索》了。

因为这本书在某种程度上反映了我的认识过程，所以除了根据出版规定对个别文字处理外，各篇都尽可能按照原来的样子收入。此外，由于我们不少读者还不习惯于把学者个人的观点同国家机关的政策和意向区别开来，所以这里有必要说明，本书完全是一部个人的学术著作，书中的观点反映的全是个人的看法。最后两组文章虽然是作为专家委员，在承担国家计划生育委员会委托的课题基础上写成的，但文中的观点仍然是作者个人的。本书所辑的各篇文章，难免有偏颇之处，欢迎读者提出批评。

（写于 1992 年 7 月 16 日）

关于 90 年代
中国计划生育工作纲要①

为增强工作的自觉性，使全系统在 10 年内都有明确的奋斗目标,以国家计生委的名义搞一个《十年和"八五"期间计划生育工作纲要》,是很有必要的。

一、有关指导思想和主要目标

根据我国经济社会发展具体的人口构成状况,90 年代我国计划生育工作的指导思想就是解决我国人口生育高峰和过快增长的问题。虽然从现在的预测看,高峰期很有可能在 1997 年或者 1998 年即将过去。但是,那是就生育峰值年龄段(23~29 岁)的妇女人数和最高峰期的妇女生育率来说的。就出生的人口来讲,估计仍会接近 2000 万;此外,虽说生育峰值年龄段(23~29 岁)的妇女人数有所减少,但整个育龄期妇女人数还是增加了。所以,可以说整个 90 年代计划生育工作的指导思想都应是解决生育高峰和人口过快增长的问题。

多年来我们都是讲计划生育工作的重点在农村,90 年代仍然如此。之所以这样讲,是基于这样几个理由:一是我国人口的 90%以上在农村,80%以上的育龄妇女在农村。二是城市和农村妇女的生育率比较,农村妇

---

① 这是作者在国家计划生育委员会专家委员会 1992 年夏季例会(平山)上讨论《十年和"八五"期间计划生育工作纲要(讨论稿)》时的发言。

女多胎率要比城市高出许多，农村妇女生育水平高，多胎生育和计划外生育还很严重。三是我们计划生育管理工作和服务工作的薄弱环节也在农村，农村的生育控制水平相对地说还比较低，所以应把 90 年代和"八五"期间计划生育工作的重点确立在农村。

10 年工作的中心应该是什么呢？我认为，90 年代我国计划生育工作应该围绕农村妇女的早婚早育和多胎生育，这是我们 10 年工作的中心。应该说现在的妇女生育率已比较低了，但计划外生育率仍然很高。每年新出生的两千二三百万人口中，约有 900 万属于计划外生育。其中农村妇女在法定婚龄前生育的早婚儿约 100 万，多胎 400 多万，两项合计占计划外生育的 55%，说明农村妇女的早婚早育和多胎生育是我们计划生育工作要解决的"大头"。此外，从妇女生育率下降的次序来说，也是由高胎次率到低胎次率依次降低的过程。当较高胎次的生育水平还维持在一定高度的时候，全国把妇女的较低生育胎次压得很低，是不会成功的。还有，从我国妇女婚育变动的轨迹、趋势来说，农村妇女的平均初婚年龄还处于提高的过程中，多胎生育还处在继续下降的过程中。所以，90 年代计划生育工作的潜力也只能在早婚早育和多胎生育方面。把我们的工作中心放在解决农村妇女的早婚早育和多胎生育方面，就会达到事半功倍的效果。

讨论稿中有这样一些提法，如"1991 年至 2000 年平均年人口自然增高率争取控制在 12.5‰ 以内，'八五'期间平均年人口自然增长率控制在 14.23‰ 以内，总人口数到 1995 年不超过 12.27 亿。到 2000 年，内地总人口控制在 13 亿以内，自然增长率控制在 10‰ 以下……"从行文看，这似乎是 90 年代"计划生育工作的主要目标"。仔细分析后，应该说这是"人口计划"的目标，而不是整个计划生育工作的主要目标。根据计划生育在我国 90 年代经济社会发展的历史地位，这 10 年计划生育工作的目标应该是为 21 世纪提供一个好的、合理的、有利于 21 世纪的中国经济社会发展的人口群体。这一个"合理的人口群体"包括"合理的人口规模"和"合理的人口结构"两个方面。人口规模是指人口数量，人口结构主要指人口年龄性别构成。这是把计划生育工作放在整个国家的经济社会发展这一全局中，作为部门工作的主要目标应该做到的事情。

讨论稿中把目前我国人口控制的计划生育工作状态划分为四种类型，一类是"人口增长已经得到控制、生育率已稳定在更替水平以下、工作基础较好"的地区，第二类是"人口增长开始得到控制、生育率接近或降到更替水平"的地区，第三类是"人口增长较快、生育率较高、工作基础差、计划生育工作任务重"的地区，第四类是少数民族地区。这种划分方法是比较贴近我国实际的。这种划分很清晰地把以上海市为代表的京、津、沪等主要城市归为一类，东北、江浙、四川省的平坝地区等归为第二类，除第二类外的广大农村省区为第三类，少数民族集聚的、主要是地处边陲的少数民族地区为第四类。毫无疑问，就地区划分，我们的工作重点应落脚在第三类地区。这一类粗略以省区为单位合计，占我国总人口的40%~50%。如果计算得精细一些，包括东北、江浙、四川等地区中控制得不理想的地区，应占我国总人口的 50%~60%。我认为国家计划生育委员会应将其主要精力集中在这些地区，花大力气把这一类地区的计划生育工作做好。

二、关于任务和措施

讨论稿中罗列了 31 项应完成的任务及措施，有点"山药蛋"味。我认为 10 年和"八五"期间计划生育工作的任务总的就一项，这就是调节和疏导生育高峰。这一根本任务是从指导思想来的，是从我国人口在 20 世纪 90 年代的根本特征引申出来的。这些年我们讲生育高峰的消极性多了一些，主要强调控制人口的过快增长，没有分析过目前正在发生的生育高峰实际上也是一次机遇。现在的人口结构不合理，因为当前育龄妇女人口群体比较大，如果政策及方法对头，对于今后我国人口的年龄构成和地区分布，具有极为有利的作用。因为数年来我们只是被动地应付人口高峰，不分经济发达地区和贫困地区的差别，不分城乡，更不论年龄组的构成情况，总是强调少生或不生，没有把这次生育高峰当作调整结构的机会。其实，对于国家来说，这其中是很有领导艺术性的。人口生育高峰对我们国家来说既是一种挑战，同时又是一次机遇。抓住机遇，调整和疏导生育高峰，为下一个世纪提供一个合理的、适应经济社会发展的人口群体，这就是 10 年和"八五"期间我国计划生育工作的根本任务。

为完成 10 年计划生育的任务，应采取的根本措施就是加强科学管理。所谓说科学管理似乎应包括这么几个方面：一是科学的行政管理机构和技术服务队伍，二是科学的规章制度，三是科学的管理制度和办法。讨论稿中罗列的数十条具体措施，都可以归类到这三个方面去。

在罗列的许多具体措施中，我以为还有一项很重要然而未能列出，这就是加强技术队伍的建设。这个问题我在前两次专家委员会的会议中都曾提出过。由于我国具体的历史发展状况，卫生系统和计划生育系统的关系很微妙。现在主要是医疗卫生管理部门反对计划生育部门拥有自己的专业技术队伍。但是，计划生育部门如果没有自己的、足够专业的技术力量，就无法使农村的计划生育工作转入正常化和经常化，就无法从"大突击"的怪圈中走出来。我建议国家计生委推动力争在 20 世纪 90 年代把这一问题解决好。

还有几个具体问题。讨论稿中说："必须在'八五'期间杜绝多胎生育，'九五'期间杜绝计划外生育。"现在我们的多胎生育率还很高，每年全国就新生孩子中有 15%~20% 为多胎，农村要在 20%~25%。在许多省份的农村比例还要高些，比如根据 1990 年的人口普查，山西省吕梁山区里的多胎生育要占 40% 多。根据这一实际情况，两三年基本消灭多胎，恐怕目标高了一点。

讨论稿中有了强调男子在节育中的作用及义务问题，这是个进步。1989 年的北戴河例会上讨论《中共中央国务院关于加强计划生育工作的决定（讨论稿）》时，我曾提出，现在计划生育似乎就是妇女的事，其实男子采取绝育等技术比妇女简洁、安全，应提倡和推广男性节育技术。当然，现在家庭中节育以妇女为主的状况同现阶段我国的经济社会发展水平有关，同我国传统文化有关。但国家应有个明确的态度，在正式场合应表明国家的意向。所以，建议加上"国家提倡男性绝育"这样的字句。

关于翼城县试点情况的报告①

　　1985 年翼城县农村实行"晚婚晚育加间隔"的生育方法,距今已经 8 年多了,怎样运作,效果如何,一直是人口学界颇为关注的事。1988 年我们曾经筹备召开一次由学术界人士参加的讨论会,后因故未果。试点工作一开始就是在县委、县政府的领导下进行的。8 年来,除了正常的工作外,试点工作每有大的举措或者每隔一两年,县委、县政府都要将试点工作情况报告省委、省政府和国家计划生育委员会,诸如我能查到的抄件有 1985 年 9 月 28 日翼城县计划生育领导组给省委、省政府并国家计生委的《关于晚婚晚育加间隔试点情况的报告》,1988 年 12 月 23 日县委、县政府给省委、省政府《关于我县农村"两晚一间隔"试点工作情况报告》和第四次全国人口普查后,1991 年 3 月县委、县政府给地委、地区行署、省委、省政府和国家计生委的《关于开展"晚婚晚育加间隔"生育政策试点情况的汇报》,等等。但是,多年来,试点情况一直未向学术界作过介绍。现利用这次讨论会机会,将该县试点情况第一次向学术界作简要汇报。

一、翼城县的基本情况

　　翼城县属山西省临汾地区行署所辖,地处太岳、中条山两条山脉之间,东、西、北三面环山,西部平川,中部丘陵,是一个山、川、丘陵皆有的农

---

① 本文是作者 1994 年元月提交全国第六次人口科学讨论会(北京)的论文,同年曾在《南方人口》第 2 期发表,1995 年收入《生育高峰期的探索》一书。以前发表和出版时删去了第七部分,这次照原文付排。

业县。全县总面积 1170 平方公里,耕地 551 670 亩。全县有 16 个乡镇,298 个行政村,912 个自然村。人口密度为每平方公里 235 人,农业人口平均每人耕地 2.2 亩。1992 年底总人口 27.6 万人,其中农业人口约 25 万人。同年,该县工农业总产值 6.1 亿元,其中工业总产值 4.43 亿元,农业总产值 1.67 亿元;国民收入 3.1 亿元,人均国民收入 1127 元,农民人均收入 593 元。

二、人口控制效果

翼城县农村"晚婚晚育加间隔"生育试点工作从一开始就受到各级党委和计划生育部门的重视,从国家计划生育委员会到山西省委、省政府,几年来在工作上都给予该县不少的指导。尤其是该县从县委、县政府的领导同志到一般干部群众,付出了大量的心血,做出不少创造性的劳动。试点以来,该县的计划生育工作受到国家计划生育委员会 3 次表彰和奖励(含中宣部和国家计生委联合表彰一次),5 次被山西省政府授予"先进集体"称号,连续 10 年受到临汾地委和行署的表扬和奖励。下面一些资料可以说明翼城县人口控制的实际情况:

1. 依据 1990 年人口普查资料,1989 年 7 月 1 日到 1990 年 6 月 30 日该县人口出生率为 20.12‰,死亡率为 7.3‰,自然增长率为 12.82‰,其中人口出生率比全国低 0.86 个千分点,比山西省低 2.19 个千分点,比临汾地区低 4.17 个千分点;自然增长率比全国低 2.08 个千分点,比山西省低 3.24 个千分点,比临汾地区低 5.52 个千分点。

2. 比较 1982 年和 1990 年两次人口普查的结果,翼城县总人口在 8 年中由 25.1 万人增加到 27.2 万人,两次普查期间增加 2.1 万人。8 年里增长了 8.34%,比全国同期少增长 4.07 个百分点,比山西省同期少增长 5.33 个百分点,比所在地临汾地区少增长 6.16 个百分点。需要说明的是,一方面,翼城县过去是一个典型的农业县,城镇人口比例要较临汾地区、山西省及全国的比例都要低得多。另一方面,80 年代中期以来,翼城县乡镇企业及地方工业发展较快,在迁移人口中,迁入大于迁出。根据地区公安处的统计,1982 年到 1990 年机械增长 6258 人。考虑到这一情况,该县人口控制情况实际上比上面数字反映得还要好一些。由于本文要经常对照山西省和临汾地区的人口变动情况,也附带将山西省及临汾地区的人口生育政策做一些介绍。山西省在 1989 年以前,农村也是执行"只准生一个"的政策。1989 年之后,山西省执行"确有困难的农民"允许一定间隔后再生一个,即"独女户"的政策。

表 1　临汾地区人口自然变动率　（单位　%）

	出生率		死亡率		自然增长率	
	1989 年	普查前一年	1989 年	普查前一年	1989 年	普查前一年
全区总计	25.88	24.29	5.42	5.95	20.64	18.34
临汾市	24.05	22.96	4.64	5.14	19.41	17.82
侯马市	21.45	20.58	4.22	4.61	17.23	15.97
霍州市	26.14	23.72	4.75	5.02	21.39	18.70
曲沃县	24.56	24.68	5.76	6.57	18.80	18.11
翼城县	21.65	20.12	6.40	7.30	15.25	12.82
襄汾县	25.40	25.00	5.73	6.20	19.67	18.80
洪洞县	26.42	23.99	5.40	6.07	21.02	17.92
古　县	26.36	25.87	6.53	7.59	19.82	18.28
安泽县	23.50	23.49	7.48	7.58	16.02	15.91
浮山县	22.98	22.60	6.55	8.04	16.43	14.56
吉　县	32.77	30.77	5.12	6.20	27.65	24.57
乡宁县	33.06	28.90	5.04	5.04	28.02	23.86
蒲　县	29.41	26.43	5.55	5.67	23.86	20.76
大宁县	33.14	29.90	5.06	5.58	28.08	24.32
永和县	31.14	27.22	6.20	5.93	24.94	21.29
隰　县	24.19	22.36	4.92	5.09	19.27	17.21
汾西县	32.83	30.55	6.41	6.31	26.42	24.24

　　3. 根据 1990 年普查资料整理的临汾地区及各县市人口自然变动情况,表明翼城县人口出生率是很低的。

表 2　1990 年普查时 0~6 岁性别比比较(%)

年龄别	翼城县	山西省	全国
0	106.4	109.19	111.75
1	111.65	109.70	111.59
2	105.03	109.05	110.11
3	102.86	108.55	109.12
4	103.27	108.65	108.47
5	106.92	109.83	108.65
6	106.69	110.19	108.64

表 3　临汾地区 1992 年人口抽样调查的主要数据　（单位 ‰）

县别	出生率	死亡率	自然增长率
临汾市	16.90	5.49	11.41
侯马市	15.54	5.25	10.29
霍州市	16.91	5.79	11.12
曲沃县	16.89	5.81	11.08
翼城县	15.30	6.80	8.50
襄汾县	16.78	6.10	10.68
洪洞县	16.61	5.61	11.00
古　县	16.94	7.35	9.59
安泽县	16.24	8.20	8.04
浮山县	16.87	6.04	10.83
吉　县	17.12	5.22	11.90
乡宁县	17.00	5.53	11.47
蒲　县	17.40	5.58	11.82
大宁县	18.07	8.27	9.08
永和县	17.14	6.08	11.06
隰　县	16.42	5.11	11.31
汾西县	17.39	3.46	13.93

4. 依据第四次全国人口普查资料,对比从 1985 年(翼城县试点工作开始)以来每年的人口性别构成,除了 1990 年的 1 岁组性别比接近全国的水平外, 其他各年龄组性别比都比全国和山西省低了很多,说明翼城县在执行人口生育政策方面,干部群众情绪和心理比较稳定。

5. 从 80 年代初开始,国家统计局在全国建立了每年人口抽样调查网点,近几年不少省为了掌握全面的情况,把抽样点又扩大了不少。我不赞同较大面的和频繁的人口调查, 一是虽然全省的抽样是扩大了点,但对各县不一定有足够说明全局情况的抽样样本。二是调查过于频繁,基层形成一种对付调查的机制后, 就很难再能通过人口调查取得可靠的资料。手头有山西省人口抽样调查领导组办公室公布的山西省各地、市、县1992 年人口抽样调查的主要数据,根据这个材料,翼城县人口出生率是该地区最低的。

三、"晚婚晚育加间隔"生育办法的具体规定

1985 年 7 月,经国家计划生育委员会、山西省委省政府批准,翼城县农村由原来"只准生一个"转变实行"晚婚晚育加间隔"生育办法。从全国范围看,翼城县是一种新的试点,但就翼城县来说,这是一次农村生育政策的转变,是农村生育政策的进一步完善。所以,该县县委、县人大、县政府都明确制定了具体的规定和细则。"晚婚晚育加间隔"是指在提倡一对夫妇只生一个孩子的基础上,农村男女青年比《中华人民共和国婚姻法》法定年龄推后 3 年结婚生育者,可以在妇女 30 岁左右时生育第二胎。这里主要以女性年龄为主,即妇女 23 周岁婚育,男性可以适当放宽一些。

具体操作中,已婚妇女第一胎通常在其 22 岁给指标,第二胎通常在其 29 岁给指标。

四、翼城县计划生育管理体制改革

好的政策也是要人去执行的。政策不合理,工作不可能做好;政策合理了,也需要人们认真执行和掌握,需要用一个科学的管理体制保证生育政策的贯彻和计划生育机制的健康运行。1986 年初春,即试点工作刚开始不到半年,该县计划生育委员会就给省、地主管部门打了改革人口计划编制和管理办法的报告。从此,改革和完善计划生育管理体制一直是试点工作的一项重要内容。几年来,我们这方面主要抓了三个问题:

一是计划生育政策的制定和落实,如上述,主体性的政策是以 1985 年 7 月试点工作开始为标志的生育政策上的大调整,其他各项政策和面上的运作相同。

二是从县到乡镇、村民委员会三级计划生育管理机构和基层计划生育管理人员的配置。县一级有以县委书记为组长的计划生育领导组,县政府领导的计划生育委员会为其常设办事机构。乡镇一级有以乡镇党委书记为组长的领导组及副乡镇长为主任的计划生育办公室。村民委员会没有人专职做计划生育工作,这是我国农村计划生育事业的一大难题。翼城县南唐乡北史村的计划生育承包小组的形式,为解决这一问题提供了一个很好的范例。其具体做法是村支部和村委会依据该村的经济状

况,每年拿出 2000 元或数千元不等,公开招标选择对计划生育工作热心、责任心强、群众中威信高的三五个人,组成承包组,在党支部和村委会的领导下,专职做计划生育工作。全县推广试行这一办法的过程中,有些村的经济条件差一些,经济制约能力差,村委会还让承包组参与房基地的分配和其他工作,以扩大承包组的权力和制约作用。

三是建立相适应的节育技术队伍,是翼城县改革和完善计划生育管理体制的又一主要内容。县委和县政府分别做出决定,在原来计划生育指导站的基础上,组建计划生育专科医院。乡镇及村配备的专职计划生育人员,都尽可能挑选具有一定节育技术的人才。

五、实施科学的人口计划生育管理

计划生育贵在科学的人口计划。1985 年试点工作一开始,我们即把过去自上而下的人口计划规划办法改为"自下而上和自上而下"相结合的人口计划管理办法。我国人口计划通常是由上级层层向下级下达人口出生率、人口增长率等人口指标。这样的人口计划往往和各地区各单位的人口性别、年龄及婚育等结构不发生必然的联系。所以不同地区和单位都发生过有指标但政策不允许生或者符合政策却没有指标不让生的现象。实行了"晚婚晚育加间隔"生育办法后,科学的人口计划管理就可能成为现实。人口计划制订的程序是,第一步,各村民委员会依据"晚婚晚育加间隔"的政策和村民实际年龄、性别、婚育状况,编制自己的 5 年和年度计划。第二步,乡镇汇总各村民委员会的初步计划。第三步,县依据上级下达的人口计划和全县汇总的初步计划,对各乡镇的人口计划作适当调整,送县人大和县政府通过,形成全县年度或五年人口计划。第四步,各乡镇根据县人口计划对各村民委员会作适当调整,并经乡镇人民代表大会和乡镇政府通过,形成本乡镇的人口计划。第五步,各村委会执行调整后的人口计划,完成上级下达的各级人口指标。因为这样自下而上和自上而下形成的人口计划符合各村委会的实际情况,政策通过生育指标体现,控制和执行好人口指标,就是对人口计划的有效管理。

六、翼城县计划生育工作面临的问题

翼城县是一个拥有山区、平川、丘陵的农业县,经济社会发展水平还

都比较低,这为计划生育事业带来了一系列的问题。第一,经费不足。这是一个十分突出的问题。从 80 年代初期开始,全县计划生育事业费通常每年 10 多万元,每人平均不到 5 角钱,以致节育费拖欠很严重。医务部门做的手术愈多,拖欠就愈多,最严重时曾欠县乡医院节育费近 20 万元。节育费有拖欠,严重影响了医务部门的积极性。第二,因为大多数农村的经济条件差,集体经济空虚,不少村里连支书、村委会主任等少数干部的报酬都难以兑现,计划生育承包组的报酬问题也就解决不了,过上一段就名存实亡。县及乡镇为此很感头疼。基层建设不落实,这是该县最严重和最突出的问题。第三,抓经济紧抓计划生育则相对松和不经常。因为从上至下普遍存在的问题,即经济工作是中心工作,常年抓,人口控制则经常列不到日程上,在一定程度上靠冬季农闲抓,致使计划外怀孕和计划外生育不时发生。以上这几个问题在目前我国北方农村普遍存在,也是现阶段农村计划生育难以上新台阶的重要制约因素。

七、试点的缘起与初衷

1979 年后半年,我国政府曾经提出了一个以不分城乡实行"一胎化"政策为前提的"分两步走"的人口控制战略。同年 12 月,我在提交全国第二次人口科学理论讨论的论文和大会发言中,提出了"晚婚晚育加间隔"的生育办法,并认为这是本世纪解决我国人口过快增长的有效途径。1984年春节,在农村连续推行了 5 年"一胎化"的政策之后,我写了一篇《把计划生育工作建立在人口发展规律的基础上》的研究报告,寄给时任中共中央总书记的胡耀邦同志。这篇文章从分析我国人口年龄结构入手,阐述了本世纪末近 20 年里人口发展的可能结果,建议在全国农村实行晚婚晚育加间隔的生育办法,这样既能有效地控制人口,又能满足农民的生育意愿,从而解决从 80 年代初开始农民普遍对计划生育有意见的问题。中央将我的报告批转到国家计划生育委员会,国家计生委组织了有关人员对我的报告进行了讨论和研究,其结果正如意料中那样被否定了。就在这时,国家计划生育委员会政策研究处的张晓彤和中国人口情报中心马瀛通同志,按照我提出的办法重新测算了在农村实行"晚婚晚育加间隔"生育办法后,确认 2000 年可以把我国人口控制在 12 亿左右。马、张又为中央写了《关于人口控制和人口政策中的若干问题》的研究报告。报告中说："我们认为,梁中堂同志在给胡耀邦同志的信中,提出的晚育加间隔的生育办法是可行的……"时任国务院总理的赵紫阳同志看了该报告后批示说："我认为此文有道理,值得重视。所提措施,可让有关方面测算一下,如确有可能,建议采用。本世纪人口控制指标,可以增加一点弹性,没什么大了不起。"胡耀邦同志也对该文批示说："这是一份认真动了脑筋,很有见地的报告。提倡开动机器,深入钻研问题,大胆发表意见,是我们发展大好形势,解决许多困难的有决定意义的一项。我主张请有关部门测算后,代中央起草一个新的文件,经书记处政治局讨论后发出。"

耀邦、紫阳批示之后,我以为很快会实现在全国实行晚婚晚育加间隔生育办法。但这一批示实际被搁置起来了。理由不外乎这么几点:第一,政策改变后会否定计划生育的成绩;第二,会挫伤基层干部的积极性;第三,会造成社会不安定。正是在这种情况下,我于1985年元月14日又致信书记处分管计划生育工作的胡启立、郝建秀同志,就落实胡耀邦批示,提出了三条建议:第一,按照晚婚晚育加间隔的生育办法,测算我国人口的变动情况;第二,开展社会调查,为科学规划提供依据;第三,合理规划,积极试点。关于后一点,我在信中说:"建议中央能够批准个别地区,比如一两个县先做个实验,看晚育加间隔的办法是否可行,可行到什么程度。"这封信被中央批转到国家计生委之后,国家计生委梁济民(时任办公厅主任,党组成员,分管政策研究工作),副主任周伯萍等领导同志,分别批准同意在山西试点。山西省计划生育委员会和我分别接到国家计生委的通知后,在一起进行了研究。我在会上提出了选点的四条意见:第一,经济文化方面要在我国北方农村具有代表性,经济方面属中等偏上,文化方面要求交通方便以利于我能够常联系;第二,县委和计生委干部工作能力要强,能推开局面并且愿意试点;第三,该县人口构成的底子要清楚,便于规划和测算;第四,上级机关同那里工作的同志有一定的私人联系,便于摸到真实情况。根据时任山西省政府顾问兼省计划生育委员会主任赵军同志的提议,第一个试点县选在翼城县,由我去该县调查后正式确定。因为从1983年底开始,省委、省政府即任命了我为山西省计划生育委员会的顾问,所以,我们以山西省计划生育委员会的名义于1985

年 4 月 22 日(实际上是我和山西省社会科学院张广柱同志于 5 月初在翼城调查之后正式上报的)又给山西省委、省政府写了《关于在翼城县进行晚婚晚育加间隔试点的请示报告》。山西省委书记李立功,山西省副省长张维庆分别批准同意后,7 月份在翼城县农村正式试行。

八、试点已经证明的几个问题

我要求试点的意图和初衷是为了很快在全国推行"晚婚晚育加间隔"生育办法。后来因为各种原因,这一办法未能在十分需要它的生育高峰中推行,但近 9 年的试验,现在至少证明了这样几个问题:第一,实行"晚婚晚育加间隔"的生育办法,是和我们党 70 年代提出的晚婚、晚育、少生、优生的政策一致的,不会否定计划生育工作。第二,农村广大干部群众是十分欢迎的,它不会挫伤干部群众的积极性。第三,在农村完善生育政策不会带来不安定的因素。第四,实行"晚婚晚育加间隔"的生育办法,可以较好地控制住农村人口的过快增长,或者完全可以这样说,晚婚晚育加间隔的生育办法至少不比其他政策的控制效果差。总的来说,翼城县的实验已经证明"晚婚晚育加间隔"生育办法是一个群众拥护、干部好做工作的控制农村人口的好政策。

有关人口规划和
人口政策的几个问题①

一、关于近几年计划生育工作

我原则上同意李宏规同志代表国家计生委通报的 1994 年计划生育工作的情况报告。几年来,计划生育工作的确有了很大的起色和转变。这突出地表现在两个方面:一是妇女生育率明显降下来了, 可以说我们基本上可以较平稳地渡过正在经历的生育高峰;二是计划生育部门的形象也得到一定程度的扭转,也就是说,在群众中的形象开始变好了。近年来计划生育工作出现这些转变是和国家计划生育委员会工作作风的转变分不开的。从 1989 年开始,彭珮云同志一方面要求各省市自治区落实中央书记处 108 次会议的精神,明确农村计划生育政策;同时,又很尊重地方党委的选择。广东、江苏、浙江等省的农村计划生育政策同中央的意见都不很一致,但这些省坚持这样做,在分别给中央写了报告后,至今仍执行他们自己定的政策。在此前提下珮云同志积极在各地奔走呼吁,使地方党委和政府支持计划生育工作,为计划生育排忧解难。此外,这几年国家计生委狠抓自身队伍素质的提高,比如业务轮训、在职培训、岗位培训,抓农村基层计划生育组织建设、抓服务手段的提高,等等。正是因为抓了这些实事,计划生育工作有了很大的起色。我讲这些, 主要是想提一个建议。这几年国家计生委和国家统计局分别搞了不少的人口调查和生育率

中国生育政策研究　ZHONGGUOSHENGYUZHENGCEYANJIU

---

① 这是作者在国家计划生育委员会 1994 年人口专家委员会例会(昌平)上的几次发言。

调查,这些调查过于频繁,使下面形成了一个抵制调查的机制。我昨天同张二力同志① 说,1990 年全国第四次人口普查可能是自那时以后较长一个时期内最接近我国人口实际状况的一次人口调查了。因为那次人口普查前,我们曾反复给各地说普查结果和计划生育成绩不"挂钩"。但 10% 的结果刚一出来,不少省就以此为依据,对地、县的计划生育工作给予排队、奖评。如果说过去我们通过统计局还可以得到比较贴近人口实际状况的资料,自那次之后,再也难以如愿了。所以,我建议国家计生委和国家统计局尽可能地少搞人口和生育调查,要求各地也少搞,把重心放到扎扎实实地抓工作上。

二、关于"九五"工作纲要

关于"九五"工作纲要,我没有多少话要说。因为 1992 年平山会议上,1993 年黄山会议上,以"九十年代计划生育大纲"的形式,都进行过讨论。总的说,这个文件比较成熟了,全文分 10 个问题,我的理解,第一个问题讲形势,第二个问题讲任务、目标、原则,第三个问题讲政策、法规,后面的 7 个问题都是讲方法、手段。只是从逻辑结构上说,应把计划生育部门的几个问题即计划生育科技和服务问题,人口计划管理和人口统计工作问题,计划生育干部队伍问题等,依次放到最后讲,把其他需要整个社会来做的工作调到前面来。其次是一些文字的问题。

三、关于"九五"规划问题

总的印象是,这个"九五"规划是 70 年代以来国家计生委最好的一个规划,不仅全面、系统,而且在方法和指标体系的把握上,都比较科学。前几年,社会上无根据地说 20 世纪末要突破 13 亿人口大关,我很不以为然。80 年代中期以前,我们有很多计算,大体都是平均生两个孩子,2000 年可以达到 12.5 亿。虽然前几年生育水平高些,但这也都是预计内的。很高兴地看到,这个规划预测出即使按现在的生育水平发展,20 世纪末的总人口也有望控制在 13 亿之内。

---

① 张二力,原国家计划生育委员会计划财务司司长。

讲到这里,需要指出的是,从 20 世纪 20 年代开始国外的权威研究机构就做了不少在当时有轰动效应的人口预测,如 30 年代美国、瑞典的预测,60 年代联合国的预测,70 年代罗马俱乐部的预测,都低估了人口过程中的积极因素。如联合国 60 年代的预测,罗马俱乐部很有名气的梅多斯报告,都低估了发展中国家人口生育率降低的作用,所以都把人口形势估计得过于严重。昨天于景元同志也说罗马俱乐部的预测是不成功的。记得 1981 年春全国第三次人口科学讨论会在北京军区召开,于景元同志会上得知我的《人口学》一书即将出版,其中有五章批判罗马俱乐部的报告,于是在一次吃饭时同我谈,要谨慎地对待梅多斯的东西,这些人在西方很有影响。经过 20 年的发展,历史的确和梅多斯开了玩笑。无论资源、环境、粮食、经济和人口,都没有他的模型描绘得那么糟糕。相反,形势是比人们设想得好。这说明,我们的计划、预测,在指导思想上应该充分预计人类进步的作用。

　　此外,在规划中希望考虑这样两点,一是对人口大省的进一步期望。虽然地处边疆的少数民族集中的地区妇女生育水平还比较高,但这些地方的人口占我国人口的比例很小。人口大省如山东、河南等近几年人口出生率下降了不少,但这些地区的人口占我国人口比例大,降低其农村妇女生育率还有很大的潜力,无论"九五"期间的规划或工作的重点,还应该是这些人口大省。其次主要重视晚婚晚育和延长二胎生育间隔的作用。不论各地的政策如何,现在农村的妇女生育实际仍然是两个以上孩子,至少在 80%以上的农村仍是如此。我们下一步的工作就只能是晚婚晚育和延长二胎生育间隔,这是进一步降低我国妇女生育水平的根本性因素。最后,规划中提出我国 21 世纪中期最高峰值是 16 亿,建议提 15 亿为好。至于可能到 16 亿,暂不提为好。因为过去小平同志提过 15 亿,我们预测达到 15 亿是 21 世纪什么年代,就写什么年代,至于此后怎么发展,或者如许多学者说达到零增长和到零增长后肯定会负增长,我不以为然,那时是那时的情况,需要那个时代的人去决定。我们现在没有必要替今后设想得那么具体。

四、关于性别比的问题

　　这几年性别比的问题议论很多。我对这一问题总的看法是,除了 80

年代初因为计划生育政策和计划生育工作过于脱离农民群众的生育意愿,在不少地区出现了溺弃婴儿的现象,80年代中期之后,这一现象基本杜绝了。尤其是90年代以来,虽然绝大多数省份的计划生育政策和农民生育意愿的差距仍然很大,但粗暴作风少多了,农民和基层干部,摸索了一套相互适应的办法或对策,比如只要缴纳一定数额的罚款,农民坚持要生的孩子还是可以生的。即使有些很困难的农民,实在缴不出罚款也生了"不该生的"孩子,基层干部一般也不很难为他们。在这种情况下,我以为总的说不存在出生人口的性别比问题。人口普查或人口统计上的性别比问题,一般是近年计划生育工作和罚款相联系,所以往往漏报新生儿,尤其会漏掉不少的女婴,过若干年后这种比例失调就"自然消失"了。就是说,我认为政策对实际的人口过程并没有那么大的作用。

当然,我也不排斥个别地区存在出生人口性别比例问题,我只是说总体上不存在,个别地区历史上就有。学者们研究这个问题是可以的,但问题是怎么得到真实的数据。资料不可靠,学者的研究往往是徒劳的。

五、关于生育政策问题

70年代末我提出"晚婚晚育加间隔"生育方式时,是把这一方法当作控制我国人口的一个好办法。80年代初,我以为这是渡过我国人口生育高峰的好办法。80年代末以来,我感到不论怎样讨论,很快实行这一办法的可能性几乎不存在了,所以才不再做进一步的努力了。现在虽然说我们可以较好地渡过这次生育高峰,但是曾付出了许多代价。关于完善人口政策的必要性,我以为这不是什么理论问题,也不是实践问题。就是说,这是一个不成问题的问题,或者说,它是一个我们这个圈子里的问题。农民并不是按照我们的政策规定去生育,这仍是一种现实。根据这种现实,我们还有什么理由连续10多年地争论完善政策的必要性呢? 我说这是我们这个圈子的问题,是说只有在我们这样的圈子里才会形成一种反对的势力。但这些反对是无济于事的,农民从来就没有听过我们的,农民在做自己应该做的事。联系农村承包责任制的产生,可以给我们以启迪。80年代初期,承包制是先进行实践后得到承认的。如果让讨论通过后再推行,可能现在还在争论,甚至现在上层还不会通过。可实践中,这是一个不成问题的问题了。

在讨论中,有同志提出,由只准生一个转变为允许农民生两个会引起社会动乱、农民抢生和挫伤干部积极性。翼城县的试点应该说对这些顾虑给予了很好的回答。1985 年初春,我向中央要求试点,就是为解决这些议论的。因为 1984 年中央领导做出关于完善生育政策的批示之后,有关部门拖着不办,其主要理由就是这些。为了解除这些顾虑,我才要求试点。翼城县是 80 年代初坚决执行"一胎化"生育政策的。1984 年《山西日报》曾以社论的形式发表了一篇《向翼城县人民学习》的文章,表扬其全县基本实现了"一胎化"。1985 年,我去该县调查,准备实行"晚婚晚育加间隔"生育办法时,县长就有这样的顾虑,但县委县政府的其他领导和计生专干都很支持。试点开始后,不仅没有出现什么社会波动,大家反而一致认为改善了党群关系和干群关系。其实,我以为这是一个很简单的道理,即政策由不合理向合理转化时,怎么会引起混乱呢?

在完善生育政策问题上,我们还有个误会,即以为完善生育政策,要求在农村实行"晚婚晚育加间隔"生育办法,比现在的计划生育工作更放松了。其实不然。现在的农村基本只是每个农民家庭生两个以上的孩子。并且,农民生的两个孩子还不晚婚晚育,生了第一个孩子后,紧接着又生第二个孩子。我们实行"晚婚晚育加间隔"生育办法,实际上是比现在农村计划生育工作更严了,要求更高了,工作难度更大了。

还有同志提出,搞一个省范围的试点不需要,因为现在就有 5 个省区允许生两个孩子,在这些地方总结经验就行了。我以为是不恰当的。除广东外,其他 4 个是民族自治区,这些地方的农民从其生活现实出发,是希望生育两个以上的孩子,所以,这跟他们现在的生育水平是接近的。广东的传统生育观念在我国东部和中部地区来说,是最严重的。而且,那里的各级干部十多年都埋头抓经济,忽视计划生育,近几年才开始走上正轨。和东北、华北、华中及除广东以外的华南地区都有许多不同之处。我们现在要解决东部、中部的大块农村地区的计划生育问题,是以山东、河南为代表的农村地区。我们需要这类区域的成功试验。

翼城县"晚婚晚育加间隔"生育模式的实施效果分析①

自 1985 年 7 月开始,山西省翼城县实行"晚婚晚育加间隔"的生育模式,该模式的主要含义是指在提倡一对夫妇只生一个孩子的基础上,农村男女青年比《中华人民共和国婚姻法》法定结婚年龄推迟 3 年结婚生育者,可以在妇女 30 岁左右时生育第二胎。此办法的核心内容为三点:一是晚育,主要指妇女 24 周岁时初育;二是间隔,视第一个孩子生育迟早的不同,一、二胎的间隔有所不同,主要要求第二个孩子在妇女 30 岁左右生育;三是杜绝和减少多孩生育。12 年来,该县的试验收到较好的人口和社会效益。本文主要资料来源于 1990 年全国人口普查和该县 1982、1994 年两次对育龄妇女作的普查登记。

一、翼城县的基本情况

翼城县位于山西省南部,属临汾地区行署所辖。全县总面积 1170 平方公里,其中耕地面积 551 670 亩。全县共有 16 个乡镇,298 个行政村,912 个自然村。1994 年人口密度为每平方公里 242 人(山西省为 195 人/平方公里),农村人口人均耕地 2.2 亩。1994 年底全县总人口为 282 715 人,其中农村人口 242 433 人,占总人口的 85.8%(山西省为 78.1%)。翼城属于中国北方典型的农业县。

---

① 本文与谭克俭同志合作,1997 年 10 月曾在世界人口协会北京国际研讨会发言,刊载于《中国人口科学》,1997 年第 5 期。

1985 年以来，翼城县社会经济有了长足的发展。1992 年人均国民收入达到 1121.9 元，比 1985 年的 382.8 元增长了 2.9 倍。1994 年农民人均纯收入达 883 元，比 1985 年的 357 元净增 526 元。农村劳动力转移速度加快，截至 1994 年，全县仅在乡办、村办、户办、联办等企业和其他非农部门中的从业人员已达 4.93 万人，占农村总劳动力的 50.5%。人口平均预期寿命由 1981 年的 65.36 岁提高到 1990 年的 66.77 岁，提高了 1.41 岁，其中女性人均寿命提高了 2.07 岁。

二、实施效果分析

1. 人口总量控制

对第三、四次人口普查的人口规模情况进行比较，翼城县总人口在 8 年中由 25.1 万人增加到 27.2 万人，净增 2.1 万人，增长率为 8.37%，比全国同期少增长 4.08 个百分点，比山西省同期少增长 5.34 个百分点，比临汾地区同期少增长 6.17 个百分点。

如果考虑到翼城县是一个典型的农业县，城镇人口比例比全国、山西省以及所在的临汾地区都要低和翼城县 1982 年至 1990 年人口净迁入 6258 人（临汾地区公安处统计数据）这两个因素，翼城县的人口规模控制实际情况比上面的数字反映得还要好一些。如果在总人口中除去机械增长部分，那么，1982 年到 1990 年 8 年的增长率则为 6%，平均每年增长速度为 7.28‰。按此增长速度，翼城到 20 世纪末的人口规模将控制在 29.25 万人，比按全国 20 世纪末人口控制在 12 亿以内的比例计算的包干指标还少 0.75 万人。

2. 出生率和自然增长率

根据"四普"资料，1989 年 7 月 1 日到 1990 年 6 月 30 日，翼城县的人口出生率为 20.12‰，自然增长率为 12.82‰，在所属的临汾地区 17 个县市中顺位排列均为第一，在全省 110 个县（市、区）中顺位排列分别为第 12 和第 9。出生率比全国同期低 0.86 个千分点，比山西省低 3.24 个千分点，比所在地临汾地区低 4.17 个千分点。自然增长率比全国同期低 2.08 个千分点，比山西省低 3.24 个千分点，比所在地临汾地区低 5.52 个千分点。

为避免偶然性，再考虑一下其他年份,1989 年翼城县的人口出生率和自然增长率在全区的顺位排列分别为第二和第一，出生率比在该地区排列第一位的侯马市仅高 0.2 个千分点(据同一次普查资料,侯马市农村人口比重为 52.09%,翼城县为 88.97%)。另外,根据山西省人口抽样调查领导小组办公室公布的山西省各地、市、县 1992 年人口抽样调查的主要数据，翼城县的人口出生率和自然增长率在临汾地区各县市中顺位排列分别为第一和第二,出生率比侯马市低 0.24 个千分点。

3. 总和生育率和年龄别生育率

翼城县 1989 年的总和生育率为 2.275，接近更替水平, 分别比全国、山西省和临汾地区低 0.075 、0.186、0.454，比全国的总和生育率 2.54 低0.265。这个生育水平在临汾地区 17 个县市中顺位排列第二,比临汾地区最高县的 4.398 要低 2.123。

从年龄别生育率看,翼城县生育年龄明显地开始迟,结束早。生育起始年龄为 17 岁,均比全国、山西省和临汾地区推后 2 岁,而在 40 岁以后就基本结束生育。说明翼城县生育高峰集中在妇女生育旺盛期或最佳生育年龄段,从 90%的生育年龄看,这一点表现也很突出。90%生育年龄或称 0.9 生育年龄区间,是通过某一群育龄妇女在某一年度内从 15 岁开始的累计年龄别生育率达到同一年度总和生育率 90%的年龄得到的。该指标能较好地反映育龄妇女结束生育旺盛时期的平均年龄。翼城县 90%的妇女生育年龄为 28 岁,分别比全国、山西省和临汾地区推迟 5 岁、4 岁和 3 岁。

20 岁的累计生育率可显示早婚早育的程度。据计算,1989 年 20 岁的累计生育率全国为 229.86‰,山西省为 247.93‰,临汾地区为 253.69‰,而翼城县为 85.00‰ 。全国、山西省、临汾地区分别为翼城县的 2.7 倍、2.9 倍和 3 倍,说明翼城县的早婚早育得到了有效的控制。

"晚育"是翼城县"晚婚晚育加间隔"生育政策的重要内容。根据计算,24 岁的累计生育率全国为 875.88 ‰,山西省为 923.67‰,临汾地区为1050.11‰,分别为翼城县 694.4‰ 的 1.26 倍、1.33 倍和 1.51 倍。这可以说明翼城县的晚育控制明显优于全国、全省和临汾地区，也可以间接地说明翼城县的晚育控制得比较好。因为在中国结婚后初育的避孕率是很低的,初育基本处于自然状态。另外,现代医学认为,35 岁以后的高龄生育无论对于母婴健康，还是人口控制都是不利的，因而高龄生育状况影响着妇女生育模式的优劣。我们对育龄妇女年龄别生育率从49岁开始逆向累计到35岁，以对高龄生育状况做出比较。全国、山西省、临汾地区的逆向35岁累计生育率为131.22‰、132.77‰和159‰，分别为翼城县111.77‰的1.17倍、1.19倍和1.43倍。

考虑到育龄妇女的年龄构成对一般生育率的影响，本文对全国、山西省、临汾地区和翼城县的一般生育率进行了标准化处理。翼城县分别比全国、山西省和临汾地区（79.45‰、85.30‰、98.72‰）低0.59、6.44和19.86个千分点，表明翼城县育龄妇女生育水平确实是较低的。

4. 孩次率比较

第四次人口普查给出的孩次率表明，翼城县的一孩率显著高于全国、山西省和临汾地区。二孩率略高于其他地区，但十分接近。而多孩率却大大低于其他地区，分别比全国低10.6个百分点，比全国(县)低13.3个百分点，比山西省低13.2个百分点，比临汾地区低15.9个百分点(见表1)。同时，我们利用翼城县1992年育龄妇女普查数据计算发现，翼城县在实行"晚婚晚育加间隔"生育政策前后的1980—1991年间，一孩总和生育率一直在1上下波动，变化不大，而多孩总和生育率变化却比较显著，试点前的5年平均值为0.499，试点后的7年平均值为0.196，是1985年之前平均值的39.28%，说明试点后的多孩生育水平大大低于试点以前。这一方面表明翼城多孩生育水平的下降是同实行"晚婚晚育加间隔"生育政策密切相关的，另一方面也表明一孩率的提高是通过降低多孩率来实现的，或者说明了"晚婚晚育加间隔"生育政策有利于提高一孩率和降低多孩率，从而有利于计划生育政策的落实和人口的控制。

表1　1989年翼城县孩次率同全国及省地比较　（单位 ％）

	全国	全国(县)	山西省	临汾地区	翼城县
一孩率	49.4	44.4	43.7	40.0	52.5
二孩率	31.3	33.6	34.4	35.4	38.8
三孩率	19.3	22.0	21.9	24.6	8.7

我们再分析一下二孩率。1989年翼城县的二孩率同其他地区相比略高但十分接近。结合其他因素，可以做如下说明：(1)按照"晚婚晚育加间

隔"试点规定,翼城县农村普遍可以有条件地生育 2 个孩子,政策允许的二孩生育比例大于其他地区,故实际的二孩率是正常的;(2)其他地区的二孩率在政策允许的二孩生育比例小于翼城县的情况下却十分接近翼城县,说明其他地区的二孩生育中有相当一部分是超计划生育的;(3)在政策要求不同的情况下二孩率却十分接近,也说明人们生育意愿趋向的强势。从翼城县的纵向比较中也可以看到这一点。根据翼城县 1992 年妇女生育普查资料计算的一孩总和递进比表明,翼城县在放开生育二孩的试点前,也就是在执行"只生一孩"政策的 1980—1984 年,仍有 84%的妇女生育了二孩,同试点后比较接近。

5. 出生婴儿性别比比较

80 年代以来我国的出生婴儿性别比有逐年递增之势,第四次人口普查给出的数据已近 111.75 ,呈异常升高态势(见表 2),而翼城县试点开始年份(1985 年)及以后各年的出生婴儿性别比构成,除 1990 年的一岁组同全国水平接近外,其他各年龄组均在正常值以内。翼城县多孩生育已降到很低(1989 年多孩率为 8.7%),二孩生育很普遍,但基本没有影响到出生性别比的变化,这同生育二孩不受处罚的生育政策有密切关系。同时也说明"晚婚晚育加间隔"生育政策同群众的生育意愿比较接近,从而人们的心理和情绪比较稳定。

表 2　1990 年翼城县 0~5 岁性别比同全国和全省比较　(单位 %)

年龄别	全　国	山西省	翼城县
0	111.75	109.19	106.40
1	111.59	109.70	111.65
2	110.11	109.05	105.03
3	109.12	108.55	102.86
4	108.47	108.65	103.27
5	108.65	109.83	106.92

6. 实际总和生育率与政策允许的总和生育率比较

比较的参照标准,是将按现行生育政策规定推算的一对夫妇平均生育孩子数近似地看作政策允许的总和生育率,通过比较来观察实际的总和生育率超过政策允许的比例(见表 3)。比较中看到,翼城县的差值最小,仅超过政策允许的 19.37% ,比全国、山西省和临汾地区分别低 18.87、

26.19 和 55.63 个百分点。这就是说,翼城县的实际生育状况同政策要求最接近。其原因,一方面是翼城县妇女的实际生育水平低于其他地区,另一方面是翼城县生育政策允许的一对夫妇平均生育孩子数高于其他地区。

表 3　"四普"与政策允许的 TFR 比较

地　　区	"四普"TFR	政策允许 TFR	超过政策允许
全　　国	2.35	1.70	38.24
山 西 省	2.46	1.69	45.56
临汾地区	2.80	1.60	75.00
翼 城 县	2.28	1.92	19.38

此外,数值还反映了实际生活中干部和群众复杂的意愿和行为。差值越大,说明群众的生育意愿同政策要求的距离越大,群众执行政策的自觉性也越差,计划外生育越多。这样,干部工作的对立面就越多,工作的难度和阻力也就越大。翼城县的差值小,说明群众实行计划生育的自觉性较高,干部工作对立面较少,工作阻力也较小,有利于社会的稳定。

7. 人流比变动

人流比的高低在一定程度上反映着干部工作的状况和群众实行计划生育的自觉程度。人流比的降低既反映出工作的进步,又表明政策合理,两者是相辅相成的。翼城县在试点前的人流比比较高,维持在 0.90 上下,试点后呈稳步下降态势,1992 年降到 0.26,比 1983 年下降 73.2%,这无疑是一个巨大的进步。翼城县试点后二孩生育是增加了,试点前 5 年二孩总和生育平均值为 0.779,而试点 7 年的平均值为 0.976,是按"晚婚晚育加间隔"生育政策规定生育的合理升高。许多怀孕妇女试点前生育规定应该做人流的,按试点的规定不需做人流了;试点后因为都可以生二胎,哪年生都做了安排,吃了定心丸,也就认真避孕,人流比也就自然降低了。

三、初步的结论与思考

本文对翼城县试点的研究还只是初步的,但说明了一些问题。其一,"晚婚晚育加间隔"生育办法,促进了计划生育工作。其二,实行"晚婚晚育加间隔"生育办法,完全可以达到控制人口过快增长的目的,可以完成人口控制的宏观目标。其三,对试点所产生的社会效益分析表明,这一办法有利于农村计划生育工作的开展,表现在:(1)民众拥护这种生育政策,实行计划生育的自觉性大大增强,计划外生育明显减少;(2)干部的工作量和工作难度下降,使干部特别是计划生育干部有时间和精力为育龄群众开展细致的工作和优质的服务,这样做反过来又取得了群众的信任、拥护和支持,使计划生育工作步入良性循环轨道。其四,早婚早育、多胎生育和人工流产的减少,以及育龄妇女避孕措施的有效提高,都有效地保护了妇女的身心健康,提高了人口素质,推动了生殖健康活动的开展。其五,完善农村生育政策,使其更接近于农民的生育意愿,造成计划外生育率下降,干部同农民的对立因素减少,干群关系得到改善,有利于农村秩序的好转和稳定,促进了农村的安定团结。

现行生育政策调整的可行性研究①

　　本报告是国家计划生育委员会专家委员会"九五"课题规划的一个课题研究报告，原题为"现行生育政策效果评估和未来生育政策调整的可行性研究"。一方面由于经费投入严重不足,我们在课题的框架设计上做了较大的改动，另一方面是在研究中发现，我国现行生育政策的控制和实际控制效果存在较大的差距，即按照执行生育政策控制目标,2000 年全国总人口应是 12 亿以内，而实际 2000 年总人口预计达到 12.8 亿,应是中国城乡妇女总和生育率年均 2.3。研究其中缘由将构成另外一个费力费时更多和更深层次的课题。所以，我们将原课题重新设计为现在这一研究题目。

　　记得 1990 年 7 月我在完成国家计划生育委员会"七五"规划的课题"中国农村妇女早婚早育和多胎生育问题研究"的结题报告中说过:"这是一个十分重要而又复杂的课题，我们不敢说这份报告是对所研究问题的透彻分析和解决。相反,我们只能说从准备本报告时为起点,我们仅仅开始了这个需要投入较大精力和历时较长时间才能完成的课题研究。"现在,在写我国"现行生育政策调整的可行性研究"的课题报告时,我的脑海里却浮现出相反的一些文字:"这是一个很重要但并不是很复杂的问题,我们完全没有必要费时 20 年还无望解决。在中国目前的大多数农村存在这种现象,即政策归政策,生育归生育。如果把政策制定得比较切

---

① 本文是 1998 年完成的国家计划生育委员会"九五"规划第一批研究课题的一、三部分,内容和文字都有所压缩。课题组成员还有谭克俭、景世民等同志。

合实际,人口控制的效果会更好。这不是一个需要耗费科学家脑力和投入国家较大物力研究的课题,而完全是一个能否实事求是的思想路线问题。"

一、现行生育政策的形成及执行情况

1. 现行生育政策的形成过程

我国从 70 年代初开始在全国范围内推行计划生育。1973 年 12 月 11 日至 27 日在北京召开的全国计划生育工作汇报会,开始提出"晚、稀、少"的生育主张。这项带有政策意向的宣传主张在 70 年代的计划生育工作中发挥了重大作用,引导我国取得了举世瞩目的人口控制成果。1979 年人口出生率由 1972 年的 29.77‰ 下降到 17.82‰,降低 11.95 个千分点。自然增长率由 22.16‰ 下降到 11.61‰,降低 10.55 个千分点。妇女总和生育率也由 4.45 降至 2.72。这一时期成效显著的作用因素是多方面的,诸如年龄结构变化,进入初婚年龄妇女群数量开始减少,高胎次下降较易,我国严密的行政控制体制,等等。但是,有一个符合国情民情,符合事物发展规律和使居民较容易接受的生育政策也是一个非常重要的因素。"晚、稀、少"生育政策在政府部门少有异议,干部群众也认为合情合理,因而实行起来比较顺利。这里边的内在规律就在于生育政策的核心:生育数量找到了适应国家和家庭两个层次的妥协点和最大容忍的生育极限值,平均一对夫妇终生生育 2.1 个孩子。70 年代末,面对极端困难的经济形势和即将来临的生育高峰,1978 年 2 月召开的全国五届人大一次会议政府工作报告提出:"争取在 3 年内把我国人口自然增长率降到 1% 以下。"为完成这个目标任务,国务院新的计划生育领导小组于 1978 年 6 月 26 日至 28 日召开会议,对如何完成这个任务进行了讨论。会议首次提出"提倡一对夫妇生育子女数最好一个最多两个,生育间隔三年以上"。中央以中发〔1978〕69 号文件批转了这次会议报告。1979 年 8 月 11 日的《人民日报》发表国务院计划生育领导小组的重要文章,提出了我国在 2000 年实现零增长的人口发展方案。该方案设想分两个阶段,第一个阶段是到 1985 年人口自然增长率降到 5‰ 左右,第二阶段是到 2000 年降到零。并提出达到这个目标的主要办法就是一对夫妇生一个孩子。1979 年,由于种种原因，当年的人口计划没有完成，中央和国务院对此十分重视。1980 年 9 月 7 日, 国务院总理在五届人大三次会议上的报告中指出："国务院经过认真研究，认为在今后二三十年内，必须在人口问题上采取一个坚决的措施，就是除了在人口稀少的少数民族地区外，要普遍提倡一对夫妇只生育一个孩子,以便把人口尽快控制住,争取全国总人口在 20 世纪末不超过 12 亿。"12 亿, 即成为中国政府在 20 世纪末追求的战略目标。

各种情况表明，实际工作部门希望得到一个能起到法律作用的中央文件,以支持在全国不分城乡地推行"一胎化"的生育政策。因各种原因，中共中央于 1980 年 9 月 25 日发出了《中共中央关于控制我国人口增长问题致全体共产党员、共青团员的公开信》，要求党团员带头只生一个孩子。但是,实际工作部门和地方政府则把中共中央的"公开信"当作"只准生一个"的中央文件,普遍要求一对夫妇只准生一个。而"只生一个"的理由则又是唯有如此才能保证 2000 年把人口控制在 12 亿以内。

实际上，根据当时的测算,2000 年将我国人口控制在 12 亿同 "一胎化"并无必然联系,在此列举几个有代表性的预测。为满足本文论述需要和节约篇幅,只列举系数为 1 和 2 的数据。

（1）刘铮、邬沧萍、林富德等人在 1979 年的测算:按一对夫妇生 2 个孩子,2000 年全国总人口可控制在 12 亿。在杜绝多胎的基础上,城市有 2/3、农村有 1/2 的家庭只生 1 个孩子,2000 年的总人口为 11 亿多一点。

（2）梁中堂在 1979 年的测算:如果按"一胎化"生育,2000 年全国总人口为 10.5 亿;如果全国城乡有 30% 的家庭只生 1 个孩子,其余的家庭按晚婚晚育加间隔生育,则 2000 年总人口为 11.1 亿左右。

1982 年全国第三次人口普查资料汇总后,梁中堂在 1985 年的重新测算为一对夫妇生 1 个孩子,2000 年总人口为 10.6 亿,生 2 个孩子,2000 年总人口为 12.4 亿。

（3）宋健、田雪原、李广元、于景元等人在 1980 年的测算:如果实行"二胎化",2000 年总人口可达 12.17 亿;如果实行"一胎化",总人口则为 10.54 亿。

以上测算表明，在允许生两个的基础上，提倡一对夫妇只生一个孩子,再加上晚婚晚育间隔生育,2000 年总人口控制在 12 亿左右是没有问题的。1979 年我国农村的总和生育率为 3.045,同国家收紧的政策要求相去甚远,因而"一胎化"政策引起了一系列异常的反应。从生育秩序上看,政策性的恐慌情绪导致了抢生。反映在生育水平上,1981 和 1982 年全国农村的出生率分别升至 21.55‰和 21.97‰,分别比 1980 年的 18.82‰上升 2.73 和 3.15 个千分点;总和生育率分别达 2.91 和 3.32,分别比 1980年的 2.48 上升 0.43 和 0.84 个千分点。妇女生育行为也较前有了较大变化,一、二、三胎次生育年龄均有所前移。从计划生育工作情况看,由于"一胎化"政策群众难以接受,而干部在高指标的驱使下采用了许多过激手段来完成任务,干群矛盾突出。

中央书记处 1981 年 122 次会议针对这种情况集中讨论了计划生育政策问题。会议认为,城市应当继续坚持基本生一胎,农村必须适当放宽政策。计划生育政策的核心问题是照顾农民生二胎。中央当时提出了两个方案以供各省、市、自治区党委选择:第一方案,继续提倡一胎,允许生二胎;第二方案,独女户允许再生一个。从国家计生委汇总的征求一些省市党委的意见看,多数主张第二方案,少数主张第一方案。分析当时大多数省、市、自治区党委倾向选择一个过严的生育政策的原因,第一是在十分严峻的经济形势下过度夸大了人口因素的作用。第二是在传统的体制下,实际工作部门把各省的人口目标和"一胎化"相联系,认为舍去"一胎化",就保不住人口目标。第三是 1980—1982 年各地推行极为严厉的"一胎化"政策,是一种极为困难的选择,基层干部为对付高指标,各地汇报的成绩是基本实现了"一胎化"。地方党委认为这种"大好形势"来之不易,不愿因政策变动而付之东流。根据后来的人口普查资料表明,在推行严格的"一胎化"政策期间,不仅农民普遍生了二胎,而且全国农村多胎生育比率还高达 20%~30%。鉴于地方党委的态度,中央充分尊重下面的意见,最后形成中央〔1982〕11 号文件,即以允许农村独女户生育第二胎为核心内容的"现行生育政策"。根据当时党内外的认识水平和国际环境的具体情况,中央要求"独女户"不在对外宣传的文件中出现,11 号文件的表述为"农村普遍提倡一对夫妇只生一个孩子,某些群众确有实际困难要求生二胎的,经过审批可以有计划地安排"。但在贯彻 11 号文件的过程中,绝大多数地方在解释文件中"确有实际困难要求生二胎"者并不包括生了一个女孩而要求再生一个的农民,农村二胎的照顾面仍然控制在5%左右。这等于否定和取消了11号文件的存在。

在主管部门领导下,全国继续大力推行"一胎化"政策。不少地方因为恶性事件的发生已经严重影响到社会的稳定。同时由于完不成高指标,虚报瞒报现象开始出现,且愈演愈烈。这些问题都引起了中央的高度重视。继当时的中共中央总书记胡耀邦同志针对某地发生的计划生育事件做出批示后,1984年中共中央批转了国家计生委党组《关于计划生育情况的报告》(即中央7号文件),指出,要把计划生育政策建立在"合情合理、群众拥护、干部好做工作的基础上"。7号文件下达后,中央书记处又给国家计生委党组一个内部通知,明确指出:"我们关于计划生育政策的实质,就是要逐步做到,除城市、城市郊区之外,在大部分农村地区,要逐步做到允许第一胎生女孩的再生第二胎。这一点,只在实际工作中掌握,不公开宣传,并要有一个缓和渐变的过程。从长远看,如果能切实做到杜绝多胎,则允许生二胎并没有多大危险……因此,现行的计划生育政策,仍是一个历史阶段的政策。今后,随着我国经济、文化水平等方面的提高,还可以进一步加以完善。"时任国家计生委副主任的周伯萍同志曾在全国八省市计划生育情况交流会上就生育政策的形成和发展问题作了解释,他说:"根据中央历来指示精神,我认为计划生育政策的完善过程,大体上有两个发展阶段:第一阶段,从现有基础出发,经过缓和的渐变过程,解决好中央7号文件规定的'四个口子'①,逐步做到允许农村独女户再生一个;第二阶段,先农村,后城市,普遍允许一对夫妇生两个孩子,把生育政策转上正常的轨道。"可见,中央的主导思想很明确,因为大家选择了一个允许独女户生二胎的生育政策,这就必然地产生了一个不断完善政策的问题。第一阶段,要求实际工作中由"一胎化"走到"独女户"的政策上;

---

① "四个口子":(1)对农村继续有控制地把口子开得大一些,按照规定的条件,经过批准,可以生二胎;(2)坚决制止大口子,即严禁生育超计划的二胎和多胎;(3)严禁徇私舞弊,对在生育问题上搞不正之风的干部要坚决予以处分;(4)对少数民族的计划生育问题,要规定适当的政策。

第二阶段,先农村后城市,普遍允许一对夫妇生两个孩子。

然而,由于推行"一胎化"的做法在人们心中形成的不正常心态,完善政策在理论工作者和实际工作者中都产生了很大的震动和不同的认识,许多人把完善政策同严格控制人口增长对立起来,认为完善政策实际上是放松计划生育工作,因此不少地方反对放开独女户生育二胎的条件,在对7号文件的落实中,生育二胎的比例也仅由5%扩大到10%,这个比例的口子实际上对于解决全面推行"一胎化"所带来的弊病起不了多大作用,因为在农村中并不仅仅是那些被列举的"有实际困难的家庭"才要求生育二胎,而是包括独女户在内90%以上家庭的共同要求。在这种情况下,作为完善政策重要内容的放开独女户生二胎工作进展仍然相当缓慢。

1988年,国家计生委在中央的领导下,督促各省(市、自治区)把计划生育政策落实到中发〔1982〕11号文件,即允许农村独女户可以生二胎为核心内容的政策上来。到90年代初,独女户可以生二胎终于写进了大多数省(市、自治区)的计划生育条例中,从而使我国城乡的政策终生生育率由1.2左右调整到1.6左右。① 这样,经过完善政策到稳定政策,最终形成了现行生育政策,提倡晚婚晚育,少生优生,提倡一对夫妇只生育一个孩子,国家干部和职工、城镇居民除特殊情况外一对夫妇只生育一个孩子。农村某些群众确有实际困难,可以有计划地安排间隔几年以后生第二胎。不论哪一种情况都不能生第三胎。少数民族地区也要提倡计划生育,具体要求和做法可由有关省、自治区根据当地的实际情况制定。至少从90年代以来调查的数据看,随着生育政策的逐步完善和趋于合理,我国妇女生育水平也逐年下降,1989—1992年的总和生育率分别为2.35、2.31、2.20和2.00,1995年曾达到最低值1.85。

纵观现行生育政策的形成和实施全过程,到目前为止,我们只能说基本完成了第一阶段的工作,即放开独女户生二胎。而同党的7号文件所要求的计划生育政策要"合情合理,群众拥护,干部好做工作"的原则相比,还有很大距离。

------

① 不少地方实际执行生育政策比这还要慢得多。在基层,由于附加一些条件,基层干部只能在许多年后仍然执行"只准生一个"的政策。

2. 现行生育政策的地区差别

我国的生育政策从 70 年代提出"晚、稀、少"以来，整体来讲是一个不断完善的过程。现行生育政策提出于中发〔1982〕11 号文件，是一个较有原则性、指导性的政策。各省、市、自治区就是根据这个政策精神来制定本地的生育政策，地区之间生育政策的重要差别就在允许生育第二胎的条件上。

80 年代中后期，依法管理计划生育提上日程，各省、市、自治区陆续制定了具有地方法规效力的计划生育条例或办法。到 90 年代，地方性生育政策进入一个相对稳定的时期。

从各地规定的二胎生育条件来看，农村未放开独女户之前，各地大同小异，政策生育率在 1.2 ～1.3 之间，放开独女户之后，各地之间出现分化。根据各地现行的生育政策，大体可分为三种类型：

（1）未放开独女户生二胎，或只在少数深山区放开，仍以实行一对夫妇只生一个孩子为主，农村的政策生育率维持在 1.3 左右的水平。这些地区有：重庆设直辖市之前的北京、天津和上海三个直辖市，四川省、江苏省和甘肃省。

（2）农村放开独女户生二胎，政策生育率提高到 1.6~1.7。在放开独女户生二胎的条件中，一般都有附加条件，除了通常的一、二胎间隔和妇女年龄的规定之外，不少地方在条例中还规定了放开独女户村的计划生育前提条件：规定要实行"独女户"政策，须该村上一年或连续三年无多胎生育，有的规定须无计划外生育等。[①] 这些地区有河北、山西、内蒙古、辽宁、吉林、黑龙江等 17 个省和自治区。

（3）有计划地放开二胎，农村政策生育率在 2.0 以上。这些地区有广东、海南、云南、宁夏、青海、新疆、西藏等 7 个省和自治区。此类省区的条例或办法中大都没有规定农牧民（主要指汉族）生育二胎的具体条件，只

---

① 由于农民做不到"只生一个"，所以中央才有一个完善政策的要求，才出现了一个"现行政策"。但许多地方要求在执行"一胎化"政策时连续多年没有计划外生育、没有多胎生育，才能执行新的政策。这等于不许由"一胎化"过渡到"现行生育政策"。

是规定只要有实际困难,本人要求生育二胎的都可有计划地安排。

除此差别之外,各地区之间的差别还体现在对少数民族的生育政策上,主要因各自少数民族的具体状况而异。还有在女方年龄上,一般规定生育二胎要在 28 周岁以上(也有规定 30 岁以上)。再一个就是一、二胎生育间隔,多数为 4 年,个别为 3 年。

各省(市、自治区)生育政策,特别是二胎生育规定的不同,是制定全国性的计划生育法规的主要障碍。自 80 年代初提出计划生育立法以来,经过多次工作而没有结果,根本原因还在这里。因此,要实现计划生育立法,使计划生育真正走向法制管理,首先要对生育政策的数量要求进行合理化调整。

我国在 20 世纪 80 年代初将生育政策要求的妇女终身生育率定位在 1.0,这无论从我国阶段性人口控制目标,还是人们的生育意愿或者人口的可持续发展看,都是一种违反客观规律的做法。我国各省、市、自治区从 80 年代开始推行"一胎化",到 1990 年总和生育率的变化过程就可说明这一点。

80 年代初全国推行"一胎化"的声势不可谓不大,全党动手、全民动员,名副其实地成了各级党委政府的中心工作。但不是效果不佳,便是取得一时成果而付出损害党群、干群关系等沉重的代价。整个 80 年代,全国的总和生育率始终没有降到政策所要求的水平,而顽强地保持在 2.20 以上,最高的 1982 年达 2.86。河南是有名的采取过硬措施的省份,至今仍未放开独女户。① 然而 80 年代总和生育率始终维持在较高水平,10 年的算术平均数达 2.73,最高的 1987 年达 3.06,1990 年仍在 2.90。

从整体趋势看,各省、市、自治区的总和生育率围绕在更替水平。具体表现是,所有高于更替水平的省份,除河南省外,1990 年的总和生育率都低于 80 年代的平均水平。而所有低于更替水平的省份,除浙江省外,1990 年都高于 80 年代的平均水平。

---

① 河南省虽然名义上也有一个人大常委会通过的以"独女户"为核心的"计划生育暂行条例",但后来又有一个要求农村执行"只准生一个"的"省长令",等于河南省压根就没有执行"独女户"政策。

生育政策要发挥影响妇女生育率的作用,还要通过复杂的中间环节。比如,经济发展水平、传统婚育习俗、党政控制能力,等等。因此,在同样的政策规定条件下,生育水平往往表现很不一致(见表1)。这说明,生育政策由不合理向合理调整,并不是产生波动的根本因素。

表 1　不同生育政策类型的总和生育率(1990)[①]

类　别	<1.50	1.50~1.99	2.00~2.49	≥2.50
原则上"只准生一个"	京(1.44) 沪(1.42)	津(1.61)	川(2.00) 苏(2.01) 甘(2.30)	
独女户		辽(1.70) 吉(1.87) 黑(1.91) 浙(1.59)	冀(2.48)　晋(2.44) 内蒙古(2.13)皖(2.49) 鲁(2.11)　鄂(2.46) 湘(2.43)	闽(2.57)赣(2.62) 豫(2.90)桂(2.71) 黔(3.03)陕(2.67)
原则上允许农民生二胎			粤(2.48)	琼(3.03)滇(2.67) 宁(2.60)青(2.59) 新(3.13)藏(3.81)

资料来源:姚新武,《中国生育数据集》,中国人口出版社,1995年,第6—7页。

表1显示了不同生育政策类型和相同生育政策类型下各省(市、自治区)1990年总和生育率的不同落点。未放开独女户生二胎的四川、江苏、甘肃三省总和生育率也在2.0以上;放开独女户生二胎的生育政策类型中,辽宁、吉林、黑龙江、浙江四省保持了较低的生育水平,而福建、江西等6个省高达2.50以上。完全放开二胎的政策类型中,除少数民族集中

[①] 重新审读表1,需要改写上面的认识。首先,假设把90年代我国妇女生育率的更替水平确定为2.1~2.2,那么,根据1990年的人口普查资料,处于妇女生育更替水平以下的地区除了北京、上海和天津3个直辖市以外,还有东北三省和长江三角洲的2个省,以及四川省(当时含重庆市);处于更替水平的仅有山东省和内蒙古自治区2个省区;处于更替水平以上的高达19个省区,其中有15个省区高出更替水平很多,接近2.5甚至于更高。其次,除了四川、甘肃两个省的情况有待进一步研究外,其他地区的资料表明妇女生育水平只和经济社会发展水平有关,几乎与政策生育的规定无关。——2004年3月18日注。

的西藏、新疆等六省区外,1990年少数民族仅占0.57%的广东省,仍同仅放开独女户类型中的大部分省份生育水平相当。

很显然,在几乎全面放开独女户生二胎,政策生育率提高0.5的条件下,并没有对生育秩序产生冲击,这对于我们下一步调整生育政策有重要的启示作用。

3. 1981—1987年的实际生育状况

1980年全国开始推行"一胎化"后到1984年,全国的出生率在20‰上下波动,1984年最低,为19.90‰。再加之1980—1983年基层干部为迎合高指标而上报的几乎100%的一胎率,使不少地方的领导认为"一胎化"是控制人口的最好政策。1985—1987年出生率出现了连续上升趋势,有些同志认为是由于1984年中央7号文件提出的完善政策,有条件放开生二胎造成的,然而实际上并非如此。分析表明,主要原因是人口年龄结构的变化和早婚早育。受1962—1972年10年生育高峰期出生人口开始进入婚育期的影响,第三次人口生育高峰随之到来,人口结构发生很大变化,育龄妇女特别是生育旺盛期的育龄妇女比重增加,直接影响到人口出生率。全国1987年比1981年15~19岁的育龄妇女增加了20.7%,其中县人口中增加了22.3%,而20~34岁生育旺盛期的育龄妇女增加的比例更大,1987年比1981年全国增加了25%,县人口中增加了25.7%(见表2)。

表2 1981—1987年育龄妇女变动情况 (单位:万人)

年份	育龄妇女(15~49)		生育旺盛期妇女(20~34)	
	全国	全国(县)	全国	全国(县)
1981	23 631.5	16 623.0	11 269.6	7842.8
1982	24 370.6	17 188.2	11 479.3	7982.0
1983	25 157.7	17 779.9	12 195.7	8461.6
1984	26 072.7	18 460.3	12 808.0	8869.6
1985	26 934.8	19 109.5	13 270.7	9206.9
1986	27 767.7	19 739.8	14 086.6	9611.7
1987	28 531.7	20 326.0	14 086.6	9861.7
1987比1981年增加(%)	20.7	22.3	25.0	25.7

资料来源:根据第四次人口普查资料计算,见范菁菁编《中国人口年龄性别结

构》,中国人口出版社,1995 年,第 103—112 页。

表注:因基础数据不同,此表数据与表 3—6 相应年份数据略有出入。

同时,育龄妇女在总人口中的比重也明显增加,1981 年为 23.6%,1987 年为 26.1%。20~34 岁生育旺盛期妇女在育龄妇女中的比重 1981 年为 47.7%,1987 年上升为 49.4%,这才是 1985—1987 年人口出生率上升的主要原因。如果不是看每千人的出生人口,而是考察妇女的生育水平,就不得不承认,完善生育政策影响下的 1985—1987 年的实际生育水平还低于大力推行"一胎化"作用下的 1981 年和 1982 年。需要特别提请读者注意的是,多孩生育率在 1981—1987 年几乎呈现一种持续下降的趋势,更进一步表明我国妇女的生育水平同这一时期的人口政策变动几乎没有直接的关系。(见表 3)

表 3　全国 1981—1987 年生育水平变化

年度	TFR	1 孩 TFR	2 孩 TFR	多孩 TFR	粗出生率
1981	2.61	1.166	0.622	0.816	20.91
1982	2.86	1.376	0.692	0.786	22.28
1983	2.42	1.190	0.633	0.591	20.19
1984	2.35	1.121	0.656	0.566	19.90
1985	2.20	1.028	0.686	0.477	21.04
1986	2.42	1.079	0.807	0.526	22.43
1987	2.59	1.149	0.866	0.560	23.33

资料来源:姚新武编,《中国生育数据集》,中国人口出版社,1995 年,第 8 页,第 292—298 页。

4. 实行"一胎化"政策以来的实际生育状况与政策要求比较

我国自 1980 年在全国推行一对夫妇只生一个孩子以来,经过完善政策和稳定政策,政策允许一对夫妇的平均生育子女数由 1.0 逐步增加到 1.6 左右。80 年代初期,由于生育政策同农民的生育意愿相距太大,并没有起到应有的引导作用,农民的实际生育水平变动轨迹同生育政策要求的变动轨迹相距很大。80 年代中期以后,随着独女户的放开,二孩政策生育率的提高,在经济、社会发展的同时,实际生育水平出现下降态势,逐步接近农民生育意愿的最低点,显示出对进一步调整生育政策的要求。1980 年开始推行"一胎化"时,实行的是"一刀切",政策允许的一对夫妇的终身生育率为 1.0。1982 年中央 11 号文件提出了 7 条参考条件,各地又根据本地实际增加了几条,全国归纳起来约 10 条,估计政策允许生二胎的占当年新生儿近 5%,1984 年中央 7 号文件后调整到 10% 左右,1987 年据国家计生委的调查推算在 1.30 左右。到 90 年代,大部分省区都放开了独女户,政策生育率可达 1.6 上下。

5. 90 年代的生育状况

进入 90 年代以来,生育政策的特点是宏观面上稳定,实际工作中继续完善。同时随着育龄妇女年龄结构的变动,生育率水平在逐年下降,1989 年总和生育率为 2.35[①],1991 年为 2.00[②],1995 年为 1.85[③]。从孩次率变化上看,二胎和多胎都在下降。1990 年人口普查 10‰抽样资料统计,1989 年出生的婴儿中,一孩占 49.5%,二孩占 31.20%,多孩占 19.30%;到 1992 年,一孩占 63.1%,二孩占 27.3%,多孩占 9.6%,二孩和多孩分别比 1989 年下降了 3.9 和 9.7 个百分点,表现为农村下降的比例大。从孩次时期递进比看,1992 年的一孩递进比为 0.414,比 1989 年降低了 0.347。农村的一孩递进比为 0.550,比 1989 年降低了 0.336。由于这里的 1992 年数据未经调整(总和生育率为 1.388),且还不到政策允许的二胎生育量,故实际数据肯定要大,农村的实际生育应在 2.0 以上。

表 4　1992 年二孩计划生育率状况

类别	全国	非农业	农业
二孩率	27.3	12.4	30.1
计划内	10.3	6.7	11.0
计划外	17.0	5.7	19.1

资料来源:蒋正华主编:《1992 年中国生育率抽样调查数据集》。

从二胎生育的情况看,农村生育二胎的意愿和行为的强度是很大的(见表 4),计划外生育的二孩中,绝大多数为农村所生。农村生育的二孩中,计划外就占到 63.5%。据此我们可以做出这样的推断:农村中绝大多

---

① 根据第四次人口普查资料。

② 按照国家计生委 1992 年 38 万人口抽样调查计算。

③ 1995 年 1% 人口抽样调查资料。

数的一孩夫妇生了二胎,二胎中的大多数是计划外生育,是受罚对象,再加上部分多胎生育,农村中因超生受罚者的比例最低也在50％以上。18年的实践已经证明,在生产力发展的现阶段,要求农村普遍生一个,是不切实际的。我们认为,生育政策和其他问题一样,应有一个度的界限,距这个度过大,即使要求很严,也不会做到。接近这个度,看似宽松了,却能达到目的,试举三例。

第一,国家计生委在1987年普遍放开农村独女户生二胎后,于1988年对5个省中的11个县进行了调查,结果证明在1987年育龄人群比1981年增加近40％,而政策规定的二胎照顾面又比1981年宽得多的情况下,出生率却下降了。

第二,1987年独女户放开二胎后,农村中政策允许生育二胎比例由10%～20％一下扩大到60%～70%,然而1988年后中国农村的一孩递进比、二孩和三孩总和生育率均出现持续下降(见表5),其他多项生育指标也均有相同趋势。

表5 中国农村时期孩次递进比和二、三孩总和生育率变化

年份	一孩递进比	二孩递进比	二孩 TFR	三孩 TFR
1986	0.926	0.495	1.041	0.423
1987	0.943	0.509	1.127	0.456
1988	0.905	0.505	0.942	0.451
1989	0.886	0.442	0.927	0.392
1990	0.872	0.389	0.845	0.332
1991	0.738	0.287	0.563	0.204
1992	0.550	0.154	0.510	0.140

资料来源:高凌,郝虹生:《育龄妇女对子女性别偏好及其对生育的影响》,见蒋正华主编:《1992年中国生育率抽样调查论文集》,中国人口出版社,1996年,第164页。

第三,山西省翼城县是国家计生委1985年批准的"晚婚晚育加间隔"生育二胎试点,试点前五年的妇女总和生育率平均值为2.249,而试点后的1985—1991年平均值为2.158。

6. 生育指标和生育意愿对生育政策取向的影响

生育指标是生育政策的重要表现形式，是伴随着生育政策应运而生的。80 年代以来，由于"一胎化"政策同人口控制目标的脱节，本来宽裕的生育指标，经过过紧生育政策的衡量和层层"留有余地"减少指标，被人为地形成指标吃紧局面。不少人口控制严格的地区，随着 90 年代中期人口出生低谷期的到来，空余指标的情况越来越突出。据辽宁省计划生育委员会副主任郝春芳在第七次全国人口科学讨论会上介绍，辽宁省现在每年结余生育指标几十万，江苏省计划生育委员会主任陈惠仁介绍江苏也有同样情况。我们[1] 在安徽省宣城地区考察，这种状况也很突出。（见表 6）

表 6　安徽省绩溪县生育指标与实际对比

年 份	出生人数			出生率‰		
	指标	实际	占指标%	指标	实际	比指标低
1991	3400	2639	77.62	18.80	14.49	4.31
1992	3500	2347	67.06	18.00	12.80	5.20
1993	2710	1815	66.97	14.60	9.88	4.72
1994	2430	1576	64.86	12.39	8.58	3.81
1995	2300	1549	67.35	11.80	8.43	3.37
1996	2300	1552	67.48	12.32	8.47	3.85
1997	2100	1532	72.95	11.39	8.36	3.02

资料来源:绩溪县计划生育委员会提供。

从绩溪县提供的情况看,该县已杜绝了多胎生育。1994—1996 年多孩率为零,1997 年也仅出现 0.07%的多胎,而 1994—1997 年的二孩率分别为 15.23%、15.75%、13.98%和 12.27%,其中还有计划外二孩。很显然,结余指标,实际上是压了二胎生育。计划生育的实践出现这种现象,无论如何都不能说是合理的。当然,还有许多地方的实际生育与指标差距并不那么大,但却以大量的计划外出生为代价。例如甘肃省的政策生育率压得很低,大约 1.3,1992 年的计划生育率却只有 47.5%,在全国 30 个省、市、自治区中是最低的。

开展计划生育以来,人口学界对生育意愿做过多次调查,这里选取了

---

[1] 指谭克俭做的相关课题调查研究。

不同年代的调查作比较。虽地区之间的经济状况、传统习惯等存在差别，调查方法也会有不同,但其中的趋势还是显见的(见表7)。

表7　中国农村不同年代的生育意愿

调查年份	调查地区	生育意愿(%)			
		1个孩子	2个孩子	3个以上孩子	其他
1980[①]	北京农村	25.67	68.14	3.07	3.0 6
	四川农村	18.03	69.68	12.29	—
1988[②]	湖北武汉等	27.60	69.20	—	3.20
1990[③]	安徽凤阳	4.00	57.90	37.10	1.00
1996[④]	陕西勉县	38.23	57.19	4.58	—

资料来源:[①]《中国青年的生育意愿》,天津人民出版社,1982年,第41、71页。[②]凤笑天:《独生子女的生育意愿》,《人口研究》,1991年第5期第31页。[③]江亦曼:《走出沼泽地——多孩生育的根源与对策》,气象出版社,第33页。[④]陶勃等:《勉县区别对待、分类指导生育政策实施效果调查》(未刊稿)

从总体趋势看,80年代推行"一胎化"以来,中国农村一对夫妇要求生两个孩子的生育意愿始终没有变。这是我们的生育政策决策所必须考虑的。

二、生育政策调整对人口控制目标的影响研究

1. 我国阶段性人口控制目标的提出和确认

我国2000年的总人口控制目标,最早是由国务院总理在1980年9月召开的五届人大三次会议上的讲话中提出来的。当时的提法为"不超过12亿",其后这个目标写进了中共中央致全国共产党员、共青团员的公开信和五届人大四次政府工作报告中。1985年,中央接受了马瀛通和张晓彤的建议,改为12亿左右。

1990年12月30日中国共产党第十三届中央委员会第七次全体会议通过的《中共中央关于制定国民经济和社会发展十年规划和"八五"计划的建议》,提出在20世纪末的10年,把年平均人口自然增长率控制在12.5%以内。国务院在1992年1月6日以国发〔1992〕2号文件发出《关于

下达十年规划和"八五"计划分地区人口指标的通知》中,提出全国总人口在 2000 年控制在 12.94 亿,通常提法 13 亿以内。1996 年 3 月 5 日国务院总理李鹏在八届人大四次会议上的《关于国民经济和社会发展"九五"计划和 2010 年远景目标纲要的报告》又提出全国人口 2010 年的控制目标为 14 亿以内。在此基础上,国家计生委副主任张维庆在 1997 年 11 月 4 日召开的全国计划生育系统干部队伍建设工作会议报告中又进一步提出我国人口数量控制的下一个目标是:到 21 世纪中叶,全国人口数在达到零增长后平稳下降。这个零增长的峰值一般认为在 15 亿~16 亿之间。那么,如果将生育政策调整为一对夫妇终身生育两个孩子,其结果同阶段性人口控制目标是何种情况,我们按三种方案进行了测算。

2. 对 20 世纪末人口总数的测算

本研究生育率水平参数的确定,主要目的在于观察不同生育率条件下不同阶段的总人口状况。因此参数的设定是以"四普"的实际为基数,假设与实际相结合进行确定。按照这个思路,分别对全国城镇和县分别确定三种方案参数。在此高、中、低的含义不同于别的预测,这里表现的是生育率变化的实际及可能趋势、政策调整的可能性干预,而不是围绕中方案再取高和低作参考。

所有的第一方案参数均假设在"四普"时的生育率水平不变的条件下,如总人口的变动状况,其他方案则进行调整。①全国:第二方案假设在 2.35 的水平上,2000 年降低到更替水平 2.1 并维持下去;第三方案考虑到国家公布的数据 1995—1997 年已经降低到 1.85 的水平,分析再继续降低的可能性已不大,同时考虑到虚报瞒报因素,故按 2000 年降到 1.85 的水平比较实际。其后到 2000 年根据人口可持续发展需要调整到 2.1 并维持下去。②城镇:城镇生育率参数的设定最难把握。因为城镇受人口城镇化的影响最大,而又与生育政策的影响不相一致。作者对此未作深入研究,只能作大致假定。第一方案仍以"四普"时的基数不变,分析再升高的可能性很小。因为城镇中的农业人口生育水平将随着 90 年代全国生育率的降低而降低,城镇则维持不变,但到 2000 年后会随着独生子女的结婚,符合生育二胎夫妇的增加而缓慢上升,故在第二方案中设置了 2000 年降为 1.35,到 2010 年再缓慢上升为 1.45。这种可能性还是比较大的。第三种方案是假设人口城镇化后生育率水平也城镇化并以略高考虑，则设定 2000 年降为 1.2 并维持下去。这种可能性较小。③县：第一方案同全国。第二方案是假设 2000 年降低到农村普遍生育二胎，双女户生育三胎，即生育率为 2.23，随后多胎继续降低，2000 年总和生育率达更替水平 2.1 并维持下去。第三方案假设到 2000 年即达 2.1 的更替水平，差不多等于 50%的双女户生育三胎，这个方案的可能性也较大。（见表 8）

表 8　三种方案生育率水平参数：总和生育率

	全　国			城　镇			县		
	1990	2000	2010	1990	2000	2010	1990	2000	2010
第一方案	2.35	2.35	2.35	1.55	1.55	1.55	2.54	2.54	2.54
第二方案	2.35	2.10	2.10	1.55	1.35	1.45	2.54	2.23	2.10
第三方案	2.35	1.85	2.1	1.55	1.20	1.20	2.54	2.10	2.10

经测算，第一方案，也就是假设按照 1990 年的生育率水平，到 2000 年年中全国人口达 12.94 亿，逼近 13 亿，年末突破 13 亿，2010 年超过 14 亿，2050 年近 16.54 亿。第二方案，即生育率假设为 2000 年降为 2.10 的更替水平，1997 年总人口为 12.42 亿，比国家统计局公布的 12.36 亿多 600 万人（预测为年中数，公布为年末数。下同）。2000 年为 12.80 亿，2010 年为 13.73 亿，2050 年为 15.18 亿，峰值年为 2035 年，达到 15.55 亿。第三方案，即按 2000 年 1.85，2010 年再升至 2.1 的更替水平。测算结果：1997 年总人口为 12.38 亿，2000 年为 12.66 亿，2010 年为 13.49 亿，2050 年为 13.81 亿。（见表 9）

表 9　三种方案测算的全国人口总数　　（单位：亿人）

年份	第一方案	第二方案	第三方案
1990	11.30	11.30	11.30
1997	12.49	12.42	12.34
2000	12.94	12.80	12.66
2010	14.09	13.73	13.49
2050	16.54	15.18	13.81
峰值年	—	2035(15.55)	2029(14.44)

对三种方案进行综合分析,我们认为,第二种方案可能要高于实际生育水平。因为按照 2000 年降到 2.1 的水平,所对应的多胎率为 16% 左右,1997 年总和生育率为 2.18,对应的多胎率为 17.74%。而农村所对应的总和生育率 1997 年和 2000 年分别为 2.32 和 2.23,对应的多胎率分别为 21.13% 和 18.95%。而第三方案则可能接近实际生育水平,因为,第一,近几年人口与计划生育统计漏报瞒报十分严重,实际生育水平可能高于近年调查数。第二,1997 年设定的生育率水平为 2.00,相对应的多胎率为 13.4%。假设城市没有多胎,农村的多胎率为 18% 左右,比较接近多数农村的实际。这个方案测算的 1997 年全国人口为 12.34 亿,2000 年为 12.66 亿。

如果从分城乡的生育率水平分析,城镇的第二方案比较接近实际。这是因为随着 90 年代生育率的大幅度降低,统计在城镇中的农业人口生育率也会随之降低,但不会降低到非农人口 1.2 的下限。县中的第三方案比较接近于实际,1997 年设定的生育率水平为 2.23,相对应的多胎率为 18.95%,约与全国 2.00 的生育率水平相对应,2000 年降到 2.1 并维持下去。依此城乡生育率水平测算的 1997 年全国人口总数为 12.39 亿,比国家公布的 12.36 亿多 300 万,2000 年为 12.74 亿。(见表 10)以较实际的第三方案为基础,2010 年将生育率水平调整到 2.1 并维持下去,2010 年人口达 13.49 亿,2050 年达 13.81 亿,零增长年份为 2029 年,峰值人口为 14.44 亿。

表 10 公布与预测的总人口变动比较　　(单位:万人)

年份	国家公布	全国第三方案	城镇第二方案与县第三方案加总
1990	114 333	113 051	113 051
1991	115 823	114 654	114 659
1992	117 171	116 260	116 290
1993	118 517	117 832	117 904
1994	119 850	119 354	119 487
1995	121 121	120 806	121 019
1996	122 389	122 173	122 561
1997	123 626	123 443	123 867
1998	124 954	124 604	125 152
1999	126 282	125 650	126 334
2000	127 610	126 583	127 411
累计增加人口	9293	13532	14360
年均增加人口	1327.6	1353.2	1436.0
年均自增率(‰)	11.16	11.29	11.92

资料来源：①1991—1996年：《中国统计年鉴·1997》。②1997年：国家统计局《1997年国民经济和社会发展统计公报》。

表注：①为按年均增加人口推算数，计算增加人口和自然增长率时未计在内。②国家公布为年末人口数，其余为年中人口数。

4. 与其他学者预测比较

90年代，有些人口学家对未来人口控制目标作过预测。

（1）北京大学人口研究所曾毅教授1991年的预测。以作者认为比较实际的生育率方案来看，农村的总和生育率1987年为2.50，2000年为2.30，2020年为2.20，2050年为2.10，城镇逐年分别为1.90、1.80、1.70、1.70，在平均生育年龄不变的条件下，2000年全国总人口为12.89亿，2020年为14.98亿，2050年为15.57亿，实现零增长的年份为2042年，峰值人口为15.61亿。

（2）中国人民大学人口研究所林富德、路磊教授1994年的预测。预测者将总和生育率设想为高位、中位、低位三种方案，作者认为最可能出现的中位设想的生育率为1990年2.30，2000年2.00，2010年降到1.80，其后维持在该水平上。预测结果2000年全国人口总数达12.88亿，2010年为13.87亿，实现零增长的年份为2033年，峰值人口为15.19亿。

（3）北京大学社会学人类学研究所李建新1996年的预测。方案一：二孩加生育模式不变的政策，结果为2000年全国总人口数为12.88亿，2010年为13.82亿，2050年为14.75亿（峰值年约为2030年，15.10亿）。方案二：晚婚晚育加间隔的二孩政策，结果为2000年全国总人口数为12.88亿，2010年为13.76亿，2050年为14.27亿，实现零增长的年份约为2030年，峰值人口为14.86亿。

（4）国家统计局人口与就业统计司胡英1997年的预测。该预测以1990年的四普数据为预测的基础数据，并参照1990—1996年的生育实际进行参数调整，作者认为较可行的方案中全国、城镇、农村的总和生育率分别为1.87、1.25和2.18，预测结果2000年总人口为12.72亿，2010年为13.65亿。实现零增长的年份为2033年，峰值人口为14.50亿。

这几项预测的共同特点是，在充分保证三个阶段性人口控制目标的前提下，其农村平均每对夫妇完全可以生育两个孩子。这是我国生育政策调整取向的重要依据。

5. 从育龄妇女年龄结构的变化寻找调整点

90 年代育龄妇女的年龄构成变动很大,而且会直接影响实际的妇女生育水平,继而影响总人口变动。

表 11　全国 1990—2010 年育龄妇女变动状况　（单位:万人）

年　份	15~49 岁		20~34 岁	
	绝对数	环比(＋－)	绝对数	环比(＋－)
1990	30 634.6	—	15 245.2	—
1991	31 133.0	498.3	15 640.6	395.4
1992	31 568.1	435.1	15 932.0	291.4
1993	31 990.8	422.7	16 202.8	270.8
1994	32 409.4	418.6	16 442.5	439.7
1995	32 793.4	384.0	16 981.7	339.2
1996	33 093.2	299.8	17 386.0	404.3
1997	33 540.5	447.3	17 525.9	139.9
1998	33 875.3	334.9	17 119.7	−406.2
1999	34 125.4	250.1	16 807.1	−312.6
2000	34 313.4	188.0	16 528.8	−278.3
2001	34 594.9	285.5	16 165.7	−363.1
2002	34 898.3	303.4	16 000.3	−165.4
2003	35 171.9	273.6	15 862.6	−137.7
2004	35 342.2	170.3	15 437.5	−425.1
2005	35 483.0	140.8	15 105.6	−331.9
2006	35 639.2	156.2	14 861.0	−244.6
2007	35 771.0	131.8	14 821.2	−39.8
2008	35 867.5	96.5	14 766.1	−55.1
2009	36 153.4	285.9	14 710.0	−56.1
2010	36 435.0	281.6	14 756.4	46.4
累计增加(减少)数	5800.4	—	−488.8	—
年均增加(减少)数	290.0	—	−24.4	—
年均增长率	0.87%	—	−0.16%	—

资料来源:根据第四次人口普查资料和国家统计局公布的 1991—1997 年出生人口推算。

表 12　全国 1982—1990 年育龄妇女变动状况　（单位:万人）

年份	15~49 岁		20~34 岁	
	绝对数	环比(+-)	绝对数	环比(+-)
1982	24 848.7	—	11 632.8	—
1983	25 552.7	704.0	12 388.5	755.7
1984	26 436.4	883.7	12 983.6	595.1
1985	27 240.8	804.4	13 429.9	446.3
1986	28 070.1	829.2	13 952.3	522.4
1987	28 803.4	733.4	14 194.8	242.6
1988	29 535.2	731.8	14 516.8	322.0
1989	30 222.4	687.2	14 967.9	451.0
1990	30 800.1[①]	577.7	15 289.5[②]	321.7
累计增加数	5951.4	—	3656.7	—
年均增加数	743.9	—	457.1	—
年均增长率	2.72%	—	3.48%	—

资料来源:按第三次人口普查资料推算。

表注:①"四普"为 30 646.8 万人。②"四普"为 15 245.2 万人。

数据测算了 1990—2010 年 20 年间 15~49 岁育龄妇女和 20~34 岁生育旺盛期妇女的构成变化。测算表明,从 90 年代后期开始,育龄妇女增加速度呈减缓趋势,特别是 1997 年后减缓更为明显。虽然随着每年净增人口的下降,育龄妇女占总人口的比重处在相对稳定状态,但 90 年代后期 20~34 岁育龄妇女绝对数却显著减少,1998、1999、2000 年每年分别减少 406.2 万、312.6 万、278.3 万,三年减少近 1000 万。所占育龄妇女总数的比重也逐年下降,1998—2000 年分别为 50.54%、49.25%、48.17%。这种状态一直持续到 2009 年。(见表 11)这个阶段实际上处于生育低谷期。与之相对应的 80 年代(实际上直到 90 年代中期)处于生育高峰期,1982—1990 年育龄妇女增加了 5951.4 万,年均增加 743.9 万;20~34 岁妇女 8 年增加 3656.7 万,年均增加 457.1 万(见表 12),90 年代与之形成鲜明对照。这种状况的形成主要是由于 1963 年开始持续 10 年的第二次生育高峰期生育的女性人口在 1997 年后逐步完成生育职能,退出生育旺盛期所致。

生育旺盛期育龄妇女的减少,是妇女生育率水平下降的重要因素之一,直接影响年出生人口。在死亡率稳定的情况下,净增人口也会随之减少,从而影响总人口存量。从这些分析出发,我们认为,第一,1998—2008

年我国处于生育低谷期，是调整生育政策，调节远期人口结构的大好时机。第二，2000 年我国总人口可以控制在 13 亿，2010 年总人口控制在 14 亿。第三，在保证完成 2000 年、2010 年人口控制目标的前提下，农村的生育率水平可以在 2.0 以上，允许一对夫妇生育两个孩子。

二、生育政策调整取向和对有关疑虑的分析

1. 生育政策调整取向

近 20 年来以"只准生一个"为核心内容的现行生育政策是一个和我国经济社会发展水平相去甚远的人口生育政策。这一政策尤其脱离了我国大多数农村的实际，和多数农民的生育意愿距离较大。我国绝大多数地区的实际生育状况不仅极大地超出了 80 年代"只准生一个"的生育政策限定的生育水平，也明显地突破了 80 年代后期以来形成的"现行生育政策"所限定的生育水平。从我国人口发展过程来分析，20 年来，各级政府和计划生育系统是在要求妇女总和生育率 1.0 或 1.5 的目标内工作，但实际情况是妇女总和生育率平均 2.3 才能达到的结果。这种情况表明，一个和群众生育意愿有较大差距的生育政策很难起到控制人口的作用。只有制定一个比较贴近群众生育意愿的生育政策才有可能有效地控制好人口。

按照我对人口政策的广义理解，人口政策"是指那些对人口过程产生重大影响和旨在影响人口过程的国家(政府)行为"[1]。在古今中外的历史上，很少出现过由中央政府颁布法令(根据我国的现行体制，中央文件实际上是起法令的作用。在不少情况下，这些文件比法令还具有权威性和强制性)规定老百姓只准生几个孩子的现象。我国政府这样做，是为了给计划生育系统和居民提供一个具有国家权威的生育模式，要求中国人口过程按这样的模式运动。另一方面，从制定"只准生一个"政策的初期开始，政府就许诺这一政策是 20 世纪内推行的具有暂时性的政策。

如果我国妇女实际生育水平在 2.1~2.2 之间，而制定一个不超过 2.0 的生育政策，是接近实际和有利于人口控制的。多年来，我们不少同志以

---

[1] 梁中堂：《人口学》，山西人民出版社，1983 年版，第 236 页。

1.7 来表达现行生育政策,实际上是不准确的。我国城市人口生育政策以
1.0 为标准,加上少量的"小口子",不超过 1.2。农村人口生育政策以 1.5
为标准,加上少量的"小口子",不超过 1.7。城乡平均不会超过 1.5。如果
从实际生育状况来分析,现在城乡实际生育水平 2.1~2.3 主要构成如下:
大、中城市妇女总和生育率平均 1.2,小城镇非农户妇女总和生育率接近
2.0,农村妇女总和生育率接近 2.3。现在,我们提出一个以允许农民生 2
个为核心内容的人口生育政策, 包括提倡一对夫妇只生一个孩子,提倡
晚婚晚育和延长二胎生育间隔, 城乡妇女生育水平无论如何也不会超过
2.1~2.2。

2. 对有关疑虑的解释

近 20 年来实行一种不尽合理的政策,不可避免地同各方面实践发生
矛盾。为了将一种不合理的东西解释为合理的,又需要制造各种理论。相
反,符合实际和贴近真理的问题,反而需要面对诸多的诘难。

第一,"生育政策由只准生一个转变为允许农民生两个会引起社会波
动、农民抢生和挫伤干部积极性"。农民生育意愿的底线就是两个孩子,
政策调整更符合他们的生育意愿 ,因此农民只会欢迎而不会反对。至于
抢生应该说不会出现, 因为从十多年的生育状况来看, 绝大多数希望生
两胎的农民实际上都已经生过了,这是其一。其二,放开计划外二胎这个
大包袱,干部是欢迎的。其三,政策调整的面已经很小。从各省(市、自治
区)对现行生育政策的实际执行状况看,政策要求的一对夫妇终身生育率
已经比较接近于 2。按目前全国统一的政策要求, 平均调整面最多只有
20%,而放开独女户时调整面则接近 50%,那时并没有什么波动。其四,对
于那些"一胎化"推行得比较好的地区,因为今后还要继续提倡 一对夫妇
只生一个孩子, 一些地方的干部和群众自愿坚持只生一个孩子, 我们仍
持欢迎的态度。

第二,"放开生育二胎,就是放松了计划生育工作,生育率上升就会引
起人口失控"。这个认识实质上是一种误解,是将调整生育政策同抓紧抓
好计划生育工作相对立。首先,生育政策调整不仅不是工作的放松,而是
比现在的要求更高了,工作难度更大了。现在,农民认为二胎早生晚生都
是罚,晚生罚款还可能"涨价",因而第一胎生完接着就抢生第二胎。政策

调整后有一个间隔上的要求，由仅仅是数量的限制向生育模式的优化转变，需要做更细的工作。其次，政策调整也不会导致生育率上升，一是现在农民中的绝大多数都已经生了二胎。20世纪末，我国总人口将接近13亿，有学者预测以1987年的总和生育率系数为2.5，2000年过渡到2.3，2000年人口也只为12.89亿。因此，调整实质上是政策性的"空调"，生育数并不增加，只不过是将计划外变为计划内罢了。二是放开了二胎，干部可以将工作重点放到抓早婚早育和多胎生育上，而这正是降低生育率的潜力所在。

第三，"放开二胎，提高生育率并不能解决21世纪中叶的人口老龄化问题"。就生育政策调整来说，这种认识存在两个误区，一是把放开二胎同生育率上升画等号，这是不正确的。正如上文所述，放开二胎，是从政策上来说的，农民的实际生育并不存在放不放开的问题。如果实行"晚婚晚育加间隔"生育办法，不仅不会提高生育率，还可在现在的基础上使生育率下降。二是认为放开二胎是为了解决即将到来的人口老龄化问题。这也是一种误解，生育政策调整的真正意义在于理顺农民的生育实践和党的生育政策的关系，理顺干群关系，从而使党的生育政策真正符合中央7号文件提出的"合情合理，群众拥护，干部好做工作"的要求，使党的生育政策真正起到控制和调节生育过程的作用。当然，无论政策让生一个还是生两个，人口老龄化都将作为一种趋势必然会出现。但不容置疑的是，如果实行"一胎化"，人们实际生育也真正达到了"一胎化"，人口老龄化的来势将会猛得多。因为我国的社会化发展水平比较低，居民生活基本以家庭生活为主。老龄化过于严重，社会就会不堪重负，人为造成灾难。而如果在"晚婚晚育加间隔"的基础上生2个，由于大多数父母身边都有子女照顾，家庭养老发挥重大作用，会极大地缓解社会养老压力，优化远期人口结构。

（写于1998年9月）

在翼城县"晚婚晚育加间隔"
生育政策研讨会上的发言^①

首先感谢李宏规同志带来的中国人口学会考察组一行。这是我们国家人口和计划生育领域里一个高层次的考察组。考察组的不少同志是长期支持和关注翼城县计划生育试点工作的。考察组的专家、学者都很忙,有很多自己的工作,能抽出时间来这里考察一个星期,是对我们翼城县计划生育工作的支持和关怀,是对我个人的支持和关怀。从昨天以来许多同志又做了很有学术水平的发言,有些同志还很动情地讲了一些话,很让我受教育和感动。

去年9月,政法司的江亦曼司长带着调查组来翼城调查的时候,我也讲过,翼城县这14年的晚婚晚育加间隔生育试点工作是在国家计生委甚至中央的关怀和关注下,在省地县领导机关的关怀和支持下进行的。为什么这样说呢?因为翼城这个试点最初是得到中央认可的,甚至是中央予以保护过的。但试点也不是一帆风顺的。试点铺开以后,曾经有同志一度要求取消试点,在中央召开全国计划生育工作会议后,经中央领导公开讲过,试点才得以继续。后来,由于一些变化,其他试点中途停止或取消,而我们能够坚持下来,是和许多领导同志对我们工作的支持分不开的。譬如国家计生委主任彭珮云同志,1990年1月份在中国人口学会召

① 1999年5月,原国家计划生育委员会副主任、中国人口学会常务副会长李宏规率学会人口政策专业委员会一行15人赴翼城县考察该县"晚婚晚育加间隔"生育政策的实施效果,为期一周。本文为作者在研讨会上的发言。

开的换届会议上，曾经和我讲过几句话。有次和彭珮云单独在蓟门饭店的电梯里碰上，她对我说："什么也别说，坚持下去，继续试验。"所以我很受感动和鼓舞。现在公正地说，我们这个试点能够走过来，是和这些领导同志们的支持、关怀分不开的。我们不认为，仅仅凭我们自己的拼搏，咬着牙就熬得过来。因为有许多学术界的同志支持，有许多领导的支持，才有今天。当然，从工作上来讲，山西省委、省政府以及省计划生育委员会的领导同志，行署、地委和地区计生委的许多领导同志，对这里的工作都倾注了大量的心血。特别是 1985 年以来，翼城县县委、县政府领导和计划生育部门的同志，都做了许多创造性的工作。确实，我最初只是有一些设计和想法，而翼城县的干部群众，则做了大量管理和创造性的劳动。我过去反复给翼城县的领导和计划生育干部讲，在全国，这是一个试验，一个试点。对我来讲，也是一个试验，一个试点。但是对于翼城县本身来讲，这就是他们的正常工作，是他们许多工作中的一项。当然，他们把这一项工作拿在手上，做了许多努力，才使这项工作卓有成效。所以，我还要感谢翼城县的干部群众。我经常来翼城，对翼城县的干部群众相当尊敬。翼城县有我许多朋友，有些可以说是我的老师，像安主任[1]，我曾经在《中国人口问题的"热点"》和《中国农村妇女早婚早育和多胎生育问题研究》两本书的序言里面讲过，很感谢他们。还有程县长[2]和王伯生同志[3]，是他们的支持，是他们的努力工作和创造性的实践，才使我的一些思想、一些观点、一些原则得以实现。考察组的专家学者对翼城县的工作给予较高的评价，这是对翼城县委、县政府领导和全县干部群众工作的充分肯定。

下面我就几个学术问题谈一些看法。

第一，关于中国农村生育率。现在说全国农村生育率是 1.86 或者2.06，我觉得可能在 2.1~2.2 的更替水平，或者更高。我没有数字根据，因为多年来我不大主张在农村搞许多抽样调查和人口普查。你搞得越多，

① 安斗生,原翼城县计划生育委员会主任。

② 程发聘,原翼城县副县长。

③ 王伯生,原临汾地区行署计划生育委员主任。

数字越不准。所以,这些年我用的数据还是三普、四普和1995年的小普查。我认为,包括明年的普查,虽然现在还没有搞,要想取得好的效果很难。我记得1995年在西安召开的国家计划生育委员会的专家委员会会议上,我当着彭珮云同志的面讲,1990年的人口普查可能是今后相当长的年份里,我们能够得到的比较接近实际的最后一次人口数据了。现在许多计划生育部门,今年普查一次,明年调查一次,后年又抽样查一次,甚至一年搞上几次,几清几建,等等。我觉得越搞,数字越不准确。应该扎扎实实地做工作,扎扎实实把基础设施搞好,把重心放在基础工作上面,把钱花到基础设施方面,把精力投入基础工作中,而不是老在那儿搞数字。我说2.06或1.86不太准确,是因为有这两个方面的考虑。首先,农村的生产条件没有根本性的变化。其次,妇女生育率下降多少,出生率下降多少,不是任意的。在一个时期可以迅速下降,到一定程度,再下降就不那么容易了。中外各个民族、各个国家的人口发展史都是这样。在西方,一年、两年或者三年,如果变动一两个千分点,这就了不得了,人口学家就认为是相当大的变化。所以,90年代我国人口生育率能够变化那么大,我宁可对它持怀疑态度。

第二,关于计划生育的一些观念。关于晚婚和延长生育间隔,有的同志提出,提倡23岁结婚,30岁生育第二个孩子,现在做不到,是否应该放宽要求。我还是主张政府要引导群众。大家看到了翼城县的晚婚,双女户结扎,男到女家落户,都做得比较好。我认为,这就是我们国家的生育政策对老百姓意向性指导的结果。我们刚开始试点的时候并不是这样,记得80年代初,《婚姻法》重新颁布对全国的早婚早育有很大的冲击,特别是北方的一些省份曾盛行"娃娃亲",不领结婚证就操办喜事。这在翼城县也不是个别现象。所以,当时提晚婚大家就感觉到很难。那时的干部和老百姓都不像现在这样,认为晚婚是应该的。现在,我们在这些地方调查,孩子20岁了,老人说还早哟,娃娃不到(结婚)时间呢。但试点刚开始的时候,20岁就是个很大的年龄。如果说晚婚晚育加间隔生育政策在翼城县有成效的话,改变婚姻观念就是个很大的成效。13年前,我们曾把很大精力放在解决"娃娃亲"上。去年在大同新荣区调查时,我也讲过,我说作为一个政府不应该仅仅迎合老百姓的一些传统观念。在那个地方,生了两个女孩子让结扎,干部说于心不忍。于心不忍什么?就是让生第三胎么。这还是一个政府如何看待妇女的问题。说到底,还是政府认为生两个女孩不如一个男孩。其实,如果他生了第三胎,你不追究,那也罢了。你现在"于心不忍"生了两个女孩的妇女绝育,结果她生了第三胎,还要罚,而且每年罚。所以,在这些问题上,我和其他专家认识不一样。我认为晚婚晚育还是要坚持,这表明我们政府的意向,有一些确有困难的,坚持要到法定年龄结婚,我们不要卡得太死。但是,我们从政策制定上,还是要坚持晚婚晚育这一条的。否则,晚育这条线就不可能守得住。我有这样一个观点,即农民要生几个孩子,这要根据他的生产、生活条件来决定,你管不了他。但是,我们可以在合理的情况下尽可能地让他晚生。对中国人来讲,十八九岁,二十来岁初婚没有那么丰富的性经验,很难做到节制生育,晚婚是实现节育的一个好办法。关于晚育问题,我认为,还是要坚持妇女 30 岁生育第二胎。虽然在短期内我们还无法让翼城县农村妇女生育第二胎的平均年龄提升到 30 岁,但要求 30 岁生育,是政府的一种意向。当然,许多同志认为,如果把晚婚和间隔都适当降低,我们县的计划生育率就提高了,晚婚晚育率也高了。但这样一来,政府的导向作用却没有了。所以,我不主张变动。

第三,关于翼城县试点的意义,或者说有没有普遍推行的价值。这涉及试点的初衷。我没有想到这个试点能进行 14 年,或者还要再进行几个 14 年。1985 年春节,我向中央建议搞试点,是因为按照当时中央和国务院领导同志的批示,很快就会在全国农村推行"晚婚晚育加间隔"的生育政策,但是,当时主管部门和部分省市对此有顾虑,有点僵持。所以,我要求在一些地方,譬如山西省选择 1~2 个县,搞个试点。看这是不是我们寻找的"合情合理、群众拥护、干部好做工作"的好政策。因为当时不少同志认为,80 年代初"一胎化"的生育政策已经控制住了人口的过快增长,如果再转变为这样的政策,就否定了过去的计划生育工作,打击了基层干部的积极性,会导致社会不稳定,影响安定团结,等等。直到现在,人口学界和计划生育部门的不少同志还认为,80 年代初在全国基本上是实现了"一胎化"的,因为那时的报表都有很高的"一胎率"。其实不是这样,根据1982 年第三次全国人口普查,1981 年妇女一胎生育率为 38.9% ,二胎生育率为 21.1%,三胎生育率为 10.6%,四胎生育率为 5.4%,五胎及五胎以上生育率为 6.3%。就是说,1981 年的多胎率为 22.3%。翼城县在那时的统计显示,全县基本上实现了"一胎化",1984 年的自然增长率达到 4‰,很快就要实现"零增长"。根据报表,1985 年,我们试点前,全县累计 30 岁以上的一孩家庭有 4000 户,就是说,如果实行政策转变,补偿性生育会导致很大一个生育高峰。试点开始后,我们做规划的时候,就特别怕 4000 多个家庭的补偿性生育。所以,我们把政策转变后指标分两次下达,就是为了防止补偿性生育的冲击。结果并非如此。1988 年 7 月 1 日,为了迎接当时的计生委主任彭珮云来视察指导,我做了一个全县 1% 的人口抽样调查,查出翼城县农村在 1985 年前的多胎率高达 19%。4000 多户的一孩家庭对试点后的冲击根本没有出现。我讲这些是为了说明,我们的许多顾虑都是多余的。因为,极高的一胎率等计划生育成就,仅仅存在于我们各级的统计报表上,事实中并没有发生过。生育政策不合理,就起不到调节人口的作用。生育政策由不合理向合理过渡,什么时候都是适宜的。翼城县的试点工作在其开始后的几个月,已经证明了它要试验的目的。但是,十多年了,还不能在全国推行,这有许多原因,包括我国政治体制的发展水平,民主决策化程度。这不是一下子能解决的问题。合理的东西不一定是能够推行的。我们还决定不了这些问题。不在全国推行,不等于它不适合在全国推行。前面已经讲过,对于翼城县来说,计划生育是一项基本国策,不在全县农村试行"晚婚晚育加间隔"生育政策,也要执行别的政策,总是要搞计划生育工作,而且别的政策是更难的一种工作。所以,翼城县也别管全国推行不推行,你们继续执行这样的政策就是了。

第四,关于翼城县工作上的一些不足之处。我同意不少同志的观点。一是投入少,设备、技术力量差。翼城县是个经济上比较贫穷的县,但和财政增长速度比,投入少,欠计划生育事业的"债"太多。二是管理方法落后。抓微机管理抓了很多年了,还没抓起来。前一个问题是县委县政府应重视的,后一个是县计生委应该抓的。

(写于 1999 年 5 月 19 日)

记一次学术活动的始末①

中国人口学会政策专业委员会赴翼城县调查研究活动是由李宏规同志倡导和发起的。1996年9月，国家计划生育委员会和中国人口学会在陕西省汉中地区召开"中国欠发达地区人口与可持续发展研讨会"，会议邀请了一批专家。我因为有其他安排，请谭克俭同志代我出席会议。翼城县计划生育委员会主任冯才山同志，也作为正式代表参加了研讨会。在这次会议上，时任国家计划生育委员会副主任、中国人口学会常务副会长的李宏规同志，对冯才山同志讲，翼城县实行"晚婚晚育加间隔"的生育政策十多年了，许多专家都想去实地考察一下。中国人口学会的政策专业委员会希望明年适当时间，在翼城县召开一次中国生育政策研讨会。会议结束后，冯才山同志向县委县政府有关领导作了汇报。

我正式知道这一消息是在一个月以后。1996年10月中旬，中国人口学会为准备第二年在北京即将召开的第二十三届国际人口科学大会"中国人口论坛"，在长沙召开预备会议。其间，李宏规同志把我叫到他的房间，通知了这件事情。1985年春节，我向中央提出进行生育政策试点的目的，是要尽快完善农村生育政策。那时以为，中央对生育政策的改进意见是明确的，只是有关部门有顾虑。经过试点，可以消除这些顾虑，使"晚婚晚育加间隔"生育办法能很快在全国推行。没有想到，这个试点一试就是十多年。1985年开始试验时，李宏规同志是国家计划生育委员会政策规

---

① 本文是1999年5月中国人口学会政策专业委员会赴翼城县考察"晚婚晚育加间隔"生育政策实施情况的《调研资料汇编》的后记。

划处的处长,试点单位就由他们负责。十多年来,有关人员去翼城考察的很多,宏规同志却始终未有成行的动议。我还清楚地知道,这时候在翼城县召开研讨会,和完善生育政策几乎没有任何直接的联系。但是,实地考察翼城的试验,是学术界许多同志多年的愿望。为同人提供条件,满足同人的愿望,也一直是我多年的心愿。所以,为配合这次会议,我承诺为会议准备资料和争取一定的经费。

山西晋南农村的气候,冬天寒冷,夏天炎热,会议最好安排在5月或者10月。1997年,国家计划生育委员会和中国人口学会都把主要精力投入到10月召开的国际人口科学大会的工作方面,翼城县的会议未能排上。1998年8月底,李宏规同志电话通知我,翼城的会议取消了。说实在的,我很熟悉国家机关的工作方式,所以,在没有正式的会议通知前,我既没有为会议作资料准备,也没有为会议筹备经费。但是,县里的有关同志却不是如此。冯才山同志从汉中开会回来后,一方面向领导做了汇报,另一方面积极做准备。1997年没有召开会议,才山同志要向领导和各方面汇报、解释,并且要求上面、下面都不要松懈,说1998年还是要开的。现在决定把会议取消了,要由才山同志告诉县委书记说那个会议不开了。一定会有人说:"说开是你,说不开还是你。""说不定压根就没有这档子事。"县里的同志是很难的。为此,我又在电话里向宏规同志讲了一些意见,无非是这次会议的起因是中央机关,下面的同志做了不少的工作,如果会议不开了,派几位同志下去考察一下,对县里的同志也是个交代。9月8日至10日,国家计划生育委员会政策法规司司长江亦曼、副司长施春景一行考察了翼城县。①

事情当然不是到此为止。1998年11月在国家计划生育委员会的人口专家委员会上,张纯元教授向我问及取消会议的原因。张教授是最早支持翼城县试点工作的学术界朋友之一。1985年试点工作铺开后不久,张教授就带领北京大学人口所的5位专家和研究人员考察、指导翼城县的工作。在之后较为艰难的日子里,张教授经常给我鼓励。我按照自己的理

---

① 也许事有凑巧。我不知道其中有没有李宏规同志的安排。江司长一行是以关于政策研究课题调查的名义赴翼城县的。

解向张教授做了解释。在李宏规同志通知我取消会议前,在北京召开了国际遗传学大会。一些会议参加者在会议上发表了反对和指责中国"一胎化"政策的言论,在国际上也有一些反响。在这样的背景下,由国家计划生育委员会的领导出面去翼城县讨论生育政策,可能被认为是一个敏感的问题。张教授建议说,我们以人口学会的名义出面,可以和计生委无关。李宏规同志也赞同这个主意。① 这样一来,宏规同志召集曹景椿和我,一起研究来年去翼城的事。曹教授也是多年来支持翼城试点工作的朋友之一,同时,也是中国人口学会政策专业委员会成员。为了突出学术界的色彩,会议发起单位除中国人口学会政策专业委员会外,还有山西省社会科学院。为了方便工作,我同时提议由李宏规给山西省计划生育委员会主任做工作,请山西省计划生育委员会也作为发起单位之一,参与准备工作。当然,在准备过程中,实际推动工作进展的,还是李宏规同志。

最后,我愿意借这个机会再次向李宏规同志带领的专家、学者表示衷心的谢意。诸位专家学者在翼城考察期间,对试点工作提出了许多指导性意见。我在向翼城县的同志介绍时说过,这是我国人口学界一流水准的专家。现在,每个人都可以从专家的发言中理解这一点。

---

① 李宏规同志此时已不担任国家计划生育委员会副主任。

20 世纪最后 20 年
中国大陆妇女生育水平变动研究[①]

一、引言

中国大陆妇女在 20 世纪后半个世纪里经历了十分丰富的生育率变动过程。50 到 60 年代,除城镇少数妇女的生育水平有所下降外,绝大多数处在生育年龄的大陆妇女的实际生育同她的母辈、祖母辈都没有什么差别。在传统的社会里,中国妇女从进入婚育年龄到退出生育年龄的 30多年里,周而复始地处在"怀孕—分娩—哺乳"的周期中,终身能生育 10多个孩子,其中可以活产六七个。由于生活水平极为低下,在活产的子女中,也许有 2~3 个孩子能够成长到婚育年龄。处在 20 世纪 50 年代的大多数中国育龄妇女都没有比她们的母辈们少生孩子。但是,由于这一个时期中国大陆经济社会生活条件的改善,尤其是婴儿死亡率的大幅度下降,却发生了人口增长的浪潮。特别是 60 年代前半期开始的生育高峰,曾经持续了 10 年以上,净增人口两亿多。从 70 年代初开始,政府倡导计划生育,大陆妇女的生育率有了巨大转变。到 90 年代末,根据国家统计局和国家计生委的调查资料, 大陆妇女的生育率已开始围绕更替水平上下波动。如果把发达国家在 20 世纪后半个世纪才出现的妇女生育率达到更替

① 本文是与谭克俭、景世民合作提交 1999 年在香港科技大学召开的人口学家论坛的论文,发表于同年《中国人口科学》第 6 期。

中国生育政策研究

ZHONGGUOSHENGYUZHENGCEYANJIU

水平的现象视为现代人口模式的话,那么,大陆妇女正是在 20 世纪最后 30 年里基本完成向现代生育模式的转变。

虽然说大陆妇女在 70 年代里生育率下降幅度较之后的 20 年里要大得多,但是,中国大陆自 1982 年才恢复中断了 18 年的人口普查和开始有了较为正规的人口登记制度。所以,也正是从 80 年代的这次普查开始,我们才有了可以进行分析的人口资料。基于以上的原因,本文确定了对 20 世纪最后 20 年的中国大陆妇女生育水平变动的研究。这一方面是说本次所研究的 20 年是中国大陆妇女生育率转变过程中最为重要的一个时期,另一方面是说也只有这一个时期我们才可以出示足以对大陆妇女的生育状态进行分析的带有整体性的资料。在此期间,除国家统计局的年度人口抽样调查外,全国共进行了两次人口普查,即 1982 年的第三次人口普查和 1990 年的第四次人口普查;四次较大的抽样调查,即由国家计生委组织的 1982 年全国 1‰人口生育率抽样调查,1988 年全国 2‰人口生育节育抽样调查,1992 年的中国生育率抽样调查(也称国家计生委 38 万人口生育率抽样调查)和由国务院人口普查办公室领导的 1995 年的 1%人口抽样调查。本文主要利用第三、四次人口普查数据,并参考了上述一些较大的人口抽样调查资料。

二、20 年的生育水平变动概况

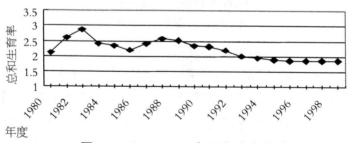

图 1　1980—1998 年总和生育率变动

资料来源:1981、1989 年分别根据第三、四次人口普查数据计算;1987 年根据 1988 年全国 2‰人口生育节育抽样调查资料计算;1992 年根据 1992 年中国生育率抽样调查资料计算,见姚新武:《中国生育资料集》,中国人口出版社,1995;1995 年根据《1995 年全国 1%人口抽样调查资料》计算,中国统计出版社,1997。

从生育曲线来看,20 世纪最后 20 年中国大陆妇女生育总体上表现为波动中的下降趋势(见图1)。历史地看,大陆妇女生育水平70年代初开始加速并持续下降,根据国家计生委1982年的全国1‰人口生育率抽样调查,大陆妇女总和生育率从1970年的5.81降到1980年的2.31,历史上首次逼近更替水平。到1997年,总和生育率下降到1.87。和1979年相比,在20年里下降了875个千分点。如果将20世纪最后20年生育水平变动轨迹划分为80年代和90年代两个阶段去认识,那么,仅从这20年的生育率变动曲线上来看,80年代最大的特点是在更替水平之上的波动,90年代则表现为突破更替水平后的相对稳定。

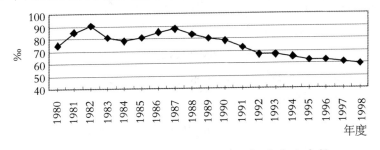

图2　1980—1998年全国妇女一般生育率走势

　　如果把20年分为前10年和后10年两个阶段,仅从统计数据看,在80年代的第一阶段,1980年大陆的总和生育率降至历史最低点,为2.31,其后出现了短时期的反弹,1981年为2.61,1982年达2.86,与1977年的水平相当。随后继续下降,1985年又出现新的历史低点2.20,然后又升至1987年的2.59,到1990年回复至1980年的水平2.31。这10年中的妇女一般生育率也呈现相同的走势,两个峰值亦分别出现在1982年(90.43‰)和1987年(87.83‰),1990年接近1980年的水平(见图2)。这样在80年代的10年中,大陆的生育水平变动轨迹呈现一个"M"型。若从出生率和自然增长率的变动轨迹看,也与总和生育率表现为同一特征(见图3),两个峰值亦分别在1982年(出生率22.28‰、自然增长率15.68‰)和1987年(出生率23.33‰、自然增长率16.61‰)。但不同的是,总和生育率的两个波峰为前高后低,而出生率和自然增长率则相反,两个波峰为前低后高。与此相应的是总和生育率1980年与1990年水平相当,80年代的总体趋势表现为下降,而出生率和自然增长率1990年明显高于1980年,分别高出2.85和2.52个千分点,总体趋势表现为上升。

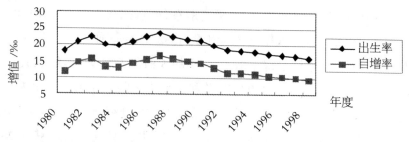

图3　1980—1998年全国出生率与自增率变动曲线

从调查的资料看,进入90年代后,生育水平快速下降并突破更替水平,1992年国家计生委38万人口生育率抽样调查后将总和生育率调整为2.00,国家统计局的资料为1.86,均在更替水平以下。其后一直到1998年,国家统计局年度人口抽样调查推算的总和生育率均在1.80~1.90之间。从出生率和自然增长率看,1998年出生率已降至16.03‰,为历史最低点。自然增长率为9.53‰,也历史性地降到了10‰以下。妇女一般生育率亦在持续下降中降至58.78‰的历史最低点。这样,90年代大陆的生育水平变动表现为平稳下降态势。

从纯人口学的角度去认识中国大陆20世纪最后20年的妇女生育率变动,可以认为这20年是中国人口转变过程中最为重要的一部分,因为生育水平在经过前10年显著的波动之后,转为在更替水平这一重要的临界值附近较平稳地在同一个水平上滑动。

三、对80年代中国妇女生育率波动的分析

我们选择20世纪最后20年中国妇女的生育水平作为研究对象,原因还在于从1980年开始,中国人口政策有了一个较为剧烈的转变。从我们根据国家计生委三次生育率抽样调查和两次全国人口普查给定的数据制作的妇女总和生育率曲线看,20世纪最后20年的起点(1980年)的总和生育率处在一个很低的水平。我们之所以说其很低,是因为其后经过十多年的反弹和波动才又回到这一水平上。在过去有关妇女生育率的研究上,人们对这一数值没有提出过疑问,但笔者认为当前得到的1980年的妇女总和生育率的数值是有问题的。

关于1980年妇女总和生育率有两个数字,一个是2.260,取自国家计

生委 1982 年全国生育率抽样调查，一个是 2.317，取自国家计生委 1988 年全国生育节育抽样调查，笔者认为这两个数值都明显偏低。第一，根据 1982 年的抽样调查，1979 年的总和生育率为 2.753，1980 年为 2.260，1981 年为 2.649。根据 1988 年的调查，这三年分别为 2.281、2.317、2.612。从第二次调查情况看，1979 年的数据较 1980 年低 36 个千分点。而从 1982 年的调查所得到的 1976、1977、1978 年的数据分别是 3.240、2.846、2.726 来看，1979 年为 2.753 可能是符合实际的。因为 1979 年和 1980 年的生育率是 70 年代初开始的大陆妇女生育率急速下降过程的继续。70 年代后期，妇女生育水平降到 3.0 以下，其速度明显低于 70 年代初、中期。从 70 年代初开始到整个 80 年代基本上在 2.3 左右到接近 3.0 之间波动。即使 1980 年的生育水平有较大降低，亦可能是在 1981 年 2.6 左右的水平，而不可能下降至 2.3 左右。第二，从两次普查的人口年龄结构看，1980 年出生的人口与前后几年相比，并没有一个明显的低谷。相反，1980 年出生的人口是处于 1979 年和 1981 年之间的下降过程中的一个中间值。第三，如果说国家计生委 1982 年和 1988 年的调查质量没有问题，譬如说 1979 年的妇女生育率在一个较高位置（2.753），1980 年处在较低位置（2.260），1981 年又反弹到一个接近前两年的位置上（2.649）。除非有一个突发事件导致这一结果。我知道，1980 年的妇女生育行为是 1979 年就已经决定了的。而在 1979 年，政府还没有出"只生一个"的政策，"晚、稀、少"，"最好两个，最多三个"，仍然是这时计划生育工作的指导性政策。"只生一个"是 1980 年春夏在一些省份实行，该年年底才开始在全国推开，它对该年的妇女生育率应该没有很大影响。因此，笔者认为 1980 年的生育水平可能是处在 2.5~2.8 之间的某一点上。

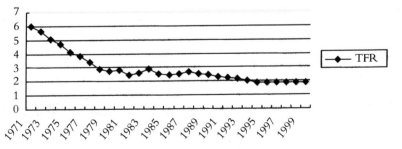

图 4　1971—1999 年中国妇女生育率变动曲线

与 70 年代、90 年代的妇女生育率变动比较,80 年代似乎有较多的波动(见图 4)。过去,人们似乎主要从生育政策的变动和 80 年代初颁布的新婚姻法所形成的早婚早育、抢生偷生来解释的。我认为这样的解释仍不全面、不客观。我们知道,70 年代末 80 年代初,中国大陆的经济社会发生了巨大变化。特别是农村经济体制由过去"一大二公"的人民公社过渡到联产承包责任制,恢复了以家庭为基本单位的经济制度,减少了 50 年代开始形成的农村基层组织对农民的约束,农民有了较多的选择权。不少地区的农民在孩子不能继续求学的情况下,按照传统给年龄较小的儿子娶了媳妇。所以,形成了以 1982 年为峰值年的生育高峰。1984 年和 1985 年的低谷是因为处在婚育年龄的妇女已经在前几年提前生育。同时,具有现实观念的中国农民看到早婚并无多大的优越性:不少农村又不仅仅给那些结婚、要结婚的孩子提前分配了宅基地,甚至给所有的男孩,包括褪褓中的婴儿也划分了宅基地。所以,80 年代中期之后,早婚早育风气逐步转弱,妇女生育率水平重新恢复到自 70 年代以来一直下降的轨迹中。就是说,如果没有 70 年代末到 80 年代初期的经济体制变动,也就没有以 1983 年为生育峰值的小生育高峰,也没有以 1984 年和 1985 年为谷底的生育低谷。事实上,如果把 80 年代的两个低谷和波峰拉平,那么,可以发现,80 年代中国妇女生育率不过是 70 年代和 90 年代生育率下降过程的一个中间阶段。并且,这个阶段的生育水平仍然是处在 70 年代到 90 年代之间的一个平稳下降的区间。

四、90 年代妇女生育水平的基本判断

1990 年第四次人口普查后,各种手段获得的妇女生育率都低到令人怀疑的程度。譬如,1992 年国家计生委 38 万人口生育率抽样调查显示该年的生育率为 1.52。由于明显低于实际,经反复调整后被确定为 2.00。同年的国家统计局对年度人口变动抽样调查结果调整为 1.86。而有的学者推算的估计值在 2.10~2.20 之间,其后至今的年份,国家统计局依据年度抽样调查将结果调整在 1.80~1.90 之间。我们认为,调整后的资料可能仍低于实际。

其一,"四普"资料表明 1989 年总和生育率为 2.35,仅三年时间就下

降到 1.86~2.00 之间,年平均下降幅度相当于 70 年代,而 90 年代的大多数年份都稳定在 1.8~1.9 之间。如果说高生育率还可以有 20 世纪 70 年代中国大陆妇女那样的下降速度的话,当生育率处在更替水平时,在生育政策平稳过渡的情况下,这样的生育率走势是不大可能出现的。

其二,根据第五次人口普查,2000 年 11 月 1 日中国大陆人口为 12.66 亿。笔者认为这一数字偏低。理由有三:第一,据国家统计局公布 1998 年年末总人口数为 12.48 亿,近年每年净增 1300 万,两年 2600 万,2000 年年末应为 12.74 亿。第二,根据 90 年代学者们分别所做的测算,世纪末总人口均在 12.8 亿左右。曾毅 1991 年测算为 12.89 亿;林富德、路磊 1994 年测算为 12.88 亿;李建新 1996 年测算为 12.88 亿;胡英 1997 年测算为 12.72 亿;笔者 1998 年的测算为 12.74 亿。按以上学者的计算,90 年代的总和生育率在 2.1~2.3 之间（以林富德、路磊的测算为例,1990 年为 2.30,2000 年为 2.00）。第三,再据 70 年代末到 80 年代初部分学者的测算,2000 年末的总人口为 12.8 亿,其生育率为 2.3。

依据以上分析,我们认为,90 年代后期中国大陆妇女的实际生育水平比国家统计局和国家计生委所给定的数值要高,至少应在 2.0~2.2 的区间,以城乡区分,大致构成如下,大中城市妇女总和生育率为 1.2 左右;小城镇非农户妇女总和生育率接近 2.0,农村妇女总和生育率接近 2.3。所以,从 90 年代的整体水平看,我们可以得出这样一个生育率变动的区间概念,即全国的 TFR 是在 2.0~2.3 之间运行,且呈缓慢下降态势。

五、20 世纪最后 20 年大陆妇女生育率变动特征

1. 妇女生育模式发生较大变化,平均生育年龄前移

妇女生育状态由 70 年代之前的"早、密、多"的传统型转向 70 年代的"晚、稀、少"的现代型。80 年代以后,中国妇女的生育模式在继续发生着变化,但变化幅度明显变小,主要表现是城市家庭以一孩为主,农村家庭二孩比例较大。妇女生育率日趋下降的同时,生育率峰值年龄前移,平均生育年龄提前。这种情况发生在 80 年代前半期。1983 年之前峰值年龄在 25 岁以上,1983 年前移至 24 岁,1985 年再前移至 23 岁,其后持续相对稳定在 23~24 岁(见图 5)。与此相对应的是平均生育年龄的提前,并且城

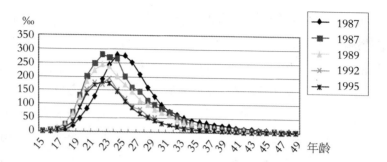

图5　20世纪80—90年代几个年度的年龄别生育率

乡表现为同一趋势。1989年同1981年相比,全国提前1.85岁,城市提前1.95岁,农村提前1.79岁。这种趋势一直持续到90年代,但提前的幅度在降低。1995年与1989年相比,全国平均生育年龄提前了0.93岁,城市提前了0.25岁,农村提前了1.07岁(见表1)。

表1　全国几个年度分城乡平均生育年龄　（单位:岁）

年份	全国			城市			农村		
	合计	一胎	二胎	合计	一胎	二胎	合计	一胎	二胎
1981	28.00	25.26	27.25	27.85	26.96	28.57	28.01	24.78	27.06
1987	26.03	23.41	26.80	25.87	24.46	27.82	26.24	23.10	26.76
1989	26.15	23.43	26.59	25.90	24.72	27.73	26.22	22.94	26.42
1992	25.41	23.43	—	25.65	25.27	—	25.45	23.23	—
1995	25.22	24.25	27.40	25.65	24.88	28.70	25.15	23.45	27.20

　　分析平均生育年龄提前的原因,在80年代前半期,主要为妇女婚龄提前导致初育和再育年龄提前,低龄生育妇女人数增加,平均生育年龄随之提前。而到80年代中期以后,初婚年龄提前趋势逐步稳定,已经对生育年龄继续提前的影响很微弱,这从第一胎的平均生育年龄变动可以看出。1989年同1987年相比,生育第一胎的平均生育年龄推后了0.02岁,其中城市推后0.26岁,农村提前0.16岁。1995年同1989年相比,全国、城市和农村均出现显著推后。1987年同1981年相比,却有明显的提前,最低也提前了1.68岁。第二胎的变动趋势同第一胎相似。因此,80年代中

期以后总的平均生育年龄继续保持提前趋势的主要原因是多胎生育的减少。我们知道,多胎生育一般为高年龄生育,多胎生育减少对平均生育年龄的提前有直接的影响。这也是 90 年代大陆妇女平均生育年龄继续前移的主要原因。

2. 妇女的多胎生育水平显著降低

80 年代以来,中国大陆妇女生育率下降的原因主要是由于多胎生育的减少。从分胎次的总和生育率看,1989 年同 1981 年相比较,第一胎由 1.154 下降到 1.009,8 年共下降了 145 个千分点,第二胎由 0.581 上升到 0.720,上升了 139 个千分点,第三胎由 0.326 下降到 0.307,下降了 19 个千分点,第四胎由 0.184 下降到 0.120,下降了 64 个千分点,第五胎及以上由 0.271 下降到 0.081,下降了 190 个千分点,合计的多胎总和生育率由 0.780 降为 0.520, 下降了 0.260 个千分点。 90 年代的 1992 年和 1995 年两次人口抽样调查给出的多胎生育水平更低, 多胎总和生育率分别为 0.172 和 0.110,分别比"四普"数值低 0.357 和 0.410,但由于直接计算的总和生育率太低, 故只能表达一种可能的趋向,即多胎生育水平继续下降的趋势。80 年代和 90 年代提供的丰富资料证明了作者在 90 年代初提出的一个观点,即妇女的生育率下降总是从较高胎次的下降开始的。

表2　1981—1995 年全国分胎次总和生育率变动状况

年份	合计	一胎	二胎	多胎	年份	合计	一胎	二胎	多胎
1981	2.606	1.166	0.622	0.816	1988	2.278	1.069	0.786	0.529
1982	2.859	1.376	0.692	0.786	1989	2.350	1.009	0.720	0.520
1983	2.421	1.190	0.633	0.591	1990	2.310	0.972	0.706	0.407
1984	2.353	1.121	0.656	0.566	1991	2.200	0.897	0.477	0.242
1985	2.195	1.028	0.686	0.477	1992	2.000	0.929	0.441	0.172
1986	2.420	1.079	0.807	0.526	1995	1.850	0.960	0.358	0.110
1987	2.586	1.149	0.866	0.560					

资料来源:①1981—1988 年为 1988 年全国 2‰人口生育节育抽样调查资料;②1988—1992 年根据姚新武编《中国生育资料集》,中国人口出版社,1996;③1988、1990—1992 年份胎次总和生育率根据《1992 年中国生育率抽样调查资料集》,中国人口出版社,1995;④1995 年根据《1995 年全国 1%人口抽样调查资料集》,中国统计出

版社,1997。

3. 生育量由增长转向平稳下降

同世界大多数国家一样,中国在战后也迎来了一个"育婴高潮"。不同的是,由于数年的内战,大陆妇女的育婴高潮是从 20 世纪 50 年代开始的,而且自从有了这一开端,除了 50 年代末到 60 年代初的几年"困难时期",这一过程一旦开始就延续了 20 多年的时间。在 70 年代政府正式倡导计划生育的时候,大陆妇女每年都生育 2300 万以上的孩子。70 年代伴随着妇女生育率的下降,年生育量也快速同步下降。年生育数由 1970 年的 2736 万人下降到 1980 年的 1787 万人,下降了 34.7%。

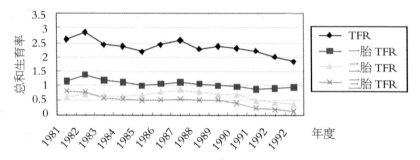

图 6　1981—1995 年份胎次总和生育率变动

80 年代,由于育龄妇女人数的迅速增长,虽然生育水平在波动中持续下降,但年生育量却在波动中上升(见图 7)。1980 年,在 70 年代末年生育量持续走低之后开始转而上升,虽仍在 2000 万以下,但已与 1977 年持平,达 1787 万人。随之到 1982 年升至 2247 万,1983 年又下降到 2066 万,这样,在 20 世纪 80 年代初与生育率在同一年份形成一个小的波峰。其后在 1985 年又开始上升至 1987 年,年生育量高达 2529 万,形成第二个高峰,之后又缓慢下降,1990 年降至 2391 万,与 1986 年相当,使 1986—1990 年成为 80 年代初到 90 年代后期的新中国第三次出生高峰中的波峰。90 年代的年生育量波动明显减小,呈缓慢稳步下降态势,1997 年及以前均在 2000 万以上,1998 年降到 2000 万以下,为 1991 万人。从 90 年代的生育率与生育量的关系看,虽都在下降,但前者要慢于后者。之所以形成生育率与生育量之间关系的这种走势,人口年龄结构变动即 1962—1971 年出生高峰的周期性影响,是其主要原因。

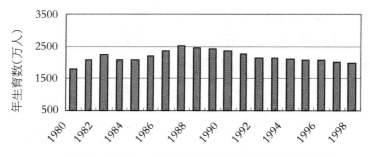

图7　1980—1998年中国大陆分年度生育数

人口年龄构成中，育龄妇女特别是处于生育旺盛期的20~29岁育龄妇女比重对出生水平有直接的影响。据统计，每年出生的人口中，70%~80%为该年龄段妇女所生。根据"三普"、"四普"资料推算表明，1986年生育旺盛期妇女大幅增加，比上年净增368万，其后持续增加，1992年达到12 314.1万的峰值后开始下降，预计到2003年才能基本回落到1986年的水平（见表3）。

表3　育龄妇女群中生育旺盛年龄段妇女变动情况（单位:万人）

年份	15~49岁	环比净增数	20~29岁	环比净增数	占育龄妇女%
1983	25552.7		8638.6		33.8
1984	26435.8	883.1	8963.9	325.3	33.9
1985	27238.7	802.9	9193.7	229.8	33.8
1986	28065.4	826.7	9562.4	368.7	34.1
1987	28795.3	729.9	9744.5	182.1	33.8
1988	29522.5	727.2	9990.2	245.7	33.8
1989	30203.9	681.4	10657.9	667.7	35.3
1990	30634.7	430.8	11228.3	570.4	36.7
1991	31131.9	497.2	11914.6	686.3	38.3
1992	31567.0	435.1	12314.1	399.5	39.0
1993	31989.7	422.7	12189.8	−124.3	38.1
1994	32408.3	418.6	12088.2	−101.6	37.3
1995	32792.3	384.0	11935.4	−152.8	36.4
1996	33092.2	299.9	11692.1	−243.3	35.3
1997	33539.4	447.2	11507.0	−185.1	34.3
1998	33874.2	334.8	11216.5	−290.5	33.1
1999	34124.3	250.1	10811.6	−404.9	31.7
2000	34312.3	188.0	10450.0	−361.6	30.5

资料来源:①1983—1989年根据第三次人口普查数据推算;②1990—2000年根据第四次人口普查数据推算。

4. 城乡生育率差别较大, 但变动趋向一致

中国大陆从 50 年代开始, 除 1960 年出现反常外, 城市妇女的总和生育率均低于农村。1980 年农村总和生育率为 2.48, 城市仅为 1.15, 农村比城市高出一倍以上, 而且这种差别水平一直持续到 1987 年。直到 1989 年这种成倍数差别的境况才得以改变, 差距缩小, 农村为 2.54, 城市为 1.55。90 年代由于资料缺乏, 不易描述, 但从出生水平看, 差别仍然很明显, 1996 年以前城乡粗出生率相差都在 3 个千分点以上, 1997 年降低为 2.91 个千分点。

虽然城乡的生育水平差距较大, 但变动的趋势却基本一致。其表现为:(1)妇女生育模式的变化。首先是峰值年龄, 1987 年城乡均比 1981 年提前 2 岁, 城镇由 26 岁提前到 24 岁, 农村则由 25 岁提前到 23 岁。1992 年在同期推迟 1 年后, 1995 年又同期前移 1 年。其次, 从平均生育年龄看, 80 年代到 90 年代初城乡均呈持续提前态势, 第一、二胎的变动趋势也一致, 只是由于农村多胎生育水平较高, 提前的幅度略大于城镇(参见表 3)。(2)生育水平在波动中趋于接近。80 年代全国和农村生育率水平表现为"M"型波动, 城镇也表现出相似的波动, 只是从 80 年代后期开始, 城镇的生育水平有升高之势, 而农村则呈下降态势。这种情况的形成主要原因是中国城镇化过程中的特殊情况以及城镇人口统计口径的差别。熟悉大陆人口统计口径变动情况的人知道, 80 年代之前以非农和农业户为依据划分城镇人口和农村人口, 1982 年人口普查则以常住地分市、镇、县分别统计, 所以城镇人口中实际上含有大量的农村人口。随着县改市、乡改镇行政建制变动步伐的加快, 现行统计口径下的城镇人口增长很快。1980 年城镇人口占全国人口比重为 19.39%, 1997 年已达 29.92%, 净增 10.53 个百分点。这种情况导致的直接结果是, 现在所说的城市人口即人口统计上的市镇人口包含有一定比例的农村人口, 而现在所说的乡村人口即统计上的县人口中含有一定比例的非农人口, 这就使得城市人口生育水平上升而农村生育水平下降, 二者向相反方向变动。当然, 由于中国农村新一轮产业革命的展开所引起的经济发展的加速, 将使城乡生育率水平的实际差距进一步缩小。

5. 地区间生育水平的差别仍然较大

本节所分析的地区差别指的是中国大陆行政区划的省(直辖市、自治区)

一级。90 年代特别是近年,由于缺乏生育率的确切资料,目前的地区差别只能以出生水平做大致分析,但差别还是很明显的。根据国家统计局 1997 年度人口抽样调查公布资料,西藏自治区粗出生率高达 23.90‰,而上海市只有 5.50‰,已处于负增长状态。即使考虑到少数民族地区的多种特殊性,以少数民族比重在 10% 以下的省份看,自然增长率最高的甘肃省为 11.02%,比直辖市以外的江苏、浙江、山东等较低的省份高出 100% 还要多。

由于历年生育水平的差异,不同地区生育率达到更替水平的年份也有很大差别,京、沪、津、辽在 70 年代就已达到,吉、黑、浙、苏、川等五省在 80 年代达到,鲁、蒙、甘、冀等 16 省在 20 世纪 90 年代先后实现,而桂、琼、云、藏、贵、疆等六省区则要到 2000 年以后方能达到(见表 4)。

通过选择五项与生育率区域差异相关程度较高的经济指针,将大陆 30 个省按经济增长水平分为四类,同时以 1992 年国家计生委的 38 万人口抽样调查的 30~45 岁妇女曾生子女数(CEB)的多少分为四组,综合分析发现区域的经济增长同生育水平呈负相关,即经济水平指数高的省则 CEB 低,而经济水平指数低的省则 CEB 高:第一类 3 个直辖市,经济水平指数最高,平均 CEB 为 1.43;第二类 10 个省区,经济水平指数相对较高,平均 CEB 为 2.10;第三类 8 个省区经济水平属中下,平均 CEB 为 2.35;第四类 9 个省区,经济指数水平最低,平均 CEB 最高,为 2.43(见表 5)。同时这种区域差别与达到更替水平年份的区域差别也具有非常显著的一致性。

表4　全国 27 个省生育率达到更替水平的年份

生育率达到更替水平的年份	地区	生育率达到更替水平的平均年份
1975 年前	京、沪	1973
1976—1980	津、辽	1978
1981—1985	吉、黑、浙	1983
1986—1990	苏、川	1990
1991—1995	鲁、蒙、甘、冀、晋、鄂、湘	1992
1996—2000	皖、赣、粤、闽、青、陕、豫、黔、宁	1998
2001 年以后	桂、琼	2006

资料来源:林富德、刘金塘:《从生育率转变到人口零增长——我国地区人口前景分析》,《第七次全国人口科学讨论会论文》。

　　省际之间 20 年生育水平的差别变动特点:一是无论差别大小,生育水平都在下降;二是生育率下降的时点不同,有先有后;三是生育率下降的幅度不同,差别也较大;四是生育率波动的幅度差别较大。

表 5　中国 30 个省按经济水平分类和平均曾生子女数分组的平均曾生子女数

按经济增长水平分类	按平均曾生子女数分组				
	第 1 组	第 2 组	第 3 组	第 4 组	合计平均
第一类	沪 1.15 京 1.40 津 1.75 平均 1.43				1.43
第二类	辽 1.73 苏 1.79 黑 1.96 平均 1.83	浙 2.05 鲁 2.07 吉 2.08 冀 2.24 晋 2.27 平均 2.14	粤 2.30 平均 2.30	闽 2.51 平均 2.51	2.10
第三类		鄂 2.08 川 2.14 陕 2.22 平均 2.15	甘 2.32 皖 2.35 豫 2.37 平均 2.35	宁 2.56 青 2.73 平均 2.65	2.35
第四类		蒙 2.18 平均 2.18	云 2.35 湘 2.37 疆 2.40 赣 2.46 琼 2.49 平均 2.41	黔 2.52 藏 2.53 贵 2.55 平均 2.53	2.43
合计平均	1.63	2.15	2.38	2.57	2.20

　　资料来源:解振明、王海京:《中国各省生育水平的差异及主要成因》,载蒋正华主编:《1992 年中国生育率抽样调查论文集》,中国人口出版社,1996 年。

六、结语

20 世纪最后 20 年是中国大陆妇女生育率变动过程中最为丰富的一个时期，这不仅因为几乎在这同一时期中国大陆出现了以改革开放为标识的经济社会变动和发展的新时代，也不仅因为几乎是从这时开始中国政府提出了一个以"只生一个"为核心内容的生育政策，同时还因为中国大陆妇女的生育水平沿着 70 年代初开始变化的轨道在这 20 年里持续下降，使 20 世纪末的生育率水平能够在以更替水平为轴线的低水平上运动。如果把这 20 年的大陆妇女生育水平的变化放到 50 年代开始的更大历史背景中考察，就更应该看到这 20 年的变动是前 30 年变动的一种继续。50 年代虽然中国大陆农村妇女生育率没有多少变化，但是，占人口比例极小的城镇妇女已有下降的迹象。至此开始了农村妇女紧随城镇妇女生育率水平持续性下降的过程。如果从人口生育政策的角度来考察 20 世纪最后 20 年中国大陆妇女生育率变动的历史，虽然 80 年代初曾经有过一个相当激进的生育政策。和这一时期的政策相比较，80 年代后期开始到 90 年代初逐步完善的现行生育政策是一个相当温和的政策。但是，即使我们没有身临其境地经历 20 世纪最后 20 年中国生育政策的曲折变化过程，而仅仅是从大陆妇女的生育历史来考察，特别是仅仅从大陆妇女在 20 年里形成的生育率曲线来考察这一代妇女的生育行为，那么，我们不能不惊奇地发现，生育政策的许多次变动几乎对大陆妇女的生育率变化趋势未产生什么影响，或者说，生育政策在大陆妇女生育率变动的轨迹上几乎没有存留下什么痕迹。因为 80 年代初的生育政策并没有得到很低的生育率（仍在高于更替水平线之上波动），而 90 年代较温和的生育政策也没有导致较高的生育率（已经跌落到更替水平）。中国大陆妇女在 20 世纪最后 20 年的生育率变动不过是历史的一个阶段，这个阶段是过去 30 年的延续，又是下个世纪的开端。如上所述，倘若我们考察的是中国大陆妇女在 20 世纪最后 50 年或者最后 30 年生育水平的变动历史，那么，在 70 年代里，中国政府仅仅提出了一个"晚、稀、少"的意向性的、号召性的政策，妇女的总和生育率就在 1970—1979 年短短的 10 年里下降的幅度超过了 3.0。这在古今中外的人口史上也属绝无仅有。妇女生育行为说到底,乃是经济社会的一个方面,并且要受经济社会结构的制约和决定。关于这一点,我曾经在 1983 年出版的《人口学》中写道:

"人口政策大都是国家用以调节人口状况,影响人口过程而制定的。所以人口政策不过是一种具有主观性的社会意识。人口政策能否达到制定者的预期目的,要依据许多客观因素而定。特别是因为人口发展主要由经济因素所决定,所以,只有当人口政策符合经济规律的要求,和人口发展的趋势相一致时,才能起到显著的作用。"

我在这一节里还写道:

"……不应该夸大人口政策的作用,认为人口政策是万能的,可以任意地改变人口状况和人口过程的趋势。制定人口政策,必须注意与社会经济发展相适应,把人口政策作为整个社会政策的一部分。单独的人口政策,都是难以奏效的。应该充分认识到,人口政策是一定社会经济条件下的产物,它也只有在一定的经济基础之上才能发挥作用。不可能有不具有经济因素的人口政策,也不可能让人口政策产生超越一定经济基础的社会作用。"

(写于 1999 年 9 月)

对酒泉地区生育政策试点及
效果的初步认识①

多年来,我们对酒泉地区的人口发展和计划生育工作十分关注。这主要是因为酒泉地区继山西省翼城县之后也实行了农村普遍生育二胎的生育政策,包括其后的广东全省也实行了这个政策。与翼城县相比,这是在不同的范围内实行相同的生育政策,因此,其人口控制的效果更能说明问题。同时由于酒泉地区 10 多年来能够克服困难,排除干扰,比较好地坚持下来,所以更加值得关注。这次有幸参加由人口学会人口政策专业委员会、甘肃省计划生育委员会、甘肃省人口学会组织的考察,使我们获得了一个深入了解实行这项政策效果的好机会。

一、总体印象

听取了省计划生育委员会主任王素银对甘肃省计划生育工作较为全面的介绍,我们认为甘肃省地处我国中西部,经济发展较为落后,农村贫困地区面积较大、贫困人口数量较多,在这种基础上做计划生育工作,工作的思路是正确的,方法是对头的,近几年的进步是很大的。从工作状态看,应该说是走到了中西部计划生育工作的前列。

从 2000 年 6 月 3 日至 11 日的 9 天里,我们听取了酒泉地委、行署的

① 本文是作者 2000 年 6 月 11 日在甘肃省敦煌市召开的中国人口学会调研总结座谈会上的发言,曾与谭克俭合作发表在《西北人口》2000 年增刊《中国人口学会赴酒泉调研专辑》上。

计划生育工作介绍，分组考察了酒泉地区的三市四县，总体上有以下几点认识：

第一，酒泉地区虽然地处西北，远离西安、兰州等西北中心城市，但由于人口主要集中在河西走廊农业生产基础较好的地区，又处于古丝绸之路，相对于甘肃其他地区而言，文化教育基础好、传统好，干部群众的文化、政治素质高，加上计划生育工作的开展和人口的有效控制，积极地促进了酒泉地区的经济社会发展。从 1984 年中央 7 号文件开始，酒泉地区积极探索适合我国农村实际，符合中国国情和具有中国特色的计划生育道路及计划生育政策，做法很成功，政策有成效，尤其是 90 年代中期明确生育政策之后，工作已经进入了良性循环。

第二，酒泉地委和行署党性原则强，工作作风务实，从实际出发，积极探索出一条适合当地农村实际的生育政策，深得全区干部群众尊重。

第三，酒泉地区计划生育部门的干部是一支政策性强、素质高、业务能力强、有责任心的好队伍。10 多年来，他们顶住了许多压力，排除干扰，给地委、行署当好参谋助手，是地方党委政府得力的职能部门。

第四，基层党组织核心作用发挥得好，农村干部队伍强。特别是村党支部和村委会在计划生育工作中发挥了十分重要的作用，是实现计划生育工作重心下移，实行村级自治的重要组织保证。

第五，党委政府的领导到位，指导到位，经费到位，职务网络建立健全。这是搞好计划生育工作和试点工作非常重要的、根本的保证。

第六，酒泉地区农民为人诚恳，民风淳朴。

二、酒泉地区实行有计划生育二胎政策试点工作的探索过程

酒泉地区是较早试行农村普遍生育二胎政策的试点。由于当时大气候的影响，探索的道路是曲折的。我们认为整个发展过程可分为四个阶段。

第一阶段，从 1984 年中央发出 7 号文件到 1986 年，是提出探索思路并初步实践的阶段。

1984 年 8 月 28 日至 31 日，酒泉地区召开了由县(市)、乡(镇)主管计划生育工作的负责同志、县计划生育局局长和地区有关部门负责同志共

102 人参加的全区计划生育工作会议，会议主要是学习中央 1984 年 7 号文件。7 号文件针对 1979 年底到 1983 年底我国农村计划生育工作出现的严重问题，明确提出了完善生育政策的要求和要把计划生育政策建立在"合情合理、群众拥护、干部好做工作的基础上"的原则。酒泉地委根据当地的实际，在这个会议上制定了适合城乡的生育政策，共 11 条。农民除享受前 10 条外，第 11 条规定：农村上年无多胎生育的乡（镇）中，计划生育率达到 100%，历年计划生育奖罚政策兑现好，罚款收回 80% 以上的村，可以有计划地安排生育二胎。这里根据 7 号文件精神，把酒泉地区的计划生育政策进一步地方化，进一步完善了生育政策。但具体内容仍不是很明确，因为还有许多限制条件，有的县市领导可以根据这一条比较大面积地放开农村生育二胎，而一般的县市如果按条件去做，则在短期内不可能达到这个条件。这种情况持续到 1986 年年初，即这时仍没有明确在农村普遍实行"有计划安排生育二胎"的政策。

第二阶段，1986 年到 1990 年 1 月 1 日，也就是《甘肃省计划生育条例》生效前，是酒泉地区比较明确地在全区农村推行有计划安排生育二胎的生育政策阶段。

国家计划生育委员会 1988 年厅字第 31 号文件，《关于调整计划生育工作试点的通知》中就有甘肃省的酒泉地区和徽县。这个文件签署的日期是 1988 年 5 月 10 日，应该说，从这个时间开始，全国这 13 个单位在农村普遍实行生育两个孩子的政策具有了合法性。但是，从该文件第三条看，包括甘肃酒泉地区、徽县在内的 8 个试点单位，在此之前已被批准试行有计划地安排普遍生育二胎政策。这说明酒泉地区从符合一定条件生二胎到普遍生二胎，已经在实践中实行了农村可以生二胎的政策。有了这样一个很明确的生育政策，通过 1989 年在全区实行生育合同，稳定了全区形势，计划生育工作开始步入正轨，上了新台阶。

第三阶段，从 1990 年 1 月 1 日到 1995 年 10 月，是曲折发展阶段。

1989 年 11 月 28 日，甘肃省第七届人大常委会第十一次会议通过新的《甘肃省计划生育条例》，该条例在生育政策方面的特点是，明确了在全省农村实行"独女户"可以生育第二胎的政策。同时省里对酒泉地区有一个通融,即同意 1990 年 1 月 1 日之前已经签订生育二胎合同的农民可以按合同生育第二个孩子,但在这期间新婚和初育的农民应该执行《条例》,等于取消了该地区允许农民普遍生育二胎的政策。这一阶段酒泉地区基层的不少干部希望继续执行普遍生二胎的政策,因此,地委、行署及计划生育部门开始探索和执行试点政策。

第四阶段,1995 年 10 月至今,这是试点步入良性循环的阶段。

1992 年邓小平提出建立社会主义市场经济体制后,我国政治经济环境更为宽松,人口发展和计划生育工作也进入一个新的发展阶段。甘肃省和国家计划生育委员会都进一步明确了酒泉地区的生育政策试点,酒泉地区的计划生育工作和生育政策试点工作在整体上步入良性循环。

三、对酒泉地区 10 多年来在农村试行"有计划地生育二胎"政策试点工作的几点评价

第一,10 多年来,酒泉地区的干部群众在中央 1984 年 7 号文件指引下,在较为艰难的环境中积极探索我国农村计划生育政策和符合中国国情的计划生育道路,表现出一切从实际出发、实事求是的工作态度和对党负责、对国家负责、对当地老百姓负责的精神。这是难能可贵的,值得敬佩的。

第二,酒泉地区农村实行有计划生育二胎政策试点是成功的,广大农民生育观念已经发生了很大的转变,农村计划生育服务设施比较能够满足农民的需要,人口的生育水平已经进入低生育率状态,这对经济社会发展较为落后的中西部地区来说,是很不容易的。

第三,酒泉地区在 10 多年来实行有计划生育二胎,较好地控制了人口的过快增长,连年完成了人口计划。基层干部群众关系较为融洽,社会稳定,使酒泉地区的经济发展在我国经济总体上处于困难时期的情况下显示出超常的活力,呈现出强劲的发展势头。实践证明,计划生育工作搞好了,人口得到较好控制,可以促进经济社会的发展。

四、酒泉地区农村有计划地生育二胎政策试点说明了什么

酒泉地区将农村实行生育二胎政策的效果总结为六条，即计划外生育特别是多胎生育得到有效控制，人口出生率稳步下降，干群关系得到改善，群众婚姻观念发生很大变化，人口结构趋于合理，促进了经济和社会发展等。酒泉地区农村有计划地生育二胎政策试点的成功充分说明，像酒泉这样一个地处大西北，远离大城市的典型农牧业地区，能够在农村允许普遍生育两个孩子的生育水平下，连年完成人口计划，说明其他经济社会条件好的地方实行这样一政策效果会更好。

20 世纪末的中国人口总量
和大陆妇女生育率水平研究[①]

一、20 年前人们对这一问题的研究

2000 年我国人口总量和大陆妇女的生育率水平,是我国人口学在 20 世纪 70 年代中期刚刚复苏就极富有吸引力的一个问题。那时,世纪末的人口数量是和"四个现代化"的目标联系在一起的。所以,2000 年的人口目标、妇女生育率水平和世纪末以前应选择的政策,一直到整个 80 年代,都是人口学研究的热点。1979 年夏天,笔者在当时任职的经济学教研室看到一份铅印文稿,这就是刘铮、邬沧萍、林富德三人的《对我国人口增长的五点建议》,记得是提供给全国计划会议的参阅资料。人口学作为伪科学已经被取消近 30 年,大家只知道人口增长过快,但究竟增长多快,却不懂得计算,也还不习惯测算。所以,这是 60 年代之后第一篇有关我国人口发展前景和妇女生育水平的文章。文章的作者在当时掌握着人口学界唯一的一份杂志《人口研究》,却一直推迟到 1980 年才发表在该杂志第 3 期上。1980 年全国大张旗鼓推行"一胎化",有传说是刘铮等人的主意,所以特将此文推出,以正视听。在这篇文章中,作者提出我国人口发展前景的"几种估计":

---

① 本文曾提交 2003 年 9 月中国人口学会在长春市召开的"中国人口发展和全面建设小康社会"理论研讨会,全文发表于《生产力研究》第 5 期,计算部分发表于《中国人口科学》第 6 期。

（1）如果按照 70 年代末计划生育工作的水平，即农村每年两胎以上仍有 30%，城镇仍有 10%，2000 年我国总人口将接近 13 亿；

（2）如果能做到每对夫妇只生两个孩子，到 1980 年人口自然增长率降到 1%以下，2000 年可以把总人口控制在 12 亿；

（3）在杜绝多胎的基础上，逐步做到 20 世纪末城市有 1/2 家庭只生一个孩子，农村 1/4 家庭只生一个孩子，2000 年总人口可达 11.8 亿；

（4）其他条件和（3）相同，如果到 20 世纪末城市有 2/3 家庭只生一个孩子，农村有 1/2 家庭只生一个孩子，那么 2008 年人口达到 12 亿多一点时"会做到不增不减"。

在人口变动过程中，年龄构成起着决定性作用。但是，那时不懂这一点。当然，我们现在也还没有完全弄懂。特别是 50 年代后期到 60 年代初，我国人口史上有过一个低生育接着一个补偿性生育把我国人口变动推到一个高生育平台上。这一段人口构成上的变化无法用肉眼看出来，但却不断把我们引入误区。所以，当 1960 年前后低生育时期出生的人口步入婚育年龄的时候，连续几年自然增长率降低，人们就以为在老百姓生孩子方面，只要提出计划目标，就能够做到。中央政府相信四川省 1971—1978 年人口自然增长率由 29‰降到 6.1‰，要求把他们的经验在全国推广，制定出 1977—1985 年人口自然增长率每年下降 1 个百分点的目标。1977 年 12 月 30 日国务院计划生育领导小组《关于全国计划生育汇报会的报告》提出，全国人口自然增长率，1978 年降到 11‰，1979 年降到 10‰，1980 年降到 10‰以下。 1979 年人大会议又提出："今年我们要力争使全国人口自然增长率降到 10‰左右，今后要继续努力使它逐年下降，1985 年要降到 5‰左右。"同年夏天，我国政府又对外宣布了一个"争取 20 世纪末做到人口自然增长率为零"的人口发展目标。这一发展目标分两个阶段：第一阶段，争取到 1985 年把人口增长率从现在的 12‰降到 5‰以下；第二个阶段，争取 2000 年人口自然增长率降为零。笔者按我国政府提出的分两步走的人口目标进行测算时发现，即使 1979 年已经超过法定结婚年龄的人都不再生育，今后各年进入婚龄的人，必须做到一对夫妇只生一个孩子，还需要借助我国人口死亡率有较大提高，才能实现。[①] 1979 年 12 月,笔者在全国第二次人口科学讨论会的大会发言和提交大会的论文《对我国今后几十年人口发展战略的几点意见》中,对我国政府这一发展目标和"一胎化"给予批评的同时,提出在农村实行"晚婚晚育加间隔"的生育办法。并就如果实施两种生育政策,20 世纪末我国人口总量和妇女生育水平的前景进行了测算:

(1)如果按照我国政府所提的目标,即使 1979 年以前已婚的家庭不再生育,从 1980 年开始进入婚龄的青年也必须有 40%的家庭只生育一个孩子,到 2000 年一胎生育率发展到 100%,同时我国人口死亡率还必须有所提高的前提下才能做到不增不减。届时总人口将达到 10.5 亿;

(2)在晚婚晚育的基础上,在 1990—1999 年争取有 30%的一胎率,期末(1999)我国总人口将达到 10.9 亿。

1980 年春,由"首都自然科学和社会科学工作者"宋健、田雪原、李广元、于景元合作发表了一个有关我国人口发展的"百年预测",其中关于 2000 年的人口情况如下:

(1)如果妇女平均生育率为 3 时,2000 年全国人口将达 14.14 亿;

(2)如果妇女平均生育率为 2.3 时,2000 年的总人口为 12.8 亿;

(3)如果妇女平均生育率为 2.0 时,2000 年的总人口为 12.2 亿;

(4)如果妇女平均生育率为 1.5 时,2000 年的总人口为 11.3 亿;

(5)如果妇女平均生育率为 1.0 时,2000 年我国总人口为 10.5 亿。

需要说明的是,以上测算都是在我国第三次人口普查之前进行的。从 1964 年第二次人口普查到 1979 年,我国已经有 15 年没有准确性的人口统计了。所以,以前的测算在很大程度上都只能是一种"估计"。1982 年第三次人口普查之后,预测就更为方便了。1984 年春节,笔者在一份建议实

[①] 1979 年初秋,在完成对"争取 20 世纪末做到人口自然增长率为零"的方案的测算后,我去北京拜访了刘铮同志。记得那天中国人民大学刚刚开学,我和刘铮同志在学校的马路上相遇。我告诉他我计算的结果。我说:"我国政府宣布的 20 世纪末的人口目标可能就没有经过计算。因为到世纪末无论如何也无法使人口增长率为零,所以这一目标肯定无法实现。"刘铮同志回答说,这只是政府争取的目标,实现不了也没有什么要紧。

施晚婚晚育加间隔生育办法的研究报告中，用1982年普查数据计算了如果实施晚婚晚育加间隔生育办法，每个妇女平均生育2个孩子，2000年我国总人口可以控制在11.2亿。1986年春节，笔者在送中央的又一份报告和同年4月24日在给国家计划生育委员会的汇报会中，列举了几个重新测算的数据：

（1）如果平均每个妇女生1个孩子，2000年全国总人口为10.6亿；

（2）如果平均每个妇女生1.5个孩子，2000年总人口为11.6亿；

（3）如果平均每个妇女生2.0个孩子，2000年总人口为12.4亿；

（4）如果平均每个妇女生2.3个孩子，2000年总人口为12.8亿；

（5）如果城市基本做到一对夫妇只生一个孩子，农村有5%的家庭只生1个孩子，每一位妇女平均23岁初育，30岁生育第二个孩子，2000年我国总人口11.8亿。

1982年普查后，宋健等人也有了新的人口预测：平均妇女生育率从1982年的2.63下降到1984年的2.40，1990年再降到1.70，1995年到2001年为1.50，2001年我国总人口为11.9亿；妇女平均生育率从1982年的2.63下降到2.40，1990年再下降到2.0，2001年总人口为12.5亿；妇女平均生育率由1982年的2.63下降到1984年的2.40，2001年总人口为13亿。

其实，80年代的人口预测在很大程度上都是为辩论20世纪最后20年应该采取的人口发展战略和人口政策服务的。20世纪80年代中后期到90年代初，我国人口历史上的第三次生育高峰也在争论中度过。随着越来越多的人口调查和越来越多的人口数据，人口学家也大都专注于大陆妇女低生育率问题方面的研究。如果不是2000年人口普查带来的疑惑，大家还真以为伟大的实践足以替代伟大的理论，从而使中国的人口学有幸能够回避2000年的中国人口究竟控制到多少这一历史性课题。

二、资料来源

随着我国派生的一些政府职能的出现，从20世纪70年代中后期开始，我国人口数据拥有三个不同渠道和来源。这种状况是别的一般现代国家所没有的特殊现象。这三个统计数据分别是国家计划生育委员会的人口与计划生育统计、公安部的户籍与人口统计、国家统计局(人口普查年份的人口普查办公室)的人口统计。其中形成于 70 年代的人口与计划生育统计，是根据计划生育部门的人口与计划生育任务的下达、人口和生育控制工作的考核，逐渐形成的统计指标体系。我国计划生育系统有从中央到最基层的办事机构和工作人员，有条件做好人口与计划生育统计。但是，因为从 1980 年前后开始，计划生育工作成为党政一把手的中心工作之一，是考核其政绩并一度成为决定其升迁的重要因素，浮夸和瞒报、漏报也逐渐成为计划生育部门统计方面的普遍现象。

逐渐形成于 20 世纪 50 年代中期的户口登记是我国计划经济体制的重要制度之一。特别是在 60 年代到 70 年代，一个人上学、就业、工作调动和迁移，甚至生活必需品的供应，等等，一切都要以户口为凭据。所以，在这样的体制下，户籍登记一度成为人口统计的主要依据。但是，从 70 年代末 80 年代初开始，计划生育与人口控制工作实行与户口登记挂钩，没有生育指标出生的孩子不得上户。80 年代中后期之后，随着生产水平的提高、物质生活的丰富、就业政策的宽松、经济活跃和流动人口的比例极大提高，许多事情都不再和户口联系。特别是对于一个农民来说，倘若一生守土为业，户口就是一件可有可无的东西。所以，20 世纪 70 年代后期的改革开始后，人们距计划经济体制愈远，人户分离的现象也就越来越普遍。这样，按户口统计的人口数据也就难以反映实际的人口数量和人口变动。所以，从 1982 年起，户籍部门已经不做人口出生、死亡自然变动项目的汇总统计，而改为抽样统计了。

目前我国政府统计部门的人口统计，是 1982 年全国人口普查之后才逐步完善的。在此之前，除 1953 和 1964 年两次普查外，人口统计主要依赖于公安部门的户口统计。根据 1987 年《统计法实施细则》，我国规定每 10 年进行一次人口普查，逢年号末尾为 0 的年份进行。在两次普查的中间即年号末尾逢 5 的年份进行一次较大样本的抽样调查。此外，自 1982 年开始，国家统计局还实施人口变动情况抽样调查制度，每年通过抽取大约总人口的 1‰，分析和掌握年度人口总数及结构变化。这样，国家统计局（含人口普查年份的国务院人口普查办公室）就形成一个相对独立的人口统计调查和发布体系。

以上三个部门的人口统计都涉及人口总数、出生和死亡、出生率和死亡率等人口主要变动情况。但是,统计切入的角度和方法有所不同。计划生育部门主要从生育计划执行情况入手,以统计出生人口为核心,同时掌握总人口、死亡人口、出生率和死亡率等人口指标。户籍统计主要根据户籍上发生的变动情况统计总人口、出生人口、死亡人口、出生率和死亡率等人口指标。统计部门是从全社会总体人口的变动情况入手统计总人口数、出生人口、死亡人口、出生率和死亡率,普查时还包括更细致的人口情况如年龄、性别、年龄别生育、分年龄和性别的死亡统计,等等。这样,虽然都是统计人口基本情况,由于三个统计渠道的职能差别,其相同统计指标就有了相当不一致的统计数据(见表1)。[1]

表1　1985—1988 年不同统计渠道的出生人口数　（单位:万人）

年　度	计划生育①	户籍统计②	统计局③	1990 年普查④
1985	1388	1861	2227	2000
1986	1598	2196	2411	2143
1987	1655	2256	2550	2433
1988	1620	2265	2484	2418

资料来源:①《中国人口资料手册》1986、1987、1988、1989 年各册;②《中国人口统计年鉴》(1989)有关数据计算;③《中国统计年鉴》有关数据计算;④ 普查数据未计算出生年月到普查时点之间的死亡数。

和其他所有国家不同的是,我国从 20 世纪 70 年代后期开始,生育被纳入政府的管理范围之后,与生育相关的人口数据就难以得到真实的统计。至少从 20 世纪 80 年代初期以来,我们在人口统计数据上一直处在恶性循环中:为了加强管理,我们需要准确的人口与计划生育资料,统计数据不可靠,这就要专项调查;调查次数愈多,数字愈不准确,这更需要调查。有了那么多的调查, 我们反而需要花费更大的精力研究人口总量和

---

[1] 当然,差别如此之大,还有更为重要的原因。文后将进一步阐述。

中国生育政策研究 ZHONGGUOSHENGYUZHENGCEYANJIU

妇女生育率这两个最基本的人口状况。本文主要使用以下人口调查的数据：国务院人口普查办公室 1982 年、1990 年和 2000 年三次人口普查；国家统计局 1987 年和 1995 年两次全国 1%人口抽样调查,每一年度的人口变动抽样调查；国家计划生育委员会 1982 年 1‰人口生育率抽样调查（1985 年，国家计划生育委员会在 1982 年 1‰人口生育率抽样调查的原 815 个样本点上，还进行了一次追踪调查，获得 1984 年有关家庭和妇女婚姻、生育、节育情况的数据，又称 1984 年 1‰生育率抽样调查）；1988 年 2‰人口生育节育抽样调查；1992 年中国生育率抽样调查,1997 年全国人口与生殖健康抽样调查；2001 年全国计划生育／生殖健康调查。需要提前声明的是，笔者使用上述资料并非隐含承认其相对准确。我使用这些资料只是因为它们都是关于全国人口与妇女生育方面的大型调查，一般地说,这些资料较地方的调查更适合于本课题的论证。

三、2000 年普查凸显了人口统计体制的矛盾

（一）普查公报带来的疑惑

第五次全国人口普查公报发布以后,围绕人口总数和普查质量,人们产生了许多疑问。第一,2000 年普查发布的人口总量和过去几次不同,过去的普查登记到"人",公布到"人"。而第五次人口普查虽然仍旧登记到"人",但不同的是公布到"万人"。比如第一次人口普查公告"1953 年 6 月 30 日 23 时的全国人口总数为 601 938 035 人"，第二次全国人口普查结果为"1964 年 6 月 30 日 24 时的全国人口总数为 723 070 269 人",第三次普查公报报告"全国人口为 1 031 882 511 人"，第四次普查公报报告"全国人口为 1 160 017 381 人"。第二,按照惯例,普查后的质量抽查有一系列检验指标,但这次只有一个 1.81%的漏登率,没有重登率,也没有年龄、性别和出生、死亡登记误差。人口普查的质量检验不应该没有这些内容。第三,根据 2002 年 8 月出版的《中国 2000 年人口普查资料》,普查实际登记的全国总人口为 1 242 612 226 人，和公报公布数 126 583 万相差 23 217 774 人。这个漏报数是直接登记人口的 1.86%（如果不含解放军为 1.87%),是公告总人口的 1.83%。1.81%是怎样产生的？如果是某个漏登率

和重登率之差,那为什么不这样公告? 第四,按照通常情况,如果漏报比例较大,应该发布实际登记人数和计算漏登后的总人口数,但这次只公布了一个人口总数。

(二)普查后的质量抽查同样不可靠

根据统计原理,普查和包括抽样调查在内的其他各种调查统计比较,属于最全面、最具权威性的统计。在一般情况下,当人口普查和其他类型的调查发生矛盾时,应当以普查纠正、覆盖其他类型的调查,而不是相反。普查实际登记人口 1 242 612 226 人(未含 250 万解放军现役军人)竟比 1999 年度、1998 年度公告的年底人口都少,用 1.81% 的漏登率校正总人口,实际上是用历年人口变动抽样调查纠正普查登记结果。其实,如果说普查登记发生较大规模的误差,那么,普查后的质量抽查也不一定能比普查更准确。因为,即使按照这样的漏登率调整的人口总数,也仅仅比 1999 年底增加 674 万。这就是说,2000 年普查前的 10 个月全国仅净增人口 674 万,同样不符合多年来的人口统计实践。

说普查后的质量抽查不一定可靠,是由其抽查方法自身决定的。我们知道,普查后的质量抽查是采取抽样调查的方法进行的。抽样调查是以概率论为基础,按随机原则从总体中抽取部分单位进行调查,然后根据对抽取部分调查结果进一步估计和推断总体特征的一种非全面统计调查方法。这种调查方法是以部分估计和评价总体。这就决定了,第一,因为用部分所具有的一些属性反映总体的特征,可能出现部分具有的某些特性而总体却不具有这种性质。这在统计学上被称之为"抽样偏差"。抽样偏差是一般抽样调查都难以完全避免的。这就是说,第二,部分就是部分,在总体的许多特征方面,部分永远难以全面反映和概括总体。部分要比较准确地反映和概括全部,应该尽可能地扩张和放大,以致较为接近甚至达到总体,至少也应该达到一定的比例,而不是任何一个小的比例都可以称之为抽样调查。在总体的许多属性方面,没有一定量的部分,就难以充分反映总体。还有很重要的一点是,因为部分是属于总体的部分,所以,总体的某些暂时令人还无法认识的属性或者人们在全部调查时暂时还无法得到的情况,在部分调查中也同样无法认识或通过调查对其做全面的了解。

根据这样的认识,第一,"五普"后的质量抽查至少因为抽样的样本太少,不能确切反映出普查过程中的质量问题。普查后的质量抽查是现代人口普查的惯例。1954 年我国第一次人口普查后抽查 5295 万以上的人口,占直接调查登记人口的 9%。1964 年第二次全国人口普查后的质量抽查人口 3688.5 万,占普查登记人口的 5.3%。从 1982 年人口普查起,用抽样调查的方法来评价人口普查登记质量。这次抽取 187 362 人,占普查登记人口的 0.18‰。1990 年普查后的质量抽样调查抽取了 173 409 人,占普查登记的 0.15‰。2000 年抽查了 162 940 人,抽样比 0.13‰。我们可以看出,质量抽查的比例愈来愈低,0.13‰的比例恐怕不能反映普查的整体质量情况。

第二,质量抽查时间的启动过晚。因为本次普查摸底和平时掌握的情况反差太大,用了 20 多天时间复查补漏,抽查工作选择的时间是 2000 年 11 月 25 日,距离普查时点落后 25 天。1990 年普查后的质量抽查是一个月后进行的,我们没有必要评论上次普查后的抽查质量问题。但是,和上次情况不同的是,上次普查较本次普查更依赖于户口登记。2000 年的普查修改了常住户的定义,有许多人口可以是常住户,但却不一定在其户口所在地登记。这样一来,相当多的人口实际登记地就脱离了他(她)的户籍所在地。25 天后检查登记地与户籍地一致的人口登记还可以,但要检查半年前离开户籍地的人口和暂住人口的登记情况,可能就有较大误差。

第三,普查后的质量抽查和人口普查有所区别,这是从调查方法方面讲的。在我国,这两种调查对于调查对象和调查样本来说,却没有任何区别。对于被抽查的 602 个调查小区、45 952 户家庭户和 162 940 人来说,只是在 25 天以后重新登记一次(当然登记的项目减少了许多)。这只可能查出个别普查员工作上的疏漏和误差,如果存在统计机制方面的障碍,或者登记对象有意逃避,或者家庭户有意隐匿,甚至实施人口普查登记工作的有关方面存在漏报的主观意识,质量抽查则是无能为力的。在这种情况下,普查登记时遗漏的,质量抽查时可能同样会出现遗漏。

本节所持观点不是要否定本次普查的质量抽查。但是,如果连普查都需要证明质量问题的话,质量抽查作为一种抽样调查是一种比普查等级要低的调查方法,其本身的质量当然是需要证明才能说明问题的。因为,在过去的两次普查中,我们曾经拥有比 2000 年要小得多的误差率,但后来发现这些误差率并没有反映出真实的情况。何况,这次普查长表、短表的不同情况,使得普查后的质量抽查工作更为复杂,要证明其质量就更为困难。

(三) 2000 年普查凸显了我国人口统计体制上的矛盾

第五次人口普查的普查时点是 2000 年 11 月 1 日零时。11 月 5 日,各地登记摸底的数字汇总后与预料的数字相差相当大。经过近 20 天复查补漏,才有了现在按照实际直接登记汇总的 1 242 612 226 人的总人口数。即使加上解放军 250 万,2000 年普查登记数不仅比 1999 年年底 125 909 万少 1648 万,而且比 1998 年年底 124 810 万还少 349 万。20 世纪 80 年代以来,每次人口调查都有较大遗漏,并且遗漏现象越来越严重。不同的是,这次普查登记遗漏更为严重,以致无法和历年人口变动监测报告的数据弥合,凸显了我国人口统计体制方面存在的问题。

四、从历次调查看我国人口统计体制和机制方面存在的问题

(一) 三次普查的部分数据比较

1982 年和 1990 年的人口普查都被认为是质量相当高的两次普查。根据 1982 年普查后的质量抽查,重报人口占 0.71‰,漏报人口占 0.56‰,重漏相抵,净差人口 0.15‰;性别误差率 0.03‰;年龄误差率 6.16‰;1981年出生漏报率 1.83‰;1981 年死亡漏报率 4.40‰。1990 年被认为是继1982 年普查后的又一次质量较高的人口普查。根据普查后的质量抽查,人口重登率 0.1‰,漏登率 0.7‰,重漏相抵,净差率 0.6‰;性别误差率0.14‰;年龄误差率 3.07‰;出生人口误差率 1.03‰;死亡误差率 4.9‰。这些数据表明每次普查都有很高的质量。但是,如果比较前后两次普查的个别年龄人口,发现情况又不是这样(见表 2)。

表2　1982 年、1990 年两次普查的几组年龄人口比较 （单位：万人）

1982 年普查		出生年份	1990 年普查		两次普查相差
年 龄	登记数①		年 龄	登记数②	
0	2081	1982	8	2204	123
1	1737	1981	9	1812	75
2	1827	1980	10	1926	99
3	1962	1979	11	1937	−25
4	1863	1978	12	1891	28
5	940 (女)	1977	13	941(女)	1
6	2042	1976	14	2050	8
14③	1190(女)	1970	22	1196(女)	6
15	2274	1969	23	2285	11
16	2566	1968	24	2522	−44
17	2443	1967	25	2455	12
18	2511	1966	26	2530	19
19	1365(男)	1965	27	1396(男)	31
20	1560	1964	28	1591	31
21	1067	1963	29	1150	83
22	1430	1962	30	1442	12
23	1429	1961	31	1437	8

　　资料来源：①按《中国 1982 年人口普查 10%抽样资料》计算；②按《中国 1990 年人口普查 10%抽样资料》计算；③关于 1982 年 14～23 岁组、1990 年 22～31 岁组的登记误差可能不同于再低一些年龄组的情况。因为这部分人口在 1982 年漏登虽然不属于计划生育问题，但明显漏报也属于普查后质量抽查外的因素，这和低年龄漏报却没有本质区别，所以，我还是摘录于此①。

----

① 有人把这些年龄组存活率大于 1 的原因归结为解放军的年龄、性别和新《婚姻法》颁布故意误报年龄等方面。我以为问题的症结主要不在此。第一，除去解放军因素后，1982 年 14～23 岁的人口中 17～23 岁的男性到 1990 年存活率都大于 1；第二，1982 年 14～23 岁年龄段中 14、15、17、21 四个年龄组的人口存活率也大于 1。年龄、性别等是一个人的自然状况，特别是在没有年龄、性别歧视的我国，不应该存在有意错报的人口堆积现象。人口统计方面某些年龄人口登记不正常，总是由于政府政策等方面的不正常因素造成的。我们知道，1982 年普查在很大程度上是依赖户籍登记的。1982 年 14～23 岁人口漏报主要因为这一年龄段的人口上山下乡产生的人户分离所致。知青人户分离存在两种情况，低年龄属于户口由所在城镇开出，但未上到应下乡插队的农村农场；高年龄知青正闹回城，户口已从插队的知青点开出，但未上到应回的城镇。如果我们仔细分析 1982 年和 1990 年两次普查计算的年龄人口的存活率，1982 年 14～23 岁至少还可以延

在此之前，已经有不少学者指出 1982 年和 1990 年普查存在的遗漏和瞒报问题（张为民、崔红艳，1993；乔晓春、李建新，1995；崔红艳、张为民，2002；周皓，2003）。表 2 表明，1982 年普查登记的同一年龄人口在经过 8 年后，不仅没有因死亡而减少，反而增加了几万到 100 多万不等。从逻辑上说，不是 1982 年普查少登记了，就是 1990 年同年龄的人口重复登记了；或者，两次普查在这几个年龄组上都出了问题。而这几个年龄组的差错显然又不包括在普查登记后的质量抽查的差错率里面。因为，如果这几个年龄组的差错计算在 1982 年或 1990 年的普查质量里面，无论 1982 年的漏报或者 1990 年的重登，其差错率都要比公告的数据高很多。同样的情况，在 1990 年和 2000 年两次普查中更为明显（见表 3）。

表 3　1990 年、2000 年两次普查的几组实际登记年龄人口的比较

（单位：万人）

| 1990 年普查 | | 出生年份 | 2000 年普查 | | 两次普查相差 |
年 龄	实际登记①		年 龄	实际登记①	②
0	2322	1990	10	2621	299
1	2333	1989	11	2514	181
2	2418	1988	12	2458	40
3	2429	1987	13	2628	199
4	2141	1986	14	2319	178
5	1998	1985	15	2043	45
6	1906	1984	16	2031	126
7	2020	1983	17	2007	−13
8	2202	1982	18	2310	108
9	1809	1981	19	1912	103

资料来源：①数据来自 1990 年和 2000 年人口普查；②两次普查时点差别主要对 1990 年普查时的 0 岁组即 2000 年的 10 岁组有影响，本表未做调整。

从表 2 和表 3 可以看出，第一，这一类的差错都是发生在前一次普查时的低年龄段。第二，发生在低年龄段是因为这些年龄的人口和当时的

伸 10 岁，即将年龄涵盖到老知青那一个年龄段。由于这部分人口的遗漏，1982 年 24~34 岁年龄段的存活率虽然小于 1，却都接近于 1。说明这部分年龄段的闹回城知青遗漏虽然较应下乡的低年龄遗漏少一些，但也还是构成了一个不可忽视的数字。还有一个情况，一些有办法的人让自己低年龄的孩子当兵或者较早地投亲靠友，使 1982 年 14~17 岁的人口在 1990 年的存活率都相当高。上山下乡和娃娃兵现象不存在了，以后就再也未出现过类似的现象。

计划生育工作联系得很密切。最早出现这一类差错的年龄人口是表 2 中 1982 年普查时 6 岁组和 1990 年普查时 14 岁组,该年龄人口属于 1976 年出生的人口。这个时期计划生育已经被中央政府多次提起,有些地方政府开始创造出给生育对象下达指标等控制人口过快增长的办法。这些模拟计划经济下达指令性计划的管理办法,在之后的几年很快在全国得到推广。特别是 1978 年提出"一对夫妇只生一个孩子"后,人口生育瞒报漏报的现象越来越普遍了。第三,没有考虑死亡因素的两次普查登记对比说明,这一类的差错率并没有包含在普查登记后的质量抽查之中。所以,如果说每次普查登记的质量都相对可靠的话,那只能是说除去固定的一块漏登人口之外。在每次人口调查中,低年龄组的较大一块,都要游离于统计之外。这种情况至少从 20 世纪 70 年代后期就开始了,到 1990 年人口普查后越来越严重。为了证明这一点,我们不妨将 1982 年以来几乎所有大型人口调查的一些资料系统分析比较一下。

(二)不同次人口调查的生育率比较

本节使用的文献资料基本限于第 2 节所列国家统计局(国务院人口普查办公室)和国家计划生育委员会自 1982 年以来所做的大型人口和生育调查。为了便于比较,我只是把不同机构的调查按照实施调查的年度顺序分别排列在一起(见表 4)。

表 4　国家计划生育委员会几次调查中有关我国妇女总和生育率的比较

年　份	1982 年①	1988 年②	1992 年③	1997 年④	2001 年⑤
1980	2.24	2.38	2.39		
1981	2.63	2.62	2.56		
1982		2.86	2.79		
1983		2.42	2.41		
1984		2.37	2.31		
1985		2.18	2.28		
1986		2.34	2.46	2.59	
1987		2.52	2.57	2.66	
1988			2.28	2.41	
1989			2.24	2.40	
1990			2.04	2.29	2.29
1991			1.66	1.75	1.77
1992			1.47	1.57	1.59
1993				1.51	1.52
1994				1.32	1.41
1995				1.33	1.45
1996				1.35	1.36
1997					1.27
1998					1.34
1999					1.29
2000					1.45

资料来源:①国家计划生育委员会1982年1‰人口生育率抽样调查,《中国人口年鉴》(1985);②国家计划生育委员会1988年2‰人口生育节育抽样调查,格里菲斯·费尼、袁建华(1996);③国家计划生育委员会1992年中国生育率抽样调查,于景元、袁建华(1996);④国家计划生育委员会1997年全国人口与生殖健康抽样调查,郭志刚 (2000);⑤国家计划生育委员会2001年全国计划生育/生殖健康调查, 丁俊峰 (2003)。

按照一般调查规律,大凡回顾性调查,调查时与调查期相互间隔的时间越是久远,因为遗忘而使相关统计数据越小。但是,从表4各次调查的重叠数据比较,可以发现一个奇怪的现象,即除个别年份外,后次的调查总是比前次调查的数据要高一些, 特别是前一次调查的当年及其相近的年份就更是如此。这种情况同样发生在全国人口普查和国家统计局的几次"小普查"中(见表5)。

表5 我国人口普查和国家统计局几次调查中有关妇女总和生育率的比较

年 份	1982年①	1987年②	1990年③	1995年④	2000年⑤
1980		2.55	2.65		
1981	2.64	2.41	2.42		
1982		2.83	2.85		
1983		2.53	2.57		
1984		2.35	2.38		
1985		2.21	2.39		
1986		2.33	2.38		
1987		2.46	2.57		
1988			2.39		
1989			2.24		
1990			2.14		
1991					1.92
1992					1.79
1993					1.71
1994					1.57
1995				1.46	1.62
1996					1.45
1997					1.38
1998					1.33
1999					1.09
2000					1.30

资料来源:①1982年人口普查,根据查瑞传(1984);②1987年1%人口抽样调查,根据格里菲斯·费尼、袁建华(1996);③1990年人口普查,根据格里菲斯·费尼、袁建华(1996);④1995年中国1%人口抽样调查,根据张为民、于弘文、崔红艳(1997);⑤2000年人口普查,根据崔红艳、张为民(2002)。

中国生育政策研究

ZHONGGUOSHENGYUZHENGCEYANJIU

其实,1992 年以后, 这种现象基本上已经不在乎是否是全国人口普查、国家统计局抑或国家计划生育委员会,只要是后来的人口调查,往往总比前次调查数据高一些。所以,为了方便读者自己相互比较,我在表 4、表 5 中都将列举的资料尽可能地延伸下去。

五、我国人口统计体制存在的问题

(一) 2000 年普查突破了我国人口统计体制的框架

通过对 20 年来的 10 次大型调查的系统性分析,不难发现,第一,在包括人口普查在内的所有这些调查中, 不是某一次或者某几次的质量问题,而是所有的调查都存在具有相同特征性的遗漏问题。第二,在所有调查中,总是固定有一块遗漏,主要是低年龄人口的遗漏。年龄愈小,遗漏率愈高。第三,每次调查游离于外的那一块,在下次调查时可能会部分地出现, 但在新的调查中又将重新有一块游离于调查之外。这种规律性的重复现象不仅在表 4、表 5 两个生育率表中可以看到,表 2、表 3 的三次普查有关低年龄的人口登记情况也证明了这一点。第四, 如果说过去的遗漏现象还能让各次调查的质量限制在可以接受的范围内,从而未曾让其突破人口统计体制和机制的框架,那么,2000 年普查登记的严重遗漏已经发展到同 1999 年和 1998 年年底的人口数无法相容,明显暴露了我国人口统计体制和调查机制所固有的矛盾。

(二) 人口统计的体制和机制

这里讲的人口统计的体制和机制是指所有我国政府机构进行的人口统计,它不限于国家统计局一个部门。统计机制和统计体制是相互依存而又有所不同的两个概念。体制涉及制度安排, 包括统计法和有关统计方面的规章制度、统计指标体系、隶属各级政府的自上而下的统计机构和专职专业统计人员,等等。但是,仅仅有了体制保证还不能得到数据。因为体制只是平面和静态的条件。统计体制的运作过程, 或者国家的统计行为作为一种运动过程,就是统计机制。所以,统计机制是指国家统计行为的具体化。它除了国家统计体制主观因素外, 还涉及统计对象对调查的态度和配合的程度。不仅如此, 事实上凡是涉及统计行为和影响统计结果的一切社会因素,都可以归结到统计机制方面。关于人口统计的特殊统计机制，除了一般统计体制和机制具有的一些共性因素外，我们这里需要着重指出以下几点：首先，我国的统计部门是受同级党委和政府领导的，其统计工作事实上要受党委和政府首长的干预。其次，多年来被计划生育部门当作基本经验的一条原则是"各级党政一把手亲自抓"，计划生育实行"一票否决权"，从而使以生育为核心的一些人口指标具有极强的功利性。第三，一切未曾得到计划生育部门批准的生育行为都属于计划外生育，而计划外生育一定要受到各种方式的追究：凡计划外生育行为本人及其家庭的处分除经济处罚外，如果是共产党员还要受到纪律处分，国家机关及其所属单位的工作人员和职员要受到行政处分，涉及计划外生育人员的单位、行政辖区及其上级机关都负有连带责任，包括影响这些单位或者某一级领导部门和国家机关负责人的升迁。以上几个方面的因素综合构成一种强大的社会偏好和一致选择，这就是自下而上的低生育率偏好。第四，在我国最基层单位即乡镇以下未设立专职统计员，但又要统计一些涉及利害关系的统计数据，则必须依靠并不对统计数据负法律责任的非专业统计人员。由于存在以上诸方面的因素，在经过常年性的统计报表制度和许多次专题性人口调查磨合之后，就形成了我国特有的一种偏离实际和具有一定功利性的特殊人口统计机制。

（三）我国人口特殊统计机制形成的过程和特点

我国人口统计方面的特殊统计机制形成于 20 世纪 70 年代末 80 年代初，1990 年第四次全国人口普查促使其得以完善。在 1990 年人口普查数据公布之前，计划生育工作的优劣是按计划生育部门独立的工作统计数据考核的。由于统计部门较少涉及生育行为，其人口统计指标体系还未曾和计划生育奖惩制度挂钩，所以，这一时期统计部门的人口统计相对于计划生育部门具有一定的采信度。为了保证 1990 年人口普查的质量，各级政府在普查前都曾强调，普查结果不和计划生育工作挂钩，不作为计划生育工作考核的依据。但是，1991 年人口普查结果公布后，情况有了完全不同的变化。计划生育战线的老同志或许还记得最初看到普查出来的各地出生率和自然增长率时的惊愕。且不说全国的人口出生和增长水平远不是印象中那样，而且多年工作中形成的先进落后的排序似乎跟人开了一个很大的玩笑。从 70 年代后期实行"一对夫妇只生一个孩子"以来，一些工作相当不错的地方普查出来的人口出生率和自然增长率不仅比平时自报的要高，而且有不少先进单位比一般兄弟单位还要高；多年来认为工作落后的一些地区这两个指标却比那些老先进要低。既然大家公认普查数据比计划生育系统自己的报表准确，现在有了准确的数据，按照新的数据重新排序列举先进落后和以此为据予以表彰就都是必然的事情了。这次活动加速了我国人口统计方面的特殊统计机制的形成。一方面，多年的计划生育先进单位受到刺激，制订计划加紧工作争取在尽可能短的时期内重新进入先进行列；另一方面，从此以后，人们再也不相信还有不同计划生育工作考核挂钩的人口调查。1990 年之后的几次人口调查数据表明，我国人口生育指标在 90 年代初期有一个突然的转变，其实并不是妇女生育行为的巨大变化，而是人口统计机制的巨大变化。[①]1994 年，笔者在国家计划生育委员会的人口专家委员会西安会议上曾就此有个发言，认为 1990 年人口普查资料将是我国今后很长一个时期里最为接近实际的人口数据。此后，我们将告别较为准确的人口统计。记得时任国务委员、国家计划生育委员会主任的彭珮云同志曾反问我："怎样才能得到准确的人口数字？"我不假思索地回答说："尽可能少做人口调查。"虽然我的回答属于脱口而出，但所言亦是统计领域的常识。即使在那些对生育问题没有任何强制的国家，为了有准确的人口数据，也是尽可能地少做人口调查。遗憾的是，90 年代之后，各种人口调查不是减少了，而是更多了。频

---

① 1992 年国家计划生育委员会做的中国计划生育抽样调查是一次极富有代表性的调查。我们可以比较本文表 4、表 5 中这次调查和 1990 年普查中有关 1989、1990 年的生育率，不仅 1992 年的生育率突破了我们所说后次调查比前次调查数据要高的常规，而且让 1990 年普查表明的我国妇女替代水平以上的生育率（应该考虑到 1990 普查关于 1989 年和 1990 年总和生育率 2.24 和 2.14 是存在漏报情况下的数据）下降得十分简单和容易。关于 1992 年中国生育率调查的批评性意见，请见曾毅，1996。不过，曾毅的文章有点就事论事。说句公道话，1992 年中国计划生育抽样调查的结果与实际出入过大，也不是调查本身的问题，而是正好处于 1990 年普查后的计划生育表彰之后，人们对计划生育和人口调查有了成熟的看法和共识之时。也就是说，以此为转折，我国人口统计的特殊统计机制已经形成并臻于完善。

繁的人口调查加速我国人口特殊统计机制的形成和完善,以至于 90 年代之后,我国的人口调查一次比一次遗漏严重,一次比一次失真。

为了进一步说明人口统计方面的特殊统计机制,有必要把人口统计工作描述得更为具体一些。我们知道,人口和计划生育方面的一些主要数据比如出生人口、净增人口等都是由最基层组织的统计做起的。村民委员会和城镇小区的居民委员会的这些统计工作通常都是由具体做财务或者其他文秘方面工作的人员负责的。和县乡以上政府的统计人员不同的是,各级政府的统计人员在从事国家设立的专业性统计工作,而最基层负责统计的人员则是兼职的,最初的农业工业等经济和社会的一切统计数据都可能出自他们手里。当然和其他经济社会统计数据一样,有关部门人口与计划生育方面的一切统计和调查结果他们都会在事前事后同分管领导通气或沟通,必要时,这些数据甚至要通过他们的主要领导。但是,相同的一个统计数据对于一位专职从事统计工作的国家公务员和一位兼职人员,特别是同一位农民身份的农村干部比较,各自所负的法律责任是截然不同的。所以,像人口和计划生育这类具有功利性的统计指标,他们在统计汇总时已经有意识或潜意识地具有倾向性。与这种倾向性的存在比较,无论是否由他们亲自申报或填写,在这里都不很重要。重要的是这些对他和他的上级领导具有功利性的指标必然地具有倾向性和某种偏好,以及这种统计数据形成的过程必然地受他主观意念的影响。我们切莫说计划生育部门的统计数据是如何通过他形成的,即使是独立于计划生育部门的人口普查,普查员在进入村民委员会普查登记时,一般都必须在村民委员会里负责日常统计工作的这位统计人员的具体指导下去工作。事实上,许多村民委员会的普查员就是该村负责这项工作的统计人员,并且是由他具体负责普查登记小组具体实施普查登记工作的。为了不致使普查结果和自己的常年性报表有较大出入,计划生育工作方面的日常报表怎样填写,人口普查登记也必然尽可能如此填写。问题的关键还在于,即使普查后的质量抽查也仍然离不开村民委员会的这位负责统计工作的统计人员。即使抽查工作是由其他地区的调查员组成的,但这些调查员进村后需要登记的依据即全村村民的户口是由他提供的(其实平时的户口管理往往就是他），调查员入户登记的具体事宜也是通过他或在他的具体参与、引导、指导下完成的。所以，普查登记后的抽查工作在一定意义上仍然和普查工作一样，是由日常的特殊统计机制完成的。所以，如果常年性的人口与计划生育统计在哪里发生遗漏，普查登记时会在哪里遗漏，普查后的抽查登记仍然可能在哪里遗漏。因为，为逃避计划生育处罚而故意漏报的人员和家庭，对于具体统计和填写数据的人，甚至领导这位统计人员的负责人来说，并不是不知道，而是在相同意念和偏好支配下默许了。或者，这种漏报是当事人和统计人员的一种默契。在一定程度上，包括相当一级的党和政府主要领导，也由于低生育偏好而对压低统计数据的结果予以默认。在这种自下而上的机制面前，专职的统计官员和技术专业人员是无能为力的。

六、对 2000 年普查漏报人口的计算

（一）关于漏报人口的讨论

根据我国人口统计特殊机制可以把人口漏报分为两种类型。一种情况是由于调查项目的设计、调查方法的选择、调查员的素质以及所有调查都可能遇到的质量问题。另一种就是我们以上分析的情况，属于仅有人口调查才会出现的质量问题。前一种遗漏属于技术和方法方面的障碍，我把它称之为技术性遗漏。后一种遗漏属于体制和制度性障碍，我把它称之为体制性遗漏。包括普查在内的各种调查后的质量检查都只能解决因技术和方法而造成的质量问题。除此之外，要得到更接近实际的人口状况，还须寻找因体制障碍丢失的那一块。

（二）按照小学招生数计算的漏报人口

由于我国实行九年制义务教育，国家要求学龄儿童必须在学校接受教育。经过半个多世纪发展基础教育，我国已经具备让全国所有学龄儿童都能入学的条件。所以，小学招生入学统计是一个较接近低年龄人口的统计数据。需要说明的是，在使用教育事业发展公报提供的数据时，第一，在实际的小学入学年龄的掌握上，虽然各地具体掌握有所不同，但大多数地方都以 6 岁或 7 岁为最低入学年龄。本文统一按 6 岁计算。这样虽然和实际情况有出入，但因为我们考察的不是一年或一个年

龄组,而是相近的十几个年龄组,统一以6岁入学计算于整体的数据影响不大;第二,假设小学招生数不存在虚报和浮夸;第三,不排除6岁上学的儿童因各种原因又中途退学,第二年又重新入学。就是说,在实际发生中,有一定比例的重报,但我这里的重报率是以零计算的。各年6岁入学儿童加上该年龄未入学儿童,如果再考虑到达到2000年普查时的存活因素,然后减去同年龄的普查登记儿童,就应该是普查漏报或者重报数。

在资料的使用和数据的具体计算方面还需要说明几点。首先,各年的小学招生人数取自于1990—2002年各年发布的《全国教育事业发展统计公报》。我对照了一下2000年的《中国统计年鉴》中各年相应的数据,都是一致的。可以认为,《中国统计年鉴》中的有关数据即是取自教育部门的相关统计。第二,从1995年国家统计局所做的1%人口抽样调查看,在当时6~14岁儿童中尚有1836万未在校儿童,占同龄人的8.83%,而在1990年人口普查时这一比例为18.62%。在1995年6~14岁未在校儿童中,有71.12%为从未上过学校的儿童。所以,我将1990—1997年的6岁未上学儿童按同龄人口的6.3%(8.83%×71.12%)掌握。1998—2002年6岁未上学儿童按2000年人口普查中6~9岁年龄组中从未上过学的儿童占同龄人比率6.0%掌握。第三,在计算1990—1999年各年的6岁入学儿童和从未入学的儿童总数而和2000年11月1日普查人口中同龄儿童比较时,还应减去其间应死亡人口。譬如按照小学招生计算的1995年6岁人口是 N,到2000年5年中累计死亡为 n,那么,2000年普查时这一年龄人口则为(N−n)。在计算死亡人口时我们使用2000年人口普查提供的分年龄死亡率。不用说,考虑到普查中死亡人口的漏报率较高和2000年生活条件和医学条件的改善,按这个口径计算的死亡人口肯定比实际发生的人口要少。同样的道理,2001—2002年同一口径人口要加上当年死亡人口即(N+n)才能与2000年普查时4~5岁组年龄人口比较。不用说,这两年计算出来的死亡人数可能比实际发生的要多一些。第四,2000年普查登记人口是11月1日零时的全部存活人口,而我们这里得到的6~14岁人口数实际上是该年9月1日开学后在不同日期报到的人口,一般地方的年龄是按同年6月30日或7月1

日以前出生掌握的。就是说,在实际发生中,6 岁入学儿童的统计数据不可能像普查登记那样掌握的是时点人口。虽然我们这里推算的情况不可能做得更细致,但这种情况还是应该说明的。根据这几个条件计算的结果见表 6。

表 6 从小学招生人数计算的普查期部分年龄人口

(单位:万人,‰)

年龄	招生年份	招生人数①	未入学数②	累计死亡率③	普查期的年龄人口
4	2002	1953	117	1.58	2073
5	2001	1944	117	0.71	2123
6	2000	1947	117	0	2064
7	1999	2030	121	0.59	2150
8	1998	2201	132	1.13	2330
9	1997	2462	155	1.64	2613
10	1996	2525	160	2.09	2679
11	1995	2532	160	2.54	2685
12	1994	2537	160	2.95	2689
13	1993	2354	148	3.35	2494
14	1992	2183	138	3.76	2312
15	1991	2073	131	4.20	2195
16	1990	2064	130	4.70	2184
总计		25 855	1786		30 591

资料来源:①1990—2003 年各年《全国教育事业发展统计公报》,见 www.edu.cn;②根据 1995 年 1%人口抽样调查和 2000 年人口普查从未入学儿童比率计算;③2000 年人口普查。

根据 1990—2002 年小学招生方面的数据计算结果,在 2000 年普查时 4~16 岁的 13 个年龄组人口,比普查登记多 3578 万人(见表 7)。

表7　按小学招生人数计算的 2000 年部分人口的普查漏报情况

（单位：万人）

年龄	普查人数	出生年	招生年份	招生数	按招生计算的年龄人口数	比普查人口增减
4	1522	1996	2002	1953	2073	551
5	1693	1995	2001	1944	2123	430
6	1647	1994	2000	1947	2064	417
7	1795	1993	1999	2030	2150	355
8	1875	1992	1998	2201	2330	455
9	2008	1991	1997	2462	2613	605
10	2621	1990	1996	2525	2679	58
11	2514	1989	1995	2532	2685	171
12	2458	1988	1994	2537	2689	231
13	2628	1987	1993	2354	2494	−134
14	2319	1986	1992	2183	2312	−7
15	2043	1985	1991	2073	2195	152
16	2031	1984	1990	2064	2184	153
合计	27154			25 855	30 591	3578①

注释：①本栏只汇总各年龄人口中超过普查登记的年龄人口部分。

　　包括普查在内的所有人口调查都已证明，漏报人口主要集中在低年龄段。具体到 2000 年人口普查，因为 1990 年普查已经解决了一大批超生而未能上户人口，漏登人口可能主要集中在 0~9 岁年龄段，即 1990 年到 2000 年两次普查期间出生的人口。但是，我还是把 4~16 岁年龄段的情况都做了计算，一方面是因为可以搜集到这样长时间的资料，另一方面是评估的情况尽可能细致一些。表 7 的计算情况主要根据小学招生统计，我认为该数据还是可信的。第一，教育方面多年也存在许多不正之风，但从未听说小学招生数字虚夸。这种情况至少说明，该数据还未曾达到虚夸成风而不可信的程度。第二，如果我们分别阅读普查登记和招生栏里的资料，我们会明显地感觉到，普查登记的数据在各个年份跳跃性相当大，即使前后年份比较，竟相差有 600 万之多。而招生方面提供的数据不是这样，各年相差大约几十万最多时也仅百万左右。因为义务教育，小学招生不同于中学和大学，要按政府编制的计划经考试后录取招生。小学招生主要依据各地教育部门规定的 6 岁或者 7 岁的最低年龄标准和居住地证明，有多少，学校接收多少。所以，平稳变化的招生数据反映出老百姓在婚姻、生育、孩子上学等实实在在的生活上，并不像我们国家机关的某些工作那样，可以随意浮夸而忽高忽低。这一组平稳的数据也反映了同一时期我国稳定的经济社会生活的主流。平稳的招生数据说明曾经发生在统计报表和普查登记上 1990 年之后的 1991、1992 年人口出生突然减少的情况，在现实中并没有发生。第三，对比普查登记和招生栏的同时，再查找出生年份，明显印证我们关于低年龄组和两次普查期间出生漏报现象严重的先入为主的经验。即使我们考虑到年龄偏好的因素（部分 9 岁和 11 岁按 10 岁登记），2000 年 9 岁组即 1991 年出生的人口登记数比招生数之间的差额突然上升到一个相当高的平台。这个平台自 1990 年普查后的计划生育表彰之后，在我们能够搜集和提供的资料上，就再也未能消失。第四，笔者认为招生数据可靠的又一个证据是，1992 年和 1993 年招生数小于普查登记数反映了我国人口变动方面的一段重要历史。1992 年和 1993 年入学儿童应主要是 1986、1987 年（可能含有部分 1988）出生人口。我们知道，1963—1964 年在我国人口史上曾经发生过一次补偿性生育。和三年困难时期比较，这两年每年多出生 1000 多万。按照 1982 年的普查，1961 年出生存活的 21 岁人口为 1068 万，1962 年出生的 20 岁人口 1564 万，而 1963 年出生的 19 岁人口一下上升到 2745 万，1964 年出生的 18 岁人口 2512 万。所以，如果按这时候的平均初婚年龄 22 岁左右计算，从 1984 年开始到 1987 年的几年里每年比过去要平均增加 600 万以上的新婚夫妇。这样，从理论上讲，1985、1986 和 1987 年比过去每年都要多生育 500 万左右的第一胎。在通常情况下，第一胎是容易登记上户的。1987 年之后，同批人开始进入生育第二胎和多胎生育的年龄，生育二胎和多胎比例上升，不予登记上户的比例也相应增高。[①]1986、1987 年记述

[①] 过去有人认为各地执行了"开小口，堵大口"的政策，提高了准予登记上户的数量，从而使得 1986 年和 1987 年漏报率低。这种解释是不符合事实的。首先，在过去 20 多

的招生数低于 2000 年普查中同期的实际登记数,而不是随着入学人数增长再增加一块,说明教育事业发展统计方面的这一个指标没有浮夸。第五,从表 7 最后一栏我们很容易发现,漏报人口主要发生在 4~9 岁年龄段里,平均每个年龄组漏报人口大约 400 万。10~16 岁年龄段每年漏报仅

年里,全国不少地方的计划生育不是按照计划指标控制人口,而是按照生育政策进行控制。如果按 12 亿目标管理,各地区的生育指标比实际掌握的都要宽裕得多。问题在于各地都是按照"只生一个"的政策掌握,"计划外生育"的比率就要高得多。其次,20 世纪 80 年代高层决策者认同的"开小口,堵大口"所列的一些"小口子"如烈士子女、数代单传等条件可生二胎之类,加在一起也占不到所有人口的百分之二三,何况许多地方还未实施,政策紧缩就收回了。1986、1987 年一些调查显示的漏报率较低,是因为这几年处于我国人口史上第三次生育高峰的浪头上,第一胎在这几年所占的比例较高,通过的登记上户的人口数较多(但不能反过来说漏报的人口少,如果我们从本文表 3 来看,1987 和 1986 年出生人口的漏报数并不少)。又过了两年后,出生率可能更高,但一胎在新出生婴儿中的比例相应下降,通过的登记上户比例也会降低,显示的漏报率相对也高。按国家计划生育委员会 1988 年生育节育抽样调查,在 1987 年新生儿中,由 1963—1966 年生育高峰期出生的 21~24 岁妇女生育的第一胎占 32.29%,而在 1978—1983 年 21~24 岁妇女生育的一胎在当年的比例仅达到 23%,其他年份处在 18%~22% 之间,1984 年和 1985 年分别上升到 25.96%、28.89%,1986 年达到 31.17%。按照国家统计局 1987 年 1%人口抽样调查,1963—1966 年生育高峰期出生的妇女在 1987 年上半年生育的第一胎占整个出生数 68.3%。根据同一调查,在 1986 年 7 月 1 日到 1987 年 6 月 30 日一年中,1963—1966 年出生的妇女生育一胎的人口数占同龄妇女数的 15.3%。也就是说,在 1986 年下半年到 1987 年上半年这一年的出生人口中,1963—1966 年生的妇女生育的第一胎可能占同龄妇女的 15.3%。如果按此计算,仅 1963—1966 年出生的妇女在同期生育的第一胎就达到 900 万左右。因为这些数据都属于人口出生方面的情况,这两次调查的这个数据一定不准确,但它还是在一定程度上反映了 60 年代中期生育高峰时出生的人口推动第三次生育高峰时大浪初涌时的一些特点。所以,应该说 1986、1987 年"上证率"高一些,是因为同期的第一胎比率和绝对数都突然提高的缘故。还有一个问题需要说明,为什么 1986 年和 1987 年按小学招生计算的年龄人口与普查登记之差成为负数? 首先应该确定,负值不等于没有遗漏。另外,之所以按招生计算的数值小于登记数,是因为我们选择的 6 岁未进校比例和死亡率都有些低。按照这个逻辑推理,我们计算的漏报人数还是保守的。

100万,又一次印证两次普查期间漏报率高于上次普查前的经验和直观。同时说明小学招生数字的可靠性。

（三）从不同角度理解漏登人口的程度

为了证明上面计算的漏登情况是可能的,我们再次列举相同的人口统计体制下的不同机构和同一机构不同时期的调查资料,由读者自己作判断。表8是把国家统计局和计划生育部门的统计作简单的比较,表明漏报程度究竟有多大。

表8　1991—1999年统计部门和计划生育部门出生人数统计比较

（单位　万人,%）

年份	国家统计局	计划生育部门	漏报率	年份	国家统计局	计划生育部门	漏报率
1991	2258	1697.1	24.8	1996	2067	1455.3	29.6
1992	2219	1595.5	28.1	1997	2038	1388.3	31.9
1993	2126	1569.6	26.2	1998	1991	1383.1	30.5
1994	2104	1574.9	25.2	1999	1950	1276.5	34.5
1995	2063	1521.3	26.3				

资料来源:蔡昉主编《2000年:中国人口问题报告》,社会科学文献出版社,2000年。

从表8不难看出,90年代计划生育部门的出生人口统计方面的遗漏不仅数量大得惊人,而且和国家统计局的统计比较,遗漏率越来越大。事实上,国家统计局的统计也有很大的遗漏。这种情况至少说明,比我们计算的遗漏率还要高的统计在实际生活中每年都在发生。需要提醒和说明的是,表8中国家统计局每年的数字是经过抽样调查获得的,计划生育部门的数字和普查登记一样是由基层逐个统计得到的。表9是按照国家统计局每年人口变动抽样调查的出生人口和2000年普查提供的普查前一年年龄死亡率计算的存活人口,同普查登记比较的部分年龄人口的遗漏情况。

从表9计算2000年普查时1~9岁人口漏登了3310万。这样的漏报程度已经十分接近我们计算的漏报水平。虽然有人会提出,我们计算的存活率要比实际发生的比率高一些,但重要的是,国家统计局每年人口变动抽样调查和其他调查一样，因统计特殊机制方面的问题，其出生漏报程度较 2000 年普查死亡人口的遗漏要严重得多。

表 9　1991—1999 年按出生人口存活情况计算的漏登人口

（单位：万人，‰）

出生年份	①出生人口	②累计死亡率	按出生计算的年龄人口	②普查登记数	差额
1991	2280	35.93	2198	2008	190
1992	2137	35.38	2061	1875	186
1993	2144	34.87	2069	1791	278
1994	2121	34.33	2048	1647	401
1995	2074	33.74	2004	1693	311
1996	2078	33.03	2009	1522	487
1997	2049	32.16	1983	1445	538
1998	2000	30.99	1938	1401	537
1999	1578	29.39	1532	1150	382
合计					3310

资料来源：①根据《中国统计年鉴》(2000)；②根据 2000 年人口普查。

（四）2000 年普查因统计机制漏报的人口数

根据小学招生数我们已经计算出 2000 年 4~16 岁漏报人口大约 3578 万。我们知道，在一般情况下，0~3 岁人口的漏报率可能要比任何年龄段都要高。[①] 即使按 4~9 岁的漏登率计算，0~3 岁组至少有 1800 万在 2000 年普查时被遗漏了。这样一来，2000 年普查登记的 0~16 岁人口中遗漏为 5378(3578＋1800)万。

七、有关 2000 年人口总量和妇女生育率的讨论

（一）普查登记存在1.81%漏登率情况下的人口总量

按照我们的研究，80 年代以来我国人口统计和调查存在两种遗漏，一是技术性和方法方面的遗漏，一是体制性和机制方面的遗漏。技术性

---

① 按照国家统计局肖宁的计算，1990 年普查 0 岁人口漏报 318 万，漏报率为 12%；2000 年普查 0 岁人口漏报 392 万，漏报率为 22%。肖宁的数据来源于两次人口普查，所以，我认为数据还是偏小。

遗漏可以因设计科学、方法得当、准备工作充分而使之减少到最小,如1982 年和 1990 年普查那样其漏登率可以忽略不计。机制性遗漏却因为体制障碍未解决,漏报率会越来越高。前面曾经讲过,我们无法判断 2000 年普查后的质量抽查是否准确。这样就存在两种可能,一种情况是质量抽查是正确的,一种是不正确的。先说前一种情况,2000 年普查公告全国总人口 126 583 万,其中包括 1.81%技术性遗漏。此外,还需要加上体制性障碍遗漏的一块。因为按照小学招生计算的普查遗漏是 0~16 岁全部漏报人口,那么,我们就需要确认 0~16 岁漏登人口是否包括在 1.81%之内,或者有多少包括在其中。根据 2000 年普查后的质量抽查,1.81%漏登人口 80%集中发生在流动人口(武洁,2002)。假使我们将流动人口主要按 16 岁以上人口对待,那么,0~16 岁的漏登人口中,应该有 20%已经计算在 1.81%漏登人口中。这样,在 0~16 岁组的漏登人口 5378 万中,应该再减去已经计算的 20%,剩下 4302 万。以此计算,2000 年我国总人口为(126 583+4302)万,即 130 885 万。

(二)按照实际登记和 0~16 岁漏报数计算的人口总量

因为考虑到 2000 年普查第一次使用长短表登记方式,普查登记后的质量抽查样本比例太小、进点抽查和登记时点的间隔时间过长,都会影响抽查的质量。所以,我认为 1.81%并不准确。如果和过去几次普查一样直接确认人口登记结果的话,那么,2000 年我国总人口就应该是普查登记人口再加上 0~16 岁漏登的那一块为(124 511+5378)万,即 129 889 万。

(三)20 世纪最后 20 年的生育水平

20 世纪最后 20 年我国大陆妇女的生育水平一直是笔者关注的课题,世纪之末,还曾就此做过一番研究。[①]但是,由于世纪末的人口总数未出来,这样的研究还是受到较大的局限。因为,至少从 1990 年之后,我们已经无法从直接的生育调查获得可采信的生育率数据,而必须从人口增长和总量等方面回推妇女的生育水平。在有了依据小学招生计算的年龄人口后,读者不难自己推算出各年的生育率。一方面为了不致文章太长,

---

[①] 梁中堂、谭克俭、景世民:《20 世纪最后 20 年中国大陆妇女生育水平变动研究》,《中国人口科学》,1999 年,第 6 期。

另一方面,我以为即使有一个总的妇女生育率,这个生育率一定比普查时的数据高很多。如果把这个生育率具体分解到省、自治区、直辖市,亦如2000年普查确定1.81%的漏登率后,在124 261万和解放军250万之上再加一个2072万一样,各个地方都不会接受和承担的。这就是说,无法经过统计得到确实的人口总数和生育率,是我国形成人口特殊统计机制后不可回避的一种现实。所以,本文从我国人口统计的特殊统计机制形成的最初年代开始,以20年前的研究和1982年普查后的预测为起点,对20世纪最后20年的妇女生育率仅作一个概括性的讨论。根据20世纪70年代后期到80年代中的一些主要人口测算,每个妇女平均生育2.3个孩子,我国2000年总人口将达到12.8亿。按照2000年人口普查公报的126 583万,1982—2000年我国大陆妇女大约平均生育接近2.3个孩子;按照本文计算的2000年总人口13亿左右,则表明每个妇女平均生育了2.3个以上的孩子。当然,这是就20年来的总体情况说的。如果说90年代的生育水平低些,譬如按照历年统计和多次调查平均生育率应在1.9以下,那么,80年代的生育率就要比2.3还要高,可能在2.7、2.8或者更高一些;城市妇女生育率明显不是2.3,那是因为农村妇女的实际生育率远比2.3还高;如果不少省份都说自己那里的农村妇女都是基本生一个孩子,那一定是别的省份的农民还不止30%的妇女生了第三个孩子。

八、结束语

(一)20世纪最后20多年,或者更准确些说最后30年是我国人口发展史上最为耀眼夺目的一段历史。在不到30年的时间里,我国人口由1970年的8亿左右增加到2000年的13亿左右,同期妇女总和生育率由6.0左右下降到更替水平。[①]虽然30年人口增长的绝对量仍然不小,但增

[①] 根据国家计生委1982年1‰生育率抽样调查,1966—1970年间的5年里妇女总和生育率分别为6.259、5.313、6.448、5.723、5.812。本文在妇女总和生育率2.1~2.2区间的上下使用更替水平这个概念。虽然像联合国和世界银行这类严肃的国际组织也都使用我国政府提供的人口数字,但实际却都有所保留。譬如世界银行1999年《世界发展指标》也列出1997年我国的妇女总和生育率为1.9,但在附录关于"基本数据文献"的质量评价方面对"人口动态登记的完整性"却是持保留态度的(世界银行《1999年

长的速度比此前的 30 年低多了。中国大陆从 1950 年开始用了 30 年稍多一点的时间,把人口总量翻了一番,由 5 亿左右推到了 10 亿。1970—2000年也是 30 年,人口增加也是 5 个亿,但论速度却只是前 30 年的 60%多一点。中国大陆妇女的生育率如此快速的下降过程,在古今中外的人口史上是没有先例的。

(二)我国大陆特殊的生育政策是在 20 世纪 70 年代末很短的几年里形成的。那是一个特殊的时代,其特殊性在于它既是一个时代的延续,又是一个时代的开端。如果把它当作一个独立的时期来划分,那它又是一个过渡阶段。只有在这个特殊时期,才能在很短的时间内形成具有"大政方针"作用的"基本国策"。1979 年 1 月《人民日报》的一篇社论第一次出现"我们提倡一对夫妇生育子女最好一个,最多两个"。 4 月,李先念在中央工作会议上讲"鼓励一对夫妇最好只生一个孩子"。6 月,人大会议提出 "要订出切实可行的办法, 奖励只生一个孩子的夫妇……"1980 年 9月,五届人大三次会议上,"一胎化"的生育政策就已形成,"国务院经过认真研究,认为在今后二三十年内,必须在人口问题上采取一个坚决的措施,就是除了在人口稀少的少数民族地区以外,要普遍提倡一对夫妇只生育一个孩子,以便把人口增长率尽快控制住,争取全国总人口在 20 世纪末不超过 12 亿"。但是,这一政策的目标和手段是错配的。根据 1980 年前后的测算, 如果平均生育一个孩子,2000 年总人口是 10.5 亿;如果 2000年把总人口控制在 12 亿左右,那么,每个妇女平均生 2 个孩子就可以做得到。

(三)20 世纪 80 年代,我国绝大多数地区都是不分城乡地执行"只生一个"的政策;而且,这绝大多数地区的绝大多数也都认为差不多实现了

世界发展指标》,中国财政经济出版社,2000 年,第 112、389 页)。所以,世界银行又认为中国妇女生育达到净再生率为 1 的假定年份为 2030 年(刘洪主编《国际统计年鉴,1999》,中国统计出版社,1999 年,第 61 页)。根据我国目前的经济社会发展水平,我国妇女的净再生率应该在其总和生育率 2.1~2.3 之间,如果达到 1.9,那绝对在净再生率之下。世界银行认为我们实现净再生率为 1 还需 30 年之后,那就是不相信我国妇女总和生育率已经达到 1.9。

"只准生一个"。1990 年前后,各地先后都走到"现行生育政策"即以"女儿户"为主的政策上。根据一些同志的研究,"现行生育政策"是妇女平均生育 1.52 的水平;而无论根据包括普查在内的人口调查,还是年度的人口统计,全国的生育水平在 90 年代初就实现了"低生育",下降到更替水平以下。90 年代中期之后,更达到 1.5 以下。20 多年的实践反复表明,无论政府提出什么样的人口政策,基层干部提交的报表都能让我们相信老百姓正在跟着我们走。所以,许多年以来,大多数人感觉我国妇女生育率已经很低很低。但事实是,我国妇女在过去 20 年间平均还是生育了 2.3 个孩子。

(四)20 多年来,我常常思考人口政策的作用和界限问题。我以为,1999 年我们在《20 世纪最后 20 年中国大陆妇女生育水平变动研究》一文中摘引拙著《人口学》中的一段话,此处仍是适合的:

"人口政策大都是国家用以调节人口状况,影响人口过程而制定的。所以人口政策不过是一种具有主观性的社会意识。人口政策能否达到制定者的预期目的,要依据许多客观因素而定。特别是因为人口发展主要由经济因素所决定,所以,只有当人口政策符合经济规律的要求,和人口发展的趋势相一致时,才能起到显著的作用。""……不应该夸大人口政策的作用,认为人口政策是万能的,可以任意地改变人口状况和人口过程的趋势。制定人口政策,必须注意与社会经济发展相适应,把人口政策作为整个社会政策的一部分。单独的人口政策,都是难以奏效的。应该充分认识到,人口政策是一定社会经济条件下的产物,它也只有在一定的经济基础之上才能发挥作用。不可能有不具有经济因素的人口政策,也不可能让人口政策产生超越一定经济基础的社会作用。"

(五)政策强制的效果究竟有多大?这是一个具有严重争议的老问题,如果套用诺贝尔经济学奖获得者阿马蒂亚·森的话说,"这是一个意见高度分歧的问题"。我们这里说的强制不是指那种违法和粗暴地实行计划生育的行为,因为就原则性讲,党和国家从来都是反对基层干部这一类"作风简单化"的。我们说的强制是指在国家法律和政府层面的规章制度,更确切些说,是指国家有没有必要规定每个家庭生育孩子的数目和时间,或者,妇女生孩子有没有必要经过政府批准?婚姻和生育历来是个人及家庭决策的事情。从法律关系说,生孩子属于个人私权领域,国家公权一般忌讳介入而持回避态度。在以欧洲为代表的发达国家,即使有势力强大的宗教团体反对,妇女们还是从 19 世纪初就开始了生育率下降的过程。200 年来,这些国家的政府倒是一直为自己民族的妇女生孩子少而担忧,却始终没有直接参与其中。印度籍的阿马蒂亚·森提供的数据表明,即使要生育率迅速降低,也无须国家强制。1979 年,中国的妇女总和生育率 2.8,印度的克拉拉邦 3.0,泰米尔纳都邦 3.5。到 1991 年,中国的总和生育率下降到 2.0, 克拉拉邦 1.8, 泰米尔纳都邦 2.2。90 年代中期,中国的生育率 1.9, 克拉拉邦 1.7。印度的这两个邦的生育率都是在"没有任何政府强制的情况下取得的"。虽然阿马蒂亚·森是用印度的两个邦和一个大国比较,但是,第一,克拉拉邦可不是一个小省份,这是一个有 2900 万人口的大邦。第二,一个省作为一个国家的一部分,其生育率自发迅速下降,更足以证明不要国家的强制也做得到。

我们国家也有充分的例证。我国妇女总和生育率由 20 世纪 70 年代以前的 6.0,不到 10 年下降到 2.8,也是在几乎没有强制的情况下取得的。笔者在 70 年代中期曾经带领一支工作队进驻农村一年有余。那是一个有数千人口的北方农村。我们作为县委派出的工作队,其主要任务一是政治学习,二是抓农业生产。后来,我又任职于一个公社的革命委员会的主任,相当于现在的乡镇长,主要工作对象还是农村。但我那时至少没有 80 年代顺口溜"催粮要款、刮宫流产"中的后一项任务。我所任职的公社机关设在一个老县城的镇子上, 公社卫生院实际是整个东边半个县的中心医院。公社卫生院的党支部书记每年向我汇报几次下乡做计划生育的工作情况,并没有要我做更多的实际工作。全县每年都要召开的计划会议和三级(或者四级)干部大会,也没有像现在那样有许多与生育计划相关的内容。但是, 那 10 年的生育率下降速度无论如何都是之后 20 年无法企及的。

(六)我们无须争论把生育纳入各级政府的主要工作目标后是否就少生育了孩子。实践已经表明,我们制定的极严的人口政策仅仅得到统计和年报的低水平,老百姓最终还是生育了他们想要的孩子。问题的核心是为什么能够少生孩子? 是老百姓的生活需要,还是政府的意向? 我认为，问题的关键在于计划生育的实质是工业革命以来的现代社会为人类提供的一种新的生活方式，这种生活方式比传统的多生育和盲目生育更符合人性，大多数人都具有接受这种生活方式的自发倾向。所以，当社会生产力和社会生活发展到一定阶段时，人类的绝大多数都会自觉地接受这一新生活。这是因为，一方面工业革命促进了生产力的发展，社会财富的增长不再简单地同劳动力数量相联系；另一方面生产力发展和经济增长促进社会进步，全社会的生活水平和医疗水平提高了，人口死亡率大幅度降低（特别是婴儿死亡率大幅度的降低）和预期寿命的延长，都直接导致以节制生育为重要特征的新生活方式的形成。如果把低生育为特征的新生活方式和工业革命前的传统社会生活做简单比较，就不难归结出以下几点：生活内容的多元化，家庭财产的继承权不再是生存的起点和依赖，男女平等，人人接受学校的正规教育，人人享有劳动权和得以在社会自由选择职业，妇女人生的职业化、尊严和个性的张扬，两性关系以感情为基础和枢纽，性生活由生殖为目的改变为以娱乐和享受为主要目标，妇女不再是生育的工具，小家庭追求闲暇和享乐……所有这些都必然地改变盲目生育和多子女生活方式，使妇女和家庭自觉节制生育。

（七）我们正处于由计划经济向市场经济转变的过程中。建立社会主义市场经济是我国经济体制改革的最终目标。如果过去从计划经济体制中还能为干涉公民的生育寻找一些理论依据的话，那么，现在转为市场经济了，政府就需要转变职能，把婚姻、生育之类的私权归还于民。政府不直接涉足公民私权领域，是不是在人口变动过程中就无所作为了？也不是。如果把计划生育当作一种现代生活方式，人类具有一种接受这一新的生活方式的本能。那么，作为现代国家的政府，从直接管制公民的生育转变为给公民的节制生育提供公共服务，还是大有作为的。

（写于 2002 年 5 月—2003 年 9 月）

后记

毫无疑问，读者可以说，这竟然是一本写了 25 年的书。

真理都是简单的。就本书的主题来说，完全没有必要把这本书写得这么厚，时间拖得这么长。21 年前，作者在给中央写的《把计划生育工作建立在人口发展规律的基础上》的研究报告中，要求改变生育政策的时候；20 年前，在马瀛通、张晓彤写的《人口控制与人口政策中的若干问题》中，向中央建议推行"晚婚加间隔"的生育办法的时候；或者 19 年前，山西省翼城县经中央有关方面和省委、省政府批准在农村试点并被实践证明效果良好的时候……甚至于在此之前的 1981 年，中央书记处 122 次会议提出包括允许农民生两胎在内的放宽农村计划生育政策的两种方案征求意见的时候，都可能因一个十分偶然的因素，很简单地使这个问题画上一个句号。如果是那样，不仅没有读者面前的这本书，而且可能也没有《论我国人口发展战略》、《中国人口问题的"热点"》和《生育高峰期的探索》那三本书。如果是那样，就这本书所要说明的主题来讲，那我最多也就只可能写上几篇文章。但久拖 20 多年之后，使得这本书所反映的内容已经不是一本关于人口或者计划生育的学术著作，而是一本关于历史的书。

从理论逻辑的角度看，本书论说的生育政策在过去 25 年的任何一个点上都可以打一个结。但历史的逻辑不是这样，我国的生育政策还要在探索中逐步推进。所以，我仅仅把呈现给读者的这本书看作是另外一本同名书的序言。今后，我将按捺自己浮躁的情绪，推掉所有无关紧要的事情，正式坐下来写这本没完没了的书。

梁中堂

2004 年 3 月

图书在版编目（CIP）数据

中国生育政策研究／梁中堂著.—太原：山西人民出版社，2014.
ISBN 978-7-203-08624-6

Ⅰ.①中…　Ⅱ.①梁…　Ⅲ.①计划生育-人口政策-研究-中国
Ⅳ.①C924.21

中国版本图书馆 CIP 数据核字（2014）第 156102 号

中国生育政策研究

著　　者：	梁中堂
责任编辑：	魏美荣
装帧设计：	谢　成

出　版　者：山西出版传媒集团·山西人民出版社
地　　　址：太原市建设南路 21 号
邮　　　编：030012
发行营销：0351-4922220　4955996　4956039
　　　　　0351-4922127（传真）　4956038（邮购）
E－mail：sxskcb@163.com　发行部
　　　　　sxskcb@126.com　总编室
网　　　址：www.sxskcb.com

经　销　者：山西出版传媒集团·山西人民出版社
承　印　厂：山西出版传媒集团·山西人民印刷有限责任公司

开　　　本：787mm×1092mm　1/16
印　　　张：39
字　　　数：580 千字
印　　　数：1—3000 册
版　　　次：2014 年 8 月　第 1 版
印　　　次：2014 年 8 月　第 1 次印刷
书　　　号：ISBN 978-7-203-08624-6
定　　　价：88.00 元